福利经济学

〔英〕阿瑟·塞西尔·庇古 著
朱泱 张胜纪 吴良健 译

Arthur Cecil Pigou

THE ECONOMICS OF WELFARE

Macmillan and Co., Ltd

本书中文简体字本根据麦克米伦公司 1932 年版译出

目　录

第三编 国民所得与劳动

第四编　国民所得的分配

第三版序言(1928 年)

在准备本次的修订第 3 版时,我已改正了若干不重要的错误,并希望,在分析与阐述方面能有所改进。我也试图尽可能地引证最新的事实和法律。本书在结构上作了如下主要变动。删去了以前第 4 编第 8 章的一部分,以及题目为"对意外收入的征税"的附录,因为那里讨论的问题现已在《公共财政学研究》一书中阐述。以下各章是新增加的,它们是:第 1 编第 4 章,第 2 编第 8 章,第 3 编第 16 章,以及第 4 编第 7 章。第 2 编第 11 章用一个新标题替代了以前的第 10 章,并全部重写。讨论附录 3 的同一主题的前五节,也是新写的。在这五节中,我还全文收录了刊载于 1928 年 6 月《经济杂志》上的一篇题为"供给的分析"的文章;在新增的第 4 编第 8 章中,我还使用了刊载于 1927 年 9 月该杂志上的一篇题为"工资政策与失业"的文章的一部分。

已在详细目录中仔细介绍的本书的结构如下:第 1 编说明,在许多限定性条件下,特定规模的社会的经济福利很可能愈大,(1)国民所得的数量愈大,(2)穷人所增加的国民所得的绝对份额愈大。第 2 编研究影响国民所得数量的某些一般性的主要因素,第 3 编研究特别与劳动力有关的一些因素。第 4 编提出这样一个问题:在什么情况下,通过同时减少整个国民所得的数量,使穷人所得到的国民所得绝对份额的增加成为可能;还要讨论这种情况出现时,其与经济福利不相协调的关系。在第1版中分别讨论国民所得变化以及公共财政的两部分,都已在第2版和本版中删去,其主要内容现已在本书的"产业波动"和"公共财政学"两部分中,进行了更为详尽的阐述。为了尽可能地减少阐述中的困难,我尽量避免使用专业术语,并把特别抽象的讨论移到附录中去,其主要论点概括在详细目录中。但不能据此就认为本书在理解上就没有多大困难。毫无疑问,理解方面的困难,部分是由于阐述存在着缺陷,但也是由于所研究问题的性质所致。有时人们认为,对经济问题可以不进行特别的准备而加以判定。自知对物理学和化学一无所知的"普通人"也仍然知道,他必须对经济学有个初步的认识。实际上,经济学是一门极为难于学习的学科,不可能为便于理解而随意加以改动。

出版这样一本涉猎如此广泛的著作,我不得不面对一个困难,这个困难多少有点特别。国内外法律及其他方面的变化是如此频繁和迅速,以致我现在提到的一些法律条款和普遍存在的情况,当本书到达读者手中时,已成明日黄花了。但我并不因此而认为,在这个持续不断变化的世界上不能使用最新的资料的问题有多么的严重。因为我所使用的事例,不是为例子本身而提出的。我使用这些例子,在于帮助阐明一些基本原理,此种目的用一两年前的事实或现在仍存在的事实也可以达到。

我还要对刚刚开始从事经济研究的学生讲几句话,用于他们即将遇到这里所列举的困难,可能正为这种研究要求他付出艰苦的努力而感到沮丧。经济学家努力进行的复杂分析并不仅仅是一种技巧。它们是改善人类生活的工具。围绕在我们周围的贫穷、痛苦和污秽，一些富有家庭的能招致损害的奢侈，笼罩在许多贫苦家庭头上的可怕的不确定性——这些都是非常的、不容忽视的罪恶。运用经济科学所探求的知识，我们有可能对这些罪恶加以控制。它是黑暗中出现的光明！我们的任务是寻找到这些知识，寻找到这些知识则可能是“沉闷的政治经济学”犒赏给不畏磨炼的人们的奖赏。

阿瑟·塞西尔·庇古

国王学院，剑桥

1928年11月

第四版说明(1932 年)

本版在以下章节作了一些变动,它们是:第 1 编的第 4 章和第 6 章的第 12～13 节;第 2 编第 11 章的第 2 节以及第 15 章;第 3 编第 9 章的第 2～3 节,以及第 14 章的第 1 节。

第 一 编

福利与国民所得

第1章　福利和经济福利

第1节

当人们开始从事任何一项探索时，其目的不外乎是知识或成果——不是为了知识而获得知识，就是为了知识所能带来的美好事物而获得知识。这两种目标在不同的研究领域，有着不同的重要性。在吸引我们兴趣的、几乎所有的现代伟大科学之中，**一些人**既想获得知识，又想得到成果，但这种混合的比例，在不同的学科间是不同的。天平的一边是所有科学中最为普通的科学，形而上学——实在的科学。从事这种工作的学者，确实可能早晚会给未来的期待者带来某种有价值的事物；但他所带来的必定只是知识而已，绝不可能是成果。与形而上学的研究最为相近的是从事物理学终极问题研究的学者。到目前为止，物质的基本粒子理论仅仅为人们带来知识。但目前这门科学在其他方面还是大有前途的；因为，对原子结构的研究，终有一天会导致人们发现引发物质分裂的实用方法，并向人类提供取之不尽、用之不竭的核能源。而在生物科学中，给人们带来成果的一面较为突出。近年来有关遗传的研究，无疑已引起人们极大的理论上的兴趣；但人们在想到这一问题时，没有一个人不同时想到对遗传的研究所导致的在小麦育种工作中所取得的惊人进展，也没有一个人不同时想到它们为改善人类本身而开始提供的深远的、目前还很难充分说明的可能性。在以单个人为研究对象的科学中，同在纯自然科学中一样，同样存在着不同程度的混合。在心理学研究中，理论兴趣是主要的——特别是在它为形而上学的研究提供材料的那一方面；但心理学作为实用教育学的基础，又在某种程度上受到重视。另一方面，在人类生理学研究中，虽然存在着理论兴趣，但却是次要的，这门学科很久以来主要是作为医学的基础而受到重视。最后，我们要谈及是那些同单个人无关而同人的群体有关的学科，即被某些学者称之为社会科学的处于初创时期的科学。在许多人看来，对历史发展规律的研究，甚至对某些特殊事件的研究，由于其本身的原因具有很高的价值。但我认为，人们普遍会同意，在有关人类社会的科学中，这些科学作为知识载体其吸引力并没有那么大，值得我们关心的是获得成果的可能性而不是知识本身。在麦考利的历史论文中有这样一段著名的、或许有些过分的话："历史上的任何事件，其本身并没有什么重要性。对这些历史事件的了解之所以重要，仅在于它能使我们对未来形成正确判断。对与达到此目的没有什么帮助的历史事件，即使充满了战争、条约和暴动，也和马修·迈特爵士收集的公路通行费单据一样无用"。这种悖论，还是有部分道理的。对人们社会活动的研究，如果不符合这种愿望，即对社会进步必然直接或立即发挥作用，而只是在某个时间、以某种方式发挥作用的话，那么，大多数的研究者就会认为他们为此而投入的时间是一种浪费。这对所有的社会科学学科来说都是正确的，对经济学来说，尤其正确。因为经济学"研究的是日常经济活动中的人"，而不是在日常经济活动中，才能最引发人的兴趣或灵感。如果人们要想了解人而不是知识成果，那么，他们就应该从宗教史、殉道史或爱情史中去寻找这些东西；而不用在市场中寻找。当我们决定观察人们日常活动的动机时——这些动机有时是卑鄙和阴暗的，有时则不那么光彩——我们的动机不是哲学家的动机，即为知识本身去掌握知识，而是生理学家的动机，即为寻找有助于治愈疾病的知识。卡莱尔曾经说过，好奇是哲学的起点。不是好奇，而是对陋巷的厌恶以及对衰弱生命哀愁的社会热情，才是经济科学的起点。孔德经常说的这段话，在这里，而不是在其他领域，依然有用："用心灵去提出问题；用智力去解决它们……适合智力的惟一位置，是作社会同情心的奴仆"。

第 2 节

如果有关经济研究的动机的这一概念能被接受的话，那么，经济学家所要着力发展的科学形态，则必然是适合于形成一门技艺的基础的形态。当然，它本身并不是一门技艺，或是政府的规定的直接阐述。它是一门实证科学，研究"是什么"以及"很可能是什么"，而不是研究"应该是什么"的规范性的科学。它也不把自己局限于显然与当前的实际问题紧密相联的实证科学的研究领域。这种做法会阻碍周密细致的调查研究，并排斥最终会产生结果的探究。因为，正如我们已很好地阐述过的，"在我们以纯理论状态思考时，我们可能最接近于最实际的应用"。[①] 不过，虽然与其战术和战略完全无关，但在一般方向上它还是要受实际利益的驱动。这将对其基本形式的选择起决定性作用。因为存在着两种主要的

① 怀特黑德，《数学导论》，第 100 页。

实证科学形态。一种是形式逻辑和纯数学科学，其作用是发现“**蕴涵**”。另一种是实际科学，如物理学、化学以及生物学，它们关心的是现实性。这一区别是罗素在其《数学原理》中提出来的。“自从非欧几何出现以后，似乎纯数学不再关心欧几里得几何的公理和命题与实际空间是否一致的问题：这是实用数学的问题，如果任何决定都是可能的，必须由实验和观察所决定。纯数学所要证明的仅仅是，欧几里得命题是由欧几里得公理引申出来的，即证明一种‘蕴涵’关系：任何空间如有这样或那样的性质，则必有这样或那样的其他性质。因此，在纯数学中，欧几里得几何与非欧几里得几何同样正确：在每一个体系中，除蕴涵关系外，并未肯定什么。关于什么是实际存在的所有命题，如我们所生活于其中的空间，属于实验科学或经验科学，而不属于数学。”[①]这种区别对经济研究领域也适用。我们可以概括我们的意愿构建经济学，或者像纯数学所代表的纯理论形式，或者像实验物理学所代表的实用形式。在这种意义上，纯经济学——毫无疑问，这种意义是不常见的——将研究由任一一组动机 x 的刺激在不同人群中所造成的均衡和均衡的破坏。据此，纯经济学可以划分成无数的细类，亚当·斯密的政治经济学和非亚当·斯密的政治经济学也能包括在内。在亚当·斯密的政治经济学中，x 是赋予经济人——或普通人——的动机值；在非亚当·斯密政治经济学中（它类似于几何学中的罗巴切夫斯基几何学），包括了对工作的热爱以及对获取的憎恶。对经济学来

① 参见《数学原理》，第 5 页。在这一节中，我已用“实用”一词替换了罗素先生的“应用”一词。

说，这两种政治经济学同样都正确；但它与研究在现实世界中生活的实际人群中 x 究竟为何物无关。与纯经济学相对的是实用经济学，其兴趣旨在研究由经验所感知的世界，而不涉及天使社会中的商业行为。既然我们的目的在于实用，那么显然，如此扩展的政治经济学对于我们而言，不过是一件有趣的玩意儿而已。因此，只有实用经济学而不是纯经济学才是我们研究的目标。我们所努力阐明的，不是可能世界的一般性体系，而是由有经验的男人和女人构成的实际世界的一般性体系。

第 3 节

但是，如果纯理论形式的科学显然不适合我们的目的的话，那么，仅对观察到的事实作描述性记载的实用主义，显然同样也不适合我们的目的。漫无边际的叙述本身绝不会成为预测，当然，实际需要的是作出预测的能力。在获得这种能力之前，事实必须通过理性的检验。除了不具理性的事实之外，还必须要有布朗宁所说的"我自己的一点儿东西，把它同原料相混合，使它经得起锤炼和推敲"。正是这**一点儿东西**，才使它同单纯的记载有所不同，而且对实用科学来说，它也是至关重要的。在实用科学中，事实并不是被简单地搜集到一起；必须通过思想加以**说明**。正如 M.庞加莱所说，"正如房子是由石头建造的一样，科学建立在事实之上，但事实的堆积不是科学，就如同一堆石头不是房子一样"。[①] 天文物理学也不仅仅是在不同的时候发现了一些星星，并简单地记录下它

① 参见《科学与假设》，第 141 页。

们在天空中的位置而已。生物学也不仅仅就是记录下动植物培育和试验的多次结果。相反,任何一门科学,都是通过对能够加以确定的特殊事实的考察和反复考查,努力发现其活动的一般性规律,而这些特殊事实正是这些规律的表现。牛顿发现的规律阐明了天体的运动,门德尔发现的规律说明了蓝色安德鲁斯种鸡(the blue Andalusian fowl)的繁育。而且,这些规律也不仅仅是对所观察事实的简短重述。它们是**概括和归纳**,再经过这种概括和归纳之后,将我们的知识扩展到尚未观察的事实上,甚至扩展到到目前为止尚未发生的事实上。至于这种概括和归纳所依据的哲学原理是什么,我们在此不想予以探究,我们只要知道,这种方法**适用**于任何一门实用科学就足够了。恰如惠桑先生在谈及物理学时所说的,任何一门实用科学都在"设法发现一般性规律,这些规律可以描述**各种**情况下各种现象之间的联系"。[①] 只有参照这些一般规律,才有可能作出实践所需要的预测。实用科学只是在其作为研究原则这最基本的方面,而不是其作为对事实的描述这表面性的方面,才对事物的处理发生影响。确定这样一种研究原则,这种原则对特定的问题是适用的、并准备将它应用于特定的问题,这才是实用科学所要达到的目的。

第 4 节

不过,如果对这个问题的讨论到此为止而不加以进一步的说明的话,很可能会给人们造成误解。经济学在目前这个发展阶段,

① 参见《物理学的新发展》,第 30 页。黑体字是我加的。

还不能够声称，它可以提供一种研究原则甚至从远处接近它为自己确定的理想。借用马歇尔的话来说就是，要为实践提供充分的指导，不仅需要进行**质**的分析的能力，更需要进行**量**的分析的能力。“质的分析告诉冶铁人，铁矿中**含有**硫磺，但质的分析使他难以决定，他究竟是否值得花时间把矿石熔化，如果需要熔化，应该用什么方法去熔化。为了达到那一目的，他需要进行量的分析，这种分析会告诉他铁矿中含有**多少**硫磺。”[①]经济学在当前几乎还完全不具备提供这种信息的能力。在把一般规律应用于特定问题而得到量的结果之前，必须对这些规律本身作量的叙述。一般性规律是大前提，而任何问题的特定事实只是小前提。当对一般规律的叙述尚缺少精确性时，一般而言，其结论也必然会有同样的缺陷；不幸的是，以精确的形式构筑经济规律的任务才刚刚开始。之所以这样，有以下三个原因。首先，必须加以确定的关系非常之多。物理学中最重要的因素——表示距离和引力之间关系的万有引力常数，对所有物质来说都是不变的。但经济世界中的主要因素——表示一群人对不同商品和服务的喜好和厌恶的函数——却不这么简单和一致。我们所处的情况与物理学家所遇到的情况一样，如果锡对铁的引力与其距离的立方成反比，对铅的引力与其距离的平方成反比，而对铜的引力又是某种其他的比例。我们不能像物理学家解释引力一样，说明对每一个别商品的供给量或需求量是价格的一个和同一特定函数。在一般情况下，我们所能说的只是，它是一大族特定价格函数中的**一个**。因此，经济学和力学一

① 参见马歇尔，《老一代经济学家和新一代经济学家》，第 11 页。

样，没有一个可以普遍应用的基本规律，而是存在着许多规律，所有规律都用同一形式的方程式来表达，但有不同的常数。由于这种多样性，因此，对这些常数的确定，或推而广之，对经济学所感兴趣的各种商品的供求弹性的度量，是一项非常庞大的任务。其次，在着手解决这一任务时，其他科学领域的研究所使用的主要武器在此不能被充分利用。莱昂纳多·达芬奇说过，"理论是将军，实验是士兵"。经济学已经有了受过良好训练的将军，但由于其所研究的对象的性质，战士则很难得到。"外科医生在对活体施行手术之前，先行解剖尸体，在给人动手术之前，先在动物身上做试验性手术；机械工程师在建造原尺寸的机器之前，先要制作一个工作模型，并对这个模型进行测试。任何时候，只要有可能，在进行冒险之前，这些事情中的每一步都要经由实验检验。未知事物就是以这样的方式去掉其大部分的神秘和可怕之处。"[①]在经济学中，由于其研究的主要对象是活生生的自由人，因此，在充分受控条件下进行直接实验，几乎永远是不可能的。然而，还存在第三个甚至更为严峻的困难：即使经济学家希望确定的常数的数量不是很多，并且实验方法也较为可行，我们仍然不得不面对这样一个事实，常量本身随时间不同而不同。引力常数永远不变。但经济常数——供给和需求弹性——如它们所表现得那样，却很可能根据人们的观念而变化。在环境的影响下，不仅原子的位置会发生改变，其结构亦会改变。因此，早期英国对爱尔兰的统治所造成的真正损害，不是对其特定产业的摧毁，甚或其海上贸易的没落。"真正的损害在

① 休·塞西尔勋爵，《保守主义》，第18页。

于这样一个事实，我们产业的某种根本特性已丧失了，它不仅仅是取消了限制就可以修复的。树不仅被剥了皮，而且根也被毁了。”[①]经济研究所涉及的实际内容的这种可变性意味着，所寻求目标本身就是永恒变化着的，因此，即使我们可由实验精确地确定今天的经济常量的值，我们也不敢有把握地说，这种确定在明天也能成立。因此，这是我们这一学科的一个难以避免的缺点。当然，通过对所有相关事物的仔细研究，我们可以对许多事物的供求弹性有所了解，但我们却难以精确地确定其大小。换句话说，我们的基本规律，以及这些规律在特殊情况下所得出的一些推论，还不能以精确的量的形式表达。其结果是，正如我们经常见到的，一个实际问题必须从各个角度加以考虑，即使完全从经济学角度进行考虑，经济学也几乎常常不能提供肯定的答复。

第 5 节

上一节话说得似乎有点离题。现在则要进一步说明，正如我们研究的动机和目的决定其形式一样，它们也控制着其范围。追求的目的是找到更加简便易行的方法去促进福利——政治家的工作建立在经济学家的工作之上的那种可行的方法，如同马尔科尼的发明是建立在赫兹的发明之上一样。[②] 但福利所包括的范围极为广泛。在此，我们无意就其内容展开讨论。只需多少有点武断

① 普伦基特，《新世纪的爱尔兰》，第 19 页。

② 吉列尔莫·马尔科尼是意大利物理学家，实用无线电系统的发明人，1909 年获诺贝尔物理学奖；H.R.赫兹，德国物理学家，是第一个播出并接收了无线电波的人。马尔科尼的发明深受赫兹发明的启发。——译者

地提出两个命题就足够了。其一，福利的性质是一种意识状态，或许是意识状态之间的联系；其二，福利可以在或大或小的范畴内产生。对可能影响福利的所有原因进行广泛的探究，是一项艰巨而复杂的任务，实际上很难实行。因此，有必要对我们的主题进行一些限制。这样做，我们将自然被吸引到科学方法能最有效发挥作用的领域。当眼下的事物是可测度的，并且可充分利用分析方法时，这点显然能够做到。在社会生活中，一种明显的可资利用的测度工具就是货币。因此，我们的研究范围被限制在能够直接或间接与货币这一测量尺度有关的那部分社会福利。这部分福利可以被称为经济福利。当然，不可能在任何严格的意义上，把它同福利的其他部分分隔开，因为"**能**"与货币尺度建立联系的部分也是各不相同的，它全靠我们对"**能**"的理解而定，是"很容易的能"，还是"有一定困难的能"，还是"非常困难的能"。因此，我们疆界的轮廓必然是模糊的。坎南教授曾经非常明确地指出，"我们必须面对、并且是勇敢地面对这样一个事实，在经济满足和非经济满足之间并不存在一条明确的界限，所以经济学的领域不像政治疆界或地产一样，用一排界桩或篱笆标出。我们可以从显然是经济学的一端走向显然是非经济学的另一端，而没有发现要在什么地方攀过篱笆或越过沟壕"。[①] 不过，在经济福利和非经济福利之间虽不存在什么明确的界限，但对货币尺度的可使用性的测试，却使我们对此能有一个粗略的区分。正如通过这一测试所大致确定的，经济福利是经济科学的主要内容。本书的目的即是研究在实际现代社

① 《财富》，第 17～18 页。

会中，对经济福利发生影响的某些重要原因。

第 6 节

如果这一计划乍看起来似乎显得有点狂妄的话，但无论如何都是合理的。不过，人们只要加以深思就会发现，仅仅是建议孤立地探讨影响一部分福利的原因，就极易招致严重的反对。当然，我们最终的兴趣在于，我们所研究的各种原因对整个福利所产生的影响。但没有人能保证，对能与货币的测量尺度建立联系的那部分福利产生的影响，不能被福利的其他部分或方面所产生的那种相反的影响所抵消；而且，如果发生这种情况，我们结论的实用性将会被破坏殆尽。必须仔细加以注意的这一困难，并不是因为经济福利只是总福利的一部分，总福利经常发生变化，而经济福利保持不变，以致很少发生经济福利的特定变化与总福利的同等变化同时发生的情况。所有这一切意味着，经济福利不能作为总福利的**晴雨表**或**指数**。但对我们的目的来说，这没有什么重要性。我们所要研究的，并不是福利有多大，或曾经有多大，而是其大小由于某些原因的加入如何受到影响，这些原因正是由于政治家的力量和私人的力量引发的。我们不能因经济福利不能**作为**总福利的**指数**而据此证明，对经济福利的研究不能为总福利提供信息：因为虽然整体是由于许多不同部分组成的，因此，绝不可能由任何一个部分的变化来**测度**整体的变化，但这一部分的变化却总是可以通过自身对整体的变化**产生影响**。如果这一条件得到了满足，那么，研究经济福利的实际重要性便被完全确立了。当然，它不能告诉我们，在引入经济原因以后，总福利与以前有何不同；但它会告诉我们，如果那一原因未被引入，总福利会与以前有什么不同：正是这一点，而不是其他什么东西，才是我们所要探求的信息。因此，真正的异议所在，并不是经济福利是总福利的不良**指数**，而在于经济原因可能对非经济福利产生影响，从而抵消它对经济福利的影响。对这种异议需要加以认真的考虑。

第 7 节

下面是它的一个非常重要的方面。人类本身既是目的，也是生产工具。一方面，人被自然美或艺术美所熏陶，其品格单纯而诚实，其激情受到控制，其同情心得到发展，其本身即是现实世界伦理价值的一个重要因素；其感觉的方式和思想的方式实际上构成了福利的一部分。另一方面，人能从事复杂的工业活动，仔细探究困难的证据，或进行某一学科的实践活动，因而是很适于生产物品的工具，其使用产生福利。这些人中的前者所直接提供的福利是非经济的；而这些人中的后者间接提供的福利则是经济的。我们所不得不面对的事实是，在这两类人中间进行选择是社会的自由，而把其努力集中在第二类人所体现的经济福利上，可能不自觉地牺牲了第一类人所体现的非经济福利。我们毫不费力就可以对此加以说明。一个世纪以前，衰弱和四分五裂的德国是歌德、席勒、康德和费希特的故乡。道森在第一次世界大战之前几年出版的一本书中写道："我们知道古老的德国对世界的贡献，对那种贡献，世界将永怀感激之情；但我们不知道谷仓充盈、商船满载的现代德国，除了其物质科学和商品外，还能向世界贡献什么……德国的教育制度，在其目的是培养学者、教授，或官员和公务员，去为复杂的国家机器发动引擎，上紧螺丝，拉动滑轮，润滑轮轴的意义上说，是无与伦比的，但在塑造人格和个性上，却距同样的成功甚远”。[①] 总之，德国人的注意力是集中在学习**做**他们不关心的事的观念上，而不是像以前那样，学习**做人**。发生这种变化的不仅是德国人；一位英国人从东方人的旁观者的立场出发对现代英国人的描述，亦可作为证据：“通过你们的行为，便可以对你们有所了解。你们在机械技术方面的成就恰好反映出你们在所需要的精神悟性方面的失败。你们可以制造出各种机器，并使之尽善尽美；但你们却不能建造一幢房屋，或写一首诗，或画一幅画；你们更缺少追求与崇敬……你们内心与外形皆已僵固，你们既盲且聋。推理取代了感知；你们的整个生活就是对各种假设的没完没了的演绎推理，对这些假设你们既没有认真审查过，对其结论你们又未曾料想到或未曾想得到。到处都是手段，却没有一个目的。社会就是一个巨大的发动机，而那个发动机本身又出了毛病。这就是你们的文明呈现给我想象中的情况”。[②] 当然，这个指摘不免有些夸大，但也有其道理。不管怎样，它生动地提出了一个正在这里引起争论的观点，即致力于造就人民使其成为良好工具的努力，可能在使人民成为良好的人方面引起失败。

第 8 节

这些考虑所强调的在经济因素对经济福利的影响和其对一般福利的影响之间存在冲突的可能性，是易于解释的。一般而言，在

① 《现代德国的演进》，第 15～16 页。

② 迪金森，《中国人约翰书信集》，第 25～26 页。

人类的意识生活中能与货币尺度建立联系、从而属于经济福利范畴之内的惟一方面，是某种有限的**满足**和**不满足**。但人类的意识生活是由多种因素构成的复合体，它不仅包括这些满足和不满足，还包括其他的满足和不满足，以及认知、情感和欲望。因此，凡是能以本身的影响改变经济满足的环境因素，可能或以同样的行为，或以其行为的结果，改变这些其他因素中的某些因素。为便于说明起见，我们将发生作用的方式分为两种主要类型。

首先，非经济福利很容易受到获取收入方式的影响。因为工作环境对生活质量产生影响。道德质量受职业的影响——仆人的服务、农业劳动、艺术创造、独立的以及与之相对的附属的经济地位、[①]对同一操作的单调重复等，[②]——消费者的欲望驱使人们去工作以满足它们。这些人会对和他们有着个人交往的其他人产生影响，这种情况也对道德质量产生影响。在南非的德兰士瓦省中国劳工的社会地位，以及澳大利亚牧场主维持徒刑制度的努力，作为劳动供给一个来源，[③]都与福利有关。成为农村家庭特征而与

---

① 因此，注意到以下情况是十分重要的：由于机器变得越来越精密，从而价格越来越昂贵，因而使得工业和农业中的小人物开始他们自己的独立事业更加困难。参见奎因坦斯，《农业机械》，第 58 页。

② 斯特伯格写道："单调的感觉很少是源于特定的工作，而是源于个人的特定的个性"(《心理学与工业效率》，第 198 页)。但当然，单调所引起的**道德影响**必须与由它本身所造成的不快相区别。马歇尔强调，生活的单调是重要的事实，他认为，当机器取代了耗费精力的劳动时，生活的多样化与职业的单调是相一致的，因为"人的精力并未被工厂的一般性劳动所完全耗尽"(《经济学原理》，第 263 页)。显然，这在很大程度上要取决于工作日的长短而定。斯马特认为，"大多数人的工作不仅辛苦、单调、无趣味，而且占去了一天的较好时光，因而人们很少有精力再从事其他的爱好"。(《一个经济学家的反思》，第 107 页)

③ 参见 V.S.克拉克，《澳大利亚的劳工运动》，第 32 页。

在城市居住的家庭有所区别的兴趣与职业的统一，也与福利有关。[①] 在印度农村，“家庭成员的合作，不仅节省了支出，而且使劳动更加愉快。对工匠而言，在亲朋好友中工作，也使得培养与提高变得更容易”。[②] 因此，当工业革命把村民从其住所引向工厂时，也对生产以外的其他事物产生了影响。同样，产量上效率的增加，也不是农业革命以其圈地运动和大规模种植所带来的惟一结果。在古老的自耕农阶级被摧毁的同时，社会也发生了一些变化。由工业联系所产生的人与人之间的联系也是有关联的。例如，在伟大的合作运动中，非经济的那方面至少与经济方面一样重要。然而，在通常的竞争性的产业组织中，在竞争性的销售者之间以及在销售者和购买者之间，利益的相反必然表现得十分明显，因而时常导致欺诈和相互间的猜忌；但在合作组织中，利益的一致是最为重要的。这种情况会对日常的生活情调产生影响。“作为社会的一个成员，当他和其他人有着共同的利益时，这个个人会自觉和不自觉地养成一种高尚的社会道德。诚实变得极为重要，并由整个群体强加于个人之上，忠于整个群体对于个人权力的更好发展是必需的。欺骗社会就是伤害邻居。”[③]一般产业中，雇主与工人之间

---

① 参见《美国经济学会论文集》，第 10 卷，第 234～235 页。

② 参见慕克吉，《印度经济学基础》，第 36 页。

③ 史密斯—戈登和斯特普尔斯，《爱尔兰农村的重建》，第 240 页。参见沃尔夫根据雷费森计划所描述的有关农村合作的一般社会利益的热情画面：“它是如何创造了欲望并乐于接受和吸收技术性的和一般性的指导，它是如何帮助提高了由它所团结的人的素质，造成了平和的、绝对诚实的、良好的家庭生活和良好的一般性的生活。”他说，“在比较有教养的德国农民、不识字的意大利乡村人民及塞尔维亚的原始耕种者之间，已看得出产生出了这样的影响，而在印度的农民之中，已开始显现同样的影响”（《农业的未来》，第 481 页）。

的关系，非经济因素同样完全重要。集体精神及对企业财产的共同利益，在雇主及雇员的个人交往是热情诚挚这样的体制中，能够激励劳动者，它除了能够导致财富生产的增加外，其本身**就是**福利的增加。18 世纪和 19 世纪，当大规模的产业扩张时，雇主与雇员之间在社会地位方面的距离拉大了，其相互接触的机会也日渐减少。在这种不可避免的形式上的分离之后，紧接着是精神上的分离——“在雇主与其大量雇用的、为他而工作的同伴之间，产生了个人之间疏远的关系”。[①] 这种精神上的敌对状态是在非经济福利中由经济因素造成的明显的消极因素；通过协调委员会、惠特利协议会[②]和合伙人权益安排将其部分压制，同样是一个明显的积极因素。这还不是问题的全部。人们逐渐认识到，如果“劳动者的骚动”的一个根源在于对工资率的不满，那么，第二个具有同样重要性的骚动的根源，则是对工资劳动者的一般**社会地位**的不满——感觉到现代工业制度剥夺了工人作为自由人所应该有的自由和责任，而使他们仅仅成为在别人支配下被使用或摒弃的工具：总之，这种感觉，正如马志尼很早以前所提出过的，资本是劳动者的暴君。[③] 工业组织的变化，往往使工人对他们自己的生活具有更大的控制力，不论这种变化是通过工人代表联席会联合雇主去监督纪律和工厂的组织，还是通过民主选举的议会，如果这种

① 参见吉尔曼，《劳动所得》，第 15 页。

② 惠特利协议会(Whitley Councils)，亦称英国联合工业协议会。它由工人和管理人员代表组成。旨在促进建立更好的工业关系。该组织是根据调查委员会主席J.H.惠特利的提议建立的。——译者

③ 参见马志尼，《人的责任》，第 99 页。

方法被证明行不通，则通过某种形式的由国家承认并由国家控制的全国性的同业公会[①]直接负责国有化工业的经营，都可以增加总福利，虽然经济福利可能保持不变，或是实际上受到了损害。

其次，收入支出方式很可能会改变非经济福利。能够产生同样满足的不同的消费行为，一种消费行为可能产生使人堕落的影响，另一种消费行为则可能产生使人向上奋发的影响。[②] 公共博物馆，或者甚至市立公共浴室对人的品德所产生的反作用，[③]同具有相同满足的酒吧对人的品德所产生的反作用是大不相同的。由恶劣的居住环境所产生的粗俗的和残忍的影响是件小事，但由其引起的直接不满足却不是不重要。还可以举出很多同类的例子。它们所要说明的问题，显然在实际上具有很大的重要性。例如，我们假设，一位政治家正在考虑财富分配中的不平等对总福利，而不

① 参见贝克豪夫和雷凯特所著的《全国性的同业公会的意义》，以下各段散见于书中各处："劳动者对责任需求的本质在于，这将被承认为是对社会负责，而不是对资本家负责"（第 100 页）。全国性的同业公会的目标，"是由工人自治的同业公会控制生产，同国家共同控制工人劳动的产品"（第 285 页）。在这些基础上所制定各种工业重组方案遇到了严重的实际困难，方案的制定者似乎此前并未充分考虑到，但这并未减少对这一理想的**精神**的敬佩之情。

② 霍特里先生曾在这样的基础上对我的分析提出了批评：毫无疑问，它使同样的满足表现为数量相等的福利，因而事实上，满足是不同程度的善与恶（《经济问题》，第 184～185 页）。但我自己和霍特里先生没有实质性的分歧。我们都考虑到它们在性质上差异。是否可以更确切地说，对两种相同的满足来说，一种满足本身可能比另一种满足包含更多的善，或者说，作为满足本身，它们是同样的善，但对享受满足的人的品德的影响，在善上可能存在差异。这两种说法，哪一种更好，主要是一个字面上的问题。我已在本书中用"人的品德"（the quality of people）代替了我原来的"人的品质"（the character of people）。

③ 参见达尔文，《市镇商业》，第 25 页。

仅仅是经济福利的影响有多大。经过深思后他认识到，对富人的某些欲望的满足，如赌博所带来的刺激、奢侈的肉体的享受，甚至东方诸国的吸食鸦片，其对品德所产生的影响，在道德上要低于对基本生理需求的满足所产生的影响；由富人的需求所控制的资本和劳动，如果转移给穷人，很可能被用于获得对这种基本的生理需求的满足。另一方面，经过深思后他还将认识到，由富人所购买的其他满足——例如，与文学和艺术有关的那些满足[①]——所产生的影响，在道德上要高于同基本需求有关的满足，更高于由过度沉溺于刺激所获得的满足。这些在福利上非常实在的因素，当然会与货币的测度尺度有关，因此，只要一群人把其收入用于为其他人购买物品，就被计入经济福利。当他们这样做的时候，他们很可能不仅考虑到对那些人的满足所产生的影响——特别是，如果以上所说的那些人是他们自己的子女的话，——而且很可能考虑到总影响。因为，正如西奇威克所敏锐观察到的："对我们邻居的真切关心，当它不受习惯的暴君所阻碍时，将促使我们给予他我们认为对他是真正好的东西，而天然的自我关心，会促使我们给予我们自己最想要的东西"。[②] 因此，在这些特定情况下，对经济福利的影响和对总福利的影响之间的缺口，只是部分地得到弥合。不过，就一般而言，它并不是这样被弥合的。

① 因而，西奇威克在经过认真的讨论所注意到："因此，似乎存在着一种严重的危险，即现代文明社会中每一成员财富的完全平等，将导致阻碍社会文化发展的倾向"（《政治经济学原理》，第 523 页）。

② 《实用伦理学》，第 20 页。

第9节

还有一个问题需要进一步加以考虑，其重要性已为最近的事实所证实。这个问题与亚当·斯密很久以前所强调过的富裕与防卫之间的可能的冲突有关。对可能实施的敌人的攻击缺少安全感，可能涉及一种非常可怕的“不满足”。这些事情不在经济学范围之内，但其风险却很容易受到经济政策的影响。毫无疑问，在经济力量和战争能力之间确实存在着某种不准确的一致性。正如亚当·斯密所说：能够从其国内工业的每年产出中，从其土地、劳动及消费品存货的年收入中，保留一部分资力向远方国家购买消费品的国家，可以支持对外战争。① 但经济和军事力量之间的这种一致性，是根本性的和一般性的，而不是直接的和完全的。因此，必须清楚地认识到，一国对农业、航运业及生产战争物资的产业所采取的政策对经济福利的影响，常常是其整个影响中的一个非常次要的部分。由于国防战略而对经济福利所造成的损害，可能必须予以接受。从经济上讲，这个国家向国外购买其大部分食品，而用其制造品去交换，同时保留2/3以上的耕地去种草，可能是有利的——在这种情况下，国家可以使用相对较少的资本和劳动，生产相应的较少的人类食物。② 在一个能够维持长期和平的世界上，这种政策在整体上也可能是有利的；因为较少比例的人口从事农业生产，并不必然地意味着较少比例的人生活在农村条件

---

① 《国富论》，第333页。

② 参见《德国农业的最新发展》，1916年版，第42页及书中各处。

下。但当考虑到进口可能由于战争封锁而被切断的可能性时，上面的推断结果未必能够成立。无疑，多年以来，德国承受经济上的损失，保护和发展生产的政策，使其在第一次世界大战中能够在一个较长时期内，抵抗英国的封锁；当然，尽管还有其他的防备方法，如建立庞大的国家粮食储备，但从政治观点考虑，是否在英国要给予农业以某种形式的鼓励，以在发生战争时，作为对发生食物危险的一种部分保障，现在仍然是一个有争议的问题。这个问题，以及类似的与物质和产业有关的其他问题，其对战争行为是至关重要的，不能仅仅根据经济方面的考虑就作出决策。

第 10 节

从以上的讨论中，我们可以很清楚地看出，从对经济福利的影响到对总福利的影响所得出的严密推论，是难以成立的。在某些方面，这两种影响之间的差异，是微乎其微的；但在其他方面，其差异则很大。然而，我还是认为，在缺乏某些特别知识的情况下，仍然还有进行概率判断的余地。当我们已经确定任何因素对经济福利的影响时，当然，除非我们有特别的相反的证据，我们可以认为，这一影响在方向上，虽然不必在数量，与对总福利的影响**可能**是相同的；而且，当我们已经确定，某一因素对经济福利的影响，较另一因素对经济福利的影响更为有利时，我们可以根据同样的条件得出结论说，这一因素对总福利的影响可能也更为有利。总而言之，我们可以这样假定——被艾奇沃斯称之为“未经证实的概率”——一种经济因素对经济福利的影响的质的结论，同样适用于对总福利的影响。当经验表明，所产生的非经济影响可能很小时，这一假设更具说服力。但无论如何，这种证明的责任将落在那些认为这一假设将被推翻的人的肩上。

第 11 节

显而易见，以上结果告诉我们，经济科学，当其进入充分发展阶段时，很可能为实践提供强有力的指导。不过，对这种意见，还存在着重大的障碍。当我们在上一节中所得出的结论被承认为有道理时，对其实际效用问题仍会产生疑问。有人可能会说，就算经济因素对经济福利产生的影响，在一定程度上可能代表对总福利产生的影响，但实际上我们并未得到什么东西。其理由如下：因为，对经济福利本身所产生的影响，不能由仅仅属于经济学范围之内的不完全的和有限的研究事先确定。其理由是，任何经济因素对经济福利所产生的影响很可能被非经济条件所改变，这种非经济条件经常以一种形式或另一种形式存在着，但它却不在经济学研究范围之内。J.S.穆勒在其《逻辑学》一书中已对此困难作了非常明确的说明。他指出，对事物的**某一部分**进行研究，在任何情况下，只能产生近似的结果，对此不能期望过高："对社会状态的任意因素所产生的任何影响，在相当大的程度上，要通过它而对其他所有因素产生影响。……我们绝不可能不考虑社会在其他各方面的状态，就在理论上理解或在实践中控制社会状态的任何一个方面。没有任何一种社会现象不是或多或少地受到同一社会的每一个其他部分的状态的影响，因此，也受到每一个影响其他任何同时出现的社会现象的因素的影响"。[①] 换句话说就是，经济因素的影响必

---

① 《逻辑学》，第 2 卷，第 488 页。

然部分取决于非经济条件,这样,比如说根据当时的一般的政治或宗教情况的性质,同一因素会产生多少不同的经济影响。由于存在着这种依赖性,显然,经济学上的因果命题仅能在这一条件下提出,经济范围之外的事物,要么保持不变,要么,至少其变化不超过某种规定的限度。这个条件破坏了经济学的实际效用了吗?我认为,在具有稳定的普通文化的国家中,如西欧各国的文化,这一条件几乎得到完全满足,从而使经济研究所获得的结果能够合理地在相当程度上接近于真理。这就是穆勒的观点。当他认识到"在任何特定社会中,文明及社会进步的一般状况必然对所有的部分的和附属现象具有最重要的支配地位"时,他断定,其直接决定因素主要是通过对财富的追求而起作用的部分社会现象,"至少是在最初,确实**主要**仅仅依靠一种情况"。他还补充说,"即使涉及其他情况时,对仅由于一种情况而产生的影响加以确定,要使其顺利的一次完成,然后再考虑其他限制条件的影响,就是一件非常复杂和困难的工作;特别是,当前者的某些固定组合与后一类不断变化的条件很容易经常出现时,更是如此"。[①] 对这种说法我没有什么要加以补充的。如果它被接受,那么本节所讨论的困难,就不再会使我们停止下来。用经济科学的方法确定经济因素对经济福利所产生的大概影响,未必就是不切实际的。因此,在以前各节中,在经济福利和总福利之间所架设起来的桥梁弃之不用。

① 《逻辑学》,第 2 卷,第 490～491 页。

第2章　欲望与满足

第1节

在上一章中，经济福利被广泛地认为是能与货币尺度建立联系的满足和不满足。现在，我们不得不注意到，这种联系不是一种直接的联系，而是通过欲望和厌恶传递的。就是说，一个人为获得一项物品所准备付出的货币，不能直接测度他将从该物品所得到的满足，而只能测度他获得该物品欲望的强烈程度。这其间的区别，叙述起来是很明显的，但对讲英语的学者而言，由于使用了效用一词——它很自然地与满足有关——表示欲望的强度，而变得有点模糊起来。因此，当一个人对某项物品的欲望较其他物品更为强烈时，就说它对那个人具有更大的效用。一些学者已尽力消除由于使用这一词所产生的混乱，用某个其他的词，如"合意"(desirability)来代替上述意义的"效用"。但"欲望"(desiredness)一词似乎更可取一些，因为它不会被认为有任何道德的含义，而且较少歧义。我自己将使用这个词。不过，文字上的争论还是个次要问题。主要的问题在于，我们仅在这样的条件下有权使用一个人愿意为购买两种不同的物品所花费的相对数量的货币，以检验这些物品对他所产生的相对满足，即，他所感觉到的对这两种物品欲望的强度之间的比率，等于他拥有这两种物品时对他所产生的满足的量之间的比率。但这种条件并不总是能够满足的。当然，我并不是通过这一叙述仅仅想要说明，人们由不同商品所获得的对满足的预期常常是错误的。这里的关键在于，除了这一点以外，这一条件有时会不起作用。西奇威克说过，“当快乐在对人的意愿产生刺激从而施加或大或小的影响时，我并不认为快乐（这显然也适用于除快乐之外的其他满足）恰好就与快乐刺激人采取行动维持或产生快乐成比例”。[①] 他又说，“我也不认为应该假定，直接获得的满足的强度总是与事先已存在的欲望的强度成比例”。[②] 这一点显然有很大的理论上的重要性。我们回忆起，通过分析不同的赋税和不同的垄断对消费者剩余的影响，从而对所有不同的赋税和不同的垄断进行比较，都暗含地假定，需求价格（对欲望的货币测度）也是对满足的货币制度，显然，它**可能**也有巨大的实践上的重要性。因此，在实际事实中它是否具有巨大的实践上的重要性，对此，我们必须加以考察。

第2节

我认为，我们可以以一种广泛的一般方式，比较有把握地从反面来回答这个回答。可以假定，大多数商品，特别是供个人直接使用的范围广泛的消费品，如食品和服装，是作为满足的手段而被需求，因而对其欲望的强度将与它们预期能产生的满足成比例。[③] 因此，对经济分析的大多数一般目的而言，目前做法，即把货币需求价格无差别地看做是对欲望的测度，以及作为对当所

① 《伦理学的方法》，第126页。

② 《T.H.格林的伦理学》，第340页。

③ 参见我的“论效用”，载《经济学杂志》，1903年，第58页及以后各页。

渴望的物品被得到后所感觉到的满足的测度，是不会产生多大损害的。不过，对这种一般性的结论，仍存在着极为重要的例外情况。

第3节

这一例外与人们对未来的态度有关。一般来说，每一个人都是更喜爱特定数量的现在的快乐或满足，而不是同等数量的未来的快乐或满足，即便是未来的快乐或满足必然会发生。但对现在快乐的这种偏好并不意味着，特定数量的现在的快乐就比同等数量的未来的快乐**更大**一些——这种想法是自相矛盾的——它仅仅意味着，我们观察未来的能力是有缺陷的，因此，我们是用缩小了的尺度去看待未来的快乐。这一正确的解释可用这一事实加以证明，即除了对未获得满足的小事有忘记的倾向外，我们在对过去进行回顾时，也会经历同样的缩小情况。因此，与同样确定的未来快乐相比，人们更喜爱现在的快乐并不意味着，如果未来的快乐被代之以同等价值的现在的快乐，将遭受任何的经济上的不满足。一个人的在今年消费而不是在明年消费的偏好的不满足，将被他的在明年消费而不是在今年消费的明年的偏好的满足所抵消。因此，没有任何事情能够抹煞这一事实：如果我们设置一系列完全相等的满足——是**满足**，而不是产生满足的事物——它们绝对肯定地都可以在从现在开始的数年内发生，那么，人们对这一系列的满足所怀有的欲望将是不相同的，而是由随着获得满足的年代愈久远，数量愈逐渐减少的尺度所代表。这种情况显示了极为深远的经济上的不和谐。因为它意味着，人们在一个完全不合理的偏好的基础上，在现在、不久的将来和遥远的将来之间分配其资源。当人们要在两项满足之间作出选择时，他们未必选择两者之中的较大者，他们常常选择在现在就能产生或获得的较小的满足，而不会选择从现在开始一些年以后才能产生或获得的更大的满足。这里所导致的必然结果就是，致力于遥远的将来的努力相对来说要比致力于不久的将来的努力要小得多，反过来，致力于不久的将来的努力又比致力于现在的努力要小得多。例如，假设一个人的观察未来的能力是这样的，他对完全肯定会出现的未来的满足，每年要打5%的折扣。那么，如果一定努力的增加，不论是为现在工作还是为明年或10年以后工作，均导致相等的满足的增加，他将不会为明年或10年以后工作；如果一定努力的增加，使明年产生的满足的增加，是现在满足增加的1.05倍，是10年后的$(1.05)^{10}$倍，他才会为明年或10年后工作。由此可见，人们事实上所享受的经济满足的总量，要比下述情况下可能得到的要少得多：如果人们观察未来的能力没有被扭曲，相同的满足，不论其预计出现的时期如何，可在相同欲望强度中得到。

第4节

但这还不是问题的全部所在。由于人类的寿命是有限的，相当长的时期以后所形成的工作成果或积蓄，不能被应该享受它们的人所享用。这就意味着，与其欲望相联系的满足不是他自己的满足，而是其他人的满足，很可能是直系继承人，他认为他的利益几乎与他自己的利益相等；也可能是在血缘上和时间上离他都很远的什么人，对他们他大概不会有丝毫的关心。可见，即使发生在不同时间的对**我们自己**有相同满足的欲望是相同的，我们对未来满足欲望的强度常常也要小于对现在满足欲望的强度，因为未来的满足很可能不是我们自己的满足。未来满足可能成为事实的时间愈遥远，这种差异则愈发重要；因为所间隔时间的任何增加，不仅增加了本人，而且也增加了可能与自己有最密切的利益关系的子女、近亲及好友死亡的可能性。① 毫无疑问，这种对遥远的收益的投资的阻碍已被证券交易的方法所部分地克服。如果现在投资 100 镑，预期 50 年后比方说按 5%的复利归还，原来提供这 100 镑的人，可能在一年以后，将其对最后成果的权利以 105 镑出售；从他那儿购买的人同样可以在一年以后按 5%的利息收回他的 105 镑的资本；其余依此类推。在这种情况下，这一事实无关紧要：即与一个人把 100 镑存一年所要求的利息相比，需要有更高的利息，才能诱使他把同样的钱存 50 年。当然，在实际生活中，这种方法应用的范围十分有限。例如关于投资问题，如在自己的庄园上营造一片森林，或修建排水设施，这些工作仅能由个人来完成，这种方法就根本不适用；即使投资是由一家公司来进行，投资者也不能真的期望无股息证券有一个平稳和连续的市场。

---

① 如果用 k 表示将 1 镑留在我的继承人手上与我自己手上相比的重要性的分数，用 $\phi(t)$表示从现在起我将活 t 年的概率，那么，现在的 1 镑对**我或我的继承人**来说等于那时对我来说的确定的 1 镑乘以$\{\phi(t)+k(1-\phi(t))\}$. 显然，$\phi(t)$或 k 的任何增加，将导致它的增加。

如果通过预期中的命运或性格的变化，7 年之后 1 镑预计等于现在的 1 镑乘以$(1-\alpha)$，那么，对我来说，那时通行的确定的$\{\phi(t)+k(1-\phi(t))\}$镑对我来说就等于现在通行的$(1-\alpha)\{\phi(t)+k(1-\phi(t))\}$镑。因此，如果我肯会永远活下去，而且家境和性格不变，对我的继承人而言，确定的 1 镑将如上述的数量那样具有说服力，可以用于投资。

第 5 节

在实际生活中，欲望与满足之间的这些差异对经济福利所造成的损害，表现在它们阻碍了新资本的创造力，并怂恿人们用光现有的资本，为目前的较小利益牺牲未来的较大利益。当行为和后果之间的时间间隔较长时，其主要影响总可以被感觉到。例如，关于对投资的阻碍，吉芬曾这样写道："从长期看，可能没有任何一项工作比在爱尔兰和不列颠之间修建一条隧道对社会更为有利，其开拓的全新的交通方式，极具商业价值和战略意义，但在短期内，不可能使个别企业家获利"。许多其他的较大事业，如造林或供水工程，其收益期非常遥远，由于对未来满足欲望的冷漠，同样受到阻碍。[①] 这种对未来欲望的冷漠，也表现在对自然资源的浪费性开发上。有时，人们为了获得他们所需要的资源，其所采用的手段，对未来而言，所破坏的远比所得到的要多得多。如对最好煤层的急功近利式的开采，使得较差但仍有开采价值的次好煤层被掩埋起来而无法开采；[②]捕鱼活动也是这样进行，以致根本不考虑鱼的产卵期，从而使某些种类的鱼面临绝种的威胁；[③]农业活动也是

① 关于这一点，以下引自诺普所著的《城市商业的原理与方法》一书中的一段话是颇有趣味的："为增加城市供水，很可能需要 10 年或更多年的连续工作。这意味着，在若干年之内，一笔很大数目的资本将不产生利润，从而严重影响这一事业的利润，从而使董事会在考虑任何大型计划时，持极为谨慎的态度……。几乎不可想象，一家自来水公司会实施宏大的计划，使曼彻斯特市从相距约 96 英里的坎伯兰郡的瑟尔米尔湖取水，使利物浦从相距约 78 英里的北威尔士的韦尔努伊湖取水，使布赖顿从相距约 80 英里的中威尔士的伊兰河谷(Elan Valley)取水"(所引书第 38 页)。

② 参见齐奥扎—玛尼，《国有化的胜利》，第 199 页。

③ 参见西奇威克，《政治经济学原理》，第 410 页。

掠夺式经营，以致耗尽了土壤的肥力；这些都是这方面的例证。一代人，虽然同他们自己所获得的东西相比没有破坏更多的现实资源，但如果为了微不足道的目的，用尽一种自然产品，而这种自然产品现在虽很丰裕，但对未来后世，甚至对极为重要的目的而言，很可能变得稀缺且不易获得，从对整个经济满足造成损害的意义来说，这也是一种浪费。此类浪费的例子如下：将大量的煤用于高速船只，以少许缩短本已是很短的航行时间。我们把开往纽约的航行时间缩短 1 小时，或许是以我们的子孙后代再也不能做这样的航行为代价的。

第 6 节

人们自然而然地倾向于将其过多的资源用于现在的服务，而将过少的资源用于未来的服务。鉴于有这种“自然”趋势，除非政府在分配方面进行利益补偿，否则，政府进行任何人工干预以支持这种趋势，必将减少经济福利。因此，在这种情况下，与对支出进行征税相比，所有对储蓄进行差别对待的征税，必将减少经济福利。即使不对储蓄进行差别对待，储蓄也会很少，进行差别对待，储蓄就会更少。财产税，以及遗产税，显然是在对储蓄进行差别对待。英国的所得税，虽然看起来似乎是中性的，事实上，正如它在别处所显示的，也属于这种情况。[①] 以上分析表明，显然有理由缓和这些税收中的差别因素。因此，以下建议值得仔细加以考虑：免除储蓄的所得税；对一些重要的支出项目，课以重“间接”税，以使

① 参见拙著《财政学研究》，第 2 篇，第 10 章。

财产税保持平衡;对前 20 年中作出的改良免除地方税;等等。但在建立一套切实可行的税收制度时,得考虑在拥有不同财富的人之间何谓"公平",以及哪些措施在管理上是可行的。这些考虑可能迫使我们接受对储蓄实行差别对待的方法,尽管我们知道,这种差别对待的方法本身是不可取的。①

第 7 节

我们的分析也表明,通过正确选择某种程度的**有利于**储蓄的差别对待,也可以使经济福利得到增加。当然,没有人会认为,国家应当迫使其公民作出决定,如此多的现在和未来的客观存在财富具有完全相同的重要性。鉴于生产力发展的不确定性,不要说国家及人类本身最终必将灭亡,即使是在极端主义者的理论中,这也不是一项健全的政策。但人们普遍赞同,由于我们对未来的不合理轻视,以及由于我们更偏爱我们自己而不是子孙后代,因此,政府应**在某种程度上**对未来的利益加以保护。美国的所有"保护自然资源"的运动,都是基于这一信念。显然,这是政府的责任,因为政府是其现在公民的受托人,也是未出生一代公民的受托人,它有责任去看护,如有必要的话,通过制定法律去保护国家的可耗尽的自然资源被轻率鲁莽和毫无顾忌地破坏。政府本身在多大程度上用税收,或公债,或通过利息收益保证的办法,促使资源得到利用,如果任由企业自由选择的话,将无人从事资源的利用,这将是

① 例如有两个人,他们每人每年的支出为 450 镑,但第一个人每年的收入为 1,000镑,而第二个人每年的收入为 500 镑,从公平的观点看,反对向他们征收相同的税,是绝对有道理的。

一个更为困难的问题。显然，如果我们假定政府有足够的能力，那么就有一个令人信服的理由，对投资应进行**某种**人为的鼓励，特别是对那些在隔了许多年之后才开始有收益的投资应进行鼓励。但是，我们必须记住，只要人们能够自由决定他们将做多少工作，那么使用财政手段或任何其他手段干预人们使用资源的方式（这些资源是其工作给他们带来的），那么，这种干预**可能**导致人们减少这种工作的总量，从而减少那些资源的总量。总之，这并不是说，由于一个目前将其收入的 1/10 用于投资的人，**选择**将其收入的一半用于投资，经济福利将会增加，**因而**，通过立法机关的法令，或通过税收和补贴诱使他作出这种改变，也能增加经济福利。

第 3 章　国民所得

第 1 节

一般而言，经济因素都不是直接地、而是通过经济学家称之为国民所得或国民收入的经济福利的相应客体来对一国的经济福利产生影响的。正如经济福利是总福利中与货币尺度直接或间接有关的那一部分一样，国民所得也是社会客观收入中，当然包括得自国外的收入，可以用货币加以度量的那一部分。因此，经济福利和国民所得这两个概念是对等的，因此，对它们之中任何一个概念的内容的叙述，也就是对另一个概念的内容的相应的叙述。在上一章中，我们已经说明，从根本上说，经济福利这个概念是有弹性的。同样的弹性标准也适用于国民所得的概念。只有把武断的界线强加到自然所体现的连续性上，才能明确地界定这一概念。显然，在没有想出其他更好的办法的情况下，我们可以说，国民所得是由许多客观存在的劳务构成的，其中一些劳务由商品体现出来，而另一些劳动则是直接提供的。我们可以最为方便地把这些物品称为财货——不论其是非常容易腐败的还是耐用的——和劳务，当然，必须了解，一项劳务如已被计算进在其帮助下而制成的财货中，如钢琴或面包中，其本身则不能再作为劳务计算。但每年产生的**哪一部分**劳务流量，或财货和劳务，通常可以被包括在国民所得之内，却还不十分清楚。这也是我们现在所要讨论的问题。

第2节

首先所想到的答案是，那些财货和劳务，而且只有那些实际上能够被卖钱的财货和劳务才能被算做国民所得（当然，应避免重复计算）。看起来，这种方法最有可能使我们利用货币的度量尺度。但不幸的是，由于这种方法的对称性，某些根据这一方法应被排除在外的劳务却与某些被包括在内的劳务紧密相联，甚至交织在一起。从本质上说，买来的物品和不能买来的物品相互之间在性质上并没有什么区别，一项不能购买的劳务经常转变为能够购买的劳务，反过来也是这样。这造成了许多悖论。因此，如果一个人租了别人的房屋和家具，则他从他们那里获得的劳务将被计入国民所得，正像我们在这里暂时规定的那样，但如果他是作为礼物而接受了房屋和家具，并继续占有它，就不再被计入国民所得。其次，如果一个农民卖掉他自己农场的产品，从市场上买回他所需要的他全家人的食品，则大量产品将被计入国民所得，如果他不从市场上购买东西，而是留下一部分肉和蔬菜在农场自己消费，那么，这部分产品则不再计入国民所得。最后，由教会人员和主日学校教师这些无酬组织者所做的慈善性工作，无私的实验者所做的科学工作以及有闲阶级中的许多人所从事的政治工作，目前都没有计入国民所得，或者，当他们有名义报酬时，所计入的国民所得也较其实际价值低得多，如果那些人同意相互支付薪水，则计入国民所得。因此，例如法律规定议员的报酬，则国民所得将增加价值约250,000镑的劳务。最后，妇女所提供的劳务，当它们被用于交换时，无论是和工厂进行交换，还是和家庭进行交换，均被计入国民所得,但当劳务是由母亲和妻子无偿向其自己的家庭提供时,则不被计入国民所得。因此,如果一个男人和其女管家或其厨娘结婚,国民所得就要减少。这些事实都是些悖论。这也是悖论:当济贫法或工厂管理条例使女工由工厂工作或有酬的家庭工作转向无酬的家庭工作,照料老老少少,忙于一日三餐,缝缝补补,精心算计着家庭费用的支出,等等,按照我们的定义,国民所得遭到损失,对此,并未提出任何补偿利益。① 最后,这也是一个悖论:为了寻找煤或黄金,或由于更为刺眼的商业广告,常常亵渎了自然美景,根据我们的定义,国民所得并未受到损失,虽然,如果像某些例外情况那样,实行对观赏风景征收费用,国民所得就不会不受到损失。②

第 3 节

考虑到上述种种缺点,显然,它们具有一定的代表性,可以在一定程度上强调它们,以反对任何国民所得的定义,除非一个定义

---

① 如果根据以上论述我们就推断出,战争时期妇女大量进入工业部门,与工业之外的差不多相等的劳动的损失相联系,那就错了。因为,首先,大量的战争工作是由以前基本上不做任何工作的妇女来承担的;其次,进入工业部门工作的妇女的位子,又大部分被以前很少工作的其他妇女所占据——例如,许多由仆人伺候的主妇自己取代了仆人的位置;再其次,战争时期,由于丈夫和儿子不在家,如果她们没有进入工业部门工作,她们必须做的家务工作,也比平时要少得多。

② 1907 年的广告管理法允许地方政府制定地方性法规,用以防止户外广告对风景区的自然美或公园或休闲散步场所的舒适和雅致造成不利的影响。关于这方面我们应该注意,这并不是由于有轨电车地下供电、系统费用较为昂贵而反对地下供电制、赞成地上供电制的决定性理由。伦敦市政会由于审美方面的原因,慎重地选择了费用较高的地下供电系统。

在范围上能与财货和劳务的整个年流量完全一致。但是,采用那样一个范围广泛的定义,无疑等于放弃依靠货币的度量尺度。因此,我们不得不要么全部放弃任何形式的定义,要么采取一种折中的办法。前一种办法,虽然有时较所能允许的有更多的可予以说明,但即使不会导致混淆,也必然会引起怀疑。所以,从整体上看,后一种办法似乎更为可取。我计划采用的方法如下。首先,根据马歇尔所确定的前例,我将采用英国所得税委员会所提出的国民所得的定义作为国民所得一词的标准定义。因此,我把人们用货币收入所购买的所有物品,连同个人从其自有并自行居住的房屋所获得的劳务,都包括在国民所得之内。但"个人向自己提供的劳务,以及他无偿地向其家庭成员或朋友所提供的劳务;他由使用他自己个人的财货(如家具和衣物)所获得的好处,或由使用公共财产,如免收过桥费的桥梁所获得的好处,并不作为国民所得,而是单独计算"。① 其次,当以这种方式确立国民所得的标准定义时,我保留充分的自由,并适当告诫,在讨论任何问题时,由于机械使用这一标准用法而受到妨碍甚至受到损害,在任何场合我都将在广泛的意义上使用该词。毫无疑问,这种折中方法非常难以令人满意,但不幸的是,情况就是如此,目前似乎还没有找到更好的办法。

第4节

以上结论并没有完全解决我们的问题。考虑一下与国民所得

① 马歇尔,《经济学原理》,第524页。

有关的各种问题，还有另外一个问题必须解决。可以用两种明显不同的方式去理解国民所得：可以把国民所得作为当年所**生产的**商品和劳务的流量，或把国民所得看做是当年进入最终消费者手中的流量。马歇尔采用的是前一种观点。他写道："作用于其自然资源的一国的劳动和资本，每年生产一定的物质的和非物质的包括各种服务在内的商品总净额。这是该国每年的真正纯收益或净岁入，或国民所得"。[①] 当然，由于厂房和设备每年都在损耗，在所生产的全部商品中，必然考虑到了这一磨损过程。为了使这一点更为清楚，马歇尔在其他地方作了进一步的补充："如果我们主要是要考察一国的收入，我们就必须考虑到产生收入的资源的折旧"。[②] 具体地说，他的国民所得的概念包括所生产的全部新物品和所提供的未体现在这些物品中的所有服务的清单，以及作为负的因素，连同资本存量所遭受的所有损耗的清单。另一方面，深受费雪教授[③]影响、像他一样认为储蓄在任何情况下都不是收入的任何一个人，将仅仅把那些最终进入消费者手中的商品和服务看

---

① 马歇尔，《经济学原理》，第523页。

② 同上，第80页。

③ 费雪教授自己的立场是：国民所得或国民收入，仅仅包括最终消费者所获得的**劳务**，而不论是从其物质环境所得，或是从其人类环境所得。因此，今年为我制造的一架钢琴或一件大衣，并不是今年收入的一部分，而是资本的增加。只有这些物品今年向我提供的服务，才是收入（《资本和收入的性质》，第104页及以下各页）。从数学的角度来看，这种观察事物的方法显然是很有趣的。不过，它所造成的与语言的惯常使用的严重背离以及由此而引起的混乱，好像超过了由于逻辑清楚而得到的好处。如果我们拒绝采用费雪教授的方法，则很容易陷入前后矛盾之中；但不必非如此做不可。如果我们不这样做，那么定义的选择就不是一个原则问题，而仅仅是从方便考虑。

做是国民所得。[①] 根据这种观点，马歇尔的国民所得所代表的并不是真实的**已经**实现的国民所得，而是如果该国的资本保持不变情况下**能够**实现的国民所得。在任何一个产业中新增加的机器设备和厂房恰好抵消由于磨损而造成的损失而并无多余的静止状态下，这两种物品**实际上**是相等的。有关国民所得的任何一种定义，将仅仅包括进入最终消费者手中的商品和服务的流量；因为，在生产过程的较早阶段进入工厂和商店的所有新材料，恰好等于进入制成品中的对应物；所有新增加的机器设备和厂房，恰好替代这一年被损耗的相应的机器设备和厂房而无任何多余。但实际上，一国的产业几乎不可能处于这种静止状态。因此，有关国民所得的这两种说法，从**本质**上说是很难相同的，而且，从分析的意义上讲，它们也不可能相同。所以，对这两种说法如何加以取舍，便成为了一个重要问题。

第 5 节

在我看来，对这个问题的答案完全取决于我们使用这个概念的目的。如果我们的目的是一个社会在长期连续的几年内所获得的经济福利的相对数量，并正在寻求与这一系列数字适当关联的客观指数，那么，毫无疑问，费雪教授所提出的概念就更为合适。当我们考虑的是一国如何能在有限的几年内进行一场战争，这个概念也比另一个概念更合适；因为，为了这个目的，我们需要知道

① 为前后一致起见，有必要把所有者建造的用于自住的新建房屋从收入一项中除去，并把它们移至资本项目下，如果其年租金的货币估计值已被包括在收入中的话。

能被挤出和“消费”的最大数量是多少，我们并不以资本必须保持完好无损为前提。不过，本书的大部分篇章，并不是同战争有关，而是同和平有关，并不是同计量有关，而是同原因有关。我们所研究的问题的一般形式是：“对整体经济福利所产生的某种影响，是由对1920年的经济环境产生影响的某某原因造成的吗？”现在，人们一般都认为，这种原因要通过国民所得才能发挥其影响，而且，要直接叙述这种影响也不得不提到国民所得。因此，我们要考虑一下分别采用这两种概念所引起的后果。按照费雪的追随者的方法，我们不仅必须确定这个原因对1920年的国民所得所造成的差异，而且必须确定其对1920年以来各年国民所得所造成的差异；因为如果这种原因导致了新的储蓄，那么，正如费雪的追随者们所理解的，只有通过对随后各年对国民所得的影响的说明，才能加以正确的判断。因此，根据他的看法，如果一家庞大的新工厂在1920年建成，那么，计入1920年国民所得的，就不是这座工厂的资本的确立，而仅仅是这座工厂所提供的服务的流量；而且，建立这一工厂的总的影响，如果不计算连续几年的国民所得，就不可能测度。根据马歇尔的方法，这种不方便之处就可以省掉了。当我们按照他的意思，阐述1920年国民所得所产生的影响时，毫无疑问，我们已经把它们对1920年及其以后所有各年的消费的影响（在这些影响可以被预期的情况下），包括在内了；因为这些影响已反映在为工厂提供的资本上。其对消费的**直接**影响，按照费雪的追随者的理解，由1920年国民所得的变动去测度。但经济福利和经济原因是通过总消费，而不是通过直接消费联系在一起的。因此，总的说来，马歇尔关于**国民所得**的定义很可能证明比另一个定义更有用，我将在本书的以后各章中采用这一定义。费雪的追随者用那样一个名称所称呼的实际存在的事物——当然，它也是非常重要的——我们可以把它称为**消费品的国民收入**，或者，干脆更简单点儿，称其为**消费收入**。

第 6 节

这样，我们已就国民所得的具体内容获得了一个定义，这个定义虽不太令人满意，但相当明确。这一定义为评价国民所得的方法带来某种明显的意义。其中，最重要和最明显的意义是，在计算一项制成品的价值时，不能把用来制造该产品的原材料的价值也计算在内。在《1907 年英国产品统计》中，十分仔细地避免了这种重复计算的方法。产品统计的负责人对其方法作了这样的解释：从任一产业或产业集团的总产值中，扣除所使用的原材料的总成本，并扣除向提供劳务的其他厂商所支付的数额，这样所获得的数字，为方便起见，可以将其称之为这一产业或产业集团的“净产值”。这个数字“完全和没有重复地代表了被视为一个整体的该产业或产业集团的产品（正在加工的）价值超过了从外面购买的原材料的（正在加工的）价值的总数，即，代表了在生产过程中增加到原材料上的价值。这笔总数构成了任何产业的利润以及一笔基金，工资、薪酬、租金、开采权使用费、地方税、各种税赋、折旧和其他所有类似应付款项都要从其中支付”。[1] 但当想用它来对国民所得整体作出评价时，这些扣除仍嫌不足。在实现转换的过程中，在用来制造面包的面粉和用来制造面包并被磨损的制面包机之间并没

① （敕令书，6320），第 8 页。

有任何实质性的区别。在计算国民所得的总数时，如果把面粉和面包加在一起，就会重复计算，把机器和面包加在一起也是这样。正如马歇尔所说，“从逻辑上讲，我们应该减去纺织厂所购买的纱线和织机。其次，如果工厂本身被看成是建筑业的一项产品的话，其价值也应（在一段时期内）从纺织业的产出中被减去。农场建筑物也是如此。农场房屋当然不应计算在内，为某些用途而在这一产业中被使用的所有房屋都不应被计算在内”。[①] 从更为广泛和一般的意义上讲，正如《生产统计》所规定的，这些考虑可以通过从各产业的净产品总值中减去代表各种机器设备每年的更新和修理费的每年的折旧值来实施。[②] 因此，如果某种特定类型的机器在10年内报废——陶西格教授对轧棉机平均寿命的估计[③]——那么，10年后，国民所得的价值同净产品总值的差，就是这种机器的价值。[④]

① 马歇尔，《经济学原理》，第614页。

② 参见弗勒克斯，《统计季刊》，1913年，第559页。

③ 《经济学季刊》，1908年，第342页。1907年的《生产统计》报告赞成这样一种观点，一般来说，建筑物和设备的平均寿命为10年，是合理的。

④ 在较大的个别资产项目需要相当长时期才予以替换的产业中，通常的做法是，在这种资产的使用年限内，每年提取折旧费，来积累折旧基金，以满足这种需要。对每年以几乎相等的数量磨损的机器，杨教授认为，如果每年所需要的更新和修理能够适当地加以提供，仅使用这种方法就可使资本保持不变，从而也就不需要折旧基金（《经济学季刊》，1914年，第630页及以后各页）。的确，通过这种方法，在机器设备运行过一段时间后，资本还能保持在上一年的水平上。但杨教授本人认为，在静态条件下，一套机器设备安装一段时间以后，一般将大约会有一半的磨损（前引书，第632页）。如果磨损过半的机器设备，也就是指已达到其正常使用年限一半的机器设备——从技术上讲，只有与新机器设备相同的效率，这一事实并不伤及他的结论。但当机器设备的效率随着使用年限增加而递减时，情况就不一样了。如果要把资本维持在**最初投资**时的水平上，那么，不仅需要提供所需的更新和修理，而且，必须保持固定的折旧基金，以补偿崭新的机器设备和已达到其平均有效使用年限一半的机器设备之间的价值差（参见1915年2月《经济学季刊》所刊载的“折旧和管制率”一文中，杨教授和J.S.戴维斯先生的讨论）。

另一方面，由于各种农作物都要降低土壤的生产力，所以，国民所得的价值同净产品总值的差，就是恢复土壤所失去的化学成分的成本。[①] 同样，当从土地中挖掘出矿物时，要进行一项扣除，这项扣除等于该年被使用的矿石在其原来情况下的价值——从理论上讲，由为进行开采活动而支付的矿山开采权使用费代表——超过其被使用后留给该国的价值。如果“使用”表示出口，以交换不作为资本使用的进口物品，那么，后者的价值为零。从另一方面讲，如果它意味着，这将导致自然界奇迹般地把矿物变成比它在矿山中具有更大价值的某种物品，那么，为了从净产品的总值中获得国民所得的价值，我们将需要增加、而不是减少某种物品。对我们当前的目的来讲，这些说明已很充分了。关于“保持资本不变”这一看法的明确含义，是一个十分细致的问题，我们留待下一章详细讨论。

第 7 节

以这种方式评估的国民所得——当然，必须计算从国外获得的收入的价值——和社会所获得的货币收入之间的关系，尚需考虑。从表面看来，我们可以期望这两笔数目在本质上是相等的，正如我们可以期望一个人的收入和其支出（包括投资在内）相等一

① 卡弗教授就美国的情况写道，“就这个国家而言，在其他情况不变的情况下，如果农民不得不购买肥料以保持其土壤的地力而不使地力耗尽的话，很可能整个工业都已经破产了……普通农民从未（直到 1887 年）考虑过将土壤的这种部分耗竭作为其农作物的一部分成本”（参见《美国农业概要》，第 70 页）。但资本的这种损失，必须计入由于土地的开拓而引致的资本收益中。

样。如果正确记账,显然情况会是如此。但是,为了使这两笔数目相等,有必要把社会的货币所得作如下规定:把个人作为礼物所获得的全部收入(这种礼物又不能提供可以列入国民所得目录的任何劳务)排除在外——例如,孩子从其父母那儿所得到的所有零花钱。同样,如果 A 以 1,000 镑向 B 出售现有财产或财产权,这 1,000镑如果已经作为 B 的收入的一部分,就不能再作为 A 的一部分收入。当然,这些观点很容易为人们所理解。但是,某些进一步的含义却很少为人们充分了解。因此,必须把由养老金和特别战争抚恤金构成的收入排除在外;虽然应正确地把普通公务员退休金包括在内,"因为这些退休金可以说相当于工资,而且这种退休制度仅仅是向提供当前劳务的那些人支付较高工资的一种替代办法,以使这些人能够获得他们自己的退休金"。[①] 以本国债权人从被"非生产性"使用的贷款所获得的利息所形成的全部收入,即,在这些贷款的非生产性使用中,贷款本身并没有导致以货币出售的劳务的产生(如用于修建铁路的贷款可以导致以货币出售的劳务的产生)从而不能列入按货币评估的国民所得,也必须排除在外。这就意味着,也必须把作为战争贷款利息而获得的收入排除在外。这一建议也不可能推翻这个结论:花在战争上的钱是真正的"生产性的",因为它间接地防止了对物质资本的侵害和破坏,而物质资本现在正在生产商品以换取货币;因为根据这种方法,战争支出可能生产的任何产品——同样的观点适用于兴建学校的支出——已被计算进物质资本所赚取的收入中。其次,以暴力或欺

① 参见斯坦普,《财富和纳税能力》,第 57 页。

骗行为获得的收入，由于不能提供任何真正意义上的劳务，似乎不应被计算在内。此外，在向政府所作的支付上，还存在某些困难。统治机构，不论是中央统治机构还是地方统治机构，由它们提供劳务而以纯利润形态获得的货币，如邮局或市内电车服务的利润，显然应被计算在内。另一方面，财政部以所得税或遗产税的形式所获得的收入，显然不应被计算在内，因为这种已被算作私人手中的收入，并没有因其提供了任何劳务而以支付的形式被转移至财政部，而仅仅是作为纳税人被转移至财政部。不过，财政部所征收的超额利润税（目前已被废止）和在英国营业的公司税，则与此不同，应被计入。因为，公司和个人的收入是按照在已缴纳这些税收之后的余额而被计算在内的，所以，如果由它们所代表的收入不被计入国库之中，那么它们再也不可能被计入了。[①] 最后，国库从关税和消费税中获得的大部分收入，虽然看起来似乎很矛盾，也应被计入，尽管它们在纳税人手中时已被计入，而且它们并不是由于任何劳务而被支付的。其原因在于：纳税后的货物的价格（我们假定）已上涨至近乎税收的数额，因此，除非该国的总货币收入也按照这种方式计算，即作相应的增加，这种总的货币收入除以物价，即该国的实际收入必然由于征收这些税而显得减少，尽管在事实上和以前一样多。[②] 当该国的名义货币收入按照这种种方法进行"修正"时，结果将相当接近于根据以上提出的方法所估计的国民所得

① 斯坦普，《财富和纳税能力》，第 55～56 页。

② 为什么仅仅是国库在这一项目下的大部分收入而不是全部收入被计算为收入，其理由在于：(1)商品税并不是总是以其全部数量提高物价；(2)它可能间接导致生产的缩减。

的价值(包括得自国外的收入)。[①]

① 但值得注意的是,文中所提出的限定条件,仍使一个矛盾未得到解决。如果一项劳务,到现在为止,已向商人征收了劳务费。这种劳务费属于这样一种性质,它在被计入之前,已被合法地作为商业费用而予以扣除,并且通过增加所得税来支付和提供,那么,虽然实际收入未变,然而该国的货币收入增加了(参见斯坦普,第52～53页)。消除这种矛盾的惟一办法是,允许商人扣除所有劳务的成本,**如果是作为劳务费支付的**,则算作商业费用,而不管其实际上是否是作为劳务费支付的。

第 4 章　保持资本不变的意义

第 1 节

现在，我们要讨论在上一章第 6 节中被推迟讨论的有关“保持资本不变”的确切重要性的问题。受我们所承继的传统的限制，我们不把消费者手中的某些物品——住宅除外——看做是耐用的资本品，尽管就给予劳动者的就业机会而言，例如，一辆属于除自驾者之外的任何人的汽车，同一辆属于出租公司的汽车，是无法加以区别的。但是，这只是一个次要问题。就当前的目的而言，资本的确切意义是什么是无关宏旨的。不管我们如何解释它，它就像一座湖泊，作为储蓄结果的许多各种不同的物品，正源源不断地注入其中。这些物品，一旦进入湖泊，便根据它们各自的性质和它们遭遇的不同命运，在其中存在不同的时间。其中，有些物品，像精心建造的工厂，寿命较长；有些物品，如机器，寿命不太长；有些物品，如用于制作消费品的原材料或用于燃烧的煤炭，寿命则很短。当然，在这种逻辑关系的意义上的寿命的长短，是**作为资本**，在工业机器运转发挥作用时寿命的长短，而不是在没有人干预的情况下，一件物品所享有的寿命。如煤炭，如果任其自生自灭，会不改变形状存在无限久远的年代；不过，在资本之湖中，煤炭所能享受到的“寿命”，即其进入和退出之间的时间，仍然几乎总是非常短暂的。进入这个湖中的所有物品，最终会再次从中离去。某些物品，可以说以其本身作为原材料体现在某些制成品中，如当棉纱作为衣料、服装出现时就是这样。但是，退出并不总是，或实际上通常也不是，通过原来进入的实际要素的向外流出的形式进行的。当煤在熔化铁的过程中被燃烧，而铁最终被用于制造刀具时，是刀具而不是煤炭本身体现了煤炭的“效力”，是刀具本身离开了资本之湖。当然，是在制造制成品中被磨损的机器的“效力”本身而不是机器本身，以同样的方式离开了。但任何事物无论以一种形式或另一种形式进入，也要离开。只要它有任何一点儿含量，势必总是要有一条溪流流出此湖，事实上，也总会有一条溪流流入此湖。在任一瞬间，它里面的东西，包括过去流入湖中的所有物品**减去**已经流出的物品。从理论上说，将其列一个清单，并逐日加以评估是可能的。当我们联系国民所得的定义谈到需要“保持资本不变”时，对我们已描述过的此湖的所含之物的连续的清单和连续评估之间关系的**某种含义**已被包括在内了。本章的任务旨在搞清楚这些含义究竟是什么。

第 2 节

对我们当前的目的而言，显然保持资本不变并不要求此湖所含之物的货币价值也将保持不变。人人都会同意，在计算国民所得时，这种价值的某种变化不必予以注意。因此，如果由于任一年货币供给的减少，全部的货币价值都大量地减少，资本存量的货币价值将同其余的一起减少：但不会有人同意，在估计国民所得时，这种减少也被计算在内。其次，马歇尔曾经说过：“已经包含在改良土壤或建造房屋、建设铁路或制造机器中的资本的价值，是其预计未来净收入的贴现价值总额”。[1] 这句话的意思是说，如果一般利率上升，那么，在其他情况不变的情况下，资本存货的货币价值将减少，而这种减少同国民所得的大小无关。当资本存货中的某些项目的价值，由于人们对他们协助生产的某些物品的偏好下降，或由于外国竞争者以降价来提供这些物品而下降时，我认为，这种下降也不应该被认为与国民所得的大小有关；当一项新的资本设备的建成减少了现有设备的价值时，相同的结论也能成立；例如，当电灯厂的建设使相邻的煤气厂的价值下降时，或当新式战舰或新式制鞋机器的采用使现有的战舰或制鞋机器过时时。事实上，我认为，我们可以相当一般地讲，资本存货中的任何部分的货币价值的所有减少而其实质保持不变，那么，这种减少与国民所得无关；而且其产生与保持资本不变是完全一致的。

第 3 节

根据以上所述，乍看起来似乎保持资本不变必然意味着，位于资本之湖的物品清单的实质状态保持不变。显然，如果这一清单不以任何方式改变，那么，资本在绝对意义上也保持不变；而且，如果某些物品已不在清单，那么，它在绝对意义上说，就不再保持不变。不过，对本文分析的这一特定目的而言，保持资本不变并不意味着绝对意义上的保持不变。正如这种说法在这里被理解的那样，实物资本存量的**某种**减少，将必须与其保持不变相一致。因为我们必须时刻记住，我们所关心的是为国民所得下定义而又不背

① 马歇尔，《经济学原理》，第 593 页。

离马歇尔所习惯使用的说法。因此，假设地震或一敌国的袭击在一年内摧毁了我国积蓄的财富存量的一半，从而就得出结论说，我们的国民所得因此自动成为了负数，这将是自相矛盾和不便的。我们宁愿必须说，这种损失是资本账户的损失，而不是收益账户的损失。换句话说，虽然这种损失当然与任何字面意义上的保持资本不变不相一致，但与国民所得的评估并非无关。因此，对我们的目的而言，保持资本不变必须在这种意义上予以**界定**，即并非绝对的，而是仅当这种特殊类型的损失不发生时保持资本不变。

第 4 节

或许，人们可能认为，这将引起一连串无穷无尽的进一步的搪塞和含糊其辞。例如，由火灾所造成的房屋的损失，或由风暴所引发的船舶的损失，将被置于同刚才所讨论的损失相同的地位。但情况并非如此。除去上节所述的灾害型的破坏之外，所有资本的解体对其使用来说，其实都是难免的，并已被包含在国民所得的生产之中。这对机器和设备在发挥其作用时所要经历的一般磨损来说，显然是非常正确的。除使用外，由于时间的流逝而造成的损害，亦属于相同的情况；因为受所经过的时间的制约，是使用的必要条件。甚至火灾和风暴的意外事故也属于同样的情况；房屋的使用必然包含着发生火灾的风险，船舶的使用也必然包括遭遇风暴的风险。在所有这些形式的资本损失被扣除之前，国民所得没有被准确计算。因此，在我们的意义上的保持资本不变与绝对意义上的保持资本不变是一样的，除了由“上帝的行为或国王的敌人的行为”所造成的损失不必予以补偿。

第 5 节

现在，我们已经得出了这样的结论：对我们的目的而言，保持资本不变要求资本存量中所有一般的实质破损应予以补偿。不过，我们所说的补偿的确切含义又是什么呢？当一项资本货物被损耗时，如磨损时，其物质组成部分并未从这个世界上消失掉，而仅仅是以一种对人类较少有用处的方式重新配置。因此，真正消失的只是包含某种价值总和的物质配置，对此，我们可以很方便地用货币加以测度。要进行这种补偿，必须在资本货物上加上新的物质配置，并包括和这一数目相等的价值总和。因此，如果一台机器已经磨损完了从而没有一丁点儿价值，我们需要在这个资本货物上增加某些东西，其价值等于如果这台机器要保持物质完好**现在**所有的价值。这台机器原来的成本，不论从实际意义上说，还是从货币意义上说，都与此无关。因此，可能要花 1,000 镑去制造；但是，如果其磨损降低了其价值总和，低于它另一种情况下的价值，不是 1,000 镑，而是 500 镑，或 1,500 镑，那么，替换的机器必须具有这些价值中的一个或另一个，而不是 1,000 镑的价值。因此，除了别的情况以外，如果任何一项资本货物，例如，一家钢铁厂的设备，比方说，由于国外竞争的加剧，其价值下降，而且如果由于磨损该设备每年折旧 10%，为保持资本不变，我们需要的只是其现值的 10%，而不是其原来成本的 10%，也不是其目前重置成本的 10%。如果国外的竞争特别激烈，或流行的偏好已从该设备制造的产品完全转移至别处，以致其价值已降为零，那么，由于自然磨损或时间的流逝所造成的实物磨损，并不包含任何的价值损失，因而需要任何补偿。因此,对我们的目的而言,保持资本不变意味着既不需要补偿全部的价值损失,也不需要补偿所有的实物损失(并非由于上帝或国王的敌人的行为),而只要补偿除上述情况以外的由实物损失造成的那种价值损失。

第6节

人们很容易就可以看出,不同的资本货物都要以不同的比例遭受这种损失——从资本之湖中流出。流动资本——原材料、煤炭,等等——在资本之湖中通常只有几个月的寿命;固定资本的寿命有几年,多少则视其性质而定。因此,为了保持1镑流动资本的价值不变,每年需要补充的数量比维持1镑固定资本的价值所需的数量要大得多。米切尔教授援引的一些数字表明,美国在工业和农业中使用的由"可移动的设备"——机器等等——所代表的固定资本部分,与流动资本的存量大体相等,每一种资本估计为90亿镑。[①] 如果可移动设备的正常寿命为10年,流动资本的平均寿命为1年,这意味着,为保持资本不变,每年固定资本的补充必须达到9亿镑,而每年流动资本的补充则达到90亿镑,是前者的10倍之多。因此,如果任何一年,固定资本的磨损价值为1亿英镑,要通过把新的1亿英镑的流动资本而不是固定资本的价值增加到资本货物上去来予以弥补,那么,在以后年代为保持总资本存量不变,每年需要补充的价值将要增加。在相反的情况下,则要减少。

① 米切尔,《经济周期》(1927年),第93页。

第 7 节

在结论部分，有关未能充分的补充以保持资本不变的后果，将要进行简要的说明。假设我们从一稳定状况开始。假设过去很长一段时间，为保持资本不变，每天需要持续不断地补充 200 万英镑的比例，而且，事实上这种情况已经出现。由于发生了某种情况，结果今后仅能补充 100 万英镑。显然，资本之湖的水面必然会下降。但是，湖面不会持续地无限制地下降。因为，由于流入量减少的结果，流出量也必然减少，资本存量的逐渐减少，必然导致同一时间内每天的消耗量的逐渐减少。当前，流出量必然下降到这样一种程度，即每天减少了约 100 万镑的流入量足以补充流出量。因此，实际资本的减少将会停止，新的平衡将建立。在这种均衡建立之前所需要的时间，要视最初存在于各种资本物品之间的各种寿命长度的比例，以及在减少过程中这些比例可能发生的变化而定。如果不能提供补充，以致以后任何东西都没有出现，那么，资本存量最终必将完全消失。寿命较短的资本物品最先消失，然后，其余的物品将陆续消失。流出量将越来越小，从小河到涓涓细流，在寿命最长的资本物品消失以后，流出量连同从其流出的湖泊均会干枯。但人类对这一事件没有任何兴趣，因为，无疑，在最后一项资本物品消失之前，“最后一个人”已死了。

第 5 章　国民所得大小的变化

第 1 节

一国的经济福利与该国的国民所得的大小是密切相关的，经济福利的变化与国民所得的变化也是密切相关的。我们的目的在于尽可能地了解这些联系的性质。为了达到这一目的，基本准备工作是要形成一个清楚的概念，国民所得大小的变化究竟**意味着**什么。为了方便起见，我们首先假定，我们所要研究的那一团体的国民所得的大小保持不变。

第 2 节

国民所得是一种客观存在的事物，在任何时候它都包括在该时期形成的这样或那样的商品和服务的结合体。因为它是一种客观事物，如果能够的话，我们自然希望能够参照某些客观存在的实物单位，而不必顾及人们对包含于其中的某些物品的心理态度，来界定国民所得大小的变化。我的意思并不是说，认为公众偏好的变化不可能对国民所得的大小产生影响。显然，公众偏好的变化可以通过导致构成国民所得的客观因素的变化来对其产生影响。我的意思只是说，假设构成国民所得的**那些客观因素为已知**，那么，其大小只取决于这些客观因素，公众偏好的变化对它不会产生任何影响。这是每一个人从直觉上希望采用的观点。

第 3 节

如果国民所得仅由单一商品构成，那么，对其大小变化的界定就不会存在任何困难了。所有的人都一致同意，国民所得的增加，将意味着这种商品单位数量的增加，国民所得的减少，将意味着这种商品单位数量的减少。同样，如果国民所得由许多不同的商品构成，但所有这些商品的数量总是按相同的比例变化，那么，对其变化进行界定也不会存在什么困难。国民所得在任一时间都是由一定数量的复合单位构成的，每一复合体都由一定数量的每一种商品组成，国民所得的增加和减少均意味着这些复合单位的数量的增加和减少。

第 4 节

如果国民所得由许多不同种类的物品构成，而它们之间的比例又不是固定的，但某种预先确立的和谐使当任何物品的数量的增加的同时另一种物品的数量减少这种情况成为可能，我们就不再能说，一个时刻的国民所得由这样一个单位数量构成，而另一个时刻的国民所得由那样一个单位数量构成。但我们仍然总是可以通过实质性的关系，确定某一时刻的国民所得比另一时刻的国民所得是多还是少：对许多目的而言，我们需要的正是如此。

第 5 节

但在实际生活中，国民所得由多种不同的物品构成，其中某些物品的数量在同一时间内可能增加，而另一些物品的数量则可能减少。在这些情况下，就没有任何直接的方法可以通过实质性的关系来确定一个时期的国民所得是否比另一个时期的国民所得大或者小；因此，有必要沿着其他的路线寻找一个定义。显然，所选择的定义必须如此：假设国民所得仅由一种物品构成，因此，我们永远可以说，这种物品数量的增加，就是国民所得的增加。与此不相容的定义就是悖论。从这点出发，我们将作如下说明：假设一个人其偏好不变，如果在时期 II 中增加的物品比在时期 II 中取出的物品**更加需要**，我们就说，他在时期 II 中的国民所得比他在时期 I 中的国民所得大。对(一定数量的)一群人而言，假设其偏好不变且他们中间购买力的分布也不变，**如果增加到时期 II 中的物品，这群人为保留这些物品，愿意比在时期 II 中为保留这些被取出的物品，支付更多的货币**，我们就说，时期 II 的国民所得比时期 I 的国民所得大。这个定义避免了混乱。生产技术不管发生了怎样的变化——即使生产一种东西成本更高一些，生产另一种东西成本更低一些，即使有可能生产某些全新的东西，并同时不可能再制造出以前曾经制造过的某些物品——关于国民所得内容的任何变化对国民所得大小的影响，可能只能得到一个，也只能得到一个结论。既然如此，如果偏好和购买力分布确实不变，那么，对这种定义方法的优点，就不会有什么反对意见了，采用这一定义就是很自然和再明显不过的事了。

第 6 节

但事实上，偏好和购买力的分布两者都不是固定不变的。其后果是，我们的定义在某些情况下会导致一个至少从表面上看来是一个非常矛盾的结果。例如，在时期I，偏好是这样，在时期II，偏好就发生变化了；在时期I，国民所得是集合体 C_1，而在时期II，就变成了 C_2. 两种情况都可能发生：具有时期I偏好的团体，对在时期II增加的物品比在时期II减少的物品，愿意支付**较少**的货币；而具有时期II偏好的（人数相等的）团体则对在时期II增加的物品比对在时期II减少的物品，愿意支付**更多**的货币。在这种情况下，我们的定义既使 C_2 小于 C_1，也使 C_2 大于 C_1，显然这是非常自相矛盾的。惟一能摆脱这种尴尬情况的就是承认，在这些情况下从绝对意义上谈论国民所得的增加或减少，是没有任何意义的。从时期I偏好的观点看，国民所得减少，而从时期II偏好的观点看，国民所得增加，仅此而已，没有其他更多的意义。[①] 我们很容易就可以看出，当购买力分布在时期I和时期II之间变化时，可能出现同样的矛盾，也可能迫使我们得出同样的结论。在这里，我们

① 当我们试图按照以上定义比较两个国家的国民所得的大小时，会出现完全类似的困难。因此，如果具有德国偏好的德国人，被给予英国的国民所得，他们可能会比从前得到较少的经济满足；同时，如果具有英国偏好的英国人，被给予德国的国民所得，他们也会比从前得到较少的经济满足。在这些情况下，所建议采用的定义会迫使我们既说（从英国的观点看）英国的国民所得大于德国的国民所得，又说（从德国的观点看）德国的国民所得也大于英国的国民所得。还可以补充说明一下，虽然这点并不是严格相关的，两国人民之间相对偏好的差别有时，虽然并不总是，可以通过统计方法查明。例如，虽然羊肉比猪肉便宜，但德国人在第一次世界大战前不吃羊肉，而英国人则乐意食用羊肉。其次，德国人吃黑面包，而英国人吃白面包。我们知道，之所以出现这种情况，不仅仅是因为黑面包在德国相对来说便宜一些，也不是德国人比英国人穷，因为如果仅仅是由于便宜而使德国人消费黑面包，那么，大概白面包在有钱的德国人中应该有较高的消费了。但并没有发现这种情况。因此，我们可以合理地推断，德国人偏爱黑面包，而不是全麦粉面包，他们和英国人的口味不同。

只能再一次从时期 I 分布的观点，或从时期 II 分布的观点，谈论国民所得大小的增加（或减少）：我们不能从任何绝对的意义上谈论增加或减少。[①]

第 7 节

因此，我们面对着一个令人十分尴尬的事实：在国民所得的结构上，很可能存在某种变化，对这种变化，我们不可能从绝对的意义上说它们是增加或是减少。显然，我们有充分的理由反对导致这一结果的定义。另一方面，如果时期 I 和时期 II 之间的偏好或购买力分布已发生变化，从时期 I 的观点看，构成向上（或向下）的同样多的百分比变化的国民所得的改变，从时期 II 的观点看将成相同的百分比变化，那么，我们可以合理地预期，**通常**它还将构成从时期 II 的观点看的**同方向**的变化。总之，从两种观点看，大部分原因都会增加国民所得，或从两种观点看，大部分原因都会减少国民所得。因此，用不着累赘地或复杂地参考那两种观点，通常我们就可以说，某种已知的原因，既可以增加或不增加国民所得的大小。所以，我们定义中的缺陷，并不是致命的缺陷。此外，对其他任何定义作进一步思考，也不能表明它们甚至就更没有缺陷。因此，不管以前我们说过什么，为了本书的目的，我建议对一定人数

---

① 参考鲍利博士的说明："包含在收入中的价值是交换价值，它不仅依赖于我们所说的商品或服务，而且也依赖于社会全体的收入和购买的全部复合体……。因此，对全部国民收入进行数值测度，依赖于收入的分配，并随着收入分配的变化而变化"（《社会现象的测度》，第 207～208 页）。也可参见斯坦普，《英国的收入和财产》，第 419～420页。

的国民所得的大小的增加作如下界定。**如果**时期 II 的偏好与时期 I 流行的偏好相同，而且，**如果**购买力的分布也与时期 I 的购买力分布相同，那个团体为保留在时期 II 增加的物品所愿意支付的货币，较为保留在时期 II 被取出的物品所愿意的货币更多，那么，从时期 I 的观点看，国民所得的增加是其内容的一种变化。撇开在第 2 章所讨论的当已经得到所想要的东西所导致的欲望和满足之间的区别，我们可以另一种形式对以上定义作如下说明。**如果**时期 II 的偏好与时期 I 流行的偏好相同，而且，**如果**购买力的分布也与时期 I 的购买力分布相同，由在时期 II 所增加的物品所导致的（以货币测度的）经济满足比由于从时期 II 被取出的物品所导致的（以货币测度的）经济满足大，那么，从时期 I 的观点看，对特定人数的团体来说，国民所得的增加是其内容的变化。从时期 II 的观点看，国民所得的增加可以完全类似的方法予以界定。从绝对的观点看，国民所得的增加从以上两种观点看，是一种构成增加的变化。在两种国民所得中，当从一个时期的观点看，一种国民所得较大，而从另一个时期的观点看，另一种国民所得较大，那么，从绝对的观点看，这两种国民所得是不能加以比较的。

第 8 节

到目前为止，我们所涉及的是包含有相同人数的团体。因为，在大小不同的团体之间，对其国民所得进行直接比较几乎没有什么用。但我们可以设想，按所要求的比例在大团体中减去一定的人数——各阶级均相同对待——以使大团体人数和小团体人数相等，并按相同的比例，减少其货币收入。于是，如此获得的大团体的国民所得,便可以按照前面的分析思路,同小团体的国民所得进行比较了。其结果是原来这两个团体人均国民所得的粗略比较。

第6章　对国民所得变化的测度

第1节

上一章的讨论，向我们提供了一个**标准**，按照这个标准，我们可以从一个时期或另一个时期的观点，决定一个时期的国民所得比另一个时期的国民所得是大或是小。但提供了任何一种事物增加和减少的标准，并不能提供对这些变化的**测度**。现在，我们必须要研究这个问题，提出一种适当的测量尺度。

第2节

从任何一个时期的观点看，按照那个时期的偏好和购买力分布，我们关于增加的**标准**是：对已增加到国民所得中的物品的货币需求超过对从国民所得中取出的物品的货币需求，这就自然表示，从那一时期的观点出发，我们应当使用一个比例作为增加的**测量尺度**，在这一比例中，对包含在那一时期国民所得中的物品的货币总需求（在人们愿意支付的金额的意义上，而不是不愿意支付的意义上）超过了对包含在另一时期国民所得中的物品的货币总需求。这种测量尺度与我们的标准完全一致。我们会得到两个数字，一个数字表示从时期I的偏好及购买力分布的观点看的变化，另一个表示从时期II的偏好及购买力分布的观点看的变化。显然，考虑到我们在上一章所确定的标准，如果我们能够这样做，这就是我们所要采用的测量尺度。

第 3 节

但非常不幸的是，这种形式的测量尺度在实践上是完全行不通的。如果采用这种测量尺度，我们将不得不面对作为最后障碍的这样一个事实：按照上面所解释的意义，对包含在任一时期国民所得中物品的货币总需求是一个不切实际的概念。它涉及的货币数，是通过把包含在国民所得中的以货币衡量的每一种商品的消费者剩余全部加在一起得到的。但正如马歇尔所指出的，部分因为互补商品和竞争性商品的存在，以这种方式把消费者剩余全部相加存在许多困难，这些困难即使能够通过运用复杂的数学公式从理论上克服，但在实践上却肯定是难以克服的。[①] 即使不考虑这些较遥远的困难，显然，也不可能建立任何拟议中的在其术语中不采用包含在国民所得的各种因素中的需求弹性的测量尺度，或者更确切地说，是有关的各种需求函数的形式。对我们来说，这些数据在相当长的时间内是、而且很可能是难以获得的。因此，任何有关使用这些数据的测量尺度的想法，都必须予以排除。

第 4 节

沿着这种考虑所表明的思路继续前进，不久我们就会得出这样一个结论：在足以提供对国民所得的变化进行测量的尺度这样的范围内，有重大希望能加以组织的惟一数据是各种商品的数量

---

① 《经济学原理》，第 131～132 页注释。

和价格。除此之外，我们什么也得不到，因此，如果我们要在这种情况下建立任何测量尺度的话，我们**必须**使用这些数据。这样一来，我们的问题就变成：如果可能的话，以什么样的方式从这些数据中建立一个与在上一章中所得出的国民所得的变化定义相一致的测量尺度？解决这一问题的努力可以从这样三个方面入手：第一，一般性的研究分析，即如果所有有关数量和价格的信息均可获得的话，那么，哪一种测度与该定义最接近；第二，定量分析，即实际上我们可以获得的，从有关数量和价格的样本信息中建立起来的哪一种可实际应用的测量尺度，最接近于以上的测量尺度；第三，一般和定量分析相结合的混合性研究分析，即实际应用的测量尺度，作为以上测量的指数，其**可靠性如何**？

第 5 节

在着手分析第一个、而且是最重要的问题时，我们不得不马上承认，完全的成功是不可能的。根据在上一章所提出的定义，国民所得从一个时期的观点看（在这一时期，偏好和购买力分布属于一种情况）将以一种方式变化，从一个时期的观点看（在这一时期，偏好及购买力分布属于另一种情况），将以一种不同的方式变化。为了与此相一致，我们测量国民所得的变化也需要用两个数字来表示，如果偏好和购买力分布在两个时期中各不相同，从第一个时期的观点出发，其变化用一个数字表示，从第二个时期的观点出发，其变化用另一个数字表示。仅仅建立在数量和价格之上的测量尺度，是难以满足这种要求的。因为，虽然我们可以知道，当偏好及购买力分布属于 A 种情况时，时期 I 的实际数量和价格，以及当偏好和购买力分布属于 B 种情况时，时期 II 的数量和价格，但我们不可能知道，如果偏好和购买力分布属于 B 种情况时，时期 I 的数量和价格，以及如果偏好和购买力分布属于 A 种情况时，时期 II 的数量和价格。因此，我们最可能希望的是这样一种测量尺度：它与所要比较的两个时期中的任一时期的偏好及购买力分布状况无关，而是当国民所得的内容以不论偏好和购买力分布状态如何，只要它们在两个时期中完全相同，以货币衡量的经济福利将增加这样一种方式变化时，这一测量尺度也总是增加。即使我们能够获得有关数量和价格的全部数据，仅在这些数据的基础上建立一个比这个同我们的定义更为一致的测度，也是不可能的，显然，这种一致的程度是很不完全的。

第 6 节

对以上情况我们已有所了解，现在让我们转到在获得充分数据的基础上建立测量尺度的问题——从现在开始我们把其称之为充分数据的测量尺度——它将尽可能地与上一节所明确说明的适度的目标相一致。我们所需要的是这样一种测量尺度：每当国民所得的内容以这样一种方式变化时，它将能够表示出国民所得的增加，即，就任一时期的货币而言，[①]对具有固定偏好和购买力分布的特定大小的团体来说，对于增加了的物品的货币需求比对减少了的物品的货币需求要大；[②]或者，换句话来说，这一团体在第

① 考虑到以下事实，这句话是很有必要的：如果这一团体的总的货币收入发生了变化，那么，第二时期的钱和第一时期的钱就不是一码事儿了。

② 或许对以前用文字叙述过的东西，在这里用符号来重复一下更好一些，即若任何商品的需求曲线方程式是 $p=\phi(x)$，则对 h 单位增量的货币需求是 $\int_0^{x+h}\phi(x)-\int_0^x\phi(x)$，而不是 $\{(x+h)\phi(x+h)-x\phi(x)\}$.

二时期获得的以货币表示的经济满足，比它在第一时期获得的以货币表示的经济满足要大。当然，这并不是要求，如果当以货币表示的增加的经济满足为 E 时，我们的测量尺度将表示增加 1%，而当以货币表示的增加的经济满足为 2E 时，我们的测量尺度将表示增加 2%。这不仅不必要，而且，在国民所得仅由惟一的一种商品构成的特殊情况下，它甚至还将导致自相矛盾的结果。但是，它要求，当以货币表示的增加的经济满足为 E 时，我们的测量尺度将表示**某种**增加，当以货币表示的增加的经济满足大于 E 时，它将比经济满足的增加为 E 时表示的增加更大一些。这就是我们所要建立的理论框架，问题是要发现何种理论能最好地实现我们业已明确说明的目的。①

① 欧文·费雪教授在其《指数的编制》一书中所进行的杰出研究中，似乎采取了这样一种观点：有一种绝对正确的方法可以用来建立这种测量尺度，所谓绝对正确，就是该方法建立的测量尺度并非仅仅能满足我们想要达到的特殊目的。考察了许许多多不同种类的指数后他发现，去除掉那些具有明显技术缺陷的指数，剩下的指数虽然是采用迥然不同的方法编制的，但得出的结果却大致相同，他由此得出结论说："从人的角度说，指数是一种绝对精确的工具"（第 229 页）。不错，不同的方法所得到的结果极为相近，无疑会使人联想到，某处存在着一个绝对正确的结果，这些方法都在向其逼近。但是，就我所能理解的说来，其实没有理由接受这种形而上学的联想。让我们作个类比，看看这样一个测量尺度，它旨在确定一组树的平均高度。人们可以很容易地发现这组树的算术平均高度、几何平均高度或任何其他平均高度。在许多情况下，所有种类的平均数都会带来与此非常相似的结果。但这并不能算作一个证据，表明天上存储有一个理想的平均高度，它不同于上述那些平均高度，而且在绝对的意义上，比上述任何一个都更为精确或正确。固然，有正确的算术平均数，有正确的几何平均数，有正确的调和平均数；但在我看来，若认为存在着一个绝对正确的平均数原型，那却是一种幻觉。我们要达到某一目的时，可以问：是算术平均数还是几何平均数能最好的服务于我们的目的？如果这两种平均数恰巧相同，则我们很幸运，即使偶然挑选了错的一个，也没有多大关系。但我们必须就此打住，若再说更多的东西，就不合适了。不过，有理由认为，当费雪教授宣称为价格指数挑选公式可以不考虑所要达到的目的时，他是在比我窄的意义上使用目的这个词，因而不会同意我在此处说的话。

第 7 节

在我们想要比较的两个时期的第一时期,任何给定大小的团体将其购买力花在一商品组合上,在第二时期花在另一商品组合上。当然,估算每一商品组合时不要重复计算相同的东西,也就是说,包含的应该是提供给消费者的直接服务(如医生的服务)、制成的消费品和一部分当年生产出的耐用机器,[①]而不应包含生产这些东西所消耗的原料或劳动服务,当然也不应包含"证券"。在此阶段,暂且忽略这样一个事实,即在一商品组合中可能有某些种类新发明的商品,而在另一商品组合中则毫无这些新发明的商品。我们可以把第一个商品组合称为 C_1,它包含 $x_1,y_1,z_1\cdots$个单位各类商品;可以把第二个商品组合称为 C_2,它包含 $x_2,y_2,z_2\cdots$个单位同类商品。假设上述各类商品每个单位的价格在第一时期为 $a_1,b_1,c_1\cdots$;在第二时期为 $a_2,b_2,c_2\cdots$。假设我们的货币收入总额在第一时期为 I_1,在第二时期为 I_2。由此可以得到以下命题:

1. 如果我们在第二时期购买的各类商品的比例与第一时期相同,也就是说,如果我们在两个时期购买的都是 C_1 这个一般形式的商品组合,那么,我们在第二时期购买的各类商品就等于在第一时期购买的各类商品乘以分数

① 为了与第 3 章给出的国民所得定义保持一致,必须这么做。倘若我们给国民所得下的定义是,国民所得只包含当年实际消耗的东西,那么机器便不计入国民所得。根据我们的定义,我们应严格地把超出维持资本不变所需的所有新厂房设备包括在内,减去当年生产消费品所消耗的那部分厂房设备的价值。

$$\frac{I_2}{I_1}\cdot\frac{x_1a_1+y_1b_1+z_1c_1+}{x_1a_2+y_1b_2+x_1c_2+}$$

2. 如果我们在第一时期购买的各类商品的比例与第二时期相同，也就是说，如果我们在两个时期购买的都是 C_2 这个一般形式的商品组合，那么，我们在第二时期购买的各类商品就等于在第一时期购买的各类商品乘以分数

$$\frac{I_2}{I_1}\cdot\frac{x_2a_1+y_2b_1+z_2c_1+\cdots}{x_2a_2+y_2b_2+z_2c_2+\cdots}$$

根据这两个命题，再作某一假设，就可以部分地解决我们的问题。

第 8 节

如果在第二时期，一个曾经购买了 C_2 形式的商品组合（即 $x_2,y_2,z_2\cdots$）的人，转而购买 C_1 形式的商品组合，则可以肯定，他的行为不会改变价格，他可以按价格 $a_2,b_2,c_2\cdots$ 购买其新组合中的物品。类似的命题对于单个人在第一时期也成立，这个人不购买商品组合 C_1，转而购买商品组合 C_2。但是，若是整个一群人或者说一个有代表性的人，如此改变消费，则不能肯定，价格不会被改变。如果这群人在第二时期不购买商品组合 C_2 转而购买商品组合 C_1，则它将不得不支付比如价格 a_1',b_1',c_1'。同样，如果这群人在第一时期不购买商品组合 C_1 转而购买商品组合 C_2，则它将不得不支付价格 a_2',b_2',c_2'。上一节末尾提及的那个假设是，$\{x_1a_1'+y_1b_1'+z_1c_1'+\cdots\}$ 等于 $\{x_1a_1+y_1+b_1+z_1c_1+\cdots\}$，以及 $\{x_2+a_2'+y_2b_2'+z_2c_2'+\cdots\}$ 等于 $\{x_2+a_2+y_2b_2+z_2c_2+\cdots\}$。这

意味着，这群人在第二时期只要愿意，便能购买同样的 C_1 组合，尽管它这样做的决定会导致价格变化，就如同该决定并未引起价格变化，它能够做到的一样；而且类似的命题对这群人在第一时期也成立。如果涉及的所有商品都是在供给价格不变的条件下生产的，则上述假设会与事实完全一致。在实际生活中，对许多商品而言，可以合理地假定，消费变化引起的价格上升，大体上能抵消价格下降；因此，一般说来，我们的假设基本上符合实际情况。不过，必须记住，下面的论证均以这一假设为前提。

第 9 节

让我们从这样一种情况着手论述，即第 7 节中列出的两个分数要么都大于 1，要么都小于 1。如果它们都大于 1，这意味着，那群人只要愿意，就能在第二时期比在第一时期购买更多的商品，不管购买的是 C_1 形式的商品组合还是 C_2 形式的商品组合。因而，它在第二时期选择 C_2 这个事实证明，它购买的 C_2 组合所产生的（以货币衡量的）经济满足，要大于 C_1 组合所产生的（以货币衡量的）经济满足（该 C_1 组合大于它在第一时期购买的组合），①所以，毫无疑问，要大于它在第一时期实际购买的 C_1 组合所产生的（以货币衡量的）经济满足。但是，因为爱好和分配未发生变化，第二

① 这个命题及据此得到的结果取决于这样一个条件，即这群人能按时价想买什么就买什么，想买多少就买多少。倘若规定了官方最高限价，倘若由于实行配给制或由于没有足够多的商品满足需求，人们按时价购买商品的活动受到限制，当然就不能满足这个条件。第一次世界大战期间，法定价格常常偏离实际价格——至少在德国是这样——使情况更加复杂。

时期的实际 C_1 组合所产生的(用货币衡量的)经济满足,等于第一时期的实际 C_1 组合所产生的(用货币衡量的)经济满足。因此,如果两个分数都大于 1,第二时期购买的 C_2 组合所产生的(用货币衡量的)经济满足,就必然大于在第一时期购买的 C_1 组合所产生的(用货币衡量的)经济满足。采用类似的推理,可以证明,如果上述两个分数都小于 1,则相反的结果成立。因而在此情况下,以下两个分数中的任何一个

$$\frac{I_2}{I_1}\cdot\frac{x_1a_1+y_1b_1+z_1c_1\cdots}{x_1a_2+y_1b_2+z_1c_2\cdots} \text{ 或 } \frac{I_2}{I_1}\cdot\frac{x_2a_1+y_2b_1+z_2c_1+\cdots}{x_2a_2+y_2b_2+z_2c_2+\cdots},$$

或介于它们之间的任何表达式,将满足第 6 节提出的条件,我们的测量尺度要测量出国民所得的变化,就得满足这个条件。

第 10 节

因此,在上述情况下,我们设定的条件并不决定测量尺度的选择,而只是规定了选择的范围。范围的大小取决于这两个分数彼此相差的程度。在某些情况下,它们之间有一种近乎相等的关系。譬如,在 19 世纪末叶,英国人获取几乎每样重要商品的能力都提高了,其主要原因都一样,即运输的改进,因为制造业取得的大部分改进,降低了运输工具的价格。在另一些情况下,这两个分数的差距则很大。我或许可以找到直接适用的实例,但我必须满足于举出这样一个实例,它比较的不是同一群人在不同时间的两种状况,而是两群人在相同时间的状况。该实例只是在以下不符合实际的假设之下与我们当前的目的有关,即英国工人和德国工人的偏好相同,他们只是因为收入不同和支付的价格不同而购买不同

的东西。此实例取自商务部的报告《德国城市的生活费用》。该报告表明，撰写此报告时，英国工人的习惯性消费在德国要比在英国多花费大约五分之一，而德国工人的习惯性消费在德国要比在英国多花费大约十分之一。[①] 因此，如果用带有下标 1 的字母表示英国的消费和价格，用带有下标 2 的字母表示德国的消费和价格，则有

$$\frac{x_1a_1+y_1b_1+z_1c_1}{x_1a_2+y_1b_2+z_1c_2}=\frac{100}{120}\text{，以及}\frac{x_2a_1+y_2b_1+z_2c_1}{x_2a_2+y_2b_2+z_2c_2}=\frac{100}{110}.$$

第 11 节

虽然在截至目前讨论的那类问题中，我们设定的条件只规定了两个范围，在这两个范围之内选择测量国民所得变化的尺度，但即使在此处，为方便起见，也应在无数个可能的测量尺度当中挑选一个，尽管这种挑选可能是武断的。当我们从这类问题进入到另一类更加难解决的问题时，却不再那么需要作纯粹武断的选择。有时，上述两个分数中的一个大于 1，另一个小于 1。于是，它们都显然不能指示出那群人所享有的(用货币衡量的)经济满足变化的方向。假设在第二时期，那群人后来的收入比以前的收入能获得更大数量的 C_2 组合，但同以前的收入相比，获得的 C_1 组合却较少。在这种情况下，常识告诉我们，如果分数

$$\frac{I_2}{I_1}\cdot\frac{x_1a_1+y_1b_1+z_1c_1\cdots}{x_1a_2+y_1b_2+z_1c_2\cdots}$$

远远小于 1，而分数

① (敕令书，4032)，第 7 页和第 14 页。

$$\frac{I_2}{I_1}\cdot\frac{x_2a_1+y_2b_1+z_2c_1+\cdots}{x_2a_2+y_2b_2+z_2c_2+\cdots}$$

只是稍稍大于1，则我们享有的（用货币衡量的）经济满足**或许**减少了；如果出现相反的情况，我们享有的经济满足则很可能增加了。若一个分数比另一个分数只是**稍稍**偏离1，似可得出相似的推论，虽然把握没有那么大。如果是这样，则我们获得的经济满足（应该明白，我们谈论的是用货币衡量的满足），在第二时期**或许**会随着以下表达式

$$\frac{I_2}{I_1}\cdot\frac{x_1a_1+y_1b_1+z_1c_1+\cdots}{x_1a_2+y_1b_2+z_1c_2+\cdots}\times\frac{I_2}{I_1}\cdot\frac{x_2a_1+y_2b_1+z_2c_1+\cdots}{x_2a_2+y_2b_2+z_2c_2+\cdots}$$

或该表达式的乘方，或任何其他能作相同变化的公式，是大于1还是小于1而减少或增加。所以，用这种方法构造的分数**也许**会满足我们的测量尺度必须满足的条件。

第12节

在本书的前几版中，上述常识性的观点是用以下的直接分析予以辩护的。如果

$$\frac{I_2}{I_1}\cdot\frac{x_1a_1+y_1b_1+z_1c_1+\cdots}{x_1a_2+y_1b_2+z_1c_2+\cdots}$$

大大小于1，这意味着，倘若我们在第二年购买C_1组合，则购买的每一项目将比第一年减少很大的百分比，因此——在偏好和分配不变的情况下——我们所能享有的满足很可能将比第一年减少许多，比如说减少K_1。若我们在第二年不购买C_1组合而购买C_2组合，则证明，我们在第二年购买该组合所产生的满足，并不以大于K_1的数量而少于第一年购买另一组合所产生的满足。同样，

如果

$$\frac{I_2}{I_1}\cdot\frac{x_2a_1+y_2b_1+z_2c_1+\cdots}{x_2a_2+y_2b_2+z_2c_2+\cdots}$$

只是稍稍少于1,这意味着,倘若我们在第一年购买 C_2,则购买的每一项目将比第二年只少很小的百分比,因此——在偏好和收入不变的情况下——我们所能享有的满足很可能将比第二年只减少一点,比如说减少 K_2。因而,第二年实际购买的组合所产生的满足,不会以大于 K_2 的数量超过第一年实际购买的组合所产生的满足。因为在 K_1 大于 K_2 的情况下,更多的时候是第二年的购买所产生的满足少于第一年的购买所产生的满足,只有在较少的时候是第二年的购买所产生的满足多于第一年的购买所产生的满足,并且进一步因为这些不同时候的概率显然都相等,所以,第二年的购买所产生的满足**很可能**少于第一年的购买所产生的满足。我现在认为,这种推理方法错误地依赖于先验概率。因而有必要更加仔细地考察一下这个问题。为此,让我们用

q_1 表示用第一时期的收入可以获得的(和已经获得的)C_1 组合的数量;

q_2 表示用第二时期的收入可以获得的 C_1 组合的数量;

r_1 表示用第一时期的收入可以获得的 C_2 组合的数量;

r_2 表示用第二时期的收入可以获得的(和已经获得的)C_2 组合的数量;

$\phi(q_1)$、$\phi(q_2)$、$F(r_1)$和 $F(r_2)$分别表示与这些实际的和可能的购买相联系的(用货币衡量的)满足的数量。

已知 $$q_1>q_2 \quad (1)$$

$$r_2 > r_1 \tag{2}$$

$$\frac{q_1}{q_2} > \frac{r_2}{r_1} \tag{3}$$

因为人们在第一时期宁愿要 C_1 的 q_1 而不愿要 C_2 的 r_1，所以我们知道 $\phi(q_1) > F(r_1)$。同样，我们知道 $F(r_2) > \phi(q_2)$。而且，由(1)，我们知道 $\phi(q_1) > \phi(q_2)$；由(2)，我们知道 $F(r_2) > F(r_1)$。

可以写作
$$\phi(q_1) = F(r_1) + A$$
$$F(r_2) = \phi(q_2) + B$$
$$\phi(q_1) = \phi(q_2) + H$$
$$F(r_2) = F(r_1) + K$$

因此，A、B、H 和 K 均为正，简单移项，则 $\phi(q_1) - F(r_2) = \frac{1}{2}(A - B + H - K)$。只要 $\frac{q_1}{q_2}$ 超过 $\frac{r_2}{r_1}$ 很多，由不等式(3)，我们就可以说，**也许** $H > K$。但我们并不知道 A 和 B 的值。所谓非充足理由原理，并不能使我们由这种无知中推论出**或许** $(B - A) < (H - K)$ 的命题。但只有借助于某个这样的命题，我们才能推论出 $\phi(q_1)$ **或许** $> F(r_2)$。因而，根本无法对我们的常识性观点作出一般的证明。固然，$\frac{q_1}{q_2}$ 越大于 $\frac{r_2}{r_1}$，第二时期的满足**越可能**小于第一时期的满足；但是，我们却无法指出第二时期的满足以什么数值**更可能**少于第一时期的满足。正如凯恩斯先生所说，“我们面对的是概率问题，在特定情况下，我们可能有与这种问题相关的数据，但如果没有相关的数据，这种问题就是完全不确定的”。[①]

---

① 《货币论》，第 1 卷，第 112 页。

第 13 节

如果这个结论是正确的，则可看出，当以下两个表达式

$$\frac{\mathrm{I}_2}{\mathrm{I}_1}\cdot\frac{x_1a_1+y_1b_1+z_1c_1+\cdots}{x_1a_2+y_1b_2+z_1c_2+\cdots}$$

$$\frac{\mathrm{I}_2}{\mathrm{I}_1}\cdot\frac{x_2a_1+y_2b_1+z_2c_1+\cdots}{x_2a_2+y_2b_2+z_2c_2+\cdots}$$

当中的一个大于 1，而另一个小于 1 时，并**没有**一个居于中间的表达式，能使我们根据此表达式是大于 1 还是小于 1，而说出我们在第二时期获得的经济满足是增加了还是减少了。不过，当这两个限制性表达式均大于 1 或小于 1，因而对经济满足在两个时期之间是增加还是减少毫无疑问时，写出介于这两个限制性表达式之间的某一个表达式而不同时写出这两个表达式，实际上要方便得多。有无数个可以采用的中间表达式。在对它们作选择时，因为喜欢这个或那个没有什么深奥的原因，所以，正如凯恩斯先生所说，我们会“理所当然地受代数的优美、算术的简洁、劳力的节省以及在不同时候使用特定速记法的内在一致性等考虑的影响”。[①] 因而我建议采用物价指数中技术很成熟的两项基本检验标准，因为我们所寻求的测量尺度乃是物价指数的倒数乘以货币收入发生的相应变化，欧文·费雪教授已明确指出了这一点。首先，所选定的公式应该在“比较的一个点和另一个点之间产生相同的比率，而不论以哪一个点为基期”。[②] 如果向前计算，它显示 1910 年的物

① 《货币论》，第 1 卷，第 113 页。

② 《指数的编制》，第 64 页。

价是 1900 年的两倍，那么向后计算时，它就不应像所谓沙尔贝克式的未加权的算术指数那样显示，1900 年的物价不是 1910 年的一半。其次，选定的公式应符合费雪教授所谓的颠倒因子检验。“只要什么东西被交换而有价格，就意味着有交换、生产、消费或其他等数量，因而**物价**指数的问题包含有数量指数这一孪生问题。……没有理由对这两个因素中的一个采用某一公式，而这个公式不适用于另一个因素”。[①] 因此，所选定的公式应该是这样的，即假设我们所研究的所有商品的货币价值总额，在两年之间由 E 增加到了(E＋e)，那么，如果此公式应用于价格时显示有从 P 到(P＋p)的向上变动，应用于数量时显示有从 Q 到(Q＋q)的向上变动，则

$$\left\{\frac{P+p}{P}\cdot\frac{Q+q}{Q}\right\}\text{等于}\frac{E+e}{E}.$$

除了与这些检验标准相一致外，我们还可以要求测量尺度结构简单，计算方便。把上述种种考虑综合在一起，表明以下公式

$$\frac{I_2}{I_1}\cdot\sqrt{\frac{x_1a_1+y_1b_1+z_1c_1+\cdots}{x_1a_2+y_1b_2+z_1c_2+\cdots}\times\frac{x_2a_1+y_2b_1+z_2c_1+\cdots}{x_2a_2+y_2b_2+z_2c_2+\cdots}}$$

对于我们的目的来说，是衡量变化的最令人满意的尺度。该表达式中$\frac{I_2}{I_1}$右边的部分，是费雪教授所赞扬的那种物价指数的倒数，费雪因这种指数具有一般的优点而把头等奖颁发给了它，并称其为

① 《指数的编制》，第 72 和 74 页。

"理想的指数"。[①]

第 14 节

至此讨论的公式，无论是限制性公式还是中间公式，均建立在以下不言而喻的假设之上，即包含在 C_1 组合或 C_2 组合中的商品，没有一种不是同时包含在这两个组合之中的。所以，如果在任何两年中的一年可以买到某种商品，而在另一年买不到这种商品，我们的测量尺度便完全忽略这种商品在人们购买它的那一年产生的满足。因而，只要在所比较的两个时期之间引入新商品，我们的测量尺度就是不完善的。这一点很重要，因为在与此有关的意义上，新商品不仅包括真正的新商品，而且还包括在新的时间或地点可以获得的老商品，比如 12 月份可以买到的草莓，由铁路引入印度一些地区的小麦，这些地区的人们以前不知道有小麦。显然，我们不应该把 12 月份可以买到的草莓与普通草莓同等看待，认为有关草莓的发明提高了草莓的价格，而应该把 12 月份可以买到的草莓看做是一种独特的新商品。然而，因为新商品常常直到首次被引入后经过一段时间，才会在任何人群的消费中起重要作用，所以由此造成的不完善，在相距较近的两个年份之间不会很严重。我们可忽略新商品的存在，将计算限于老商品，而不会有计算结果无效的严重风险。不过，在相距较远的两个年份之间，由于在后一年份会出现许多以前根本不存在的重要商品，因而一种测量尺度若忽略新商品，那它作为衡量（上一章所界定的）国民所得变化的尺度，

① 《指数的编制》，第 242 页。

就是几乎没有价值的。[①] 所以，除非能找到某种方法计及新商品，否则似乎就无望比较两个相距遥远的时期。不过，马歇尔发明的环比方法提供了摆脱困境的一种出路。[②] 按照这种方法，在比较1900年的物价水平和1901年的物价水平时，只需考虑在这两年均可获得的商品，而无需考虑1901引入的新商品和淘汰的老商品；然后比较1901年的物价水平和1902年的物价水平，这回计入1901年的新商品，而忽略1902年的新商品，依此类推。我们可以假设1901年的物价是1900年的95%，1902年的物价是1901年的87%，1903年的物价是1902年的103%。在此基础之上，设1900年的物价是100，我们可以建立一个环比。利用以上数字，这个环比为：

1900 · · 100

1901 · · 95

1902 · · 82.6（即$\frac{95\times87}{100}$）

1903 · · 85（即$\frac{82.6\times103}{100}$）

把这些物价指数的倒数（它们显然就是英镑购买力的指数）放入我们测量国民所得的尺度之中，便可得到一个工具，借此可以通过一

① 类似的考虑使我们联想到，“新商品”的存在，或确切地说，不同商品的存在，对于比较两个相距遥远的地方要比较两个相邻的地方，是一个更为严重的障碍，因为在两个相距遥远的地方（譬如赤道地区和北极地区）中的一个，要比在两个相邻地方中的一个，更可能买到另一个地方没有见过的商品。在相距遥远的地方之间，从理论上说通过一连串中间地区可以应用即将讨论的环比方法，但实际上这种比较方法很可能是行不通的。

② 参看马歇尔，《当代评论》，1887年3月，第371页及以下各页。

连串连续的步骤比较由于相距太远而无法直接加以比较的年份。这就犹如我们无法制作一根测量杆，把它带到100英里以外而不变形。因而我们无法直接比较相距1,000英里的树的高度。但是，通过比较1英里处的树和100英里处的树，再比较100英里处的树和199英里处的树，如此继续下去，则可以进行间接的比较。[①] 当然，必须承认，如果环比方法包含的各个连续的比较都有小误差，且在大多数情况下误差的**方向相同**，则累积的误差在相距遥远的年份之间可能很大。假如人们像发明新东西一样，同样会忘记如何制造现在正使用的东西，也许不会出现大的累积误差。但实际上，我们知道，发明的伟大进程并未像这样被抵消。因而，由环比方法带来的误差可能会集中于一个方向，以致如果该方法在两个相距遥远的年份之间赋予1英镑以相等的购买力，则1英

① 看来费雪教授未充分考虑环比方法的这个方面。假如没有新商品要加以考虑，假如在相距遥远的年份之间新商品并不重要，那我就不会与他所持的见解争论。正如他所认为的，如果是那样的话，在比较1900年和1920年时，我们的指数就应该直接依据这两年的价格和数量，而1910年的价格和数量(如果使用环比方法，会牵涉到它们)则是无关的，若采用它们，会造成误差。譬如，很容易看出，如果1900年的物价和数量状况在1920年完全重现，则用环比方法编制的指数很可能不会像应该的那样，给出与1900年相等的数字(参见《经济统计评论》，1921年5月，第110页)。但是，如果比如说1920年支出的一半花费在1900年没有的商品上，则环比比较法就不再是替代直接比较法的拙劣方法，而是能够采用的惟一比较方法。由于这一原因，我认为，总的说来，在编制一**系列**指数时，最好是采用环比方法，而不是相对于某一基年为每一年计算出一个指数。在没有新商品的情况下，争论将不分胜负，因为环比法只能在连续的年份之间得出完全正确的结果，而另一种方法——不变权数公式除外，由于其他原因，不能采用这种公式——只能在基年和其他各年之间得出完全正确的结果。但如果有新商品，天平将向环比数列倾斜。当然，如果建立了环比数列后，我们想对环比数列中的两个年份(不是连续的两年)作较为特殊的比较，如果在这两年之间“新商品”碰巧并未带来多大麻烦，那还是为此直接计算一个新指数的好，而不必使用环比数列。

镑在后一年很可能比在前一年给具有一定爱好的代表性个人带来更多的满足。因此，如果我们的环比测量尺度测得1900年1英镑购买力的指数为90，测得1920年1英镑购买力的指数为100，那么，即使在此期间引入了大量新商品，放弃了大量老商品，我们也可以自信地推论说，在第5节假设的条件下，1920年1英镑带给我们的经济满足的数量，要大于1900年。但是，如果将这些指数颠倒过来，我们却不能以同等的自信推论说（实际上，除非指数的下降幅度很大，否则我们**毫无**自信作这样的推论），1920年1英镑带来的经济满足量，要**小于**1900年。

第15节

现在我们转而讨论本章的第二个主要问题。如果我们的选择是完全自由的，则第13节列出的公式就是我们应该选择的公式。但实际上却不能使用它，因为要建立这个公式，需要掌握大量的信息，而实际上并不能得到这些信息。所以，就得用我们所能获得的信息，构造一个典型的或有代表性的测量尺度，使其尽可能地接近于这个公式。我们的数据充分的测量尺度，除了表示收入变化的乘数$\frac{I_2}{I_1}$外，由两部分构成，一是C_1组合价格变化的倒数（所包括的不同商品的数量等于$x_1, y_1, z_1, \cdots$），一是C_2组合价格变化的倒数（所包括的不同商品的数量等于$x_2, y_2, z_2, \cdots$）。所以，我们的近似测量尺度也由两部分构成，分别表示C_1和C_2的价格变化的近似值。采用何种抽样方法能最有效地得到这些近似值呢？

第 16 节

不管我们考虑的是什么样的商品组合，无论是一般人在任何时候购买的商品组合，还是工匠、工人或任何其他人购买的商品组合，它们都会包含各种不同的商品，其价格变化的总体特征也不同。好的样本组合应包括不同性质的、具有代表性的各类商品，这些商品是国民所得的一部分，或者是我们试图测量的那部分国民所得的一部分。[①] 然而，令人遗憾的是，由于一些实际原因，无法满足这一要求，甚至必须求助于普通人不购买的商品，例如像小麦和大麦那样的商品原料。因为价格能被观察到的、且能进入我们的样本组合的商品的范围，在两方面是有限的。

首先，除了某些大量消费的物品外，向消费者索取的价格是难以弄清的。吉芬甚至曾说："实际上我发现，只有能在大批发市场上交易的主要商品的价格能够被利用"。鉴于商务部和新近设立的食品部对食品零售价格作了一些研究，这种说法现在必须加以修正，但在很大范围内仍然是正确的。然而，即便能够克服弄清零售价格的困难，这些价格也不适合于在若干年之间进行比较，因为标明价格的物品往往包含零售商和运输商不同比例的服务，因而在不同的时期往往是不同的物品。"在新鲜的海鱼只能在海边买

① 米切尔教授写道："制造品特别是消费品的缓慢变化，农产品价格反复无常的大幅变化，木材迅速上涨的价格等等，都是物价水平实际波动的一部分。……此种数据范围所受到的每一限制，都会使所得到的结果的重要性受到限制"（《美国劳工统计局公报》，第 173 号，第 66～67 页）。这话很正确，但千万不要以为制成品和**这些**制成品中所包含的原料都包括在内。

到时，其平均价格很低。有了铁路内地也有海鱼卖后，其平均零售价格中要比从前包含高得多的分销费用。对付这种困难最简单的方法，通常是采用某种物品的产地批发价，充分考虑商品的运输、人员和广告，把它们视为非常重要的单独项目。”[①]

其次，甚至制造品的批发价格也很难估量，因为，虽说仍叫同样的名称，制造品在特性和质量上却不断变化。斯蒂尔顿乳酪，曾是双层奶油乳酪，现在则是单层奶油乳酪。用不同收获期的葡萄酿造的红葡萄酒是不相同的。现在铁路客车上的三等座位也与 40 年前的不同。“现在有十个房间的普通房子或许要比以前的大，而且其大部分费用花在旧式房屋所没有的水、煤气和其他家庭用具上。”[②]在过去的十二年，由于冷冻和溶解的方法越来越科学，我国销售的外国羊肉的质量稳步提高；另一方面，外国牛肉的质量却下降了，因为来自北美的供应实际上已经停止，而被来自阿根廷的质量较差的牛肉取代了。[③] 试图估价许多直接服务时，也会遇到同样的困难——例如医生的服务，正如帕累托尖锐指出的，就比棉纺织业吸收了更多的支出[④]——因为这些服务虽然名称一仍其旧，可性质却常常改变。

因此，可以观察到的主要物品——不过必须承认，加拿大的官方指数和美国采用的若干种指数，试图作更广泛的调查——似乎是批发市场上尤其是大型国际市场上的原料。这些东西——当

① 参见马歇尔，《当代评论》，1887 年 3 月，第 374 页。

② 同上，第 375 页。并参看马歇尔，《货币、信用和商业》，第 33 页。

③ 伍德夫人，《经济学杂志》，1913 年，第 622～623 页。

④ 《政治经济学教程》，第 281 页。

然,战争时期除外——相对于运费一般较小的次要物品而言,近年来价格可能下降了;相对于个人服务而言,它们的价格确实下降了;相对于制造品而言,它们的价格却可能上升了,因为实际的制造方法一直在改进。我们的样本省略了各个项目的价格变化,但这些变化可能会相互抵消,因而我们的省略或许不会造成过于严重的后果。当然,想要获得真正测量尺度的努力,会因此而受到影响;几乎可以肯定,因为原料的价值常常只占成品价值的很小一部分,因而原料50%的变化,可能只引起成品5%的变化,从而会夸大所发生的价格波动。

以上所述并未完全列出我们的无能为力之处。因为想用以代表各种"组合"的样本,不仅是价格的清单,而且还是价格乘以购买量的清单,而我们对购买量的了解甚至比对价格的了解还有限。有关国内年产量的记录少之又少——关于年购买量的记录就更少了。进口数量确是有记录的,可很多重要商品并非完全来自于进口。当然,对于某些目的来说,求助于典型的支出预算,可以克服这个困难。支出预算可以使我们大致了解特定阶层的人购买某些主要物品的数量。但这种方法只能提供粗略的平均数字,使我们几乎不能区分包含在相距很近的不同年份的商品组合中的各种物品的数量。

第17节

接下来让我们假设,以上困难都被克服了,在所有相关的时期都可以获得既包含价格、又包含数量的样本。接下来的问题便是确定应如何给价格"加权"。乍看起来,似乎权数自然应该与包含在抽出样本的商品组合中的各种商品的数量成比例。但至少在理论上,有时可以改进这一安排。因为我们所了解的一些商品可能与排除掉的一些商品有密切关联,以至它们的价格通常在同样的意义上变化。因此,从理论上说,如果我们有几种商品的统计数字,每种商品都取自具有相同特征的不同商品大组,那么就可以不按照其自身重要性的比例,而按照其所代表的大组的重要性的比例,给各种样本商品"加权"。然而,这实际上几乎是行不通的。可能某些商品,其典型特征非常明显,可以正确地赋予它们以修正过的权数,但我们很少有足够的知识能实行这种差别待遇。一般说来,可行的最好方法,就是照原样使用我们的样本。① 因此,C_1 组合价格变化的数据充分的测量尺度是

$$\frac{x_1a_2+y_1+b_2+z_1c_2+\cdots}{x_1a_2+y_1+b_1+z_1c_1+\cdots},$$

可以得到的这一测量尺度的最佳近似值是

$$\frac{x_1a_2+y_1b_2+\cdots}{x_1a_1+y_1b_1+\cdots},$$

① 这个命题可以用反概率原理加以证明。如果有两个商品组合,一个的变化程度与所抽取的样本的变化程度相同,另一个的变化程度与所抽取的样本的变化程度不同,那么,从前者抽取样本的方法,就会多于从后者抽取样本的方法。所以,任何一个无偏见地从某一商品组合抽取的样本,其原样都要比其修改后的样子更可能正确地代表该商品组合。然而,必须承认,有个棘手的问题,就是一种商品若其价格变化与我们样本的主要部分很不相同,它是否应包括在我们的样本中。的确,计算实际的测量尺度时,有时应该省略"极端观测值"。在这件事情上应该怎么做,取决于先验的预期,连同我们的样本的一般形式,是否表明,抽取样本的原始分布服从某个已确认的误差规律。常常很难确定先验的预期是否表明了这一点。应该补充说一句,只有当我们的样本中所包含的商品数目很小时,省略极端观测值的实际效果才可能重要;而且正是在商品数目很小的时候,非常难于找到排除某些商品的充分理由。

式中项数以样本中包含的物品的数目为限。由此可推论出，第13节末尾列出的国民所得变化的数据充分的测量尺度的最佳近似值是

$$\frac{\mathrm{I}_2}{\mathrm{I}_1}\sqrt{\frac{x_1a_1+y_1b_1+\cdots}{x_1a_2+y_1b_2+\cdots}\times\frac{x_2a_1+y_2b_1+\cdots}{x_2a_2+y_2b_2+\cdots}}.$$

第18节

实际上，正如上文所暗示的，我们通常无法找到一合理的物品样本，在我们比较的两个时期（或地方）的每一时期（或地方）知道人们所购买的这些物品的数量。在这种情况下，我们也许不得不满足于这样一个样本，此样本在我们比较的年份中只有一年的数量为已知。在此情形下，我们不得不截短我们的公式而采用以下形式

$$\frac{\mathrm{I}_2}{\mathrm{I}_1}\cdot\frac{x_1a_1+y_1b_1+\cdots}{x_1a_2+y_1b_2+\cdots}.$$

这就是英国商务部在生活费用指数方面所采用的（颠倒的）公式。显然，这种截短的样本不如完全的样本。但费雪教授的考察表明，截短的样本得到的结果，通常与完全的样本得到的结果并没有太大的差别。因而我们无需研究这样一个很难找到答案的问题，即是不是另外一种公式，它建立在与上面相同的数据之上，却能获得与完全样本更接近的近似值。

第19节

然而，在此需要说明上述公式与所谓“未加权”指数（例如索耶

贝克编制的指数)之间的确切关系。这种指数把某一年或平均若干年当做基期,把这一基年或基期所有商品的价格定为 100,把其他年份的价格表示为 100 的适当分数。如果 a_1, b_1, c_1 是基年的实际价格,a_2, b_2, c_2 是另一年的实际价格,那么这另一年英镑的购买力就是

$$\frac{100+100+100\cdots}{100\frac{a_2}{a_1}+100\frac{b_2}{b_1}+100\frac{c_2}{c_1}\cdots}$$

这一公式等于上一节给出的公式,当且仅当那个公式中 x_1, y_1, z_1 的数值与$\frac{100}{a_1}, \frac{100}{b_1}, \frac{100}{c_1}\cdots$成比例时。也就是说,索耶贝克的公式可以度量某一商品组合的总价格发生的变化,该商品组合由各种商品的数量构成,这些数量是在基年或基期以 100 英镑的相等乘数售出的数量。其实,这些数量不大可能是在基年或基期售出的数量。因此,只是由于极其偶然的巧合,由索耶贝克的方法建立的公式才会与用上一节的方法建立的公式相一致;前者以任何年份或时期为基期,后者则旨在显示出基年或基期实际售出的商品组合的总价格发生的变化。

第 20 节

由以上所述,可以得到一个明显的推论。我们已看到,用索耶贝克方法编制的指数,以任何一年或时期 R 为基期;它测度这样一个商品组合的总价格的变化,该商品组合由各种商品在年度 R 以 100 英镑售出的数量构成。因此,当基期由年度 R_1 变为年度 R_2 时,我们所考察的那个商品组合(我们要测度其总的价格变

化),一般说来也会发生变化。于是,既然测度的是不同的东西,得到的结果当然也就不同;而且所得到的结果没有理由不如此不同,以至以 R_1 为基期的指数显示货币购买力上升,而以 R_2 为基期的(索耶贝克式的)类似指数却显示货币购买力下降。因而,假如我们只需对付两种商品,一种商品价格上涨一倍,另一种商品价格下跌一半,那么,若以第一年为基期,则这种指数将显示这两种商品的价格合计上涨25%,若以第二年为基期,则显示下跌20%。关于这种差异,商务部有关英德两国城市生活费用的出版物中的某些图表提供了一个极好的实例。在有关英国的蓝皮书中,伦敦、英格兰中部地区和爱尔兰的实际工资,是用指数方法计算的,这种指数以伦敦(相当于我们时间指数中的比如说1890年)为基数,那里的消费品价格和租金都用100表示。按照这种方法,消费品价格和租金被分别赋予权数4和1。商务部发现,伦敦的实际工资等于英格兰中部的实际工资,而高于爱尔兰3%。然而,若以爱尔兰为基数,则实际工资的指数,伦敦将为98,英格兰中部为104,爱尔兰为100。在有关德国城市的蓝皮书中也出现了类似的困难。商务部以柏林为基数,发现除一个地方外,柏林的实际工资比任何其他地方都高。[①]"倘若不以柏林而以北海各港口为基数,柏林将排在第四位而不是第二位,其他地区的名次也将被改变;若以德国中部地区为基数,会使名次发生更大的变化。"[②]毫无疑问,除非被赋予很大权数的商品在价格上差距巨大或在不同时期价格发生巨大

① (敕令书,4032),第34页。

② J.M.凯恩斯,《经济学杂志》,1908年,第473页。

波动，否则不会出现这种巨大差异。这个事实虽然令人很感兴趣，却与我们目前讨论的问题无关。

第 21 节

在某些情况下，我们可能不了解，也没有资料可据以推测我们所要比较的任何一年的购买数量，因而我们的测量尺度所涉及的指数就不得不退而求其次，依赖于仅有价比而没有任何权数的样本。在这种情况下，前面的讨论会清楚地告诉我们，绝不要像索耶贝克那样，通过把价比归并成一个简单的算术平均数来编制指数。若采用简单几何平均数——如果任何一种商品的价格时常趋近于零，则无法采用几何平均数——或价比的中位数，则可以避免那种方法导致的自相矛盾。费雪教授曾饶有兴味地讨论了这两种指数的相对优点。[①] 这两者显然都不如第 18 节中的加权公式，如果能得到该公式所需的数据的话。

第 22 节

最后，我们必须考虑各种可行的测量尺度的**可靠性**，这种测量尺度作为数据充分的测量尺度的典型是存在的。首先，让我们假设，我们可以获得这样一个样本，其一般形态与数据充分的测量尺度相同，而且对于想加以比较的两个（或全部）时期，既可以得到价格又可以得到数量。于是可以得出以下五个一般性的结论。第一，当样本取自数据充分的商品组合所包含的大多数主要商品组，

① 参见《指数的编制》，第 211 页及以下各页，第 260 页及以下各页。

而这些商品组具有独特的价格变化时，我们的测量尺度可能出现的误差会比抽取的样本的代表性较小时小。第二，当样本较大时，即当样本中各项的支出构成我们花在整个商品组合上的总支出的很大一部分时，可能出现的误差会比样本较小时小。若是进行严格意义上的随机抽样，可靠性会随着样本中所包含的项数的平方根的增大而增加。第三，当构成数据充分的商品组合的每一项分别吸收花在该商品组合上的总支出的很小一部分时，可能出现的误差会比每一项分别吸收总支出的很大一部分时小。第四，当样本中的各项所显示出来的“散布”程度较小，而且各种价格在我们比较的年份之间以非常相似的程度变化时，可能出现的误差会比各项所显示出来的散布程度较大时小。由此可推论出，我们的测量尺度可能出现的误差，在相距遥远的年份之间要比在紧挨着的年份之间大，此处完全不考虑第 14 节提及的“新商品”造成的困难。正如米切尔教授根据一项范围广泛的调查指出的，原因是，批发价格在任何一年与下一年之间变化的分布，是高度集中的(比常态误差律特有的分布还要集中)，但批发价格在任何一年与相距较遥远的另一年之间变化的分布却是高度分散的。“就一些商品而言，其若干年连续的价格变化趋势显然是向上的；就另一些商品而言，则呈现不变的向下趋势；还有一些商品，则没有确定的长期趋势可言。”[①]最后，如果我们无法得到与数据充分的测量尺度具有相同一般形态的样本，而不得不满足于第 18 节描述的那种截短的样本，那么，我们的测量尺度当然就没有如果能获得较好的样本时

① 《美国劳工统计局公报》，第 173 期，第 23 页。

那么可靠。如果我们完全没有购买数量方面的资料可资利用，而必须使用简单几何平均数或价比的中位数，我们的测量尺度就更不可靠了。但是应该指出，使用较差的指数公式而给可靠性造成的损害，例如使用小样本造成的损害，当价格变化的散布在我们比较的年份之间较小或中等时，不会很大，但当价格变化的散布较大时，却会很大。

第7章　经济福利与国民所得大小的变化

第1节

显然，假如穷人所获国民所得未减少，总国民所得的增加，如果单独发生并不伴有其他什么事情，则必然会使经济福利增加。因为，毫无疑问，如果供富人使用的商品供给量的增加，伴随着供穷人使用的商品供给量的缩减，那么，用货币衡量的经济福利以及此处界定的国民所得会增加，而与此同时，（不以货币衡量的）经济福利本身则会减少，但由于我们在上面假设穷人所获国民所得未减少，因而排除了这种双重变化。但并不能由此推论说，每一原因只要不减少穷人的国民所得，就会增加国民总所得，从而必然增加经济福利；因为一个增加了国民所得的原因，同时也会产生其他不利于经济福利的作用。所以，应考察一下实际上需要在多大程度上考虑这种可能性。

第2节

国民所得中包含的一些项目若可以更加容易地获得，会使消费发生变化，从而往往使趣味也发生变化。但当任何特定种类的商品变得更加容易得到时，由此引起的趣味的变化**通常**是趣味的提高。例如，当机器可供试用，物品以样品包装赠送，或作免费向公众展览时，人们对这些物品的欲望往往会提高。当人们可以很容易地进酒馆，买彩票，或上图书馆时，对饮酒、赌博或文学的喜好不仅会得到满足，还会受到刺激。当树立起整洁的榜样，建设好有照明的街道[①]，修建起模范住宅，或开辟出模范农田时，虽然仅能为住在附近的人所见而不能为其所拥有，却可以起到具体的示范作用，彰显迄今未被人们认识到的优越性。[②] 因此，“免费图书馆是发动机，能创造出欣赏高水准文学作品的能力”，储蓄银行如果限于为穷人服务的话，是“教导节俭的发动机”。[③] 同样，德国的许多城市向剧场和歌剧院提供补贴，每星期举办两三次低票价交响音乐会，它们实行的是一种**教育**政策，结出的果实是提高了人们的欣赏能力。诚然，对一种物品喜好的增加，通常伴随有对另一些能满足相同或类似目的物品的喜好的下降，例如羊毛针对棉花，新的“最佳型号”汽车针对过去的最佳型号汽车，有时还伴随有对其他毫不相关的享受手段的喜好的下降。但是，在这种情况下，有理由认为，新喜好产生的满足会**在一定程度上**超过旧喜好产生的满

① 参见沃尔波尔的叙述，他告诉我们，安装街灯后如何增加了所在街道住户对照明的需求（《英格兰史》，第86页）。怀特在《电力工业》一书的第57页谈到了一种煞费苦心的为电灯作广告的方法。一家公司宣称可以给一住户安装六盏灯，完全不收安装费，可试用半年，房主只需支付电费。半年后，若顾客要求，公司将负责把安装的电灯全部拆走。

② 参见奥克塔维亚·希尔小姐保持房内楼梯整洁的做法，以及H.普伦凯特爵士对1902年举办的科克博览会的描述（《新世纪的爱尔兰》，第285～287页）。

③ 杰文斯，《社会改革的方法》，第32页。不过应该指出，马歇尔博士认为，这种考虑的适用范围较小。他写道：“那些在长期中显示出高弹性的需求，几乎立刻就显示出高弹性；因而，除去少数例外，我们可以说某种商品的需求是高弹性还是低弹性，而不必指明我们向前看得有多远”（《经济学原理》，第456页）。

足；因此，若可以更容易地获得国民所得中的某些项目，其净结果将是增加经济福利。

第 3 节

然而，以上论证并未触及事情的本质。它只与直接的短期效果有关，而与最终的效果无关。当一群人从过去所习惯和适应的较贫穷状态进入他们逐渐适应的较富裕状态时，他们从后一种状态中是否真的会比前一种状态中获得更多的满足？条件改变之后，他们的全部欲望、习惯和期望也会改变。一个人如果一生都在柔软的床上睡觉，有一天突然强迫他在露天的地上睡觉，那他会感到很痛苦；但一个一向睡在柔软床上的人，是否比一个一向露天睡觉的人睡得更好呢？罗尔斯—罗伊斯汽车世界中一百辆罗尔斯—罗伊斯汽车，是否一定能比狗拉车世界中一百辆狗拉车产生更大数量的满足？在下一章中，我将给出一些理由，用以质疑富人实际消费收入的大幅减少，如果是普遍的减少，且经过一段适应期之后，是否会显著减少他们的经济福利。类似的考虑也适用于富人实际消费收入的增加。这一点很重要。假如我国的人均收入是现在实际收入的比如二十倍，那么人均收入的进一步增加——假定人口保持不变——很可能最终不会使经济福利有任何增加。然而，在目前情况下，鉴于平均实际收入水平很低，我认为我们可以有把握地得出结论说，国民所得的增加——暂且撇开那个荒唐的假定，即增加的全部国民所得都进了已经很富有的人的腰包——不仅立即会，而且最终也会增加经济福利。改善经济状况的目标并不仅仅是一个幻想。[①]

第4节

但是还有一点需要加以考虑。一个社会的经济福利,存在于使用国民所得带来的满足超过生产国民所得带来的不满的剩余部分。因此,当国民所得的增加伴随有工作量的增加时,便可以提出这样的问题,工作量的增加是否使不满超过了其产品带来的满足。不过,如果因为借助于发明等,开辟了更加有效地工作的新途径,而招致额外工作,则无需为此担心。如果因为清除了各种阻碍想工作的人从事工作的障碍,例如消除了雇主与雇工之间的争执,而招致额外工作,那也无需为此担心。如果因为采用了酬报工人的新方法,多干多少工作就多给多少报酬,而招致额外工作,同样无需为此担心。然而,也可能是由于与上述不同的情况而招致额外工作。例如,假设法律迫使整个社会每天工作十八个小时(这实际上是不可能的),该政策使国民所得增加。几乎可以肯定,在这种情况下,额外产品所产生的满足将大大少于额外劳动带来的不满。正是由于这一原因,国民所得的数量增加了,但经济福利的总量却减少了而不是增加了。这种原因在现代社会中实际上并不重要,因为除了征兵外,我们都是自愿地不是被逼迫着劳动。但是可以想象,即使在自愿的制度下,也会出现类似的情况。由于对自己的

① 关于相反的观点,参见M.鲍斯魁特(《世界经济文献》,1929年10月,第174页及以下各页)。他认为,经济福利取决于收入和需要之间的关系,收入的增加,经过一段调整时期之后,会使需要增加,从而重新建立收入和需要之间的关系。因此,他得出结论说,典型人的经济福利是个常数,在长期内不会受其收入变化的影响。

实际利益抱有错误看法，工人可能会欢迎增加劳动时间，而劳动时间的增加虽然可能增加国民所得，但却会损害经济福利。而且，在雇主的剥削之下，工人可能被迫同意加班，认为这毕竟要比收入减少好些。因而会有许多因素在增加国民所得的同时却损害经济福利。然而显而易见，在与我们的讨论有关的那些一般因素中，它们所占的比例很小。一般说来，能增加国民所得而又需要增加劳动的因素，以及能增加国民所得而无需增加劳动的因素，在分配不变的条件下，将增加经济福利。

第8章　经济福利与国民所得分配的变化

第1节

如果收入从富人转移给穷人，则不同种类的商品和服务的供应比例将发生变化。昂贵的奢侈品将让位于更加为人们所需的物品，名酒将让位于肉类和面包，新机器和厂房将让位于衣物和经改进的小型住宅；并会发生另外一些类似的变化。[①] 鉴于这个事实，

---

① 应该注意到，如果收入分配变得有利于穷人，则人们转而消费的东西之一是准商品，即闲暇。事实已充分证明，高工资的国家和产业，一般也是工作时间较短的国家和产业，同时也是最少要求妇女和儿童打工以补贴家用的国家和产业。前一点可以由有关美国、英国、法国、德国和比利时等国木匠的工资率和劳动时间的一些统计资料来证明，见美国劳工局第54号公报(第1125页)。为说明后一点，西德尼·查普曼爵士指出，德国矿工的工资只占家庭收入的65%～68%，而较富裕的美国矿工的工资则占家庭收入的75%～77%。鲁特里先生关于约克郡的统计表，经适当分析，亦指向相同的方向(《贫困》，第171页)；维赛莉斯基小姐指出，妇女在家里干的低报酬工作，主要存在于像东英吉利那样一些地区，"在这些地区，男工的恶劣处境，使妻子几乎不得不工作，以补足丈夫的收入"，而在男工工资较高的地区，妇女只是在能获得较高报酬的产业中工作(《家庭工》，第4页)。同时，也可以参考英国近代上工资增加与工作时间减少之间类似的相关性。而且，我认为，研究一下英国各地区的工资率和劳动时间，也会显示出相同的相关性。《1908年劳工统计摘要》(第42页及以下各页)提供的有关泥瓦匠工资和工作时间的统计资料，就显示出了这种相关性。这些事实与本书采用的阐述方法有点不吻合，因为闲暇没有被当做商品包含在我对国民所得的定义中；所以，只要收入分配的改进致使闲暇代替物品，国民所得就一定会减少。然而，很显然，在我们考虑收入分配的变化对经济福利的影响时，则应忽略这种减少；因为与它们导致的生产缩减相关联的福利损失，肯定小于闲暇本身导致的福利的增加。

谈论国民所得分配的变化有利于或不利于穷人，是不准确的。每年并未产生一堆结构确定的、以某种方式分配的物品。其实，从所比较的任何两年的观点看，并没有国民所得这种东西，因而也不可能有所谓**它的**分配的变化。

第 2 节

然而，这只是文字问题而非实质问题。当我说国民所得变得有利于穷人时，我的**意思**是，在社会的一般生产力给定的情况下，穷人能得到更多的他们想要的东西，而富人得到的他们想要的东西则会减少。乍一看可能认为，只有在购买力从富人向穷人转移时，才会出现这种情况。然而，情况并非如此。即使这两个集团掌握的购买力即对生产资源的控制力保持不变，穷人也有可能受益，而富人遭受损害。如果生产某种主要为穷人消费的物品的技术得到改进，同时生产某种主要为富人消费的物品的技术退化，而其净结果是保持第 5 章所界定的国民所得不变，就会出现上述情况。如果通过配给制度或其他某种方法，强迫富人把需求从这样一些物品上移开，这些物品对穷人很重要，而且它们是在这样的条件下生产出来的，即需求的减少会导致价格下降，那么也会出现上述情况。相比之下——在第四编将会看到，这一点实际上很重要——穷人控制的该国生产资源的份额，无论是相对份额还是绝对份额，将会增加，但如果他们获得此较大份额的过程，致使他们大量消费的一些物品的成本增加，则他们实际上可能不会受益。因此，可以通过向穷人转移购买力或对生产资源的控制权以外的方法，来使分配向有利于穷人的方向变化，此方法并不**致使**这些东西转移给穷人。尽管如此,转移购买力仍是使分配向有利于穷人的方向变化的最重要的方法,而且可以视为典型的方法。

第 3 节

在这一基础上,如果可能的话,对应于上一章在国民所得的变化和经济福利的变化之间建立的关系,需要在国民所得分配的变化和经济福利的变化之间也建立某种关系。考虑这一问题时,我们不要忘记,任何人在任何时期享有的经济福利都取决于他消耗的收入,而不是取决于他得到的收入;一个人愈富有,他消耗的收入在其总收入中所占的比例就愈小,因而如果他的总收入比如说是穷人的二十倍,他消耗的收入就可能只是比如说穷人的五倍。然而,显而易见,收入从较富有的人向性格与其相同的较贫穷的人转移,因为这可以使较强烈的需要在损害不那么强烈的需要的情况下得到满足,所以必然会增加满足总量。因而根据古老的"效用递减规律",无疑可得到以下命题:任何使穷人手中实际收入的绝对份额增加的因素,只要从任何角度看不导致国民所得缩减,一般说来就增加经济福利。[①] 另一种考虑进一步加强了这个结论。穆勒写道:"人们并不想富有,而是想比别人富有。贪婪的或占有欲强的人,倘若在其所有邻人或同胞当中是最贫穷的人,那无论他拥

① 此处不考虑这样一种难以处理的情况,即无论从变化前还是从变化后的角度看,转移都导致国民所得缩减,而从其他角度看,转移却不导致国民所得缩减。此后将假定,我们讨论的国民所得的变化从两种相关的角度看都或者为正或者为负,因而除非有特殊原因,否则我们只说国民所得增加和减少。

有多少财富，也很少会感到满足或根本不会感到满足”。[①] 里格纳诺先生更为详尽地写道：“由虚荣创造的需要，既可以由精力的大量耗费来满足，也可以由精力的少量耗费来满足。只是由于存在大量财富，才使得满足这种需要必须耗费很多精力而不是很少精力。其实，一个人若想显得比另一个人富有一倍，即想拥有比另一个人多一倍的财物（珠宝、衣服、马匹、花园、奢侈品、房屋等），他的这种欲望在他拥有十件物品而另一个人拥有五件物品时与他拥有100件物品而另一个人拥有五十件物品时，可以同样充分地得到满足”。[②] 由此可见，区别于绝对收入的相对收入所起的作用，对于仅能提供生活必需品和基本舒适品的收入而言可能较小，而对于数量大的收入而言可能较大。换言之，富人的收入带来的满足，较大部分来自于其相对数量，而不是其绝对数量。只要所有富人的收入一起减少，这部分满足就不会消失。所以，当资源控制权由富人转给穷人时，相对于穷人经济福利的增加而言，富人遭受的经济福利损失，要比只考虑效用递减规律时少得多。

第 4 节

当然必须承认，如果富人和穷人分属两个不同种族，具有不同的心理构造，富人同穷人相比天生能从任何给定的收入中获得更大量的经济福利，那么改变分配而增加福利的可能性就会受到严重怀疑。而且，即使不作任何关于天生种族差异的假设，有人也会

① 有关社会自由的遗著，见《牛津和剑桥评论》，1907 年 1 月。

② Di un socialismo in accordo colla dottrina liberale，第 285 页。

认为，富人由于受到良好的教育和训练，同穷人相比，能从给定的收入中——比如说一千英镑——获得大得多的满足。因为，任何人若已经习惯于某一生活水平，突然发现自己的收入增加了，往往会把多余的收入花费在各种刺激性的娱乐上，如果把其直接影响和间接影响都考虑进去的话，这些娱乐可能会导致满足遭受实际的损失。不过，对于这一论点，可作出以下充分的回答。固然，长期受穷的人，其喜好和脾性或多或少已适应了其环境，在某个时候若其收入突然急剧增加，他很可能会大手大脚地乱花钱，这几乎不会或根本不会增加经济福利。但是，如果较高的收入能维持相当长的一段时间，这个阶段会过去的；而如果收入是逐渐增加的，或者更好，收入的增加不被直接觉察到——例如通过价格下降——则根本不会出现胡乱花钱的时期。无论如何，认为穷人愚蠢得很，他们收入的增加丝毫也不会增进他们的福利，会把似是而非的论点推至极点，以致无法合情合理地进行讨论。我认为，正确的观点是由普里格尔和杰克逊两位先生在专门提交给济贫法委员会的报告中很好地表达的："在没有技术和受教育程度最低的那部分人口中，酗酒现象会继续存在；随着工人阶级中一部分人就业稳定性的增加和工资的提高，这些人的尊严和个性都将提高。伴随着全国工资的增加，饮酒支出的减少，是我们所拥有的最鼓舞人心的进步征象之一"。[①] 事情的实质是，即便在现在的情况下，穷人的心理结构不好，收入的增加一时不会给他们带来什么益处，可经过一段时间之后——特别是如果时间足够长，新的一代人能成长起来的

① (敕令书，4795)，第46页。

话——拥有这样的收入,通过教育和其他方法,在他们身上可培养出各种能力,从而能够适应和享受增加的收入。因此,从长期来看,富人和穷人之间性情和爱好的差异,可以通过在他们之间转移收入来克服。所以,显而易见,这种差异不能当做一个论据来否认转移收入的益处。[1]

第5节

然而,以上这种一般性的推理,虽然对于从形式上为我们的论点辩护或许是必需的,但却不一定能使我们实际确信它是有根据的。为此,只需回顾一下我国最近收入的实际情况就够了。目前没有充足的资料能准确地计算出收入分配情况。不过,依据鲍利博士的著作[2],我们可以尝试着对第一次世界大战前的一段时期作出以下粗略的估计。我国12,000个最富有的家庭获得了国民总收入的大约1/15;最富有的1/50人口获得了国民总收入的大约1/4;最富有的1/9人口获得了将近一半的国民总收入。剩下的一半多一点,留给自谋职业者、年收入低于160英镑的薪金领取者以及全体工资挣取者去分配。下表是鲍利博士对国民收入在上述最后一群人的一部分之间的分配所作的估计,把分析稍稍向前推进了一点。

---

① 当然,同样地,当我们采取长期观点时,以下论点也会失去其大部分力量,即有人认为,富人实际收入的减少会造成特殊的损害,因为这会迫使他们放弃长久养成的习惯。

② 《经济学季刊》,1914年2月,第261页;以及《战前工业产品的分配》,1918年,第11和14页。

普通全日成年工人的每周货币工资
(包括对实物工资的估价)[①]

工资	人数	百分比
15 先令以下	320,000(主要是农业工人)	4
15/-至 20/-	640,000	8
20/-至 25/-	1,600,000	20
25/-至 30/-	1,680,000	21
30/-至 35/-	1,680,000	21
35/-至 40/-	1,040,000	13
40/-至 45/-	560,000	7
45 先令以上	480,000	6

研究这些数据时我们必须记住,同较为富有的家庭相比,在丈夫只有很少收入的家庭中,妻子和孩子更可能也挣取工资;因而家庭之间的收入分配很可能比个人之间的收入分配更适用。不过,这是个比较小的问题。所引用的数字的具体含义,在同一作者战前对四个工业城市生活状况的研究中,非常明白地显示出来。这些城市总共有"大约 2,150 个工人阶级家庭,9,720 人。这些家庭中有 293 家即13 $\frac{1}{2}$%,这些人中有 1,567 人即 16%,生活在非常贫困的状态中",即收入极低,多么精打细算,也无法维持适当的最低生活。"在 3,287 个儿童中,有 879 个即 27%,生活在不能达到健康生存所必需的最低标准的家庭中。"[②]当然,富裕阶级的超额

① 取自《当代评论》,1911 年 10 月,第 1 页。

② 《生计与贫困》,第 46~47 页。贫困儿童所占比例较高的原因有二,一是贫困家庭的人口总是比其他家庭人口多,二是大家庭本身即是生活贫困的原因。参见鲍利,《社会现象的测度》,第 187 页。

收入，并不表示相应的超额消费。我国每年新投资的主要部分(战前或许为3.5亿镑)，以及中央和地方政府支出的很大部分(超过2亿镑)，必须从他们的收入中提供；因此，每年能够由富人和中等收入的人用于奢侈品的支出不会超过3亿镑。而且，有关货币收入的估计数字，往往夸大富人的相对实际收入，因为对于相同的服务，这些人常常要比穷人支付更高的价格。例如，伦敦的许多商店对所谓“大户”实行差别待遇，旅馆收费也常常是歧视性的。有人甚至认为，富人的货币收入中有高达25%的收入，在花费时不能代表实际收入。[①] 同样，有关货币收入的估计数字由于忽视了有利于穷人的差别待遇，有时会使穷人的实际收入显得比实际少。譬如，鲍利博士指出：“肉店老板或许可以对白天的顾客提高价格而不致太影响销路，但对晚上的顾客却不能这么做。在这种情况下，工人阶级所受的价格上涨的影响会小于富人阶级。星期六夜晚的大批量购买活动尤其是这样”。但作了所有这些限定之后，上面引用的数字仍无可置疑地表明，战前和现在都有大量多余的收入在富人手里，用鲍利博士的话来说，可用转移的方式来“处置”。

第6节

鲍利博士和乔西亚·斯坦普爵士，对战后特别是1924年英国和北爱尔兰的收入分配作了一些研究。从这一研究看出，最富有阶级(其收入超过9,400镑，按照战前物价水平，这大致相当于

① 厄威克，《奢侈与生命的虚掷》，第87和90页。

5,000镑)的税前收入有所减少。[①] 两位作者得出了以下一般结论。工资挣取者、其他收入挣取者和非劳动所得之间的收入分配,稍稍有所变化,更加有利于劳动阶级了。体力劳动者的平均实际收入有所增加,保险计划和其他公共支出也变得对他们更加有利。此外,他们的每周工作时间减少了大约1/10。这种变化可以与得自房产和具有固定利率的投资的实际收入的减少相联系。各种迹象表明,税前的总利润在两年(即 1911 和 1924 年)的总收入中所占的比例,大致相同。在挣工资的阶级中,妇女和非技术工人的工资得到了相当大的实际提高;绝大多数技术工人 1924 年至少与 1911 年挣的一样多(扣除物价上涨因素)。[②] 鲍利博士战后对上一节提到的四个城市的生活状况作了第二次调查,清楚地显示出,这些变化对穷人的生活具有重大意义。他写道:"即便假设在某个星期遭受失业之苦的所有家庭没有适当的收入来源,而且他们的失业是长期的,穷人的比例在 1924 年也只是 1913 年的一半多点。如果没有失业,城市贫困家庭所占的比例则会降至 1913 年的 1/3(3.6%对 11%),城市穷人所占的比例则会降至 1913 年的 1/4 强(3.5%对 12.6%)"。[③] 而且,假定就业充分,1924 年有一个男人正常挣钱而处于贫困之中的家庭所占的比例,只是 1913 年的1/5,即便计入失业的最大影响,也只是 1913 年的一半稍多一点。[④] 这

---

① 《国民收入》,1924 年,第 58 页。

② 同上,第 58～59 页。

③ 《贫困减少了吗?》,第 16 页。这段话中给出的 1913 年的百分比和《生计与贫困》一书中给出的百分比有差异,原因是后一本著作没有计入 480 户中上产阶级家庭(参见《生计与贫困》,第 46 页脚注)。

④ 《贫困减少了吗?》,第 21 页。

种巨大改善，部分（约占整个的 1/3）要归因于每个家庭子女数目的减少；但主要（占剩下的 2/3）还是要归因于非技术工人实际工资率的提高。然而，尽管有这种改善，尽管“计入税收的全部影响后，富人手中可用于储蓄和支出的实际收入确实比战前少了”，[①] 但是，不仅税前的收入分配，而且税后的收入分配仍然很不平均。例如 1924 年，约有一亿镑的**净**收入即英国总收入的约 $2\frac{1}{2}$，确实仍由 3,000 个家庭所享有。所以，我们应毫不犹豫地得出结论说，只要总的国民所得不减少，在相当大的范围内，以富有阶级享有的实际收入的相等减少为代价，最贫困阶级享有的实际收入的任何增加，都几乎肯定会增加经济福利。

第 7 节

应该注意到，上述结论并不完全等于这样一个命题，即在其他条件不变的情况下，任何能使国民所得的分配更趋平均的措施，都会增加经济福利。如果社会只由两个人组成，这个命题就确实成立。但是，在由两个以上成员组成的社会中，“能使国民所得的分配更趋平均”的含义却含糊不清。帕累托测度分配不平均的程度时采用的方法是，用大于任何 x 值的收入的项数的对数除以 x 的对数。这种测量方法很难应用，除非我们接受帕累托的观点，即在任何给定的收入分配中，这两个对数之间的比值，对于 x 的所有数值，都差不多是相同的，即便如此，有人仍会争论说，他的测量尺

① 《国民收入》，1924 年，第 59 页。当然，必须记住，对富人征收的重税有很大一部分用以支付战时借款的利息，仍然进了富人的腰包。

度的倒数——它当然会显示出较小的平等程度，而测量尺度本身却会显示较大的平等程度——是否不比测量尺度本身更可取。[①]在测量不平等的其他尺度中，人们最熟悉的是偏离平均数的均方差。用这个标准可以证明，假定社会成员间的脾性相同，收入分配不平等的减少，虽然并非必然会，但却**很可能**会增加总的满足量。[②]

---

① 参见吉尼，《可变与易变》，第 72 页。

② 设 A 为平均收入，n 为收入的项数，a_1，a_2…为偏离平均数的离差，则根据我们的假设，总满足

$$=nf(\mathrm{A})+(a_1+a_2+\cdots)f'+\frac{1}{2!}(a_1{}^2+a_2{}^2+\cdots)f''+\frac{1}{3!}(a_1{}^3+a_2{}^3+\cdots)f'''+\cdots$$

但我们知道，$\{a_1+a_2+\cdots\}=0$.

我们无从知道第三项以后的各项之和是正还是负。但$\frac{1}{2}\{a_1{}^2+a_2{}^2+\cdots\}f''$肯定是负。所以，如果第四项和以后各项都小于第三项，则可以肯定，而且一般说来很可能，$(a_1{}^2+a_2{}^2+\cdots)$愈小，总满足愈大。当然，前一数值会在与均方差或标准差$\sqrt{\sum\frac{a^2}{n}}$相同的意义上变化。达尔顿博士在一篇令人感兴趣的文章“收入不平等的测度”中指出，在许多收入大大偏离平均值的社会中，上述论证表明的可能性非常低（《经济学杂志》，1920 年 9 月，第 355 页）。

第 9 章　对人口数量产生的影响

第 1 节

上面两章丝毫未谈到国民所得分配的变化可能会对人口数量产生的影响。现在必须补救这个省略。对于前面得出的有关国民所得的数量和分配的一般结论，有人会反对说，任何人群享有的国民所得的增加，都会使其人口增加，直至每人的收入降至原来的数量，因而国民所得的增加不会带来持久的利益。实际上，这个论点常常用在体力劳动者收入的增加产生的影响上；当然，它在这一范围要比在任何其他范围显得有道理得多。因而考察一下该论点的这个方面就足够了。我将首先从整个世界的角度，或从想象中的一个孤立国家的角度考察这个论点，然后探究所取得的结果对于处在现代国家大家庭之中的一个国家需要作何种程度的修改。在从这两个方面即将展开的讨论中，必须明白，我们心目中工资挣取者收入的增加，并不包括国家为鼓励多生儿育女而有意和公开给予的奖励所引起的收入的增加。在英国的老济贫法之下，实际上就给予这种奖励；我国现行的所得税法，也在一定程度上起了这种作用；战争爆发前不久法国颁布的一项法律[①]，亦采取了类似的政策。穷人收入的这种增加，当然有促使人口增加的趋势，就某些实

① 参见《经济学杂志》，1913 年，第 641 页。

际问题而言，这一点很重要。但我们现在所关注的，并不是通过实行差别待遇而诱使人们生育子女的那种收入增加。

第 2 节

如果我们暂时忽略收入的增加对欲望和爱好的深层影响，我们的讨论实际上就会变为对著名的“工资铁律”的有效性的考察。根据这个“规律”，持续增加的人口会不断把工人的收入压低至“仅能满足生存的水平”，因而工人的人均实际收入在任何情况下都不可能增加。顺便应该指出，即便真有这样一种规律，也不能断然否认，工人收入的增加会增加经济福利。因为仍然可以认为，只要普通工人家庭在整个一生中获得的满足超过不满而有剩余，则人口的增加本身就意味着经济福利的增加。[①] 但是，对于我当前的目的而言，则无需深究前述那个可疑的论点。人口的增加并不会把人均收入压低至事前确定的“仅能满足生存的水平”。无疑，任何人群所获得的国民所得的增加，其直接的结果都可能是使人口有所增加。众所周知，英国的结婚率与 19 世纪上半叶的小麦价格负相关，而与 19 世纪下半叶的出口、票据交换所收益等等正相关，[②] 并且死亡率随着财富的增加而下降，反之亦然。但是，若宣称收入

① 但参看西奇威克的看法：“至少很令人怀疑的是，像英国普通非技术工人那样的人，其数量的单纯增加，能否认为会使人类幸福总量有实质性的增加”（《政治经济学原理》，第 522 页脚注）。同能使**人均实际收入**最大化的人口相比，在给定条件下能使幸福总量最大化的人口，似乎有充足得多的理由称为最适度人口。所以，目前较为流行的在前一种意义上使用最适度人口这个词的做法，是令人遗憾的。

② 参见帕累托，《政治经济学教程》，第 88 页及以下各页。并参见马歇尔，《经济学原理》，第 189～190 页。

的增加会极大地刺激人口增长，以致工人的收入会再次被压低至以前的水平，那就与经验相悖了。体力劳动者可以采用两种方式来利用其增加了对物质产品的要求权，一是用于增加其人口数量，二是用于提高其生活舒适水平。马尔萨斯《政治学原理》一书中两段相互对照的话，可以很好地说明这两种方式的差异。一方面，他发现，18 世纪将马铃薯引入爱尔兰后增加的财富，“几乎全都用于养活人口多的大家庭”。另一方面，1660 至 1720 年间英国谷物的价格下跌时，工人“增加的实际工资，有很大一部分花在了显著改进所消费的食品质量和明显提高舒适和方便水平上”。[①] 不可能先验地预测增加的收入以何种比例用于这两个方面。这种比例会随着时间和地点的不同而变化。譬如，勒鲁瓦—比利指出，近来在比利时和德国，增加的收入主要用于人口的增加，在其他欧洲国家，则主要用于舒适水平的提高。[②] 但几乎可以肯定(这是关键所在)，用于人口增加的部分不会把增加了的对自然的控制力带来的全部成果都吸收掉。

第 3 节

正如上一节的开头所指出的，以上论证未考虑收入的增加可能产生的更深层的影响。以布伦塔诺教授为首的一个重要学派承

① 《政治经济学原理》，第 252 和 254 页。赖特先生在评论 19 世纪后半叶出生率的下降时认为，增加了的对自然的支配力，在表现为价格的下降时，要比表现为货币工资时，更可能提高舒适水平；因为人们不易看见货币背后的东西(《人口论》，第 117 页)。

② 《财富的分配》，第 439 页。

认，任何阶级的物质繁荣程度的提高，其直接的影响，一般说来都是提高结婚率，从而提高出生率。但他们坚持认为，从长期来看，繁荣程度的提高将提高精神和文化水平，更多地考虑子女的前程，更多地考虑生儿育女以外的满足。因此，他们认为，从长期来看，任何阶级收入的增加，可能根本不会提高，反而实际上可能降低其出生率和人口。[①] 于是，布伦塔诺教授宣称，财富的增加和文化水平的提高，“正如对不同阶层以及对处于不同发展阶段的相同阶层和相同人群所作的比较告诉我们的，将导致出生率下降……。随着繁荣程度的提高，婚姻以外的享乐也将增加，同时对子女会有更加细腻的感觉，这些事实都趋于减少生儿育女的欲望”。[②] 例如，同没有任何东西留给子女因而行为不受经济动机影响的人相比，那些有一些财产留给子女的人，更多地受这一事实的影响，即如果家庭很大，在他们死后其遗产必须分成许多小股。希伦博士 1906 年对伦敦作的统计研究，详尽证实了这种观点。在选定的一些地区，他发现了每 100 个已婚妇女的生育数与社会状况的各种指数之间的相关系数。所选择的指数是：从事自由职业的男人所占的比例、每 100 个家庭中女仆的人数、每 1,000 个男人中普通劳动者的数目、两个以上的人居住在一个房间的人口所占的比例以及每 1,000个人中穷人和精神病患者所占的比例。他发现，低繁荣指数常与高出生率一起出现。针对这一结果，必须指出这样一个事实，即低繁荣指数亦伴随有高婴儿死亡率。然而，调查表明，高死亡率

① 参见莫伯特，《社会科学文献》，第 34 卷，第 817 页。并参见阿夫塔林，《周期性的生产过剩危机》，第 1 卷，第 208～209 页。

② 《经济学杂志》，1910 年，第 385 页。

并不足以抵消高出生率；由此得出的结论是，“经济最不繁荣和文化水平最低地区的已婚妇女（当然，这些贫穷的已婚妇女嫁给的男人也很贫穷），生育的子女也最多”。① 而且，对1851和1901年状况的比较，揭示出这样一个惊人的事实：“这种关系的强度在最近50年中增加了几乎一倍”。② 希伦的研究结果，被稍后各项更大范围的调查所充分证实。例如，尤尔先生写道：“目前（1920年），毫无疑问，婚后生育率总的说来是从较高阶层和自由职业阶层的很低数字，逐渐上升至非技术工人的很高数字”。③ 同样，史蒂文森博士经过精细的研究后得出结论说：“各社会阶层之间婚后生育率的差异，1861年以前很小，而1891至1896年却迅速加大至最大。其后各阶层间的少许接近，可能是表面的而不是实际的。各社会阶层间生育率的差异，总的说来是一种新现象”。④ 直到上一世纪中叶，虽然较高阶层（他们的全面赚钱能力比体力劳动者发展得晚）趋向于晚婚，因而趋向于生育较少的孩子，但这种趋向几乎被他们的较低死亡率抵消了。当时他们的婚后生育率并不比现在低多少，他们的婴儿存活率只比现在略低。现在，由于他们的生育率

---

① 《人类生育能力与社会状况的关系》，第15和19页。贝蒂荣先生指出，一般说来，高出生率与高死亡率是相关的（《法国人口的减少》，第66页及以下各页）。这种相关，部分是由于子女的死亡促使父母多生孩子，部分是由于高出生率意味着许多孩子出生在恶劣环境中而易于死亡。因此，纽肖尔姆博士说，所观察到的相关“或许主要是由于子女多的家庭常见于最贫穷的阶级，而这些阶级特别容易受造成高婴儿死亡率的因素的影响”（“关于婴儿死亡率的第二份报告”（敕令书，6909），第57页）。埃尔德顿在《关于英国出生率的报告》第一部分中，对于英格兰北部地区也得出了相似的结论。

② 《人类生育能力与社会状况的关系》，第15和19页。

③ 《出生率的下降》，第31页。

④ 《皇家统计学会会刊》，1920年，第431页。

相对而言下降很大，他们的婴儿存活率要比当时低得多。[①] 这些由统计数据得出的推论，其依据其实并没有乍看起来那么坚实有力。高度富足与低出生率之间的相关，可能部分是由于子女少的家庭更加有条件积聚财富，而富人区与低出生率之间的相关，可能部分是由于这些地区是家仆和其他依附者——他们的生育率特别低——聚集的地方。[②] 而且，财富与子女小的家庭之间的相关，很可能部分是由于生理上生育能力低的家族只需在较少的人之间分割遗产，因而往往比普通人富有。[③] 但是，这些因素虽说很重要，可有理由认为，它们并不能完全解释所观察到的事实。前面所说的繁荣产生的深层影响，大大增强了我们的结论具有的分量，即在孤立的社会中，穷人命运的改善不会由于引起人口大量增加而被抵消。

第 4 节

若考虑到这样一个事实，即在现代世界中，没有哪个国家是与

① 《皇家统计学会会刊》，1920 年，第 471 页。

② 参见勒鲁瓦—博留的证论："人们可以发现，在富人区，老年夫妇、退休者、仆人(这些人的生育力特别低)的比例较高，一年之中只在城里生活一段时间的人所占的比例也较高；因而，富人区的出生率较低，由此不能推论出任何东西。人们把拥有 135,000个居民的第 16 区称为富人区，把拥有 104,000 个居民的第 8 区也称为富人区。然而，很明显，真正的富人在这些所谓富人区的人口中不会占 1/10，或许连 1/20 都不到；甚至在巴黎 1,000 个人中也没有 100 个富人；这些地区人口中的绝大部分是仆人、看门人、小店主和技术高超的工人。因此，人们依据巴黎的这些所谓富人区的出生率得出的结论，是没有价值的"(《人口问题》，第 399 页)。

③ 参见达尔文，"优生学与经济学及统计学的关系"，《皇家统计学会会刊》，1919 年，第 7 页。

其他国家隔绝的，问题就不那么简单了。当然，如果各国体力劳动阶级的实际收入，都因为该阶级的平均能力水平的提高而增加，就不会出现导致移民的诱因。但是，如果体力劳动阶级的实际收入由于某个发现或发明而增加，或由于某项政策而增加，实施该政策大大改善了一个国家的经济状况，而其他国家的经济状况没有什么改善，那就会出现导致移民的诱因。如果采取立法措施或其他措施使收入从某一社会的较富裕成员向较贫穷成员转移，也会出现相同的情况——当然，条件是移居入境的穷人不被排除在享受这些措施的好处之外。① 这些考虑很重要；因为它们表明，趋于增加一个国家内工资挣取者的人均实际收入的许多因素，其最终朝这一方向施加的影响，要比乍看起来似乎会产生的影响来得小。不过，不应忘记，外来移民虽然会减少这些因素在遭受主要影响的国家产生的作用，但却可以间接地改善其他国家劳动者的命运。因此，无论如何，经济状况的改变所带来的有利影响不会被消除，而只会散布于更加广阔的地区。在遭受其主要影响的国家，经济福利必然会有**某种程度的**增加。

第 5 节

以上讨论否定了这样一种观点，即工资挣取者实际工资的增加对经济福利产生的有利影响，会被人口的膨胀抵消。但它并未

① 养老金提供的移民诱因，可以通过执行这样一条规定而变得很小，就是规定只有居住比如说满 20 年，才有资格享受养老金；因为遥远的利益只会对行为产生很小的影响，而如果像领取养老金那样，死亡的可能性使享受利益不仅是很遥远的事，而且还是不确定的事，情况就更是这样了。

否定这样一种观点，即收入从富人向穷人的转移对经济福利产生的有利影响，也会被人口的膨胀抵消。因为，达到此结果，并不需要穷人增加的经济福利被消灭，而只需使穷人增加的经济福利小于富人损失的经济福利。不可否认，**有可能**发生这种情况。但在像英国这样的国家，有理由认为，发生这种情况的可能性很小，因为在英国，财富的分配极不平均，可以大幅削减许多高收入，而对经济福利不会造成什么损害。

第 10 章　国民所得与人口质量

第 1 节

第 7、8 两章得出的一般结论，直到最近一直像在那两章中那样被人们叙述着，并未引起争论或争议。但近年来，人们掌握的生物学知识取得了巨大进展。以前，经济学家实际上在某种程度上不得不考虑经济因素对人口数量的影响，不得不考虑由环境所决定的人口质量，但却没有提出过经济因素对由基本的生物属性所决定的人口质量产生的影响。现在，情况不同了。生物统计学家和门德尔学派学者都把注意力转向了社会学，并坚持认为，正确理解遗传规律对经济学具有极其重要的意义。据说，经济学家在像我那样讨论国民所得状况对福利的直接影响时，是在白白浪费精力。直接影响毫无意义；重要的实际上仅仅是分别对良好血统或不良血统家庭的大小产生的间接影响。因为各种形式的福利最终都取决于远比经济安排更加根本的东西，即取决于影响生物选择的一般力量。我有意有点含糊地叙述这些主张，因为我急于想以一种建设性精神而不是批判精神来考察由此提出的问题。在以下各节，我将努力尽可能准确地说明，近来生物学的发展实际上在多大程度上影响了经济学。为此，我首先将区分出生物学取得的某些研究成果，这些成果虽然价值巨大，但严格说来却与经济学无关；其次，我将考察这样一种一般性的主张，即生物学的新进展使前面各章显示的经济学研究方法变得无足轻重，可有可无了；第三，我将考察一些重要方面，在这些方面，这门新的学问开始直接触及我试图考察的那些问题，并使得我必须修正已经得出的结论。

第 2 节

到目前为止，现代生物学研究对社会学作出的最重要贡献，是它确信，某些先天缺陷具有明显的遗传性。无论对遗传的生理机制采取何种观点，实际的结果都是一样。我们知道，有先天缺陷的人如果结婚的话，会把有缺陷的组织遗传给自己的一些孩子。对于值得拥有的一般素质，特别是精神方面的素质，我们却没有那么明确的了解。巴特森在写出下面的话时提出了明智的告诫："虽然对于何者构成极端的不适当，我们的经验是相当可靠的和明确的，但在估计对社会有用或可能有用的素质方面，或估计所需要的这种素质的数量比例方面，却几乎没有什么东西指导我们。……在有较高精神素质的人身上，尚没有任何东西暗示他们采用的是何种简单的遗传方法。这些精神素质以及较为发达的体力，都可能产生于许多因素的巧合，而不是产生于拥有某个基因"。[①] 而且，惠桑夫妇正确地指出，好素质，如才能、德性、健康的身体、健美、美丽动人等，"从遗传的角度看，与至此考察的一些坏素质有本质的不同，因为好素质依赖于许许多多因素的同时出现。这种同时出现在遗传过程中肯定很难追踪到；在遗传过程中，每一特质可以单独遗传，不同特质可以联系在一起，或根本不相容，人的素质的遗

① 《门德尔的遗传原理》，第 305 页。

传方式要比我们在植物和动物那里看到的复杂得多。各种因素的复杂组合造就了能干或富有魅力的男人或女人的人格；我们目前掌握的知识远远不足以使我们能够预测这种组合将如何在他们的子孙身上重现”。[①] 我们在这个领域实际上被重重的无知包围着，必须谨慎而再谨慎。唐卡斯特说得好：“在这方面，仍然必须遵循经验准则和常识，直至科学能以确定无疑的声音说话的时代来临”。[②] 最近，已故的弗朗西斯·高尔顿爵士提出了这样一种权威的观点：“那些研究过这个问题的人，了解的实情已足够多，在他们的头脑中对一般结果不再有疑问，但除了在极端情况下，从数量上说了解的实情还没有充足到能证明采取立法行动或其他行动为正当的地步”。[③] 最好不要忘记，贝多芬的父亲是酒鬼，他的母亲死于肺病。[④] 我们对某些缺陷的无知却没有这么严重。这些缺陷正是高尔顿心里想的极端情况。不少医学界人士长期以来一直极力主张，应强制性地阻止弱智者、白痴、梅毒患者、肺病患者生儿育女，这可以从源头上消除大批有缺陷的人。这个问题在有精神缺陷的人当中特别紧迫，因为如果放任他们的话，他们的生育率往往极高。例如，在皇家弱智者委员会举行的听证会上，“一个经验特别丰富的证人特雷德戈尔德博士指出，那些让孩子上公立小学的家庭，平均有 4 个孩子；而那些送孩子上特殊学校的退化家庭，平均有 7.3 个孩子，尚不包括死产儿”。[⑤] 况且，弱智妇女常常在特

---

① 《家族与民族》，第 74 页。

② 《独立评论》，1906 年 5 月，第 183 页。

③ 《概率，优生学的基础》，第 29 页。

④ 参见巴特森，“英国优生学协会主席就职演说词”，载《自然》杂志，1914 年 8 月，第 677 页。

⑤ 《家族与民族》，第 71 页。

别年轻时就开始生孩子；必须记住，即使家庭的大小不受影响，早婚也不是一件无关紧要的事情；因为，降低任何人群的正常结婚年龄，“各代人相互接续的速度都会加快，从而该人群的子嗣在总人口中所占的比例将增加”。[①] 然而，弱智者并不是需要加以限制生育的惟一人群。一些学者建议，某些形式的犯罪和某些助长贫穷的特质，亦可用同样方式从种族中消除。卡尔·皮尔逊教授提出一种观点，这种观点如果正确的话，将大大增加此种政策达到其目标的可能性。他认为，种类完全不同的缺陷是相关的，“有某种类似于胚种退化的东西，它会表现在相同器官的不同缺陷上，或不同器官的缺陷上”。[②] 巴特森依据不同的理论表达了相同的意思，他说有“迹象表明，在极端情况下，不适者具有较为明显的遗传原因，常常可以看出是由于存在着某一简单的遗传性因素”。[③] 总之，正如上面最后引证的那位学者所说，毫无疑问，“某些严重的身体和精神缺陷，几乎可以肯定还有某些致病的素质，以及某些形式的罪恶和犯罪，如果社会有决心的话，是可以根除的”。[④] 这是一个极其重要的结论，也是一个乍看起来似乎在某种程度上不费很大劲

---

① 海克拉夫特，《达尔文学说与种族进步》，第144页。

② 《国民优生学的范围及重要性》，第38页。

③ 《门德尔的遗传原理》，第305页。

④ 同上，第305页。不过，应该记住，某一不良的隐性特质无法仅仅靠阻止表现有这种特质的人生育而予以消除；因为在许多表面正常的人的基因中也会带有这种特质。弱智似乎是一种隐性特质（参见盖茨，《遗传与优生学》，第159页）。计算表明，如果现在有3%的人口是弱智者，那么，单靠将那些显示有这种特质的人隔离或使他们绝育，得经过250代人（即大约8,000年）才能将这一比例降至$\frac{1}{100,000}$。然而，区分出表面正常而带有隐性弱智特质的人，却是一项远远超出我们目前能力的工作（参见上引书，第173页）。

就可以实际运用的结论。时常有因犯罪或精神错乱而带污点的人，被强制送交政府机构。此时，在仔细研究后，通过永久性隔离，或可能的话，像在美国的某些州那样，经法律批准后，通过外科手术，可以使他们不能再生育。[①] 我们掌握的知识似乎足以允许我们在这方面采取某些慎重的步骤。毫无疑问，这种政策会增进社会的一般福利和经济福利。为这个结论，为人们由此而希望采取的重大步骤，我们要感谢现代生物学。然而，这个结论却超出了经济学的范围，丝毫未影响前几章得出的结论。

第3节

因此，我转而讨论另外一种观点，其与经济学的相关性是绝对不容置疑的，这种观点认为，我们在本书中进行的所有这些研究都是不重要的，方向都是错误的。概括地说，其指责如下。经济上的改变，例如改变国民所得的大小、构成或分配，只会影响环境；而环境根本不重要，因为环境的改善并不会影响享受这种改善的人所生育的孩子的素质。庞尼特教授就持有这种观点，他宣称，卫生、教育等等“顶多只是转瞬即逝的沾标剂，它们延缓了但却增大了所要解决的困难。……永久的进步是生育问题，而不是教学问题；是配子问题，不是教育问题”。[②] 洛克先生[③]甚至更为强调这个意思。从实践方面看，这些学者的观点实质上与卡尔·皮尔逊的观点一

① 有关这个题目的权威性著作是H.H.劳克林博士著的《美国的优生绝育》，1922年。

② 《门德尔的学说》(第2版)，第80～81页。

③ 参见R.H.洛克所著的《变异、遗传和进化研究的最新进展》。

致。

当然,所有这些观点的科学基础是这样一种论点,即后天的特质产生于环境的影响,是不遗传的。至少就较为复杂的多细胞生物体而言,这种论点认为,最终形成生物后代的生殖细胞,从一开始就不同于形成生物身体的细胞。例如,威尔逊先生写道:"如果认为遗传是从父母的身体发生于子女的身体,那就完全错了。子女是从父母的生殖细胞而非父母的身体获得性格遗传,生殖细胞并非由其所产生的身体获得其特质,而是得之于其血统中早先存在的相同种类的生殖细胞。因此,可以说,身体是生殖细胞的产物。就遗传而言,身体仅仅是生殖细胞的携带者,为后代照管生殖细胞"。[①] 唐卡斯特采取了实质上相同的观点:"早期的遗传理论认为,生殖细胞是由身体产生的,因而必然要么包含有身体各部分的样本,要么至少包含有产生于那些部分的某种单元,能致使它们在下一代身上发展。逐渐地,随着对遗传和生殖细胞实际起源的研究不断取得进展,生物学家放弃了这种观点,转而相信胚种的连续性,也就是认为,生殖质产生于以前的生殖质,身体是生殖质的一种产物。因此,子女像父母,不是因为子女产生于父母,而是因为子女和父母都产生于同一家系的遗传物质"。[②] 如果这种观点是正确的,则生物体的确定的特质,其出现便取决于在其生殖细胞中存在着确定的结构或物质,因而不会直接受到某一祖先后天获得的素质的影响。只有不确定的特质,才会受到后天素质的影响。

① 威尔逊,《发展和遗传中的细胞》,第13页;转引自R.H.洛克,《变异、遗传和进化研究的最新进展》,第68页。

② 《遗传》,第124页。

例如这样一些特质，它们可以被认为是产生于生殖细胞和身体其他细胞的相互交感，或产生于接受液体或易溶的物质。当然，由此而保存的特质并非完全不重要。使生殖细胞处于有毒的环境中是否会对生殖细胞的后代产生永久性影响，这个问题似乎尚无定论。J.A.汤姆逊教授写道："使生殖细胞与身体一起中毒和以特定方式影响生殖细胞，使其发育时能复制父母的特定变异，这两者之间有很大差异"。[①] 生殖细胞过的并不是"一种有魔法保护的生活，不受作为其携带者的肉体在日常生活中遇到的偶然事件或意外事件的影响"。[②] 相反，有证据表明，不仅像酒精这样的直接有毒物质，而且连父母遭受的伤害，都会影响生殖细胞的营养，从而导致后代的整体衰弱，由此造成不良的性格特征，尽管对**其后代的后代**会造成多大影响是有疑问的。但生物学家的一般观点似乎是，一代人后天的特征对下一代人素质的影响，同这一代人先天的特征所产生的影响相比，无论如何是很小的。[③] "教育之于人，正如肥料之于豌豆。受教育者本身会因受教育而变得更好，但他们的经验一点也不会改变其后代的不可改变的本性。"[④]同样，"疏忽、贫穷和父母的无知，虽然造成的结果很严重，却没有显著的遗传效应"。[⑤]

这种生物学论点，在专家中占主导地位，外行人无权对其表示异议。如前所述，它是这样一种观点的科学基础，即经济条件由于

① J.A.汤姆逊，《遗传》，第198页。

② 同上，第204页。

③ 洛克，《变异与遗传》，第69～71页。

④ 庞尼特，《门德尔的学说》，第81页。

⑤ 艾科尔兹，"向体质退化委员会提供的证词"，报告，第14页。艾科尔兹博士的观点似乎是用归纳方法得出的，而不是依据一般的生物学原理所作的推论。

属于环境范畴，因而从长期的观点来看，实际上并不重要。我接受上述生物学前提。但我不同意其社会学结论。西德尼·韦布教授温和地反对把注意力过多地放在社会问题的生物方面。他写道："使所有婴儿都出生于优良血统，然后使他们一代又一代地成长为坏人，这毕竟没有多大用处。一个世界若其成年人都出身良好但身体和道德都不正常，那这个世界并不诱人"。[①] 然而，我的批评要比这更为深入。庞尼特教授和其同事会接受韦布先生的观点。他们完全承认，环境会影响直接生活于其中的人，但他们认为，环境不重要，原因是环境不会影响接下来几代人的先天素质，因而不会产生任何持久的结果。我的回答是，一代人的环境**会**产生持久的结果，因为它会影响未来几代人的环境。简言之，环境像人一样，也有子女。虽然教育等等不能影响物质世界的新生命，但它们却能影响观念世界的新生命；[②]观念一旦产生或一旦被某一代人所

---

① 《优生学评论》，1910 年 11 月，第 236 页。

② 可以对这两个世界中的进化过程作一有趣的比较。在这两个世界，我们可以发现三个因素，即突变的**发生**、**传播**和**冲突**。

在这两个世界中，发生突变的**种类**似乎都是偶然的，无法加以控制的，尽管有人认为，在这两个世界中，环境的巨大变化和特殊种类的环境，都会激发突变。例如雷氏认为，战争或移民等大动乱，以及由于缺乏旧材料或由于掌握了特别有效的新材料而在某一行业中采用新材料（例如在建筑业中使用钢铁），便是有利于发明的条件，因而他认为，安定的农业地区很少产生发明（《资本的社会学理论》，第 172～173 页）。而且，在这两个世界中，**可变性**一旦增加，发生"好的"突变的可能性就会增加。因此，在其他条件不变的情况下，有利于变化的环境是达到善的一种手段。譬如，在谈到地方政府时，马歇尔写道："所有变化的力量，只要与秩序和管理的省时省力相一致，就几乎是纯粹的善。进步的前景会由于相同试验的重复和许多人之间思想的交流而增加，其中每一个人都有机会实际检验其建议的价值"（《呈交给地方税皇家委员会的备忘录》，第 123 页；并参见布恩，《工业》，第 5 卷，第 86 页；以及霍布豪斯，《民主与反动》，第 121～123 页）。

接受，无论能否物化为机器发明，都不仅会从根本上改造接下来几代人享有的环境，[①]而且还会为进一步的发展铺平道路。其原因是，虽然每一个新人必须从其上一辈开始的地方开始，但每一项新发明却会继承上一项发明。[②]这样一来，便会使环境发生永久性的变化，或确切地说逐渐的变化，而既然人们承认，环境会对实际生活于其中的人们产生重要的影响，这种变化就会产生持久的效果。诚然，在动物中和在原始种族中，这一点并不重要。因为在这里，某一代在观念领域中创造的东西，不容易传给其后代。“人类居住得很分散，无法相互交往时，相同的发明要作出一百次。其努力及其成就会随着家庭中某个人或最后一个成员的死亡而消失，因为发明是靠口授传下来的。”[③]但在文明人当中，有了书写和印刷术后，思想却能永久流传下来，从而使每一代人都有能力为后代人塑造和重新塑造理想的环境。塔德领会了这一点，他写道：“促进进一步的生产是资本的主要功效，资本这个词就应该这么来理解。

另一方面，突变在观念当中的传播并不像在有机体当中那样进行。在后者当中，突变了的成员，只要生存了下来，其繁殖能力就不会受到自己是否适应竞争的影响，而前者却会受影响。失败的动物和取胜的动物，只要存活了下来，就同样有可能生育后代。但在观念世界中，失败者可能不育，胜利者则可能多产。

更为显著的差异是，两个集团中突变成员之间发生的冲突具有不同的性质。在物质世界中，这一过程是消极的——失败者遭淘汰。在观念世界中，这一过程是积极的——成功的观念被采用和模仿。由此而产生的一个后果是，一般说来，成功的试验要比成功的“运动”传播得快得多。

① 参见菲斯克，《发明》，第253页。

② 这种考虑为国家出资把当前这一代女孩培养成称职的母亲和家庭主妇提供了强有力的理由，因为，只要一代人受到这样的教育，就很可能确立起家庭的传统，起初由政府出资传授的知识，就会不再需要任何人付费而传播给以后各代人。（参见“体质退化部际委员会报告”，第42页）

③ 马耶夫斯基，《科学与文明》，第228页。

但资本是由何而来的呢？是由商品或特殊种类的商品而来的吗？不是，而是由记忆所保存的幸运的试验而来的。资本是传统或社会记忆。资本之于社会，就如同遗传或有生命的记忆（这是个神秘的词）之于生物。人们节省和储存一些产品，用于建造发明者所构想的模型的新复本；这些产品之于这些模型（它们才是真正的社会生殖细胞），就如同子叶（它仅仅是储存的食物）之于胚胎”。[①] 培根曾宣称：“引入新发明似乎是全部人类活动中最有价值的部分。新发明带来的利益可泽及全人类，而政治活动带来的好处只能惠及某个国家的人民：后者只能持续几个时代，而前者则会永久存续”。[②] 马歇尔以同样的精神写道：“假如世界上的物质财富被毁，而借以创造物质财富的观念保留了下来，则物质财富会很快恢复。但如果失掉的是观念而不是物质财富，那么物质财富就会缩减，世界就会重新陷入贫困。而且，如果失掉关于纯粹事实的大部分知识，保留下了建设性的思想观念，则很快会重新获得前者；可如果失掉建设性的观念，世界将重新进入黑暗时代”。甚至以上这些引述的话，也并未能完全说清楚这个问题。正如马歇尔在另一处所说：“任何变化若能使某一代工人得到更高的收入，并使他们能有更多的机会发挥自己的才能，都会增加他们可以提供给自己子女的利益；与此同时，他们自己的才智、智慧和远见增加后，这种变化也将使他们在某种程度上更加愿意为子女的幸福牺牲自己的快乐”。[③] 而这些子女变得更加强健和聪明后，一旦长大成人，便能

---

① 《社会逻辑》，第352页。

② 《经济学原理》，第780页。

③ 同上。

为自己的子女提供更好的环境(我所谓的环境包括母亲在产前和产后所享有的物质环境),由此而循环往复,效果越来越大。[①] 上一代人环境的改变会产生各种力量,可持续不断地改善以后各代人的环境,从而提高人类的素质(当前的环境只对人类的素质负有部分责任)。因此,庞尼特教授的断言过于武断了。[②] 与生儿育女毫无关系的事情,不仅**能够**带来永久性的进步,而且还**能够**带来越来越大的进步。我们确实不应满足于**能够**这个词。有充足的理由认为,人类的**大脑**机能在各个历史时期取得的巨大发展,与生殖细胞的显著变化没有关系。随着人口密度的增加,思维能力通过并不比前代人天生具有优良得多的生殖细胞的人们之间的接触与合作得到了提高。"人口问题方面有个看似矛盾的现象。自然状态下物种的变化,完全依赖于生殖细胞的变化;人类出现之前我们祖先的变化,也取决于人口的质量;但是,要解释广义近代史上最突出的事实(即知识与能力的加速进步),则应该在人口数量而不是质量的变化中寻找原因。"[③]因而,我们的结论是,在影响后天素质的因素和影响先天素质的因素之间,并不存在某些人所认为的那种根本差别。两者是同样重要的;无论哪一方的研究者都无权轻视另一方的研究成果。

---

① 伦敦教育委员会1905年的观察结果表明了这一点的重要性。该委员会注意到,婴儿死亡率低的年份出生的孩子,具有好于平均水平的体格,反之亦然。(参见韦尔斯,《取代旧世界的新世界》,第216页)

② 在其著作后来的版本中,庞尼特教授的论点不再那么武断了,与我们前面的论述不相抵触了。(参见《门德尔的学说》,第3版,第167页)

③ 卡尔—桑德斯,《人口问题》,第480～481页。

第 4 节

接下来我将讨论本章第 3 节提到的第三个论题，即新的生物学知识在多大程度上使我们必须修正第 7 章和第 8 章得出的结论。可以回想起，这些结论的大意是，在其他条件不变的情况下，(1)国民所得数量的增加(只要这不是靠对工人施加过大的压力获得的)，以及国民所得分配有利于穷人的变化，可能会增加经济福利，并通过经济福利，增加一般福利。针对这些结论，受过生物学训练的批评者认为应该采取谨慎的态度。他们觉得，沿着上述第一条路线取得的进步，会不会由于阻碍自然选择的自由作用和使孱弱的儿童得以生存，而产生一种造成国民衰弱的影响？沿着上述第二条路线取得的进步，会不会由于有意照顾劣等家系，也产生类似的有害作用？难道没有理由担心，光辉灿烂的进步潮流是一种假象，在其向前奔流时裹挟着灾难的种子？我们宣称会带来福利的那些变化真的那么重要吗？现在必须依次考察一番这个论点的这两个部分。

第 5 节

许多学者一直在强调，总财富的增加会危害国民的活力。体质弱的孩子，在艰苦的环境中会夭折，而在舒适的环境中则能存活下来，且自己亦能生儿育女。[①] 有人甚至认为，一些曾获得了巨额财富的民族和贵族最终衰亡的奥秘就在于此。其实有些缓和因素

① 海克拉夫特，《达尔文主义与种族进步》，第 58 页。

可以用来减弱这种观点的力量。首先,根据最新的生物学观点,孱弱的孩子的存活,如果其孱弱在某种程度上是偶然因素造成的,而不是先天的缺陷造成的,则最终不会给其家族造成损害,因为这种孱弱的孩子所生的子女很可能是强壮的。其次,婴儿期的孱弱不一定就表明先天身体孱弱。尤尔先生用数学方法考察了可以得到的统计资料后指出,或许"婴儿的死亡率只对婴儿期的一些特殊危险具有选择性,其影响很少超过生命的第二年,而病婴引致孱弱的效应,时间则较长"。[①] 这些缓和因素虽不能推翻,但却多少限定了这一论点,即财富的增长,若不伴有防护措施,可能会导致种族的先天素质退化。还有另一个缓和因素,虽不那么具有根本性质,却也很重要。因为,即使种族的先天素质受到一些损害,却不能由此而说,其后代的先天素质和环境素质也受到这样的损害。如果说财富的增加会消除那些有助于根除不适者的因素,那它也会消除那些使适者变弱的因素。这种双重作用的总的效果很可能是有益的而不是有害的。地方政府委员会就婴儿死亡率和一般死亡率的关系发表的一份重要报告表明,情况确实是这样。在这份报告中,纽肖尔姆博士直接抨击了这样一种观点,即那些有助于降低婴儿死亡率的改善,由于使体弱者能存活下来,必然有损于人口的一般健康。相反,他发现,"一般说来,在婴儿死亡率高的郡,人们在20岁之前的死亡率也极高,而在婴儿死亡率低的郡,人们在20岁之前的死亡率也较低,尽管这一优势在20岁以后并不像在20岁以前那么大。……根据一般的经验,有理由认为,患病人数大致上

① (敕令书,5263),第82页(1909～1910年)。

是随着死亡人数而变化的；毫无疑问，同婴儿死亡率较低的郡相比，在婴儿死亡率高的郡，（不算移民）患病者较多，青年人和成年人的健康水平也较低”。[①] 的确，纽肖尔姆博士的论点会遭到这样的反驳，即各郡已查明的婴儿死亡率和成人死亡率的差异，可归因于各郡居民素质的差异。所以，该论点未能证明，财富增加因改善了环境而产生的有益的直接影响，会超过财富增加因阻碍自然选择而产生的有害的间接影响。[②] 也许，有害的作用真的较强，但在统计数字中被掩盖了，因为它作用于从小体格就较好的人——他们能赚较多的钱，因而生活得较好，就表明了这一点。这种批评会削弱纽肖尔姆博士根据统计数字提出的论点所具有的力量。尽管如此，直接观察到的事实依然存在，即良好的环境可消除那些往往会削弱适者的因素。连同本节开头提出的那些考虑，这一事实驳斥了以下观点，即国民所得的增加和必然与之俱来的环境改善，携带有使后代孱弱的种子，因而最终有损于经济福利，而不是增进经济福利。无论如何，只要采取第2节提出的隔离不适者的政策，就可以很容易地完全抵消可能产生这种作用的危险。正如汤姆森教授指出的，只要不允许孱弱者生儿育女，保护孱弱者就不会带来生物学上的灾祸。[③] 所以，没有必要放弃我们的结论，即那些有助于增加国民福利的因素，一般说来也有助于增进经济福利，并通过经

---

① 1909～1910年的报告（敕令书，5263），第17页。

② 卡尔·皮尔逊教授在卡文迪什讲座（见其讲稿第13页，1912年出版）中，严厉批判了纽肖尔姆博士的论点（这在一定程度上是由于误解了该点所要达到的目的）。纽肖尔姆博士在他的第二份（1913年）报告（敕令书，6909，第46～52页）中作了答复。

③ 《遗传》，第528页。

济福利,增进总福利。

第 6 节

改善国民所得分配而对国民活力和效力构成的威胁,似乎仅从推理看就很巨大。因为分配的改善可能会改变后代人分别出生于富人阶级和穷人阶级的比例。这样一来,如果同富人阶级相比,穷人阶级构成效率较低的家系——如果经济地位真的是先天素质的指标——那么,分配的改善必然会改变先天素质的一般水平,因而从长期来看,必然会以越来越大的力量影响国民所得的数量。可我不同意一些人的观点,他们认为,贫穷与先天的无效率是明显而确定无疑地相关的。无疑,极端的贫穷是成年人无能、身体弱和其他“不良”素质的结果。但这些不良素质一般说来是与不良环境相关的。因而可以认为,“不良”素质主要不是不良原始性格特征的结果,而是不良原始环境的结果,若把这视为毫无价值的论点,那是荒谬可笑的。[①] 然而,尽管并非不言自明,可我认为,贫穷和“不良原始性格特征”之间有很大的关联。因为在较富有的人当

① 许多有关社会问题的统计调查都遇到了这类困难。譬如,若干年前,舒斯特先生发表了一份有关才能遗传的有意思的研究报告,以牛津大学的学生以及哈罗公学和查特豪斯公学的学生为例说明了这一点。但是,有一个事实却在某种程度上——虽然无法说是在**何种**程度上——损害了他的研究成果的价值,即拥有能干的父母往往与接受良好的正规教育以及非正规教育有关。舒斯特先生认为(第 23 页),这一因素造成的误差不会太大(并参阅卡尔·皮尔逊,《生物学》,第 3 卷,第 156 页)。另一方面,尼斯法罗先生在他有关《穷人阶级》的研究中,则强调了环境在造成穷人阶级身体和心理劣势方面所起的作用;但他似乎没有用证据来证明他的以下结论的正确性,“所有这些因素——归根结蒂——与其说植根于个人的身体结构中,还不如说植根于当代社会的经济环境中”(第 332 页)。

中，总是有一些人起家于贫穷的环境，这种环境是他们与那些仍然贫穷的伙伴从小共享的。随着受教育等的机会能更多地被穷人获得，这种运动会变得更为明显。同样，在穷人当中，当然也有一些人是从较优越的环境中沦落到穷困境地的。在**这些**较富有的人具有的原始性格特征当中，可能有一些素质有助于发挥效率；而在**这些**较贫穷的人具有的原始性格特征当中，可能有一些相反的素质。[①] 因此，影响较富有者和较贫穷者的相对生育率的因素，（从效率观点看）很可能确实会在同一方向上影响原始性格特征"较好"者和"较差"者的相对生育率。假如穷人阶级富裕程度的增加确实会导致生殖率的提高，那么，国民所得分配的改善便会增加最佳家系以外的父母所生子女的数目及其所占的比例。然而，众所周知，最底层阶级的生殖几乎不受经济考虑的阻碍，因而全体穷人富裕程度的增加只会增加最底层阶级以外的较贫穷者所生子女的数目。所以，整个人口的平均素质不一定会降低。但事情不一定止步于此。前面提及的布伦塔诺教授的研究表明，某一阶级富裕程度的增加，从总体上说趋于降低而不是提高该阶级的生殖率，而且他说明了为何有理由相信，这一趋势不会被随之而来的死亡率的降低完全抵消。[②] 因而，看来可以预计，国民所得分配的改进实

① 帕累托忽视了这些因素，他认为（《社会主义体系》，第 13 页及以下各页），富人所生子女相对数目的增加必然导致国民退化，原因是，富人家子女不像穷人家子女那样要进行非常艰苦的奋斗，因而体质弱的孩子若生于富人家会存活下来，长大后也会生下体质弱的孩子，而若生于穷人家则会夭折。鉴于正文中指出的那些事实，这一因素应仅仅视作一种抵消力量，会减弱而不是消除富人生育能力相对提高可能带来的有利结果。

② 参见前引书，第 9 章，第 13 节。

际上会减少劣等家系所生子女占的比例。简言之，这种生物学上的考虑，非但没有修正第 8 章得出的结论，即分配的改善会增进经济福利和一般福利，反而在目前情况下，给予了这个结论以某种支持。所以，第 8 章的结论连同第 7 章的结论丝毫未受损伤。

第11章 将要遵循的讨论方法

以上各章已证明，经济福利在很大程度上会受到(1)国民所得的数量和(2)国民所得在社会成员之间的分配方式的影响。如果影响国民所得数量的因素不影响其分配，影响其分配的因素不影响其数量，那么余下的讨论将很简单，便可以依次分别讨论这两组因素。然而，实际上，同一些因素常在两个方面同时发挥作用，结果便很难找到一种完全令人满意的阐述方法。权衡了各种方法的相对优点后，我打算按以下方式展开讨论。在第2编和第3编中，我将研究某些因素是如何影响经济福利的，这些因素均通过影响国民所得的数量作用于经济福利。我不打算考察可适当地置于这一题目下的所有因素，几乎不讨论发明与发现、广大国外需求来源的开辟、销售方法的改进以及资本积累的增长。第2编将讨论一般的社会生产资源如何分配于各种不同的用途，第3编将讨论不同方面的劳动组织。讨论完这些问题后，第4编致力于研究本来是通过作用于国民所得的数量而影响经济福利的因素，实际上会在多大程度上通过作用于国民所得的分配而影响经济福利，并研究出现这种不协调时产生的各种问题。

第 二 编

国民所得的数量和资源在不同用途间的分配

第1章　导论

第1节

本编讨论这样一些因素，这些因素通过影响一国生产资源在不同用途或行业间的分配而增加或减少国民所得的数量。在整个讨论中，除非有相反的说明，否则不考虑这一事实，即一些资源常违背所有者的意愿未得到利用。这并不影响我们提出的论点的本质，而只是简化了其表述。导论性的这一章旨在说明摆在我们面前的问题的一般范围。

第2节

古典经济学家的一些乐观追随者认为，只要政府不进行干预，“利己心的自由发挥”就会自动使任何国家的土地、资本和劳动得到很好的分配，带来比除这种“自然”机制外的任何其他安排更大的产量，从而带来更多的经济福利。甚至亚当·斯密本人在把国家行为当做一个例外，赞成国家“建立并维持某些公共工程和某些公共机构，因为绝不能指望个人或少数人出资建立和维持这些工程和机构”时，亦指出，“任何一种学说，若要特别鼓励某一产业，违反自然趋势，把过大一部分社会资本引入该产业，或要特别限制某一产业，违反自然趋势，强迫原来要投入该产业的一部分资本离开……，那只能阻碍，而不能促进社会向富强的迈进，只能减少，而不能增加其土地和劳动年产物的实际价值”。[①] 当然，在任何抽象或一般的意义上解释这段话，都是不合理的。亚当·斯密的脑子里想的是他所知道的实际世界，组织得井井有条，有文明开化的政府和契约法。他不会不同意稍后一位经济学家所说的一句名言：“人类的活动沿着两条路线进行，第一种活动是生产经济货物或转变其形态，第二种活动是将他人生产的商品占为己有”。[②] 致力于占有他人商品的活动显然不会促进生产，若将其转入产业之路，则会促进生产。所以，我们必须明白，他假设存在着一些法律，这些法律旨在而且也能够阻止**单纯的**占有行为，如盗匪和职业赌徒的所做所为。按照他的设想，自身利益的自由发挥“在一些方面是受一般社会制度，尤其是家庭、财产和国家的限制的”。[③] 更为一般地说，当一个人从另一个人那里获取商品时，他不应该靠抢夺而应该通过公开市场上的交易获取，在公开市场上，讨价双方都具有足够的行为能力，都对各种情况有充分的了解。然而，有理由认为，甚至亚当·斯密也没有充分认识到，天赋自由学说需要在多大程度上用特殊法律加以修正和保障，才能促进一国的资源得到最有效的利用。一位学者最近曾说，“利己心的作用之所以一般说来是有益的，并不是因为每个人的自身利益与全体的利益具有某种天然的巧合，而是因为人类的各项制度安排得很巧妙，能迫使自身利

① 《国富论》，第 4 篇，第 9 章，倒数第 3 段。

② 帕累托，《政治经济学手册》，第 444～445 页。

③ 坎南，《地方税史》，第 176 页。并参见卡弗，《社会正义论文集》，第 109 页。

益朝着有益的方向起作用”。[①] 因此，虽然撇开制度不论，对每一个人有益的是，所有个人，包括自己在内，都不偷盗，而不是大家都偷盗，但是，如果一个人不能诱使他人学习自己不偷盗的榜样（他实际上做不到这一点），**或**如果没有一条惩罚偷盗的法律或其他制裁方法，他个人不偷盗则对他不会有益处。这种将利己心引入社会轨道的强制性法律手段，可以用一些文明国家对财产所有者的绝对权力施加的限制来加以很好的说明，譬如巴伐利亚的法律禁止森林的所有者不准行人通过其土地，法国和美国的法律禁止个人点燃自己的房屋，以及各国通行的一种做法，即只要为了普遍利益而迫切需要，就可以征用个人的土地房屋。[②] 而且，现代国家的法律对某些种类的契约——如赌博中欠下的债务、限制贸易的契约、免除某些法定义务的协议等——采取的态度，也说明了这一点，这些契约被认为违反公共利益，因而被法庭视为无效。[③] 各国为了把利己心引入有益的渠道，都很周密地对各项制度作了调整。但即使是最先进的国家也有失误和不完善之处。我们在这里不讨论组织上的缺陷，这些缺陷有时会导致牺牲较高的非经济利益以满足不那么重要的经济利益。除此之外，还有许多障碍会使社会资源不能以最有效的方式在不同用途和行业之间分配。我们在以下各章便要对比展开研究。这种研究要进行一些困难的分析，但其目的是可以达到的。它力图较为清楚地说明，政府目前或将来

① 坎南，《经济评论》，1913年7月，第333页。

② 参见伊利，《财产与契约》，第61和第150页。

③ 同上，第616和第731页。

在哪些方面能控制经济力量的活动，使其增进经济福利，并由此而增进全体公民的总福利。①

① 参见马歇尔的说法：“还有许多事情要做，要仔细收集有关需求和供给的统计资料并科学地分析它们，以发现社会能最有效地做哪些工作，把个人的经济活动纳入能最大限度地增加幸福总和的渠道”（《经济学原理》，第475页）。

第2章　社会和私人净边际产品的定义

第1节

既然我们把国民所得视为连续的流量，我们自然也就不把创造国民所得的资源理解为资源存量，而理解为同样连续的流量；而且我们运用类推方法，不把这些资源在不同用途或地方间的分配设想为一个分为若干部分的静止水池，而是设想为一条分为若干支流的大河。无疑，由于不同产业使用的设备的耐用期不同，由于整个工业具有动态的或不断变化的趋势，这一概念包含着许多困难。然而，尽管有这些困难，这个一般性概念对于达到我们当前的目的来说却足够精确了。我们当前的目的是给在整个这一编中极其重要的两个概念下一个合适的定义，即**私人净边际产品的价值和社会净边际产品的价值**。关键的一点是，必须把这两个概念也设想为流量——设想为**每年**运用一定数量资源的边际增量**每年**所产生的结果。在此基础上，我们便可以着手下定义。

第2节

为完全精确起见，有必要区分资源的边际增量这个词具有的两种不同含义。资源的边际增量可以设想为是从外部增加的，因而构成现有资源总量的净增额，也可以设想为是从另外某一用途或地方转移给我们正在研究的特定用途或地方。如果资源的增量对某一用途或地方的生产的影响,与用于其他方面的资源数量无关,则这两种边际增量的净产品将相同。然而,常常并不能满足这种相互无关的条件。因而,正如下一章将要更充分地说明的,用于某一企业的第 n 个单位的资源,将根据用于同一产业中其他企业的资源数量是更大还是更小,而产生不同数量的产品。得自边际资源增量的净产品,按以上两种方式加以解释,或许可以区分为两种,一种是添加性的净边际产品,另一种是代替性的净边际产品。然而,一般说来,得自任何用途或地方的这两种边际资源增量的净产品,彼此都不可能有显著的不同,因而就大多数目的而言,可以将它们视为相等。

第 3 节

于是,撇开这一点,接下来我们不得不把用于某一用途或地方的资源的净边际产品,较为准确地界定为用于该用途或地方的边际资源增量的**结果**。这等于说,一定数量资源的净边际产品,等于加上或减去资源的一很小增量而对这些资源的总产品产生的影响。然而,这本身尚不充分。因为可以用各种不同的方法加上或减去一很小的增量,而这会相应地产生不同的结果。我们在此来看一种方法。对于我们而言,用于任何用途或地方的任何资源流量的净边际产品等于,该资源流量**经适当组织后**所能产生的产品总流量和跟该流量相差一很小(边际)增量的资源流量**经适当组织后**所能产生的产品总流量这两者之间的差额。在这个说明中,**经适当组织后**这个短语很重要。如果我们想到的净边际产品是两项数量很接近的资源的产品间的差额，那么我们通常想象资源的组织适合于两个数量中的一个，而不适合另一个。然而，既然我们的兴趣在于两个很接近的资源**流量**的产品间的差额，自然就可以设想这两个流量中的每一个都组织得最适合于自身。这正是我们所需要的概念。J.B.克拉克教授用实例很好地说明了这一点。他写道，投入一家铁路公司的资本的边际增量，实际上是“两种运货和载客设备之间的差异。一种是现有的铁路，连同其用现有资源可达到最完善程度的所有设备。另一种是减少一个单位的资源后所能兴建和装备的铁路。一条实际存在的铁路和一条可能兴建的铁路之间质量上的全部差异，实际上是该公司目前使用的资本的最后增量。这最后一单位资本的产品是该铁路所能实际生产的产品与减少一单位资本后可能生产的产品之间的差额”。[①]

第 4 节

还必须说明另外一点。某一生产要素的净边际产品，是减去该生产要素**任何**一（小）单位而给总产品造成的影响。因此，边际单位不是任何特定的单位，更不像一些学者所认为的，是最差劲的单位——如所雇用的最不称职的工人。边际单位是**全部完全一样的**单位总和中的任何一（小）单位，而且我们在想象中也是把单位总和划分为完全一样的单位。然而，边际单位虽说是**任何一个**单位，可却不是**随便哪一位置上的**单位，而是**设想位于边际上的**任何

① 《财富的分配》，第 250 页。我在上面引用的句子中用“生产”一词取代了“赚取”一词。

一个单位。借助于一个实例，可以非常清楚地说明这一点的重要性。在任何产业中减掉一个照管新机器或在舒适岗位工作的工人并且不采取任何其他措施，这对总产量产生的影响，当然要比减掉一个照管旧机器或在艰苦岗位工作的工人产生的影响严重。因而该产业中劳动的净边际产品为采取以下做法对总产量产生的影响，即减掉任何一个（相同的）工人一天的劳动，如果有必要的话重新分配剩下的工人，以使由此而无人照管的机器或无人填补的岗位是迄今所使用的生产力最低的机器或岗位。

第 5 节

明白了上述这些之后，接下来我们就得确切地区分两种净边际产品，我已分别称之为**社会**净边际产品和私人净边际产品。社会净边际产品，是任何用途或地方的资源边际增量带来的有形物品或客观服务的净产品总和，而不管这种产品的每一部分被谁所获得。例如，正如下一章将更充分地说明的，火车头喷出的火星会给周围的森林造成无法补偿的损害，由此而可能使没有直接关系的人付出代价。在计算任何用途或地方的资源边际增量时，所有这些影响都应包括在内——其中有些是正面的，有些则是负面的。而且，某一产业中一个企业所使用的资源数量的增加，会给整个产业带来外部经济，从而降低其他企业生产一定产量的实际成本。所有这一切都应计算在内。就某些目的而言，还应计入对人们的喜好和对人们得自购买和拥有的满足产生的间接影响。然而，我们的研究对象主要是第 1 编第 3 章和第 5 章所界定的国民所得和国民所得的变化。所以，心理上的影响被排除在外，除非特意作出相反的说明，否则任何数量的资源的社会净边际产品，都被认为只包括有形物品和客观服务。私人净边际产品，是任何用途或地方的资源边际增量带来的有形物品或客观服务的净产品总和中的这样一部分，该部分首先——即在出售以前——由资源的投资人所获得。这有时等于，有时大于，有时小于社会净边际产品。

第 6 节

用于任何用途或地方的任何数量的资源的社会净边际产品的**价值**，就是该社会净边际产品在市场上所值的货币总额。同样，私人净边际产品的价值，就是私人净边际产品在市场上所值的货币总额。因此，当社会净边际产品和私人净边际产品相等而且投资者将其所获得的东西售出时，则相对于一定数量的资源而言，这两种净边际产品的价值，便等于该产品的增量乘以该数量的资源用于生产该产品时出售该产品的单位价格。[①] 例如，假设投资于织布的一百万个单位资源每年生产的这两种净边际产品是相等的，则这两种产品的价值，便等于一百万个单位资源**加上**一很小的增量，比如说一百零一万个单位资源生产的产量超过一百万个单位资源生产的产量时多出的布的匹数，乘以生产该产量时每匹布的货币价值。[②] 顺便应指出，这不同于，而且千万不要混同于，使用

① 这一定义暗中假设，实售价格等于(边际)需求价格。如果政府对价格的限制使实售价格暂时低于边际需求价格，净边际产品的价值就得解释为净边际(有形)产品乘以边际需求价格，在这种情况下，边际需求价格也就不等于实售价格。

② 参见马歇尔，《经济学原理》，第 847 页。细心的读者会注意到，即使**添加性的**净边际产品与**替换性的**净边际产品相等，净边际产品的**价值**也会随着净边际产品是被解释为添加性的还是替换性的净边际产品而有差异。不过，一般说来，这种差异极其微小。

一百零一万个单位资源时全部产品的货币价值超出使用一百万个单位资源时全部产品的货币价值的那一数额——如果有超出额的话。

第3章　社会净边际产品的价值与国民所得的大小

第1节

让我们假设，一定数量的生产资源正在被使用，在不同行业和地方之间不存在移动费用，而且只有一种资源安排能使各处的社会净边际产品的价值相等。① 在这些假设之下，很容易证明，同任何其他资源安排相比，这种资源安排会使国民所得较大。这可以根据第1编第5章给国民所得大小的变化所下的定义推论出来。用于某一方面的资源生产的社会净边际产品的价值，是衡量用于该方面的资源的边际增量所产生的满足的货币尺度。因此，每当任何一种用途中的资源生产的社会净边际产品的价值小于任何另一种用途中的资源时，便可以通过把资源从社会净边际产品的价值较小的用途转移到价值较大的用途，来增加货币尺度所测量出的满足总额。由此可推论出，既然根据假设，只有一种资源安排能使社会净边际产品的价值在所有用途中相等，这种安排就必然是能使本书所界定的国民所得最大的安排。②

---

① 本书第3编第9章第2节展开的这些应加以考虑的因素，此处暂不讨论。

② 顺便应提及一个小问题。在**完全不**使用资源的活动中，资源的净边际产品的价值，一般说来会小于使用**一些**资源的活动中资源的净边际产品的价值。这显然并不意味着，在任何与国民所得最大化相悖的意义上，净边际产品的价值不相等。但是，假如

第 2 节

可以用上述结论来证明，当社会净边际产品的价值不完全相等时，减少它们之间不相等的程度可能有利于国民所得。但这个结果不能不加解释地搁在一边。假如运用资源的用途只有两个，则以上结果的意义会十分清楚，其有效性也不容置疑。但实际上，运用资源的用途很多。这就产生了一个困难，我们在另一处已提及这个困难。[①] 许多个价值之间较大或较小程度的相等这一概念的含义，是模糊不清的。我们是应该用平均值的平均差，或标准差，或可能的误差，还是应该用其他某种统计学指标来衡量相等的程度？如果我们把标准差当做衡量尺度，则类似于第 109 页脚注的那种推理会证明，不同用途中的社会净边际产品的价值之间不相等程度的降低，**很可能**会导致国民所得增加。但是，除非不相等程度的降低是一组（一个以上）单个价值的变化引起的，**其中每个变化本身**趋于减少不相等，否则，不相等程度的降低不一定会增加国民所得。因此，如果资源配置的改变使一些低于平均值的社会净边际产品的价值全都提高，或使一些高于平均值的价值全都下降，则国民所得肯定会增加。但是，如果有这样一个因素开始起作用，它虽然从总体上说减少了社会净边际产品价值间的不相等，可却提高了**一些**高于平均值的价值，降低了**一些**低于平均值的价值，

在完全不使用资源的活动中，资源的净边际产品的价值大于使用一些资源的活动中资源的净边际产品的价值——例如某项由于某种原因人们未能加以利用的有利可图的投机活动，那么，这种不相等就是一种实实在在的不相等，就与国民所得的最大化相悖。

① 参见本编第 8 章第 7 节。

那么国民所得就不一定会增加。不过，这种困难并没有很大的实际意义，因为我们必须考虑的那些阻碍社会净边际产品价值相等的因素，大都是一般的因素，在它们起作用的几乎所有方面都在相同的意义上起作用。

第 3 节

接下来让我们考虑这个事实，在实际生活中，将资源从一个地方或行业移至另一个地方或行业，常常要花费用；让我们考察一下，由于存在这个事实，究竟在哪些方面必须修正前面得出的结论。这个问题的要点可展示如下。假设在 A 和 B 两个地点之间，每年可以用相当于 n 先令的资本费用移动一个单位资源，在此期间，被移动的一个单位资源在新的地点仍用于生产活动。在这种情况下，只要 B 地点社会净边际产品的年价值，超过 A 地点社会净边际产品的年价值且超出额大于 n 先令，则将资源从 A 移至 B 就会增加国民所得；而如果 B 地点社会净边际产品的超额价值已降至 n 先令以下，移动资源便会使国民所得遭受损失。如果 A 和 B 之间初始的资源配置，使 B 地点社会净边际产品的价值超过（或低于）A 地点社会净边际产品的价值的幅度少于 n 先令，比如说是 $(n-h)$ 先令，那么，现行的资源配置——在这种资源配置下，两地社会净边际产品的价值相差 $(n-h)$ 先令——就是最好的配置，当然不是绝对意义上的最好配置，因为如果没有移动费用，可能会有更好的配置，[1]**而是相对于初始配置和现有移动费用而言的**最好

① 参见本编第 5 章第 6 节。

配置。应该指出,它不是仅仅相对于现有移动费用而言的最好配置。我们不能说,当移动费用等于 n 先令时,一种能使 A 和 B 地点社会净边际产品的价值相差某一规定数目先令的资源配置,最有利于国民所得。惟一准确的说法是,当 A 和 B 之间的移运费用等于 n 先令时,最有利于国民所得的,是维持现行的资源配置,不管这是什么样的配置,只要这种配置不使社会净边际产品价值的差距大于 n 先令;而且,即使现行的资源配置使差距大于 n 先令,但只要转移的资源足够多,把差距降至 n 先令,新的资源配置对国民所得也是最有利的。

第 4 节

以上两节陈述的结论建立在这一假设之上,即只有一种资源配置能使各处的社会净边际产品的价值相等——或者说,考虑到移动费用,为有利于国民所得,能使各处的社会净边际产品的价值几乎相等。如果用于各种用途的资源数量愈大,所生产的社会净边际产品的价值愈小,则这个假设便是正确的。然而,有两种情况却不是这样。首先,使用更多的资源生产某种商品,经过一段时间以后,能使组织方法得到改进。这意味着,递减的供给价格[①],会使较大数量资源的净边际(有形)产品超过较小数量资源的净边际(有形)产品;只要出现这种情况,用于生产该商品的各种不同数量资源的社会净边际产品的价值,就**可能**(尽管当然不是**必然**)相同。其次,使用更多的资源生产某种商品,经过一段时间后,会导致消

① 对这个概念的研究,参见本编第 11 章。

费者对一定数量的这种商品所愿意支付的单位价格上升。因为通过体验这种商品,消费者对它的喜爱会持续增加——明显的例子是对音乐和烟草的喜爱。一旦出现这种情况,较多产品的单位价值,(经过适当的一段时间后)就会大于较少产品的单位价值。由此可知,有些商品的生产在上述意义上不受供给价格递减的影响,对于这些商品而言,可能——当然并不是必定——有几种不同的资源投资数量,其社会净边际产品的价值是相同的。[①] 因此,前面陈述的结论需要加以修正和重新表述。的确,考虑到移动费用,**除非**在所有用途中资源的社会净边际产品的价值都相等,否则国民所得便不可能达到最大数额。因为,如果社会净边际产品的价值不相等,便总可以通过把资源从一些用途的边际转移到另一些用途的边际,来增加国民所得。但是,即使社会净边际产品的价值在所有用途中都相等,国民所得也**不一定会**达到绝对的最大值。因为,如果可以进行若干种资源配置,而所有这些配置都能使社会净边际产品的价值相等的话,那么每一种配置对于国民所得来说,就都含有可称做**相对**最大值的东西;但在这些最大值中只有一个是绝对最大值。所有相对最大值,可以说都是高于周围土地的山顶,但其中只有一个是所有山顶中最高的。而且,所有相对最大值代

① 如果用1,000单位资源生产某种物品时,净边际产品的价值相等,而且**由于供给价格递减**,用5,000单位资源时也相等,那么在后一种配置下,国民所得必然较大。如果用1,000单位时,净边际产品的价值相等,而且**由于喜好受到影响**,用5,000单位时也相等,那么,从5,000单位资源起作用的时期这一角度看,在后一种配置下,经济福利和国民所得都必然较大。但从另一时期的角度看,在5,000单位的配置下,国民所得可能较小。在这种情况下,第63页的定义使我们不得不得出结论说,从绝对的角度看,这两种配置下的国民所得是不能相互比较的。

表的国民所得,并不必然大于所有非最大值所代表的国民所得。相反,一项接近于能产生绝对最大值但本身并不能满足边际收益相等条件的资源配置计划,很可能比大多数能满足边际收益相等条件的计划带来更多的国民所得,从而产生仅次于绝对最大值的相对最大值。**靠近**最高峰的某一点可能高于最高峰之外的所有山峰。

第 5 节

以上论述表明,即使社会净边际产品的价值在所有用途中都相等,或仅由于移动费用而有差异,国家也还是有采取行动的余地来增加国民所得的数量和增大经济福利。为增加国民所得,采取的行动可以是发放**临时**奖励金(或提供暂时的保护),把工业系统从其目前所处的相对最大值位置拉出来,诱使其安顿在绝对最大值的位置——即安顿在最高峰上。从理论上说这是主张给予幼稚工业以**暂时**保护或其他鼓励的论点的基础;如果挑选的幼稚工业合适,给予的保护适量,又能适时取消保护,这种论点就是完全正确的。采取的行动也可以是按与前述不同的比率发放**永久性**奖励金,迫使工业系统从其所在的峰顶移至更高的一座山的山坡上,不管是山坡上的哪一位置,只要高于其目前所处的位置就行。使奖励金产生这种效果,而不是将经济系统移至它目前已经在的山上的一个不同位置,其所需的条件有点特殊。但可以证明,在某种供需状况下,某种奖励比率**必然**会产生这种效果。①

---

① 供给和需求曲线的形状以及奖励金的数量必须是这样的,即:当需求曲线被奖励金上移时,它并不与供给曲线相交于以前相交的一点,而在更向右的地方,与其相交与移定均衡的一点。这个条件在图形中很容易表示出来。

第4章　私人净边际产品的收益率和价值

第1节

在某种用途中，得自某一数量的某种生产资源的每一货币单位的收益率，一般说来等于该用途中该数量的该种资源的私人净边际产品的价值。所以，在不同行业和地方之间，收益率之间的关系，与私人净边际产品价值之间的关系相同；因而，收益率之间的相等或不相等，与私人净边际产品价值之间的相等或不相等是一回事。在本章和随后的四章中，为了方便，我将有时用收益率这个词——或不那么严密地，用收益这个词——取代私人净边际产品价值这个较长的同义词。

第2节

任何人只要控制着任何数量和任何形式的生产资源，都会试图有效地把资源分配在各种用途之间，以给自己带来尽可能大的货币收入。如果他认为，不考虑运输费用等，通过把一单位资源从一种用途转移至另一种用途，他能赚得更多的钱，那他就会这么去做。由此可见，自利心的自由发挥作用，只要不被无知所阻碍，在没有移动费用的情况下，往往在不同用途和地方之间有效地配置资源，使收益率在各个地方相等。将这个论点稍加扩展，便可以证明，在有移动费用的情况下，自利心的自由发挥作用，同样只要不被无知所阻碍，虽然不会使收益率相等，却往往会阻止不相等的差距过大，从而在有移动费用的情况下，使收益总额能达到最大值。

第 3 节

因此，如果私人和社会净产品在各个地方一致，则自利心的自由发挥作用，只要不被无知所阻碍，就往往会在不同用途和地方之间有效地配置资源，从而增加国民所得，同时增加经济福利的总额，使其达到最大值。[①] 的确，上一章最后几节所作的区分表明，可能有若干最大值，因而自利心所带来的那一个，不一定是真正的最大值。然而，这是个次要问题。对于我们当前的目的而言，最为重要的一点是，当私人净边际产品与社会净边际产品一致时，任何阻碍自利心自由发挥作用的障碍，一般说来都会损害国民所得。当然，在实际生活中，私人净边际产品和社会净边际产品时常不一致。在第 5 至第 8 章中，将不考虑这个事实，但在以后的各章中，特别是在第 9 至 11 章中，将详尽考察由此而产生的后果。

① 当然，为达到这一目的，自利心自由发挥作用这个概念必须排除垄断行为。参见本编第 14 至 17 章。

第5章 消除资源移动障碍所产生的影响

第1节

本章的目的是,研究减少无知和移动费用给生产资源的移动设置的障碍,会以何种方式影响国民所得的大小。为这一目的,可暂时忽略社会净边际产品和私人净边际产品之间的差异;因为,虽然某些特殊的移动障碍在妨碍私人净边际产品价值之间的相等时,会促进社会净边际产品价值之间的相等,但没有理由认为,一般的移动障碍会这么起作用。可以把社会和私人净产品之间的差异视为导致社会净边际产品价值不相等的一个因素,把移动障碍视为添加在这个因素之上的另一个因素;因而,可以预计,削弱这两个因素的力量,一般说来会相应促进人们所希望的相等。这样假定之后,在本章和下一章,为措辞的简练,我在谈及净边际产品时,将不加任何形容词。

第2节

如果将使用中的生产资源总量视为给定的,则乍一看,不花费用而减少这两个障碍,似乎必然会减少不同用途和地方间收益率即净边际产品价值的不相等,从而增加国民所得。但实际上,事情并不这么简单。令情况错综复杂的是,自由移动的障碍包含移动费用和对情况了解的不完善；因而我们必须考虑两种情况，一种是，移动费用减少而对情况的了解仍然不完善，另一种是，对情况的了解得到了改善而移动费用却保持不变。

第 3 节

显然，如果人们认为，将资源从 A 移出而用于 B 能获得更大的收益，那么移动费用的减少就会使资源作这种移动，而实际上，资源如果留在原处会更有效益。因而，在实际生活中，移动费用的减少确实**有可能**使净边际产品的价值更不相等，从而减少国民所得。然而，在附注中，技术性的论证表明，总的看来，不可能发生这种情况。①

---

① 证明如下。假设关于投资于 B 的资源的净边际产品的价值，人们的判断是正确的，但假设关于投资于 A 的资源的相应价值，人们的估计与实际相差一定数量 k。假设 A 与 B 之间的移动费用，等于分摊于以下时期的年金额，在这一时期，移动后的那个单位资源可望在新地方获得利润。就从 A 向 B 的移动和从 B 向 A 的移动而言，这种年金额不一定相同。例如，就运输而言，“下山要比上山，或顺流而下要比逆流而上容易……就语言障碍而言，从英国去德国要比从德国去英国更大”（麦格雷戈，《工业联合》，第 24 页）。不过，对于当前的目的来说，我们可以忽略这一复杂情况，用等于 n 的年金额表示每一方向的移动费用。画一图形，图中正值在 O 的右边，负值在 O 的左边。取 OM 等于 k；在 M 两边取 MQ 和 MP 等于 n。由此可以很清楚地看出，资源的净边际产品的价值在 B 点超过 A 点的数额——设这一超过额为 h——是不确定的，可以在 OQ 和 OP 两值之间，而这两个值既可以为正，也可以为负。n 值的减少可以用 P 和 Q 两点向 M 的移动表示。只要 k 和 n 的数值

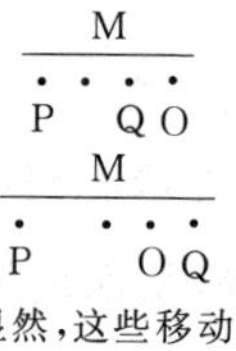

```
        M
  ─────────────
  ·   ·   ·   ·
  P       Q O
        M
  ─────────────
  ·       ·  ·  ·
  P        O Q
```

使 P 和 Q 位于 O 相对的两侧，便很显然，这些移动只会使以前可能出现的 h 的最大正值和最大负值不可能出现，而不会有其他结果。但是，当 P 和 Q 位于 O 的同一侧时——

第 4 节

当移动费用保持不变而对情况的了解得到改善时，会出现另一种复杂情况。这种改善不一定会增加净边际产品价值间的相等。因为，假设情况是：若对情况的了解是完善的，地点 A 的资源的净边际产品的价值会超过地点 B 的相应价值 1 先令，而从 B 向 A 移动一单位资源所花的费用刚好抵消这 1 先令。但让我们进一步假设，对情况的了解实际上是不完善的；人们把 A 地点资源的净边际产品的价值，估计得比实际价值高；因而他们从 B 向 A 移动的资源，多于如果他们更了解情况而会移动的数额；这样一来，A 地点净边际产品的价值超过 B 地点的数额，就小于 n 先令。在这种情况下，判断的正确程度的增加，显然会**增加** A 地点和 B 地点资源的净边际产品价值间的不相等程度，但与此同时，显然也会增加国民所得的数量。因此，不花费用而减少无知设置的障碍，总是会增加国民所得；不过，一般不是靠促进净边际产品价值间的相等做到这一点的。

第 5 节

然而，在此我们遇到了一个严重困难。到目前为止，我们一直

在这种情况下，h 的所有可能的数值当然有相同的符号——它们会使以前可能出现的 h 的最大值和最小值都不可能出现。这种双重变化似乎既可能增加也可能减少 h 的数值。因此，假如 P 和 Q 两点总是在 O 的同一侧，我们便不能推论说，n 值的减少必定会影响 h 的数值。但实际上，P 和 Q 常常在 O 对立的两侧。考虑到这些情况和其他情况，我们可以推论说，在大多数情况下，n 值的减少会降低 h 值。换言之，移动费用的减少，一般会使资源的净边际产品价值在 A 和 B 两处的不相等程度减少。而且，很显然，当 MP 和 MQ 的距离给定时，k 值越小，MP 和 MQ 距离的缩短与 h 值增加相联系的概率越小。

把使用中的资源总量看成固定的。但实际上，消除或减少生产资源移动的障碍，会改变使用中的生产资源的数量。所以，我们要问，消除障碍是否会大大减少使用中的资源数量，以致使国民所得比以前更小而不是更大。古诺的一个论点暗示，有可能出现这种结果，他说，当"以前被障碍分隔开来的两个市场之间开通了交通时，各种商品的总产量不一定会增加，因为它现在可以从一个市场输出，而由另一市场输入"。[①] 在某些情况下，(到目前为止)价格较低的市场上产量的增加额，不会与(到目前为止)价格较高的市场上产量的减少额一样大。依此类推，此前分隔开的各行业和地方间交通的开放，似乎会导致使用中的劳动总量和资本总量减少；在某些情况下，这种减少可能足以使国民所得的数量减少，尽管仍然留下来的那部分劳动或资本会在比以前有利的条件下得到使用。我想，我必须承认，由于交通的开通，使用中的劳动数量或资本数量可能减少。然而，我很难想象在什么条件下我所设想的国民所得会减少。因为，如果新条件没有使人们得自工作的总收入比以前多，人们为何会选择比以前多的闲暇呢？如果新条件没有使人们得自储蓄的总收入比以前多，人们为何愿意比以前少储蓄呢？也许作一项全面彻底的分析，会揭示出我在这件事情上未能看出的各种可能性；但这些可能性肯定很微小。毫无疑问，一般说来，前几节中根据使用中的资源数量是固定的这一假设所得出的那些结论，即使取消这个假设，也仍然是成立的。

---

① 参见古诺，《财富的数学理论》，第 11 章，并参见埃奇沃思，"国际价值理论"，载《经济学杂志》，1894 年，第 625 页。

第 6 节

还有一个重要问题有待澄清，就是国家有时会用奖励金来减少无知或降低移动费用，这种奖励金会产生什么作用。[①] 通过把了解情况和移动资源的一部分费用转移给国家而导致的个人在这些事情上支付的价格降低，与费用的真正降低所导致的价格下降是完全不同的两回事，起作用的方式也完全不同。这两种价格下降——撇开前述例外情况不谈——都趋于增加不同地点的净边际产品价值间的相等。但是，当价格下降是由费用的转移引起时，由此而带来的相等程度的增加，则是一种**相对于现有条件而言**超出最有利情况的增加。乍一看，这种价格下降一般会使净边际产品的价值更加相等，但却有可能损害国民所得。[②]

---

① 参见本编第 9 章第 11～14 节。

② 为消除误解，应补充两点修正性的考虑。第一，上述反对给予某一产业奖励金以提高其流动性的论点，仅仅是反对给予任何产业以奖励金的一般论点的一个特例。因而，如果有特殊理由认为，若没有奖励金，对相关产业的投资就不会像所希望的那样进行，便可以推翻上述论点。第二，当国家负责提供信息或移动工具，并决定无偿或以低于成本的价格出售其努力的成果时，我们一般说来所面对的，就不仅是国家在这些方面提供奖励金，而且还有因采用大规模方法而导致的真正的价格下降。所以，即使奖励金这一因素在新的资源配置中被证明是有害的，该资源配置从总体上说也仍然可能是有益的。

第6章　情况了解不完善对收益相等的阻碍

第1节

在本章中，我将较详尽地研究无知所起的阻碍作用。资源宛如河流，源源不断地流淌，在不可避免的移动费用允许的范围内，奋力从收益较低的地方流向收益较高的地方。在这种奋争中，成功受阻于那些有权指导流向的人对情况了解的不完善。要想知道这造成了多大损害，就得对现代企业财务有一些了解。

第2节

首先，必须指出，收益就是不同用途中的资源在每一连续的时刻产生的收入；收益在指导正确的资源配置方面非常重要。在静态中，用一个企业过去所投资的货币总额除以该企业的净收入所得到的商，可提高一衡量目前投资收益的真正尺度。但在实际情况中，这样获得的衡量尺度常常会产生极其严重的误解。例如，一个人过去可能将10万英镑投入了一家工厂来生产某种东西，该工厂却被火灾毁灭了，或由于陈旧而变得一文不值。而现在投资1万英镑却可能给他带来了2千英镑的收益，这项新投资的收益为20%，但投资总额的收益似乎是2千英镑对11万英镑，即低于2%。不管企业的账目做得多么好，公布得多么全面，这种困难都会掩盖有关的事实。

第 3 节

接下来需要说一说的是实际账目的一般性质。个人经营的企业不公布利润。合股经营的企业，根据法律必须在一定程度上公布企业的经营状况。但是常利用股票掺水和其他手段，来对外人隐瞒实际投资额的收益率，因而，即使公布的收益率能使人对当前投资的收益和未来的前景有所了解，专家以外的人也很难对其加以利用。使困难进一步加大的是，所必须预测的前景，不是指眼前的收益，而是指相当长一段时间的收益。显而易见，就这种收益而言，即使对不久以前的情况有正确的了解，也只能向人们提供不完善的指导。鉴于这些事实，在目前情况下，看来无知几乎会完全阻止在不同时间流向不同用途的资源的收益趋于相等。不过，这种观点或许过于悲观了。马歇尔写道："虽然很难看清单个商人的经验教训，但整个行业的经验教训绝不可能完全隐藏起来，绝不可能隐藏很久。尽管我们不能仅仅看了几个拍打海岸的波涛就说出是在涨潮还是退潮，但只要稍稍耐心一点，问题就会解决的；企业家们一般都认为，某一行业的平均利润率不可能大幅上升或下降而不会很快引起人们的广泛注意。虽然有时企业家要比技术工人更难于弄清改换行业能否使自己的前途更光明，可企业家更有机会看清其他行业的现在和未来；如果他想改换行业，他一般也要比技术工人更容易做到这一点"。① 简言之，虽然单个企业可以成功地

① 《经济学原理》，第 608 页。

掩盖自己的真实状况,但整个行业却几乎做不到这一点。普通人可能很不了解使用资源在不同行业创办新企业所能获得的相对收益,但那些指导资源流向的人却很可能不像乍看起来那么无知。而且,在公开企业经营状况这件事情上显然还有改进的余地,[①]如果进行了改进,就会减少对情况的不了解,就会促进净边际产品价值的相等,从而增加国民所得的数量。

第 4 节

我接下来讨论不了解情况与掌管资源者的素质这两者之间的关系。在早期社会中,投资几乎完全是由企业家进行的,他实际从事各项产业并专心管理属于自己的资源。与我们的问题有关的仅仅是他们的素质;显然,所作的预测的误差可能较大,也可能较小,这全看有才干的人是不是愿意把办企业当做一项职业。在现代世界中,产业中的很大一部分投资仍然来自于实际经营企业的人们,他们把利润重新投资于企业,或者从合伙人或朋友那里获得资金,这些合伙人或朋友完全了解所有相关的情况。有人说,这种不属于狭义货币市场的筹资方法,支配着国内新投资总流量的一半以上。[②] 然而,除了这种方法外,现代世界还采用其他方法。投资于产业的很大一部分资金,来自于许许多多其他人,他们不实际经营企业。这些人一方面包括职业金融家、公司发起人或发起成立公司的辛迪加,另一方面包括普通公众中的有钱人,公司发起人诱使

① 参见莱顿,《资本与劳动》,第 4 章。

② 拉文顿,《英国的资本市场》,第 281 页。

他们投资于商业冒险事业。米切尔教授写道："发起人的特殊职责是找到并使投资人关注新的赚钱机会、可以利用的新资源、可以开发的新工艺、可以制造的新产品、可以对现有企业采用的新的组织形式，等等。但发起人常常只是探路者，仅仅指出产业大军前进的新路线。……发起的计划总是多于现有资金所能资助的计划。通过拒绝其中的一些计划和接受另一些计划，有钱人在决定如何雇用劳动、使用何种产品和在什么地方建立企业方面，起着虽然不很显眼但却很有影响的作用"。[①] 因此，在现代产业中，很大一部分社会投资的方向，是由对建立公司感兴趣的职业金融家和普通公众中的有钱人联合控制的。对于这一复杂指挥机构的能力和商业判断，我们究竟能说些什么呢？

第 5 节

不难确定职业金融家和普通企业界人士（即以前的企业投资者）谁更有能力发现创办企业的新良机。首先，职业金融家是这一特定工作领域的专家，而普通企业界人士从事此工作的机会，即使有，也只是偶尔才有。很显然，专家会比普通人作出更准确的预测。其次，交通工具的发展，近来使许多产业具有了国际性，这使专家享有的有利条件比过去大了许多，过去精明的企业界人士只要了解**当地的**情况，就足以作出准确的预测。最后，专业化可以使破产淘汰机制更自由地发挥作用，即那些承诺为创办企业选择机会而又选择得不准确的人，将会被自动消除。当金融家和制造商

① 米切尔，《商业周期》，第 34～35 页。

的职能由一人承担时，这个人即使在制定商业战略上不称职，也可以靠制造技能（即良好的商业战术）兴旺发达。当这两项职能分开时，一个人若承担其中一项职能而又不如他人干得好，则会赔钱，被逐出该领域。而且，这种自然选择的效率被以下事实增大了，即一个职业金融家要进行大量的交易，结果，机遇这个因素只起很小的作用，而效率这个因素则起很大的作用。因而毫无疑问，职业金融家进入某一产业，便意味着来了这样一些人，他们同该产业中的企业家相比，能更准确地预测未来的情况。除此之外还必须指出，普通公众中那些最终为职业金融家创办的企业提供资金的人，其绝大多数预测未来情况的能力，要比普通企业界人士差得多。如果发起人总是寻求从总体上看有利的投资机会，而不是寻求能够加以巧妙操纵而变得对他们自己最有利的机会，那么追随他们的人不了解情况，也许不是什么大不了的事。然而不幸的是，通过散布虚假信息或采用其他手段，故意曲解其纯朴同事的预测，对职业金融家常常是有利的，而且也是他们能够做到的。正是这个事实，使现代制度对社会投资在具有不同价值的机会间的分配产生的最终影响，有点难以预测。在战前的德国，法律禁止发行面额极低的股票，禁止以此筹资建立新公司，仿效此做法，很可能会增加现代制度给人们带来好处的可能性；因为这样一来，某些较为贫穷的、不太了解情况的、容易上当受骗的人，就会被逐出资本市场。① 任

① 在德国，过去绝不允许发行面额低于10英镑的股票，通常不允许发行面额低于50英镑的股票（参见舒斯特，《德国民法原理》，第44页）。1924年，最低面额降至1英镑（20马克），普通面额降至5英镑（100马克）。

何法律法规，若能强制执行，阻止不诚实的职业金融家欺骗性地利用无知的投资者，都将相应减少普通民众作预测时出错的可能性。“这方面的措施包括：由国家审核新公司的计划书，针对欺诈性的创立公司的行为颁布法律并辅之以有效的管理，股票交易所对正式挂牌交易的证券提出更加严格的要求，以及建立更加高效的机构向投资者发布信息。”①

第 6 节

一种更为彻底的补救办法是，将创立公司这项工作本身保留在银行家手中——银行家的信誉自然取决于他们所建立的商业企业的**永久**成功。德国就是这么做的。德国各大银行都保留有一个由技术专家组成的工作班子，审查人们提出的创立工业企业的计划并向上级汇报，经仔细研究后，决定为哪项计划出资，简言之，这个班子就是在金融方面为工业出谋划策的参谋部。下面一段话充分表明了英国体制与德国体制的显著差别：“英国的合股公司（即银行），按照理论，**不直接**参与为创办企业搞的筹资活动，不开展认购业务，也不从事交易所的投机活动。但正是这一事实产生了另一大弊害，即银行对新建立的公司和这些公司发行的股票毫不感兴趣，而德国体制的一个显著优点是，德国银行即便只是出于维护自身发行信誉的考虑，也得经常关注它们所建立的公司的发展”。② 无疑，银行充当公司发起人这一做法，包含着巨大风险，绝

① 参见米切尔，《商业周期》，第 585 页。

② 里塞尔，《德国大银行》，第 555 页。

对要求其资本额，像在德国那样，[①]相对于其负债额而言，远远大于英国银行通常拥有的资本额；否则，所创立的企业的亏损，甚或搁置在这种企业中的资金的暂时"固化"，会使银行无法满足储户的提款要求。而且，必须记住，我国是世界金融中心，并且直到最近仍是主要的黄金自由市场，这种地位使得把银行资金搁置在长期投资中，要比在其他国家更加危险。所以我并不认为，英国银行截至目前所遵行的一般政策有什么不妥。但毫无疑问，当条件允许银行安全地从事创立公司的工作时，是会带来真正的利益的。同某些类型的私人金融家相比，银行更有可能寻找真正可靠的机会，而不是寻找被人操纵得一时显得可靠的机会。的确，在某些情况下，关乎不同民族间相互对立的利益时，按上述方式运营的强大的金融机构有可能成为**政治**运动的工具，其行为有可能被非经济因素所左右。但该问题的这个方面不适合在这里讨论。

第 7 节

然而，银行家并非只有充当公司发起人才能帮助将资源引入

---

① 英国银行的通常做法是提供"银行贷款"，也就是说通过票据贴现或其他方法，提供只具有短期信用的垫款，而不提供"财政贷款"，即具有长期信用的垫款。有人说，这一做法不利于一些产业，在这些产业中会出现在短期内可以有利可图地扩大厂房设备的机会——以便能够例如接受某一大订单，从而进入某一新的市场；因为通过发行股票或债券来筹集新资本必然要花费很长时间。还有人说，我国银行的做法使英国商人很难进入这样一些外国市场，这些市场通常希望购买者具有长期信用。为了消除这些抱怨，法林顿勋爵任主席的财政贷款委员会建议，应该建立一个拥有巨额资本的机构，不从事银行的一般存款业务，而是时刻准备为发展国内产业和必要时为进行对外贸易提供财政贷款。这个建议已被采纳，打算建立的那个机构——不列颠贸易公司——于 1917 年 4 月获得了特许状。

生产渠道。固然，普通银行家在向商人放款时，无论是直接放款还是通过票据经纪人放款，关心的都只是贷款的安全。想借款的人提供了可以接受的抵押品后，银行家在判断借款人的偿债能力时，并不需要判断和比较不同的借款人用借款开办的企业具有的赢利能力。但当银行家向不能提供充分担保的人放款时，他们就不得不发挥更为重要的作用。他们不能仅凭还款承诺就放款，而必须为了自身的利益，仔细调查借款人可以信赖的程度，调查他打算用贷款干什么。谈到印度借款的农民时，西奥多·莫里森爵士写道："不管多么仁慈，都不能相信，印度农民渴望得到资本完全是为了能立即投资于其地产的改进和开发"。[①] 1907 年发表的"缅甸合作社法实施情况报告"也认为，"在缅甸，人们借款大都是习惯所致，是缺乏远见的表现，而不是出于需要；真正为了资助耕种（而不是为了生活上的奢侈）所需的资本，要比一般所认为的少得多；通过合作社或其他机构单纯提供低息资金，在民众目前的精神状态下，往往诱使人们挥霍浪费，而不是勤俭节约；最后，在缅甸，要特别注意确保信用合作社的管理，能有效地防止其成员挥霍浪费，能有效地向他们灌输勤俭节约的思想"。[②] 所谓"人民银行"，例如德国的瑞费森银行和意大利的一些银行，提供了一种得到大家认可的办法来实施这种控制和监督。这些银行通过一双重过程来了解必要的情况。首先，一些人作为银行的会员从而作为潜在的借款人聚集在一起，这些人都来自一个范围很小的地区，这样，管理委员会

① 《印度某邦的工业组织》，第 110 页。

② "报告"，第 15 页。

便能很容易地获得所有这些人的基本个人资料。能够成为会员的，只是这样一些人，他们的诚实可信和良好品行已被管理委员会所确认。在一些银行——例如意大利的人民银行——中，管理委员会从一开始就不受任何特定申请人的影响，列出一张贷款金额清单，该委员会认为，可以按照这些不同的金额向各个委员安全地放款。[①] 随后这个清单便被用做放款的依据，就像在法国，公共济贫所的清单被用做发放救济金的依据那样。其次，发放贷款时常常要求必须将其用于指定用途，借款人必须同意放款人享有某些监督权。因此，虽然在大多数土地银行（这种银行采用实物抵押制）那里，"抵押品的收益可以按借款人的意愿使用，例如用于偿还贷款，作为遗产分给幼子等"，但德国的瑞费森银行却要仔细审查借款人要把贷款用于何种用途，并规定，若借款人将其挪作他用，银行有权收回贷款。[②] 这种做法一般说来会减少盲目投资的数目，不将贷款投入收益极低的项目，从而间接地增大国民所得。

① 参见沃尔夫，《人民银行》，第154页。

② 关于瑞费森银行及相关银行的情况，参见费伊，《国内和国外的合作》，第一编。

第7章　交易单位的不完全可分性对收益相等的阻碍

第1节

除了上一章讨论的对情况的了解不完善外，还有移动费用需要加以考虑。当然，这种费用的一部分是必须支付给资本市场上的各种代理商的费用，如公司发起人、融资银团、投资信托公司、律师、银行家等，他们按照所涉及的投资的性质，都在不同程度上帮助把资本从其原来的地点运送到使用地点。[①] 但移动费用中还有一不那么明显的、较为特殊的部分，需要加以更加详细的研究。有关经济问题的纯数学论述总是假设，当某个地方出现了机会，可以有利可图地利用给定数量的若干种生产要素时，那个地方就能够以无限小的单位得到每种要素，而且这种单位能与任何其他要素的单位完全分开来。由于这个假设是不能成立的，因而可以很容易地看出，收益相等的趋势不会完全实现。原因是，一方面，如果一家企业，就某种生产要素而言，只能以价值1,000英镑的单位筹资，那么，虽然将价值1,000英镑的这种生产要素转移至另一个地方或从另一个地方转移走，在均衡条件下很可能无法使总收益增加，但是，若允许的话，转移少于1,000英镑的款项，却很可能能够

---

① 拉文顿出色地描述了这些代理商，参见他的《英国的资本市场》，第18章。

使总收益增加。简言之，当用以转移的单位并非无限小时，各种用途间收益相等的趋势，会退化为限制不相等的趋势——限制的范围会随着单位大小的每一增加而减小。另一方面，如果一家企业，就任何两种生产要素而言，只能以要素A和要素B按一定比例相结合的单位来筹资，那么，虽然将这些复杂的相互结合的单位中的一个单位转移至另一个地方或从另一个地方移走，在均衡条件下很可能无法使总收益增加，但是，单独转移一定数量的这两种要素中的任何一种，却很可能会使总收益增加。因此，当交易单位是由固定比例的两种以上要素复合而成时，各种用途间收益相等的趋势，也会退化为限制不相等的趋势。由此可见，巨大而复杂的交易单位会像移动成本那样起作用。一般说来，它们会阻碍自利心导致各种生产要素所能获得的收益在各种用途中趋于相等。

第2节

有一个时期，进行资本交易的单位可能确实很大。但近年来，这种单位已经以两种方式大大减小了。其中一种很明显，另一种则比较隐蔽。明显的是，银行所接受的存款额减小了——例如储蓄银行允许单独用便士存款——公司发行的股票的面额也缩小了，虽然还不那么普遍。[①] 较为隐蔽的方式有赖于这一事实，即资本的单位是一种两维实体。一个人不仅可以通过改变他在一定时期贷出的英镑数，而且还可以通过改变他贷出一定英镑数的期限，来减少他提供的资本数量。缩短贷借资本单位的时延（time-ex-

① 必须记住，正如上一章第5节所指出的，这种趋势偶尔也会造成损害。

tension),在实践中具有巨大重要性,因为,大多数企业需要长期资金,而许多放款者只愿意短期贷出其资金。现代世界发展出了两种方法来根据需要缩减这种单位的时延。首先,企业家实际上是否接受短期贷款,部分取决于企业的需求弹性,部分取决于从其他地方再借款的机会。其次,可以借助于证券交易所转移长期债务——从放款人的观点来看,这是可以从企业收回贷款的另一种方法。这两种方法的适用范围截然不同。过于依赖短期贷款被认为是危险的。"企业愈多地依赖于短期信贷而不依赖于已缴资本或长期贷款,在艰苦时期愈有可能倒闭"[①]——原因是无法重新获得信贷。因此,一般认为,对于像新设备这样的东西来说,短期票据是一种不适当的筹资工具,因为其周转率肯定很低;短期票据只能用来支付制造商品的过程中所用原料和劳动的开销,在票据到期前商品便可以卖出去。[②] 不过,对于我们当前的目的来说,这两种方法之间的区别并不重要。它们实质上是相同的,因为它们都依赖于这样一个一般性概率,即整个社会的放款意愿不像代表性的个人那么易变。一方面,由于这一原因,公司可以通过在银行贴现票据,从不同的人那里以一连串的短期信用借得一部分资本,从而使每一个人能仅仅贷放几个月的时间。另一方面,为"应酬"或应付意外而进行储蓄的个人,可以不储存他想要的东西,而将其投资于长期证券,依赖于证券交易所的运作,他可以变现资本。这两种方法并非十全十美。在困难时期,贴现新票据可能很难而且费

① 伯顿,《金融危机》,第263页。

② 米德,《公司财务》,第231页。

用高昂，通过出售股票来变现资本也要付出很大代价。不过，它们有助于大大缩短资本交易单位的时延。至于劳动交易，很显然，交易单位非常小。因此，在现代世界中，撇开此处不便讨论的有关土地转让的某些特殊问题不谈，似乎只是在雇用权力方面，交易单位的巨大阻碍了自利心使收益在不同行业中趋于相等。与任何用途中运用的雇用权力的总量相比，雇用权力的一般行使者不能被认为是无限小的。这一事实带来的结果是，不同用途中雇用权力的收益无法十分相等；因而同如果雇用权力能更充分地分割相比，国民所得被弄得较小。

第3节

接下来让我们考虑交易单位的复杂性或复合性。在这里同以前一样，需要对资本作最多的讨论。因为商业活动中所一般了解的资本，并不是一种单纯的基本生产要素。当然，具体说来，资本要么以厂房设备的形式出现，要么以称做商誉的关系网的形式出现。但这种具体的资本，总是由两个因素即等待和不确定性的承担以不同比例组合而成的。[①] 在原始条件下，如果一个企业由一

① “等待”这种服务的本质一直被人们严重地误解了。有人认为等待就是提供货币，有人认为等待就是提供时间，而根据这两种假设，人们一直认为，等待对国民所得无任何贡献。这两种假设都是不正确的。“等待”就是推迟个人能够立即享受的消费，从而使本来会被消耗的资源充当生产工具，充当“挽具”，借此引导自然力量协助人类的努力(弗勒克斯，《经济学原理》，第89页)。所以，“等待”的单位是一定时间所使用的一定数量的资源——例如劳动或机器。因而，拿卡弗教授所举的例子来说，如果一个制造商每年的每一天购买一吨煤，并提前一天购买每天的供给，那么，他在该年所提供的等待就是每年一吨煤——即年吨煤(《财富的分配》，第253页)。用较为笼统的语言，我们可以说，等待的单位是年价值单位，或者用卡塞尔博士的不那么准确却较为简

个以上的人经营，那么每个出资人实际上就必须按这两个因素在总量中所需的比例来提供它们。他们实际上会把资本集中起来，把借出的每一英镑视为承担了相等数量的不确定性。他们是合伙人，或者如果我们愿意设想他们负有的债务是有限的，他们便是这样一家公司的连带股东，这家公司的资本完全由普通股构成。但在现代，就不需要这么做了。一个企业若需要比如 x 单位的等待外加 y 单位的不确定性的承担，就不再需要从每个提供了一单位等待的人那里获得 $\frac{y}{x}$ 单位的不确定性的承担。通过担保，其需求可以分为两个支流，这样，等待可以单独从一组人那里获得，不确定性的承担可以单独从另一组人那里获得。担保可以采取各种各样的形式。可以是保险公司向实业家的担保，保证实业家的收入不会受火灾或意外事件的影响。可以是汇兑银行提供的担保，例如在 1893 年以前的印度，进口商和出口商达成交易时，由汇兑银行以一定价格购入他们的票据，保证他们不受达成交易和票据到期之间可能发生的任何汇价波动造成的损失（或赢利）的影响。当实业家买卖大宗商品而通过划分等级可以为这些商品建立期货市场时，对于一般性的商业风险，可以由投机商来提供担保。面粉商或棉花商在承诺供应面粉或棉花时，可以购入投机商的期货合同，

明的话来说，是年镑。不确定性的承担这一概念牵涉到更为严重的困难，将在附录 I 中加以讨论。一般认为，任何一年所积累的资本量必然等于该年的“储蓄”量，对于这种看法，可附带提出一告诫。即使把储蓄解释为净储蓄，从而消除一个人贷放出去的、增加了另一个人消费的储蓄，而且不考虑临时积累起来的对银行票的**未用**兑现权，情况也不是这样；因为许多本来打算用做资本的储蓄，实际上会由于使用不当而被浪费掉，达不到原来的目的。

该合同保证以规定金额向他提供原料，而不管未来市场上通行什么样的价格。同样的担保也可以给予打算为一工业企业贴现票据的银行家，由另一银行家、或票据经纪人、或某一独立的个人同意承兑或背书该票据，或者像在苏格兰对"现金信贷"通常所做的那样，为原借款人担保。[①] 当一家人民银行在无限责任或认缴担保股本的基础上，实际为其当地客户借款时，它是在向中央银行提供担保。[②] 最后，当一个借款人通过存入附属担保品而获得一笔贷款时，他是在向银行家或其他放款人提供担保。到目前为止，最有效的担保品是政府债券和企业股票。存入这些东西，不像存入动产担保品，不会给存入者带来现时的损失，而最终接受这些东西，不像取消抵押品赎回权，也不会给债权人带来什么麻烦。此外，全世界的证券交易所为证券提供的"连续性市场"，可以保护证券持有人免受价格急剧大幅下跌之害，而人们若把不动产所有权凭证当做附属担保品来保有，则很容易遭受这种损害。[③] 近年来，部分由于联合股份公司取代了合伙企业，[④]由债券和股票所代表的国

---

① 承兑人签字所提供的担保，不论是在收到商品时签发票据，还是由承兑商号出借其名称给通融票据背书，其本质都是一样的。当然，有一种被称为"大腿猪"的通融票据，承兑人是使用化名的出票商行的分号，其本质就不同了，因为这种票据上实际只载有一个名称；当担保商号的财产与原借款人的财产非常紧密地交织在一起，以致一方倒闭几乎肯定会引起另一方倒闭时，情况实质上也是如此。

② 有限责任的拥护者与无限责任的拥护者有时争论得很激烈。普通银行和舒尔茨－德利希人民银行通常采用有限责任制。另一方面，意大利的人民银行和被帝国联邦兼并前的德国瑞弗森银行（除非法律坚持实行某种小额股份制）则采用无限责任制，原因是，尽管这种银行是为穷人设立的，但他们很难成为较大的股东。

③ 参见布雷斯，《有组织的投机的价值》，第142页。

④ 参见费雪，《利率》，第208页。

民财富的比例，从而可以利用的附属担保品，大大增加了。根据施莫勒对战前若干年的估计，100 年前任何国家的财富中只有很小的比例是债券和股票，而如今德国 17%（里塞尔说是 33%）的国民财富，英国 40% 的国民财富是票据财产。[①] 根据沃特金斯先生的调查研究，联合王国居民拥有的 77% 的资本价值——该资本价值在 1902～1903 年被课征了财产税——是“动产”，在动产中，70% 是票据财产。[②] 因而，很自然地，能够运用担保方法把等待与承担不确定性分离开的范围，得到了极大的扩展。

第 4 节

然而，这并不是现代才智将复杂的资本单位分解为其组成部分的惟一方法。它使等待能与承担不确定性分离开来。但承担不确定性本身并不是一件简单的事情。使 1 英镑具有变为 21 先令或 19 先令的均等机会，与使 1 英镑具有变为 39 先令 10 便士或 2 便士的均等机会，不是一回事。简言之，有许许多多不同的不确定性组合，不同的人愿意承担不同的组合。此外，各种各样的经营活动也需要有许许多多不同的不确定性组合。很显然，如果单个组合不适用，而能够把许多不同的组合结合在一起，来满足任何给定的产业需求，那么，所提供的东西就能更令人满意地得到调整，以适应需要。现在已经能够做到这一点了。在以合伙方式开办企业，资本由若干人提供时，全部有关的人是使所投入的资源服从于

① 引自沃特金斯，《巨额财富的增大》，第 42 页。

② 同上，第 48～49 页。

相同的不确定性组合。因而,除非能找到足够多的人接受这一特定的不确定性组合,否则,创办有利可图的企业的计划就可能被搁置。在现代世界,这个困难已基本被克服了,现在合股公司都采用发行不同等级证券的办法筹资。不再让投入企业的每一英镑服从于相同的不确定性组合,所采用的筹资方法是把公司债券、累积优先股、非累积优先股、普通股以及其他特殊附属证券结合在一起。每一等级的证券都代表一种不同的承担不确定性的组合,由此而把股票细分为许多不同的等级,这可以促使资源配置朝着最有利于国民所得的方向发展,其效果与把股票较为简单地细分为两个等级的做法相同,一个等级的股票含有某种不确定性,另一个等级的股票不含不确定性。

第 5 节

还有另一种细分方法。到目前为止,我们一直隐含地假设,公司的持股方式总是保持着最初的形态。然而,实际情况并非如此;因为,在一家公司的建立之初,持有其股票要承担很大的风险,可是在其地位稳固后,情况就不是这样了。现代企业财务制度可以进行调整,使公司的股票在公司成立之初是由一类人持有,而在公司地位巩固后则由另一类人持有。譬如,在为一重要企业筹措创办费时,资金最初由认购辛迪加提供——或者由包销辛迪加担保——这种辛迪加由这样一些人组成,他们愿意冒遭受巨大损失的风险,以获得巨额收益,但不想把资本搁死很长时间。认购辛迪加在其最初阶段就可以把许多股票以微利卖给投机者和其他人,他同样愿意承担不确定性,但不愿意等待;于是,经过短暂的投机后，他们又会把股票再卖给另一些人。此后，在试验期过后，人们了解了该企业的真实情况，从而购买其股票所承担的不确定性大大降低时，那些愿意单纯等待的“投资大众”便会开始购买股票。这样，愿意承担不确定性的人和愿意等待的人，就都有机会扮演适合于自己的角色。

第 6 节

上述这些现代进展带来的主要结果是，过去进行资本交易所必需的复合单位被打碎，变成了简单而方便的组成部分。在影响劳动和土地的交易中——暂不考虑第 3 编将考察的那一事实，即有时必须把家庭当做移民单位——交易单位从来不很复杂。在企业领域里，依然存在着复杂性，因为雇用权力只有在带有一定数量的资本时，才能派上用场。但是，为合股公司工作的支薪经理人员的出现，也在很大程度上分解了该领域的复杂交易单位。所以，一般说来，我们可以得出结论说，在现代世界中，交易单位的复杂结构，已不再严重阻碍作出各项调整来使收益在各行业中相等。

第 8 章　不同行业和地方需求的相对变化给收益相等造成的阻碍

第 1 节

我们现在必须引入一个新的概念，即不同产业部门需求的相对变化。如果所有地方以某一价格对某种生产资源的需求量整个说来是不变的，而各个地方的需求量是可变的，那么，在任何两个时期之间，例如在连续的两年之间，需求的相对变化，就可以用第二年需求过大地方的需求量超过前一年相同地方的需求量的总额来衡量。如果所有地方对生产资源的需求整个说来是不固定的，那么，需求的相对变化，既可以用相同地方第二年的需求量超过前一年的需求量的总额来衡量，亦可以用第二年的需求量少于前一年的需求量的总额来衡量，**这要看这两个总额中的一个或另一个是不是较小**。

第 2 节

根据以上描述，可以很容易地证明，一般说来，在上述意义上，需求的相对变化愈大，阻碍资源移动从而导致收益不相等的因素的影响也就愈大。让我们把注意力集中在这样一些阻碍因素上，它们虽然在长期内不足以阻止收益趋于相等，但却足以立即阻止收益趋于相等所需的资源移动。如果各产业部门彼此相对波动，则这种阻碍会使收益**永远**不相等。穆勒用海洋中波浪的运动所作的说明，非常贴切。在地球引力的作用下，海洋各部分的水平面总是趋于相等；但是，因为受到扰动后，这种趋势需要时间来实现，因为尚未达到必要的时间，总是受到新的扰动，所以水平面的相等实际上从未出现过。显然，水平面不相等的平均程度，部分取决于这些扰动的大小。同样，很明显，收益不相等的平均程度，从资源移动受到阻碍的角度看，部分取决于不同产业部门对生产资源的需求的相对变化的大小。本章的任务就是识别出在不同情况下影响这种相对变化大小的主要因素。

第 3 节

首先，很显然，只要不同行业和地方对生产资源服务的需求受独立因素的影响，则促使某一行业或地方的需求发生变化的任何因素，都会加大总需求的相对变化。因而影响各个产业的所有因素，都与此处讨论的问题有关，我们将在第 3 编第 20 章研究这些因素。

第 4 节

其次，当正在若干个中心地区生产的某种商品的需求，在这些中心地区之间波动时，则某一因素若能阻止这种商品需求的变化反映在生产资源需求的变化中，将会减少生产资源需求的相对变化。有些厂商在过于繁忙时会把活计委托给相同产业中的其他暂时清闲的厂商去做，这种做法也会产生上述效果。当某一产业中的各厂商合并为一个公司时，此方法当然可以得到进一步的推进。

无论是在什么地方得到的订单，都可以在该公司成员之间进行分配，从而在完成这些订单时，各地对资源的需求就不会发生相对变化。

第5节

第三，有时会出现一些因素，致使需求从一些行业转向另一些行业。其中最明显的是气候条件的季节性变化；例如，同冬天相比，人们在夏天需要较少的煤气用于照明，需要较多的汽油用于驾车。在风气的影响下，人们由喜好一类奢侈品转向喜好另一类奢侈品，情况也是这样。而且，即使每一个人的喜好保持不变，收入从具有某一种喜好的人转移给具有另一种喜好的人，也会使需求从第一类人喜欢的产品转向第二类人喜欢的产品。因此，在损害富人的情况下穷人的收入增加，会使穷人所需商品的需求增加，富人所需商品的需求缩减，这种变化会反映在制造这两种商品的生产资源的需求上。

第6节

第四，有一些一般性的因素，会在相同意义上，但却在不同的程度上，影响许多行业对生产资源的需求。例如，心理因素、货币因素和其他导致通常所谓周期性产业波动的因素，由于我在别处力图解释的原因，①会使间接商品需求发生的波动，远比普通消费品需求发生的波动强烈。这当然意味着，生产这两种商品的生产

① 参见拙著《产业波动》，第1编，第9章。

资源的需求会相互波动。所以，任何政策若能缓和周期性的产业波动，亦将附带地减少不同产业需求的**相对**变化。

第7节

如果我们假设最初处于均衡状态，并想象需求在两个行业之间发生了相对变化，那么，在生产资源完成适当的转移以前，国民所得必然会降至其最大值以下。但是，对于某些目的来说，必须区分需求的两种相对变化，一是两个行业的需求都朝相同的方向变化，一是一个行业的需求上升，另一个行业的需求下降。**若工资挣取者面对需求下降仍维持刚性工资率**，那么，在萧条的产业中被辞退的工人可能会在扩张的产业中得到就业机会，但他们却不可能在虽说萧条得不那么厉害可却呈现一定萧条状态的产业中得到就业机会。所以，消除移动障碍——只要这样做的费用不太大——在第一种情况下有助于增加国民所得，但在第二种情况下却对国民所得毫无影响。

第8节

结束本章时应该指出，生产资源需求的相对变化，不论是发生在不同地方之间还是发生在不同行业之间，依其发生得快慢，而会产生不同的作用。如果一个行业或地方缓慢地衰退，同时另一个行业或地方缓慢地发展，那么，它们之间无需实际转移资源，就可以根据新的情况完成调整。需要做的仅仅是，在逐渐衰退的行业或地方，不完全补充耗损的资本和退休或死亡的工人；同时新创造出来的资本和达到就业年龄的青年男女，转入不断发展的地方或行业，以适应扩大的需求。在这种情况下，不需要实际转移资本或劳动，对资源转移的阻碍不会给国民所得造成损害。然而，当需求的相对变化发生得很快时，便不能完全以上述方式进行调整，若进行调整，就得实际转移资源。在这种情况下，阻碍资源移动就必然会损害国民所得，消除阻碍则有利于国民所得。从上述讨论的观点看，“逐渐的”和“迅速的”相对变化的界限究竟在哪里，取决于在相关行业和地方，资本设备在正常情况下以何种速度耗损，劳动力在正常情况下以何种速度需要替换。正如在另一处马上要指出的那样，一般说来，年流量与总存量之比，在女工中要比在男工中大得多。①

① 参见下面第3编第9章第6节。

第9章　社会净边际产品与私人净边际产品的背离

第1节

一般说来，实业家只对其经营活动的私人净边际产品感兴趣，对社会净边际产品不感兴趣。在第5章谈到的移动费用的限制下，自利心往往会使投入不同方面的资源的私人净边际产品的价值相等。但是，除非私人净边际产品与社会净边际产品相等，否则，自利心往往不会使社会净边际产品的价值相等。所以，在这两种净边际产品相背离时，自利心往往不会使国民所得达到最大值；因而可以预计，对正常经济过程的某些特殊干预行为，不会减少而是会增加国民所得。于是必须分析一下，在什么条件下，某产业中某一(第 r 个)投资增量的社会净产品价值与私人净产品价值之间，会出现背离。即使在纯粹竞争的条件下，也会出现某些一般种类的背离，在垄断竞争的条件下，会出现更多种类的背离，在双边垄断的条件下，会出现另一些背离。

第2节

如果只有一种生产资源，比如一定质量的劳动，则以上陈述便是完满的。如果有几种生产资源，但它们在各处和在所有条件下都以完全相同的比例结合在一起，则以上陈述也是完满的。但在实际生活中，有许多种不同的资源，相对于不同的产量而言，它们不仅在不同的产业中，而且在同一产业中，以各种比例结合在一起。因此，对于上一节使用的说法"某产业中第 r 个投资增量"，就需要加以进一步的说明。在某产业中，三种生产资源或生产要素的 a、b 和 c（实物）单位共同作用，可生产出 y 单位产量。当该产业的产量增加到（$y+\Delta y$）时，这几种要素的数量变为 a'、b' 和 c'。没有理由认为，$\frac{a'-a}{a}$、$\frac{b'-b}{b}$ 和 $\frac{c'-c}{c}$ 会相等。我们无法把这几种生产资源视为一个整体，明确地描述其数量的变化，正是这种变化会导致商品的产量发生某种变化。所以，如果第 r 个投资增量要具有精确的含义，就必须把它解释为某种生产资源（比如一定质量的劳动）的第 r 个（实物）增量**加上**与该增量**相配合的**另外两种生产资源的无论何种增量。这些数量是完全确定的，被以下条件所决定，即：对于一定产量而言，各种生产要素必须结合得非常合适，以使其总货币成本最小。① 上述定义乍看起来似乎是有毛病的，因为根据该定义，一般说来，第 r 个投资"单位"的实际结构与第（$r+h$）个"单位"是不同的。当然，如果我们所关心的是比较不同投资增量或单位的净产品，这种反对意见就是致命的。但实际上，我们是要比较由**给定投资增量**所产生的两种净产品，即社会净产品和私人净产品。对于这一目的而言，不同增量或不同"单位"相互之

① 因此，令 y 表示某种商品的产量，令 a、b、c 表示生产该商品的各种生产要素的（实物）数量；则 $y=F(a,b.c)$。令 $f_1(a)$，$f_2(b)$ 和 $f_3(c)$ 表示这些生产要素的价格，则对于任何产量而言，各种生产要素的数量便被以下方程式所决定：

$$\frac{1}{f_1(a)}\cdot\frac{\partial F(a,b,c)}{\partial a}=\frac{1}{f_2(b)}\cdot\frac{\partial F(a,b,c)}{\partial b}=\frac{1}{f_3(c)}\cdot\frac{\partial F(a,b,c)}{\partial c}.$$

间的关系是无关紧要的。我们的定义只是消除了一个含糊不清之处，使我们能不受阻碍地推进上一节所概述的那种分析。

第 3 节

在纯粹竞争条件下，社会净边际产品的价值与私人净边际产品的价值普遍相背离的根源是，在一些行业中，一单位资源所生产的产品的一部分，首先并不归属于投入这一单位资源的人，而是首先(即如果销售的话，在销售之前)作为一正的或负的项目归属于其他人。这些其他人可能属于以下三大类人中的一个：(1)耐久性生产工具的所有者，投资者仅是这种工具的租用者；(2)投资者所投资的那种商品的非生产者；(3)该商品的生产者。由最后一类人所引起的社会和私人净产品价值的背离，将在第 11 章中单独加以讨论。本章只关注另两类人引起的价值的背离。

第 4 节

先让我们来看某些耐久性生产工具的租赁与所有权相分离造成的那种背离。当然，耐久性生产工具的实际所有者在多大程度上将维护和改进这些工具的工作交给临时占用者去做，在不同的产业中是不同的，主要是由技术上便利与否决定的，部分也取决于传统与习惯，而且在不同的地方也依所有者和占用者的相对财富而变化。例如，在爱尔兰，由于许多地主较贫穷，全部交由佃户支付的工地费用种类，似乎要比英格兰多。[①] 细节虽有差异，但毫无疑问，在广阔范围内，用于改进耐久性生产工具的一部分投资，常

① 参见博恩，《现代爱尔兰》，第 63 页。

常是由所有者以外的人付出的。每当发生这种情况时，这种投资的私人和社会净产品就会出现某种背离，其程度的大小取决于租赁双方所订契约的条件。下面我们就讨论这些条件。

第 5 节

一定数量投资的社会净产品为已知时，在一种仅规定租约期满时将生产工具按当时碰巧的状况归还所有者的制度下，私人净产品会大大少于社会净产品。在这种制度下，第 r 个投资增量的私人净产品少于社会净产品的数额，几乎是生产工具可能得到的全部递延利益，但不一定刚好是全部递延利益，因为如果人们知道某一租用者完好地归还生产工具，这个租用者就会比不这么做的人更容易地并以更好的条件租到生产工具。就此而言，小心仔细的租用不仅会产生社会净产品，还会产生私人净产品。然而，因为常常要隔相当长的时间才重新签订契约，上述修正性的说法并不特别重要。因此，暂且把它搁在一边，我们应注意到，因为用于改进和维护生产工具的投资，其效果一般要经过一段时间才会耗尽，所以上述那种租赁导致的私人净产品低于社会净产品的幅度，在一长期租约的最初几年不会很大。但在这种租约的后几年和在短期租约的整个有效期，私人净产品低于社会净产品的幅度却可能很大。的确，人们常常看到，租期临近结束时，农民很自然地并毫不掩饰地想尽可能多地收回其资本，大肆从土地中攫取东西，以致若干年后，产量显著下降。①

① 参见尼科尔森，《经济学原理》，第 1 卷，第 418 页。

第 6 节

上述那种租赁，可以用地主和佃农之间的原始契约来说明，其中未对租约期满时的土地状况作任何规定。但此种情况并不限于这种契约。存在这种情况的另一很重要的领域是，向煤气公司、电灯照明公司授予"经营特许权"。在这种安排下，取得特许权的公司的设备，最终将无偿地移交给授予特许权的城市，这与对承租人的改良不作补偿规定的土地租赁制度完全一样。这种安排有一个时期支配着柏林电车公司。该公司的章程规定，"契约终止时，设置于该市街道上的所有设备，包括电线杆、电线、建于该市土地上的候车室以及专利，都无偿归该市所有"。[①] 从我们目前的观点看，这种做法类似于 1870 年的英国电车法案和 1881 年的电灯照明法案，这两个法案规定"在支付了当时价值的条件下（不包括对过去和未来利润的补偿，也不包括对强制性出售或任何其他事项的补偿），便可获得公司的设备"。因为，许多年前成立的公司的"再生产成本"（上述意义上的价值似乎就代表这种成本），可能远远低于其作为经营中的公司的价值。因此，在德国和英国的体制下，除非采取某种措施缓和那种结果，[②]否则，无论是在原有设备方面

① 比米什，《市政问题》，第 565 页。

② 当然，对于租期临近结束时进行的设备投资，英国的方法不像德国的那么严厉；因为，在短时间内，制造设备的成本可能在很大程度上是保持不变的。但是，旨在创造商誉并由此创造未来业务的投资，两者却完全一样。因此，在签订了 1905 年的协议后（根据该协议，邮政局将按照自己的意愿在 1911 年以重置成本买断国民电话公司的一部分设备），国民电话公司的董事长说，"本公司将不再开创需要时间培育和发展的业务，而只开展从一开始就能支付利息和所有其他应付费用的业务"（H.迈耶，《公有制与电

还是在以后扩充的设备方面，这种终止特许权的方法都必然会减少投资的私人净产品，使其低于社会净产品，从而导致投资下降，远远达不到最有利于国民所得增长所需的水平。而且，很明显，这种限制性影响在特许经营期临近结束时，会极为显著。有鉴于此，科尔森先生建议，在特许状期满前15或20年就举行续订的谈判。

第7节

与社会净产品相比较，由我所谓的原始类型租赁契约导致的第r个投资增量私人净产品的不足，可以在不同程度上用补偿办法予以缓和。这可以很方便地用最近的土地租佃史来加以说明。当佃户离开租赁的工地时，对于他们给土地造成的损害或所作的改进，可以用各种办法进行补偿。实际上，租约的一些条款规定了对损害的消极补偿。其最简单的形式是，佃户若未能以“可出租的状态”归还土地，则将被罚款。这种惩罚可以通过签订明确的法律契约来直接施行；也可以通过规定佃户不得违反当地的耕作习惯

话》，第309页）。将柏林电车公司的特许经营权延长至1919年的契约，采用了一种方法来克服上面正文中谈到的那种困难。该契约特别规定，“如果在契约有效期间，市政当局超出契约的规定，要求在该市范围内扩展路线，则公司必须修建长达93英里的路线，其中的双轨路线可算做单轨路线。但对于在1902年1月至1907年1月奉命修建的所有路线，公司可从市政当局那里得到三分之一的建设费用，对于在1908年1月至1914年1月奉命修建的所有路线，可得到一半的建设费用。对于此后修建的所有路线，市政当局必须支付全部建设费用，并根据后来签订的协议，为运营费用支付全额补贴。除市政当局要求使用蓄电池的地方外，最初应使用架空电线触轮；但是，如果以后出现了任何其他可行的动力系统，市政当局也认为此系统更为合适，公司便可以引入该系统；而如果市政当局要求引入，公司则必须引入。如果由此而增加了公司的成本，适当扣除由新系统获得的利益后，市政当局必须给予公司以补偿”（比米什，《市政问题》，第563页）。

来间接施行;还可以通过修改这一有关当地耕作习惯的规定来施行,即解除此规定对富有进取心的佃户施加的简单限制,又不牺牲这一规定的目的。例如,根据1906年的农业租地法,佃户只要采取"适当而充分的措施保护租地不受损害或不发生退化,就可以违反当地的习惯甚或违反契约来种植耕地",但租约期满的前一年除外。根据该条款,若佃户的行为确实损害了租地,则地主有权得到赔偿,必要时有权阻止佃户的行为。积极的补偿出现得较晚。这方面的规定,最初只是地主在年租约中作出的自愿性安排。在泰勒先生引述的约克郡的一个租约中,地主保证,佃户在租约的最后两年期间在一般耕作经营活动过程中投入的投本,可以得到"双方认为合理的"补偿。① 渐渐地,补偿计划获得了法律地位。在爱尔兰,1870年的法案朝着这一方向做了一些事情——爱尔兰特别需要这样做,因为它很少采用英格兰的习惯,按照这一习惯,房舍由地主提供,永久性改良也由地主进行。② 1875年,英格兰和威尔士通过了一项法案,规定了在什么条件下必须补偿租约即将到期的佃户,但允许退约。1883年通过了一项新法案,即《农业租地法》,禁止退约。该法案区分了两种改良,一是必须征得地主同意的改良,一是不必征得地主同意的改良。③ 苏格兰目前也有类似的法律。该法律在很大程度上废止了旧的长期租约,这些租约被修改得面目全非,现在实际上已不复存在了。④ 详细起草所有这类法

① 参见泰勒,《农业经济学》,第305页。

② 参见史密斯—戈登和斯特普尔斯,《爱尔兰的农村重建》,第20页。

③ 参见泰勒,《农业经济学》,第313页及以下各页。

④ 参见泰勒,同上,第320页。

案时，遇到的困难是，某些"改良"并没有按其生产成本给产业增加永久的价值。如果对这些改良按其成本给予补偿，私人净产品就会超过社会净产品。实际上，这种危险基本上已被克服了，克服的办法是不把初始成本当做补偿额的依据，某些种类的改良需征得地主的同意。例如，根据1906年的(爱尔兰)《市镇佃户法》，当佃户提议作一项改良时，他必须通知地主，如果地主不同意，则要由郡法院裁决这项改良是否合理，是否会增加租地的出租价值。(1927年通过的)《不列颠地主和佃户法案》也规定，在终止经营场所的租赁时，要对改良和商誉给予补偿。但即使采用这种办法，私人净产品也会稍许过大。为了使私人和社会净产品一致，在为补偿估计一项改良的价值时，必须考虑到，在更换佃户期间，土地可能有一段时间租不出去，在这段时间内，该项改良不会产生出其全部年价值。如果不考虑这一点，佃户就会比地主或社会更积极地推进投资，因为这会给他带来稍多的好处；因而，如果像种植蔬菜那样，可以不征得地主同意就进行改良，那将妨碍地主出租土地。所以，从理论上说，1906年的农业租地法所犯的一个错误是，它把租期将满的佃户为其改良可以要求的补偿，规定为"这样的金额，此金额能充分代表这种改良给未来的佃户带来的价值"。标准应该是"给地主带来的价值"。但是，由于改良的作用通常在几年之内就会耗尽，这种小错误的实际效果可以忽略不计，不会使第 r 个投资增量的私人和社会净产品显著背离。

第8节

上面讨论的这些补偿办法有一个明显的缺陷，该缺陷一般会阻碍这些补偿办法想要对私人和社会净产品所作的调整。诚然，佃户在租约期满时可以为改良要求补偿。但是，他知道，由于他所作的改良，向他收的地租会提高，除非他采取极端步骤，放弃租地，否则他的补偿要求就不会实现。因而，投资的私人净产品仍然少于社会净产品。1906 年的农业租地法在某程度上缓和了这一结果——1920 年又进一步有所缓和——该法律规定，“如果地主没有合适而充足的理由，或出于与妥善的产业管理不相一致的理由，发出解除租约的通知而终止租佃关系，如果佃户的离去证明是由于他所作的改良导致地主提高地租，则佃户不仅可以要求对改良给予补偿，而且还可以要求对离开租地直接造成的损失或费用给予补偿”，这种损失或费用是由于出售或搬运家具、农具等而发生的。不过，以上补救办法在若干方面仍有不足。首先，佃户在上述条件下离开租地，没有为“商誉损失”或搬家所带的非货币性不便获得补偿，因而他依然会很不愿意离开，地主依然拥有强大的武器，可迫使他同意提高地租。其次，因出售土地而通知解除租约，没有被认为“与妥善的产业管理不一致”。于是，当佃户耕种的土地被一个地主卖给另一个地主时，佃户如果离开租地，便得不到上述第二种补偿。所以，他会更不愿意离开。然而，倘若他决定从新地主那里租土地，他“得为他进行的改良支付地租，而得不到任何补偿”。[①]

① 《佃农委员会报告》(敕令书，第 6030 号)，第 6 页。以需要把土地用于建筑为理由向佃户发出解除租约的通知，也是“与良好耕作并非不一致的”，因而也不给予第二类补偿。显然，在这种情况下若给予第二类补偿，会带来危险，因为这会鼓励人们把资源投在农业改良上，推迟把条件已经成熟的土地用于建筑，从而造成的社会损失会超过农业改良投资带来的利益。

很可能是由于认识到了这种危险，农民日益要求颁布法律，规定地主想出售土地时，农民可以在原有地租的基础上购买租地。与《农业租地法》类似，1906年的(爱尔兰)《市镇佃户法》也规定，对造成的打扰必须给予补偿。该法案还规定，在所列述的情况下，也可以为"商誉"要求补偿。但即使有这个规定，所得到的调整显然也仅仅是部分的调整。①

第9节

由于补偿办法有这些不完善之处，实际上许多人认为，要进行真正充分的补偿，不仅需要对离开租地的佃户给予补偿，而且还需要在法律上保障租地使用权，并且要在法律上禁止向佃户所作的改良收取租金。当然，在某些情况下，想要取得的这种效果，无需借助于法律的干预，就可以达到。例如在比利时，习惯的力量实际上就达到了这种效果；②无疑，英格兰的许多地主也是以同样的精神管理其产业的。然而，很明显，并不能总是设想，当法律允许运用经济权力时，地主会自觉克制自己，不为了自己的利益运用这种权力；的确，如果能这样设想的话，上面讨论的所有那些精心设计的补偿法律就是多余的了。我们由此而需要考虑，是否应该由法律保障租地使用权和"公平地租"。采用这种做法主要有两个困

① 应该指出，人们之所以赞成给予补偿，并不是因为这有利于佃户。尼科尔森教授说得对，"对改良的补偿并不像一般所认为的那么有利于佃户，因为这一特权本身就具有货币价值；也就是说，地主将要求得到，佃户也能够支付，相应较高的地租。在所谓可提高土地价值的旧租约下，地租之所以较低，是因为永久性的改良最终归地主所有"(《经济学原理》，第1卷，第322页)。参见莫里森有关印度情况的叙述(《印度一个邦的工业组织》，第154～155页)。

② 参见朗特里，《土地与劳动》，第129页。

难。首先，所授予的租地使用权不能是绝对的；因为，如果是绝对的，有时会造成巨大的经济浪费。所以，对租地使用权的保障，看来必须以较好的耕作为条件。而且，还必须“以土地不被征用为条件，无论是征用来租给或分配给农民，用于建造工棚，用于城市发展，用于开矿，还是用于修建水道、道路和公共卫生设施。为了这些目的而需要征用土地时，土地法庭有权终止租佃关系，同时确保佃户得到适当补偿”。[①] 精确地列出可以得到补偿的适当条件，可能不是一件容易的事情。其次，如果地主能随意提高地租，迫使佃户解除租约，则保障租地使用权显然就是虚幻的，在这种情况下就必须设法强制实施公平地租。仅靠禁止提高地租，做不到这一点，因为在某些情况下，提高地租是合理的。例如，有时完全与佃户的行为无关，而由于农产品价格的某种一般变化导致土地的价值增加，若将这种好处从地主手里拿走而给予佃户，那是不公平的。因此，适当的做法似乎包括建立一个法庭来规定地租，或至少解决所发生的地租纠纷。假如土地法庭或所建立的任何其他机构，是无所不知，无所不能的，当然也就没有人会反对这么做。但是，由于人类的所有机构都肯定是有缺陷的，佃户有可能故意使租地的价值下降以压低地租。在爱尔兰的法定地租制下，防止这种弊端的方法是，法庭有权拒绝修改地租。但实际上并未使用这种补救方法。修改地租时，决定性因素常常不是生产率，而是产量，尤其是第十五年的产量。[②] 博恩教授这样说明了由此带来的结果：“两兄

① 《土地研究报告》，第 378 页。

② 史密斯—戈登和斯特普尔斯，《爱尔兰的农村重建》，第 24 页。

弟将一农场分为价值相等的两份,其中善于耕作的那一个经法庭批准地租降低了7.5%,不善于耕作的那一个经法庭批准地租降低了17.5%”。[①] 所以,很显然,同简单的补偿法律相比,保障租地使用权和采用法定地租,实际上并不会使私人净边际产品和社会净边际产品更加接近。这两种净边际产品之间的差距,只有在拥有土地的人和投资于土地的人是同一个人时,才能完全消除。但在其他一些方面,这常常是不经济的。因为,特别是如果农民是小农的话,他们作为所有者可能很难筹集到较大的改良所需的资本,而在英国目前的土地制度下,这种改良通常要由地主来进行。详尽讨论由此而引出的争议颇多的问题,超出了本书的范围。不过,以上所述将足以说明私人净边际产品和社会净边际产品之间的一种背离,这种背离往往出现在这样一些行业中,在这些行业中,对耐久性生产工具的投资要由不拥有这些工具的人来完成。

第 10 节

我现在转而讨论第 3 节所区分的社会和私人净产品的第二种背离。在这里,问题的实质是,一个人 A 在向另一个人 B 提供某种有偿服务时,会附带地也向其他人(并非同类服务的生产者)提供服务或给其他人造成损害,但却无法从受益方获取报酬,也无法对受害方给予补偿。如果我们学究气十足地固守第 1 编第 3 章给国民所得下的定义,那就有必要进一步区分各种产业,在一些产业中,未补偿的利益或损害可以很方便地与货币衡量尺度发生关系,

① 博恩,《现代爱尔兰》,第 113 页。

在另一些产业中则不是这样。不过，这种区分仅具有形式上的重要性，而不具有实际上的重要性，会模糊而不会说明主要问题。所以，我在即将列举的例子中，将有意忽略这一点。

我可以先举出许多这样的实例，在这些实例中，私人净边际产品之所以低于社会净边际产品，是因为附带地向第三方提供了服务，但从技术上说却很难向他们索取报酬。例如，正如西奇威克所说，"很容易发生这样的情况，一座位置适宜的灯塔产生的利益，肯定会被许许多多船只所享受，但对其中大多数船只却无法方便地征收通行费"。[①] 同样，在城市中花费人力物力建造私人花园时，也会提供无从得到补偿的服务；因为，这些花园尽管不让公众进入，可却改善了周围的空气。投资修建道路或电车轨道时也是这样(尽管应考虑到在其他方面所造成的损害)，因为这会提高附近土地的价值，当然，如果按照所享受到的改良，对土地所有者课征一种特别的改善税，就另当别论了。投资造林也是如此，因为对气候产生的有利影响，常常会扩展到造林者所拥有的森林以外。花钱在私人住宅门前安装电灯也是这样，因为这必然也为街道提供照明。[②] 投资防止工厂烟囱排烟亦是这样，[③]因为在大城市中，工

① 《政治经济学原理》，第406页。

② 参见斯马特，《经济学研究》，第314页。

③ 据说在伦敦，煤烟致使从天文学上说可能具有的阳光只剩下了12%，而每五次大雾中就有一次是由煤烟直接引起的，同时所有大雾都被煤烟弄得污浊不堪，迟迟不肯散开(J.W.格雷厄姆，《日光被毁》，第6和24页)。看来在许多情况下，愚昧无知和惰性阻碍了防煤烟装置的采用，尽管这种装置会增加燃料的效能，从而对使用者是有利可图的。然而，从公共利益着眼，不管划算不划算，都应该使用这种装置。无疑，采用机械加煤机、热鼓风等方法，实际上可以使工厂的烟囱不再冒黑烟。同煤烟相比，法律对制碱厂排放的有毒气体应实施更强有力的限制。

厂烟囱排出的煤烟会使社会遭受无从得到补偿的巨大损失，这表现在建筑物和植物受到的损害、洗涤衣物和清扫房间的花费、提供额外人工照明的花费等许多方面。[①] 最后且最为重要的是，把资源用于基础科学研究也是这样，在这种研究中，常常会有意外的、实用价值很高的发现，而且投资完善发明和改进工艺也是如此。后者具有的性质，常常使它们既不能申请专利，也不能保密，因而它们最初给发明者带来的全部额外报酬，很快就会以降价的形式转移给普通大众。实际上，专利法旨在使私人净边际产品和社会净边际产品更加接近。诚然，专利法通过为某些种类的发明提供预期的报酬，并没有明显地刺激发明活动，因为发明活动大都是自发的，但是，专利法却把发明活动引入了有益于普通大众的轨道。[②]

对应于上述私人净边际产品低于社会净边际产品的投资，还

---

① 例如，1920年部际委员会关于减少煤烟和有毒气体的中期报告，包含以下内容：

"17. **煤烟造成的实际经济损失。**——我们不可能对煤烟给整个社会造成的损害，作全面而准确的统计说明。但我们可以引述以下调查。"

"1912年，在美国的匹兹堡，一个由工程师、建筑师和科学家组成的专家委员会，进行了一项详尽的调查，调查报告估计，煤烟污染使匹兹堡付出的代价每人每年约为4英镑。"

"18. 1918年曼彻斯特空气污染顾问委员会进行的一项颇有价值的调查，比较了曼彻斯特（多煤烟的城市）和哈罗盖特（无煤烟的城市）的家庭洗涤费用。调查者分别从曼彻斯特和哈罗盖特获取了100份可适当加以比较的调查问卷，问询内容是工人阶级家庭每周的洗涤费用。这些调查问卷表明，在曼彻斯特，每个家庭每周用于燃料和洗涤材料的额外费用为七个半便士。仅考虑燃料和洗涤材料的费用，不考虑额外的劳动，并假定中产阶级家庭的损失不比工人阶级家庭大（由此而会大大低估损失），则整个这座城市75万人口每年的损失总额在29万英镑以上。"

② 参见陶西格，《发明者与造货者》，第51页。

有许多其他投资，在这种投资中，由于从技术上说很难对附带的损害要求给予补偿，私人净边际产品往往大于社会净边际产品。例如，当某一土地占有者实行禁猎而导致野兔蹂躏相邻土地占有者的土地时，就会给第三者造成无从补偿的附带损害，除非这两个土地占有者是地主与佃户的关系，通过调整地租而可以给予补偿。同样，当城市中某一住宅区某块地皮的所有者，在这块地皮上建工厂，从而在很大程度上破坏了邻近地方的舒适环境时，也会给第三者造成无从补偿的附带损害；或者，当他在这块地皮上建造的房屋遮挡了对面房屋的光线，[①]或者当他在拥挤的市中心投资建高楼，减少了邻近地方可供呼吸的空气量和游戏空间，从而损害了邻近住家的健康和工作效率时，在较小程度上也会给第三者造成损害。此外，花钱买汽车和驾驶汽车从而磨损路面，亦会给第三者——这回是普通公众——造成无从补偿的附带损害。假设公众的喜好不变，投资生产和销售酒类也是如此。要根据投资于酒类生产的最后一英镑生产出的私人净产品，推算出社会净产品，就得像萧伯纳先生所说的那样，从投资中扣除雇用警察和盖监狱的额外费用，因为生产酒类必然间接地带来此种费用。[②] 在某种程度上，对外投资一般也是这样。因为，如果外国人可以通过出售许诺，从我们这里获得他们需要的一些出口商品，他们就不必向我们运送同样多

① 在德国，大多数城市规划都不允许发生这种反社会的行为；但在美国，地皮所有者个人却似乎可以完全自由地处置其土地，在英国，地皮所有者个人也享有很大的自由（参见豪，《变动中的欧洲城市》，第46、95和346页）。

② 《都市交易常识》，第19～20页。

的商品；这意味着，我们的出口商品和进口商品之间的交换比率将变得对我们稍稍不利。就某些种类的对外投资而言，还应考虑更为严重的反作用。例如，若对外投资增量的间接效果，或用于为此获得让步的外交行动的间接效果，是一场实际的战争或为防止战争所作的准备，那么，就应把这些事情的成本从该增量产生的利益中扣除，然后才能计算出它对国民所得的净贡献。这样做了之后，投资的社会净边际产品到头来很可能是负数，即使是对这样一些国家的投资，也不例外，在这些国家，有许多非常有利可图的机会尚未得到利用，可以同腐败的官员拼命讨价还价，因而投资者常常可以获得很高的收益。而且，当对外投资是向某一外国政府发放的贷款，使该政府得以进行一场否则便不会发生的战争时，普通英国人因这场战争造成的世界贫困而遭受的间接损失，也应该从英国金融家得到的利息中扣除。于是，社会净边际产品也很可能是负数。不过，私人净产品超过社会净产品的最佳实例，或许可以得自妇女在工厂中的工作，特别是在分娩前或分娩后的工作；因为毫无疑问，这种工作除了为妇女带来收入外，还常常为其子女的健康带来严重的损害。[①] 有时发现，在这种工作和婴儿死亡率之间存在着很低的相关性，甚至存在负相关，但这并不能证明这种罪恶不存在。原因是，这种工作盛行的地区可能非常贫困，而这导致了妇女在产前和产后工作。贫困显然对儿童的健康有害，在其他条件相同的情况下，母亲辞掉工厂工作的家庭可能要比其他家庭更贫

① 参见哈钦斯，《经济学杂志》，1908 年，第 227 页。

困，这种更为严重的贫困带来的罪恶，可能要比工厂工作带来的罪恶更大。[①] 这可以解释大家所知道的统计事实。所以，这些统计事实丝毫也不妨碍我们认为，**在其他条件相同的情况下**，母亲在工厂工作是有害的。统计事实所表明的仅仅是，禁止妇女在产前或产后工作，必须伴之以对由此而变得窘迫的家庭给予救济。[②]

第11节

在此需要注意一个有点似是而非的谬见。一些不习惯于作数学分析的论者认为，在引入了生产某些商品的经过改进的方法后，为开发这些方法所投入的资源的社会净边际产品的价值，便会低于私人净边际产品的价值，因为后者不包括这种改进使现有设备价值降低所应作的扣除；因而正如他们所认为的，要得出社会净边

① 参见纽肖尔姆，《关于婴儿和儿童死亡率的第二份报告》（敕令书，第6909号），第56页。对于童工上夜班也可以这样来看。的确，夜间工作部际委员会没有获得任何有力的证据，证明这种工作有害于儿童的健康。但该委员会发现，这种工作在另一方面有损于儿童，即实际上剥夺了他们在业余补习班接受教育的机会。我国的工厂法所依据的**理论**似乎认为，只有在不连续生产会造成巨大损失的情况下，才应允许14至18岁之间的未成年人在夜间工作。但在实践中，工厂法却允许工厂在并非一定要连续生产的情况下雇用未成年人在夜间工作。因此，该委员会建议，未来应根据生产情况，而不是不考虑生产情况而只根据生产场所、工厂或车间，来决定是否允许雇用未成年人在夜间工作。((敕令书，6503)，第17页)

② 参见《地方政府委员会年度报告》，1909～1910年，第57页。有人提出，如果工厂女工在上班时能请未婚女人照料自己的家，便可以消除工厂工作造成的有害结果，这种看法是错误的，因为它忽略了这一事实，即妇女照料自己的孩子有其特殊的个人价值。在伯明翰，人们似乎认识到了这个事实，因为，据说在战前，已婚妇女常把孩子托给别人照管，经过一段时间尝到由此带来的恶果后，大都便离开工厂，重返家庭（参见凯德伯里，《妇女的工作》，第175页）。

际产品的价值，就应包括这种扣除。[①] 如果这种观点是正确的，也就有理由在决定是否批准修建铁路时，看铁路公司是否补偿现有运河而定，有理由为了市营电车公司的利益而拒绝给公共汽车颁发营运执照，有理由阻止建立电力照明公司以使市营煤气公司能继续为地方税作贡献。但实际上，这种观点是不正确的。一般说来，用于**改进生产某种商品的方法**的资源的社会净边际产品，与私人净边际产品并无差异；因为老生产者由于其产品价格下跌所遭受的损失，被这些产品的购买者由于价格下跌所获得的利益抵消了。如果进行了新的投资后，旧机器继续以降低了的价格生产和以前一样的产量，这一点便可以看得很清楚。如果由于这种变化，旧机器的产量减少了，则乍看起来似乎有问题。但好好想一想就会明白，旧机器以前生产的任何一个单位的产量，都不会被新机器生产的产量所取代，除非新机器生产该单位产量的**总成本**小于旧机器生产该单位产量的**直接成本**，也就是说，除非新机器能以极低的价格生产该单位产量，以致旧机器以那一价格生产该单位产量毫无利润可赚。这意味着，新机器从旧机器那里接过来的每一单位产量，都必须以**降**得很低的价格卖给公众，降低幅度要等于旧机器如果该单位产量的话，在扣除了直接成本后所能得到的全部收入。由此证明，旧机器的所有者，就其任何一个单位的原产量而言，

---

① 例如参见 J.A.霍布森，《社会学评论》，1911 年 7 月，第 197 页，并参见《黄金、物价和工资》，第 107～108 页。甚至西奇威克也有支持正文中所述论点的嫌疑（参见《政治经济学原理》，第 408 页）。人们似乎未注意到，这一论点如果成立的话，国家就有理由禁止使用可以节省技工服务的新机器，直至掌握这种技术的那一代技工死光为止。

其遭受的损失都被消费者获得的相等利益抵消了。因此,就新机器从旧机器那里接过来的任何一单位产量而言,把旧机器的所有者遭受的损失视为生产该单位产量的社会成本的一部分,是不正确的。

当然,还可以作出另一尝试来避免得出这个结论。姑且承认,就直接影响而言,一般的商业策略是有道理的,即对改进生产方法的投资不会因为关心其他人现有设备的收益而停止。不过,还有间接影响需要加以考虑。如果昂贵的设备很快就会由于新发明而收益减少,那会不会阻碍制造这种设备呢?假如能以某种方法保证经改进的生产方法不因生产方法的进一步改进而过快地陈旧,那从整体上说会不会鼓励人们引入经改进的生产方法呢?对于这个问题的直接回答,无疑是肯定的。然而,另一方面,还应考虑这一事实,即人们提出的策略往往是,虽然有较好的生产方法,但仍使用较差的生产方法。这两种影响结合在一起,总的说来是会带来益处还是害处,是个似乎难以明确回答的问题。但这一软弱无力的结论并不是最后的结论。到目前为止,我们的论证一直假定,发明先进方法的速度与实际采用先进方法的速度互不相关;正是在这一假设的基础之上,我们对不同策略所作的比较未能得出明确的结论。然而实际上,如果以前发现的最佳生产方法正在被人们使用,其实际作用正在被人们观察到,而不是为了现有设备而将其搁置起来,则更加有可能随时进行改进。因此,搁置策略不仅会间接地推迟采用已发明的先进方法,而且还会推迟发明新的先进方法。这几乎肯定会改变力量均衡。所以,适合于竞争性产业的策略,一般说来要比相反的策略具有更大的社会效益。实业家在考虑引进先进生产方法时,若顾及这种积极行动可能给其他实业家带来的损失，那是不利于社会的。一些城市推迟建立电力照明公司，以等待其煤气公司的设备磨损完，这种例子是不值得仿效的，也不能用社会和私人净产品的差异来为其进行成功的辩护。有切身利益的市议会可能采取阻挠行动，阻碍有益于社会的进步，我国已认识到这种危险，颁布了法律，授权中央政府可以推翻地方政府对申请建立私人电力企业作出的否决。1910 年，商务部就阿德鲁森公司在萨尔科特地区的电力照明许可证问题发表了一份报告，从其中摘录的下面一段话，可以说明商务部遵循的政策："商务部一向认为，以与煤气公司相竞争为反对理由，即便煤气公司属于地方政府，这也不是充足的理由证明他们拒绝颁发电力照明许可证有道理，因而商务部决定阿德鲁森公司不需要取得同意"。[①]

第 12 节

至此我们只考虑了由于存在着无从补偿的服务和损害而导致的私人和社会净产品的背离，暗中假定人们的一般喜好保持不变。这与第 2 章第 5 节对社会净产品所下的定义相一致。不过，正如我们在那里所指出的，对于某些目的而言，需要采用较为宽泛的定义。这样做时，我们发现会出现另一因素使社会和私人净产品发生背离，这一因素虽然对国民所得的实际内容不重要，却对经济福利很重要，它的表现形式是，**消费者从消费并非受到直接影响的东西中获得的满足**会受到无从补偿的影响。因为，一些人现在能够消费新商品这一事实，会在其他人那里产生心理反应，直接改变他

① 参见努普，《城市商业原理与方法》，第 35 页。

们从消费旧商品中得的满足量。可以想象，这种反应可能导致他们得自这种商品的满足增加，因为可能正由于某种东西已被替代而或多或少显得古色古香，他们才喜欢使用这种东西。但一般说来，所产生的是另一方向的反应。原因是，在某种程度上，人们喜欢最优质的东西，仅仅因为这种东西品质最优；于是，一旦创造出新的最优品，其品质超过旧的最优品，旧的最优品中的价值因素就会被摧毁。因此，如果制造出了一种改进型的汽车，则热衷于赶时髦的人就会从旧汽车那里几乎得不到任何满足，尽管在制造出新汽车之前，拥有一辆汽车曾使他感到那么强烈的快乐。在这种情况下，用于生产改进型汽车的资源的社会净边际产品要少于私人净边际产品。[①] 在城市中采用电力照明，在某种很轻微的程度上，对煤气也会产生这种心理反应；这种可能性可以辅助上一节所述的荒谬的辩护理由，提供一真实可信的理由，来为一些市政当局推迟引入电力的政策辩护。不过，这种有效的辩护理由几乎肯定是不充分的。实际用于支持市政当局不允许与其煤气公司竞争的理由，是上一节所叙述的那些。一般说来，它们与心理反应无关，因而像与运河有利害关系的人用来反对批准修建早期铁路的理由一

---

① 应该指出，正文中的论点甚至适用于这样一种情况，即以前消费的产品完全被新的竞争产品所取代，因为实际上已没有人从旧产品那里得到递减的满足；因为除非人们对旧产品的欲望已被我们所说的心理反应所减少，否则旧产品不会被完全取代。而且，以上论证表明，发明实际上**可能**减少总经济福利；因为发明会使劳动从其他形式的生产性服务中撤出来，以制造某种物品的新品种来取代旧品种，而假如没有发明，旧品种会继续使用，所产生的经济福利会和新品种一样多。广义地说，新武器的发明也是这样，只要所有国家都了解这种发明，因为如果敌国也掌握经过改进的武器，掌握这种武器就不会给一个国家带来优势。

样，是完全荒谬的。

第13节

显而易见，我们到目前为止所讨论的私人和社会净产品之间的那种背离，不能像租赁法引起的背离那样，通过修改签约双方之间的契约关系来缓和，因为这种背离产生于向签约者以外的人提供的服务或给他们造成的损害。然而，如果国家愿意，它可以通过"特别鼓励"或"特别限制"某一领域的投资，来消除该领域内这种背离。这种鼓励或限制可以采取的最明显形式，当然是给予奖励金和征税。很容易举出一般的实例，来说明这种积极的或消极的干预政策。

就生产和销售酒类的企业而言，任何一单位投资的私人净产品，要远远大于社会净产品。因而，几乎所有国家都对这些企业征收特别的税。马歇尔赞同以同样方式对待在人口密集地区用于兴建房屋的资源。他向皇家劳工委员会作证时建议，"任何人在人口已非常稠密的地区兴建房屋，都必须为修建免费游乐场捐钱"。[①] 可以一般地运用这一原则。英国运用这一原则（虽说运用得很不全面，只是局部地运用），向汽车使用者课征汽油税和汽车牌照税，将得到的收入用于维修公路。[②] 国民保险法案也巧妙地运用了这

① 皇家劳工委员会，第8665号提案。

② 这项原则之所以运用得不全面，是因为公路局管理的、得自这些税的收入，"不应该用于一般的公路维护，而应该全部用于进行新的、特定的公路改进"（韦布，《皇家公路》，第250页）。这样，从总体上说，驾车者便不是在为自己给普通公路造成的损害付钱，而是由于付了钱而可以得到对自己而不是对普通公众有用的更多服务。

一原则。该法案规定，当任何一地区的患病率特别高时，如果可以证明此高患病率是由雇主、地方政府或自来水公司任何一方的疏忽或不慎引起的，则由此而发生的超额支出将由他们负担。一些论者认为，可以用差别税的形式将这一原则运用于得自对外投资的收入。但由于第10节所描述的不利因素只是某些对外投资有，其他对外投资则没有，所以上述做法并不能令人感到满意。而且，对外投资已处于很不利的地位，一是由于对国外情况两眼一抹黑，二是由于在国外赚取的收入常常除了要缴纳英国的所得税外，还要缴纳外国的所得税。

任何一单位投资的私人净产品，在像农业这样的产业中都低得出奇，而这些产业间接地有助于培养出适合于军事训练的公民。部分由于这一原因，德国给予农业间接的保护性奖励金。一种更为极端的奖励金，是由政府提供所需的全部资金，此种奖励金给予城市规划、警务、清除贫民窟等服务。在某些行业中，普及先进生产方法的工作，也可以获得这种奖励金，在这些行业中，由于可能的受益者蒙昧无知，开展这项工作很难收费。例如，加拿大政府已建立了一项制度，“根据这项制度，任何一个农民，甚至无需付邮费，就可以询问与其业务有关的事情；[①]内政部在一段时间内有时也提供耕作方面的实际指导”。[②] 许多国家的政府在提供劳动信息方面，也采用了相同的原则，免费提供职业介绍所的服务。在联合王国，各种农业协会都是自发建立起来的组织，用所收的会费提

① 马弗，《有关加拿大西北部的报告》，第36页。

② 同上，第78页。

供类似的奖励金。用霍勒斯·普伦基特爵士的话来说，其宗旨中很重要的一部分是，“免费帮助那些在恬静的田园中生活的人，获得更广泛的观察机会，更多地了解工商业事务”。[①] 1909 年的发展法案也遵循了相同的方针，规定要向农业科学方面的科研、教育和实验提供赠款。

应该附带说明，有的时候，当受影响的个人之间关系高度复杂时，政府会发现，除了给予奖励金外，还要运用某些官方控制手段。例如，人们逐渐认识到，政府应坚持的一条原则是，在每个城镇，某一行政管理机构应有权限制在某一地区允许修建的房屋数量，限制房屋所能达到的高度（因为，即使房间不是很多，兴建营房式住宅也会造成过度拥挤），并一般地控制个人的建筑活动。[②] 期望投机商各自为政的建筑活动会产生一个规划良好的城市，就像期望一个独立不倚的艺术家在画布上不连贯地作画会产生一幅完美图画那样徒劳。根本不能依赖“看不见的手”来把对各个部分的分别处理组合在一起，产生出良好的整体安排。所以，必须有一个权力较大的管理机构，由它干预和处理有关环境美化、空气和阳光这样的共同问题，就像处理煤气、自来水等共同问题那样。因此，战前不久，仿照德国长期以来的做法，通过了伯恩斯先生提出的极为重要的城市规划法案。该法案第一次提出，应根据整个城市的结构

① C.韦布，《工业合作》，第 149 页。

② 道森先生认为，这种过度拥挤在德国城镇中很普遍。他写道：“由于严格执行有关的规定，街道过于宽阔，这大大增加了建房成本，为了收回成本并赚取尽可能多的利润，建筑商开始竖向而不是横向扩展所建的房屋”（《德国的城市生活与政府》，第 163～164页）。因此，德国的市政当局现在常常控制建筑物的高度，规定了所允许的高度，从市中心向市郊逐渐递减。

而不是单个建筑的结构来控制建筑活动，并把这种控制权明确地授予了那些愿意接受此种权力的市政会。该法案第二部分的开头这样说："对于任何正在开发的或可能用于建房的土地，均可依据本法案这部分的各项规定，制定一项城市规划方案，总的目的是确保该土地及相邻土地的规划和使用符合适当的卫生、舒适和便利条件"。该方案可以像德国的习惯做法那样，在实际建房许多年之前就制定出来，从而事先设计好未来发展的路线。而且，如果愿意的话，还可以扩大此方案的范围，把已经建有房屋的土地也包括在内，规定"如果为实施此方案认为有必要，可以拆除或改变该土地上的任何建筑"。最后，如果地方政府疏忽懈怠，不主动制定城市规划方案，可以授权中央政府的有关部门命令它们采取行动。不过，有理由认为，一旦人们完全了解和熟悉了城市规划，在爱乡之心和各地方之间相互竞争的作用下，就愈来愈不需要从上面施加压力了。

第14节

到目前为止，我们讨论的是在纯粹竞争的条件下，社会和私人净产品之间可能发生的背离。在垄断竞争[①]（即若干大卖主之间的竞争，每个大卖主的产量都占总产量的很大比例）的条件下，会出现一种新的投资方式。这些卖主会竞相做广告，其惟一的目的是把对某种商品的需求从某一供给来源转移至另一供给来源。[②]

---

① 参见本编第15章。

② 在纯粹竞争的条件下，无需做这种广告，因为根据假定，小卖主想卖多少，市场就会按市价吸收多少。实际上，垄断竞争包含所有形式的不完全竞争。

诚然,就质量划一的且很容易检验的商品如食盐、木材、谷物等而言,几乎没有机会这么做;但是,如果质量很容易检验,特别是如果商品可以少量出售,可以很容易地为顾客进行特殊的包装,便有很多机会做广告。[①] 当然,严格说来,并非所有的广告都是竞争性的。相反,有些广告可以达到社会目的,告诉人们存在着一些适合他们喜好的物品。甚至有人说,"做广告是分类销售的必然结果",是从中间人所做的复杂工作中分离出来的一部分,中间人以前既销售商品,又展示商品。[②] 没有广告,很多有用的物品例如新机器,或有用的服务例如人寿保险,或许不会引起真正需要它们的潜在购买者的注意。而且,有些广告可以使消费者产生一些全新的欲望,满足这些欲望可以确确实实地增加社会福利;与此同时,人们普遍有了这些欲望后,便可以大规模地从而廉价地生产满足这些欲望的商品。[③] 人们由此而可能赞同希腊政府为大批无核小葡萄干的生产者(无需提及一个一个生产者的姓名)设计的独特的广告制度,[④]当然,人们越来越喜爱无核小葡萄干,很可能在某种程度就不喜爱其他东西了。不过,对于我们的目的来说,没有必要估计出严格的竞争性广告在全部广告中所占的比例——据估计,总广告费,英国每年为 8 千万英镑,全世界每年为 6 亿英镑。[⑤] 很显

---

① 参见詹克斯和克拉克,《托拉斯问题》,第 26～27 页。

② 参见肖,《经济学季刊》,1912 年,第 743 页。

③ 参见有关"建设性"和"战斗性"广告的讨论,见马歇尔的《工业与贸易》,第 304～307页。

④ 参见古多尔,《广告术》,第 49 页。

⑤ 同上,第 2 页。

然，现代世界中的很大一部分广告严格说来是竞争性的。[①] 不仅一些较为明显的广告是竞争性的，例如画展、报纸短讯、旅行推销员等等，[②]而且一些较为隐蔽的广告也是竞争性的，例如在商店橱窗中大量展示珠宝，允许赊欠（记账和催要不好收回的欠款都是要花钱的），在对销售者来说不方便的、花费高昂的时间开门营业（这也要多花钱），等等。很显然，在某种程度上，这种投资由于可以为投资者保留或获得“显要地位”，就像国家军备支出一样，会带来大量的私人净产品。一条表示由连续的投资增量所产生的私人净产品的曲线，会在很长的距离内显示出正值。这条曲线与表示连续的投资增量所产生的社会净产品的对应曲线具有什么关系？

首先，各竞争对手竞相花钱做广告，最终可能导致他们结盟。如果发生这种情况，则垄断竞争状态诱导的支出便会导致纯粹垄断。似乎无法一般地确定纯粹垄断和垄断竞争对产量产生的相对影响。因此，无法一般地说出，表示连续投资增量的社会净产品的曲线是否会在其任何一部分线段上显示出正值。

其次，相互竞争的垄断者所支付的广告费用可能会相互抵消，致使整个行业的状况就像谁也没有支付广告费用那样。因为很显然，如果两个竞争对手的每一方作出相同的努力来从另一方吸引

① 应该指出，这种广告的目的，实际上是把顾客从竞争对手那里拉到自己这边来，采用的手法可能非常恶劣，以致无法被现代国家的法律所容忍。例如在某些欧洲国家，谎称在展览会上拿了奖，欺骗性地宣称特价销售破产企业的存货，直接诋毁竞争对手的人格或产品，把自己的产品冒充成著名公司的产品，等等，均为犯法行为，该受处罚（参见戴维斯，《托拉斯法与不公平竞争》，第 10 章）。

② 当然，投入这些东西的资源是用生产这种短讯所实际使用的资本和劳动来衡量的，而不是用有关的报纸为它们索取的垄断费（如果收取这种费用的话）来衡量的。

公众的好感,那结果就像哪一方也没有作出努力那样。这一点在巴特沃思先生 1908 年向商务部铁路公会提交的备忘录中有非常明确的说明。他指出,在竞争制度下,敌对公司的高级职员将大部分时间和精力用于“谋划如何为自己的线路争取运载量,而不是研究如何把节约措施与工作效率最好地结合在一起。目前,铁路公司高薪职员的许多时间和精力都放在了商业界丝毫不感兴趣的工作上,对于他们所服务的股东的利益而言,这种工作之所以有必要,只是由于各公司之间存在着激烈的竞争”。[①] 在这种情况下,表示连续投资增量的社会净产品的曲线,将整个显示为负值。

第三,广告支出可能仅仅导致在市场上某一厂商制造的商品取代另一厂商制造的相同数量的同样商品。如果我们假设 A 和 B 进行的生产服从供给价格不变的法则且每一单位产量包含相等的成本,则很显然,对于整个社会而言,公众向这两个生产者中的哪一个购买商品,是无关紧要的事。换言之,这两个生产者中的每一个在建立压力另一方的商誉上所使用的全部资源,其社会净产品等于零。如果把一些订单从 B 转移至 A,可减少生产商品的总成本,那么 A 用于从 B 那里争抢订单的一些单位资源,就会产生正的社会净产品,而 B 用于从 A 那里争抢订单的所有单位资源,则会产生负的社会净产品。如果我们假设,效率较高的厂商 A 和效率较低的厂商 B 在此种敌对行动中使用大致相等的资源,以致它们的努力相互抵消,就好像哪一方也没有作出努力那样,那么很

① (敕令书,4677),第 27 页。

显然，从总体上看，这种努力的任何一复合单位的社会净产品还是等于零。不过，有点儿理由认为，生产效率低的厂商往往要比生产效率高的厂商更喜欢做广告。因为，显而易见，它们有更大的动机做表面文章，例如进行特殊的包装，从而使人们无法对它们和其他生产厂商以某一价格提供的商品的实质进行比较。这表明，表示连续投资增量的社会净产品的曲线，有可能全部显示出负值。

以上各节的讨论表明，一般说来，投放于竞争性广告的第 r 个资源增量所产生的社会净产品，根本不可能与私人净产品一样大。竞争者若彼此特别保证不做广告，则可以减少由此造成的浪费，律师、医生和伦敦证券交易所会员之间就是这么做的。如果不这么做，国家可以通过对竞争性广告(假如可以把竞争性广告与非竞争性广告区别开来的话)课税和禁止做竞争性广告，来对付这种弊害。若消除了垄断性竞争，则可以根除此弊害。

第15节

我们现在转而讨论双边垄断的情况，在双边垄断之下，各个买主和卖主之间的关系不会被周围的市场限定死。存在这种意义上的双边垄断，意味着理论上的不确定性，因而可以运用各种活动和资源，来改变交换比率，以有利于垄断者中的某一方。这种不确定性的性质按照垄断者是固化单位还是代表性单位而有所不同。所谓固化单位是指单个的个人、合股公司等，所谓代表性单位是指工会、雇主联合会等，其官员可以为确立工资率而谈判，但即使确立了工资率，其会员仍可按照自己的意志继续工作或放弃工作。对于某些目的来说，这种区分很重要，不应被忽视。[①] 但它与我们目前的研究没有直接的关系。因为，无论这种不确定性具有什么性质，都可以看得很清楚，用于操纵交换比率的活动和资源，会产生正的私人净产品；但它们却不能——即便是最早的那一部分也不能——产生正的社会净产品，而且在某些情况下，它们会产生负的社会净产品。[②] 这里所说的活动主要是指（因为抢劫中运动的体力并不能用在交换中）议价这种脑力活动，是指以下两种欺诈中的一种。一种是有关待售物品的自然性质的欺诈，一种是正确地描述了待售物品的自然性质后，有关该物品的合理未来收益的欺诈。

第 16 节

关于议价本身没有什么需要说明的。显而易见，用于该目的的智慧和资源，不管是这一方还是另一方使用的，也不管成功与否，对于整个社会来说不会产生净产品。在卡弗教授看来，实业家的很大一部分精力就用于这种活动，他们的很大一部分收入也产生于这种活动。[③] 这些活动是白费的。它们对私人净产品有贡献，而对社会净产品无贡献。但这一结论并未穷尽此题目。人们

---

① 就固化单位而言，结清轨迹（即可议价的范围）在契约曲线之上，就代表性单位而言，则在两条交互需求（或供给）曲线的某些部分之上。关于这一点和相关各点的专门讨论，参见拙著“双边垄断下的均衡”（载《经济学杂志》，1908 年 1 月，第 205 页及以下各页）；并参见拙著《劳资和睦的原理与方法》，附录 A。

② 应该明白，这里所说的净产品指的是国民所得的净产品。当然，不可否认，如果穷人在议价中战胜富人，则会有正的经济满足净产品，如果富人在议价中战胜穷人，则会相应地有负的经济满足净产品。

③ 参见《美国经济协会会刊》，1909 年，第 51 页。

常指出，只要客户，不论是顾客还是工人，能被榨取，雇主就往往把精力用在榨取上，而不是用在改进工厂的组织管理上。当他们这么做时，甚至最初用于议价的资源所产生的社会净产品也不仅可能是零，而且可能是负数。发生这种情况时，带来收入的税，虽然有可能对情况有所改进，但却无法给予完全的补救。要给予完全的补救，就得绝对禁止议价。但绝对禁止议价几乎是行不通的，除非由某一国家机构把价格和销售条件强加在私人企业头上。[①]

第 17 节

就待售物品的自然性质进行欺诈时，采用的手法有缺斤短两、掺假、以次充好和做虚假广告。在合作时代之前，“工业城市的穷街陋巷到处都是小店铺，出售各种劣质商品，使用的量具都未经过检验”。[②] 在较小的程度上，这些做法现在依然盛行。销售“生产资料”时，则很少采用这些做法，因为此时买主常是大企业，如铁路公司，它们拥有组织严密的检验部门。但是，向穷人和无知的买者出售“消费品”（特别是像秘方药那样有点神秘的消费品）时，甚至向不那么有经验的买者例如农民出售生产资料时，却仍然会受到某种诱惑采用欺诈做法。对卖者来说，“提供似乎有用而不是真正有用的商品，总是有利可图的，假如这两者之间的差异能逃过人们的注意的话”。[③] 关于待售物品的合理未来收益，玩弄欺诈手法的

① 许多国家有关私人职业介绍所的立法与此有关。关于这种立法的描述，参见贝克尔和伯恩哈特，《职业介绍所管理史》。、

② 阿夫斯，《合作》，第 16 页。

③ 西奇威克，《政治经济学原理》，第 416 页。

主要是出售债券和股票的不讲道德的金融家。他们采用的方法有操纵红利的支付、套购、故意发布虚假信息,[①]以及(此做法是否公正很难确定)隐瞒有关的信息。[②] 很显然,在一定程度上,这两种欺诈活动的每一种,都会带来正的私人净产品,而不是正的社会净产品。而且,它们常导致购买活动增加,从而导致被玩弄欺诈手法的物品的产量增加。因而,它们会转移一部分资源用于生产这种物品,致使这部分资源不能用于产生正常边际收益的投资。所以,考虑到间接后果时,甚至最早用于欺诈的那部分资源所产生的社会净产品,一般也不是零,而是负数。当然,如果生产由欺诈产生的东西无需使用资源,例如由骗人的户籍登记处制造的假象,则社会净产品不会降到零以下,因为额外生产那些虚幻的东西无需从其他地方撤出资源。不过,一般说来,用于欺诈活动的任何一部分资源所产生的社会净产品,都是负的。因此,与议价一样,带来收

---

① 关于其中一些方法的可怕描述,参阅劳森所著《疯狂的金融》一书;1884 年颁布的著名的德国法律包括有一些保护方法,关于这些方法的分析,参阅舒斯特,"根据德国法律创办公司和评估公司资产",载《经济学杂志》,1900 年,第 1 页及以下各页。应该指出,若作出规定,禁止以"联合发价"的方式对大量证券发盘和递价,便很难使用"套购"手法。因为,有了这一规定,进行套购的卖者或卖者就很可能不得不违心地与并非自己所信任的人做交易(参见布雷斯,《有组织的投机买卖的价值》,第 241 页)。

② 有意思的是,虽然法律和舆论常常谴责隐瞒有关信息的卖者,但人们一般却称赞这样做的买者做了一笔上算的交易。例如,若在穷乡僻壤以极低的价格购得一件名贵的橡木家具,一些人会认为这是值得赞扬的;罗思柴尔德抢先知道滑铁卢战役已打响而购进公债,由此而发家,谁也不认为,他在道义上有责任先公布这一信息,然后再购进公债。之所以有这种差别,原因很可能是,人们认为一件物品的拥有者有充足的机会了解其真实价值,若他不了解,那他由于自己的疏忽大意,活该上当受骗。一家公司的董事,如果根据其在董事会上了解的信息(普通股东是无法得到这种信息的)购进该公司的股票,则会受到普遍的谴责。

入的税，虽然有可能对情况有所改进，但却无法给予完全的补救，所以必须绝对禁止欺诈活动。我国已作出各种尝试，努力禁止欺诈活动，一方面颁布了有关缺斤短两和食物掺假的各项法律，另一方面颁布了旨在控制和管理公司创建活动的各项法律（这种法律要产生效力，就必须不仅应受损一方的请求能够执行，而且应公诉人的请求也能够执行）[①]。在其他领域，可以用更加直接的方法对付这种弊害，例如建立购买者协会，在这种协会中，卖者和买者的利益是一致的。[②]

① 参见范·海斯，《集中与管制》，第 76～78 页。

② 参见本编第 19 章。

第10章　私人和社会净边际产品与产业形态的关系

第1节

在上一章，我们研究了用于不同行业或产业的资源所产生的社会净边际产品与私人净边际产品之间的差异。现在有必要对用于各行业或产业内部各种形态的经济组织的资源作一番类似的考察。马歇尔在很久以前曾说过，“一般说来，替代规律（该规律只不过是适者生存法则的特殊的、有限的应用）往往使一种产业组织方法取代另一种方法，只要前一种方法能以较低的价格提供直接的即期服务。两种方法所能提供的间接的最终服务，一般而言是无足轻重的”。[①] 但这种间接服务构成了投入任何形态经济组织的一单位资源所产生的社会净产品和私人净产品之间的差额。我们当前的任务就是区分出这种间接服务起重要作用的一些领域。

第2节

一国的一般经济组织，除了履行其作为一种生产工具的职能外，还提供一种非常重要的服务，就是或多或少地充当训练经营能力的基地。为了能有效地做到这一点，企业单位的大小必须分为

① 《经济学原理》，第597页。

若干等级,使具有良好天赋的人们能在小而简单的企业中学习经营管理方法,经过实际锻炼随着能力的提高,逐步提升,担任越来越高、越来越重要的职务。这一点可以这样来加以说明。当农业或工业阶梯的每一级很陡时,一个人便很难找到自己的适当位置,因为人只有经过充分的实际锻炼才能适应某一阶段的人生,但却由于某一偶然因素处于另一阶段的人生。例如,举一个假设的例子,如果农业或工业完全由很大的单位构成,只有一两个大企业家,另外有一些纯粹的劳动者辅助他们,那么工人阶级中天生的管理和领导才能,就没有机会得到运用或发挥。许多具有天赋才能的人,也就不得不仅仅做观看者而不能成为实干家。但是,正如杰文斯谆谆告诫我们的,锻炼人的是实干,而不是观看。他写道,"仔仔细细地研究几个标本,要比看几千遍玻璃盒子中的标本能学到更多的东西。因而,整个大英博物馆所能教给一个年轻人的,并不比他实地收集几块化石或几块矿石,拿回家仔细研究和思考所能学到的东西多"。[①] 马歇尔在 1885 年对合作社协会发表的演说中,更为形象地说明了这一点:"驾驶一条渔船,要比观看一艘三桅船,是更好的航海训练,后一艘船只是桅杆的顶端显露在地平线之上"。[②] 因此,若没有适当的阶梯,工人阶级中天生的许许多多经营才能似乎必然会白白浪费掉。然而,如果工业或农业是由许多大小不同的单位所组成,则一个工人只要具有高于本阶级正常水平的智力,就会没有多大困难地成为小企业家,就会随着能力的提

① 《社会改革方法》,第 61 页。

② 《经济学原理》,第 17 页。

高,沿着为他提供的阶梯逐渐向上攀登。

第3节

这一思路告诉我们,在按照现代工业国家的一般模式建立的社会中,由工人结合在一起组成的小型合伙工场构成了一种产业形态,对该产业形态的投资所产生的社会净边际产品,可能会大大超过私人净边际产品。因为,几乎可以肯定,体力劳动阶级中蕴藏有巨大的管理才能,而这种工场恰好为提升这种才能提供了第一层阶梯。可以说,这种工场为发挥这种才能提供了第一所学校,不仅可以为社会生产出物质产品,还可以培养出经过良好训练的、能力很强的人,依靠他们的努力工作,国民所得将不断增加。农业中的情况也是这样。农舍附近的菜园和小块田地可以为别处的工人提供经常性的就业,大块土地可以为别处的工人提供临时性工作,在小块租地上佃农可以全身心地投入耕作,凡此种种结合在一起,便构成了一个完整的阶梯,劳动者由此可以逐步提高其地位,上升为独立的农场主。这一阶梯除了产生粮食这一直接产品外,还会产生人的才能这一产品。然而,此项社会净产品并未被那些管制农用租地大小的人获得,也不包含在投入这些租地的资源所产生的私人净边际产品中。因而也就有明显的理由借助国家行动或私人慈善机构,来“人为地鼓励”工人协会和各个等级的小块园地和小块租地。在英国,是通过扶持零售合作社而给予工人协会以人为鼓励,在法国和意大利,则是通过方便工人从事政府工作来给予人为鼓励。在我国,发展小块园地和小块租地的运动,也得到了政府的帮助。

第4节

从另一面看，这一思路表明，致力于将产业广泛"托拉斯化"的活动所产生的社会净边际产品，也会小于私人净边际产品。因为，大联合体(这不适用于其成员在生产方面仍保持独立的卡特尔)减少了训练企业家职能的机会，往往会阻碍经营能力达到尽可能高的水平。"少数人超群经营才能的发展似乎有赖于许许多多人广泛的经营实践。"一旦大部分产业被几个百万元级的联合体控制，把不同阶段的管理能力连接起来的阶梯就会严重受损。虽然在大公司中有机会获得部门经理的职位，但这并没有多大补救作用；因为，同管理一家企业相比，管理一个部门所需的独立自主的首创精神肯定是有限的，除此之外，各个部门的大小也不会像私人企业那样千差万别，或达到很小的规模。在1908年向皇家经济学会发表的演说中，马歇尔提醒大家注意小企业的教育功能，用当时牛奶业的组织情况说明了其论点。他指出，由于国家经营各个产业(当然，大商业联合体经营各个产业也是如此)会拆除这种教育阶梯，因而仅仅证明**当前**国家经营比私人经营更经济，并不足以证明从整体上说国家经营更经济。[①] 这等于说，社会净边际产品小于私人净边际产品。就目前的论证而言，实际的推论是显而易见的。虽然在大战的特别紧急时期，当眼前的产量是绝对重要的，即使将

① 我们会注意到，在像印度这样的国家，当市场的狭小和其他因素阻碍大规模产业的发展时，产业阶梯的最上端就被砍掉了，也就很难为训练高级经营才能提供地方，所遇到的困难同正文中讨论的困难相类似(参见莫里森，《印度一个邦的工业组织》，第186页)。

来受损，也得获取眼前的产量时，国家或许有理由进行干预，强行建立本来不会出现的各种联合体，但是在正常的和平时期，国家在给予鼓励前则应三思而行，在一些情况下，或许应该阻止无论是国营的还是私营的大企业过度发展。不过，以上论述显然没有穷尽与这个问题有关的所有应该考虑的事情。第 14 章和第 21 章将对此问题作进一步的讨论。

第 5 节

同以上论点相同的一般性观点，也适用于标准化生产方法与实践的某些发展。① 人们早就知道，采用有限的几种标准形式，可以大大节约成本和增加产量。而且，这种节约并不局限于首先实行标准化的产业；因为，如果一个产业达成一致意见，将其产品标准化，则为该产业制造机器和工具的另一些产业也能将其产品标准化。我国的机械业标准委员会做了大量工作，为螺钉、螺母、某些发动机零件和其他各种零件制定了标准规格，这些规格已在我国的整个机械业被普遍采用。在本次大战中，军事装备和军火不得不采用统一标准。这次大战的经验比以前更清楚地表明，产品的标准化，部分由于因此而可以雇用技术水平较低的工人，在有利的情况下，能为直接的节约创造多么巨大的空间。迫切需要以最低的成本立即获得最大的产量，甚至导致了在政府机构的主持下，对诸如船舶和靴子这样的东西实行标准化。事情的实质是，将某

① 在《工业与贸易》一书的第 2 卷第 2 章和第 3 章中，马歇尔先是区分了单个生产者**特有的**标准和某一产业的大部分生产者**普遍**遵循的标准，然后讨论了标准化方面的最新动态，令人很感兴趣。

一整个产业的某些产品标准化，能使制造这些产品的厂商和为这些厂商制造工具的另一些厂商，进一步专业化，从而立即导致这些产品的产量大幅增加。如果我们愿意，可以把这种增加的产量称为标准化生产方法的私人净产品。然而，如果注意力完全集中于这一面，有时会过于夸大此种生产方法的有利之处。因为，标准化几乎不可避免地会阻碍人们开发新式样、新生产方法和新创意。固然可以规定必须定期修改标准规格，但这并不能给予充分的补救，因为标准化的真正危险，与其说是在新产品的优越性被人们所认识到后，阻碍人们采用新产品，还不如说是它会大大减少制造商发明和试验新产品的动力。因为，在普通产业中，一个人能从一项改进中获得利润，主要是在这项改进被普遍采用以前他领先于竞争者的那个时期。在严格的标准化制度下，谁都无法领先于他人，谁都无法采用新的样式，除非整个行业都这么做。简言之，整个行业必须一起前进；这意味着，其某一组成部分根本没有什么前进的动力。在其他条件不变的情况下，致力于将生产方法标准化的努力所产生的社会净边际产品，要小于私人净边际产品，因为这种努力会间接阻碍发明和改进，从而会降低未来的生产力。很显然，这种差距并非对于所有商品而言都一样大。譬如，很难相信，为螺钉和螺母这样的东西确定标准尺寸和标准样式，会阻碍人们对它们进行重要的改进。这些简单的东西几乎没有或根本没有改进的余地。但对于复杂的制造品来说，情况却迥然不同。甚至在本次大战期间，当大产量具有压倒一切的重要性时，将飞机的生产标准化也是极为愚蠢的，因为发明新飞机和改进飞机性能的机会非常巨大。就许多其他制成品而言，也无法让人确信，它们已经定型。所以，总是存在这样的危险，即标准化会极大地扩大现有商品的生产，但却以不再能获得更好的商品为代价。国家在为了立即而直接地刺激产量而采取行动鼓励标准时，必须仔细考虑这种危险。

第6节

此处所作的分析，也适用于被称做“科学管理”的那种工作组织方法。这种方法的一般特征是大家所熟知的。先由训练有素的专家精细周密地研究所要进行的各种操作，把这些操作分解成各个要素，然后在此基础上，仔细观察一些优秀工人的实际操作方法，把这两者结合起来，构想出一种优于通行方法的理想方法。这一做法所能带来的改进，可以用吉尔布雷思先生对砌砖问题所作的调查研究结果来说明。他“研究了灰泥桶和砖堆的最佳高度，然后设计了一个脚手架，上面有一个台子，把所有材料都放在台子上，从而使砖、灰泥、工人和墙处于合适的相对位置上。随着墙的升高，脚手架由一个专职人员加以调整，由此砌砖工人就不用为每一块砖和每一抹刀灰泥费劲儿地弯下腰，再直起腰了。砌砖工人每砌一块砖(约重5磅)，都要将他那比如说重150磅的身体弯下两英尺，然后再直起身来，想一想所有这些年来浪费了多少气力啊！每个砌砖工人每天要这样做大约一千次”。[①] 对于说明科学管理想要达到的一般目的而言，这仅仅是一个例子而已。科学管理的中心思想是，把设计工作方法的任务交给训练有素的专家去做，然后向工人详细说明他们应该做什么，甚至包括他们在连续的

① 泰勒，《科学管理原理》，第78页。

操作和动作之间什么时候应该暂停和休息。“每个工人的活儿至少在前一天便由管理部门完全设计出来，而且每人在大多数情况下都会得到全面的书面指示，详尽描述他要完成的活儿和干活儿时应采用的方法。这样预先设计活儿构成了一项任务，这项任务如前所述，不是单独由工人来完成的，而是在几乎所有情况下由工人和管理部门共同努力完成的。该任务详细说明工人要干什么活儿，如何干这项活儿以及干这项活儿所需的确切时间。”[①]教工人干活儿和确保他们正确理解和执行所下的指示，这项工作交给一个被称作“职能性监工”的新的管理人员阶层去完成。这些管理人员与会计一起工作，可立即看出某个工人的产量所用的成本，在多大程度上超出了预先确定的成本，于是便可以把注意力集中在显然有望加以改进的那一点上，并作出指示。[②] 由此可以看得很清楚，这种产业组织方法可能会立即节约大量成本，而且其中所包含的对工人的细心指导**在某种程度上**必然会带来许多永久性好处。显得有些矛盾的是，“虽然在体育界，有教练来教拳击手如何保持身体平衡和运用手臂，有职业板球手不断努力来提高击球手和投球手的效率，而且需要有教练对划船队员进行集体和单独指导，教他们如何和在什么时候移动身体和双手，但在产业界，教操作工如何谋生的价值，却至今几乎未被人们认识到”。[③] 但确确实实有这样的危险，即这门新发现的科学被运用得太过分。从长期的观点

---

① 泰勒，《科学管理原理》，第 39 页。

② 参见埃默森，《效率》，第 7 章。迪克西先生对这种方法和训练士兵的各种方法作了一番比较，颇有启发性(《经营方法与战争》，第 2 讲)。

③ 参见迈尔斯，《心智与工作》，第 192 页。

看，如果被运用得太过分，**可能**会适得其反。首先，不应认为，做一件事情，可以不考虑做这件事情的人的心理和身体素质，只有一种最佳方法。可能有若干种最好的方法，其中某种方法在某个人那里更能发挥出最佳效果，另一种方法更适合于另一个人。其次，将各个工人的操作简化为呆板枯燥的动作，会使管理部门获取标准方法的源泉（即不同工人的**各种各样**方法的最佳部分的结合）枯竭。工人改进生产方法的建议，也会越来越少。毫无疑问，雇用科学专家专门试验新的生产方法，会在某种程度上弥补这种损失。但是，这毕竟在一般的工厂管理制度下就可以做到，所以不能看作是泰勒制度特有的优点，可以抵消其特有的缺陷。也不是仅仅在具体建议和手段上，泰勒制度会间接地造成损害。我们有严重的理由担心，工人完全服从"职能性监工"的精细管理，会损害他们的一般主动性和独立活动，就像过于僵化和机械的军事制度的压制会损害士兵的**一般**主动性那样。去除发挥主动性的机会，便会摧毁发挥主动性的能力，由此便会不知不觉地降低劳动力的素质。一旦发生这种情况，用于发展和应用科学管理的资源所产生的社会净边际产品，就会少于私人净边际产品。除非国家或慈善机构进行干预，否则就有这样一种危险，即从总体上看，这种产业组织方法会比国民所得的利益——且不用说更为普遍的社会利益——所要求的，推进得更远，应用得更广泛。

第11章　递增与递减的供给价格

第1节

第9章第3节把注意力集中在了该章所研究的私人和社会净产品之间的两种背离之外的另一种背离。在某一行业中，当投放一单位资源所产生的一部分影响，最先不是发生在投放该单位资源的人身上，而是最先发生在该行业的其他人身上时，就会出现这种背离。为简化对这种背离的研究，我设想存在一种原型产业，在该产业中，投资的私人净边际产品的价值和社会净边际产品的价值**两者**彼此相等，**且**处于代表一般产业的平均水平。① 就某一实际产业而言，在纯粹竞争条件下（在此条件下，每一卖者都可以按通行的市价尽可能多地生产，而无需为了使价格上涨限制产量），投资和产量必须进行到投资的私人净边际产品的价值与上述平均值一致的那一点。因此，该产业中投资的社会净边际产品的价值，只有在偏离私人净边际产品的价值时，才会偏离这一平均值。本章只讨论纯粹竞争条件下的情况。

第2节

让我们设想身处这样一个国家，在这个国家，每年产生的资源

---

①　无需假设任何产业实际达到了这一平均值；毋宁把这一平均值看做是某一供给价格不变的产业在纯粹竞争条件下会达到的水平。

流量必须定期配置于各个行业之间。假设当一定数量的资源投入某一行业时，这些资源所采取的具体形式(例如它们被配置给了许多厂商，或配置给了少数几个厂商，等等)，对于该数量的新资源而言(从与我们研究的问题相关的时期的观点看)，是所能采用的最经济的形式；而且，当稍大数量的资源投入该行业时，所采取的具体形式，对于该数量的资源而言(从相同的观点看)，也是所能采用的最经济的形式。作了这一假设，便可以清楚地看出，如果使正常流入某一行业的**某种**资源增加一个单位，[①]这个单位将产生与该流量中每一其他单位相同的净产品。从这个意义上说，所有的单位是可以互换的。但是，额外单位的出现还是会改变其他单位的产量，以致总产量的增加额要么大于，要么小于所投入的资源数量的变化。如果其他单位也归该额外单位的投资者所有，因而对其他单位的产量造成的影响首先发生在他身上，那么，该影响就不仅触及该额外单位的社会净产品，而且还触及其私人净产品。但是，如果其他单位归该额外单位的投资者以外的人所有，则对这些单位的产量造成的影响就触及该额外单位的社会净产品，而不触及其私人净产品。因此，在该产业中，这两种净边际产品及其价值是不同的。因为此时竞争条件下的投资会进行到这样一点，在这一点，投放于此处的资源所产生的私人净边际产品的价值等于平均值，所以，该产业的社会净产品必然偏离平均值；因而国民所得不

① 鉴于第9章第2节给投资增量下的定义，我们在说资源的单位增加时，一定要加上“流入某一行业的”这个修饰语。

会达到最大。[1]

第3节

现在必须使上述说法与报酬递增、不变和递减(或者如某些人宁愿说的,成本递减、不变和递增)这一大家熟知的经济学概念相联系。作为讨论的准备,先得有一套合用的术语。上面的用语,用在这里,[2]是要描述商品的产量与生产该产量所引起的用货币表示的费用之间的某些关系。报酬递减和递增意味着,随着商品产量的增加,每单位货币费用的商品收益递减和递增。成本递增和递减意味着,随着产量的增加,每单位商品的货币费用递增和递减。因而,可以说,这两套术语是彼此互为关联的。但它们都有可

---

① 在一产业中,如果对其产品的需求弹性等于1,则当第 r 个投资增量的社会净产品为已知时,无论此投资增量的社会净产品是等于还是大于私人净产品,用于生产的资源数量显然都是相同的。所以,就所投入的资源的那一边际单位而言,当社会净产品超过私人净产品时,在竞争条件下,存在该超过额的结果是,消费者可以无偿得到该超过额;就所投入的资源的其他单位而言,当(已知的)社会净产品超过私人净产品时,其结果是,消费者可以无偿得到全部超过额。但是,在需求弹性不等于1的产业中,若各种投资数量的(已知的)社会净产品超过私人净产品,则会导致投资数量发生变化。这意味着,当边际投资单位的社会净产品超过私人净产品时,对消费者的物质资产所产生的影响,并不仅仅限于该超过额的数量。同样,实际使用的投资单位的所有超过额的总和对消费者的物质资产所产生的影响,也不仅仅限于这些超过额的总和。因此,对消费者的(用货币表示的)满足产生的影响,不能像在需求弹性等于1时那样,用他们为实际获得的那一数量的产品所付的总需求价格,超过为假如(已知的)社会净产品始终等于私人净产品而可能获得的那一数量的产品所付的总需求价格的数额来衡量。除非需求弹性等于1,否则以上因素就使我们不能说,社会净边际产品超过私人净边际产品的数额,等于在竞争条件下,由于存在这种超过额而使消费者所能获得的超过额。由于这一原因,我在本书正文中修改了第三版相应段落中的措辞。

② 关于另一种用途,参见后面第4编第3章。

指摘之处。从表面看，我们不清楚，每单位货币费用的报酬，或每单位报酬的货币费用，是平均报酬或费用，还是边际报酬或费用；于是，当某些产量的报酬递减（或成本递增），而另一些产量的报酬递增（或成本递减）时，某些产量的边际报酬似乎必然递增（或边际费用递减），而平均报酬则递减（或平均费用递增），反之亦然。所以，我认为，最好放弃上述两套用语，而将各产业按其是否符合**供给价格递增、不变或递减**这些条件来加以区分。我将在附录Ⅲ中证明，在竞争性产业中，任何产量的供给价格，都等于该产业中我所谓的均衡厂商的边际费用和平均费用；这个概念可免除含混不清。附录Ⅲ中的讨论无需在这里重复。对于那些对精细的分析不感兴趣的读者，只需说，我的供给价格递增、不变和递减规律，在实际运用上，相当于一般所谓的报酬递减、不变和递增规律，或成本递增、不变和递减规律。[①] 当然，与我们的讨论有关的是长期的或"正常的"供给价格，而不是任何形式的短期供给价格。

第 4 节

这些规律所表示的供给价格变化与产量变化之间的关系，并不一定是历史上这些变化之间确实存在的关系，而是**在其他条件不变的情况下**可能存在的关系。在实际生活中，随着知识的普遍

① 坎南教授反对把"规律"这个词用在上述报酬递减和递增上，理由是，在一些产业中是报酬递减，在另一些产业中则是报酬递增，而科学规律却是在所有情况下都站得住脚的陈述，而不是只在一些情况下站得住脚的陈述（《财富》，第 70 页）。对此可以回答说，实际上只是最为普遍的物理定律是这样。譬如，生物学家谈论门德尔的遗传定律时，一般并不含有所有遗传都服从这一定律的意思。但无论如何，这也确实是个问题。

进步，人们不断引入新的生产方法，不断发明新的技术装置。其中一些变化是由这样一些因素引起的，这些因素即使在**产量保持不变的情况下**也会起作用。另一些变化则是由产量变化引起的，而产量变化是由需求变化引起的。当然，实际上常常无法确定某项例如说炼钢方法方面的发明是不是由产量的变化引起的。然而，从逻辑上说，这种区别是一清二楚的。就当前的目的而言，凡并非由产量的变化引起的变化，均将被排除在考虑之外。因此，一个产业可能许许多多年以来供给价格在不断下降，但可能并不是在这里所理解的供给价格递减①的条件下运行的。同样，在例如一个国家的煤层被逐渐开采完的时候，一个产业可能显示出不断上升的供给价格，但却不是在供给价格递增的条件下运行。② 把并非由产量的变化引起的技术变化或其他发明搁在一边，当产量的增加或许可以和供给价格的递增、不变或递减联系在一起时，便可以说一个产业与供给价格递增、不变或递减相一致。

第 5 节

接下来要关注对当前的目的来说极为重要的一个区分。当我们不加限定地谈论供给价格递增、不变或递减时，我们是**从生产某种商品的产业的视角**，着眼于该商品产量的变化与每单位供给价格的变化之间的关系。这些变化并不总是，也不一定与**从社会立场**观察的该商品的每单位供给价格相同。让我们来看这样一个产

① 在几何学上，成本的不断下降，可以用整条供给曲线的下移来表示。

② 在这种情况下，煤层在任何时候被开采的程度，当然是过去保持的生产规模的结果；但这并无损于我所作的区分。

业,它只向其他产业购进生产要素。随着商品产量的增加,均衡厂商为每单位产量支付的货币费用会增加,因为它必须按与以前相同的价格为每单位产量购买更大量的这种或那种生产要素,此时,这两种变化是一致的。但是,当为每单位产量支付的费用的增加,是因为均衡厂商必须为所使用的生产要素支付较高的货币价格时,它所作的额外支付就会被生产要素的所有者得到的相等的反向额外支付所抵消。从整个社会的角度看,为每单位产量支付的费用就没有增加。同样,当一个产业中的均衡厂商为每单位产量支付的费用的减少,是因为它为所使用的生产要素支付的价格较低时,从整个社会的角度看,也没有节省为每单位产量支付的费用。附录Ⅲ较为详尽地考察了这个问题。于是我们说,当一个产业从其自身的观点看遵从供给价格递增、不变或递减规律时,也就是说,当不考虑上面区分出的转移因素,产量的增加引致的供给价格的变化分别为正数、零或负数时,该产业便绝对遵从这个规律。我们说,当这些变化经修正而消除了转移因素后为正数、零或负数时,该产业从社会的观点看是遵从供给价格递增、不变或递减规律的。①

① 这个概念虽然从数学上说很简单,但翻译成普通语言时则需要加以认真对待。一个产业是不是绝对遵从供给价格递减、不变或递增的条件,取决于从该产业的观点看,(由产量的增加引致的)供给价格的上涨率是不是负数、零或正数;该产业从社会的观点看是不是遵从供给价格递减、不变或递增的条件,取决于从社会的观点看,供给价格的上涨率是不是负数、零或正数。从该产业的观点看,供给价格的上涨率是微分,其积分是供给价格。从社会的观点看,供给价格的上涨率也是微分,但与其相对应的积分却没有实际意义。**立足于产业观点的供给价格变化率,并不是立足于社会观点的供给价格变化率**。没有立足于社会观点的独立的供给价格,只有一种立足于所有观点的供给价格。

第 6 节

从社会的观点看,供给价格递减的条件,不仅从形式上说而且从实质上说,都有可能出现。因为,当一个产业的规模扩大时,这种变化常常导致该产业各厂商的内部结构和生产方法发生变化,导致使用各种生产要素的比例发生变化,从而降低每单位产量的生产成本,即使所使用的所有生产要素的单价保持不变。因此,许多学者注意到了这样一个事实,即当一个产业的规模较小时,该产业的各厂商便都生产若干种不同类型的商品。它们都或多或少地是全能性的厂商。市场不够广大,不够稳定,无法进行精细的专业化分工。然而,随着总需求的增加,各厂商专门从事特定的工作就越来越划算。例如,西德尼·查普曼爵士注意到,在英国,较大规模的棉纺业不仅导致了纺纱工序和织布工序间的专业化分工,而且还导致了纺细纱的厂商和纺粗纱的厂商之间的进一步专业化分工。与此相对照,“德国的典型工厂从事的工作范围,要远远大于英国的典型工厂。因而很自然地,德国操作工人的技术水平较低”。[①] 某一产业的整个规模的扩大,可以提高其各个厂商的专业化分工水平,从而大大降低成本。从纯理论上说,成本的降低不会伴随有典型厂商规模的变化,甚至会伴随有典型厂商规模的缩小。实际上却会伴随有典型厂商规模的某种扩大。因而马歇尔写道:“某种商品总产量的增加,一般会增大(这种)代表性厂商的规模,

① 《工作与工资》,第 1 卷,第 166 页。

从而增加其内部节约程度”。[1] 然而，这是次要的。重要的是，某一产业生产规模的扩大，不管是否改变其均衡厂商的大小，都常常改变——一般是降低——此种厂商的平均（边际）成本。于是不难看出，从社会的观点看，供给价格递减的规律不仅从理论上说是可能的，而且实际上可能会被许多制造产业所遵循。

第 7 节

然而，**从社会的观点看**，供给价格递增的情况则有所不同。与前面一样，我们来看这样一个产业，它为自己使用而购进生产要素，不购买任何其他东西。在最糟的情况下，均衡厂商也能维持其原有的产量，除非某一其他产量可以降低单位产量的成本。因此，从社会的观点看，供给价格递增的规律要起作用，就得满足这样的条件，即整个产业的产量一增加，便会使均衡厂商的平均费用（正如附录Ⅲ所说明的，这种平均费用等于该产业的供给价格）增加，即使均衡厂商继续生产和以前完全一样的产量，为自己使用的生产要素支付和以前完全一样的价格。毫无疑问，**可能**会出现这种不经济（即仅仅由于存在着新厂商，便会给旧厂商的效率造成损害）。但从表面上看，不大可能出现这种不经济；更不可能大量出现这种不经济，以至于压倒上一节所描述的那些有助于供给价格递减的因素。所以，一般说来，我们可以断言，若一个产业只购进生产要素，那么从社会的观点看，亦即当表示供给价格变化的方式可以消除转移因素时，该产业就不会遵从供给价格递增的规律。

---

① 《经济学原理》，第 318 页。

第 8 节

当一个产业除购买最终生产要素外，还购买原料、机器等时，事情就不那么简单了。这些东西的价格变化（如果发生变化的话）不一定只表示转移支出。譬如，当棉纺业规模的扩大使纺织机械能够更多地借助于专业化分工和标准化来生产，从而能更便宜地生产出来时，情况就是这样。棉纺业的规模扩大时由上述原因导致的纺织机械价格下降，不仅从该产业的观点看，而且从社会的观点看，都与该产业的供给价格规律有关。然而，因为出售给一个产业的东西，除生产要素外，肯定是另一产业的产品，所以从上一节的讨论可知，某一产业的产量的增加（从而对原料和机械的需求的增加），不会使它所购买的东西的价格上涨，除非引起生产这些东西的生产要素的价格上涨。因此，在这种复杂的情况下，同在较为简单的情况下一样，从社会的观点看，也可以排除供给价格递增的条件。从整个世界的观点看，则可以绝对排除这种条件。然而，从向别国购买原料的特定国家的观点看，却有可能存在这种条件。因为，如果进口原料的价格由于某一产业的规模扩大而上涨，这只能是因为向生产进口原料的生产要素的所有者作了转移，但这些所有者属于其他国家，因而就一个国家而言，这种转移无法被抵消。

第 9 节

我们现在回到第 2 节的论证上去。人们会注意到，在那个论证中，没有提及起作用的各种生产要素的价格。物质资源的数量被直接与产量联系在了一起，因而那一节的讨论是全面而完整的。于是，如果某一产业的产量的(微小)变化未引起生产要素的价格发生化，则所使用的各种生产要素的数量的变化，用该产业为自己使用而购买这些生产要素所花费的货币数量的变化来衡量就是合适的。在这种情况下，第2节的论证可以转变为以下相反的形式。均衡厂商的私人净边际产品，等于均衡厂商单位成本的平均净产品，因而是该产品的供给价格的倒数；另一方面，社会净边际产品是该产业此种产品的边际供给价格的倒数，亦即产量的微小增量致使该产业的总货币支出发生的变化的倒数。因此，说某一产业中投资的私人净边际产品大于(或小于)社会净边际产品，也就等于说该产业的供给价格小于(或大于)边际供给价格。这一事实，连同附录Ⅲ第16和17节的论证意味着，在由许多厂商构成的产业中，任何数量的投资所产生的私人净边际产品的价值，究竟是大于、等于还是小于社会净边际产品的价值，取决于从该产业的观点看(在我们所假设的条件下，这与从社会的观点看是一回事)，该产业究竟是符合供给价格递增的条件，不变的条件还是递减的条件。在竞争性产业中，当产量的变化引起所使用的一些生产要素的价格发生变化，以致从这两种观点看，供给价格的变化率不一致时，则扩展上述论证便可以看出，投资的私人净边际产品的价值，究竟是大于、等于还是小于社会净边际产品的价值，取决于从社会的而不是该产业的观点看，该产业究竟是符合供给价格递增的条件，不变的条件还是递减的条件。①

① 参见附录Ⅲ第17节。

第 10 节

在上述最后一种情况下，尚待探究的是，如果我们只知道一个产业绝对(即从该产业的观点看)遵从供给价格递增、不变或递减规律中的某个规律，那么，我们对社会净边际产品的价值和私人净边际产品的价值之间的关系，究竟能作些什么说明。根据前面的分析，可以得出以下结论：首先，显而易见，任何一种商品产量的增加，不大可能使为了获得与产量增加前所使用的相同数量的各种生产要素而要花费的总货币价格下跌。[①] 所以，当供给价格绝对递减的条件占上风时，供给价格从社会观点看递减的条件**一般说来**也必然占上风，因而在竞争条件下，该产业中投资的私人净边际产品，一般会少于社会净边际产品。然而，当供给价格绝对递增的条件占上风时，供给价格从社会观点看递增的条件却不一定也占上风，实际上，除了在第 8 节所描述的那种特殊条件下外，不可能发生这种情况。因此，供给价格绝对递增的规律并不意味着，在竞争条件下，该产业中投资的私人净边际产品会超过社会净边际产品；相反，前者会少于后者。因而，虽然除了极少数例外，纯粹竞争在供给价格(绝对)递减的产业中总是导致投资过少，但在供给价

---

① 应该明白，并非完全不可能发生这种情况。譬如，如果某一产业只使用两种生产要素的总供应量的很小一部分，而使用第三种生产要素的几乎全部供应量，如果产量的增加使该产业采用了新的生产方法，而这导致了对第三种生产要素的绝对需要量减少，那么，前两种生产要素的价格实际上会保持不变，而第三种生产要素的价格则会大幅下降。结果，购买 a 单位的第一种生产要素加 b 单位的第二种生产要素加 c 单位的第三种生产所花的钱，可能要比以前少。然而，显而易见，这些条件组合在一起的机会很小。

格(绝对)递增的产业中却并不总是导致投资过多,甚或一般说来不会导致投资过多;相反,在许多那样的产业中,会导致投资过少。例如,英国的农业虽说显然符合供给价格(绝对)递增的条件,但却很可能是一个供给价格从社会观点看递减的产业,因而总是处于投资不足的危险境地。

第 11 节

如果在任何一个产业中,投资恰好进行到这样一点,在这一点,社会净边际产品的价值等于社会净边际产品的平均值,那么就该产业而言,国民所得会最大。暂且不考虑可能会有多个最大值位置,为方便起见,我建议把由此而在该产业中进行的投资称做理想投资,把由此获得的产量称做理想产量。在纯粹竞争条件下,如果在任何一个产业中,投资的社会净边际产品的价值大于私人净边际产品的价值,那就意味着,所获得的产量少于理想产量;如果社会净边际产品的价值小于私人净边际产品的价值,则意味着,所获得的产量多于理想产量。因此,在纯粹竞争条件下,对于社会净边际产品的价值大于私人净边际产品的价值的每个产业而言,都会有某些奖励金比率,国家按这些比率给予奖励金可改变产量,使该产业的社会净边际产品的价值更加接近于一般资源的社会净边际产品的价值,从而——如果仅仅通过转移而不给生产造成任何间接损害,就能筹措到支付奖励金所需的资金的话——增加国民所得的数量和经济福利的总量;而且会有某种奖励金比率,按这种比率给予奖励金在这方面会产生**最佳**效果。同样,对于社会净边际产品的价值小于私人净边际产品的价值的每个产业而言,都会有某些征税比率，国家按这些比率征税会增加国民所得的数量并增加经济福利；而且会有某种征税比率，该比率会在这方面产生**最佳**效果。这些结论连同前几节的论述，产生了这样一个推定，即国家应该给予供给价格绝对递减的产业以奖励金，国家应该对供给价格从社会观点看递增的产业征税。当然，它们并**没有**产生这样一个推定，即可以对随意选定的产业按随意选定的奖励金比率或税率进行财政干预。诚然，在特定时间按特定数量服用特定药物可以治病；但是，瞎吃药却对健康非常有害。

第 12 节

还应说明另外一点。我们在前面曾强调，在某些产业中，投入的资源数量是错误的，因为在这些产业中，社会净边际产品的价值不同于私人净边际产品的价值，此时我们暗中假定，在大多数产业中，这两种价值是相等的，因而通过在某一产业和大多数产业之间转移资源，尚有增加国民所得的机会。如果在所有产业中，社会净边际产品的价值和私人净边际产品的价值，完全以相同的程度发生差异，那么就总是可以得到最佳的资源配置，就没有理由对它们进行财政干预。不过，我们认为，从总体上增加对产业的关注有助于提高经济福利水平，以此便可以为普遍补贴各产业的制度辩护，此种制度所需的资金应该用某种一次性总缴税来筹集。而且，即使只关注各产业之间的资源配置，以上所述也不意味着，仅仅由于在所有产业中，供给价格从社会观点看在某种程度上普遍递减，就可以排除进行财政干预的可能性。(至少从理论上说)仍然可以通过把资源从供给价格递减规律仅仅起微弱作用的产业转移给该规律起很大作用的产业，来增加国民所得。

第 13 节

为了论述的完整起见(尽管此问题超出了我们的正式研究范围)，我们应附带谈谈与第 9 章第 12 节讨论过的反应相类似的一种反应。投入一个产业的资源增量，会改变生产成本，由此而给购买者带来一种并不反映在投资者利润中的产品，除此之外，这种资源增量还会改变购买者得自给定购买数量的满足量，由此而带来另一种类似的产品。这种间接产品既可以是正的，也可以是负的。对于一些商品，人们之所以有欲望，部分是因为想拥有其他人拥有的东西，在这种情况下，创造出第 1,000 个单位给总满足增添的满足，要大于该单位本身带有的满足，因为该单位使每一单位这种商品变得更加普遍。高顶礼帽就是这方面的例子。对于另一些商品，人们之所以有欲求，是因为想拥有其他人没有的东西，在这种情况下，创造出第 1,000 个单位给总满足增添的满足，要小于该单位本身带有的满足，因为该单位使每一单位这种商品变得更加普通。钻石就是这方面的例子。[①] 对于一些产业的产品，人们之所以有欲求，是为了他们自己，而不是要借此显示自己与众不同，在这种情况下，创造出第 1,000 个单位给总满足增添的满足，恰好等

---

① 应该附带补充一句，当普通性或稀少性是一个人对一件东西所作评价中的一个因素时，常常不单单是一般的普通性或稀少性，在许多情况下，既是一些人当中的普通性，又是另一些人当中的稀少性。正如麦克道格尔在谈到赶时髦的人时写道："每个受害者不仅被他所模仿的那些人的声望所驱使，而且还被一心要与尚未迎合时尚的大众划界线的欲望所驱使"(《社会心理学》，第 336 页)。不过，我们在这里不能探究问题的这个方面。

于该单位本身带有的满足。根据以上分析，可以很容易地得到类似于第 11 节陈述的那些推论。有些产品若变得不那么普通，人们对它们的欲求便会增加，对于生产这些产品的产业而言，必然存在着某些税率，按这些税率对其征税，会增加经济福利；另一些产品若变得更加普通，人们对它们的欲求也会增加，对于生产这些产品的产业而言，必然存在着某些奖励金比率，按照这些比率给予奖励金，会产生类似的效果。但是，有理由认为，民众消费的大部分日常商品之被欲求，几乎完全是为了他们自己，而不是要借此显示自己与众不同。所以，即使在一个非常贤明和仁慈的政府统治之下，上述财政手段的适用范围，也很可能比乍看起来的要小。

第 14 节

这些结论，像马上就要论证的与垄断有关的结论一样，是纯理论中的结论。一些人反对扩充和扩展这些结论，因为无法把它们应用于实践。他们认为，虽然我们可以说，给予属于某一种类的产业以奖励金，对属于另一种类的产业征税，会增加国民所得的数量和经济福利的总量，但是，我们却说不出，实际生活中的各种产业究竟属于哪一种类。换言之，他们认为，经济学中贴有供给价格（无论是绝对还是从社会观点看）递增、不变和递减等标签的盒子，都是空盒子，除了当玩具玩，一无用处。然而，这一结论似乎并无充分的根据。即便我们永远无法填充这些盒子，研究它们所付出的劳动也不会白费。譬如，我们借此可以看出，当人们说征税或实施垄断政策会产生某种结果时，隐含地假设了哪些条件。我们由此而能辨明和揭露诡辩式的教条主义观点。与其被产生于轻信的模糊观点所包围，处于迷雾之中，还不如明白究竟需要掌握哪些事实才能回答问题，即使无法掌握这些事实。但这并不是事情的全部。尽管肯定很难把各产业归入我们的分析区分出的各个种类，我们却还不必断言这是不可能的。虽然所能得到的资料数量不断增加，质量不断改进，统计技术本身却无法使我们做到这一点；因为统计资料仅仅涉及过去。聪明能干的实业家若对各自产业的情况有真实而详尽的了解，应该能够向经济学家提供原始材料，供他们作出有充分根据的粗略判断。只身无助的经济学家无法填充空盒子，因为他们缺少必要的实际知识；而只身无助的实业家也无法填充空盒子，因为他们不知道这些盒子在哪里，是什么样子。然而，如果双方合作，则有理由期待最终会取得某种程度的成功。至少这种努力值得尝试。若对目前缺少稻草感到不耐烦，就把制砖机扔掉，这未免有些草率。最好是四处奔走呼号，说迫切需要稻草，叫学生们生产出来。①

① 参见克拉彭博士的文章“经济学的空盒子”，载1922年9月号《经济学杂志》，以及我在该杂志12月号上作的答复。

第12章　国家对竞争价格的管制

第1节

乍一看,以上讨论似乎证明,除了纠正私人和社会净产品之间的背离外,国家旨在改变自由竞争的任何干预,都必然有损于国民所得;因为听凭这种竞争自由发挥作用,(从用货币衡量的经济满足的角度看)会不断把资源从生产率较低的地方转移到生产率较高的地方,从而总是使社会资源从较为不利的配置变为较为有利的配置。我们现在要把这种一般的推测与价格管制政策相对照来加以讨论,英国政府和大多数其他国家的政府在这次欧洲大战期间就广泛采取了这种政策。我打算先一般性地说明一下这种政策,然后探究实行这种政策所获得的经验到底会在多大程度上改变上一章得出的那些结论。

第2节

概括地说,情况如下。这场战争由于以下两个原因使某些物品严重缺乏。一方面,就军火、军服等等而言,政府的新的大量需求远远超过正常的供给。另一方面,就各种普通民用物品而言,可供使用的船舶吨位的减少以及征调劳力参军和生产军火,使供给大大低于正常水平。由以上这个或那个原因引起的匮乏,使一些人能索要比平时高得多的价格,这些人碰巧存有短缺的商品,或有能力迅速生产出这些商品。当匮乏由政府需求的增加引起时，由于这些人所做的生意规模和以前一样大，或比以前还大，他们所能索要的高价肯定给他们带来了异常高的利润。当匮乏由供给的减少（抽调劳力或给生产造成的阻碍都会减少供给）引起时，得自高价的利润**可能**被销售额的减少造成的损失所抵消了，因而并未获得异常高的利润。然而，就大多数物品而言，需求都很大，以致供给比如缺少 10%，会使购买者出的价格的上升幅度远远大于 10%。对于这类物品的出售者而言，匮乏即便是由供给的缩减引起的，常常也会带来异常高的利润。当然，这种异常高的利润有一部分是名不副实的，因为，如果价格全都上涨一倍，则货币利润增加一倍只能使人获得和以前一样数量的物品。不过，货币利润的增加幅度，常常远远大于普通物价的上涨幅度。一旦出现这种情况，某些特别幸运的人就会直接由于战争而大大获利。这自然使人感到愤懑，政府便出面干预。

第 3 节

这种干预可以采取以下两种方法中的一种。一方面，可以先允许幸运的销售者索要市场所能承受的价格，从而获得异常高的利润，然后再课征很高的超额利润税，把大部分这种利润收归财政部所有。另一方面，可以由政府限制他们索要的价格，使他们得不到异常高的利润。且不考虑技术和管理问题，无论选择哪种方法都对幸运的销售者毫无影响。但却对碰巧需要他出售的特定商品或服务的人们有影响。因为，虽然在最高限价的方法之下，他们不会受到损害，但在超额利润的方法之下，征收的特别税却会落在他们身上，而使一般纳税人受益。由此可见，当纳税人自己通过政府就是购买者时，或者当公众作为购买者与作为纳税人大致成比例时，究竟选择这两种方法中的哪一种没有多大关系。但是，就食品等日常必需品而言，当与富人相比，穷人作为一种短缺物品的购买者所起的作用远远大于作为纳税人起的作用时，选择哪种方法关系就很大了。因为，如果国家采用征收超额利润的方法而不采用最高限价的方法，它就免除了富人很多税，而迂回和半隐蔽地把税加在了穷人头上。不论人们认为让较贫穷的人对战争费用作出较大贡献是否可取，这种方法显然都是人们绝不会容忍的。因此，在很大范围内，征收超额利润的方法实际上不能成为防止幸运的销售者发战争财的**主要**手段。国家势所必然地要采用最高限价的方法。

第 4 节

实际采用这种方法时，遇到了许多困难，下面将依次加以说明。第一个困难是难以划分质量等级。同一名称常常包含大量各种不同质量的物品，很难用任何正规表格将它们列清。出现这种情况时，便无法用一般的规定对价格实施管制，就得借助于个别评估这种烦琐的方法。例如，1918 年 3 月颁布的生可可指令规定，生可可必须按“公平价格”出售，这种公平价格由食品审计官授权的一个人来确定，各批可可的等级也由这个人确定。1917 年底，也采用了类似的方法来控制市场上出售的活牛羊的价格。但很显然，这种方法由于要花费大量劳力，不能大规模采用。因而，一般说来，必须对其加以改进，必须以某种方式对等级进行一般的分类，尽管由此会给某些人以可乘之机。

解决了划分质量等级的问题后，由于等级常常过多，便产生了第二个困难。任何政府机构，至少在其成立之初，都很可能不愿意承担直接给各个质量等级定价的工作。当只有几个等级时，借助于专家的意见，这项工作比较容易做；但有许许多多等级时，一般认为最好不要制定最高限价表，而是发布一项一般的指令，规定未来可以收取的价格与过去已经收取的价格之间的关系。该方法的一个例子，是1916年8月发布的军火部指令，根据这项指令，未经军火部大臣批准，机床销售者今后不得收取高于1915年7月的价格。

当一种商品的分级已无问题，但该商品是在不同条件下在许多地方生产出来，以致单一的最高限价不能公平地对待不同的生产者时，肯定会遇到与前面类似的困难。在这里，由于无法出各种情况所需的最高限价表，也会迫使管理机构不规定未来价格本身，而是规定未来价格与过去价格之间的关系。例如，1917年5月发布了一项指令，规定进口的软木材不得以高于1917年1月31日前的那个星期在各地通行的价格出售。该指令后来针对从斯堪的纳维亚进口的软木材作了修改，但这与我们无关。

到目前为止，我一直隐含地假定，针对某一等级的某种商品的最高限价是单一价格。然而，对于一些商品来说，并没有一种统一价格适合于它们全年的生产和销售情况，于是就需要规定一系列的最高限价。显而易见，正确地规定一系列的最高限价，要比规定单一的最高限价更加困难。因此，在这里，管理机构也不得不采取规定未来价格与过去价格之间关系的方法。例如，1917年7月发布的一项指令规定，每加仑牛奶的批发价格，今后在任何地区最多只能超过一年前相同月份价格 6 便士半，每夸脱的价格最多只能超过一年前相同月份价格 2 便士。1915 年的煤炭价格(限制)法案也采用了这种方法，该法案规定，任何煤矿公司收取的价格，最多只能超过 1913～1914 年相同日期相同销售量价格 4 先令(后来提高到 6 先令 6 便士)。

很显然，所有这些间接而迂回的控制方法，都给人留下了可乘之机，可能很不好执行。因而，随着对各产业的情况掌握和了解得越来越多，管理机构试着向前迈进，采用更为精确的最高限价方法。渐渐地，这变成了主要方法。大多数较为重要的食品的出厂价和批发价，开始直接由最高限价表规定，军火部控制的大部分商品的价格也是这样。人们发现，对于大多数物品而言，制定一个最高限价表就够了。但有时也为不同地区规定了不同的出厂价。例如，就干草而言，为苏格兰规定了一个价格，为英格兰规定了另一个价格。有时还制定出一系列的最高限价表，在一年内的不同时期使用。就马铃薯而言，1917 年 2 月的指令规定了一个适用于 3 月 31 日以前的价格，并规定了另一个适用于该日期以后的价格；就豆类而言，1917 年 5 月的指令规定了三个递减的价格，分别适用于 6 月、7 月和以后的月份。同样，就联合王国收获的小麦、燕麦和大麦而言，食品审计官于 1917 年 8 月规定了一系列价格，从 1917 年 11 月至 1918 年 6 月每两个月逐步提高一次。稍后的一项指令规定了牛奶的最高限价，对一年中的不同时期作了同样的区分。很显然，如果能令人满意地制定出合适的价格，直接规定最高限价，可能要比采用迂回的方法更为有效。

到目前为止，我们只考虑了组织结构极为简单的产业，生产者可以不通过任何中间机构，就把制成品出售给最终的消费者。然而，在大多数产业中，从原料或服务到消费者手中的制成品，中间包含若干阶段。这一事实产生了另外一些问题。在对某种制成品的需求不变的情况下，若为生产和销售该制成品的过程中使用的任何一种原料或服务规定人为的价格，这种成品的价格不一定会相应降低，但在这种原料或服务的提供者和制成品之间却另有一些人，他们能在自己索取的价格之上加上从受管制的销售者索取的价格上削减的那一部分。例如，假若国家采取行动，降低了煤炭在矿井的价格，但未采取任何其他措施，那么惟一的效果可能是，煤贩子可以更便宜地买到煤，而保持原来的售价不变。同样，假若国家压低了牛的价格，但未采取任何其他措施，则零售价格可能保持不变，而屠夫和肉商会获暴利。亦同样，假若政府采取行动，人为压低进口原料的运费，则各产业中使用进口原料的各种人会获得全部利益。而且并非仅仅是**可能**发生这种情况。一般说来，总是发生这种情况，除非被授予此种强取权力的人，出于爱国动机或担心引起公愤，主动决定放弃自己的利益。为防止出现这种情况，不仅应在生产的早期阶段规定最高限价，还应在生产的后期阶段控制生产者或经营者通过加价而可能赚取的利润。实施这种控制的一种方法是，限制销售者加价的**百分比**。例如，1917年发布的命令规定，从俄国进口的木材不得以高于购买价10%以上的价格出售；1917年9月，为熏鱼生产者和批发商及其他销售者（零售商除外）之间的价格制定了一个鱼类最高限价表，不允许后者加价10%以上。限制对象更为经常地不是加价**百分比**，而是加价**数额**。例如,按照 1917 年 8 月发布的乳酪价格指令,英国制造的各种乳酪的直接批发价由制造商确定,并规定制造商以外的经营者,除实际运费外,每英担一般不得加价 6 先令以上。10 月份进一步规定,零售商在他们实际支付的价格之上每磅不得加价2 便士半以上。同一月份,各种皮革的价格也用相同的办法加以了管制。同样,1917 年 11 月发布的一项指令对马匹和家禽的价格实行了控制,禁止生产者所定价格每吨超过原料价格 1 镑 10 先令;其他销售者可以加价的数额被限定为,销售 6 英担以上时每英担 1 先令,销售 3 至 6 英担时每英担 3 先令。在肉类方面,考虑到零售商往往从销售不同的大块肉中获取不同比例的利润,先是采用了这种方法的一种变体。1917 年 9 月发布的指令规定,任何人销售肉类的零售价格,都不得使其收取的总价格超过他所花实际成本的规定百分比(20%,或每磅 2 便士半,哪个较低,就以哪个为准)。1917 年 8 月,对腊肉和火腿零售商作出了类似的规定。

显然,这种在商品送达消费者的较后阶段控制价格的方法,与试图迂回地控制出厂价的方法一样,具有相同的缺陷,即易于被人们规避。因此,随着对工作越来越熟悉,管理机构便试图发展出一种更加令人满意的方法。这种发展的一个阶段,可以用 1917 年 8 月发布的黄油价格指令来说明。该指令规定,零售商在他们实际所花成本之上的加价幅度不得超过每磅 2 便士半;但还进一步规定,地方食品管理委员会**可以**依据该指令的一般指示(其中包括对制造商、进口商和批发商价格所作的规定),制定一最高零售价格表,然而遵守该表并不能免除零售商每磅不得加价 2 便士半以上的义务。更加高级一点的阶段可以用管制煤炭价格的方法来说明。所规定的一般原则是，零售商在其购买价之上的加价幅度，不得比实际经营煤炭的成本(包括商人自己的薪金以外的办公费用)高出每吨1先令以上。但可以说，这一原则并没有被束之高阁。政府规定，地方当局经磋商和研究之后，应设法实施该原则，制定出适用于本地区的明确的零售价格表。当管理机构亲自为从生产到消费过程中的不止一个环节制定出最高限价表时，便达到了一个更高的阶段。1917年9月发布的马铃薯价格指令就是这方面的例子。该指令为种植者规定了最高限价；禁止批发商在任何一周的销售价格给他们带来刨除总成本(这种成本随各地区的运输条件不同而不同)后高于每吨7先令6便士的收益；并制定了一个详尽的零售价格表，该表把所允许的每磅价格与零售商实际为不同等级的马铃薯支付的每英担价格联系在了一起，后者包括运输价格在内。当管理机构亲自——为生产者、批发商和零售商——制定出全面而明确的价格表时，便达到了最后的阶段。食品部正稳步向这个目标推进。就英国洋葱、大多数种类的鱼、牛羊肉、制作果酱的水果和果酱、豆类以及干草、燕麦和麦秆而言，已肯定做到了这一点。为避免由于对情况了解得不全面，在制定价格表时忽视各地区的特殊情况，有时采取预防措施，授权地方食品委员会经食品审计官批准，可以改变本地区的最高限价。1918年1月发布的限定兔肉最高价格的指令中，就有这种规定。同样，1917年9月发布的一项指令也规定，若食品审计官或地方食品委员会确信，由于某种特殊原因，面粉或面包按官方最高限价零售不能“产生合理的利润”，则对地方食品委员会所辖的整个地区或部分地区便可颁发许可证,允许收取更高的价格。1918 年 1 月发布的限定大部分鱼类最高价格的指令,在零售价格方面,作出了类似的地方性修正,1918 年 3 月发布的牛奶价格指令也是这样。1917 年 9 月发布的马铃薯价格指令,亦授权地方食品委员会,经食品审计官批准可以修改地方零售价格。

到目前为止,我们关注的只是这样一些商品,它们进入消费者手中时的形态,与它们离开生产者之手时完全一样。当我们不得不考虑用于制造精巧的制成品的原料时,则会出现较为复杂的情况。此时,由于原料在不同类型和等级的制成品中发挥各种不同的作用,一般说来无法制定出适用于原料以外的价格表。因此,对于两种重要的物品,靴子和服装,采用了一种巧妙的迂回方法。政府试图引诱或强迫制造商把很大一部分设备用于制造"标准物品",按照以加工成本为依据计算出来的价格出售,希望这些物品在市场上的竞争会压低未实行标准化的类似物品的价格。就靴子而言,规定制造商必须将民用设备的三分之一用于生产"标准靴子"。就服装而言,没有强制某一比例的设备必须用于生产标准商品,但却通过给予原毛配额方面的优待,鼓励制造商这么做。就棉织品而言,虽然原棉的价格受到了人为的控制,但却没有相应地控制成品的价格,理由是,棉织品制造商负担已经很重,要缴纳一种特别税,用于向因为缩减纱锭和织机数目而失业的工人支付救济金。

第 5 节

上面叙述了实施价格管制遇到的困难和采取的应急措施,由此引出了一个在理论上很重要的问题。显而易见，在价格管制的初期，出于实际考虑，不得不从生产者一端而不是零售商一端开始价格管制；因为制定零售价格表时，地方差异要严重得多，需要非常了解这种差异，才能制定出公平的零售价格表。但是，如前所述，随着管理机构对各产业了解的加深和控制的加强，它往往为从生产者到最终销售者的各个环节制定出价格表。因而，最终常常规定出最高零售价。无法肯定的一点是，做完所有这一切之后，是否还真的需要继续早期阶段的管制。最高零售价格难道不会完全反射回去，从而阻止早期阶段"牟取暴利的行为"？有人认为会这样，这种观点指导了食品部的某些管制工作。譬如，管制萝卜价格的指令规定，**任何人**不得以高于每磅1便士半的价格出售萝卜；管制巧克力和糖果价格的指令规定，**任何人**不得分别以高于每盎司3便士和每盎司2便士的价格出售它们。然而，一般认为，最好在早期阶段就制定出价格表，此种价格表不同于最高零售价格表，并根据后者加以调整。在纯粹竞争的世界中，这似乎实际上是没有必要的。假如能正确地规定最高零售价格，则每个人都会依次不由自主地被迫收取给他们带来正常利润率的价格。对零售价格的这种人为限制会完全像公众对商品的需求降低那样起作用，足以抵消供给的不足。然而，在实际生活中，作出这种调整很可能会遇到某种摩擦，一些受到影响的商人，很可能能够对恰好主要依赖于他们的店主或其他人，施加类似于垄断的压力。因此，若已经执行为早期阶段制定的最高限价表，然后抛弃它们，希望随后执行的最高零售价格表会自动达到全部想达到的目的，那很可能是不明智的。

第 6 节

现在我们要考虑这些战时的应急措施带来的一个需要加以分析的大问题。对于当时实施的那种价格管制和国民所得的数量之间的关系，我们**究竟**能说些什么？战争造成的巨大动乱致使现行的资源配置变得不经济，即：那些用于制造某些特别短缺的物品的资源所产生的（无论是社会还是私人）净边际产品的价值异常高。若不进行外部干预，净边际产品异常高的价值，会给投资者带来异常高的收益；这种异常高的收益会把资源从生产率较低的行业吸引到生产率较高、收益异常高的行业。颁布法律降低价格后，任何行业中给定数量资源所产生的净边际产品的价值，也必然降低，因为我们已把这种价值界定为物质净边际产品乘以实售价格。但显而易见，这个定义隐含地假设，实售价格等于需求价格。当这两种价格被人为地分离开时，必须修改我们的定义。资源的净边际产品的价值（为增进国民所得，应使这种价值在各处相等），等于物质净边际产品乘以需求价格。理解了这一点，便会明白，人为降低价格，虽然会降低有关产业的收益，但却不会改变投入该产业的任何数量的资源所产生的净边际产品的实际价值。因此，从国民所得的观点看，转移资源的可取性没有改变，可是促成资源转移的主要影响力却减弱了。用较为普通的话表述这一点就是，从外部限制一种在竞争条件下生产的（亦即并非由垄断者生产的）物品的价格，必然减少人们生产这种物品的动力。通常正是通过高昂的价格和高额利润，来自行消除物品短缺。可以获得额外收益的前景，会把闲置资源引入生产这种短缺物品的产业。断绝这种前景，将阻碍供给的增加，而增加供给是增加国民所得所需的；“自然”价格被削减的幅度越大，阻碍也就越严重。

第 7 节

在这次大战的特殊情况下，限价所产生的这种有害趋向基本上被其他因素抵消了。因为国家本身在许多产业部门接管了在各行业之间配置资源的工作。国家建起了军火工厂，控制了造船业，并承诺给予土地和拖拉机，承诺从军队中抽调劳力，以此鼓励农业生产。因此，虽然价格管制会削弱通常由经济动机所发挥的指导作用，但这种指导工作却被另一更加强有力的机构接管了。毫无疑问，假若任何行业中的价格被人为地压得非常低，以致“代表性”厂商的利润实际降至正常利润水平以下，则不管政府施加多大压力，资本和劳动也会流向他处。当然，在任何行业中，价格都没有被人为地压低至这种程度。相反，人们常常抱怨说，价格太高了，以致不仅给可以公平地视为“代表性”厂商的企业带来了异常高的利润，而且甚至给那些效率低下的弱小厂商也带来了异常高的利润，在正常情况下，它们本来是会亏损和倒闭的。[①] 所以，从整体上说，我们可以断言，就当时的情况而言，由于国家采取了反常行动，而且应该补充一句，由于国家有效地利用了爱国主义，价格管

① 假如经营状况好的和不好的厂商组成某种赢利均分同盟，而且所追求的目标是整个赢利均分同盟获得正常利润，那么把价格定在较低的水平上，或许可以证明是切实可行的。陶西格教授指出，在作出这种安排以前，先要克服非常严重的管理上的困难，先要建立起详尽而复杂的成本核算制度（《经济学季刊》，1919 年 2 月号）。除了这种技术上的反对意见以外，还有另一种较为一般性的反对意见，即各厂商进行有效管理的积极性会严重受挫，因为这不会带来什么报酬。

制在战争这种特殊情况下很可能没有给国民所得的数量造成多大损害。

第 8 节

然而，如果由此而推论说，实施普遍而长期的价格管制政策，以阻止各生产者集团在市场条件允许的时候获取超额利润，是同样无害的，那就大错特错了。人们在作投资选择时，要考虑到利润的起伏，若他们的判断正确，他们的投资带来的边际收益从总体上说在不同行业中就会大致相等。在这种情况下，很显然，当供求状况使某一产业能赚取超额利润时，国家若采取政策，把该产业的价格削减至竞争水平以下，那么相对于供求稳定的产业而言，就是在惩罚这个产业。因为，如果在山区，山峰和山谷的平均高度与高原相同，那么削去山峰的顶端，很自然地就会使山区的平均高度低于高原。国家对生产的操纵，并不能抵消这种区别对待的行动造成的抑制作用。因为在这里与我们有关的，不仅仅是在实施价格管制时闲置资源往往会流向别处，而且还有对一般资源的持续阻碍这一趋势，而如果没有这种阻碍，资源则会用来为受到威胁的产业造出更多的永久性设备。例如，假若我国采取政策，禁止农民在出现世界范围的歉收时收取高价，那便会阻碍对英国农业的投资；因为农民时常盼望出现世界范围的歉收，以便收取高价，抵消半年的低价。因此，一方面，我们的分析并不意味着，在战争的特殊情况下采取的限制价格的政策有损于国民所得，但另一方面，战时的经验却没有提供理由使人怀疑，普遍实施永久性的限制价格的政策，在非垄断性产业会产生这种效果。当然，这个结论受前一章说明的那些因素的限制。它还受制于这样一个限制条件，即：如果最高限价定得很高，不影响全部正常的销售，仅仅保护某个偶尔软弱的购买者不被无耻的商人剥削，那么它们就不会妨碍资源在各种用途之间的配置，从而不会损害国民所得。而且，如果国家在繁荣时期进行干预，防止某一生产者集团赚取超额收益，同时在不景气时期也进行干预，以免他们获得的收益过低，则最终结果虽然肯定会使他们的产量在繁荣时期和不景气时期重新分配，但却不一定会缩减他们的生产总量。

第13章　国家对供给的管制

第1节

不仅仅是在价格方面，这场战争提供了政府干预竞争性产业的例子。政府还广泛地干预了商品在不同产业之间、在同一产业内部的不同厂商之间以及不同的最终消费者之间的自由分配。要克服上一章描述的价格管制带来的困难，就得进行这种干预。因为，当竞争性产业中的价格被人为地压低至它们自然趋向的水平以下时，调节商品在不同购买者之间分配状况的普通市场因素，就不能正常起作用了。价格不受管制时，在任何价格下，每个人可以为每一目的想按这一价格购买多少物品，就购买多少物品，这一过程会耗尽全部供给。但是，当在**竞争性产业**中人为地压低价格时，所有购买者为了所有目的的需求总量，就会大于供给，而且可能远远大于供给。在美国，全年的小麦来自于国内的收获量，限制价格而不同时实行配给制的结果是，每个人在收获年的前半年都试图得到自己想要的全部小麦，而在后半年不得不依赖代用品。[①] 简言之，从时间上说，商品分配得不好。然而，就大多数商品来说，生产和消费是连续的。因此，谁都无法在某个时候获得自己想要的全部商品，商品反而持续短缺。若不采取任何其他措施，分配就会

---

① 参见《美国经济评论》增刊，1919年3月，第244页。

变成一场游戏，胜负取决于偶然因素、权势和长时间排队而不晕倒的能力。没有理由指望，由这些因素决定的分配从任何意义上说是良好的分配。所以，战时采取控制价格的政策时，一般便发现，也得控制分配，为此还得制定出某种标准，以确定不同的购买者所能得到的份额。实际上，并不是仅仅在管制价格的时候，才控制向个人的供给。在一些情况下，即使不管制价格，也控制供给，以防止私人为自己使用而过多地占用政府为进行战争所迫切需要的物品的服务。在这里，管制限制了私人消费总量，而并非仅仅调节了已受限制的私人消费总量的分配。然而，不管控制供给是否与规定最高限价联系在一起，所牵涉到的技术问题都是一样的。

第 2 节

当所涉及的商品是可以用于各种不同用途的某种原料时，显而易见的标准，是这些用途从战争的观点看所具有的相对紧迫性。运用该标准的最简单方法，是从最不紧迫的用途那里，把这种原料的一部分或全部供给削减掉，从而为更加紧迫的用途留下较多的原料。运用此种方法的例子有：

(1)由财政部限制对国外的新投资，并在较小的程度上限制对国内民用产业的新投资。

(2)规定凡费用超过 500 英镑的建筑，或任何含有结构钢的建筑，均须获得特许才能施工。

(3)减少有别于军事用途的各种民用铁路服务。

(4)禁止将汽油用于娱乐。

(5)从修建不那么重要的电车轨道和轻便铁道工地撤出材料

等,用于修建对国家更为重要的其他项目。

(6)管制城镇中和农场中马匹的使用,并普遍控制公路运输。

(7)禁止用纸张印刷海报,并在某些情况下,禁止用纸张印刷商业传单。

(8)木材供应部发布命令,禁止用木箱和板条箱包装各种物品。

(9)禁止用电力为商店门前照明,限制旅馆和餐馆使用人工照明的时间以及剧场的营业时间。

这种方法完全是消极的:通过发布一般性指令,或通过以特批——对最不紧迫的用途不给予特批——为采取行动的条件,来排除最不紧迫的用途。

第 3 节

显然,这种方法的应用范围是有限的。它未考虑到这一事实,即最不紧迫的用途之外的用途,并非都具有同等的紧迫性。因此,如果去掉了最不紧迫的用途后,可以利用的物资或劳力不足以应付剩下来的所有用途,就需要在剩下来的用途之间实行某种优先制。尝试优先制的最简单方法有如下述。物资仍留在私人手中,但建立一种优先凭证制度,在这种制度下,只有在满足了持有较高紧迫性凭证的购买者的需要后,才允许向持有较低紧迫性凭证的购买者出售物资。政府工作享有一级凭证,对国家具有特殊重要意义的活动(例如出口对于获取外汇就很重要)享有二级凭证,其余依此类推。钢铁按此方法分配,修路用的石头和其他修路物资也按实质上与此相同、但不那么复杂的方法分配。当政府为进行战争或为其他特别紧迫的用途所需要的商品，在可以获得的商品中所占的比例很大时，优先凭证制本身就并不总是很保险了。政府获得的商品可能少于所需要的数额。为对付这种风险，政府本身可以通过购买或征用，成为特别急需的商品的拥有者（或租用者）。于是，它可以向为政府干活的厂商，或向从事特别紧迫的工作的厂商，提供完成这些工作所需的商品量；但即使如此，也需要采用某种优先制，来把剩余的商品分配给其他厂商。分配进口皮革和亚麻以及分配一些金属时，就基本上采用了此种做法。

第 4 节

战争期间，以这些不同形式运用不同用途之间相对紧迫性准则，遇到了很多困难，然而，肯定要比和平时期运用类似的准则必须克服的困难少得多。因为在战时，不同用途的相对紧迫性，取决于它们各自对有效地进行战争所作的贡献。这便提供了一个可以运用的明确标准。显然，食品、军火和武装部队的给养肯定优先于所有其他东西；正如军火和船舶对钢铁的争夺所表明的，虽然由各部的代表参加的会议难以制定出一项较为令人满意的优先计划，但却并非完全不可能。原因是，一切都服从于一个比较简单的目的。在稳定的和平时期——当然，撇开可能存在的“关键性”产业不谈，帮助这些产业的自然方法是奖励金或关税，而不是物资的分配——却没有这样一个目的。要满足的不再是政府进行战争的需要，而是广大人民对必需品、舒适品和奢侈品的需要。在战时，输入钢铁显然要比输入纸张更重要，制造军用烤炉显然要比制造私人厨房用炉灶更重要。但在和平时期，却不能下这种简单的断语。

应该生产的是最为人们所需要并能带来最大满足总量的东西。但政府可能无法确定这些东西是什么;即使政府一时能确定这些东西是什么,其决定尚未付诸实施,情况很可能就发生了变化,所确定的东西也就变成了完全不同之物。这将阻碍在我国的各产业之间实施定量供应原料的长期不变政策,我看不出如何能令人满意地克服这个障碍。

第 5 节

依据不同用途对国家的相对紧迫性来把原料分配给这些用途,并不能完全解决战时问题。在每一等级的用途之内,都有许多相互竞争的厂商想购买原料,急于用原料生产成品。在正常情况下,价格本来会自行确立在这样一种水平上,即每个厂商按照该价格能获得自己所需要的原料数量。价格受到限制时,不仅需要在不同种类的紧迫性之间,而且需要在各厂商之间,确立另一种分配的依据。英国政府采用的依据是战前的相对购买量。这可以用以下实例来说明:

(a)原棉控制委员会(1918 年)限定了各厂商可用以加工美国原棉的机器所占的比例。

(b)纸张控制委员会对进口商作出的规定是,他们必须按 1916～1917 年的比例向客户(即制造厂)供应纸张。

在像棉纺织业这样高度组织起来的行业,实施这样的管制在技术上没有困难。但在许多金属加工行业中,为此则必须建立专门机构。很显然,这一分配依据不能与任何准备实施较长时期的政策一起采用。因为某项措施,如果试图永远维持某产业中各厂商在任意选定的一年的相对地位，那将对效率和进步构成一个令人完全无法容忍的障碍。

第6节

当制成品的价格像原料的价格那样受到限制时，则在最终消费者之间的分配方面，必须面对与前述完全相同的问题。只是对于广泛地、有规律地和连续地消费的商品，才有可能为这种分配设计出一种表面上讲得通的依据。这里的依据不是战前的相对购买量，而是对当前相对需要的估计。就煤炭、煤气和电力而言，衡量这种需要的客观尺度是房间的数目和大小以及居住在不同房子中的人数。就食品而言，对于士兵、海员、重体力劳动者、残疾人和儿童，通过补充性配给，实行了差别对待，但解决问题的主要方法却是假定，大部分平民的需要是相等的，因而给予的配给量都应该一样。这种分配方法从根本上不同于另外两种分配方法。从战争转变为和平，并未摧毁此种分配方法采用的标准或并未使其严重失效。但很显然，在和平时期，而且战时也一样，此种方法必然的粗略性和武断性，对其构成了一种很严重的反对意见。“相同收入的家庭使用不同‘生活必需品’的比例是很不相同的。平时，各个家庭以其所认为的最佳方式把支出分配于不同的必需品之间，一些人得到较多的面包，一些人得到较多的肉类和牛奶，等等。实行均等配给，便取消了所有这些差异；每个家庭按人头配给相等数量的每种商品；很难再对年龄、性别、职业等等给予考虑。”[①]毫无疑问，

① 坎南，《经济学杂志》，1917年12月号，第468页。

战时英国的食品配给制，尽管有上述缺陷，但带来的结果却要比抢购可能导致的结果令人满意得多。如果食品价格受到限制而听任食品自行分配，必然引起抢购；在这种抢购中，富人将能走各种门路，从商人那里得到较多的食品。然而，在和平时期，配给以外的方法或许就不那么叫人不可忍受了，而与配给连一起的不便和不平等则会相应增大。

第 7 节

如果我们同意将上述各种方法视为对已经决定的价格限制的补充，则很显然，虽然它们可能间接地(例如，如果它们优先考虑用钢铁制造机器而不是汽车)影响国民所得的大小，但它们却不能直接地或从根本上影响它。它们会改变分配国民所得中某些组成部分的方式，却不会改变这些组成部分的数量。这些数量会被价格管制用上一章说明的方式改变，却不会被补充性的分配措施进一步改变。因此，从本编的观点看，就无需作进一步的分析了；不过，在第四编中，考察富人与穷人的分配关系时，将不得不对食品配给发表更多的议论。

第14章　实行垄断的条件

第1节

我们现在可以返回主题了。在第11章中，我们假定自利心沿着纯粹竞争之路起作用。我们证明，在这种情况下，姑且不考虑第9章讨论过的那些种类的背离，任何产业中资源的私人净边际产品的价值，都往往等于一般净边际产品的平均价值；并研究了在什么情况下，某一产业中资源的社会净边际产品的价值，会背离该产业中私人净边际产品的价值。我们现在必须考虑另外几条路，自利心也会沿着它们起作用。如前所述，纯粹竞争的主要特征是，每个卖主的供给只构成市场上总供给的极小一部分，因而他甘愿"接受市场价格，不想有意改变它们"。[①] 当任何一卖主的产量构成总产量的很大一部分时，各种垄断行为也就有了活动余地；而当任何一种垄断行为出现时，在自利心的作用下往往就不会生产出这样的产量了，即用于生产该产量的资源所产生的私人净边际产品的价值，等于用于别处的资源所产生的私人净边际产量的价值。在下面几章中，我将仔细考察垄断行为。但在此之前，出于方便的考虑，可以先研究一下出现垄断力量的条件。

① 帕累托，《政治经济学教程》，第1章，第20页。

第 2 节

首先，在其他条件不变的情况下，当某一产业的总体规模给定时，有一些因素会使典型的单个企业规模较大从结构上说是经济的，从而增大某一单个**卖主**能销售该产业很大一部分总产量的可能性；因为这些因素必然会增大某一单个**企业**销售该产业很大一部分总产量的可能性。某一单个企业相对于整个产业而言，是否真的会变得足够大，能获取一定程度的垄断力量，这取决于相关各产业的一般特征。这种事情往往发生在生产嗜好品的产业中，嗜好品很容易变为“特制品”。因为在这些产业中，在广阔的一般市场中常常存在着一些小市场，在某种程度上这些小市场之间没有竞争；在这种情况下，一个绝对规模不很大的企业便可以为其小市场供应很大一部分商品。在少数几个特殊产业如生产日常必需品和服务的产业中，实现内部经济的前景，也会导致建立起大得足以控制本产业很大一部分产量的企业。这方面最值得注意的例子之一，是任何指定线路的铁路运输。由于修建一条合适的铁路要花巨额工程费用，因而由一家或最多几家铁路公司提供任何指定两个地点间的全部运输服务，显然要比由许多家公司提供这种服务，每家公司只提供全部服务中的很小一部分，划算得多。向城市提供自来水、煤气、电力或电车服务的产业也是如此。若有很多家独立的企业，主管道、干线和主轨道就得有许多许多。但任何一个普通地区所需的全部这类服务，只要有几条主管道和主线路就能提供了。所以，若有很多家独立的企业，就得投入大量资本建设主管道和主线路，而它们的利用率却很低。避免这种投资，显然可以节约大量人力物力。在上述那类产业中，之所以会出现这样一种很强的趋势，即总供给的很大一部分仅由几家企业提供，这便是**根本的**原因。这个真相在某种程度上被以下事实掩盖了，即：**直接**原因是，一般说来，除非绝对必要，否则中央和地方政府当局不愿意在许多时候，或让许多人对私有财产行使征用权，或破坏街道。然而，隐藏在政府当局的这种态度背后的，正是这种做法的高昂费用。在与生活必需品和服务有关的大多数产业中，都没有再现铁路及其相关产业特有的那些条件。在不同种类的产业中，内部经济在不同的点达到其极限，在棉纺织业是一个点，在钢铁业则是另一个点；一般说来，在劳动所起的作用比资本大的产业中是在较早的阶段达到，在劳动所起的作用比资本小的产业中则是在较后的阶段达到；但总是在各企业远远未发展到占整个产业很大部分以前就达到。[①] 在这种情况下，内部经济显然不会是产生垄断力量的原因。

第 3 节

其次，在其他条件不变的情况下，当某一产业的总体规模和典型企业的大小给定时，有一些因素会使典型的单个企业管理单位（例如许多企业由一个管理机构控制）较大从结构上说是经济的，从而增大某一单个卖主能销售该产业很大一部分总产量的可能性。近来，这个命题已变得非常重要，因而有必要仔细考察一下大

① 参见范海斯对美国各重要产业的发展所作的说明（《集中与控制》，第 42 页及以下各页），并参见西德尼·查普曼爵士对棉纺织业各工厂的正常规模所作的讨论（《皇家统计学会杂志》，1914 年 4 月号，第 513 页）。

规模控制在不同情况下可能带来的结构性经济效益。

一些学者已非常明白这一事实，即当若干平行的企业划归一个人领导时，不同的工厂便可以实行完全的专业化，专门从事特定等级的工作；他们也非常明白另一类似的事实，即任何一个地方的订单都可以由距离该地方最近的工厂来完成，从而节省下相互的运输费。战时英国的机械工业已充分证明，在某些情况下，特定产品甚或特定生产过程的严密专业化带来的经济效益非常巨大。但是，统一管理许多独立的企业，对于获得这种经济效益来说却似乎并不是必不可少的。即使不同的企业保持分立，我们也可以看到，一旦企业认识到专业化分工的巨大重要性，工业有机体在普通经济动机的影响下往往便会实行专业化分工。例如，在美国的造纸业中，每家造纸厂通常都只生产某一品种的纸张；[①]而就兰开夏郡的棉纺织业来说，不仅精纺、粗纺和织布的工厂分别位于不同的地区，而且各个工厂还常常分工只纺几种纱。[②] 在利用副产品方面获得的经济效益也是这样。而且，市场交易方面的经济效益（一些学者把这种效益归因于大规模管理）似乎也不是促成企业联合的主要因素。因为，“如果一制造商在购买原料，通常这种原料有一个所有的人都必须支付的市场价格，而只要他购买通常的最低数量，他支付了这一价格，就可以获得这种原料；但如果他需要的是半成品，且购买量每年达几百英镑，并能立即付款，则一般能以最低价格成交。在我看来，大企业在购买原料方面所享有的惟一有

① 参见查普曼，《工作与工资》，第 1 卷，第 237 页。

② 参见马歇尔，《工业与贸易》，第 601 页。

利条件是，偶尔有可能购进市场上的全部原料或全部剩余的半成品，而小企业则没有能力做到这一点。然而，这种做法带有投机的性质，由此而带来的利润很难称做生产成本的降低，因为做这种特殊购进的机会并不稳定，并不经常出现，即使真的出现，也既有可能带来利润，又有可能招致亏损。”[①]同样，也不应过分强调大规模管理具有的优势，有人把这些优势总结为“行政工作的集中，为货物提供集中的仓库，保险和银行业务的集中，单一会计制度的建立（由此可以很容易地比较各分支企业的工作），单一成本核算和集中销售机构的建立”，[②]等等。因为这种经济效益，在德国常见的那些低级形态的定价卡特尔中很少实现，[③]甚至在结合得较为紧密的企业联合体和控股公司中，这种经济效益也很快就会被非常难找到合适的人才来管理巨型企业所抵消。

不过，大规模管理也有某些结构性的经济效益，这种经济效益不同于前面所说的，涉及面较广。首先，规模较大就意味着财富较多，能有利可图地花较多的钱搞实验。科学与工业研究委员会报告说：“截至目前的经验使我们认为，英国大多数工业企业较小的规模，在很大程度上阻碍了长期而复杂的研究工作的开展，而要解决我国主要工业的根本性问题，就必须开展这种研究工作”。[④] 这显然是一件非常重要的事情；可却不清楚许多小厂商为什么不在

---

① 霍布森，《工业制度》，第 187 页，转引自 W.R.汉密尔顿，《生产成本与产量递增的关系》。

② 麦克罗斯特，《经济学杂志》，1902 年 9 月号，第 359 页。

③ 参见利夫曼，《卡特尔与托拉斯》，第 114 页。

④ 《报告》，第 25 页。参见马歇尔，《工业与贸易》，第 24 页，脚注。

其他方面保持完全独立的同时，协力开展研究工作。其次，许多家厂商联合成一体意味着，原来每一家厂商只能运用自己发现的秘密制造方法，而现在却可以运用许多家厂商发现的秘密制造方法；在某些情况下，这可以节约大量的人力物力。第三，一般说来，由许多家厂商合并而成的企业，可以接触到许多不同的市场，在这些市场上，需求的波动在某种程度上是独立的。因而它便能够进行调整，使其所属的每个厂商的产量变化小于单独管理时的变化。但是，如果一厂商生产第一年由（A＋a）、第二年由（A－a）个单位构成的平均产量 A，则其成本必然低于它生产第一年由（A＋2a）、第二年由（A－2a）个单位构成的相同平均产量所花的成本；因为在后一种情况下，它必须具有足以应付（A＋2a）个单位、而不是（A＋a）个单位"峰值负载"的资本设备。各种合作社（如乳品厂合作社等）热切希望其成员对其表示忠诚，班轮公会急于用延期折扣等方法"拴住"客户，都说明这一点很重要。[①] 而且，即使并非由于合并，所属各厂商产量的总变动幅度已降至最低点，即已经等于总产量的变动幅度，合并仍然会带来经济效益，因为它能够使大部分工厂平稳运行，能够像糖业托拉斯那样只保留一个工厂来按照总需求的波动调整产量。[②] 第四，因为预测将降临到各厂商总体上的好运和厄运，要比预测将降临到单个厂商头上的好运和厄运容易得多，所以经营由许多厂商合并而成的企业，总的说来，承担的不确定性要比经营单个厂商少。由此产生的一般经济效益表现

① 参见本书第 2 编第 19 章，第 4 节。

② 参见詹克斯和克拉克，《托拉斯问题》，第 43 页。

在：这种企业可以比较容易地获得贷款，为贷款支付的利息较低，为发放均期股利而保有的准备金比例较低，等等。关键的一点是，这种一般的经济效益，不管表现方式如何，都肯定是存在的。各个控制单位越大，这种经济效益也就越大。固然，超过某一点后，这种效益的增长会随着控制单位的增大而变得极其缓慢。但是，在控制单位达到很大规模以前，这种效益会迅速增长，成为促使控制单位增大的强有力因素——然而，毫无疑问，在适于划分等级的商品中，会出现投机市场，使小公司能够通过套头交易，利用**某些**种类的不确定性，处于和大公司同等的地位。[①] 还可以提及另外一点。在某些特殊产业中，大规模控制不仅可以减少因不同厂商的各自命运发生特定波动而必须承担的不确定性，从而带来直接的经济效益，而且还可以减少发生这种波动的可能性，从而带来间接的经济效益。在公众信心起重要作用、巨额资本可以创造公众信心的行业中，情况就是这样。银行业便满足这一条件——自从公布银行账目成为普遍做法以来就更是这样了。银行之所以在这方面不同于其他企业，原因自然是，它们的顾客是其债权人，而不像在大多数行业中那样，是其债务人。[②]

第 4 节

上面专门讨论了我所谓的**结构性**经济效益。还有另一种经济效益也会促进大规模管理的发展。只要一个产业由许多家单独管

① 参见布雷斯，《有组织的投机活动的价值》，第 210 页。

② 对第 2～3 节所讨论的问题的非常详尽的研究，参见马歇尔，《工业与贸易》，第 2 卷，第 3～4 章。

理的企业构成，所有企业就都要承担保护其市场免受他人侵犯的费用。正如第 9 章所述，很大一部分广告和推销支出，也属于此种费用。但是，当某一产业的任何一部分，不是由许多相互竞争的厂商构成，而是许多厂商由一个机构来管理时，亦如第 9 章所述，便可以节省很大一部分这种费用。A 与 B 联合后，无论对于哪一方来说，都不再需要花钱，通过四处推销或其他方式，来说服人们选择这一方而不选择另一方。在 1908 年的商务部会议上，有人针对铁路公司指出："众所周知，铁路公司觉得有必要花大笔大笔的钱相互攻讦，而如果通过明智的合并消除竞争，则可以节省下很大一部分这种钱"。[①] 当然，这种经济效益最大的地方，可能是在没有实行联合时"竞争性"广告支出最大的行业，也就是说，不在生产易于辨识的标准产品的主要产业中，而在生产各种嗜好品的行业中。[②]

第 5 节

接下来让我们假设，某一产业中各企业的规模和各控制单位的规模，根据可以获得的结构性经济效益和其他经济效益进行了调整，由此而形成的控制单位尚没有大得足以行使垄断权力。因而很显然，垄断权力不会作为与其无关的事情的副产品而偶然地

---

① 《铁路公司会议》，第 26 页。

② 有人认为，公司合并可以减少旅行推销员的人数，提高其素质，从而节省开支，这种观点并没有被以下事实推翻，即在某些情况下，形成企业联合体后，支付给推销员的年工资总额增加了。因为年工资总额的增加很可能是由于：企业联合体试图将其市场扩展至其所属成员以前未涉足的区域，或扩展至单个**厂商**的业务量不值得派遣推销员的区域。

产生。有人预期垄断会带来收益，这便是促使产生垄断的一个因素。当发起人有理由相信，业余投机者对某种垄断的赢利预期会高于实际可能达到的水平时，这就给予了那些把小企业合并成巨型公司的人获得额外收益的希望，因为这使他们能够以飞涨的价格抛售股票。[①]暂不考虑这一特殊因素，我们可以肯定地说，在供给条件不变的情况下，得自垄断的收益的大小，取决于有关商品的需求弹性——即购买量的百分比变化除以价格的(微小)百分比变化所得到的分数。[②]在其他条件不变的情况下，需求弹性愈小，可能获得的收益愈大。顺便说一句，在这一条件以及下一节指出的条件下，垄断者将其控制范围扩展至与他本人相竞争的产品，是有

① 下面一段话引自J.M.克拉克先生的《营业成本经济学》一书，值得我们注意。"企业合并的经济效益究竟有多大？就横向合并而言，杜因对35个合并案例所作的研究，提供了最为确凿的定量数据，在所有这些案例中都至少合并了五家以前相互竞争的企业，而且截至1914年所有合并后新建立的企业都有十年的历史，1914年爆发了世界大战，由此造成的动乱无法再作进一步的比较。他发现，这些合并的发起人预言合并会节约足够多的人力物力，使净收益增加，比过去的水平平均高大约43%。这一平均数是严肃的估计数字，不包括过于乐观的想象。然而，结果却是另一番情景，合并后第一年的净收益比各构成企业从前的收益平均低15%，而合并之后十年的收益情况更糟，比各构成企业从前的收益低18%，这还未考虑在这十年期间投入了大量新资本"(前引书，第146～147页)。

② 设x为购买量，$\phi(x)$为每单位的需求价格，则需求弹性可以表示为$\frac{\phi(x)}{x\phi'(x)}$. 如果对于$x$的所有值，需求弹性等于1，则需求曲线为一等轴双曲线。只要对正文中文字定义里的"微小"一词予以强调，文字定义便是上述技术定义的大致正确的翻译。当然，如果需求弹性等于1，价格下降50%必然伴之以消费增加100%。人们自然应该明白，当我们谈论得自垄断的收益取决于需求弹性时，我们隐含地假设，上面界定的弹性，在需求曲线有关值域的各个点上，彼此的差异不很大。达尔顿先生曾指出(《收入的不平等》，第192页及以下各页)，当任何一种东西的价格上涨任何一非无限小的百分比时，就应该用"弧弹性"这个词来表示用这个百分比变化除数量上的相应百分比变化。但是，由于从某一起点出发，对于每一不同量的价格变化，一般都有一不同的弧弹性，这个新词在生手那里很容易引起混淆。

利可图的；例如，美国的“五大”肉类包装公司收购进(a)非美国肉类包装企业和(b)非肉类食品包装企业，就是有利可图的。[①] 下面说明一下导致低弹性需求的条件。

第一个条件是，有关的商品不容易找到方便的替代品。牛肉的存在使羊肉的需求弹性较大，天然气的存在使石油的需求弹性较大，公共汽车的存在使电车服务的需求弹性较大。同样，英国铁路运输服务的需求弹性之所以比美洲大陆大，是因为“英国漫长而曲折的海岸线及众多的港口”，使水路运输的竞争格外有力；[②]而且一般说来，对任何特定铁路线服务的需求，即使没有水路的竞争，也由于有通往其他市场的铁路线的间接竞争，而具有较大的弹性。[③] 乔文斯在其著作《煤炭问题》中，从另一领域为我们讨论的问题提供了一个恰当的例子：“当两西西里王国政府对硫磺课以重税时，由于意大利垄断着自然硫磺，我国的制造商便立即从黄铁矿或铁的硫化物中提炼硫磺”。[④] 关于各种可以用替代品取代的商品，没有什么具有普遍意义的话可说。不过，应该指出，如果一个地区或一个国家的某些产品，致力于在质量上而不是在数量上处于领先地位，这些产品就会比其他产品较少地受到替代品的竞争。例如，英国的上等牛肉和羊肉并没有像低等牛肉和羊肉那样，受到与美国或澳洲贸易的发展的影响。[⑤] 因此，商业上的一个重要事

① 参见《联邦贸易委员会报告》，1919 年，《关于肉类包装业》，第 86 页和第 89 页。

② 参见麦克弗森，《欧洲的运输》，第 231 页。

③ 参见约翰逊，《美国的铁路运输》，第 267～268 页。

④ 《煤炭问题》，第 135 页。

⑤ 参见贝西，《英国的农业》，第 45 页和第 85 页。

实是，英国的制造商在壁纸、高级纺织品和电缆的质量方面，享有很显著的领先地位，而在电力和化学工业方面则处于明显的劣势。[①] 显而易见，从当前的观点看，在可以取代具有垄断权的卖者生产的任何商品的替代品当中，必须把其他卖者生产的相同商品也包括进去。因此，具有垄断权的卖者在任何市场上提供的产品在总产量中所占的比例越大，对其服务的需求弹性愈小。所以，在一些产业中，若高额运输费、高额关税和划分市场的国际协议阻碍了从其他来源进口，便会促使垄断商品的需求弹性进一步减少。此外，要使需求弹性受替代品的影响，并不一定非得实际存在其他供给来源不可。在某些行业中，由原来购买的人自行制造，就可能是另一种供应来源。例如，家务劳动委员会指出："除非出售给工薪人士和中下阶层人士妻女的这些物品（婴儿服、女衬衣和内衣）的价格较低，否则她们就会购买布料在家里自己做"。洗衣服和干杂活的情况似乎也是这样。贫穷的家庭主妇视情况可以自己做这类事情。因而，就这些工作而言，对专业人士服务的需求就特别有弹性。[②] 譬如，谈到伯明翰时有人说："在任何商业萧条时期，洗衣女工都是首当其冲的受害者，因为在艰难时期，可以节约开支的事情，首先是自己洗衣服，顾客本来就很有限的小洗衣店，很快便门可罗雀了"。[③]

① 参见莱维，《垄断集团、卡特尔和托拉斯》，第227、229、237页。

② 参见查普曼，《兰开夏郡的失业》，第87页。

③ 凯德伯里，《妇女的工作》，第172页。可以附带说一句，从短期的观点看，某些新耐用品的需求弹性由于以下事实而变得较大，即半旧的服装和其他这样的东西是新服装等的可能的代用品（参见查普曼，《兰开夏郡的棉纺织业》，第120页）。

致使需求缺少弹性的另一个条件是，一种商品在用来生产其他商品时，只占这些商品总成本的很小比例。当然，原因是，当这种比例很小时，该商品价格的大幅上涨，只会引起其他商品价格很小幅的上涨，从而消费也只减少很小的百分比。莱维博士指出，这一条件使普通工业原料的需求弹性很小。同样的思路亦告诉我们，对于消费者而言，零售和运输费用在商品成本中所占的比例越大，批发商品的需求弹性越小。

第三个条件是，使用该商品生产的其他商品不容易找到代用品。因而，在其他条件不变的情况下，建筑业使用的原料要比机械工业使用的原料需求弹性低，因为外国机器与英国机器相竞争，要比外国房屋与英国房屋相竞争容易得多。①

第四个条件是，与我们的商品合作生产最终产品的其他商品或服务，很容易获得，或者用专门术语来说，供给没有弹性。

马歇尔所区分的上述四个条件，直接涉及人们对不同商品的**欲望**的性质。还有另一个条件，依赖于以下事实，即根据任何一种商品的给定欲望表得出的需求表，只有当人们花在该商品上的收入比例非常小，以致其购买量的变化不会对花在该商品上的金钱的“边际效用”产生任何显著影响时，才在形式上与欲望表相一致。不满足这一条件时，以下考虑便与所讨论的问题有关。假设世界上只有一种商品，而且不能存钱。那么，无论该商品的欲望表是什么样子，其需求表都必然是这种样子，即无论其现有数量是多少，

① 不过，应该指出，虽然整个房屋不能进口，但进口房屋的各个组成部分却越来越容易。1890 至 1902 年，石料、大理石和门窗的进口翻了一番；而从外地运往伦敦的这些东西增幅更大(迪尔，《伦敦的建筑业》，第 52 页)。

花在该商品上的钱数都一样；换言之，对于所有可能的消费量来说，需求弹性必然等于1。由此我们可以得出以下一般结论：若对某种商品的欲望的弹性是给定的，则人们在正常情况下花在该商品上的收入比例越大，该商品的需求弹性愈偏离欲望的弹性，越接近于1。因此，吸收人们很大一部分收入的商品的需求，不会与只吸收人们很小一部分收入的商品的需求一样，弹性那么低或弹性那么高。①

第 6 节

以上论述表明，即使没有结构上的经济效益或广告上的经济效益，也常常会出现足以行使垄断权力的控制单位。相互竞争的卖主在达成协议时会遇到种种困难并花费大量成本，因而会抵消上述垄断趋势。这种困难和成本的大小，取决于以下一般因素。首先，同卖主人数较多时相比，卖主人数较少时联合较为容易；因为人数较少可以使谈判更加方便，同时又减少某一签约方违反协议的可能性。据利夫曼报道，1883 年德国火柴业曾试图建立卡特尔，但由于要征询至少 425 家独立生产厂商的意见，该计划宣告失败。② 其次，同各个生产者散布在广大地区，彼此相隔遥远时相比，当他们住得很近时，联合较为容易。为什么在德国的煤炭产业中，企业联合现象很普遍，而英国则不是这样，部分原因是，德国的煤炭生产集中于某些地区，而不像英国那样，分散在许多不同的地

① 参见伯克，《边际价值理论》，第 133～134 页。

② 《企业联盟》，第 57 页。

区。[1] 相同的原因在很大程度或许亦可以解释，为什么一般说来卖主的联合要超过买主的联合；同样，我们可以看到，在拍卖时，由于买主聚集在了一起，他们之间也常常联合。第三，当各厂商的产品结构很简单，质量一致，且不随各个消费者的喜好而变化，因而能加以合理地、较精确地说明时，企业联合较为容易。马歇尔写道，“几乎不可能为地毯和窗帘制定统一的价格表，因为它们是用不同质量的羊毛、棉花、麻和其他原料并按不同的比例制成的，而且质地和图案也不断变化。生产饼干、女帽等产品的企业不可能组成卡特尔，因为这些产品不仅要质量高，还要品种多”。[2] 一位学者认为，英国厂商的联合程度之所以低于外国厂商，是因为英国厂商注重的是提高商品质量和增加商品种类，而不是“大量生产商品”；[3]同样，另一位学者把在德国建立焦炭卡特尔比建立煤炭卡特尔容易，归因于焦炭的质量一般说来更加划一。[4] 第四，当国家的传统和习惯有利于而不是不利于采取一般的联合行动时，企业联合较为容易。当雇主已习惯于通过商会采取共同行动，共同达成有关折扣和回扣的协议，共同与工会谈判时，则达成价格协议所要克服的障碍，显然要少于他们第一次为此目的而走到一起来的时候。因此，“像纽约商会这样的商会，虽然没有垄断权，却由于能产生社会化的影响，有助于为建立更强大的组织，进行更大的联合

① 参见莱维，《垄断集团、卡特尔和托拉斯》，第 187 页。

② 《工业与贸易》，第 549 页。

③ 莱维，《垄断集团、卡特尔和托拉斯》，第 187 页。

④ 沃克，《德国煤炭产业中的联合》，第 43 页。

铺平道路，而具有极大的重要性”。[①] 同样，新西兰的仲裁法“强迫雇主建立自己的联合会，因为只有这样他们才能在该法律下保护自己，这些联合会自然而然地会演变成限制竞争的组织”。[②] 因而，毫无疑问，各种形式的联合行动，例如大战期间英国的建筑企业被迫采取的联合行动，肯定非常有助于为未来的联合铺平道路。或许，有关的生产厂家是公司而不是个体工商户时，对联合的阻力也较小，因为在后者的经营中，个人的重要性起很大作用。

第 7 节

上一节暗示，只要联合带来的收益超过所包含的成本和麻烦，企业实际上就会联合。然而，这一推论不一定成立。我们不能断言，达成一项协议可能有利于各方，实际上就会达成这项协议。原因是，相互的嫉妒可能使 A 和 B 不切分共同利益这块西瓜，以免对方得到过大的份额。“入盟”是应该与各厂商的生产能力，或近年来的平均产量，或厂房设备和商誉上的投资额成比例，还是应该与某一其他数量成比例？“一个制造商拥有专利和专用机械，这些花费了他大量金钱，他极其看重这些东西。除非这些成本能得到补偿，否则他不会加入拟议中的企业联合体。另一个制造商可能拥有巨大的生产能力，例如 50 台制钉机。他也许一直未能给其一半以上生产能力的产量找到市场，但他认为，在企业联合体中，他的生产能力将能开足马力运转。因而他主张，应该把生产能力当

① 罗宾逊，《美国的经济协会》，1904 年，第 126 页。

② V.S.克拉克，《美国劳工统计局公报》，第 43 期，第 1251 页。

作分配托拉斯利润的基础。第三个人由于设备精良和管理得当，一直能充分利用其厂房设备，而其竞争对手由于生产能力较大，厂址不那么有利，或属下人员不那么精明强干，一直只能开一半的工。这个生意红火的制造商主张应该把平均销售量当做分配利润的基础。”[①]如果不同厂商进行直接的谈判，以上争执会很容易地阻碍各方达成协议。然而应该指出，若（像英国银行那样）通过兼并逐步实现合并，若一公司发起人通过收购合并一些相互竞争的公司，分别同每一家商谈条件，不说明同其他家达成了什么协议，则可以避免上述大部分争执，从而相应减少联合的困难。

① 米德，《公司财务》，第 36 页。

第15章　垄断竞争

第1节

当两个以上的卖主的每一个供应其所属市场的很大一部分时，便存在垄断竞争的条件。在这种情况下，可以证明，他们不会向其所属的产业提供我所谓的理想投资的那种资源数量，亦即能使该产业的社会净边际产品价值等于一般的社会净边际产品中心价值的那种资源数量。[①] 这一命题的证明，若忽略第9章所考察的社会净边际产品和私人净边际产品之间的可能差异，可以用普通语言表述如下。

第2节

首先我们不考虑所有旨在以目前的牺牲换取对竞争者未来利益的行为。这样，我们面对的便是"多头垄断"这一单纯的问题。若假设只有两个垄断者，这个问题便呈现出其最简单的形式；数理经济学家对此已作过许多讨论。众所周知，古诺认为，在双头垄断下，用于生产的资源是一确定的数量，大致在单纯竞争和单纯垄断之下分别用于生产的资源数量之间。另一方面，艾奇沃斯在一篇

① 米德，《公司财务》，第223～224页。

精细的批评文章中坚持认为，这一数量是不确定的。在最近的讨论中，显然有某种回归古诺观点的趋势。人们认为，如果两个垄断者在调整自己的行为时，每一方都认为对方不会因为自己的所作所为而改变**产量**，则双方用于生产的资源总量便确定在古诺所计算出的数量上。如果每个垄断者都认为，对方不会因为自己的所作所为而改变**价格**，则在完全市场上，双方用于生产的资源总量便确定在单纯竞争应有的数量上。在不完全市场上——也就是说，一些买主在市场上**偏爱**其中一个垄断者——该总量将确定在低于单纯竞争应有的数量上，而且，市场愈不完全，差额愈大。[①] 较为一般地说，如果每一卖主对对方的行为作出并持有**任何**明确的假设，则双方用于生产的资源总量似乎将确定在不大于单纯竞争应有的数量上，在完全市场上，确定在不小于古诺计算出的数量上，在不完全市场上，确定在不小于单纯垄断应有的数量上。然而我认为，在实际生活中，每一卖主对竞争对手的心理状况不可能持有一成不变的看法。他作出的判断是经常变化而不确定的。宛如在棋赛中那样，每个参赛者都先预测对方会走哪步棋，然后以此为根据确定自己应该走哪一步棋；但是，他的预测会随着他的情绪，随着他对对方心理的观察而不断变化。因此，在我看来，我们完全可以说，用于生产的资源总量在以下意义上是不确定的，即：仅仅知道影响两个垄断者的需求条件和成本条件——不论成本条件是独立的，还是相互关联的——我们并不能预知用于生产的资源是多少。不确定的范围，在完全市场上要比在不完全市场上大，而且在

① G.霍特林，“竞争中的稳定”，载《经济学杂志》，1929 年 3 月。

这两种市场上都会随着垄断者人数的增加而缩小。无论如何投资总量也不会大于单纯竞争应有的投资量。不过,我们从第 11 章已得知,除了在使用供给价格递增的进口原料的产业中外,投资总量不可能大于理想的投资。因此,除了在这些产业中外,多头垄断下的投资不可能大于理想的投资,反而多半会大大小于理想的投资,根据以上的论述,一般说来情况似乎很可能是这样。

第 3 节

到目前为止,我们有意未考虑价格战的影响。打价格战是要把竞争对手逐出市场,或逼迫竞争对手在签约时作出让步,从而获取未来的利益。前述那种不确定性,在垄断竞争条件下也存在,即便垄断者双方都不"希望通过残酷的价格竞争毁灭对方"。[①] 然而,在垄断竞争条件下,确实常常发生价格战或残酷竞争。价格战就是为了给竞争对手造成损害而赔本销售。我们必须把价格战与萧条时期时常将价格降至直接成本的做法仔细区别开来。后一种做法包括大幅度降低价格,使其低于"正常价格",当需求经常变化而且直接成本小于辅助成本时,人们确实会这样做;但它不包括严格意义上的"赔本销售"。只有当某一数量的商品的销售价格低于该数量的商品的短期供应价格时,才会出现残酷竞争。出现残酷竞争时,总投资量的可能范围,便不再以单纯竞争应有的投资数量为其上限,而往往超过这一数量,超过的程度取决于每一竞争者怎么看对方的坚持能力以及其他战略考虑。显然,它并不趋于接近

① 艾奇沃斯,《经济学家杂志》,1897 年 11 月,第 405 页。

理想的投资;但我们却不能再像未考虑残酷竞争时那样说,它很可能低于理想的投资。

第 16 章　单纯垄断

第 1 节

单纯垄断的条件是，只有一个卖主在行使垄断权力——无论市场上的其他卖主是否接受该卖主定的价格——而且扣除运输成本等后，该价格通行于整个市场。当然，为了说明单纯垄断的作用与单纯竞争有何不同，我们必须假设，在单纯垄断和单纯竞争下，规模经济和生产技术是相同的。[①] 在实际生活中，它们常常不同，这带来了另外一些问题，我将在第 21 章中讨论这些问题。单纯垄断分为两种情况，一种情况是，产业进入受到极为严格的限制，以致进入该产业的只是实际得到利用的资源；另一种情况是，产业进入不受限制。我首先考察限制进入的产业。

第 2 节

第 11 章已证明，在第 9 章所讨论的那种社会和私人净产品没

---

① 因此，设 y 为一产业的总产量，x 为一典型规模厂商的产量，令 $F(x,y)$ 表示该厂商产量的总成本，则 x 取决于方程式 $\frac{\partial}{\partial x}\{\frac{F(x,y)}{x}\}=0$.我们绝不应认为，出现垄断是因为引入新技术后，F 变成了 ψ，以至对于 y 的给定值，$\frac{\partial}{\partial x}\{\frac{\psi(x,y)}{x}\}=0$ 的 x 值大于 $\frac{\partial}{\partial x}\{\frac{F(x,y)}{x}\}=0$ 的 x 值，从而使该产业中的厂商数目减少，使达成价格协议较为容易。我们必须假定，在这两种情况下，F 是相同的。

有差异的情况下，单纯竞争会使从社会观点看供给价格递减的产业的实际产量少于理想产量，使供给价格不变的产业的实际产量等于理想产量，使供给价格递增的产业的实际产量大于理想产量。在单纯垄断占主导地位时，符合垄断者利益的做法是，调整总产量，使总收入尽可能地大于总成本（包括管理人员的工资等）。所以，在单纯垄断下，如果其他条件不变，则产量总少于单纯竞争下的产量。因此，从社会观点看，在供给价格递减的产业，用单纯垄断取代单纯竞争，会使已经低于理想产量的实际产量进一步降低；在供给价格不变的产业，会使原来等于理想产量的实际产量低于理想产量；在供给价格递增的产业，会使原来高于理想产量的实际产量缩减，**可能**使它比原来更接近于理想产量。能够做到这一点的条件，可以用数学方法来确定，可是若不引入一些非同一般的假设，却无法用明白易懂的话来说明。不过，这并没有多大关系。因为实际上，从产业的观点看，单纯垄断被引入供给价格递减的产业的可能性，要远远大于被引入其他产业的可能性（正如第 11 章所证明的，**一般说来**，这意味着，从社会观点看，供给价格也递减）；因而可以十分有把握地说会出现这一结果。

第 3 节

当垄断权力由卖主通过价格协议来行使时，对投资的限制性影响会由于另一因素而间接地加强。卖主达成的价格协议，一般只能涉及粗略规定的一两个服务等级。因此，由于无法给介于它们之间的服务等级规定合适的收费，这些服务等级便趋于消失，尽管如果为它们规定相应的收费，便会有许许多多买者——其中一些在目前情况下什么也不买——购买这些等级的服务。所以，在设计得十全十美的垄断协议下，本来会用于生产这些服务的资源，由于实际签订的协议不完善而被排除在了生产之外。这种情况主要出现在铁路公司和轮船公司那里，它们受运费协定的约束，却要在发车和开航次数、速度、舒适程度等方面展开竞争。[①] 因而，轮船公司可能使用头等快船运送完全不必要这么运送的货物，因为若使用较慢和较便宜的船只，运费协定不准降低运费；还有其他一些规定。除了简单运用垄断权力造成的资源配置不当外，由此又添加了此种资源配置不当。

第 4 节

在暂时的低价会导致出现新需求的产业中，必须对上述结论作一些限定。因为，存在这种前景时，特别是，如果存在供给价格递减的条件，如果现行投资利率较低，投资者为了获取未来的收益，暂时接受低价就划得来，即使这样做要赔本生产；而如果相互竞争的卖主人数众多，其中一个这么做就划不来了，因为他这么做产生的未来收益只有很小一部分能被他得到。不过，应该指出，垄断由此而创造出的新需求，只有当它是真正的新需求时，才称得上带来了社会利益，而如果它仅仅取代了另一种同时遭到毁灭的需求，就不能这么说了。譬如，如果一家铁路公司通过暂时的低价发展某一地区的运输，而以毁灭另一位置同样好的地区的运输为代

① 铁路公司之间的价格协议，若不涉及联营，有时也对速度作出规定；有些(并非所有)班轮公会成员之间的协议对各成员的相对出航次数也作出规定。

价，就不能说这带来了社会利益；同样，如果一些商人采用同样的策略，使以前习惯于从宽裙获得一定程度满足而从窄裙得不到满足的人，现在能从窄裙得到一定程度的满足而从宽裙得不到满足，则也不能说这带来了社会利益。由此看来，上述单纯垄断可能带来的过渡性利益，与前述单纯垄断可能带来的不利相比较，一般说来并不很重要。

第 5 节

还应该考虑到较为重要的另外一点。第 2 编第 3 章第 11 节证明，**一般说来**，为了保持现有设备的价值而抑制新发明等给公众带来的损害，要大于这样做给设备所有人带来的利益，那一章还证明，在单纯竞争之下，通常不会出现抑制发明的行为。另一方面，在垄断条件下，却是总有有抑制发明的趋向；因为垄断者个人关心的是垄断给他带来的利益，而不是消费者的满足遭受的损失。那一章承认，在引入最终产品的新样式减少所有者得自现有样式的满足时，"进步"带来的利益会被大大抵消，因而私人垄断抑制发明的趋向并不一定总是反社会的。但是，当涉及的是制造最终商品的新工具和新工艺问题时，则不会有这样的抵消，因而抑制发明的策略必然是有害于社会的。由于新发明和生产方法的小改进通常出现得很快，这一点实际上便很重要。对此可以用两个事实来加以说明。一个事实是，据估计，在美国，就整个产业而言，陈旧造成的资产价值降低是折旧的两倍；[1]另一个事实是，在"总统调查"所

① 《大战以来世界经济结构的变化》，第 158 页。

询问的200家代表性厂商中，43.6%的厂商要求新设备在两年内收回成本，64.1%的厂商要求在三年以内收回成本。[①]

第6节

在至此的讨论中，我们一直假设，进入盛行单纯垄断的产业会受到很大阻碍和受到很大限制，以致除了在这些产业中实际得到利用的资源外，没有任何资源流向这些产业。一般说来，这个条件是能够得到满足的，因为不满足这个条件时，就不值得费时费力地去达成垄断协议。不过，有时也达成不限制进入的垄断协议。很容易证明，在这种协议下，国民所得遭受的损失，要大于相同的垄断价格策略与限制资源进入的做法相结合时国民所得遭受的损失。因为，大致说来，会出现以下情况。垄断产业中实际得到利用的资源的社会净边际产品，与限制进入的制度下资源的社会净边际产品相同。但是，除了这些资源外，已从别处引入另外一些资源进入该产业。这些额外的资源要么自身将全部闲置，要么将使已经在该产业中的相应数量的资源闲置。所以，国民所得将被降低到限制进入的制度下可能达到的水平以下，降低的程度等于以下两种生产率的差异，一种是在垄断产业中值得使用的那一数量的资源的生产率，另一种是该产业的收入足以提供正常收益的那一数量的资源的生产率。当然，这并不能证明，限制进入垄断占主导地位的产业是合乎社会需要的；因为情况很可能是，自由进入会迫使垄断者改变其策略，而采取近似于竞争的策略。它只是证明，限

① 《最近的经济变化》，第139页。

制进入有利于这样一些垄断者——这样的垄断者也许很难见到——在这些垄断者那里，取消限制不会影响价格策略。[①]

① 这里要注意一种特殊情况。假设可以用相同的方法生产两种联合产品，其中一种产品受垄断者的控制，另一种则不受垄断者的控制。那么，正如上面所证明的，如果能限制进入该产业，单纯垄断就会使这两种产品的产量都低于单纯竞争条件下可能达到的水平。所生产的全部非垄断产品将被售光，但假如垄断产品的需求弹性小于 1，假如相对于最有利可图的产量规模而言，非垄断产品的需求价格超过生产这两种产品的方法的供给价格，就会有一部分垄断产品被扔掉。如果进入该产业不受限制，流入该产业的资源就会多于单纯竞争条件下流入该产业的资源。若假设这些资源实际得到利用而不是被闲置，那就意味着，在上述条件下，非垄断联合产品的产量和销售量，将大于单纯竞争条件下的产量和销售量。最后的结果便**可能是**（尽管未必一定是），消费者剩余的总额要大于单纯竞争条件下的消费者剩余总额。

第 17 章　歧视性垄断

第 1 节

到目前为止，我们假设，出现的垄断都是单纯的垄断，未涉及对不同顾客实行的价格歧视。现在我们要说，这种垄断不是垄断的惟一形式。歧视权力有时会与垄断权力同时存在，在这样的时候，结果就会发生变化。因此，应该弄清垄断者在什么情况下以及在何种程度上能有利地行使这种权力。

第 2 节

当某种商品任何一单位的需求价格独立于每一其他单位的销售价格时，便非常有利于歧视，也就是说，此时歧视会给垄断者带来最大利益。这意味着，这种商品的任何一单位都不可能代替任何另一单位，而这又意味着以下两件事情。一是，这种商品在某一市场上出售的任何一个单位，都不能转移到另一个市场。二是，某一市场特有的任何一个需求单位都不能转移到另一市场。前一种转移无需加以说明，但后一种转移有点微妙。如果公布 A 和 B 两地区煤炭的不同运费，使较为有利的地区能增加产量，从而增加运输需求，而较为不利的地区遭受损害，便会出现后一种转移。为了使最有利于歧视的条件占主导地位，就必须排除这种转移的可能性，也排除另一种转移的可能性。在实际签订的垄断协议下，上述两种可转移性不存在或以各种程度存在。我打算按上述划分各举出一些例子。

第 3 节

当商品是卖主直接施加在顾客身上的服务时，例如医生、律师、教师、牙医、旅店老板等的服务，商品的各单位是完全不可转移的。医生对一部分人的收费低于对另一部分人的收费，不会使前一部分人成为后一部分人所需服务的中间人。卖主直接施加在交由他们处理的商品上的服务，例如运输服务，也是完全不可转移的。铁路公司对铜矿主收取一定的运费，对煤矿主收取较低的运费，不会导致出现中间人，因为实际上不可能为了运输先把铜转变成煤，然后再把煤转变成铜。程度少许（仅仅是少许）低一些的不可转移性，存在于通常提供给私人住宅的物质性服务中。恰当的例子是提供给私人住宅的煤气和自来水。在这里，并非完全不可转移，因为只要花足钱和不怕费事，就**可以**使这些商品脱离分销厂，而把它们运到别处。较低程度的不可转移性，也存在于仅仅高额运输费和关税就会阻碍其转移的商品当中。显而易见，在这种情况下，不可转移性的大小，可能取决于把试图实行歧视的两个市场分隔开来的距离的大小或关税的高低。同样，强迫购买者签订惩罚转售的契约，也会人为地带来不同程度的不可转移性。例如，在鲁尔煤矿区，（战前）辛迪加与工业买主签订的协议规定，“如果将煤炭转售给铁路公司、煤气厂、砖厂、石灰窑，或把煤炭从原目的地转运至别处，将受到处罚，在原售价之上每吨加价 3 马克。”[①]如

① 沃克，《德国煤炭工业中的联合》，第 247 页。

果没有这种协议，没有运输成本，没有关税，煤炭就将是完全可以转移的。

第 4 节

当有关的商品是最终消费之物，实行价格歧视的市场是根据购买者的财富来划分的时候，需求单位就几乎完全不能从一个市场转移到另一个市场。譬如，很显然，医生愿意向穷人收取比富人低的诊疗费，并不会使富人由于支付低诊疗费而变得贫穷。同样，以不同费率向煤商和铜商提供运输服务，并不会使铜商由于支付低运费而变成煤商。毫无疑问，在这两个例子中，通过欺骗，比如富人谎称自己是穷人，铜商将铜伪装成煤炭，而**可能**使需求单位具有某种微小的可转移性；但这样的事情并不具有实际重要意义。应该指出，卖主常常试图人为地创造上面这种不可转移性，办法是，给不同等级的产品附加商标、特殊品牌、特殊种类的包装等——这一切都是为了防止相对于生产成本而言高定价等级产品的购买者，变为以较低利润率出售的产品的购买者。[①] 旅店接客的旺季和淡季的市场之间，不可转移的程度较小；因为严重的价格歧视会使许多人改变休假时间。从 A 至 B 的铁路运输市场之间，不可转移的程度更小，在这些市场上，A 地的商人想把某种商品直接运送至 B，C 地的商人想把这种商品经由 B 运送至 A。因为所

① 不过，必须添加一句，虽然商标有时仅仅是创造垄断权力的手段，但有正当的理由保护商标，法律法规不得侵犯商标权，因为“商标会诱使有关的厂商制造令人满意的产品，并源源不断地制造它们”（参见陶西格，《美国经济评论增刊》第 6 卷，1916 年，第 177 页）。

收取的运费若有很大差异，原来在较为不利的地方进行的生产，就会移至较为有利的地方。当市场用某种标志来划分，而具有这种标志无需支付任何成本时，例如，如果铁路公司向携带铅笔的旅客收取一种票价，向不携带铅笔的旅客收取另一种票价，就会存在完全的可转移性。这种歧视所产生的直接结果是，**全部**需求会从较为不利的市场转移至较为有利的市场，因而这种垄断不会给垄断者带来**任何**利益。

第 5 节

如果一方面商品单位的某种程度的不可转移性，另一方面需求单位的某种程度的不可转移性足以使价格歧视有利可图，那么垄断卖主和每个买主之间的关系，严格说来就是双边垄断关系。因此，在他们之间将出现的契约条款，从理论上说是不确定的，须经过"议价"过程，其社会影响已在第 9 章的末尾作了分析。当一家铁路公司与几个大托运人商谈条件时，这种不确定因素可能很重要。不过，通常的情况是，价格歧视具有实际意义时，对立的双方不是一个大卖主和几个大买主，而是一个大卖主和许多较小的买主。失掉一个顾客的购买量，对垄断卖主的影响，要远远小于对这许多买主当中的任何一个产生的影响，因而买主若不联合，他们全都几乎肯定会接受垄断卖主的价格。他们会认识到无论怎么坚持也无法从垄断卖主那里获得让步，只要提出的条件仍给他们留有一点消费者剩余，他们就得购买。在下面的论述中，我们便假设客户以这种方式行动。作了这样的假设，就可以区分出垄断者能够行使的三种不同程度的歧视权力。第一种程度的歧视权力是，对全部不同的商品单位索要不同的价格，使每一单位的价格等于该单位的需求价格，不给买主留任何消费者剩余。第二种程度的歧视权力是，垄断者能够制定 n 种不同的价格，使需求价格高于 x 的所有商品单位按 x 价格出售，使需求价格低于 x 和高于 y 的所有商品单位按 y 价格出售，如此等等，依此类推。第三种程度的歧视权力是，垄断者能够把其客户区分为 n 个不同的组，能将它们彼此用某种好记的符号分开，并能对每组的成员索要不同的垄断价格。应该指出，这种程度的歧视权力，从根本上说是不同于前两种的，它在一个市场上可拒绝满足需求价格超过在另一市场上能满足的需求。

第 6 节

这三种程度的歧视权力，虽然从理论上说都是可能的，但从实际观点看，却不是相同重要。相反，在实际生活中只能见到第三种歧视权力。毫无疑问，我们可以想象出甚至满足第一种程度的歧视权力的条件。假如所有的消费者具有完全相同的需求表，[①]则满足这个条件只需拒绝按少于每个消费者每单位时间所需的数量销售，并把每批商品的价格定在这样一种水平上，该水平使消费者值得而且刚好值得购买这批商品。因此，当每个需求者已有 99 个商品单位时，如果他们愿意为第 100 个商品单位支付 1 先令，但宁愿为 100 个单位支付 300 先令，也不愿一个单位都得不到，那么，

① 一个人对任何一种商品的需求表，是他在不同价格水平下购买该种商品的不同数量的表。参见马歇尔，《经济学原理》，第 96 页。

垄断者就可以把销售单位定为 100 个单位，并为该销售单位索取 300 先令的价格。如果购买者之间没有联合，售出的单位数，就将与每一单位按 1 先令价格出售时所能售出的数量相同，而且实际上，满足不同迫切性的需求的商品单位将以不同的价格出售。但这种歧视方法，不论是完整的还是部分的，都很少行得通，因为构成市场需求表的个人需求表，一般说来绝不相同。由于这一原因，分析这种方法只具有学术意义。[①] 可以想象，除了这种方法，通过与每一顾客分别仔细议价，也可以采用第一种程度的歧视。但这种方法要付出很大成本，招致很多麻烦。进一步说，因为这种方法要与每个顾客分别议价，不仅容易出错，而且容易行贿受贿，使代理商腐化堕落。一般说来，这些因素便足以使垄断者自己不愿采用这种方法；即使他们仍然愿意采用，由于这种方法可以使人钻空子，搞不正当竞争，政府也不会放任自流。“根据具体情况对每一运输行为收取不同的运费，无论在经济上能带来多么大的利益，这种收费方法的随意性都会导致极端的不确定性和极为严重的滥用，因而我们不得不宣布它不适用。”[②]由此可见，总是有一种强大的力量在起作用，说服或强迫垄断者遵守普遍规则，遵行公布的收

---

① 对这种方法的分析，参见我的论文“垄断与消费者剩余”，载《经济学杂志》，1904 年 9 月。

② 科尔森，《政治经济学教程》，第 6 卷，第 211 页。如果一家铁路公司本身就是某种商品比如说煤炭的大生产厂家，且为与其竞争的生产厂家运送煤炭，那么，这种有害的歧视就特别有机会存在。为防止这种情况造成显而易见的滥用歧视权力，美国 1906 年通过的海勃本法案中的“商品条款”规定，铁路公司从事自己开采或制造的任何商品的州际运输活动，属非法行为。但该法案并未禁止铁路公司运送它控股的公司生产的商品，因而不费多大劲就能规避该法案的规定（参见琼斯，《无烟煤企业的联合》，第 190 页及以下各页）。

费表，并极为有效地阻止垄断者暗中收受回扣，防止其产生破坏性影响。这意味着，除了在特殊情况下，他们既不能实行第一种程度的歧视，也不能实行第二种程度的歧视，只有第三种程度的歧视具有实际重要意义。

第 7 节

第三种程度的垄断**加**歧视不是一个明确的概念。从理论上说，可以用无数不同的方式分割任何一个市场，有些方式对垄断者较为有利，另一些方式对垄断者较为不利。如果垄断者在这件事情上可以为所欲为，那他分割市场的方式将是，使次级市场 A 上的最低需求价格，超过次级市场 B 上的最高需求价格，如此等等，依此类推。如果各市场的总需求弹性大于 1，则结果将与第二种程度的歧视完全相同，因为每组的最低需求价格，就是能从该组产生最大垄断收益的价格。如果总需求的弹性不大于 1，某些组的最大化价格就会高于这些组的最低需求价格，结果便与前述结果不同。总之，从垄断者的观点看，用这种方式分割市场，即如上面所说，使第一个市场上的最低需求价格超过第二个市场上的最高需求价格，显然要好于任何其他分割方式。但实际上，如前所述，垄断者的行动自由是受到限制的，他必须按普遍规则行事。这使他必须为各个次级市场，选定可以用易于识别的标志区分的顾客群。而且，因为抱有敌意的舆论会导致立法上的干预，他的选择无论如何不能伤害公众的正义感。因而，他不能划分出完全新的顾客群，而只能利用已经自然划分出的顾客群。事情到此并没有完。因为在一些情况下，不可转移性并非普遍存在，而只是存在于某些市场之间，这些市场的存在不以垄断者的意志为转移。譬如，若对一个国家的所有进口商品征收进口关税或收取高额运输费——当这个国家是岛国时，这个条件很容易满足——卖主便可以为其出口商品索取比国内高的价格，而不会有致使其出口商品返回国内转售的风险。所以，显而易见，垄断者不能指望找到一系列完全符合其理想的次级市场，但他可以找到一系列这样的市场，其中第一个次级市场上只有较少数量的需求价格低于第二个次级市场上的最高需求价格，如此等等，依此类推。

第 8 节

我现在转而分析由此带来的结果，并和上一章一样，我将从可以限制进入的垄断产业着手。为分析的完整起见，需要考虑这样一个事实，即在实际生活中，一个购买者对某种商品第 r 个单位的需求，有时部分地取决于这种商品卖给其他购买者的价格。[①] 当市场由此而相互依赖时，问题就变得复杂了，但主要的结果虽然被弄得不那么确定，却似乎没有实质性的变化。因此在以下各页我将假设，每一次级市场上的需求量只取决于该次级市场上通行的价格。这使我能够采用到目前为止一直采用的一般方法。

第 9 节

如前所述，我们的实际兴趣集中在第三种程度的垄断**加**歧视上。但在研究这种歧视以前，我们先来看看前两种歧视提出的较

① 参见前面，第 2 编，第 11 章，第 13 节。

为简单的问题，并非没有益处。很容易看出，在第一种程度的垄断**加**歧视下，**在从产业的观点看供给价格的变化速度与从社会的观点看供给价格的变化速度完全一致的产业中**，垄断者进行理想数量的投资和生产理想的产量，总是划得来的。这意味着，在供给价格不变的条件下，第一种程度的垄断**加**歧视将使国民所得与单纯竞争下的国民所得相同。在供给价格递减和递增的条件下，单纯竞争则总是使国民所得增加。增加额可以用单纯竞争下的产量与理想产量的差额来衡量。显而易见，对该产业生产的商品的需求弹性愈大，以及该产业愈是明显地偏离供给价格不变的条件，增加额也愈大。最后应该指出，若供给价格普遍递减，第一种程度的垄断**加**歧视**会**以一种较为特殊的方式增加国民所得的数量，**会**导致对某一产业进行大量社会所需要的投资，而在单纯竞争的条件下，则不会有人对该产业进行任何投资。附录Ⅲ证明，在以下两种情况下，极有可能出现上述结果：一是，在其他条件不变的情况下，供给价格急剧递减，以致产量的微小增加会使每单位的供给价格大幅下跌；二是，在其他条件不变的情况下，在价格降至很低水平以前，该商品或服务的需求具有弹性。

第 10 节

在供给价格的变化率从产业的观点看和从社会的观点看不一样的产业中，事情要少许复杂一些。正如第 11 章第 6 至 8 节所证明的，我们有权假设，同从其他观点看相比较，供给价格的变化率，从社会的观点看，一般说来是一个较小的负数或较大的正数。由此可以推论出，第一种程度的歧视性垄断特有的产量将低于理想产量。在供给价格从产业的观点看递减的产业中，第一种歧视性垄断特有的产量将高于单纯竞争特有的产量，因而要比该产量更加接近于理想产量。在供给价格从产业的观点看递增的产业中，第一种歧视性垄断特有的产量将低于单纯竞争特有的产量。但在这种情况下，单纯竞争特有的产量**可能**高于理想产量，因而第一种程度的歧视性垄断特有的产量，会比单纯竞争特有的产量更加偏离理想产量。然而，正如第 16 章第 2 节指出的，因为垄断行为主要出现在供给价格递减的产业中，所以这种可能性较小。

第 11 节

很容易看出，第二种程度的垄断**加**歧视的影响，会随着垄断者可以索取的不同价格的数目的增加，而趋于接近第一种程度的垄断**加**歧视的影响，就像圆内多边形的面积随着边数的增加而趋于接近圆的面积。假设我们把第一种歧视特有的产量即理想产量称作 a，那么第二种歧视特有的产量就会低于 a，但会随着垄断者所能划分的不同价格群数目的增加而趋于接近 a；同样，随着不同价格群数目的增加，投入我国产业的资源的社会净边际产品的价值，也会越来越趋近于一般社会净边际产品的价值。

第 12 节

有关第三种垄断**加**歧视的研究，要比有关前两种垄断**加**歧视的研究复杂一些。在讨论前两种垄断**加**歧视时，我们一直能够利用各种情况下的总产量与我所谓的理想产量之间的简单关系。根据实际产量是超过、低于还是等于理想产量，我们可以得出结论说，投入我国产业的资源的社会净边际产品的价值是低于、超过还是等于一般资源的社会净边际产品的价值。但是，在第三种程度的垄断**加**歧视下，实际产量与理想产量之间的关系，却不再能充当判断的标准。原因是，当需求价格 p 代表的需求得到满足时，由大于 p 的各种需求价格代表的全部需求，不会像此前那样，一定能得到满足。相反，垄断者可以在一个市场上满足高于 p 的各种需求价格代表的全部需求，而在另一个市场上拒绝满足需求价格低于 $(p+h)$ 的任何需求。由此可见，投入产业的资源分为若干不同的部分，其中每一部分的社会净边际产品的价值各不相同。因此，我们无需再问，投入**产业**的资源的社会净边际产品的价值，与一般资源的社会净边际产品的价值有何关系，而应该问，投入**产业各市场**的资源的社会净边际产品的价值，与该标准有何关系。我们的理想产量不再是整个产业的惟一产量，而变成在各个市场上出售的若干种不同的产量。整个产业的给定产量可以用不同方式在这些市场之间划分，社会净边际产品的价值体系将根据实际采用的划分方法而不同。因此，同研究单纯垄断和单纯竞争分别产生的影响相比，研究第三种垄断**加**歧视对产量的影响，只是研究它对产业领域不同部分中社会净边际产品价值之间关系的影响的第一步。不过，还是应该进行这样的研究。为便于进行这种研究，我们假定，可以把对某一产业的需求划分为两个市场 A 和 B，在这两个市场之间可以实行价格歧视。首先，我们要问，第三种歧视性垄断下的产量是绝对大于还是绝对小于单纯垄断或单纯竞争下的产量？

第 13 节

为了比较第三种歧视性垄断下的产量与单纯竞争下的产量，我们可以方便地区分三种主要情况。第一种情况是，在单纯垄断下，我们感兴趣的某些商品在 A 市场和 B 市场都消费。在这种情况下，没有充足的理由认为，第三种歧视性垄断下的产量会超过或低于单纯垄断下的产量；如果需求和供给曲线是直线，这两种产量将相等。[①] 第二种情况是，在单纯垄断下，某些商品将在 A 市场上消费，但不在 B 市场上销售。在这种情况下，引入歧视权力不会导致产量减少。相反，如果 B 市场上有很大的需求，必然导致产量增加。如果 B 市场上的需求有弹性，如果商品（普遍）服从供给价格递减法则，增加的数量会特别大。这种情况常常出现在这样一些卡特尔那里，这些卡特尔经常在遭受竞争的外国市场和其他市场以特别低的价格出售商品。一个有趣的实际推论是，如果一种服从供给价格递减法则的商品被垄断，那么，符合生产国消费者利益的做法是，政府准许垄断者以比国内低的价格在国外出售该商品，而不是虽然准许垄断，但禁止实行这种歧视。这一推论并不会因为讨论的是把这种商品当作原料的产业而被推翻，因为在国外按当地的市场价格——在一般情况下，垄断性的出口商品不会对这种价格产生明显的影响——销售，不会使外国的使用者能以比过去明显低的价格得到这种商品。最后一种情况是，在单纯垄断下，这种商品在 A 市场和 B 市场根本无人消费。在这种情况

① 参见附录Ⅲ，第 28 节。

下，引入垄断权力显然不会导致产量减少，反而有可能导致产量增加。出现这种情况的条件与下一节提到的条件相同，该条件使第三种程度的歧视性垄断能有一些产量，而在单纯竞争下则不会有任何产量。

第 14 节

我们现在必须比较一下第三种垄断性歧视下的产量与单纯竞争下的产量。在供给价格不变和递增的情况下，任何程度的歧视性垄断显然不可能使产量大于单纯竞争下的产量。第三种程度的歧视性垄断必然会使产量小于单纯竞争下的产量。不过，当供给价格递减时，问题要复杂一些。前一节已证明，在这种情况下，第一种程度的垄断**加**歧视必然使产量高于单纯竞争下的产量。而且显而易见，当需求能被分割成的市场数目接近于需求单位的数目时，第三种程度的歧视便接近于第一种程度的歧视。因此，在供给价格递减的情况下，第三种程度的垄断**加**歧视**可能**会把产量提高到单纯竞争下的产量以上，而且可以实行歧视的市场愈多，愈有可能这么做。有时，当然并非像第一种程度的歧视那么经常，第三种程度的歧视性垄断会形成某些产量，而在单纯竞争下则不会有任何产量。然而，由于实际情况会限制能够形成的市场数目，会限制垄断者以最有利于自己的方式划分市场的自由，因而从总体上看，在任意挑选的某一产业中，第三种程度的垄断**加**歧视几乎不大可能形成与单纯竞争同样大的产量。

第 15 节

在上面几节，我们分别比较了第三种程度的歧视性垄断下产量的**绝对数量**与单纯垄断和单纯竞争下产量的绝对数量。下一步是要比较在这三种制度下所能获得的接近理想产量的程度。前面的论述使我们能够概括地得出以下结论，不管什么样的供给价格法则占主导地位，第三种程度的歧视性垄断都有可能带来比单纯垄断更接近于理想产量的产量；但却不可能带来比单纯竞争更接近于理想产量的产量。然而，如果条件是，(1)有一理想产量(而不是零产量)，(2)单纯竞争不带来任何产量，(3)第三种程度的歧视性垄断带来一些产量，则这种产量**肯定**比单纯竞争下的零产量更接近于理想产量。

第 16 节

我现在返回来看第 12 节考虑的那些因素。该节指出，当讨论的是第三种程度的歧视性垄断时，某一产业的实际总产量与理想产量的一致程度，便不像在其他情况下那样是一决定性指标。例如，假设这种程度的歧视性垄断带来的产量，比单纯垄断或单纯竞争带来的产量更接近理想产量。我们不能由此而推论说，投入该产业的资源的社会净边际产品的价值，更接近于一般社会净边际产品的价值。因为在这种情况下，已没有像投入该产业的资源的社会净边际产品的价值这样的东西。该产业的不同部分有不同的社会净边际产品的价值。满足低价市场需要的资源的社会净边际产品的价值，要小于满足高价市场需要的资源的社会净边际产品的价值。因此，即使在某一产业中，歧视性垄断比单纯垄断或单纯竞争更能使总产量接近于理想产量，也不能由此而说，在歧视性垄断下，整个产业的社会净边际产品的价值更加相等。我们无需停下来讨论这个消极的结果。而且可以证明，在任何产业中，给定产量若与歧视性价格联系在一起，则同该产量与统一价格联系在一起相比较，导致整个社会净边际产品的价值相等的可能性较小。因为设一般资源的社会净边际产品的价值为 P；设投入该产业中的资源达到这样的数量，以致如果产品在所有市场上以相同价格出售，则供应给每个市场的资源的社会净边际产品的价值将等于 p。在这种情况下，如果该数量的资源投入该产业，但生产出的产品在某些市场上以高于其他市场的价格出售，则用于高价市场的资源的社会净边际产品的价值将大于 p，用于低价市场的资源的社会净边际产品的价值将小于 p。这意味着，这些不同价值偏离 P 的均方差(我们衡量不相等的标准)，可能比这些价值都为 p 时要大。由此可见，第三种程度的歧视性垄断比单纯垄断或单纯竞争更加有利于使社会净边际产品的价值相等的可能性，要小于它比后两者更加有利于生产出理想产量的可能性。所以，它比后两者更加有利于国民所得的可能性，也小于后两者。

第 17 节

至此我们一直假定，歧视性垄断有能力限制其他厂商进入被垄断的产业。当不满足这一条件时，便可以运用与上一章结尾处相类似的推理。资源将被吸引进该产业，一直到该产业的收入预期与其他产业的收入预期相等时为止。只要维持垄断价格，这就意味着，由此吸引的很大一部分资源处于闲置状态，不带来任何净产品。所以很显然，不限制进入的歧视性垄断给国民所得造成的损害，要大于限制进入的歧视性垄断给国民所得造成的损害。但是，同单纯垄断一样，就歧视性垄断而言，也应禁止限制进入，因为如果不加禁止的话，垄断权力的壕沟最终很有可能崩溃。

第18章　铁路运费的特殊问题

第1节

上一章的讨论不得已而有点抽象。然而，在讨论对自来水、煤气和电等东西如何收费的问题时，在这些商品供应给不同的消费群体或为了不同的目的供应给他们时，上一章的讨论具有非常重要的实际应用意义。讨论铁路公司的收费问题时，其实际应用意义更大。一部分人认为，铁路公司的收费应依据"服务成本原则"，另一部分人认为应依据"服务价值原则"，这两部分人争论不休。[①]"服务成本原则"，实际上就是第11章讨论的单纯竞争；"服务价值原则"就是第三种程度的歧视性垄断。根据前面的讨论，可以理清他们之间的争论，本章就将做这件事情。我们不关心第16章讨论的那种情况，即在某些条件下，能实行歧视的铁路公司会发现，**作为一项临时措施**，为建立新的需求，对某些地区之间的运输或某些精选商品的运输收取特别低的运费，是有利可图的；我们也不关心与此相关的情况，即如果这种需求真的是新需求，而不仅仅是替代另一种需求，这种策略可能比单纯竞争——如果单纯竞争没有被国家补贴制度所改变的话——即使不是对国民所得，也是对经济

---

① 有意思的是，零售商店应该如何为其零售各种商品的行为收费的问题，非常类似于铁路公司的收费问题。不过，就零售商店而言，情况要复杂一些，零售商有时出售某些有名的商品不赚取任何利润，由此可为其商店获得一般的广告效应。

福利更加有利。[①] 在此，无需对这些问题作进一步的考察。将它们放在一边，我打算具体说明服务成本原则（或单纯竞争）的意义和服务价值原则（或第三种程度的歧视性垄断）的意义，并比较它们各自带来的结果。

第 2 节

一般认为，除非出售给一组购买者的运输服务是与出售给另一组购买者的运输服务"联合供应"的，否则单纯竞争往往给相同的服务带来单一的每吨英里运费制。[②] 对于这些服务来说，单一运费的水平会使需求价格和供给价格相一致；而且，当铁路运输服务与某种其他服务例如货车运输或打包一起出售时，便会适当增加收费。这种一般性分析可简要展开如下。

首先，单纯竞争在某一条铁路上导致的单一每吨英里运费的实际水平，将取决于这条铁路的具体情况。在其他条件相同的情况下，如果此线路穿过山区，工程造价特别大，或运输量很不规律，便适用于特别高的运费；[③]因为在这种情况下，该线路上全部运输

① 参见第 2 编，第 3 章，第 4 节，脚注。

② 诚然，有人认为，只有当"单纯竞争"的定义包含出售的东西在顾客之间是可以完全转移的意思时，才会出现这种情况，而且他们指出，即使不考虑这个条件，事实也证明，竞争是与航运公司和零售商出售给不同人群的服务的差别收费相容的；不同种类的货物以不同的价格运输，对于不同物品而言，零售的绝对价格亦不相同（参见 G.P. 沃特金斯，"差别收费理论"，载《经济学季刊》，1916 年，第 693～695 页）。然而，稍微思考一下，就会明白，当竞争真的占优势时，卖主 A 肯定总是以稍低于卖主 B 的运费向 B 的支付能力较强的顾客提供服务，试图以低价将 B 挤出市场，这一过程最终必然拉平所有运费。导致上述差别收费的原因，不是缺少完全的可转移性，而是习俗和默契引入了垄断行为这一因素。

③ 参见威廉斯，《铁路运输经济学》，第 212 页。

量的供给价格都特别高。同样，在其他条件相同的情况下，如果该线路穿过得不到什么运输量的人烟稀少地区，或穿过地形使水路运输可以很容易地取代各终点站之间某些种类商品的陆路运输的地区，也适用于特别高的运费；因为在这种情况下，需求量特别低，供给符合供给价格递减的条件；建造和经营一条运输量很小的铁路，花费相应地要大于大规模生产运输服务的花费。毫无疑问，正是由于认识到了这些因素，英国议会作的运费分类才对不同线路规定了不同的**最高限价**，尽管对于所有线路而言，分类本身是相同的。

其次，在单纯竞争条件下，只要运输服务的购买者，除了运输服务外，还需要非免费的其他附带性服务，就会出现偏离单一每吨英里运费的情况。需要作的调整，完全类似于平纹棉布按到岸价格向住在离制造地远近不同的购买者交货时价格作的调整。因而，某些种类的商品若包装方法便于铁路运输，其运费就应该较低。在其他条件相同的情况下，托运少量货物要比托运大量货物贵。“少量货物的托运对铁路公司而言，意味着以下三个不同的因素造成费用大幅增加，一是单独收货和交货；二是在终点站单独卸货、开发票、记账，等等；三是铁路货车装载不当而造成损坏。”[①]所以，很自然地，在英国议会作的分类中，某类货物以 4 吨的数量装运时，被列为 A 级(最便宜的一级)，以 2 至 4 吨的数量发运时，被提高至 B 级，以少于 2 吨的数量发运时，被提高至 C 级。根据类似的原则，很自然地，英国铁路公司会主动作出安排，若某些货物以某些数量装运或以某些方式包装，则将它们列入低于议会分类

---

① 阿克沃思，《铁路经济学原理》，第 120 页。

的等级。而且，当包装方法给定时，每吨的运费很自然地就应该随着影响装卸成本的条件而变化，例如货物的体积、易碎性、流动性、爆炸性、结构等等；还应该随着所需运输服务的速度和规律性而变化。[1] 美国铁路委员会的一项决议清楚地指出了这一点。该决议宣称："对草莓收取较高运费的理由似乎是，其所需的运输服务具有特殊性。这种货物易于腐烂，因而需要特殊的服务，如需要途中冷藏、快速运输、特别装备的列车以及在目的地迅速交货。这种运输服务还包括在托运站和交货站装运货物时的额外麻烦、'改造'列车车厢、缩短列车长度以提高行驶速度、车厢不能满载、回程放空车等等"。[2] 最后，很自然地，在同一条线路上，如果把货物从 A 运送到 B，而这些货物还将进一步运送到 C，其运费一般说来就应低于把货物运送到 B 而在 B 消费的运费。只要装卸费包含在运费中，这一点便很明显，因为就前一种货物而言，完全节省了装卸费。而且，即便不考虑装卸费，从 A 至 B 的旅程作为更长旅程的一部分，其花费也要少于相同旅程作为单独整体的花费。原因是，粗略说来，任何一段旅程之后，机车和设备在空闲期间的花费，都可以正当地归于该段旅程，而空闲期间的长短并不随此后旅程的长短而变化。因此，"同中间必然有等待时间的许多次短途运输相比，长途运输会从机车、车皮、列车员等等那里获得更多的运输里程；机车和车皮会得到更好的装载，线路也会得到更加连续的利用"。[3] 这一因素表明，对于运输服务而言，暂不考虑装卸费，有某种形式的

---

① 参见海恩斯，《限制性铁路立法》，第 148 页。

② 《经济学季刊》，1910 年 11 月号，第 47 页。

③ 阿克沃思，《铁路经济学原理》，第 122～123 页脚注。

递减运费。英国(战前)的商品运费分类认可了这一点。它对于最初的20英里规定了一种每吨英里最高运费率,对于接下来的30英里规定了较低的最高运费率,对于再接下来的50英里规定了更低的运费率,对于更加远的距离规定了最低的运费率。这种运费等级不包括装卸费,装卸费是固定的,与距离无关。①

第三,必须注意到这样一个事实,就是各种服务虽然在本质上是相同的,但当它们是在一年当中的不同时间或季节提供的时候,成本却不一定一样。这一因素主要是在电力供应方面具有实际的重要意义。为了能提供"负荷高峰"时所需的电力,必须安装大量的设备,其数量要多于假如没有额外需求时刻或季节而需要安装的设备。假设在1/5的时间内,每小时需要200万个单位,在其余的时间,每小时需要150万个单位,结果是,设备成本是全部时间都需要150万个单位时的4/3倍。在这种情况下,负荷高峰时电力的实际成本,就其取决于设备成本而言,可以计算如下:生产非负荷高峰时所需总电力单位的设备成本为,4/5乘以设备总成本的3/4(即等于3/5);生产高峰时所需电力单位的设备成本为,1/5乘以设备总成本的3/4,再加上设备总成本的1/4,即等于2/5。也就是说,高峰时提供200万个单位所需的成本,等于非高峰时提供600万个单位所需成本的2/3;换言之,负荷高峰时每单位服务的设备成本(暂不考虑直接成本)等于正常服务时设备成本的两倍。这表明,单纯竞争或服务成本原则,要求对不同时间供应的电力收取不同的费用。这显然也适用于电话服务和电报服务——更

① 参见马里奥特,《运费和票价的确定》,第21页。

不用说专门招揽季节性游客的饭店和旅馆服务了。一些产业的产品在淡季可以储存起来，因而可以调整设备，连续生产所需的平均产量；在这些产业中，旺季和淡季的成本差额不会超过储存产品带来的成本和利息损失。不过，至少就客运而言，铁路公司非常类似于电力企业，因为它们提供的服务必须在供应的时候生产。因而，根据服务成本原则，似乎有理由对繁忙季节和每天繁忙时刻的旅行收取比其他时间高的票价。当然，这种差别收费调整得并不很精确。事实上，由于其他原因，反而正是在每天和每周最拥挤的时候出售最便宜的票（工人票和周末票）。不过，确实以隐蔽的形式存在着差别收费；因为，一个人傍晚 5 点钟拉着吊带站立着乘坐伦敦地铁时，虽然支付的绝对价格与他下午 3 点钟舒适地乘坐地铁时相同，但他却是在为低劣得多的不同服务支付这种价格。这就如同他两次出行的舒适程度相同，但在拥挤的那一次支付高得多的票价一样，实际上也是一种差别价格。

最后，在某些情况下，服务成本原则必然导致对连续购买服务的人收取的费用，低于对断断续续购买服务的人收取的费用。造成这种状况的一个原因是，连续接受服务的人无法对负荷高峰的最高值付费，而断断续续接受服务的人在某种程度上却有可能做到这一点。因而，如果无法直接对高峰期服务和非高峰期服务收取差别费率，有时便可以通过区别对待连续服务和断续服务来间接地做到这一点。这种方法是有缺陷的，因为需求不连续但完全在非高峰期的消费者，其导致的设备成本要低于需求连续的消费者。实际上，这种差别待遇只是在这样一些产业中实行，在这些产业中必须安装特殊的设备，才能向不同的顾客分别提供服务。显然，如果这种设备很少使用，同经常使用时相比，就必须对每次服务收取较高的费用。如果愿意的话，可以为安装这种设备收取一笔一次性费用，或收取年租，从而对每个人得自这种设备的每单位服务收取相同的费用。概括地说，这是对电话服务采用的通行收费方法。然而，如果由于某一原因未采用这种方法，全部费用是通过服务价格收取的，则服务成本原则必然导致公开歧视个人负载因数小的顾客。但这与铁路运费毫不相干，因为除了直接收费的专用侧线外，铁路公司不提供专用设备来为特殊顾客服务。

第 3 节

至此我们得出的结论，只是在出售给不同购买者的运输服务不是联合供应的时候，才是有效的。如果运输服务是联合供应的，单纯竞争或服务成本原则将不再意味着，在上一章的那些保留条件下，全部每吨英里的运输必须以相同的价格出售。这就如同每磅牛肉和每磅牛皮并非一定要以相同价格出售那样。因为，当两种以上的商品或服务是某一生产过程的联合产品，提供其中一种产品必然便利于另一种产品的提供时，单纯竞争所导致的，便不是每磅（或其他单位）不同产品价格相同，而是使价格根据需求作出调整，以把所有产品的全部产量都销售出去。因此，如果两种商品 A 和 B 的运输，或为了两种目的 X 和 Y 而对商品 A 的运输，是联合产品，则单纯竞争很可能为它们带来不同的每吨英里运费。所以，确定铁路公司提供的各种服务在多大程度上实际上是上述意义上的联合产品，是非常重要的。

第 4 节

许多权威人士坚持认为，联合成本在铁路运输行业中起着主导作用。他们认为，在一条铁路线上从任何一点 A 至任何一点 B 的煤炭运输和铜运输，从实质上说和从根本上说是联合产品；同样，把商品从 A 运至 B 并在 B 消费，和把商品从 A 运至 B 并进一步运至 C，也是联合产品。这种论点被陶西格教授扩展如下。首先，他说："只要不是为了一个目的，而是为了多种目的而使用很庞大的设备，联合成本的影响就会表现出来"。[①] 而且，"建造铁路的劳动——或换言之，投入铁路的资本——似乎同样有助于每项运输。……不仅铁路的固定资本，而且很大一部分乃至绝大部分营运费用，都是全部运输或大部分运输的共同支出，而不是每项运输的单独支出"。[②] 在陶西格教授看来，大量辅助成本的存在，其本身并不足以带来联合供给。对于联合供给而言，至关重要的是设备用于**不同的目的**。因而他写道："若庞大的设备用于生产一种同质的商品，比如钢轨或平纹棉布，联合成本的特殊效应当然就不会出现"。[③] 而且，他乐于承认，从 A 至 B 运送若干吨不同的货物和为了不同的目的运送相同的货物，确实**在某种意义上**构成了一种单一的同质商品，其原因完全与平纹棉布一样。若干吨的运输服务出售给铜矿主和若干吨的运输服务出售给煤矿主，并不意味着在提供两种不同的服务，这就如同一些平纹棉布出售给一个买主

① 《经济学原理》，第 1 卷，第 221 页。并参见第 2 卷，第 369 页。

② 陶西格，"铁路运费理论"，见里普利的《铁路问题》，第 128～129 页。

③ 《经济学原理》，第 1 卷，第 221 页。

和一些平纹棉布出售给另一个买主，并不意味着在提供两种不同的商品那样。不过，他认为，这些不同的运输，虽然在某种意义上说是同质的，但“在对于我们当前目的而言很重要的意义上——即从**需求条件**的角度看，却不是同质的”。[①] 因而，他的主要论点是，当一种在生产中一般辅助性成本起很大作用的商品，不是供应给一个统一市场上的不同人，而是供应给许多独立市场上的不同人时，对一个市场的供应就是与对其他市场的供应联合在一起的，以至可以预期，单纯竞争会导致产生发散的价格体系。

当然，联合产品这个词是否应该像陶西格教授认为的那样用于有关的各种服务上，是个文字问题，但这些服务是不是联合产品，**以至可以预期，单纯竞争会导致产生发散的价格体系**，却是个实际问题。在我看来，巨大的共同辅助性成本与被供应以产品的各个市场间的分隔相结合，并不足以使铁路服务在这种——惟一重要的——意义上成为联合产品。它们要成为联合产品，还必须具备另一个条件，就是不仅设备等方面的追加投资要能够交替地用于促进对每一个市场的供应，而且这种追加的投资还要能够用来在促进对一个市场的供应的同时，也促进对另一个市场的供应。这一点可以说明如下。当棉纺织品提供给两个分隔开来的不同市场时，供应这两个不同市场所花费的成本大部分是**共同的**，因为它们在很大程度上是由棉纺织业的辅助费用构成的，而辅助费用无法明确地分摊给为不同市场生产的商品。不过，追加投资不一定会为两个市场的**每一个都**增加产量。如果在增加投资以期，第一

① 《经济学季刊》，1913年，第381页。

个市场得到 x 单位棉布，第二个市场得到 y 单位棉布，那么在增加投资以后，多生产出来的棉布便可以在两个市场之间分配，也可以全部供应给第一个市场，或全部供应给第二个市场。然而，如果是经由同一个过程向两个分隔开来的不同市场提供棉花纤维和棉籽，追加投资则必然会为两个市场的每一个增加产量。在后一种情况下，很容易看出，单纯竞争一般会导致发散的价格。但在前一种情况下，却不会导致发散的价格。因为，如果有一些相互竞争的卖主向一些具有独立需求表的市场供应运输服务或任何其他服务，如果其中一个市场上的价格高于另一个市场上的价格，那么每一个卖主将其提供的服务从价格较低的市场转移到价格较高的市场，就必然对他们是有利的；这一过程最终肯定会把不同市场上的价格拉平。**在单纯竞争占优势时**，不管有关的商品或服务在其生产中辅助成本是不是大于主要成本，这一结论显然都是成立的。因而陶西格教授的论点是不能被接受的。联合供应，从我们在此处使用这个词的意义上说，并不像陶西格教授所认为的那样，普遍存在于铁路运输行业中。[①]

① 关于联合成本与铁路运输服务的关系这个一般问题，参看我与陶西格教授之间展开的讨论，载于《经济学季刊》，1913 年 5 月号和 8 月号。还应该补充两点。

首先，有人认为，联合成本这一概念，从正文所赋予的意义上说，只有在只生产一种商品，而且制造商品的加工单位相对于商品单位而言较大时，才能够运用。例如，当边际加工单位生产 100 个产品单位时，便可以认为，100 个产品单位产生的价格足以报偿一个加工单位，但是，对于供应者而言，这 100 个单位的总价格究竟是由什么样的单个价格构成的，却无关紧要。不过，这种观点，**在以上述一般形式陈述时**，忽略了这样一个事实，即：不仅可以通过从每 100 个加工单位的成果中减去一个单位而去除 100 个产品单位，而且还可以通过取消一个加工单位而去除 100 个产品单位，因而在自由竞争的条件下，如果任何产品单位被拒绝给予同一个加工单位供给价格的百分之一同样

第 5 节

与此同时，应该清楚地认识到，在铁路公司提供的服务中，联合供给确实起着**某种**作用。在从 A 至 B 的运输和从相反方向 B 至 A 的运输之间，情况显然就是这样。铁路公司的组织结构与轮船公司一样，要求从 A 行驶至 B 的车辆，随后从 B 返回 A。在行驶的车辆上增加 100 万镑支出，必然既增加车辆从 A 行驶至 B 的次数，又增加车辆从 B 返回 A 的次数。这意味着真正的联合供给。

高的价格，人们很自然地便会采用后一种去除方法。这表明，在同一时间用相同的加工方法生产的实质上相同的产品，**一般说来**，在任何意义上都不是联合产品，即使边际加工单位较大。但这种答复与我们讨论的问题无关，只要实际提供的加工单位的数目是实际可以提供的最小数目，就无法排除联合供给这一概念。在这种情况下，便没有什么东西与正文中的分析不相容，也就是说可以把由此生产出来的产品单位看作是联合供应的。穿过任何地区建造有可能建造的造价最低的铁路，其成本便是该铁路提供的各项服务的联合成本。沿着这条分析思路，可以得出第 8 节沿着另一条分析思路得出的结论。就有可能建造的造价最低的铁路这一特殊问题而言，这两条分析思路是同样有效的(参见《经济学季刊》，1913 年 8 月号，第 688 页)。然而，因为借助于联合供给的分析只适用于一种特殊类型的问题，而正文中即将采用的那种借助于歧视性垄断的分析适用于所有问题，所以应该给予后一种方法以优先权。

其次，如果愿意的话，联合供给这一概念，可以运用于相同的固定设备在不同的时间提供的相同服务。例如，可以把铁路公司为夜间旅行和白天旅行提供的服务称为联合供给，据此而收取不同的运费。这一因素对于电费来说特别重要。因此也就有理由设计一种差别电费制，以使全天或全年的电力供应差不多相等。如果我们把两个时间提供的服务视为相同的服务，但来自不同的需求，便可以从不同的途径得到相同的结果。相对于**在相同时间**运送不同货物的铁路而言，不同之点是，能够对这条铁路进行调整，以便在运送 A 的时候不牵涉运送 B 的能力；但是，一条适合于白天运送 A 的铁路，必然也有能力在夜间运送 A。当然，如果指望资本设备在**规定的使用时期**而不是在规定的时期维持其全部价值，则这一不同之点便会丧失其大部分意义；因为这样一来，目前较少的夜间使用，就会使以后较多的白天使用成为可能。但实际上，大部分设备不管使用不使用，都会**随着时间的推移**而耗损；例如，铁轨和枕木会在气候的作用下变质(参见沃特金斯，《电费》，第 203 页)，还会变陈旧。

因此，一般说来，竞争性的铁路和船舶运费制不会使从 A 至 B 的旅程和从 B 至 A 的旅程运费相同，而是会使需求较高的方向运费也较高。当然，正是由于这一原因，对于价值相同的商品来说，从英国运出的运费一般要低于运入的运费。我国的进口商品主要是粮食和原料，出口商品除了煤炭外，主要是制成品，前者自然对船舶舱位的需求较大。假如不是我国出口煤炭的话，这种差距会比现在大得多。在美国，货物的向东运输和向西运输——旅客运输并非如此——之间，也存在着类似的关系；因为“那些向世界供应粮食和原料的人，要比他们购买的数量需要多得多的吨位”。[①] 不过，这种联合供给的重要性较小。与铁路经济学家们的一般看法相反，铁路公司提供的大部分服务不是联合供应的。因而我们得出的结论是，在第 2 节列出的那些保留意见的约束之下，对于所有商品而言，不论是什么商品，也不论它们是在 B 消费，还是从 B 进一步运送到“长途运输”的某一更远的地点，单纯竞争都会导致出现相等的每吨英里运费制。

第 6 节

“服务价值原则”或第三种程度的垄断**加**歧视的具体含义较为复杂。上一章已说明，采用这一原则的垄断者会把他控制的整个市场划分为若干较小的市场，通过在它们之间实行差别待遇，获取

① 参见约翰逊，《美国的铁路运输》，第 138 页。应该指出，虽然在铁路的头等客舱服务和三等客舱服务之间没有什么联合性，但在船舶的头等客舱服务和三等客舱服务之间却很可能有很大的联合性；因为船舶的结构必然导致在同一时间提供较多的舒适客舱，或较少的舒适客舱。

尽可能大的总利益。并进一步说明,旨在最有效地达到这一目的的那种划分,会在实际情况允许的范围内,这样安排各个市场,那就是,使每一价格较高的市场包含尽可能少的需求,并使其需求价格低于下一个市场上的最高需求价格。一旦划分完这些较小的市场,确定在这些市场上将要收取的运费,就没有什么分析上的困难,而可以用简单的数学公式来表示。[①] 的确,并不像一些人认为的那样,如果采用这种方法,向不同市场收取的相对运费,就仅仅取决于这些市场上(相对于某一未指明的产量而言)需求的比较弹性;同样,认为它们仅仅取决于这些市场上(还是相对于某一未指明的产量而言)通行的比较需求价格,也是不正确的。真正的决定因素是不同市场上完整的需求表所反映出来的整体情况。[②] 不过,这个决定因素虽然一般说来很复杂,可是一旦不同市场的结构确定下来,就会变得很精确。真正的困难在于,铁路公司事实上必须在实际情况的限制下,对各种潜在的小市场制作出选择。(从铁路公司的观点)寻求最为有利的小市场制,实际上已导致产生了精

① 例如,令 $\phi_1(x_1)$,$(\phi_2)x_2$…表示 n 个单独市场上的需求价格,令 $f(x)$ 表示供给价格。

在第三种程度的垄断加歧视之下,各个市场上的价格由 $\phi_1(x_1)$,$\phi_2(x_2)$…的数值给出,这些数值满足以下形式的 n 个方程:

$$\frac{\partial}{\partial x_r}[x_r\{\phi_r(x_r)-\Sigma x_r f(x_1+x_2+\cdots)\}]=0.$$

这些 n 个方程足以确定 n 个未知数。

② 当表示需求表的曲线是直线时,这个复杂的决定因素就会分解为一个简单的决定因素,即在各个市场上需求最为强烈的那些单位的比较需求价格。在这种情况下,如果供给价格保持不变,则可以证明,每一市场上的垄断价格,等于供给价格与每一市场上需求最为强烈的那一单位的需求价格之差的一半。

细的客运分类方法和货运分类方法。为了实际说明服务价值原则的运用情况，需要对这些分类方法作一些描述。

在客运方面，铁路公司发现，最能满足服务价值原则的，是主要依据不同人群的相对财富进行分类的方法，其假设是，富人对运输的大部分需求产生的需求价格，要高于穷人对运输的大部分需求产生的需求价格。由于无法直接根据财富的差异进行分类，所以便借助于一般与不同程度的财富相联系的各种标志或象征。例如在美国，某些铁路公司对移民收取特别低的票价，低于对美国本地人收取的票价，即使后者愿意乘坐移民专用车厢旅行。[①] 某些殖民地根据旅行者的**肤色**实行差别票价；黑人一般被认为不那么富裕，被收取比白人低的票价。[②] 在英国，更为明显地是在比利时，[③]铁路公司对工人收取特别低的票价。这恰似伦敦一些店主的做法，他们对住在富人区的顾客索要与其他人不同的价格，剑桥的小船出租人也是这样，他们过去常常对五个人集体租用一条小船一个下午，索价 5 先令，而对于一个人租用这条船，索价 1 先令。不过，仅仅依据财富标志作的分类，有点粗糙，因为具有相同财富的人对于某一旅行的欲望，在不同时间强度是不同的。铁路公司由于意识到了这一点，进行了各种交叉分类，依据的事项有舒适程度、速度快慢、旅行时刻、假设的旅行目的，等等。因而，头等车厢的票价，或特别快车的票价，要高于次等车厢的票价，或慢车的票

① 《经济学季刊》，1910 年 11 月号，第 38 页。

② 参见科尔森，《政治经济学教程》，第 6 卷，第 230 页。

③ 参见朗特里，《土地与劳动》，第 289 页。

价，且高出的幅度要大于提供这些不同种类的服务在成本上的差异；[1]有时对清晨的旅行收取特别低的票价。[2] 同样，有时以特别优惠的条件出售游客票、周末票和观光票，试图以此把需求可能较低的假日旅行同必要的商务旅行区分开来。

在货运方面，铁路公司发现，最能满足服务价值原则的，是主要依据所运输的不同货物的相对价值进行分类的方法，其假设是，价值较高的货物对运输的大部分需求产生的需求价格，要高于价值较低的货物对运输的大部分需求产生的需求价格。作出这种假设的根据如下。将任何货物的第 n 个单位从 A 运至 B 的需求价格，可以用假如这第 n 个单位没有运输的话，该货物在 B 的价格超出它在 A 的价格的幅度来衡量。但是，根据分配法则，任何物品在 A 和 B 的价格愈高，该物品在这两个地方可能存在的价格差异（假如这两个地方没有被运输连接起来的话，就会出现差异）也就愈大；这恰似白杨树在 A 和 B 可能存在的高度差异，要大于卷心菜在这两个地方可能存在的差异那样。没有理由认为，价值高的货物在价格上的百分比差异，要大于价值低的货物，但却有理由认为，前者的绝对价格差异较大。仔细研究一下英国各家铁路公司根据铁路运费和收费法案采用的分类方法，便可知道，它们基本上都把有关货物的价值当作分类的基础。总体说来，任何等级的

---

① 科尔森先生提出了一种方法，根据这种方法，所有列车都应接受三等乘客，快车收取增补价；他认为，这种方法要优于欧洲大陆现行的方法，在这种方法下，想要乘坐快车旅行的乘客必须支付三等票价和二等票价之间的全部差额。

② 参见马海姆，《工人月票》，第 12 页。

货物愈便宜，它在分类表中的位置愈低。[①] 同样，美国铁路委员会的一些决议也建立在这样提议之上，即：较便宜的物品在分类表中的等级，不应高于较昂贵的物品，例如制作椅子的材料不应高于制成的椅子，葡萄干不应高于干果，等等。[②]

有时，对于公司或主管部门来说，直接按照货物的价值进行分类，实际上很不方便。此时，根据一些标志进行分类，也可以获得同样的结果，这些标志的差异很可能与价值的差异相一致。因而，既然价值高的货物一般说来要比价值低的货物包装得好，运费有时也就随着包装的精细程度而变化。例如在法国，由于上等酒一般“用 220 至 230 升的小酒桶”装运，普通酒“用 650 至 700 升的大酒桶或罐车”装运，[③]因而对用“小酒桶”装运的酒收取的运费较高。

必须补充说明的是，同客运一样，对于货运来说，完全依据所运输的货物的价值作的分类，也必然是有点粗糙的。因而，也采用了依据其他事项作的交叉分类。例如，在从 A 运至 B 的每一类价值给定的货物之内，可以再细分为 B 很容易自己制造或很容易从 A 以外的地方得到的货物，以及 B 不能自己制造或无法从 A 以外的地方得到的货物；对于后一类货物就可以收取较高的运费。而且，在由相同货物构成的同质类别之内，可以再划分小类别。例如，有在英国收获季节之前的几个星期从德国进口到英国的蔬菜，还有在收获季节之后从德国进口到英国的蔬菜，后者往往被收取

① 关于这些分类表，参见马里奥特，《运费和票价的确定》，第 27 页及以下各页。

② 参见《经济学季刊》，1910 年 11 月号，第 13、15 和 29 页。

③ 科尔森，《政治经济学教程》，第 6 卷，第 227 页。

较高的运费。从法国南部运往北部的蔬菜,也是如此。[1] 有时还试图根据用途对运输相同的货物收取不同的运费,例如把建筑用砖、铺路用砖和耐火砖置于不同的收费等级。不过,应该指出,美国州际商业委员会拒绝承认以此为基础所作分类的有效性。[2] 更为重要的是根据最终目的地作的细分。例如,由A运至B而在B消费的货物和由A运至B而由B进一步运至C的货物,被置于不同的类别,并被收取不同的运费。原因是,世界不同地区在性质上的差异,不与距离上的差异成比例。没有什么理由先验地认为,在B生产某种商品的成本与在A生产该种商品的成本的差异,会因为A在500英里以外而不是100英里以外而更大。因而,对第r英里运输的需求,在长途货运中很可能要比在短途货运中小。这一点特别适用于粮食、原料等,它们实际上适合于在范围广阔的气温和气候条件下生长。但它也与所有种类的商品有某种关系,因而毫无疑问,导致产生了在英国、法国和德国通行的各种适用于货物(而不是旅客)的运费递减制。[3] 不过,当A与C不仅由A至B的铁路**加**B至C的更多铁路或水路相连接,而且还由直接的水路相连接时,实行差别运费的理由更加有力得多。在这种情况下,将任何一种货物从A运至B并在B消费的**许多**运输单位的需求价格,很可能要远远高于将该种货物从A运至B并进一步从B运至C的**任何**运输单位的需求价格。据此进行的分类,导致了经由利物浦进口的货物从柴郡运至伦敦的运费,远远低于柴郡自己生产

① 科尔森,《政治经济学教程》,第6卷,第227页。

② 里普利,《铁路、运费和管制》,第318页。

③ 参见马里奥特,《运费和票价的确定》,第43页。

的相同货物从柴郡运至伦敦的运费。根据相同的原则,"普鲁士邦铁路公司对于将粮食从俄国运至外国(瑞典、挪威、英国等),准许收取特别运费;从边境至德国各港口、柯尼斯堡、但泽等每公里每吨的运费,要低于德国谷物在这些相同地点间的运费。……有人指出,准许收取这种特别低的运费,目的是确保普鲁士的铁路得到这些货物,因为这些货物不一定非得经过普鲁士的铁路线,而可以经由里加、雷瓦尔和利博运输,假如不降低运费,很可能就会这么做"。①

第 7 节

现在,我们可以从国民所得的观点,对服务成本原则和服务价值原则加以对照比较了。众所周知,人们一般认为,根据服务价值原则,或换句话说,根据货物所能承受的程度来确定运费,无疑要优于另一确定运费的原则。然而,在我看来,这种流行的观点主要建立在两种混淆的基础之上。第一种混淆源自这样的假设,即:铜的运输和煤炭的运输,以及需要进一步的运输时从 A 至 B 的运输和不需要进一步的运输时从 A 至 B 的运输,是联合产品。第 4 节已证明,这种假设是没有根据的。而且它还借助于另外一种假设,即:根据相对的边际需求为联合产品收费,就是依据服务价值原则收费。这种假设与前一种假设一样,是没有根据的。稍微思考一下便会明白,以这种方式为联合产品收费,遵循的是服务成本原则的指导,或换句话说,遵循的是单纯竞争的指导。第二种混淆可称

① 《铁路公会报告》,1909 年,第 99 页。

为张冠李戴。有人试图证明,服务价值原则,从歧视性垄断的严格意义上说,要优于单纯垄断。于是他们指出,在对铜的运输和煤炭的运输收取相同运费的情况下,如果垄断者所能规定的对自己最为有利的价格会使他完全停止运输煤炭,而继续以较高的运费运输铜,那么允许在这两种运费之间有差别,就会增加国民所得。[①]很显然,这种论点虽然就其本身而言是正确的,但却与第三种程度的歧视性垄断优于单纯竞争而不是优于单纯垄断这一问题毫不相干。澄清了这些混淆后,就可以把服务价值原则与服务成本原则之间的问题,视为上一章阐述的第三种程度的歧视性垄断与单纯竞争之间的那个一般问题的特例。

第 8 节

有关那个问题的讨论得出的结论是,一般说来,单纯竞争更加有利。然而,在一些情况下,有利与不利是共存的。这些情况是,虽然找不到统一的价格来收回生产**任何**产量的费用,却可以实行差别价格制来使**某种**产量有利可图。哈德利校长举例说明了这一点,所举的例子是两种不同的运费,一种是对由 A 运至 B 而在 B 消费的货物收取的运费,一种是对由 A 运至 B 而由 B 进一步运至 C 的货物收取的运费。他写道:"假设问题是,是否能在两个大城市之间的乡村地区修建一条铁路,在这两个大城市之间具有水路交通,而在它们之间的乡村地区却没有"。为了对付水路的竞争,从一端 A 运送到中间一点 B 的运费,对于要进一步运送到另一端

① 参见前面第 2 编,第 17 章,第 13 节。

C 的货物来说，必须很低；如此之低，以致如果将其运用于从 A 至 B 的所有运输，将使经营这段铁路无利可图。但是，就留在 B 的货物而言，对于从 A 至 B 运输的需求却非常小，单独这种需求无法支撑这段铁路的运营，无论运费定得多么低或多么高。"换言之，为了能够生存下去，该铁路必须做到两件不同的事情，一是对当地的货物收取高运费，二是对经过各个地点的大批货物只能用低价吸引。想要经营该铁路，就得实行差别价格。"① 如果不实行差别定价，就不会有足够的运量产生充足的收入来负担生产支出，那么便可以构筑与上面完全相同的论点，支持对不同产品收取差别运费。依据同样的原则，可以认为，在某些情况下，应该允许迂回线路在其两个终点之间收取特别低的运费，以防止在两个终点之间建立直达线路；因为，如果不这样安排的话，就不会修建迂回线路，迂回线路也不会赢利，它可能为之服务的中心地区便会遭受损失。我完全同意，确实**可能**会出现这种情况。但哈德利校长及其追随者，却不满足于证明有可能出现这种情况，而是不加论证地暗中补充说，这是整个铁路界的典型情况，进而以为自己证明了，制定所有铁路运费时都应遵循服务价值原则。这样一种未加论证的推论，显然是不合法的。必须进行仔细的研究，才能确定在何种范围内和在什么条件下，有理由实际推广应用服务价值原则。

---

① 《铁路运输》，第 115 页。可以想象，在这种情况下，有人会反对修建铁路，认为铁路会严重损害与其竞争的水路运输业，而完全抵消铁路带来的好处。不过，可以证明，只要整条铁路能维持运行，这种反对意见就是站不住脚的。参见前面第 2 编，第 9 章，第 11 节。

第 9 节

从分析的观点看，情况很简单。正如上一章说明的那样，第一种程度的垄断**加**歧视要创造出单纯竞争不能创造出的产量（我采用最简单的情况，即一个市场上的需求独立于另一个市场上的价格），需求和供给的一般条件之间就必须存在该章所描述的某些关系。使第三种程度的垄断**加**歧视能够得到这一结果的条件则不那么明确。一般说来，使第一种程度的歧视获得成功的条件，并不会使第三种程度的歧视也获得成功。不过，我们可以大致得出结论说，当第一种程度的歧视很有可能获得成功时，第三种程度的歧视获得成功的机会也很大——相互之间价格不同的市场愈多，市场结构从垄断者的观点看愈令人满意，获得成功的机会就愈大。我们的问题是，弄清实际出现这种状况的可能性有多大。

首先，前面已说明，在供给价格递减法则起巨大作用的各种投资中，这种可能性最大。[①] 就铁路而言，有理由相信，只有在达到相当成熟的发展阶段时，一般才能满足这一条件。原因是，实际上只有在具有某一最低运输量的情况下，才能进行铁路的固定设备投资。每星期运送一英两货物的铁路运输总成本，几乎与运送几千吨货物的总成本一样大。因为在勘探和请律师、架桥通过山谷和河流、开凿隧道、修建车站和月台等方面，必须承受相同的巨额开支。这意味着，只有在进行了大量投资后，供给价格递减法则才会起巨大作用，在这之后，作用会减小。所以，就此而言，歧视性垄断优于单

---

① 参见前面第 2 编，第 17 章，第 9 节，以及附录Ⅲ，第 26 节。

程竞争的条件，在铁路运输业中要比在其他产业中更有可能出现。

其次，前面已说明，在产品需求具有弹性的各种投资中，歧视性垄断带来某些产量而单纯竞争不带来任何产量的可能性最大。[①] 在铁路运输业中，当运费已降低到相当低的水平时，我们有理由相信，小幅降低运费会引起需求大幅增加，这种需求不仅来自于否则会由其他交通工具运输的货物，而且还来自于否则根本不会运输的货物。换言之，有理由相信，需求一般说来是有弹性的。因而，此处也可以说，同某些其他产业相比，铁路运输业更易于产生适合歧视性垄断的条件。

然而，尽管只有在已达到相当大的运输量时，供给价格递减的法则才会起巨大作用，尽管对铁路运输服务的需求是具有弹性的，可是单单这两个条件并不足以确保歧视性垄断会带来某些产量，而单纯竞争不带来产量。所需要的另一个条件是，对于少量的运输服务来说，需求价格和供给价格的实际水平——更为一般地说，是整个需求表和供给表——必须以某种特殊方式相关联。显而易见，如果对于少量的运输服务来说，需求价格高于供给价格，单纯竞争就会带来某些产量，因而也就不会出现我们所说的那种情况。同样，显而易见，如果对于少量的运输服务来说，需求价格远远低于供给价格，那么无论是在单纯竞争之下，还是在歧视性垄断之下，都不会有任何产量，因而也不会出现我们所说的那种情况。要出现我们所说的那种情况，似乎必须确立某种中间位置。因此，一方面，受影响的地区交通不能太繁忙，人口不能太稠密；另一方面，

① 参见前面第 2 编，第 17 章，第 9 节，以及附录Ⅲ，第 26 节。

交通也不能太不繁忙，人口太稀少。需要有某种中等范围的交通和人口。这种范围与整个可能的范围相比较，自然不是很广泛。因而，在随便选择的任何一条铁路上，似乎先验地不大可能出现使歧视性垄断比单纯竞争对国民所得更为有利所需的那些条件。固然，有许多从事实际工作的专家认为，可能性还是不小的。但是，正如强调这一点的艾奇沃斯所承认的，“高级权威人士假如充分认识到并反复强调与他们的证言相反的先验的不可能性，那他们的证言会具有更大的分量”。[①]

第 10 节

不过，必须指出，在任何国家，随着人口和财富总额的增加，沿着任何一条指定的线路，对铁路运输服务的需求都会逐渐增加。因而，虽然在某一随机选定的时刻，影响随机选定的线路的条件，不可能使基于服务价值原则的铁路运费制比基于“服务成本原则”的铁路运费制，更加有利于国民所得，但是，随机选定的线路却有可能**经过这样一段时期**，在这段时期，恰好具有前面所述的那种条件。当财富和人口的增长达到某一点时，往往就会出现这种条件，当稍后达到另一点时，这种条件往往就会消失。如果普遍盛行服务成本原则，如果不给予国家补贴，那么只有在达到后一点时，才会修建某些线路（当有希望通过对供给的体验“建立起”需求时，这一点当然不必是铁路在此刻就赢利的那一点），尽管在达到前一点时，修建这些线路对社会就是有利的。由此得出的推论是，当某一

① 《经济学杂志》，1913 年，第 223 页。

线路处于这两个阶段之间的中间阶段时，便应采用差别价格亦即服务价值原则，而一旦人口和需求大幅增加，使该线路脱离这一中间阶段，服务价值原则便应让位于单纯竞争亦即服务成本原则。[①]在大多数普通线路上，适合于采用服务价值原则的时期，似乎是比较短暂的。[②]

第11节

甚至服务价值原则的这种有限运用，也只是建立在这样的假设基础之上，即：在纯粹的服务价值原则和纯粹的服务成本原则之间没有第三条道路可走。然而实际上，是有第三条道路可走的。可以在坚持服务成本原则的同时，给予国家补贴。显然，借助于补贴的帮助，在服务成本原则之下，可以完全像在没有补贴的服务价值原则之下做到的那样，加快铁路的建设。整个社会将从税收中

① 比克迪克先生（见《经济学杂志》，1911年3月号，第148页）和克拉克先生（见《美国经济协会会刊》，1911年9月号，第479页）实际上认为，从一种制度向另一种制度的转变，不是出现在日益增加的需求使铁路脱离上述阶段的时候，而是出现在需求大幅增加，以至与供给曲线相交于斜率由正变为负的那一点的时候。在我看来，这种观点没有充足的根据。

② 根据与上面相同的思路，可以认为，在建造了一条铁路和这条铁路采用服务成本原则达到了赢利运营的阶段以后，便立即达到了另一阶段，在这个阶段，回复到服务价值原则，将能够在给社会带来利益的情况下铺设第二条铁路，虽然在基于服务成本原则的运费制度下，这样一种扩展对于铁路公司而言还是不赢利的。该论点为建立差别运费制，**只将其运用于新铁路运输的货物**提供了根据；而且这种论点经过修改，可以为建立差别运费制，将其只运用于**新增的**车辆运送的货物提供根据，而如果不采用差别运费，则根本不值得营运新车辆。但实际上，不可能以这种有限的方式运用服务价值原则。如果引入服务价值原则，将其运用于第二条铁路或新增车辆运送的货物，那么该原则在实际生活中就必须运用于这条线路上运送的所有货物。上述论点并没有证明这样做是有道理的。

为铁路公司提供必要的利润，而在服务价值原则之下，利润则来自于向那些购买定价最高的运输服务的人收取的运费。因为修建铁路是造福于大众的事，所以一般说来，由纳税人，而不是由某一特殊阶层的商人——或确切地说，最终由这些商人的产品的消费者——出资修建铁路，似乎较为公平。在上一节描述的中间阶段过去时，从差别运费制转变为非差别运费制会遇到一些实际困难，因而暂时给予补贴，一旦不再需要时便取消补贴，从方便行政管理的角度说，也是较好的方法。如果考虑到廉价的铁路运输可以带来以下间接利益，即能够促进我国各地区间的劳动分工，能够使大规模的地方工业得到发展，能够通过改进各个市场间的交通，减少地区性的价格波动（所有这些变化都有利于生产的发展），而认为铁路运输业是应该永久给予国家补贴的产业，那么很显然，就不需要第二种工具来做补贴本身能够做的事情，也就没有服务价值原则的容身之地。

第 12 节

关于服务成本原则或单纯竞争下的价格和服务价值原则或歧视性垄断价格之间的相对优缺点，需要说明的就是这些。然而，还有另一种可以作出的安排。可以这样来控制铁路公司，使它总体说来只能获得竞争性利润或正常利润，但这种利润可以通过低于成本的收费与高于成本的收费相结合来获得，正如医生的利润可以通过向穷病人收低价而向富病人收高价来获得那样。在铁路运输服务的一个方面，显然有理由作出这种安排。出售廉价的工人车票，可以获得巨大的社会效益；因为如果情况顺利，这会使工人能够住在乡间，而在城里上班，从而能够在健康的环境中养育他们的孩子。[①] 如果强迫铁路公司（假设它们的收入被管制措施压低至正常的竞争水平）这么做，同时允许铁路公司通过对其他运输服务收取"垄断"运费而得到补偿，便能够确保向工人出售廉价车票。然而，很显然，用国库收入提供铁路公司所需的补偿，也能达到完全相同的结果。似乎没有充足的理由把这一负担加在购买铁路运输服务的人身上，而不加在一般纳税人身上。因为，虽然铁路运输服务可能是借以向这些人征税的适当对象，但我们却不能认为，通过这种对象而向这些人征收到的税款，正好等于向购买铁路运输服务的穷人提供补贴所需的资金数量。更没有理由允许不以购买者的利益决定差别运费，而听凭铁路公司随意决定差别运费。因而这种差别运费连同利润受管制的制度，总的来看，不能说是合理的。于是便只剩下了服务成本原则，需要的话，有时用一般性补贴加以修正，有时用给予特殊服务的补贴加以修正，这些服务故意以低于成本的价格出售。

第 13 节

最后尚有一点需要指出。正如第 2 节所说明的，正确运用这

---

① 在比利时，廉价工人车票制，已实施得很完备，似乎就起了这种作用（参见朗特里，《土地与劳动》，第 108 页）。马海姆博士也在某种程度上持这种观点，认为廉价工人车票制之所以会起这种作用，是因为比利时是一个"大城镇"国家，而不是一个"大城市"国家，其居住在5,000至20,000人的城镇中的人口，远远多于法国和德国（《工人月票》，第 149 页）。与此同时，马海姆博士承认，廉价车票也有负面影响。"人们开始时是去城里或工厂，每天晚上或每个星期六返回家里；然后逐渐熟悉了新环境，最后便定居在城里"（同上，第 143 页）。实际上，廉价车票"教会了人们如何移居到城里"。

种服务成本原则，需要进行一些精细的调整。因为该原则并不是为每个人制定一种价格，而是制定多种价格，这些价格随着各项服务的附带成本而变化，并随着相对于负荷高峰而言提供服务的时间而变化。实际进行这样的调整，是非常麻烦的事情，牵涉到费用高昂的技术和会计问题。所以，问题总是在多大程度上接近理想目标是合乎需要的；在哪一点上，进一步接近理想目标所得到的利益，就会被这样做产生的复杂情况、不方便和开支所抵消。在电话服务的早期，由于希望简单而方便地收费，对电话的使用采用了单一收费制，不考虑呼叫的次数；水费甚至现在常常也不是根据实际计量的供应量收取，而是根据房屋租金估算出的可能的使用量收取。在电力方面，虽然已设计出了精巧的电表，不仅能记录供应量，而且还能给负荷高峰的用电加较大的权数，可是由于电表成本高昂，在许多地区对小房屋的用电还是不予计量，而收取统一的电费。同样，虽然对于包裹的运输，一向认为在收费上值得考虑重量的不同造成的服务成本差异，但在信件运输方面，却没有这么做；而且，无论是包裹还是信件，都未按照（在英帝国之内）运送的距离收费。出于同样的简便和廉价的考虑，铁路管理部门即使已决定根据服务成本原则收费，也不得不在相当大的程度上忽略不同旅客携带的行李在重量上的差异。据此看来，铁路管理部门决定采用分区收费制，并不一定背离服务成本原则的精神。市内有轨电车系统显然就是这么做的；仅仅由于没有比四分之一便士更小的硬币，实际上便无法对每一不同的旅行距离规定不同的票价。只要区域狭小，普通铁路运输就有同样充分的理由采用分区收费制。然而，如果区域广大，采用分区收费制便是故意违反服务成本原则。在广大的区域内对所有地点收取相同的运费，就是在优待距离市场遥远的厂商，而虐待距离市场较近的厂商。其实，这是在给予前者一种补贴，而由后者付费。固然，可以证明，优待某一供给来源，而虐待另一供给来源，在某些情况下，如果以某种方式这么做的话，可能有利于国民所得。然而，产生于分区收费制的那种差别待遇，却是随机的，并不是特意要优待某些精心挑选出来的厂商。因此，总的说来，它就像是把**相同的**厂商分为两组，优待一组，虐待另一组。这种差别待遇会使一部分商品的生产（包括运输在内）花费过大的实际成本；因为在遥远的地方生产某种商品并把它运到市场的实际边际成本，肯定要大于在近处生产该商品并把它运到市场的实际边际成本。[①] 有人会认为，由此造成的直接损失会被分区收费制的这样一种作用抵消掉，即分区制会使属于某一产业的厂商布局分散，从而使它们比较难于联合，采取有害于社会的垄断行动的机会也比较少。[②] 但这一论点似乎没有多大说服力。大生产单位会产生规模经济效应，因而阻止形成这种生产单位，实际上是不可取的。正如马上将要论证的那样，比较好的政策似乎是，直接克服联合以及垄断行动带来的有害结果，而不是通过阻止联合间接地克服它们。[③]

① 参见《经济学季刊》，1911 年 2 月号，第 292～293、297～298 和 300 页；并参见《铁路运费部际委员会》，第 10 页。

② 参见《经济学季刊》，1911 年 5 月号，第 493～495 页。

③ 参见后面，第 2 编，第 21 章，第 2 节。

第19章　购买者协会

第1节

前面几章得出的结论表明，在许多产业中，无论是单纯竞争或垄断竞争，还是单纯垄断或歧视性垄断，都不会使这些产业中社会净边际产品的价值等于一般社会净边际产品的价值，因而它们既不会使国民所得最大化，也不会使经济福利最大化。不过，我们或许已经注意到了，截至目前所研究的制度都是这样的制度，在这些制度之下，商品由一些人生产出来，出售给另一些人。因而这些制度导致的调整不当，都源于此。于是人们自然会提出这样的问题，这种调整不当难道不能由购买者自发建立的、自我供给所需商品和服务的团体予以消除吗？

第2节

购买者协会不论是由商品或服务的最终消费者组成，还是由利用购买的东西从事进一步生产的生产者组成，其本质都是使购买者的总利益减总成本最大化。因此，它必然会引出这样一种产量，该产量尽管会使这些购买者以外的人也受到影响，但却能使生产该产量的资源的社会净边际产品的价值等于一般资源的社会净边际产品的价值。也就是说，在其他条件不变的情况下，它必然会在很大程度上消除垄断和单纯竞争这两者带来的不和谐。不过，这一初步的抽象说明并没有解决我们的问题。仅仅知道**在其他条件相同的情况下**，购买者协会有利于国民所得，这是不够的。在我们能够据此就购买者协会在实际生活中的作用作出任何推论以前，我们需要弄清，在原始经济效率方面，它们与一般商业企业相比较情况怎样；因为很显然，如果购买者协会在生产方面没有效率，那么它在价格策略方面可能享有的优势，从而在不同用途之间配置资源方面享有的优势，就会被抵消。

第 3 节

作为这项工作的前奏，需要提醒人们提防某些混淆。首先，我们绝不要以为，购买者协会与其作为单独个人的会员相比较，在某些方面具有较高的效率。很显然，有一些服务，许多人对其需要的数量很小，但若大批量地生产却经济得多。一个恰当的例子是某些农产品的销售服务，这些农产品小农以很小的数量生产且质量不同。具有规模经济效应的销售，要求对质量细分等级，较为连续地供应各个等级的产品；而小农则试图单独出售其黄油或鸡蛋，经营规模不够大，无法令人满意地满足上述要求。因而，里德·哈格德谈到丹麦时写道："1882 年，所谓'小农黄油'的售价要比大农场生产的一级黄油低 33%，但到 1894 年，合作出售的黄油（这些黄油当然大都来自于小农场）就比大农场生产的黄油获得了更多的奖项，过去所谓的二级和三级黄油作为丹麦的一种商品不复存在了"。[①] 然而，尽管由于这类原因，制造黄油，熏制火腿和出售鸡蛋

① 《丹麦的农业》，第 195～196 页。

为合作原则的运用提供了绝佳机会，但这个事实却与我们当前讨论的问题无关，因为它们也为商业原则的运用提供了绝佳机会。[①]的确，在这方面，购买者协会的经营成本要大大低于单个小农；但是，向小农出售营销服务的一般商业企业，也完全是这样。R.H.鲁爵士提供了两个例子："一个是法国的黄油生意。这是由诺曼底和布列塔尼的商人——其中一些是英国人——建立起来的，他们在当地市场上从农民手中购得黄油，然后在搅拌房中加工。另一个例子是苏塞克斯郡希思菲尔德地区的家禽生意。这里的做法是，由所谓'催肥者'或'讨价还价者'从养鸡者那里收购小鸡；然后适当催肥，宰杀和加工，再由运输业者或铁路货运代理人收购，运往伦敦或其他市场。这两个例子都在没有成立合作社的情况下实现了完全的组织化"。[②] 其次，我们千万不要过分强调英国合作商店的历史。原因是，当购买者协会这一手段被引入零售业时，与其相对立的方法是否得到了很好的运用，非常值得怀疑。部分由于不同商店间的不完全竞争，并非所有潜在的规模经济效应都已得到了利用。[③]

---

① 有人指责说，最终消费者以外的人们建立购买者协会，会使这些协会能够对最终消费者采取垄断行动，这种指责同样也是不相干的，因为建立商业企业也能做到这一点。

② 鲁，《有关农业的无稽之谈》，第120页。

③ 不过，必须注意，不要把零售业中必然发生的、公众愿意支付的那些费用视为浪费。想象一下，任何一个打算购买一双鞋或一套衣服的人，被要求提前一两个星期发出购买通知单，预先说明所要购买的东西，然后接受指定的购买时间和地点。由此很容易看出，为什么零售业务能够制度化，为什么销售人员会经常得到雇用，为什么存货会经常保持在最低水平。目前的情况是，我们为享有自由利用时间的特权，为犹豫不决和挑挑选选，为维持足够的存货和人员来满足所有的爱好和应付所有的紧急情况，不得不付出高昂代价。人们常谈论竞争造成的浪费；其很大一部分实际上是自由不可避免地带来的浪费。

即使从他们自己的观点看,"零售商开的商店也过多了,花费了过多的精力和金钱来吸引为数不多的顾客,然后又必须小心照料他们,以使他们最终为赊购的商品付款;对于所有这一切,零售商都得付出成本。……零售业是一个可以自由进入的行业——马歇尔也许并不认为家务管理和烹调是一个行业——其中有巨大的规模经济效应有待实现"。[①] 这种观点被帕累托的观察所加强,帕累托指出,零售商店轻而易举地就被竞争挤垮了,不仅有合作社的竞争,而且还有大商店的竞争——在英国,还应加上非常重要的连锁商店的竞争。[②] 因此,并不能认为,消费者合作商店出现时的零售业与这些商店之间的比较,作出了结论性的检验,证明这些商店所代表的产业形态较为优越。这就如同对两个种族的这样两个成员作比较那样,一个成员的健康状况有理由认为低于其同胞的平均水平,另一个成员则是其种族中非常健壮的一员。因此,不能过于看重历史上的例证,得进一步前行作分析性的研究。[③]

第 4 节

根据这一观点评估购买者协会的经济效率时,我们首先可以看到,这种协会从结构上说是股份公司。同其他股份公司一样,购买者协会归股东所有,由一个经理管理,经理受从股东中选举产生的委员会监督。与此相对立的是私人企业和普通商业公司。在比

① 马歇尔,《合作社大会主席就职演说》,1889 年,第 8 页。

② 参见《政治经济学教程》,第 247 页。

③ 应该补充一句,**即使其他条件相同,一个**合作社以同另一家商店相同的价格出售商品同时支付红利,也不能证明其管理效率较高;因为,如果像通常的情况那样,该合作社在较大的程度上不赊账,那么这种红利就仅仅是向较早还债的购买者支付的利息。

较它们的经济效率时，我们自然要看管理部门的组织情况。在这方面，购买者协会和商业公司都不如私人企业，因为前两者的管理人员缺少私人企业中迅速采取行动的机会和个人财产所具有的激励作用。[①] 但是，购买者协会可以向其经理和监督委员会灌输说，他们从事的工作可唤起公益精神，以此激发他们的热情，从而在某种程度上弥补上述不足。实际上，购买者协会在利用利己动机的同时，也可以利用利他动机来刺激产业效率的提高。不过，与此相对应，还必须说明另外一点。由于购买者协会由穷人组成，他们没有经营大工商企业的经验，因而他们可能不愿给予经理充分的自由处置权，可能会在薪金待遇方面吝啬抠门，从而挫伤经理的干劲。此外，监督委员会的成员来自于范围较为有限的区域，同商业公司的董事相比，经商的经验很可能较少。当然，这些彼此冲突的因素在不同情况下作用的大小会不一样。

其次，就一国产业的任何一部分而言，当垄断竞争占优势时，一般的工商企业势必要像第 9 章第 14 节所描述的那样，浪费大量金钱进行广告宣传。在这方面，购买者协会所处的地位要有利得多。当它们提供的服务是购买农业饲料或肥料，或进行批发交易时，它们不需作出任何直接的努力，实际上便可以十分有把握地获得其会员的全部需求。当它们提供的服务是包装鸡蛋，熏制火腿，或把牛奶和奶油制成奶酪和黄油时，其会员虽然有时候会受更优

① 在美国，公司董事长常拥有公司的巨额股份，因而他有时似乎会代表公司的利益行事，与私人企业的老板别无二致。“一般说来，美国公司的董事长举止潇洒，充满活力，为公司做事就像是在为自己做事”（努普，《美国的工商企业》，第 26 页）。他作决策时，只征求董事们的意见。

惠条件的诱惑把这些农产品交给其他企业加工，但是，购买者协会可以在一定程度上把“忠诚”当作保持会员资格的条件，以此大大限制这种行为，而不必求助于广告宣传。当它们提供的服务是零售或发放信贷时，强迫会员保持忠诚固然行不通，而且也没有试图这样去做；但即使在这方面，会员由于意识到了自己在协会的投资利益，实际上在很大程度上也保持了忠诚。毫无疑问，若想在非会员当中扩展协会的业务，可能必须进行某种广告宣传。不过，购买者协会相对于一般的股份公司而言，还是享有巨大优势，因为它不仅能向参加者提供廉价商品，而且还能使他们具有某种拥有所有权的感觉，感到自己是一大公司的股东。所以，它进行的广告宣传可能更具效力，达到一定结果所需进行的广告宣传也较少。这样，在其他条件相同的情况下，它的效率就高于竞争对手。

第三，“忠诚”除了可以节约广告成本外，还以另一种方式有利于节约成本。正如第 14 章第 3 节指出的，忠诚可以使合作企业平稳运行，免遭私人企业常常遭受的那种大波动，发生大波动不可避免地要付出成本。因此，合作性质的火腿厂和乳品厂规定，入股的条件是保持忠诚，这一规定使这些企业比私人企业有更大的把握获得源源不断的原料供应；①同样，英格兰和苏格兰的批发合作社

① 丹麦的合作火腿厂一般用这样一条规定强迫其会员保持忠诚，即：会员在 7 年内必须将生猪（某些特殊规定者除外）卖给本厂，除非在此期间会员迁离了该地区（鲁，《有关农业的无稽之谈》，第 123～124 页）。同样，爱尔兰的许多乳品合作社规定，“任何会员，若未经监督委员会的书面同意，自入会之日起连续三年将牛奶出售给非合作社下属的乳品厂，将失去其股份，并失去其贷借给合作社的全部资金”（《关于合作社的报告》（敕令书，6045），1912 年，第 39 页）。应该指出，这类合作社——只是这类合作社规定了强制性的忠诚——由于使用大量的设备，因而在节约成本方面，同比如说农产品收购合作社相比，保持稳定的需求是一更为重要的因素。

和地方零售合作社，把固定的那部分需求集中在自己的生产部门手里，把经常变化的那部分需求甩给外面的商人，这种做法可以大大减少这些生产部门遭受的波动。无疑，从整个国家的观点看，合作企业由此节约的成本，肯定会被其他企业增加的波动而损失的成本抵消，因而对于国家而言并不是一项净利益。但对于合作企业本身而言，却是一项净利益。而且，因为市场的总需求和总供给是不变的，某些部分的波动是由总体波动以外的原因引起的，所以，使某一部分保持稳定不会增加，反而必然会减少其他部分的波动。因而，合作企业得自忠诚的很大一部分经济效益，不仅可能表示合作企业本身的效率有净提高，而且还可能表示整个社会的效率有净提高。

第四，合作社各会员之间建立起来的关系，会极大地促进有关最佳生产方法的知识在他们中间的传播。因此，霍勒斯·普伦基特爵士在谈到爱尔兰农业部的工作时说："只有在农民建立有较为良好的合作社的地方，农业部想要传授的许多知识才能有效地到达农民阶级那里，想要进行的许多具有指导意义的农业试验才能有效地展开"。[①] 费伊先生指出了造成这种情况的原因："合作社和一般商业企业都是商业机构，它们支付给农民的钱都不会超过牛奶的价值。但是，一般商业企业的补救办法是支付低价以此惩罚农民，而合作社的补救办法却是培训农民，这样他以后便可以获得高价"。[②]

---

① 《新世纪中的爱尔兰》，第 241 页。

② 《国内和国外的合作运动》，第 164 页。

第五，当任何产业部门中有双边垄断因素时，一般商业企业和其顾客会像第 9 章第 15～17 节所描述的那样，即使不花费金钱，也要花费精力，试图打败对方。购买者协会则有可能减少这类花费。正如马歇尔所说，在合作零售店中，因为业主同时也是顾客，他们便不会掺假造假，从而不必花费高昂的代价防止掺假造假的行为。[①] 在向会员提供保险服务和小额贷款服务的合作社中，这种利益同样明显。保险合同是以买主发生某件意外事故为赔付条件；贷款合同则以买主承诺还款为放贷条件。在前一种情况下，买主可以通过假冒甚或故意造成所要防范的意外事故而获益，致使卖主遭受损失；在后一种情况下，卖主可以通过故意违约或有意使自己无法履行诺言而获益。的确，不仅当买主总体和卖主总体之间不具有同一关系时，而且当买主总体和卖主总体之间具有同一关系时，单个买主都能通过这类行为获益。然而，有下面这样一个关键之点。在股份有限公司这种产业组织形式下，某一买主的欺诈或半欺诈行为不关其他买主的事，因而只能通过精心设计的、不间断的检查制度加以防止。但在购买者协会这种产业组织形式下，其他买主会直接受到这种行为的伤害，因而会主动阻止这种行为。所以，如果购买者协会由住得很近的人们组成，所有会员便会在日常生活中不由自主地、不领取报酬地相互监督检查。在这种情况下，提供保险服务或小额贷款服务的当地小型购买者协会，实际上不仅可以免除力图提供这些服务的股份公司不得不承担的很大一部分名义成本，而且还可以免除很大一部分实际成本。既然

① 参见马歇尔，《合作社大会主席就职演说》，1889 年，第 7 页。

人们更愿意欺骗商业公司,而不那么愿意欺骗互助协会,自然便会增进互助协会的利益。

第5节

上面列举的各种优势表明,在广大的领域内,购买者协会至少可以证明与任何其他商业组织形式具有同样的效率,而且在许多产业部门,它们的蓬勃发展已证明它们是有生命力的。农民常常建立的所谓供应协会就是如此,这种协会向其会员提供销售服务,从制造厂商那里购买来肥料、种子和农业机械等,然后把这些东西销售给会员。农产品销售协会也是如此,这种协会提供鸡蛋、黄油等的分类、分级、销售和包装服务。合作乳品厂也是这样,这种工厂在丹麦和爱尔兰发挥着重要作用,其服务包括制造和销售业务。最后但并非最不重要的是,以消费者合作商店为基础的广泛组织也是如此,这种组织向有固定住所的广大劳动人民提供零售、批发有时甚至制造基本生活用品(包括住宅本身)的服务。

第6节

然而,即便是在经验以充分证明购买者协会可以高效运行并取得成功的领域,这种协会也并非总是会自行产生。很穷的人可能缺乏建立这种协会所需的主动精神和理解力。在人口经常流动的地方,尤其不可能建立这种协会——这解释了为什么合作商店"似乎都远离都市和海运城市"。富人如果愿意的话,完全有能力建立购买者协会,但他们实际上没有这种愿望。对于人们只是偶尔花费很小一部分收入购买的商品——即大多数人认为奢侈的商品——建立购买者协会可能取得的节约效果或许太小了，人们认为不值得建立。而且，即使值得建立，或许也可以用另外某种方式获得相等的利益。譬如，英国的佃农一向有权在困难时期要求地主降租，便不愿意克服其天生的个人主义，为(对于他们而言)较小的利益而与邻人合作。毫无疑问，国家可以采取行动鼓励他们合作。例如在加拿大，“1897 年，自治领农业部建立了一种制度，根据这种制度，将向这样一些农民发放贷款，这些农民保证组织起黄油和奶酪制造协会，保证将其产品送交用这些贷款建立起来的合作乳品厂。农业部负责组织管理这些乳品厂，负责制造黄油和以每磅 4 分(2 便士)的固定价格出售黄油，另外每磅加收一分钱用于偿还贷款”。[①] 但很显然，这种做法的应用范围是有限的。而且，还有很重要的一些领域不那么适用于购买者协会这种组织形式。只要有很大的投机性，换言之，只要必须承担很大的风险，就不会有购买者协会出现。因为，如果投入资本要冒很大的风险，冒此风险的人就会要求行使控制权，要求获得与所冒的风险或多或少成比例的利润。购买者协会满足不了这一点，它以固定利息筹集资本，不是按投资额而是按购买额分配剩余。股份公司提供债券、优先股和普通股，这种分级分配利润的方法要令人满意得多。因此，在有风险的领域，购买者协会行不通。出于节约成本的考虑，一些商品和服务必须集中在某个地方生产，而购买者却分散在广大的地区并且不是经常购买，对于这些商品和服务而言，购买者协会也行不通。例如，有人认为，目前由棉纺业提供的服务可以改

---

① 马弗，《关于加拿大西北部地区的报告》，第 44 页。

由购买者协会提供，也会令人满意，这种想法显然是异想天开。"在许多情况下，这种服务的使用者或消费者并不构成一实际存在的、可以控制和管理的选举区，他们只是公民。全国的铁路服务不可能由乘客的投票表决来管理，乘客只不过是涌出我国各大城市终点站的乌合之众，一盘散沙；各种独具特色的市政服务也只能由市选举团的成员来管理。"[①]所以我们的结论是，虽然购买者协会无疑有其应该发挥的重要作用，可以作为一种手段克服一般竞争性产业或一般垄断性产业的弊端，但其适用范围却是有限的，因而还需研究另一些补救办法。[②]

① 韦布，《社会主义共同体宪章》，第252页。

② 费伊详尽讨论了各种形式的合作活动，参见他的《国内和国外的合作运动》。费伊先生对本章提出了一些有益的批评和建议，对此我亦深表感谢。

第20章　政府干预

第1节

在范围广泛的产业领域中，自发建立的购买者协会作为一种手段，不足以克服一般商业形式下出现的产业调整的失灵。于是人们会问，能否通过某种政府干预，即要么通过对私人企业的控制，要么通过直接的政府管理，来增加国民所得的数量。在本章中，我们不讨论这两种干预的相对优缺点，而从最广泛的方面一般地探讨政府干预。

第2节

乍看起来，从战争的经验中寻求解答这个问题的线索，似乎是很自然的。国家急需扩大军火、国产粮食、船舶以及某些其他物品的供应，这导致了政府对生产的广泛干预。建立起了国营生产企业，私营企业受到控制，有时给予特别补助金使私人企业能够扩展业务；同时农业部被授权鼓励并在需要的时候强制扩大土地耕作面积，还为军人和犯人参加农业生产，特别是进口农业机械提供许多便利。研究一下在这些方面和其他方面取得了哪些成就，固然很重要，但对于解答我们当前探讨的问题，实际上却没有多大帮助。战时状况与平时状况之间的差异简直太大了。在那绷紧神经的四年中，政府大部分产业活动的动机，是强制资本、企业和劳动不计成本地立即进入某些急需物品的生产。谁都不否认，当任何物品供不应求时，这个事实本身就往往促使人们将其努力转向生产这种物品而不是其他物品。但这种反应通常很缓慢；而在大战期间，基本的要求往往是迅速作出反应。政府协助与强制的主要目的，是确保做到这一点；以直接的强制手段立即克服各种障碍，而在正常情况下，只能通过缓慢的渐进过程扫清这些障碍。当然，采取这种行动的必要在一些产业中被加强了，在这些产业中，政府由于人为地压低价格，致使本来在正常情况下会刺激私人增加生产的因素不复存在了。随着战争的结束，所有这一切都发生了变化。国民经济方面的问题，已不再是如何使一种生产体制立即转变为另一种生产体制，而是如何永久维持最优的生产体制。证明政府适合于(或不适合于)完成这两项任务中的前者，并不能证明它适合于(或不适合于)完成后者。而且，大战中所需要的生产体制，要求大量生产相同类型的物品供政府本身直接使用。证明政府适合于(或不适合于)控制或管理服务于这种体制的产业，并不能证明它适合于(或不适合于)控制或管理服务于平时所需的较为多变的生产体制。此外，大战中政府实施的各种控制，必然是在极其困难和紧迫的时候匆忙而慌乱地实施的。在这种情况下，政府的干预肯定是浪费人力物力且没有效率可言的，但并不能由此证明，它在平时较为有利的情况下也会显示出相同的缺陷。由于这些原因，战时的经验几乎无法提供实际的指导，因而必须用其他办法解决我们的问题。

第 3 节

在一些人看来，解决这个问题的道路已被这样一种观点堵死了，即：有些产业如轨道运输（包括全国铁路运输和市内有轨电车运输）、煤气照明、电力供应、自来水供应等等，要利用土地征用权，因而适合于政府干预，而另一些产业由于无需利用土地征用权，则不适合于政府干预。这种观点是错误的。诚然，行使土地征用权实际上就意味着垄断，因为无论是国家还是市政当局都不可能允许对城市道路和国家公路进行双重平行的干预。但这只是将这些公用事业归入了一般的垄断行业范畴，并没有在任何实质方面使它们不同于那些以完全不同的方式归入这一范畴的行业——如美国的石油业和烟草业。因此，需要利用土地征用权绝不是通过发放特许证实行政府管理或政府控制的前提条件。公共屠宰厂、特许卖酒店以及伦敦的特许出租汽车业，都是说明这一点的实际例子。广泛的政策问题随着我们关注的是垄断行业还是非垄断行业而有所不同；在垄断行业内部，政策问题还随着歧视性价格是行得通还是行不通而有所不同；但是，在其他条件不便的情况下，不论有关的产业是需要还是不需要行使土地征用权，政策问题都是一样的。毫无疑问，正如马上将要说明的那样，那些建立之初必须行使土地征用权的行业，由于首先必须与政府接触，其既得利益集团尚未发展壮大起来以前便会受到政府的控制，所以要比其他行业更加容易得多地受到政府的干预。这一实践上的区别很重要，但这不是也不应被当作是原则上的区别。

第 4 节

在任何产业中，若有理由认为，自利心的自由作用会使资源投入数量不同于最有利于国民所得所需的数量，表面上就有理由进行政府干预。然而，仅仅是表面上有理由，我们还得考虑政府进行有益的干预可能受到的一些限制。只是将不受限制的私人企业的不完善调整与经济学家在其研究中想象出来的最佳调整作对照比较，是不够的。因为我们不能指望任何政府当局会达到甚或全身心地追求那一理想。所有政府当局都有可能愚昧无知，都有可能受利益集团的影响，都有可能受私利的驱使而腐败堕落。选民中嗓门大的那部分人，若组织起来参加选举，其声音很容易压倒全体选民的声音。这种反对政府干预产业的理由，既适用于通过控制私人公司进行的干预，也适用于通过政府的直接经营管理进行的干预。一方面，特别是在实行经常的管制时，私人公司会拉拢腐蚀政府官员，不仅在获取特许经营权时会这么做，而且在运用特许经营权时也会这么做。“管制本身是一艰巨复杂的工作，并不以制定和正式通过一项令人满意的契约而宣告结束。……正像对待宪法、法令或宪章那样，对特许经营权也应采取相同的态度。事实已证明，这样一种协议不会自动执行，而必须在许多年中，像在制定和正式通过它的时候那样，保持旺盛的斗争精神。怀有敌意的、松懈马虎的或愚昧无知的市参议会甚或国家立法机关，会大幅修改协议的条款，以致完全破坏或严重损害其价值。”①因此，私人公司

① 《公用事业的市政经营和私人经营》(提交给全美城市联盟的报告)，第 1 卷，第 39 页。

得保持**不间断的游说活动**。“正是从私人公司那里，政客获得了其竞选资金。”[①]这种弊端有累积效应；因为它会阻止正直的人进入政府，于是腐败堕落之风更加盛行。另一方面，当政府本身办企业时，腐败堕落的可能性只是在形式上有所不同。“一些人主张一切归市政府所有，若听从他们的建议让市政府兴办企业，会导致与商人、建筑商、建筑师等做高达几百万美元的生意，会导致增加几百位高官，并导致雇用几万名新公务员。政党领袖将相应地有更多的人受其保护。每个公务员都有可能以某种方式用自身的私利对抗公共利益。”[②]

第 5 节

这种主张政府不干预经济活动的论点所具有的说服力，显然并非在所有时间和地点一成不变；因为任何政府的工作效率和社会责任意识，都会随着时代大氛围的变化而变化。譬如在英国，过去的一个世纪中，“政府的廉洁、能力、公正和财力一直在大幅度增加。……人民现在能够统治其统治者，能够阻止某一阶级滥用权力和特权，而这在教育得到普及和人们除了养家糊口外尚有剩余精力的时代以前是不可能的”。[③] 这个重要事实意味着，现在政府的任何一项干预都要比过去更加有可能是有益的。这还不是事情的全部。除了现有各种形式的政府机构的运作效率有提高外，还必须考虑到创建了一些新形式的政府机构。这一点可以这样来说

① 比米斯，《市政垄断集团》，第 174 页。

② 《公用事业的市政经营和私人经营》，第 1 卷，第 429 页。

③ 马歇尔，“经济上的骑士精神”，载《经济学杂志》，1907，第 18～19 页。

明。市参议会和国民议会，作为控制或经营企业的机构，其缺陷主要有四个。首先，在英国——尽管这种说明几乎不适用于德国——政府机构完全不是用来干预产业活动的。因而也就几乎没有理由期望其成员具有完成这个任务的特殊才能。其次，国民政府或市参议会组成人员的经常变动也是一个严重的障碍。W.普里斯爵士写道："我脑子里想到的是电力照明的经验。大城市的政府克服这个困难的方法是，建立小而强有力的委员会，选举产生委员会的主席，以此保证政策在某种程度上的连续性。小城市的政府却往往建立规模很大的委员会；这些委员会经常不断地变动，结果是，有时无法就采用何种电力系统达成一致意见，有时无法就使用什么方法经营这项公用事业达成一致意见；于是麻烦层出不穷，争吵无休无止"。[①] 而且，人员的不断的变动还会导致短视行为，也就是说，行为的着眼点是下一次选举，而不是社会的永久利益。第三，通常划归政府机构管理的领域是由非商业考虑决定的，因而常常很可能是不适合于任何形式的干预。例如，众所周知，一些市政当局试图管理，另一些市政当局试图经营城市运输业或电力供应，这些努力都严重受挫，原因是，现代的一些发明出现后，这些服务便能非常经济地大规模地提供，提供的规模远远超出了某一个城市所需要的数量。最后，如上所述，常设的政府机构由于是选举产生的机构，很容易受选举压力的有害影响。这四个缺陷都很严重。但它们都在很大程度上能够加以避免。在像德国那样的城市管理制度下，实际上已消除了第一个、第二个和第四个缺陷，在这

① H.迈耶，《英国的市政所有权》，第258页。

种制度下，市长和市政委员会委员（相当于英国各委员会的主席）是领取薪金的全职专家，任期几乎是终身。采用最近发展起来的一种手段，即为经营或控制产业这一明确目的而建立专门机构，或许能够更为有效地克服所有这四个缺陷。为经营产业而建立的专门机构的例子有，我国的新南威尔士铁路局或伦敦港务局；为控制产业而建立的专门机构的例子是美国的州际铁路委员会。可以为这类机构专门挑选胜任的人员，其任职期限可以很长，分派给他们的职务范围可以适当调整，而由于任职期限长，他们可以基本上不受选举压力的影响。这种建立专门机构的方法，在很大程度上还消除了反对像市参议会这样的机构干预产业的另一重要理由。正如梅杰·达尔文所说，这个反对理由是，这种干预"会减少这些机构能够用于其主要和基本职责的时间，而且它会使忙碌的人们更加不愿意把时间用在公共事务上，从而降低地方政府的正常行政管理能力"。[①] 当产业由专门的政府机构经营或控制时，这种反对的理由就不复存在了。其广泛的结果是，近来政府机构在结构和运行方式上的变化，已使它们能够对产业进行有益的干预，这在从前是无法做到的。

① 达尔文，《市政管理业》，第 102 页。

第 21 章　政府对垄断的控制

第 1 节

在第 9 章、第 10 章和第 11 章中，我们经常提到，当自利心通过单纯竞争无法使国民所得达到可能的最大数量时，国家便可以用一些方法予以干预。若适当的资源数量无法进入一些产业，可以由政府来经营这些产业，而且在极端的情况下，可以运用刑法，除了这些特殊情况外，上面所说的方法都是财政性的，即给予补贴或征税。当自利心不是通过单纯竞争，而是通过垄断起作用时，财政干预显然就不再有效了。固然可以把补贴设计得很高，以阻止产量受到限制而低于社会需要的水平，但这样做付出的代价是，垄断者除了已经获得的超额利润外，再从国家那里获得一大笔赎金。所以，在这一章中，我打算考察在垄断条件下可以采用哪些方法。为了说明的简单明了，我将忽略第 11 章陈述的那些限制条件，而像古典经济学家的某些忠实信徒所相信的那样，仍然认为单纯竞争会使国民所得最大。因此，可以认为，国家在思考某一产业中的垄断或可能出现的垄断时，是在将垄断条件下的国民所得与单纯竞争条件下的国民所得进行对照比较。国家所要解决的问题不是如何做得尽善尽美，而是如何在垄断力量不起作用的情况下做得尽可能好。

第 2 节

在有可能通过企业合并出现垄断力量的产业中，政府如果愿意的话，可以阻止垄断力量的出现，或者如果已经出现了垄断力量，可以将其摧毁。美国最初的联邦反托拉斯法（1890 年），通常称作谢尔曼法案，其目标明确指向“限制各州间贸易或商业的”行动，但最高法院的早期判决却认为，该法案“禁止所有大得足以具有实质垄断力量因素的企业合并”。譬如，1904 年最高法院法官哈兰对北方证券案件的判决宣称，“要想宣布国会法案所谴责的一项企业合并为无效，无需证明，该项企业合并实际导致了或将会导致贸易完全被抑制或全面的垄断，而只需证明，该项企业合并必然趋向于抑制州际或国际贸易或商业，趋向于在这种贸易或商业中造成垄断，并趋向于使公众丧失自由竞争带来的利益”。[①] 1914 年的克莱顿法，虽然没有对已经形成的企业合并作进一步的规定，但对于未来新的企业合并却遵循了上述解释路线。它不仅规定，任何人不得担任一家以上大银行或大公司的董事，而且还规定，任何公司不得获取——已经获取的除外——其他公司的全部或部分股票，只要这样做的结果是大大减少竞争，或抑制任何一部分社会的商业活动，或趋向于在任何一个商业领域造成垄断。不过，对于这种总政策——即禁止建立托拉斯和拆散托拉斯——似乎可以举出三个重要的反对。

首先，这是一种极其难于有效实施的政策。立法机关和法院

① 詹克斯和克拉克，《托拉斯问题》，第 295 页。

可以成功地取缔禁止某些形式的企业合并,但结果往往只是出现另一些形式的合并——这些合并会牺牲此前合并的优点,却不会消除其缺点,若非正式的定价协议取代了完全的合并,就会出现这种情况。美国最高法院曾宣布,若干家公司把代理权授予共同的受托人是越权行为,这在一些产业中导致了上述受托人购进每一家这些公司的大部分股票,在另一些产业中导致了用控股公司代替委托管理。政府取缔控股的行动,可以很容易地用两种方法来对付,一是完全合并(如果这不违反法律的话),一是分解为若干个公司,每个公司都受制于同一个握有控股权的人。奥地利颁布法律来对付有可能损害财政收入的卡特尔,取缔了那些具有中央控制机构的卡特尔,但结果只是非正式的协议代替了卡特尔。英国铁路协议与合并委员会(1911 年)对当时的情况作了这样的概括:"虽然国会可以颁布法令,规定必须这么做而禁止那么做,但过去的经验表明,甚至国会也无力阻止双方通过签订协议或不签订正式的协议,不从事某项活动,即双方都不愿意进行的积极竞争。当然,国会可以拒绝批准授权两家或多家铁路公司合并或联合的法案,可以规定某些种类的协议是无效的甚或非法的。但是,它却无法阻止铁路公司[当然,对于工业公司也是如此]彼此达成谅解,采取共同的行动,或停止积极的竞争"。① 美国政府和最高法院近来的政策是,强行拆散垄断公司,同时作出各种规定,不准拆散后的公司受共同的控制,这种政策一度确实较为有效,尽管未能促使以前的同业人士之间展开真正的竞争,却由于其威慑作用,使得各公

① 《铁路协议与合并部际委员会》,1911 年,第 18 页。

司不敢贸然进行新的合并。例如,1914 年杜兰德教授指出,自从政府根据谢尔曼法案对一些公司提出起诉以来,就没有出现新的企业合并。[①] 但是,这种说法已不再是正确的了。在商务部 1927 年向工业与贸易委员会提交的有关美国企业合并的备忘录中,得出了以下结论:"在阻止合并的发展和减少竞争方面,只取得了非常有限的成功。1890 至 1914 年实施谢尔曼法案的经历,似乎一直在重演。一旦一种形式的合并受到抨击并被宣布为非法,律师就会劝说公司采用一种新的形式,即使联邦贸易委员会最终提出异议,也要花费很长一段时间才能取缔这种新的合并形式"。[②] 因而,就全部经验教训而言,仍然可以这样说,旨在"维持竞争"的那些法律,达到其目的的前景很渺茫。

对于这种政策还有第二个重要的反对理由。该政策背后的基本观念是,竞争意味着这样一种环境,在此环境下,有关企业中投资的社会净边际产品的价值,大致等于其他企业中投资的社会净边际产品的价值。但是,撇开第 9 章和第 11 章针对这种观点提出的那些限制条件不谈,我们不得不指出,可以期望产生上述理想结果的那种竞争是"单纯竞争",而反托拉斯法带来的竞争很可能是垄断竞争,即**少数几个**竞争者之间的竞争。就铁路公司的合并而言,产生这种结果是确定无疑的;因为在任何两个重要地点间运营的铁路公司的数量,都肯定非常少。就产业合并而言,这个问题乍

① 参见《美国经济评论增刊》,1914 年 3 月,第 176 页。有关美国反托拉斯法和案件的详细说明,参见戴维斯,《托拉斯法与不公平竞争》。

② 《产业和商业效率中的诸因素》,1927 年,第 107 页。

看起来似乎不能说得那么肯定，因为任何一种工业公司的数量都不是必然很有限。然而，若考虑到合并大都是在大厂商的数量实际上很少的产业中组织完成的，这种反对意见的说服力就大打折扣了。不仅就铁路公司的合并而言，而且就工业公司的合并而言，拆散这些合并所导致的，很可能是垄断竞争，而不是单纯竞争。而第 25 章已告诉我们，垄断竞争带来的产量，不会使有关产业中投资的社会净边际产品的价值等于其他产业中投资的社会净边际产品的价值。相反，其产量是不确定的。当各个竞争者想要彼此摧毁或吞并时，会发生“残酷竞争”，在这种竞争中，产量会急剧增加，以致造成绝对的损失；当一家大企业想要挤垮另一家企业，即使两败俱伤也在所不惜时，发生这种事情的可能性就更大。简言之，即使条件允许“维持竞争”的法律能够真正阻止合并，它们也仍然无法确保出现这样一种竞争，在这种竞争下，价格和产量水平从国民所得的观点来说是最为有利的。

然而，至此尚未穷尽反对我们正在讨论的这种政策的理由。还有第三个反对理由。企业合并不是只产生垄断，还常常附带地带来好处。例如，正如第 14 章所述，如果一项合并相对于其做生意的市场而言规模较大，则它会比单个的小卖主更加积极地采取在潜在顾客当中扩大需求的方针，因为它可以指望为此目的所作的投资带来收益且得到其中的较大比例。此外，大规模的合并还会常常享有某些规模经济效应，而如果政府采取维持积极竞争的政策，则不会出现这种效应。一些形式的卡特尔协议，保证每个成员都享有一定比例的市场；无疑，这种卡特尔往往会保留下竞争本来会“自然地”消灭的弱小厂商，不仅不会产生规模经济效应，反而实际上会产生规模不经济。[①] 不过，应该指出，联营协议不一定会产生这样的结果。例如，英国托拉斯委员会(1919 年)在其报告中说，许多协会有一项安排，根据这项安排，产量低于其配额的厂商，可以从垄断联盟那里得到欠额价值的百分之五作为补助金。一些作证者认为，这种安排可以用较为经济的惩罚方法而不是用代价较为高昂的斗争方法，把弱小厂商驱逐出本行业。[②] 的确，针对这种安排，我们必须指出，提供补助金所需的钱要通过向产量超过配额的厂商征收某种税的方式来筹集——这对于这些厂商的主动精神必然是一种挫伤。而且，某些形式的联营，使每个成员的利润依赖于全体成员的效率，会导致各成员的干劲和进取心松懈。但另一方面，实行某种程度的共同管理的所有企业合并，都必然在或大或小的程度上取得第 24 章提及的那种节约成本的效应。[③] 在像电话这样的特殊产业中，供给 A 的实际东西会由于 B 从相同的机构获得其供给而得到改进，因而获得的利益特别大。在较为普通的产业中，利益也会很大。特别是，力量薄弱的或位置差的工厂，会比在竞争条件下迅速得多地被关闭；而在那些留下来的工厂当中，"比较成本会计"这种有目的的力量会比市场竞争这种盲目的

---

① 参见沃克，《德国煤炭工业中的合并》，第 322 页。不过，沃克先生指出，这种趋势至少在鲁尔地区的卡特尔那里，要比乍看起来小一些，因为大煤矿通过挖掘更多的矿井和收购小煤矿，可以增加其"参与份额"(同上，第 94 页)。摩根罗思在其《卡特尔的出口策略》一书中强调，这一点适用于所有卡特尔。他进一步指出，卡特尔常常导致建立一些"混合型工厂"，这些工厂不允许对其原料使用于进一步的产品有任何限制，从而减少了规模不经济效应。因此，在这些重要的混合型工厂当中，竞争的淘汰作用并没有被协议所抑制(前引书，第 72 页)。

② "托拉斯委员会报告"，1919 年，第 3 页。

③ 参见利夫曼，《卡特尔与托拉斯》，第 61～62 页。

力量，更加强有力地刺激经理们的干劲。①

当然，我们必须谨防夸大这些经济效应的重要性。因为，如果所谓企业合并指的是现有的合并，我们就必须回想一下，由于控制单位的大小不仅取决于结构经济效应和其他经济效应，还取决于垄断方面的考虑，因而这种单位常常要大于效率最高的单位。如果所谓企业合并指的只是重新实行的有利可图的合并，那么完全排除垄断权力的运用，企业合并便确实会产生**直接**效率最大的单位，但若不仅考虑直接的效果，还考虑最终的间接效果，控制单位很可能就会证明是过于庞大的。关于这一点，可以列举两个原因。第一个原因是，控制某一产业主要部分的生产者，在考虑采用机械方面的某项改进是否明智的时候，不仅要考虑到投入这项改进的资本可能带来的直接的正收益，而且还要考虑到这种投资由于会减少现有设备的收入而可能带来的间接的负收益。正如第 2 编第 9 章第 12 节所述，如果他这么考虑的话，他便会在技术改进面前退缩，而从增进国民所得的角度考虑，他本应进行这种改进。垄断集团不会适当利用——至少不会积极主动地充分利用——那个非常宝贵的进步动因，即那个废铜烂铁堆。② 第二个原因是在第 10 章予以说明的，即：大规模的合并会减少培养锻炼企业家的机会（如果在一家公司干得出色的人，能转到另一家公司负更多的责任，便有机会受到锻炼），会削弱公司间的竞争对敏锐的洞察力和

① 参见麦格雷戈，《产业合并》，第 34 页。这种方法在美国钢铁公司运用得很普遍（范·海斯，《集中与控制》，第 136 页）。对这种方法的详尽说明，参见詹克斯的文章，载《美国劳工统计公报》，1900 年，第 675 页。

② 克拉克，《对托拉斯的控制》（修订版），第 14 页。

效率的刺激，从而往往间接地阻碍企业家的一般能力提高到本来可以达到的水平。

以上论述提示的限制条件非常重要。它们对克拉克教授的观点具有很强的限制作用。克拉克说："一种近乎理想的情况是，每一产业部门都有一个巨大的公司，没有阻碍地高效运行，**被迫将这种高效产生的全部利益给予公众**"。[①] 尽管如此，毫无疑问，**在某些情况下**，把相互竞争的企业合并成能够控制市场的托拉斯，即使从长远的观点来看，也确实会产生很大的经济效益。[②] 这些经济效益**可能**非常大，以至它们对垄断商品的产量产生的有利影响，会超过由于运用垄断权而对该产量产生的不利影响。我们可以尝试通过比较合并以前和以后的价格或价格与原料成本之间的差额，来确定情况是否真的如此，但这种尝试不可避免地会失败，因为我们无法计入制造方法的变化和利用副产品方面的变化，无法精确地测定合并之前的（很可能是不正常的）价格状况。[③] 然而，通过分析，我们可以说，总体看来，企业合并很可能减少受其影响的商品的产量并提高其价格，除非连带的经济效益非常大，以致在不实

① 《对托拉斯的控制》，第 29 页。

② 杜兰德教授赞成采取解散托拉斯的政策，他认为，一般说来，没有企业合并，企业单位亦会发展得足够大，获得托拉斯能够得到的几乎所有结构性经济效益和其他经济效益（《经济学季刊》，1914 年，第 677 页及以下各页）。然而应该指出，即便情况确实如此，也无法证明解散托拉斯的政策要优于剥夺托拉斯垄断权的政策，因为这两种政策都会导致建立效率最高的企业单位。然而实际上，显然并非在所有产业中情况都是如此；当情况不是这样的时候，拆散托拉斯便会导致建立过小的单位，无法产生最大的效率。

③ 由于这些原因，詹克斯在其《托拉斯问题》一书中对价格所作的卓越研究，不足以支持他根据这些研究对企业合并的影响作出的有利判断。

行垄断的情况下引入它们，会使产量大致增加一倍。[①] 如此大的经济效益是不可能的，所以我并不认为，阻止某一产业部门中的合并常常会使该部门的产量少于它本来可以生产的产量。但最为重要的一点是，企业合并对受其影响的商品的产量的影响，与其对国民所得产生的影响不是一回事。因为，假设企业合并带来了很大经济效益，用以前一半的生产资源便能够生产出与从前相同的产量，并假设由于实施了垄断，实际上只生产了与以前相同的产量。一般说来，腾出来的生产资源不会被闲置，而会用于增加其他商品的产量。因而在这种情况下，哪一种商品的产量都不会减少，有些商品的产量反而会增加，这显然意味着，国民所得的数量将增加。因而，阻止企业合并有时会损害国民所得，尽管直接受合并影响的商品的产量会增加。不过，对这一点无需作进一步的说明。因为无论如何我们可以肯定，当企业合并具有任何净经济效益时，阻止合并必然比允许合并而不准运用垄断权，给国民所得造成更大的损害。

第 3 节

政府可以采取的第二种政策是，不通过阻止企业合并来防止工业企业拥有垄断权，而是通过保护**潜在的**而非实际的竞争来使工业企业觉得不运用垄断权对自己是有利的；此种政策依据的主要思想是，如果工业企业预期，限制产量而把价格提高到产生超额利润的水平，会招来新的竞争者，那么它们就只会收取“合理的价

---

① 若假设需求曲线和供给曲线皆为直线，则这个命题完全正确。

格”。这一思路导致的政策是，如果谁使用“棒打”手段驱逐潜在的竞争者，那他将受到惩罚。棒打手段中主要的两种是第 15 章所描述的残酷竞争以及各种形式的抵制，这里说的抵制是指向第三方施加压力，迫使其不是按照自己本来会提出的条件，从竞争卖主那里购买服务或向其出售服务。①

第 4 节

显然，残酷竞争（有时也被称做“毁灭性倾销”）这个武器，在由一家大得足以垄断某一产业部门的企业运用时，肯定具有压倒新来者的威力。垄断者肯定拥有庞大的资源，能几乎无限制地倾泻出来，以摧毁财力可能不太雄厚的新入侵者。当一个在许多市场上做生意或经营许多种商品的垄断者，要对付一个只经营若干种商品的竞争者时，这一点表现得特别明显。因为在这种情况下，竞争者可以被公开的削价销售或被一家虚设的独立公司搞的削价销售摧毁，②而这种削价销售只会对垄断者的很小一部分业务产生影响。一些反对美孚石油托拉斯的人，提供了这类削价出售的一个极端例子，他们说，“一些人被雇用来跟踪竞争者的油罐车，弄清

① 抵制这个武器也可以用来迫使零售商签订一项协议，保证把他们出售的某些商品的价格维持在这些商品的制造商指定的水平上。制造商似乎不希望优质产品过于便宜地卖给消费者，以免消费者因此而“失去社会地位”。但主要原因很可能是他们知道，如果这些产品变成特价商品，零售商从它们那儿赚不到什么直接利润，它们只是为其他商品做广告而已，零售商就不会卖力销售它们了（陶西格，《美国经济评论》，第 6 卷，增刊 1，1916 年，第 172～173 页）。

② 据说美孚石油公司就使用了这种方法。当然，其目的是防止其他市场上的客户提出同样的削价要求（参见戴维斯，《托拉斯法与不公平竞争》，第 319 页）。

客户是谁，然后向这些顾客报较低的价；而且据说有时还贿赂对方公司的职员把其公司的商业秘密泄露给美孚石油公司”。[①] 这一武器的巨大威力无需加以强调。“有那么两三次，曾有人试图与杰伊古尔德公司从纽约至费城的电报线竞争，对此，该公司把电报费降至有名无实的水平，挫败了这种企图，此后这一可怕武器的威名便足以阻止进一步的竞争尝试。”[②]

第 5 节

抵制这个武器的应用范围要比残酷竞争窄一些。其作用机制是，拒绝同任何亦与其他卖主做生意的人打交道，除非是以非常苛刻的条件。当占支配地位的卖主为其交易所附的苛刻条件给客户带来的损害，大于客户在其他交易中的损失时，该卖主便可以迫使客户抵制其竞争者。要想做到这一点，他出售的商品或服务就必须是天然地或人为地不可转让的；[③]因为如果客户能够通过中间人购买到垄断者拒绝卖给他的商品，垄断者便无法通过拒绝卖给他该商品而伤害他。因而，当大自然没有产生出不可转移的性质时，垄断者在与任何处于他和最终消费之间的中间机构订立契约时，必须对转售作出严格的规定。但是，仅有不可转让性本身还不够。另外一个必要条件是，对立生产厂家可能以时价供应**给某一不顺从的消费者**的数量必须很小。当然，通常的情况是，任何一个卖主的产量相对于市场的总消费量来说可能都很小，但它却是任

① 《美国产业委员会报告》，第 20 页。

② 霍布森，《现代资本主义的演变》，第 219 页。

③ 参见拙著，“垄断与消费者剩余”，载《经济学杂志》，1904 年 9 月，第 392 页。

何一个典型消费者消费量的许多倍。若情况是这样，不顺从的消费者就可以从其他竞争者那里购买自己所需的所有东西，而把垄断者的全部产量留给温顺的消费者，以此成功地对抗垄断者的拒绝出售。不过，这对于抵制这一武器来说并非是完全致命性的，因为在许多产业中，尽管不是在所有产业中，[①]生产者是通过批发商，或下一环节的制造商或运输业者间接地与顾客打交道，他们每个人都购买大量产品。存在有这类中间人时，便可以有效地运用抵制这一武器。

首先，当垄断者供应的商品或服务不是一种而是几种时，当这几种商品中，有一种以上商品的需求很急迫，而垄断者通过专利或商誉(例如烟草的牌子)或其他方法能完全控制它们时，便可以强制实行抵制。制鞋业就是一个恰当的例子，在该行业中，某些厂商控制着一些重要的专利。专利机器不出售，而是出租，“条件是，制造商只能与专利权所有人提供的其他机器一起使用这些机器……另一个条件是，最新的机器不得用于生产这样的商品，这些商品在其他制造过程中已被其他制造者提供的机器触碰过”。[②] 这类抵制还可以用廉价专卖品的制造者有时与零售商签订的“代售”协议来说明。

其次，如果购买者——此处同前面一样，购买者一般说来是制

① 譬如詹克斯(《美国劳工统计局公报》，1900 年，第 679 页)指出，“约有一半的联合企业据说直接向消费者出售东西”。

② 《泰晤士报》，1903 年 2 月 8 日。参见“(英国)托拉斯委员会报告附录”，1919 年，第 27 页。在澳大利亚，1903 年的专利法明确禁止这种做法(参见戴维斯，《托拉斯法与不公平竞争》，第 247 页)。1907 年的英国专利法只是在以下条件下允许这样做，即承租人租用专利机器，有权不接受“合理的”(当然不是平等的)约束性条款。

造商——必须在需要出现的时候能够立即得到所需要的服务，而普通的供应商能够提供的服务总量虽然远远大于某一购买者的需要量，但他却不能提供该购买者在某一时刻需要的服务量，那么垄断者便可以强制实行抵制。有些商品很容易腐败，购买者需要得很急，必须在需要的时刻提供运输服务才有用，这种运输就满足上述条件。在这种商品的海洋运输方面，抵制方法得到了最为充分的运用。有些商品需求相当稳定，无需迅速交货，购买者如果愿意的话，可以完全通过不定期货船运输；但是需求迫切的商品则不能用这种货船运输，因为不定期货船和小班轮公司不能保证定期航行。[①] 因而，航运集团便能够对独立班轮公司强制实行抵制。它们一般是通过“延期回扣”来做到这一点。[②] 延期回扣分为两种。

---

① 参见《皇家航运集团委员会报告》，1909 年，第 13 页。该委员会认为，正是由于这个原因，延期回扣制度不适用于我国煤炭的出口贸易，也不适用于我国的大部分原料进口贸易，而只适用于这样一些货物，对于这些货物来说，高级轮船的定期航班是必不可少的（参见前引报告，第 77 页）。

② 1909 年皇家航运集团委员会是这样描述此种方法的：“班轮公会向发货人发出通知，告诉他们，如果在某一时期（通常为四个月或六个月）结束时，他们未使用班轮公会会员以外的任何船只运送货物，就将把一定金额计入他们的贷方，该金额等于他们在此期间支付的总运费的一定比例（通常为百分之十）；如果在下一个时期（通常为四个月或六个月）结束时，他们继续将其全部货物交由班轮公会会员的船只运送，就将把这一金额支付给他们。如此支付的金额称为延期回扣。例如在目前与南非的贸易中，回扣数额为发货人所支付运费的百分之五。回扣分别以 6 月 30 日和 12 月 31 日结束的两个半年计算，但只有在下一个半年过去之后，才把回扣支付给发货人；也就是说，对于 1 月 1 日和 6 月 30 日之间运送的货物，回扣要到下一年的 1 月 1 日支付，对于 7 月 1 日和 12 月 31 日之间运送的货物，回扣要到下一年的 7 月 1 日支付。因此，在这个例子中，任何一项货物的回扣，都被船主至少要扣留半年，若是 1 月 1 日或 7 月 1 日运送的货物，回扣要被扣留一年。如果在任何时期，发货人用班轮公会以外的船只运送任何数量的货物，不管数量多么小，他都将无权得到该时期和前一时期班轮公会的船只运送的货物应得的回扣”（“报告”，第 9～10 页）。自从皇家委员会的报告发表后，

(1909 年)皇家航运集团委员会发表其报告时,西非航运公会以及所有与印度和远东从事贸易活动的航运公会,仅仅向出口商支付回扣,条件是这些商人没有与非航运公会的公司打过交道,而不要求这些商人的运输代理商在其他客户的货物方面只与航运公会打过交道。[①]但是,在南美航运公会那里,“对于通过运输代理商运送的货物,回扣申请单则必须由运输代理商和委托人共同签字,如果运输代理商在其客户的所有运输中未能遵守回扣申请单上的条件,回扣申请单将作废”。[②]

第三,当垄断者想要利用当作工具的中间人,不是制造商,也不是购买竞争对手的商品的批发商,而是运送竞争对手的商品的铁路公司时,便可以强制实行抵制。当有其他途径运送自己的货物时,垄断者有时可以威胁铁路公司不让它运送自己的货物,以此迫使它对竞争对手收取差别运费。甚至有人说,在由石油托拉斯发动的抵制活动中,铁路公司被迫把向竞争对手收取的一部分额外运费交给石油托拉斯的总经理。[③]当实施抵制的公司实际拥有

一种约束发货人的新方法,即所谓协议制度,开始被采用。1911 年南非通过的一项法律“迫使与南非做生意的班轮公司放弃了回扣制度,此后,经由南非贸易协会和南非航运公会商议,起草了一份协议。……签字的发货人同意给予航运公会的定期航线以积极的支持。作为回报,班轮公司保证按公布的日期定期开航,船只不论满载还是不满载都启航,保证为日常的贸易需要提供充足的吨位;而且保证维持运费的稳定(运费在协议中作了明确规定),保证不论是大发货人还是小发货人运费一律相等”(《帝国航运委员会报告》,1923 年,第 1802 号敕令,第 20～21 页)。

① 《皇家航运集团委员会报告》,第 29～30 页。

② 同上,第 30 页。1892 年上议院对莫卧儿轮船公司案作出的裁决是,被这种做法损害的一方没有理由为其遭受的损害提起诉讼,但这似乎并不一定意味着,被起诉的联合企业本身是合法的(戴维斯,《托拉斯法与不公平竞争》,第 234 页)。在德意志帝国法院判决的一个类似案件中,下达了禁止差别待遇的指令(同上,第 262 页)。

③ 参见《大石油集团》,第 40 页;里普利,《铁路、运费以及管制》,第 200 页。

运输机构时，它在这件事情上的权力当然也就更加大。[①] 这类抵制也可以通过银行来实施，向银行施加压力，迫使它们拒绝向与其竞争的生产者发放贷款。

第6节

政府试图用法令阻止残酷竞争或毁灭性倾销，但这种尝试遇到了有意逃避惩罚这一难题。美国产业委员会曾建议，"为摧毁当地的竞争而将任何地方的价格削减至一般水平以下"，都应视为违法行为。任何受到损害的人均有权要求给予惩处，政府官员要依法查处违法者。[②] 然而，很明显，即便像对待公用事业公司那样，可以要求定期公布收费率，但通过给予某些顾客隐蔽的折扣和回扣，仍然能够逃避惩罚；而且，由于发现此种违法行为不那么容易，即使重罚违法者也不一定能确保人们守法。[③] 若毁灭性倾销的威胁不是来自于公用事业公司，而是来自于在不同地方制造多种商品的实业家，便无法实施定期公布价格的法令。因而立法者面对的问题，是要解开缠绕得更乱的结。若毁灭性倾销只是针对某一竞争者或某一群竞争者而在当地市场上削减价格，违法行为至少是明确的，但尤其是通过独立的虚设公司削价，则很难发现这种违

---

① 当实施抵制的公司像五大肉类包装公司那样，拥有牲畜围场和冷藏库，而竞争对手必须使用这些设备，实施抵制的公司可以对它们收取差别使用费时，情况也是如此。1919年，联邦贸易委员会在其有关肉类包装业的报告中提出，为了避免发生这种情况，政府应该接管这些牲畜围场和冷藏设备。

② 《美国产业委员会》，第18卷，第154页。

③ 参见卡尔松，《政治经济学教程》，第6卷，第398页。

法行为。针对**外国人实施的**这种毁灭性倾销，加拿大(1904 年)和南非(1914 年)政府力图用反倾销法来保护其公民，规定出口给它们的商品如果价格刨除运费等之后，大大低于国内当时通行的价格，便要向其征收特别进口税，税额相当于国内价格和国外价格之差。[①] 不过，这种法律打击的不仅是此处界定的毁灭性倾销，而且还有以下两种做法，一是在萧条时期以低于国内的价格在国外市场出售剩余的存货，二是由设在外国的垄断厂商，以国际价格在国外长期出售其在国内能获取垄断价格的商品。阻止前一种做法的政策是否可取，尚可商榷，但显然没有理由阻止后一种做法，除非确实能举出哪怕是一点点站得住脚的理由支持全面的保护。美国政府想把其立法打击的矛头完全指向毁灭性倾销，在其 1916 年的联邦收入法案中包含有加拿大反倾销法的下列修订版。该法案的第 801 款规定："把任何物品从任何外国输入或帮助输入美国的任何人，若常常故意将此类物品输入或帮助输入美国或在美国境内出售或帮助出售此类物品，而其价格再加上运费、关税和其他各种必不可少的费用后，仍大大低于其输出到美国时这类物品在生产国或其通常的输出国主要市场上的实际市价或批发价，而且这样做的目的是摧毁或损害美国的某一产业，或者阻止美国建立某一产业，或者限制或垄断此类物品在美国的一部分贸易或商业，则此

① 关于这些法律，参见戴维斯，《托拉斯法与不公平竞争》，第 550～551 页。澳大利亚有一项较为复杂的法律，该法律在不公平竞争这个大标题下，谴责了加拿大法律中所说的那种倾销以及某些其他进口方式，是用惩罚而不是特别关税对付它们。参见瓦伊纳，《倾销》(1923 年)，第 11～14 章。关于最近的事实，参见《各国反倾销立法备忘录》，国际联盟经济与金融处，1927 年。

类行为属于违法行为”。违反此条款的行为，不是像在加拿大那样用特别关税来惩罚，而是用罚款来惩罚。1921 年的紧急关税法和 1922 年的最终法案，省略了有关目的的那段话，授权政府一旦有人以低于输出国主要国内市场价格**加**离岸成本输入某种商品，而损害或有可能损害美国的某一高效运行的产业，便可以征收特别关税。在英国，1921 年的产业保护法规定，对从任何其他国家输入的以下商品可以征收特别关税，这种商品在英国的售价**刨除运费后**，低于向输出国消费者收取的批发价格的百分之九十五，而且由于输入这种商品，英国某一产业的就业人数正在受到或有可能受到严重的影响。1921 年，澳大利亚通过了性质相同的法案，不过该法案授予了行政当局相机行事的权力，如果它愿意，也可以不采取行动。我们在此处无须关心这种法律给政府官员带来的麻烦，一些政府官员得弄清相关的事实——根据 1916 年的联邦收入法，还得弄清外国卖主的真实动机——另一些政府官员得发现和阻止为了逃避惩罚而利用名义上独立的代理商的做法，外国卖主可以通过这些代理商按足价输入商品，然后再以较低的价格出售。对于我们目前的目的来说，关键的一点是，如果像在这种法律所涉及的情况下那样，毁灭性倾销是通过地区间的价格差异实施的，则防止这种倾销**较为**容易，因为有一些明确的东西可以依据。然而，如果像在国内贸易中常出现的情况那样，所要对付的是某类商品的**所有**削价，便没有明确的依据来判定违法行为；因为很显然，并非所有削价都是毁灭性倾销，很难在它们当中区别出无罪的削价和有罪的削价。一位权威人士提出的一个检验标准是，“如果某一等级的商品的价格先是被降低，然后又被提高，如果在这其间竞争对手被挤垮，这便是证据，证明削价的目的是不合法的”。[1] 美国1910 年的曼－埃尔金斯铁路法采用了这一检验标准，规定“若一定铁路公司降低其在两个竞争地点之间的运费，则竞争停止后不得提高运费，除非能向委员会证明，情况已发生了变化，而变化的原因并不是仅仅由于消除了水陆的竞争”。[2] 1916 年的美国航运法，对州际贸易中的航运费作出了相似的规定。但这一检验标准不能运用得过于严格；因为，假如运用得过于严格，某一厂商在萧条时期或为了试验降低价格，而在这期间同一产业中的另一家厂商倒闭了，那它便无法再提高价格了。

在针对抵制的有效立法中也存在着类似的困难。的确，各国广泛尝试了这样的立法。美国（在克莱顿法之下）、澳大利亚和新西兰，都禁止任何人以购买者不得使用或购买竞争者的商品为条件，出售任何东西，否则将受到惩罚。根据同样的思路，1916 年 9 月通过的美国联邦收入法规定，“若按照协议，输入者或其他人只能使用输入的商品，则将对输入品加倍征收关税”。[3] 而且，1916 年的美国航运法宣布延期回扣为非法。然而很显然，如果这种协议是在制造商和经销商之间订立的，且对双方都有利，那必然很难防止他们逃避惩罚。当抵制不是通过批发商而是通过铁路公司进行时，这种困难会更大。美国的法律长期以来一直试图阻止铁路

---

① 克拉克，《对托拉斯的控制》，第 69 页。

② 《经济学家》，1910 年 1 月 25 日，第 1412 页。参见里普利，《铁路、运费以及管制》，第 566 页。

③ 1907 年的英国专利和设计修正案禁止订立这种排他性的契约，除非卖主、出租人或特许权享有人能证明，订立这种契约时，其竞争者在合理而非排他性的条件下，可以自由选择是否购买专利产品（戴维斯，《托拉斯法与不公平竞争》，第 539 页）。

公司给予大托拉斯以优待。但是,“一位坚决支持托拉斯的人曾对我说:‘宾夕法尼亚铁路公司不能拒绝牵引美孚石油公司竞争者的车厢,但却没有任何规定阻止它把这些车厢转入侧线’。”[①]“发货单上可以写收到70桶面粉;但只发运65桶,铁路公司为损失的这5桶根本就不存在的面粉支付赔偿金。”除非法律要求改变运费须提前很长一段时间预先通知,否则铁路公司可以突然改变运费,事先秘密通知受优待的发货人,而不告诉其他人;还有诸如此类的一些手法。的确,在通过了埃尔金斯法之后,美国司法部长于1903年宣布:“现在有一项法律禁止给予和接受铁路公司的回扣,该法律对个人和公司都能有效地实施”。[②] 然而,这种观点似乎过于乐观了。对于1908年的情况,州际商业委员会报告说,许多发货人仍然享有非法的优惠待遇。“例如,自从1906～1910年不断修正该法律以来,回扣这种运输业中的弊端,虽然受到了控制,但仍远远没有被根除。优惠隐藏在每一个角落,表现为各种各样的形式。一些做法表面上似乎是必要的、合法的,但仔细调查一番,却可以发现隐藏着实实在在的特殊优惠。”[③]因此,通过铁路公司实施的抵制顽固得很,不容易消除。然而,据说在美国,1920年的运输法建立了一种由联邦政府监督检查铁路公司的制度,最终根除了通过铁路公司实施的抵制。[④]

---

① 转引自伊利,《垄断集团与托拉斯》,第97页。

② 《经济学家》,1903年2月28日。

③ 里普利,《铁路、运费以及管制》,第209页。

④ P.德·鲁西尔斯,《卡特尔与托拉斯及其发展》(国际联盟经济与金融处,1927年),第9页。

从以上讨论看得很清楚，颁布法律禁止驱逐竞争者的政策，很难防止人们规避法律。不过，不应该忘记，尽管如果人们想方设法要规避的话，法律是**能够**被规避的，但事实上，法律常常没有被规避。因为，法律一经通过，舆论便会受到影响，法律提倡的做法就会深受人们的尊重，从而具有强大的惯性。因而，我们有理由认为，这种性质的法律如果加以认真仔细的设计，至少会部分地达到其直接目的。所以，我们饶有兴味地看到，1914 年美国联邦贸易委员会法案第 5 节宣布，“兹宣布以不公平方法从事商业竞争为非法”，建立联邦贸易委员会采取步骤贯彻执行这一宣言，只要它认为这样做符合公众的利益。克莱顿法案第 14 节进一步规定，只要一家公司违反了任何一项反托拉斯法的任何一条处罚规定，“此种违法行为就亦被视为该公司的每一位董事、高级职员或代理商的违法行为，视为由他们授权、命令或从事的行为，此种行为构成了全部或部分违法行为”。被宣判有罪后，根据法院的判决，每一位董事、高级职员或代理商将被课以 5,000 美元以下的罚金，或处以一年以下的监禁，或两者并罚。

第 7 节

假定在某种程度上能够阻止驱逐竞争者，我们便可以转而讨论另一个问题，即：这在多大程度上有助于维持潜在的竞争。克拉克教授似乎认为，借此便可以完全达到维持潜在竞争的目的。他写道，“只要能保护生产中的合法竞争，建立新工厂就不成问题”。然而在现实中，即便能够阻止驱逐竞争者，也还有另一些因素阻碍着维持充分的竞争。首先，当某一产业中正常厂商的规模很大时，建立新工厂所需的巨额资本，会抑制有志者的热情。而且，在此应该指出，许多产业中正常厂商的规模近来一直在增大。例如，1841至1903年，英国造纸业的产量从43,000吨增加到773,080吨，而造纸厂却从500家减至282家；[①]生铁业也出现了这种情况。其次，垄断卖主靠集中生产享有的规模经济效应愈大，出现新竞争者的可能性愈小。因为，如果通过集中生产能取得很大的规模经济效应，则潜在的竞争者便知道，垄断卖主只要放弃一些垄断收入，就能很容易地以低价挤垮他，而自己不遭受任何实际损失。第三，若垄断卖主对成本和利润保守秘密，外来者便很难猜测出假如垄断卖主满足于竞争性产业的正常利润，他会以什么价格出售产品。在这种情况下，阻碍新竞争的因素会进一步增加。第四，联合企业靠大量的广告宣传和品牌的知名度，可能已确立了某种垄断信誉，任何想与其竞争的厂商要打破这种垄断，都得花巨额广告费。的确，有人会说，即便如此，联合企业也会受到遏制，因为它会担心有人为了迫使它收购而建立竞争企业。但是，这种可能性并不像初看起来那么大。因为，如果竞争对手确实能成功地采取这种策略，联合企业的资本额便会大大增加，以致每单位资本的利润率变得非常低，使竞争者感到不值得冒这样的险。[②] 这一因素很自然地会使他踌躇不前。因此，用阻止驱逐竞争者的办法来维持潜在的竞争，至多只能取得部分成效，所以，凭借此种办法远远不能抑制拥有垄断权的企业运用这种权力。甚至就产业本身而言，情况也

---

① 莱维，《垄断集团、卡特尔和托拉斯》，第197页。

② 参见詹克斯和克拉克，《托拉斯问题》，第69～70页。

是这样。在一些生产部门——粗略地说，是公用事业公司涉及的那些部门——竞争显然会造成浪费，因而几乎可以肯定地说，政府不会允许竞争，不会对垄断者施加任何限制，而如果竞争不造成浪费，政府则会对垄断者施加限制。

第 8 节

阻止联合意味着维持实际的竞争，阻止驱逐竞争者意味着维持潜在的竞争，这两种做法都不足以控制垄断，因而人们很自然地想到了直接控制的方法。1911 年，铁路公司协议与合并部际委员会专门谈到直接控制的方法，清楚地表明了对铁路垄断以及产业垄断的态度。它写道："总之，我们坚决认为，既然需要避免铁路公司合作可能带来的后果，这种防护就主要应该由对付这种后果本身的一般性立法来提供，而不管它们是不是由协议造成的。同对协议的管制相比，此种方法应该提供广泛得多的保护。它将无论是在垄断集团签定协议还是达成谅解的情况下，都保护公众。……它不会分不清公司在有协议的情况下会做什么和在没有协议的情况下会做什么"。[①] 如果能十分精确地运用这种方法，当然就不需要前面讨论的那种**任何**附带的间接方法了。但实际上，正如马上将要说明的那样，直接对付垄断权力造成的后果，会遇到很大的困难。而且，因为在大多数情况下，直接方法必须以某种合理的收入标准为依据，而此种标准要根据其他竞争性产业的情况来确定，所以假如完全放弃了维持潜在竞争的努力，普遍采用直接

① 《铁路公司协议与合并部际委员会报告》，第 21 页。

方法，上述困难会变得无比巨大。由此可见，应该在各个产业有力地推行维持潜在竞争的政策，直接对付垄断后果的方法不应取代这种政策，而应作为这种政策的补充。

第9节

乍一看，似乎很显然，直接对付垄断权力的后果意味着，也只能意味着政府的某种直接干预。当然，实际情况也基本上是这样。但具有某种理论意义的是，皇家航运集团委员会鼓吹在航运方面采取另一种政策。该委员会实际上建议，针对垄断卖主，国家应鼓励买主也实行联合，从而拥有自己的垄断权。它希望，买主的联合能抵消卖主收取垄断价格的企图。鼓吹采取这种方法，为的是部分消除班轮公会制度带来的弊端。从理论上说，这种方法是软弱无力的，因为创立第二个垄断集团不会把价格带到自然点或竞争点，而是使价格在包含那一点的一个很大范围内变得不确定。无疑，买主的境况会比他们不联合时要好；而且可以预料，价格和产量会比买主不联合时更接近于国民所得需要的水平。但是，这两个联合体之间讨价还价的结果接近于单纯竞争的结果的可能性却不是很大。即使针对卖主创立的垄断集团是最终消费者的垄断集团，这一困难也依然存在。然而实际上，最终消费者几乎不可能以这种方式联合。能够联合起来的只是介于最终消费者和垄断卖主之间的中间人，他们不会特别卖力地为消费者的利益而奋斗。[①]如果他们联合了起来，则他们所经手的商品，在到达最终消费者那

① 参见马歇尔，《工业与贸易》，第628页。

里以前，须经过两个垄断集团之手，而不是一个垄断集团之手。从经济上说，这对最终消费者必须支付的价格产生的影响是不确定的。价格可能低于中间人没有联合时的水平，但也有可能反而更高。不管怎么说，价格以及最终消费者所能得到的服务数量，很可能是极为不稳定的。[①] 这些需要考虑的因素表明，皇家航运集团委员会提出的政策具有严重的缺陷。[②]

第 10 节

政府的干预并不一定就是对销售条件指手画脚。仅仅将其曝光，或许便会有力地抑制大公司有害于社会的做法。美国联邦贸易委员会担负的一项重要工作，是对大公司进行调查和发表相关的报告。英国托拉斯委员会(1919 年)建议，商务部应获得并以年度报告的形式公布有关这样一些企业组织发展动态的情报，这些企业组织的目的是控制价格或产量，以致形成垄断集团或限制贸易；应调查对这类企业组织行为的指控。当然，应运用权力迫使这类企业组织的高层主管提交账册和回答问题。只要他们害怕舆论信任的调查机构发表对他们不利的报告，常常就会使他们有所收敛，不敢过于滥用垄断权力。总之，毫无疑问，公之于众这个武器可以达到某些重要目的，但却无法达到必须达到的所有目的。

---

① 参见马歇尔，《经济学原理》，第五篇，第 14 章，第 9 节。

② 1923 年，帝国航运委员会在批准该政策时说，(就航运业而言)“遵循本委员会的建议，只建立起了两个重要的团体，而且本委员会自成立以来，也只注意到了这样两个团体”(敕令书，1802，第 23 页)。

第 11 节

所以，我们转而讨论政府对销售条件的干预——当前面考察的那些“补救方法”不足以达到目的时，即便对于工业企业而言，**可能**也需要采用这种方法，而且除非是由政府经营，否则对于公用事业企业而言，这种方法也肯定是必不可少的。从理论上说，这个问题可以表述如下。假设单纯竞争带来的产量（当然要考虑到企业联合可能产生的规模经济效应）便是最有利于国民所得的产量，则实行管制的目的就是确保这一产量的出现。在供给价格递增的产业中，这种管制不能仅仅靠价格控制来实现。因为，如果价格被国家规定在竞争条件下特有的水平上，也就是被规定在若竞争条件占优势，产量将被调整得能产生正常利润的水平上，那么，垄断者生产比这少的产量，将是合算的。在供给价格递增的条件下，通过减少产量，他也能降低供给价格，由此而获得一笔垄断收益，其数额等于被管制的价格乘以产量和供给价格乘以产量之间的差额。他的利益所在是，控制产量而使这种垄断收益尽可能地大。根据需求曲线和供给曲线的形状，最终的产量可能大于，也可能小于受管制的垄断下的产量；但无论如何，它肯定小于政府想要维持的、单纯竞争条件下特有的产量。不过，只是在供给价格递增的产业中，才会出现这种情况。当供给价格不变或供给价格递减时，若价格被规定在竞争水平上，垄断者把产量降低至竞争性产量以下，将是不合算的；因为他这样做不一定能降低成本。因此，如果政府能将价格定在竞争水平上，它也就能间接地确保竞争性产量。[①] 实

① 参见附录Ⅲ，第 23 节。

际上,由于趋向于垄断而必须加以管制的企业(无论是工业联合企业,还是公用事业公司),很少是供给价格递增的企业。所以,总的说来,所谓控制就是对价格的控制。

第 12 节

由此,我们会不由自主地想到大战期间实施的那种价格管制,第 12 章已对此作了一些说明。不过,应该认识到,我们目前所关心的,与这有着根本的不同。控制垄断时,是要阻止垄断者索取高价,因为他这样做会把产量降低至他以正常利润能够生产的水平以下。如前所述,在供给价格不变或供给价格递减的条件下,把最高限价定在与“竞争性”产量相一致的水平上,实际上会导致出现该产量。毫无疑问,这种最高限价会与这样一种产量联系在一起,公众为这种产量愿意支付的需求价格高于政府规定的最高限价。[①] 但就战时问题而言,正如第 12 章清楚地说明的那样,干预的实质就是把最高限价规定得低于公众在需要时愿意为生产出的商品数量支付的需求价格。正是由于这一原因,在最高限价下,需求量总是大于供给量,因而为了防止由此而可能带来的分配不均,要对所有消费者实行配给制,使其中许多消费者的购买量少于他们本来想要购买的数量。也正是由于这一原因,仅仅从生产者那一方面规定价格是不够的。因为需求价格高于政府想要允许的价格,所以限制例如航运运费,而不同时也限制在受限制的运费下运

① 用专门术语来说就是,限制垄断价格,会使交换指数沿着需求曲线向右移动;限制竞争价格会使交换指数移动至需求曲线以下。

送的货物的价格，只会使船舶与消费者之间的中间人独自获取全部利益。所以，不仅要对原生产者规定最高限价，还要规定此后经手受控商品的各种人(不论是其他制造商还是零售商)在这种价格之上的最大加价额。当然，若控制的是垄断收费，则没有必要作这种辅助性的安排。

第13节

我们现在可以进而直接讨论这种形式的价格控制。实施这种价格控制的一种方式，可以说是消极的。它可以作出一般性的规定，禁止"不合理的"行为，至于实际上什么是不合理的行为，裁定权则留给有关的委员会或法院。对于拟议中的运费**修改**，其实就采用了这种控制方式；1921年以期的英国铁路委员会和通过赫伯恩法以期的美国铁路委员会，都拥有裁定权。这两个委员会要裁定某一拟议中的提价是否合理，据此而予以批准或禁止。因而它们的工作是**比较**轻松的。它们无需每时每刻地管制所有价格，而只需对特别不合理的价格进行干预；此外，仅仅知道设有这样的委员会，很可能就足以制止不合理价格的出现。[①] 在管理某些特许经营权方面，也采用了这种消极方式；假如某一特许公司未能"按照政府的合理要求经营和发展"，市政当局便可以**按适当价格**(这是个意思含糊的词)接管该公司的业务。[②] 加拿大联合企业调查法(1910年)亦采用了此种控制方式。该法案规定，若有人对某种

① 参见范·海斯，《集中与控制》，第261页。

② 全国城市联盟，《公用事业的市政经营和私人经营》，第1卷，第41页。

物品提出上诉,则政府有关部门有权弄清,"联合企业是否把价格定得过高,不适当地增加制造商或经销商的利益,而损害了消费者";如果控告属实,将给予处罚。新西兰 1910 年的法案采用了相同的控制方法。它规定,"任何人,无论是委托人还是代理人,如果以过高的价格出售或供应商品,或供他人出售或供应商品,如果该价格是由某一商业托拉斯以某种方式直接或间接所规定或控制,或受其影响,而该人或其委托人(若有的话)现在是或曾经是其成员,则他便触犯了法律"。1903 年的俄国刑法有相同的条文:"某一商人或制造商,若与经营或制造相同商品的其他商人或制造商一起,大幅提高粮食或其他基本生活必需品的价格,将被处以徒刑"。[①] 所有这些法律都禁止过高的价格,但却没有试图去规定价格。另一种实施控制的方法可以说是积极的方法,就是由官方明确规定最高收费或最少服务供应量。说明这种方法的例子有,通常由市政府授予的公用事业公司特许经营状中的条款,以及 1906 年赫伯恩法授予州际贸易委员会的权力,该法案授权它"决定并规定"铁路、电话和其他交通服务的最高收费。

第 14 节

不论是采用消极管制方法还是采用积极管制方法,要使法律有效都必须对违法行为给予某种制裁。可以用各种方法做到这一点。对于违法行为的处罚有时是直接罚款。在被保护国,例如在巴西,有时是取消对竞争的外国商品征收的关税。[②] 1910 年的加

① 这些法律的正文刊印在詹克斯和克拉克所著《托拉斯问题》一书的附录 G 中。

② 参见戴维斯,《托拉斯法与不公平竞争》,第 294 页。

拿大联合企业调查法，对这两种处罚都作了规定。根据该法案的规定，如果有关的委员会“发现企业间有联合，政府可以降低或取消关税，此外，对于那些在委员会的判决正式公布后仍继续从事违法行为的人，每天课以 1,000 加元的罚款”。[①] 另一种有趣的制裁方式是，巴拿马运河法案中的一项条款规定，船主若违反美国的任何一项反托拉斯法，将禁止其船只使用巴拿马运河。[②] 有时制裁是发出威胁，说政府要参与竞争。例如，根据 1892 年的协议，英国邮政局接管了国民电话公司的中继线，当时财政大臣曾暗示，国家虽已获得了竞争权利，但只要该公司能理性行事，就不会行使这一权利。[③] 还有的时候，制裁是威胁进行收购，即国家将根据事先规定的条件或由仲裁裁定的条件，收购被管制企业的全部厂房设备。最后——这种制裁方法，实际上产生于美国最高法院在美孚石油公司案中对谢尔曼法的权威解释——有时联合企业的价格（和其他）政策若被认为是合理的，可能不会被触动，但联合企业若运用其权力损害公众利益，则可能根据最高法院的命令予以解散。[④]

第 15 节

不过，虽然发现违法行为时有许多制裁方法可供采用，而且其

① 《经济学家》，1910 年 3 月 26 日，第 665 页。参见《美国科学院年报》，1912 年 7 月，第 152 页。

② 参见约翰逊和许布纳，《海洋运输原理》，第 386 页。

③ H.迈耶，《公有制与电话公司》，第 56、199 页。

④ 参见首席大法官怀特的判决，他在该案件中确立了如今所谓的“理性规则”，以此来解释这个法案（转引自詹克斯和克拉克，《托拉斯问题》，第 299 页）。

中一些非常有效，但必须补充说明的是，无论是采用消极的控制方法还是采用积极的控制方法，阻止人们规避这些制裁都是极其困难的。例如在战前，我国的铁路公司实际上提高了运费，而事先没有提出申请征得铁路委员会的同意。一些铁路公司出租侧线创收；一些铁路公司增加了拒绝运输的货主自担风险的商品数目，除非包装能令铁路公司满意；一些铁路公司取消了回扣；如此等等，使用的手法多种多样。而最难以对付的规避手法是，通过改变质量来对抗价格管制。为防止出现这种情况，必须在规定最高价格的同时规定最低质量标准。但在某些方面，例如在电车的舒适和准时、屠宰厂和下水道的卫生状况等方面，很难规定最低质量标准。当质量有许多不同的等级（无论是茶叶这样简单的东西的不同质量等级，还是帽子这样较为复杂的东西的不同质量等级），而每一等级必须与其他等级相区别并适用于不同的最高价格时，规定最低质量标准的困难尤其巨大。很容易以较高等级的价格出售较低等级的东西。在另一些方面，例如在自来水供应、煤气供应、牛奶供应和房屋供应等方面，尽管有质量检验标准可供依据，但却难以发现对最低质量标准的偏离。毫无疑问，通过建立严格的检查制度，例如为实施防止食物和药品掺假法而建立检查制度，是可以有所作为的。但无论如何，还是可能有很多的漏洞可以利用。

第 16 节

然而，即使能完全克服这个困难，阻碍直接控制的最为可怕的障碍依然屹立在那里。人们必须决定什么价格可以被认为是不合理的，以及在采用规定最高限价的积极控制方法时，最高限价应该定在什么水平。正如我在本章开头所说的，瞄准的目标是竞争性价格，亦即在其他条件不变的情况下产量是单纯竞争而非垄断特有的产量时出现的价格。管制当局究竟应如何确定这种价格？可以想象，一些思想不严密的读者根据最近的经验会说，竞争性价格可以直接根据人们把原料转变为成品花费的有案可查的费用来确定。然而很显然，要计算出**全部**转换成本，我们得知道，对于我们讨论的物品来说，在原料和劳动成本之外，还应加上多少应该分摊的企业固定成本。诚然，若能确定应分摊的固定成本，运用转换成本会计——这种技术在战时得到了很大发展——就能确定某种产品或某一组联合产品的适当价格；[①]但却不可能反着进行这一工作。计算转换成本是迈向实际价格管制的必要一步，但并不是最重要的一步。

第 17 节

看来显而易见，我们的问题只能借助于"正常的"投资收益率得到解决。我们知道，假如进行了竞争条件下特有的投资，则在当时能获利的产量下，能为这种投资带来正常收益的价格，就是我们所需要的价格。然而，不幸的是，实际进行的投资不可能等于竞争条件下特有的投资。可以这么说，如果从一开始就有垄断，实际进行的投资就会少于竞争条件下特有的投资，如果垄断是许多大企

① 当然，就联合产品而言，不可能把各种生产成本区别开来，每种产品的"适当"价格不仅取决于其共同的生产成本，还取决于每种产品各自的相对需求，这一事实使任何想规定价格的人都面临着更为错综复杂的工作。

业残酷竞争后联合的结果，实际进行的投资就会多于竞争条件下特有的投资。于是很显然，我们所需要的价格，并不是在能获利的产量下能为实际投资带来正常收益的价格，除非进行了竞争条件下特有的投资，我们所需要的价格正好等于能给该投资带来正常收益的价格。这一条件意味着，我们所关注的那种商品，从长期的观点看是在供给价格不变的条件下生产的商品。对于一个从一开始就存在的垄断集团来说，如果该商品是在供给价格递增的条件下生产的，则能给实际投资带来正常收益的价格将太高；如果它是在供给价格递减的条件下生产的，能给实际投资带来正常收益的价格将太低。实际上，如前所述，供给价格递增的商品几乎不可能受垄断集团的控制。因而，如果我们为了控制垄断而计算所谓"适当的价格"，即计算在何种价格下能产生正常收益并能生产出获利最大的产量，①那么，对于一个从一开始就存在的垄断集团来说，我们计算出的价格很可能有点太高。另一方面，对于投资过多和残酷竞争产生的垄断集团来说，它很可能太低。然而，在我看来，没有任何其他方法可以用来计算该价格。②

第18节

如果因为没有更好的方法，我们决定使用这种方法，就必须决

① 细心的读者可能已注意到，假如垄断者拥有的设备多于竞争条件下应该拥有的设备，实际上便不可能为在上面决定的价格下有利可图地生产出的全部产量找到市场。不过，这一事实丝毫也不损害正文中所作的分析。

② 本小节讨论的这个棘手问题，是奈特教授在一篇富有启发性的文章中提出的，我在本书的前几版中未注意到这个问题，参见它的"控制投资与控制收益"，载《经济学季刊》，1930年2月。

定对于其产品价格受管制的具体企业而言，何种利润率可以正确地认为是正常的利润率。乍一看，可能认为这个问题很容易解决。扣除了厂方的收益(合股公司自动这么做)后，剩下来能够按一般利率为企业资本支付利息的利润，不就是正常利润吗？这一提议看似有道理，但很容易证明它远远不足以满足我们的需要。先让我们假设，在所有企业中，一般利润率确实与正常利润相一致。我们还得决定，被支付以这种一般利润率的是何种资本。显然，我们不能把这种资本解释为企业的市场价值，因为企业的市场现值只不过是其预期收益的现值，而考虑到所冒的风险，这种收益**必然**为其现值产生一般利息率，不管其数额是多少。的确，如果我们把现有的市场价值当作我们计算的基础，那么，由于这取决于人们认为政府将采取何种价格管制制度，我们便将危险地接近于循环论证。所以，从价格管制的角度考虑的资本价值，完全不同于从例如税收的角度考虑的资本价值。在某种意义上，它必然是指过去真正投入企业的资本。但这也很不好计算。当投入企业的金额包括支付给完成一项合并(该项合并带来的好处是，获得向公众收取垄断费的权力)的发起人的佣金时，似乎不应把这种佣金计算在内，除非这项合并也提高了生产效率。据美国的一些工业联合企业的高级职员说，“组织费用，其中包括支付给发起人和金融家的报酬，常常高达股票发行总量的百分之二十至四十”。[①] 了解到这种情况，我们便会明白，上述一点极其重要。一部分资本支出也会遇到相同的困难，该部分资本支出被用于收购现有企业，而收购价格较高，

① 詹克斯和克拉克，《托拉斯问题》，第90页。

因为收购方期望，企业合并后便能够采取垄断行动。除了这些难以计算的项目外，还要弄清无论是用于实际建筑，议会游说，购买专利权，还是用于广告宣传的原始资本支出，以及随后超出维修和更新、为使原始资本保持原样、尚未从收益中提取出来的支出，同时要考虑到不同投资的不同日期。[①] 对于未来建立的新企业，很容易通过法律要求它们提供关于所有这些项目的资料。但从建立了很久的企业那里，却无法获得这种资料。例如，用于商誉方面的相同支出，一家企业可以当作资本支出，另一家企业可以当作经常支出，以致实际上无法加以区别。鉴于有这些困难，也许不得不采取某种迂回的方法来接近事实真相。显而易见，名义资本对于这个目的毫无用处。它可能已被虚增或篡改，真实情况完全被掩盖了。资本的市场价值我们已说明不足以满足我们的需要。所以，通常就得利用企业厂房设备的估计“再生产成本”（如果相关的价格自投入原始资本以来发生了很大变化，再生产成本会使人产生很大误解），或利用厂房设备的直接估计价值（这种直接估计价值的数额，当然取决于估价原则）；然后要或多或少武断地扣除创立成本、建立商誉和购买专利权的投资，等等。我们并不是需要这些**数据**本身，而是要在无法直接弄清实际资本投资的时候，用这些数据粗略地估计这种投资。分析这样做可能遇到的困难，超出了本书论述的范围。[②]

---

① 参见海尔曼，“公用事业估价原理”，载《经济学季刊》，1914 年 2 月，第 281～290 页。

② 参见巴克，《公用事业收费》，第 5 章和第 6 章。

第 19 节

还有一个更为根本性的难题。至此,我们一直隐含地假设,投入任何企业的资本可以用投入的货币适当而明白地表示。然而,实际上,某一年实际投入的 1,000 天劳动,可以用 200 英镑衡量,另一年可以用 400 英镑衡量,再另一年可以用 400,000 英镑衡量。在通货极为不稳定的时期,例如在战后的俄国和德国,这种困难不可避免地变得很突出。显而易见,重要的是实际投资,而不是货币投资,所以严格说来,当一般物价发生变化时,对于我们当前的目的来说,货币投资应该向上或向下调整,以反映出这个事实。这意味着应修改过去每年所有的记录,应该用每年一般物价指数和当年一般物价指数之间的比率乘以每年的货币投资。由于人们公认现有的各种指数都有缺陷,所以几乎不能指望这种方法会被人们充分接受而得到运用。对企业的很大一部分投资常常是以债券的形式进行的,而无论价格发生什么变化,都对债券约定有固定的货币利息,此时这种方法会受到另一种更为强烈的指责。允许用倍增的货币总收益来抵消物价的翻倍,其实是为债券持有人遭受的损失和股票持有人自己遭受的损失,而给予股票持有人以补偿,却听任债券持有人倒霉,不予补偿。① 然而,完全忽视一般物价巨大而迅速的变化,例如第一次世界大战造成的变化,则是默认对事实真相的严重歪曲,并在这种歪曲的基础上行事。这些因素连同上

① 参见鲍尔,“有效收费控制的公平价值”,载《美国经济评论》,1924 年 12 月,第 664～666 页。

一节讨论的那些因素足以表明,决定何种企业资本应被支付以"一般"利率,并非易事。

第20节

但这并不是事情的全部。某一企业的正常"竞争性"利润,并不是会为已实际投入该企业的资本产生"一般"利息率的利润。因为建立不同的企业既包含有不同程度的风险,也包含有不同的初始发展期,在初始发展期,根本不可能获得任何收益;因而必须给予那些成功的投资者(国家只能同他们打交道)以适当的补偿,他们必须得到足够的报酬以抵消失败的投资者的损失。[①] 诚然,在生产已或多或少走上正轨的产业中,并不一定是这一因素带来了巨大的实际困难,但在所有处于实验阶段的产业中,这一因素却极为重要。[②] 而且,即使没有风险,我们也不能在所有情况下都把能产生一般利率的价格视为适当的价格,而只能把这样的价格视为适当的价格,即如果以"一般的"能力经营管理和实际组织原始的投资,这种价格能产生一般利率;但这是个模糊的、难以把握的概念。正如陶西格教授所说:"大家都知道,财富是在严格竞争的产业中创造出来的,应该归因于非凡的经营才能。……当垄断或半

① 参见格林,《公司财务》,第134页。

② 如果一家企业在成功度过投机冒险的初始阶段后,被另一家企业收购,收购价很可能包含一笔超出成本之外的巨资。这可能是对所冒的风险和所承担的不确定性的公平补偿。但很显然,在付过了这笔钱后,仍然允许新公司在计入该行业的风险和包含上述金额的资本的基础上获取利润,就是在迫使公众为它未冒的风险支付报酬,为已经支付了报酬的风险提供补偿。有关商誉的卓越一般性讨论,参见利克,《商誉、其性质以及估价商誉的方法》。

垄断获取高额收益时，我们如何能把得自垄断的那部分收益和得自卓越管理的那部分收益区分开来呢？”[①]让不善于投资的公司享有同善于投资的公司一样的收益率，显然不利于有效的生产。顺便说一句，假如讨论的是两家相互竞争的联合企业，则合乎逻辑的做法肯定是迫使其中经营较好的一家收取较低的价格，这不仅立即会产生尴尬的结果，还会极大地挫伤提高经营管理水平的积极性。在此应该指出，进一步扩大企业联合，只要能带来规模经济效益，就是一种良好的经营管理方式，但如果价格受到管制，无法给扩大企业规模的人带来好处，则不应鼓励这种经营管理方式。最后，当建立一家工厂是为了远远超出现有需求而满足预期的未来需求时，则很显然，批准很高的价格，以至在这种未来的需求出现以前全部投资就得到充分的利益，是不合理的。[②] 由于有这些错综复杂的因素，由于政府对情况的了解必然是有限的（因为一般说来，在专业经验上，控制者必然大大落后于被控制者），政府几乎肯定要么对要加以控制的企业管得过宽，使它们仍然拥有垄断权，要么对它们管得过严，以致虽然能阻止它们享有垄断权，但同时也阻碍了它们发展到单纯竞争条件下本应达到的水平。1870 年的英国有轨电车法案似乎就是后者的例子，该法案导致了我国电力牵引发展的严重滞后。

第 21 节

很显然，决定何种规模的收益率是具体生产企业的正常收益，

① 《美国经济评论增刊》，1913 年 3 月，第 132 页。

② 参见哈特曼，《公平价值》，第 130 页及以下各页。

非常困难。这种困难既使消极的控制方法(在该方法下,立法机构只是谴责不合理的价格,而由法院裁决某一价格是否真的不合理)变得复杂,也使明确规定最高限价的积极控制方法变得复杂。但很显然,对积极的控制方法产生的影响要更为严重,使其变得极为复杂。一般的工业企业都生产大量的各种不同的商品,其原料成本在不断变化,成品的特性也在不断改进。任何外部权力机构都根本无法为这种企业制定出价格表。另一方面,像美国联邦贸易委员会这样由训练有素的人员组成的、有能力进行全面调查的委员会或司法机构,则并非不可能从原则上确定,一个产品相对于另一个产品和一个时期相对于另一个时期而言,某一大型联合企业——例如美孚石油公司或联合钢铁公司——是否在收取高价而给它带来了不合理收益。在和平时期,政府还从未试图超越消极控制的界限,而且在目前的经济知识和政府能力的情况下,似乎无论如何都不会,也不应该作这样的尝试。尽管采用消极控制方法所能希望获得的结果并不尽如人意,但还是要好于盲目采用另一种方法可能得到的结果。另一方面,就公用事业企业而言,消极控制方法大于积极控制方法的难度却微乎其微。一般说来,这些企业提供的服务是单一的、比较简单的,提供的是煤气、自来水、电力和客运。因而无需规定许多不同的价格——当然,铁路运费是一个很重要的例外。而且,这些服务的需求一般不受时尚的影响,设备在成本中占有极大的比重,以至原料价格发生变化,关系不是很大。最后,即使情况不是这样,所出售的这些商品的性质和顾客的便利,也要求收取的价格不应经常变化。所以,对于这些企业一般采用积极的控制方法,即规定最高限价。

第 22 节

作了以上分析后，就必须寻找最佳的方法来防止出现那两种相反的偏差，即控制过松和控制过严；正如第 20 节所述，所有形式的管制实际上都经常出现这两种偏差。为此，有人提出的一种方法是，对经营某些公用事业的特许权进行某种形式的拍卖。这样，对此最感兴趣的人便会对自己认为可以获利的条件作出估计。有人是这样描述这种方法的，“按照目前流行的最佳方法，市政府把建造市政工程的特许权出售给竞标成功的公司，该公司在明确规定的条件下以最低的收费提供自来水，特许权有时是永久性的，但也常常规定，市政府在未来某一日期有权收购市政工程”。然而，因为在许多城市，具有投标能力的公司寥寥无几，而且它们自己的估计必然在很大程度上是尝试性的，所以采用这种方法并非不可能发生很大的误差。大多数产业的情况在不断变化，适合于某一时期的价格管制方法，必然会变得不适合于另一个时期，这一事实又增大了发生误差的可能性。

第 23 节

可以通过定期修改价格管制来限制误差范围。“由于情况变化很快，特许经营权不能永久固定不变。”[①]随着技术的不断改进和其他情况的变化，旨在创造竞争条件的最高限价，过了一段时间以后，很可能会远远高于受限制的竞争者可以获利的价格，从而完

① 比米斯，《市政垄断集团》，第 32 页。

全无效。“在所有情况下，公众都应保持对未来的增长和利润的兴趣。”[①]然而，规定定期修改特许经营权，会带来不确定性，从而大大限制对有关产业的投资，给国民所得造成损害。而且，如果每隔一定时期进行修改，会诱使各公司在这样的时期临近结束时把重要的投资推迟到做完修改之后，以免其很大一部分成果因价格降低而付诸东流。[②] 对从其他地方引入技术改进作出特殊规定，并不能完全克服这种困难。对付这种困难的方法之一是，用保护公司利益的条款束缚修改机构的手脚。例如，1844 年的铁路法规定，如果在批准这些线路 21 年以后，红利超过已缴资本的 10%，则财政大臣可以修改通行费、运费等，条件是保证下一个 21 年也享有 10%的红利。另一种方法是，使修改日期距离工程开工日期足够遥远，从而对投资的影响非常小。很显然，无论采取这两种保护措施的哪一种，都会减少修改特许经营权在缩小实际管制和理想管制的差距方面具有的效力。但是，如果真的要进行管制的话，国家保留某种形式的修改权则是绝对必要的。如果修改原则规定得很明确并被人们广泛了解，运用这种权力似乎不会对投资和企业家精神的发挥造成严重阻碍。可以指示修改者，每次修改时必须把价格——或者当要对付的是联合产品时，是一些调整后的价格——定得足够高，以使有关公司的实际总投资继续享有合理的收益率，当然要考虑到最初投入的资本冒的风险可能很大，而随后添加的资本所需的风险报酬则较低。而且可以指示修改者，在确

① 《公用事业的市政经营和私人经营》，第 1 卷，第 24 页。

② 参见惠顿，《对英国公用事业公司的管理》，第 224 页。

定合理报酬时，一般说来要考虑到企业所表现出来的管理水平，管理得很好时要比管理得一般或很差时定价高，以产生较高的收益。毫无疑问，这种修改的技术困难会极大，但不会像刚开始实施管制时遇到的困难那么大。可以合理地假定，最终会出现一批政府官员，他们在这些事情上的决定，若建立在适当的相对统计数字的基础之上，会立即获得投资者的信任。这些投资者会得到安慰，心里明白，虽然其产品的价格有可能被强制降低，但如果原料和劳动成本变得对他们不利，产品价格也有可能为了他们的利益而被提高。

第 24 节

还有另一种方法可以用来限制误差的范围。在所有的一般产业中，原料成本等都会在连续的修改时期**之内**发生变化。如果遵循单纯竞争的指引，这种变化就应伴以向顾客收取的价格的变化。毫无疑问，在像铁路运输这样的产业中，经常变化价格会带来很大的技术上的不便，因而一般说来，最好不遵循这种短期变化的指引；但这种情况或许很少见。管制机构有时试图以某种自行调整的安排，来进行必要的价格变动。运用于我国的一些煤气公司的一种不成熟方法，是规定**最高**红利。如果管理水平保持不变，这意味着，当成本降低到某一点以下时，向顾客收取的价格也必须下降。不过，这种方法的严重缺点是，一旦采用它，便很可能使人们不再想提高管理水平，也不再想避免浪费。一种较为成熟的方法是规定收益标准，总是允许收取足够高的价格保证这一收益标准，并进一步规定，超过这一标准时，其差额的固定比例应用于降低价格，其余的才用于增加收益。1920 年的南部城市煤气公司法，就作了这种安排,规定超过标准的不论多少收益,其四分之三都应分配给消费者。我国的铁路运费目前也多少是以相同的方法管理的。1921年的铁路法根据1913年的收益,并为新投资等留出余地,为各家联合公司规定了标准收入。如果经验表明,在有效而经济的管理下,运费法庭规定的运费率产生的收入大于标准收入,运费法庭便有权降低运费率,"以降低公司以后各年的净收入,使收入的增加额不超过收入增长额的80%";如果实际产生的净收入少于标准收入加上对新资本的补偿,运费法庭便可以提高运费率,使其达到此数额,条件是差额不是由管理不善或浪费造成的。很明显,在这种安排之下,对管理水平的提高造成的阻碍,要小于达到最高收入**之后**规定最高红利的方法;但由于运费法庭在根据管理水平调整价格时会遇到极大的困难,此方法对管理水平的提高造成的阻碍,必然大于达到最高收入**之前**规定最高红利的方法。不过,还有另一种方法,就是通过滑动调整,把特许经营时期支付给股东的红利变化与售价联系在一起。采用这种方法的例子,是英国的一些有关煤气公司的法案。例如,战前的一项法案规定,每1,000立方英尺煤气的标准价格为3先令9便士,并规定,价格每降低1便士,煤气公司可以把红利增加0.25%,价格每提高1便士,煤气公司必须把红利减少0.25%。另一个例子是有关兰开夏郡电力公司的法案,这个公司批发电力。该法案"规定,红利为8%,超过8%,每增加0.25%,价格必须降低5%,若价格已达到本法案允许的最高限价,则必须再降低1.25%"。[1] 这种对价格的滑

① H.迈耶,《大不列颠的市政所有权》,第281页。

动调整——当然,要使之有效,政府还必须控制有关的公司发行新股票——像对工资的滑动调整一样,并不能替代而只能补充对特许经营条款的定期修改;只要把它们当作永久性的安排,降低生产成本的所有改进和发明,无论是公司自己还是他人完成的,就会稳定而持续地增加利润。对于新公司不那么容易进行这种调整,因为只有对公司的经营情况积累了一定经验时,才能确定适当的价格和红利标准。但是,却可以先规定一简单的最高限价,保留经过一段时间后改用滑动调整的权力,大战之前,商务部对煤气公司就是这么做的。① 这种滑动调整方法,像前面讨论的其他方法一样,也会受到这样的攻击,即:不仅当原料和劳动价格上涨时,而且当公司利润由于经营管理不善而下降时,它会推动价格上涨。不过,尽管有这些困难,可以预期,滑动调整方法——标准收益方法也是这样——若加以精心设计,会比任何其他在两个修改时期之间严格规定价格的方法,更加接近于单纯竞争条件下的价格体系。而且,挫伤管理积极性的危险,可以用英国铁路法等中包含的那种规定来对付,根据这种规定,当收益的减少不是自然原因造成的,而是管理不善造成的时候,主管当局可以禁止提价。

第 25 节

应该补充说明的是,以上描述的各种方法,虽然可以作出合理的规定,在修改时期内将根据原料等成本的变化调整收费,但却极其不适合于对付需求的变化;因为,如果遵从的是单纯竞争,需求

① 参见惠顿,《对英国公用事业公司的管理》,第 129 页。

的向上移动——当然，我们在此处关心的只是短期波动——就应该与价格的向上移动联系在一起，但如果采用上述那些方法，需求的向上移动便会与价格的向下移动联系在一起。而且，需求的变化可能非常重要，可能要求进行大幅的价格调整。在辅助成本——产量减少时，此种成本不会按相同比例降低——的作用相对于主要成本的作用而言较大的产业中，需求发生变化时，价格的变化会特别大；实际上，辅助成本在大多数产业中都很重要。滑动调整的方法，如果是把所允许的价格变化与所提供的服务量的变化联系在一起，而不是与收益的变化联系在一起，就不仅可以考虑到成本的变化，还可以考虑到需求的变化。然而，就我所知，目前还没有哪个国家采用这种自动调整的方法。

第 26 节

还有另一种不同层次上的困难。至此我们的大部分讨论都暗中假定，在制定管制政策时，我们是从零开始的。当然，对于在我们的总政策方针确定后出现的工业垄断集团来说，对于在授予原始特许经营权时被强加各项条件的公用事业公司来说，情况确实如此。但是，如果我们要与之打交道的是这样一些垄断企业，对它们尚未实施目前的管制，或对其实施管制的方式很不完善，则情况就不一样了。把这些企业纳入我们正在讨论的那种价格管制制度之下，在许多情况下会使它们的收入和其股票的资本价值大幅下跌。就原始股东和其继承者而言，这没有太大的关系。并不能因为这些人以前赚取异常高的利润，就允许他们未来也这么做。但是，对于最近购买股票的人来说，由于他们的购买价格是受实施管制之前，或严肃考虑此处讨论的那种严格管制之前的情况支配，情形则有所不同。这种人现在也许得到例如8%的收益率，实施控制后可能会使收益率降至5%，致使他们的资本价值降低三分之一甚或一半。实施管制而随便使完全无辜的人遭受严重打击，不是一件能轻松做到的事情。国家粗暴践踏合法预期的权利是有限度的。然而，因为我们过去疏于职守未实施管制，就现在也不实施应该强加的管制，则是对过去的错误听之任之。屈服于"孤儿寡母"的论点，实施上就是放弃改革。不能指望这种冲突能得到十全十美的解决。但是，似乎有一种合情合理的妥协能照顾到各方的利益，这就是，当按照上述原则突然实施全面的价格管制会大幅压低资本的价值时，这种管制便应该事先公布一段时间之后再实施，而且应该分阶段地逐步实施。

第27节

然而，即使不考虑这种有点特殊的困难，前面的一般性论述也表明，在国家对私人垄断的任何控制形式之下——应该指出，虽然所引证的例子只是特殊类型的私人垄断，但提出的论点适用于所有类型的私人垄断——理想与现实之间都很可能存在着相当大的差距。总而言之，管制方法，无论是积极的还是消极的，都是极为不完善的，只能使产业接近于单纯竞争条件下的价格水平和产量。而且，政府管制还往往是代价高昂的方法。正如杜兰德教授所说："政府管制私人企业的价格和利润，总是造成极大的浪费，造成精力和成本的双重付出。也就是说，要用两批人做相同的工作。公司经理和雇员要研究成本会计和需求状况来确定价格方针。政府官员和雇员则要从头再做一遍。而且，这两批人干工作的动机完全不同，这会引起摩擦和打官司，从而导致支付更多的费用。在庞大的私人企业机构之上叠加一庞大的政府机构，是一种浪费，如果可能的话，应该尽力加以避免"。[①] 这个因素是不应该忽略的。在将垄断产业中私人企业制度的实际效率同竞争的公营企业制度对照比较以前，应该把政府监督管理所花的费用记入私人企业制度的借方。

① 《经济学季刊》，1914 年，第 674～675 页；《托拉斯问题》，第 57 页。

第22章　产业的公营

第1节

本书的开头几章曾说明，放任自流的私人企业，即使在单纯竞争的条件下经营，其所导致的资源配置，也往往不如其他一些可能的资源配置那么对国民所得有利。在一些产业中，所用资源的私人净边际产品的价值，要小于社会净边际产品的价值，结果是投资过少；在另一些产业中，私人净边际产品的价值则较大，因而投资过多；在其他一些产业中，行使垄断权力会减少产量，因而投资下降，远远低于公众利益所需的水平。当竞争占优势，社会和私人净边际产品相背离时，从理论上说，可以通过征税或发放补贴来纠正；当垄断占优势时，从理论上说，可以通过价格管制（在某些情况下，结合以产量管制）来使其无害。然而，前面的讨论表明，用这些方法纠正私人利益的偏差，在实践中肯定是一项极其困难的工作，很难做得完全彻底。于是便产生了这样一个问题：在其他条件相同的情况下，最好是不是由政府本身来经营某些种类的企业，而不是力图控制私人企业的经营。

第2节

必须弄明白，此处提出的问题牵涉的是公营，不是公有。公有本身没有什么意义，除非是不支付充分的补偿费而获取所有权致使分配发生变化。例如，假设一个城市为建立一座发电厂，筹集到一笔一百万英镑的贷款，利息为五厘，本金在50年内用偿债基金还清。从法律地位上说，该城市从建造发电厂的时刻起，便是发电厂的所有者，只不过是把发电厂抵押给了公债持有人。如果一私人辛迪加出钱建造了发电厂，然后把它租借给该城市，条件是由该城市支付利息和偿还本金，50年后发电厂归该城市所有，那么该辛迪加在这50年就是发电厂的所有者。但是，尽管该城市可以随意处置发电厂，无论是对其加以改建，还是对其加以增补，可实际状况在这两种方法下却没有丝毫不同。公有和私有的区别，仅仅是没有任何实际意义的术语上的区别。同样，如果政府按五厘的固定利息借给一家私人企业一百万英镑，让它建造一座发电厂，实际状况也与政府自己建造发电厂，然后按相同的固定利息把它租借给一家私人企业完全一样，只不过在前一种方法下，私人企业是所有者，在后一种方法下，政府是所有者。形式上有不同，但从实质上说却完全一样。另一方面，在公营和私营之间，却总是必然有根本性的实质差别。

第3节

上一章已说明，对私人企业实施有效的政府控制，有许多技术上的困难；因此，从国家资源在不同产业间适当分配的观点看，至少是在具有垄断倾向的产业中，实行公营的理由很充分。在某些民主国家，据说政府经营的铁路被滥用，用以满足地方的和部门的目的，甚或个人的目的，尽管如此，实行公营的理由仍很充分；①因

① 参见阿克沃思，《铁路的国有化》，第103页。

为，正如第20章所述，为经营国有企业而建立了超议会的“委员会”后，大大减少了这种危险。但是，政府控制和政府经营对国家资源在不同产业间的适当分配产生的相对影响，并不是我们在对它们作出选择时所要考虑的惟一事情。除此之外，还牵涉其他的事情，正如我们在对自发性的购买者协会和普通商业企业作对照比较时，还要考虑其他事情那样。我们无权不经论证而认为，公营和私营之下的生产效率相同。即使私人企业受到政府控制，公营可能也要比私营效率低下。如果是这样的话，公营在生产效率上的劣势和它在不同产业间配置资源上的优势就形成了鲜明对照。因此，在试图真正回答我们的问题以前，需要从生产效率的角度，对公营和私营作一些比较。

第4节

在开始的时候，最好先清除两种得自战时经验的论点，它们都源于对效率一词的不严密使用，因而与我们讨论的问题毫不相干。

首先，有人认为：“如果个人主义原则是正确的，那么政府在战时所做的事情，例如接管铁路显然就是荒唐的。如果分散的铁路管理是有效率的，为何要干预它呢？为何不保持平时的状态呢？在调动列车和人员方面，又有哪些不是铁路公司的本来业务，那为何要‘干预’它们呢？如果在战时显然必须动员铁路运送几十万或上百万的人，那么平时为何不需要充分动员铁路每年运送将近三亿吨煤呢？煤炭不正是英国工业的生命线吗？”[①]这种推理方式认

① 齐奥扎·莫尼，《国有化的胜利》，第86～87页。

为，国家在战时接管铁路是为了使它们在技术上更有效率。实际上，国家接管铁路是为了确保政府全面控制铁路线和设备，在与私人权利相冲突时，不致得不到所需要的服务。在正常情况下，铁路公司像所有其他为了金钱出售产品的企业一样，根据不同顾客的有效货币需求分配其产量。战时，显然必须剥夺有效货币需求在相互竞争的顾客之间分配铁路服务的指导作用。人们都同意这么做，但这并不证明有谁认为，私人管理下的铁路在技术上要比政府管理下的铁路效率低，也就是说，得到某一结果需要付出更大的实际成本。

其次，有人提出了一种类似的论点来证明，建立国有军工厂，使政府能够用比从私人企业那里低得多的价格，获得供给。但战时的情况是，私人军火商面对政府无限的需求，可以得到远远超过其生产成本的价格。这种状况确实为国家采取行动提供了强有力的理由，但是，国有军工厂的生产成本能够低于私人企业迫使政府支付的价格，并不证明它在技术上更为有效率。技术上的效率牵涉的是实际生产成本，不是短缺条件下或垄断条件下的售价。我在此处提出的问题不是，国有军工厂的生产成本实际上是否低于私人军工厂。无论是不是如此，肯定不能通过比较国有军工厂的生产成本与私人军工厂的售价来证明。所以，这个论点像前一个论点一样，是完全站不住脚的。

第 5 节

还可以提出另一个一般性的否定命题。那就是，试图用统计数字作这种比较，注定要失败。无疑，如果可以证明，在其他条件相同的情况下，一定的产量，在公营之下比在私营之下，一般能用较高或较低的成本获得，那么便会得到有关这两种组织形式相对效率的真实证据。但在实际生活中，却做不到这一点。首先，名称相同的服务，其质量在不同地方差异极为巨大，几乎无法适当考虑到这些差异。美国城市联盟的通讯员说："我国的市内有轨电车，比任何其他国家的电车，无论是国有还是私人的，都行驶得更快，运载的站立乘客更多，同时造成的意外伤害也更多。我国人民似乎喜欢这样，而英国人却似乎不喜欢"。[①] 究竟怎么能考虑到这种差异？而且，不同地方的生产条件也完全不同。"在(美国的)锡拉丘兹，水靠地球引力流向城市；在印第安纳波利斯，则必须用泵抽水"。[②] "根据相对的供电量和每单位电力所需的劳动，比较大城市的私人发电厂和郊区城镇的市营发电厂，显然对两者都是不公平的，因为在大城市，供电量极大，并且要满足不干扰相邻产权的特殊条件。也无法以这种方式比较这样两个照明发电站，它们具有大致相同的年产量，与相邻产权的位置也相同，但却一个在北方，另一个在南方，原因是，由于这两个地方黑夜的小时数不同，因而每天服务的时间也不同。由于相同的原因，我们无法比较一个照明发电站夏季的服务与另一个照明发电站冬季的服务，即便我们力图通过弄清每单位电力使用的人力数量，来把这两种服务转化为共同的基础。"[③]简言之，在这方面，根据统计数字得出的论

① 《公用事业的市政经营和私人经营》，第 1 卷，第 287 页。

② 同上，第 1 卷，第 21 页。

③ 比米斯，《公用事业垄断集团》，第 289～290 页。

点,即使不考虑粗心大意的研究者在解释公用事业账目时遇到的陷阱,[①]也几乎是毫无价值的。此观点具有普遍的适用性。但是,鉴于战时的心理状态很特殊,鉴于政府在战时要临时雇用大批平时受雇于私人企业的能人,鉴于国有工厂战时生产的商品都提供给国家使用,而不是提供给市场,此观点特别适用于得自战时经验的论点。

第 6 节

既然统计证据不适用,就需要——还是像我们研究自发性购买者协会时做的那样——借助于一般的推理。先让我们比较一下政府经营和不受控制的私人经营。一般认为,当条件允许由私人企业进行小规模生产时,企业的成功关系到企业主的个人利益,这种利益会对提高效率产生刺激作用,而私人合股公司和国有公司都缺乏这种刺激。然而,在很大一部分工业领域中,选择对象实际上不是私人企业和国有公司,而是合股公司和国有公司。在这里,根本见不到企业主经营自己较小企业时表现出来的那种进取精神,拥有的那种自由和对自身利益的那种关心。问题已发生了变化,不再那么尖锐突出了。讨论这个问题时,最好还是先听听美国城市联盟的说法:"如果条件相同,也就没有特别的理由指望私营或国营的财务结果有什么不同"。[②] 该联盟这么说的理由当然是,一种服务不论是由私人公司提供,还是由政府机构提供,企业的实

① 特别参见努普,《市政交易管理原理》,第 5 章。

② 《公用事业的市政经营和私人经营》,第 1 卷,第 23 页。

际经营都必然是一样的。必须任命一个专家班子，一般说来，在前一种情况下，控制该专家班子的，是由股东选出的董事会，在后一种情况下，是代表公众利益的委员会，理事会，部级部门，或像伦敦港务局那样的特设机构。总体说来，可以认为，管理权在选举人、理事——或委员会，或不管是什么控制机构——和专家班子之间进行了分配。无论在公营或私营之下发展起来的控制机构具有什么特殊性质，似乎都没有一般的先验理由认为，公营或者私营在技术上更加有效率。

第 7 节

在一些不很重要但并非微不足道的事情上，经验表明，政府机构享有一种优势。这种优势类似于在生产合作中见到的那种优势。亦即，同私人公司相比，政府机构用一定数额的金钱，能够招聘到更加出色的工程师或经理，原因是，公务员的职位不仅本身具有诱惑力，而且还能唤起利他动机；换一种说法就是，政府机构能够用较少的金钱，招聘到某一水平的工程师或经理。一定要明白，这种优势是一种真正的优势，而不是靠牺牲工程师或经理的利益获得的一种补贴；因为，工程师或经理得自于为公众服务的额外满足创造了一种新价值。一定能力的人乐于为私人公司工作的程度和乐于为政府机构工作的程度是不一样的，两者之间的差异实际上是产业组织采取公共形式带来的额外产品。当然，这种差异并不等于政府机构领导人的收入和私人企业主的收入之间的差额，因为后者的收入中一般包含有“等待”和“承担不确定性”的报酬——这些服务在政府机构中是由纳税人提供的。美国铁路大王的所得肯定大大超过战前普鲁士邦铁路管理局局长的收入，用这种超出额衡量私人企业的相对浪费程度，是荒谬的。不过，就此而言，公营还是有一个优势，那就是，在公营之下，优秀技术专家的花费较少。

第 8 节

一件较为重要的事情是，在企业经理之上决定一般政策的机构具有怎样的管理企业的能力。在市政企业中，这种机构一般是市议会下属的一个委员会——其成员是按政治上的而不是商业上的条件选出的，因而要比公司董事更容易在短时间内失去席位。另一件令人挠头的事情是，市政企业的雇员在选举市议员方面，可能起着重要作用。这会导致一些市议员出于政治原因干预企业高级职员的处分权和自由决定权。甚至有人说，在一些城市，市议会阻止施政企业的工程师采用节约劳动的装置，因为这会威胁一些市议员的选民的就业。①

就政府经营的国有企业来说，其上级单位是一政府机构，该机构听命于一个对议会负责的政治领导人。通过这个政治领导人，各种各样的压力，其中有一些从性质上说是有害于社会的，会施加到企业的经营上。即便未出现这种情况，即便这个政府机构确实能出色地达到原定的主要目标，它也往往会阻碍效率的提高。要作出重要决策时，政府机构便会显露出其本相：拖延、犹豫不决和

① 《公用事业的市政经营和私人经营》，第 1 卷，第 23 页。

无所作为。[①] 因而,贾斯蒂斯·桑基先生谈到了“现在的文官制度,其中包括根据服务年限选任和晋升、文官等级、琐细的文件和报告传来传去,薪金和年金等”。在纯粹的例行工作中,这种制度也许没有什么害处,但在需要冒险精神和果断决策的时候,它却会妨碍为某一工作挑选最合适的人并妨碍工作的实际进行。应该指出,这一因素在专门为政府生产的企业中,尤其是战时专门为政府生产的某些企业中,是无足轻重的;因为这些企业必须根据命令进行生产,无需作市场预测,通常认为,政府部门在作市场预测方面,不如私人企业或合股公司。因而莱费尔特教授一针见血地指出:“任何人——不管是政府,公司还是个人——若能把一家工厂的全部产量买下来,便有充足的理由为自己建一座工厂;但一般的工厂却得把产品卖出去,寻找到顾客:这是完全不同的一件事”。[②] 在这方面,电报通讯的早期历史很有意思。18 世纪末发明的臂板通讯装置,被法国政府买下,专门用于军事目的,并完全由政府经营。1845 年,法国政府同样为了军事目的开始经营电报业务。“政府当局感到自己有这方面的需要,找不到其他人提供这种服务,于是便开始自己经营。……严格说来,开始时政府拥有电报业务,并不

① 霍特里先生写道:“若用一个官吏取代一个独立的商人,这个官吏会发现,他做任何事情,都要能够在被要求时向上司作出解释和辩解。……实际的判断在某种程度是潜意识的,就其是有意识的而言,其心理过程也与**语言**无关。甚至用语言表达决策本身,也是一项需要付出努力的事;要说明作出决策的理由,常常既是心理方面又是遣词造句方面的可怕操练。……等级森严的官僚体系往往只作能够方便地用语言从一个官吏传达给另一个官吏的决策。……开明的官僚体系会想尽一切办法避免这种使人陷于瘫痪的限制,尽量下放和分散决策权。但是,这种限制是官僚系统固有的,不能完全加以避免”(《经济问题》,第 339～340 页)。

② 《战争经济学》,第 26 页。

是企业家精神的一种表现，而只是由于没有私人企业提供这种服务，政府不得不采取的一项行政措施。”[①]当一产业主要为大众消费生产东西时，当然就需要作多得多的预测和建设性的投机，因而行政管理方法的缺陷相应地也就更加明显。

然而，人们正愈来愈清楚地认识到，国有企业的公营并不一定意味着，这些企业要由依据行政管理原则建立起来的某一政府部门来经营。伦敦港务局就是一个特殊的机构，其运行机制完全不同于政府部门。加拿大创立了加拿大国有铁路公司，政府是惟一的股东，但其董事像普通董事那样任命，被赋予完全的自由经营权。[②] 桑基委员会的建议，也是要为采煤业建立一个管理机构，虽然是政府机构，但其运行机制却是非官僚化的、非政治的。消费者的代表将进入该管理机构，就像瑞士的国有电话业已经做的那样。[③] 将这种机构与合股公司的董事会相比较，要比将邮政局的管理机构与这种董事会相比较，更为合适一些。显然，除非了解某一国有企业运行的具体组织形式，否则无法笼统地谈经营能力这个问题。

第9节

至此，我们对照比较的，一直是政府经营和**不受控制的**私人经营或合股经营。但事实上，正如前面已说明的那样，当公营是个实际存在的问题时，与其相对应的是**受控制的**私营或合股经营。控

① 霍尔姆博，《欧洲大陆电话业的公有》，第21页。

② 阿克沃思，《铁路的国有化》，第12页。不过，这些董事的任期只有一年，因而，政府实际上可以通过挑选屈从于自己的董事，随时使该公司的管理政治化。

③ 参见霍尔姆博，《欧洲大陆电话业的公有》，第252页。

制必然会妨碍私人企业的主动性，而主动性正是私人企业的主要优势所在；控制的范围愈广，对主动性妨碍的程度愈大。如果甚至规定生产什么商品，使用什么生产方法，那会极大地妨碍私人企业的主动性。另一方面，如果只是规定最高价格，同时留有充分的调整余地，甚或像某些煤气公司的章程那样，只是规定利润和价格联合滑动的比例，则对主动性的妨碍要小得多。因此，我们无法一般地比较公营和受控制的私营的技术效率，因为受控制的私营可能是许多种当中的一种——的确，正如前几节所说的那样，公营本身也可能是许多种当中的一种。我们可以得出的惟一概括性推论是，在公营和受管制的私营之间，对技术效率的比较，很有可能相对于不受管制的私营而言，更加有利于公营。

第10节

不过，这个有点空泛的结论并没有使讨论到此结束。当我们的观察超出单纯技术能力的范围时，还有三类重要因素趋向于表明，从国民所得的观点看，公营很可能——当然不是总是，而是通常——不如政府控制。其中第一类因素与这样一个事实有关，即：不仅同一产业中的不同生产者，而且表面不相关联的产业中的不同生产者，实际上都常常是竞争对手。无疑，我们可以想象出这样一个产业，它从最广泛的意义上说垄断性的，即：不仅在该产业内没有相互竞争的厂商，而且在该产业之外也没有与其竞争的产业。有理由认为，现代城市的供水业就是这种意义上的垄断产业。将一些现在分立的产业归并在一起，可以创造出这种意义上的另一方面垄断产业。例如，可以在想象中把公共汽车、电车、汽车和马车等各种交通工具都归并于一人之手。也可以在想象中对提供照明的所有手段或提供动力的所有手段这么做。但这种安排与现实毫不相干。在目前的情况下，我认为除了供水行业外，严格说来，没有哪个产业可以视为上述意义上的垄断产业。从增进国民所得的角度看，当有许多企业相互竞争来满足某种公共需要时，能够效率最高地满足这种需要的企业，应该把其他企业驱逐出去。但是，当某家企业由政府机构经营时，即使它比竞争对手效率低，它也会在人为的支持下维持下去。原因是，控制这种企业的人，很自然地一心要使它取得成功，因而往往把整体的利益视同自己部门的利益。所以，办企业的政府机构，如果经营能力差的话，几乎肯定会从其非商业的武器库中拿出不正当的武器，用它来或长或短地维持自己经营的企业，尽管该企业的生产方法要比其竞争对手的成本高。这些不正当的方法分为两类，一类主要用于保护政府企业，另一类主要用于阻碍竞争对手。

保护性的非商业方法，主要是一些有意识或无意识的做法，以此从普通公众那里获取差别补贴。一政府机构，若既办企业，又提供一般的无偿服务，便可能从后者那里收费，而将其实际上给予自己办的企业。一个非常显眼的例子是，伦敦郡议会将为建造工人住宅购买的土地的价值，减低为指定用于这一特殊目的价值，而不是该土地在一般市场上的价值。而且，城市有轨电车的账目，可以把本应由它支付的道路费用加在一般道路账目上，而使自己显示出繁荣的假象。[①] 如果市政当局未能设立一项特殊的基金，来抵

① 《公用事业的市政经营和私人经营》，第 1 卷，第 469 页。

消自己由于能够以较优惠的条件借款而对私人企业享有的优势，那它便是以较温和的方式采用同类性质的做法。“市政当局能够以比私人公司低的利率发行债券，因为一般说来，全部可估价的城市财产都要用于支付利息和本金，而私人公司只能以其厂房设备作担保。”[①]由此可见，市政当局之所以具有这种能力，主要是由于，即便企业破产，它也能够把偿还债券的责任强加在纳税人头上，而私人公司则必须以较高的利息发行债券借款，债券持有人得准备好万一企业破产，自己损失金钱。私人企业债券持有人之所以会担心企业破产，从而要求得到额外补偿，是由于他们不了解一些事实真相；有关市政当局的事实真相，要比有关私人公司的事实真相容易弄清楚（以致市营只会引致较小的实际储蓄）；[②]如果不考虑这一点，市政当局低息贷款的社会成本，就与私人公司高息贷款的社会成本相同。这两个企业若要公平地竞争，市政当局就应该把得自较好信誉的大部分收益转移给地方税收。如果它不这么做，它实际上就是在用公众的钱资助自己办的企业。至于它能以较低的报酬雇用经理和工程师，那是由于纳税人承担风险可保护他们的雇主，使其没有破产之虞；如果它不把由此获得的收益也转移给地方税收，它就是又在用公众的钱资助自己办的企业。当然，如果市营企业**由于效率较高**而不像类似的私人企业那么容易亏

① 比米斯，《市政垄断集团》，第45页。

② 由此暗示的市营企业享有的优势，依赖于这样一个事实，即：当人们通过中间机构投资于任何企业的时候，他们总要面对一种可能性，就是这种中间机构到头来可能是不诚实的，不愿履行其义务。由此承担的风险肯定是生产成本的一部分。当国家是中间机构时，它的诚实和财政力量一般说来是人人皆知的，实际上就消除这个因素。

损，那它确实应该享有一种收益。但是，因为无论如何纳税人提供了极为可靠的担保，这种收益不应反映在市政当局借款的优惠条件上。

政府机构之所以有可能采用侵犯性的非商业方法，是因为它们除了经营自己的企业外，还常常享有管理其他企业的权力。当它们处于这种地位时，便存在着一种严重的危险，就是它们可能受到诱惑，运用其管理权来阻碍和损害竞争对手。例如，教育局既经营自己的学校，又为其他学校的经营制定规章，就会受到强烈的诱惑。既建造房屋又制定建筑细则的政府机构，既经营煤气照明和有轨电车又管理电力照明和公共汽车的政府机构，也是如此。在政府机构所能采用的侵犯性方法中，最为简单的也许是，把偿债基金的条件，定得比租约结束时的收购条件优惠，政府机构办的企业在前一种条件下运营，后一种条件则强加在私人公司的头上。政府机构若不仅建立基金支付其企业的折旧和更新费用，还建立基金偿还其企业的资本债务，它实际上便是为了子孙后代的利益而对现在的公民征税。[①] 同样，政府机构在授予私人公司特许经营权时，若条件是，在特许经营权期满时，私人公司的厂房设备将无偿地或以重置成本的代价，移交给政府，那就是在课征类似的税。很容易看出，**可以**分别规定偿债基金和特许经营权的条件，使偿债基金之下的负担较小，因而，相对于公营而言，私营会受到差别对待，会遭受损害。

---

① 农业部已作出一项新的规定，不要求郡议会对小佃农收费，因为他们从郡议会那里承租土地，租金已很高，足以提供这种偿债基金。——(敕令书，4245)第 12 页。

然而，还有比上述方法更为严重的侵犯。众所周知，那些自己经营煤气厂的市政当局，以行使否决权等方式，不遗余力地阻碍电力照明公司的发展。而且，“自1898年以来，由于极力想要保护当地的市营电力照明工厂，市政当局一直在阻碍所谓大规模发电和配电公司的发展”。[①] 同样，中央政府为了保护其对电报业的垄断，也一直在为其他电信工具的发展设置行政障碍。1884年，邮政总长拒绝批准国民电话公司在其任何局所接收或发送文电，在为此做法辩护时他说：“我担心，如果允许国民电话公司发送电文，会使电报收入严重流失”。[②] 同样，在挪威，当(1881年)一家公司申请执照，在德拉门和克里斯蒂安尼亚之间开展长途电话业务时，政府提出的条件是，该公司应保证补偿“在这两个城市之间(政府的)电报线路由此遭受的全部损失”；也要求其他电话公司创始人作出类似的赔偿。[③] 最后，1906年颁发给马可尼无线电公司的特许状，允许该公司在联合王国和北美之间传输电报，但特别规定不允许向意大利以外的欧洲大陆国家传输无线电报，也不允许接收这些国家的无线电报，目的是保护英国和欧洲大陆国家政府拥有的海底电报公司的利益。[④]

如前所述，经营企业的政府机构运用“不公平的”、非商业性的保护性武器和侵犯性武器带来的结果是，虽然政府办的企业所要达到的目的，可以由私人企业以更低的成本达到，但它们却受到维

① H.迈耶，《公有与电话业》，第351页。
② 同上，第18页。
③ 参见霍尔姆博，《欧洲大陆电话业的公有》，第375和377页。
④ H.迈耶，《公有与电话业》，第341～342页。

护，得以生存下去。最后必须指出，运用这些方法，往往要比乍看起来更为有效地排挤经济效率较高的竞争对手。因为这不仅直接地起作用，还通过预期间接地起作用，不仅会把现有的竞争者逐出市场，而且还会阻止新竞争者进入市场。如果告诉一个打算创办慈善事业的人，假如他的试验成功，政府机构便会跟进，那他确实会也应该很高兴。但是，如果告诉一个从事工商业的人，假如他成功，政府机构便会跟进，那么他追求的目标就不会像慈善家的目标那样得到增进，相反会受到阻碍，他会退出该领域。据说，市政当局建造住宅的试验就已带来了这种结果。这些因素一旦起作用，显然会增大这样一种可能性，即政府经营企业会损害生产效率；除了最广泛意义上的垄断性产业外，这些因素肯定会在某种程度上起作用。

第 11 节

下面讨论第二类因素。这与这样一个事实有关，即：经营任何工业企业都包含某种程度的不确定性。正如将在附录 I 中详细讨论的，把金钱暴露在不确定性之下，这肯定可以称作一种生产要素，因为这会使产量增大。从长期来说，愿意把 100 英镑暴露在变为 160 英镑或变为 50 英镑的相等机会之下，肯定会增加国民所得。如果产业管理人员把金钱暴露于不确定性之下的愿望受到“人为的”限制，那么促进产业进步从而促进生产的企业家精神和冒险精神就会受到阻碍。而且，由此造成的损害要比乍看起来大得多。因为，既然任何新生产方法的试验都**有可能**失败，把金钱暴露在不确定性之下的意愿的减少，便意味着试验受到限制，因而激励富有进取精神的人进行有用发明的动力也会减少。无疑，有理由认为，随着产业在愈来愈大的程度上依赖于非商业性的科学，这一因素已变得不像以前那么重要了。默茨博士说得好："以前的伟大发明都是在实际生活、工业和商业最先进的国家完成的；但是，过去50年化学、电学和热学方面的伟大发明却是在科学实验中完成的；前者是受实际需要的刺激而完成的；后者本身却产生了新的功能性要求，创造出劳动、工业和商业的新领域"。[①] 不过，尽管基础性的发明常常是非商业性的，可是在发明被经验检验之前的早期阶段，借助于发明而应用发现，一般还是需要有商业上的刺激。所以，过分限制人们对某一产业的冒险意愿，必然具有造成重大损失的危险。我想要强调的一点是，经营企业的政府机构就**很可能**过分限制这种意愿。

此观点有以下依据。首先，政府机构认识到，人民对政府的敌视是一种祸害，它们还认识到，国家从事的投机活动如果不成功，"如果因此而要拒绝偿还债务，或要在未来征收沉重赋税，则会对政府的所有部门产生普遍反感和深深的不信任"。其次，在任何时期，若某一政府机构依赖于政党制度，控制该机构的人肯定知道，"失败会给予政治上的反对派太多的当权机会"。[②] 第三，这些人在某种程度上能够看出，如果人民**被迫**按照其房屋的应税价值，将资源暴露在不确定性之下，由此作出的实际牺牲，会大于按照预期利润对各出资人产生的吸引力，通过自愿出资而把相同总量的资

① 默茨，《欧洲思想史》，第1卷，第92页。

② H.迈耶，《公有与电话业》，第349页。

源暴露在不确定性之下所作出的牺牲。最后,实际上最为根本的一点是,如果发明者必须求助于政府官吏,他们实际上面对的是社会上具有一般冒险精神的人,而如果他们可以自由地求助于私人企业,他们可以从高于一般水平的人当中挑选出一些支持者。勒鲁瓦—博留说得好:"一个具有首创精神的人,在一个拥有四千万居民的国家中,总是会找到**一些**富有冒险精神的人,他们会相信他,追随他,与他一同发财,或与他一同毁灭。他若想说服官僚机构,那只会白白浪费时间,尽管官僚机构是一国重要而必不可少的思想机构和行动机构"。[①] 因而,一般说来,获利的希望,在私人企业那里要比在政府机构那里起的作用更加强烈,而对亏损的恐惧在政府机构那里起的作用要更加强烈。当然,战时的情况并不是这样。正如最近的经验所表明的,政府在战时会不计成本地批准进行新类型毁灭性武器的试验。但是,战时的情况不同,并不证明和平时期的情况也不同。正如经验表明战时的情况不是这样,经验也表明平时的情况是这样。一般说来,政府机构要比私人企业更不愿意承担风险,或者用专业术语来说,是更不愿意提供承担风险这一生产要素。说明这种趋向的一个恰当例子是,1892 年邮政局接管了电话中继线路以后,英国政府对经营中继线路采取的态度。"财政部迫使邮政局采取了这样一种政策,即:在前景不可靠的情况下,拒绝扩展中继线路,除非私人或有关的地方政府能保证'每年提供一定的收入,其数额要根据经营和维护给定英里数中继

① 《现代国家》,第 55、第 208 页。

线的成本而定’。”[①]我们可以引用乔治·吉布爵士的观点，来证明这代表了政府机构的一般态度。他写道：“不管怎么看私有和公有的优缺点，都无法否认，除了在军事压力之下外，私人企业确实要比政府愿意冒更多的风险”。[②] 马歇尔非常清楚地说明了政府机构不愿意承担不确定性对发明产生的影响：“众所周知，虽然中央政府和市政府在工程和其他先进产业中高薪雇用了数千名公务员，可是却很少有重要的发明是由他们完成的；为数不多的几乎全部重要发明都是由像W.H.普里斯爵士这样的人完成的，他们在进入政府机构以前，已在自由企业中得到了充分训练。政府几乎没有创造出什么东西。……政府可以印制出精美的莎士比亚作品，却无法使人们写出这样的作品。……市营发电厂的躯壳属于政府官吏，而其灵魂却属于自由企业”。[③] 美国城市联盟的通信员也写道：“商务部副部长佩勒姆先生告诉[城市联盟]委员会，他们不鼓励市政当局尝试新发明或尝试新方法。他们等待私人公司去检验新发明或新方法。进步全都仰赖于私人公司”。[④] 而且，目前政府经营的企业较少，它们处于私人企业占优势、绝大多数选民为私人企业工作的环境之中。在这种处于孤立境地的情况下，公营企业不会受到激励去承担很大风险。[⑤]

显而易见，抑制人们冒风险的意愿，从而抑制人们搞发明的积

---

① H.迈耶，《公有与电话业》，第65页。

② 《铁路的国有化》，第9页。

③ 《经济学杂志》，1907年，第21～22页。并参见瑞安，《分配上的公正》，第165页。

④ 《公用事业的市政经营和私人经营》，第1卷，第437页。

⑤ 参见阿夫塔林，《社会主义的基础》，第233～234页。

极性，会影响生产效率，影响的大小会随着投机因素在不同产业中的不同而变化。因而，相对于私营而言，公营在高度投机性的产业中效率非常低下，在几乎没有投机因素的产业中则谈不上效率低下。这种观念有时体现在力图把产业划分为投机性产业和非投机性产业这样两大类的尝试中，就如同财产受托管理人把证券区分为投机性证券和投资性证券那样。有人认为，这种分类方法的恰当运用是，把处于试验阶段的产业归为一类，把已经经过试验而为人们所熟知的产业归为另一类。譬如，最近有位作家就把“飞艇制造、无线电报、装饰品和奢侈品贸易、单用途专用机器和专用运输设备制造、高难度大型建筑物的建造等等”归为前一类，把“采煤、钢铁、水泥、机车、电话、电缆、汽车等的制造”归为后一类。[①] 乔治·吉布也从这种观点出发，区分了幼年时的铁路运输业和成年时的铁路运输业。“无论如何，就建造年代而言，英国从下述事实中获得了极其巨大的利益，这个事实就是，铁路系统已由私人企业建立了起来。但我承认，经营建立好的铁路系统的问题，本质上不同于建立铁路系统的问题。”[②]同样，康芒斯教授1904年写作的时候，虽然赞成建立市营电力照明工厂，但他认为，“那些八年或十年以前建立市营电力照明工厂的城市，应该受到批评”。他认为，“应该鼓励私人在所有尚未探索的领域施展才能”。[③] 毫无疑问，上面坚持的这种区分很重要。不过，应该指出以下两点。首先，在某一个地方早已建立起来的产业，在另一个地方可能需要重新建立，而

① 斯特罗贝尔，《理论与实践中的社会化》，第281页。

② 《铁路的国有化》，第11页。

③ 比米斯，《市政垄断集团》，第56页。

在这个地方重建的条件可能仍然包含很大的投机因素。例如,虽然供水业是一个古老的行业,可是不同的城镇要依靠迥然不同的水源供水,途经的线路也性质完全不同,因而一个城镇从其他城镇那里几乎吸取不到什么经验,得不到什么指导。其次,不可能有任何一个产业发展得如此成熟,以至不需要试验经过改进的生产方法(这种试验便包含有投机因素)。在某种程度上,所有产业都有可能继续发展,如果要完成进一步的革新,就得愿意承担风险,因而任何阻碍这种意愿的东西都会妨碍其发展。所以,假如认为本节讨论的那些因素导致的公营的相对不经济性,仅对新产业有意义,那就错了。这种不经济性很可能对几乎所有产业都具有明显的意义,当然,对于处在试验阶段的那些产业,其重要意义最大。

第 12 节

现在转而讨论第三类因素。如前所述,公营会导致对不同生产要素最为经济的结合的干预,这实际上便会阻碍人们冒风险或勇敢面对不确定性的意愿,由此而使公营处于相对劣势的地位;与此相对应,在许多产业中,对于最为经济的经营单位规模的干预,会使公营处于另一种劣势地位。事实上,公营企业只能由结合成某种政治组织的人们经营。但是,对于任何产业的经营来说,最为经济的控制范围,根本不可能与现代国家中现存政府机构的规模相一致,因为这些机构不是为了有效地经营产业而建立的,而是出于完全不同的另外一些考虑而建立的。因此,一般说来,肯定会发生的事情是,要么为了经营某些产业这一特殊目的而创立专门的政府机构,要么改变这些产业中控制单位的规模以适应现有政府机构的规模。由于巨型企业的规模介于中央政府和有关地方当局之间,因而经验表明,可以创立而且已经创立了适应于这种规模的专门政府机构。例如,大家熟知的有,各种港口托拉斯和码头托拉斯,伦敦供水局和伦敦港务局。另一种方法是,建立代表两个以上地方政府当局的联合管理委员会。“1907～1908年,在英格兰和威尔士,有25个管理供水的联合委员会、两个管理供水和供气的委员会以及一个管理供电和电车企业的委员会”。① 不过,虽然大家都承认,为每个大企业建立专门的政府机构是一项可行的政策,但却不可能经常采用这种政策。在公营之下,管辖区域不够大的地方当局在一些产业中很可能成为实施政府经营的机构,这些产业最初适合于这些机构的管辖区域,但由于新发明的出现,后来适合于更大的管辖区域。以前,最适合于供水、煤气照明和供电等产业的管理区域,大致上与各个城市的范围相一致。但是,自从某些现代发明出现以来,有可能被证明经济上最有效率的管理范围,常常要远远大于城市的范围。譬如,“使用马车时,各地方当局的管界,粗略说来就是当地商业活动的范围。使用电车时,教区则成为一个综合体系中不起眼的组成部分,该体系的范围会扩展至整个一个郡”。② 而且,随着大规模配电方法的改进,最为经济的供电范围已扩展至数千平方英里。即使在供水方面,大城市的需要也可以通过开发遥远的湖泊来满足,因而为输水管沿线的许多城市

① 努普,《地方贸易原理与方法》,第117页。正如努普教授进一步指出的,大市政当局常常与小市政当局达成协议,将其电车、供水、供气系统扩展至其本身的边界以外,把临近的地区也包括在内。

② 波特,《城市所有的种种危险》,第245页。

联合供水，可能会节约成本。的确，目前似乎只有煤气照明这一公用事业，其最为经济的管理范围未超过城市范围。然而，一般说来，适于管理的范围发生变化后，公用事业并未转交给专门设立的新政府机构；因为撤销原来的市政机构会遇到强大的阻力，这项工作几乎没有成功的希望。因而，公营实际上常常意味着，尽管各产业最为经济的管理范围介于分别由中央政府和地方政府代表的范围之间，可是它们事实上却由地方政府经营；当然，这意味着，管理单位缩小至最为经济的单位以下。[①] 有些产业最为经济的管理范围要小于现有最小政府机构的管辖范围，专门为这些产业建立新的政府机构是根本不可能的。这些产业要被任何一个政府机构接管的话，这个机构也只能是为了其他目的而建立起来的现有机构当中的一个。因而在这些产业中，公营不仅一般说来意味着，而且几乎总是意味着，引入的管理规模要大于最为经济的管理规模。

第13节

假如事实是，在私人企业制度下，所有产业总是会形成最为经济的管理单位，那么公营在这方面便不会优于，而且一般说来会大大劣于私营。在通常处于单纯竞争条件下的产业中，例如在面包

① 有人会反对说，取代市营的通常是市政管制，而如果城市范围太小，这种管制会使私人企业像市营企业那么效率低下。但同移交经营相比，把管制移交给规模大于市政当局的机构，更加容易一些。1906年的轻轨铁路法就建立了这样一个规模较大的管理机构，即轻轨铁路管理委员会(参见H.迈耶，《英国的城市所有》，第69页)。而且，“如果像在曼彻斯特那样，市区有轨电车公司常常从10个甚或19个不同城镇获取特许经营权，便根本不可能进行独立的市政管制。国家铁路委员会就是由于认识到了这种实际情况而根据法律建立起来的”(罗，《美国科学院年报》，1900年，第19页)。

烘制、牛奶供应、房屋建造、农场经营等产业中，我们完全有理由认为，私人企业大都会形成最为有效的单位规模。但是，如果存在任何垄断因素，我们则绝不能这样认为。最为经济的单位，会由于摩擦，由于公众不喜欢巨型企业而产生的阻碍，或由于其他原因，而不能自行形成。在通常不是处于单纯垄断条件之下，而是处于竞争性垄断条件之下的产业中，会受到这种阻碍的可能性特别大。在这里，正如第 9 章指出的，相互竞争的广告宣传等会造成巨大的浪费，而统一和集中的管理则会消除这种浪费。例如，乔治·吉布爵士几年前谈到铁路运输时写道："每家铁路公司都经营自己的线路。结果是经营了过多的里程，减少了列车装载量。……假如那些负责调配装卸和运输铁路货物的人，在工作中能着眼于经济效果，总是用能产生最佳营运效果的线路发送货物，那无疑会节约大量成本"。[①] 战时英国铁路联合经营的经验，证明了这种说法；不过，必须记住，战时是大量运送军火和军队，这特别有利于高效运营。有时不同行业的联合，而不是相同行业中不同厂商的联合，也可以产生类似的经济效果。使用马路的各行各业在统一领导下协调合作，就很可能节约成本。"供水干线可以在铺马路以前铺设，从而可以省去为铺水管而凿开马路带来的损害和费用。"[②]同样，有理由认为，如果治疗疾病的工作，通过国家医疗服务体系，与目前由政府检疫机构从事的预防疾病的工作直接相联系，那会产生很大的经济效果。所以，虽然会出现第 10 章第 4 节讨论的那种间

① 《铁路的国有化》，第 21 页。

② 比米斯，《市政垄断集团》，第 46 页。

接的有害后果，虽然某些会产生结构经济效应的纵向联合，例如某一煤矿与某一钢铁厂的联合，会受到阻碍，但是，至少有一点是可能的，那就是，在这类企业中，公营非但不会妨碍，反而实际上会促进最为经济的管理单位的发展。[①]

第 14 节

以上都是一般性的讨论。当人们具体问，某一类企业由政府控制或政府经营是否会增进国民所得时，要想得到令人满意的结论，必须既考虑到这两种管理形式对生产效率可能产生的相对影响，又考虑到在这两种管理形式下实施公众利益所要求的无论何种管制的相对难易程度。在与公众健康紧密相关联的产业中，由于可靠的质量极为重要，由于不容易进行全面的检查，或许最好采用公营方式，尽管其替代方法很可能是竞争性的生产，而不是垄断性的生产。因而，政府有充足的理由经营屠宰场（在德国，所有屠夫都必须在政府经营的屠宰场中宰杀牲畜），政府有充足的理由为婴幼儿提供牛奶。美国城市联盟的通讯员认为，“需要特别重视卫生条件的产业，应该由政府经营”。[②] 另一方面，在一些产业中，典型的生产单位很小，占支配地位的是私人厂商，而不是合股公司，这些产业则不适合于由政府机构经营。撇开少数例外不谈，实行公营的建议仅仅对典型的生产单位很大、从而趋向于垄断的产业是可行的。与实行政府管制的理由相比，实行公营的理由，在经营

① 当然，这一结论不会被以下事实推翻，即正如最近合并英国铁路公司的法案所表明的，国家**可以促进**某一产业内管理单位的扩大，而将该产业仍然留在私人手中。

② 《公用事业的市政经营和私人经营》，第 1 卷，第 23 页。

活动已变为日常工作、大胆的冒险几乎没有什么施展余地的产业中，最为充分，在那些与其他私营产业激烈竞争、正常经营单位的规模迥异于现有政府机构的管辖范围的产业中，则不那么充分。我们不能一般地确定某一垄断性产业是应该公营还是应该实行政府管制。在对这两种可供选择的方法作出决定之前，必须对该产业进行仔细的调查，并且应该公正地评估有关政府机构的能力，公正地评估新任务对该机构履行原来非商业职责的效率可能产生的影响。

第 15 节

如果根据以上考虑或其他考虑，决定政府机构应该接管某一已经存在的、由私人经营的企业，那就必须确定这样做的条件。为简单起见，让我们假设条件是，在公营之下，技术性生产效率保持不变。之所以要实行公营，是因为，不实行公营，垄断性或半垄断性企业便会损害公众利益，抬高价格，从而阻碍受其控制的产业的发展。如果在这种情况下，一政府机构**按市场价值**收购了该企业，它就得为其服务收取与私人企业相同的价格，否则它经营该企业就会亏本。换言之，假如它按市场价值收购该企业，业主也就使公众**购买了**索取垄断价格的权利；因为市场价值当然在某种程度上是人们相信业主拥有这种权利的结果。所以，很自然地，支付的价格不应该是实际的市场价值，而应该是消除了这种有害于社会的权利后的市场价值。但在这里，上一章末尾阐述的那些因素使我们踌躇不前。为了照顾那些最近以现有高价购买该企业股票的人的利益，似乎必须作出某种让步。到底应该作出多大的让步，当然不能一般地予以规定。在每一具体事例中，都得详尽考察所有的相关因素，其中包括已经造成的“合法预期”，在此基础之上，必须运用常识来提出“合理的”妥协方案。确定了购买价格后，一般说来当然是以发行具有固定利息的国债、市政债券或“政府机构”（例如伦敦港务局）债券的方式，而不是以实际转让现金的方式付款。

第 16 节

收购价格这个问题把我们引向了一个很重要的因素，讨论完这个因素，本编也就可以结束了。乍看起来似乎是，如果公众必须为收购一家垄断企业支付全部市场价值，而该企业能为其产品索要极高的价格，便不会给国家带来利益。垄断者只不过是一次得到了全部收入，否则他将以年收益的方式得到收入。不过，这种看问题的方式是错误的。垄断的祸害不仅仅是，也主要不是，它使一些人能掠夺另一些人，而是它阻止资源作这样一种投资，在这种投资中，社会净边际产品的价值要大于在其他投资中的价值，从而减少国民所得。取消这种垄断会增加国民所得的数量，增加国民福利，尽管要取消这种垄断，社会中的一部分人得向另一部分人支付罚金。由于这一原因，最好是由政府支付垄断者索要的赎金，注销一部分购买价格，然后经营该企业，使其在无需索要赎金的情况下产生正常收益，而不是听任私人垄断者继续索要极高的价格，阻碍生产，阻止资源流入该企业。的确，如果这么做，政府就得向公众借入购买价格，然后征税支付利息，所征收的税款数额大致等于垄断者强取的数额。然而，我们可以假设，课征的税是直接税，即使是间接税，也会分配在各种商品之上，从而不会像垄断者的强取那样,那么严重地使产业努力偏离其正常轨道。当然,那些不得不代表公众利益进行谈判的人,不要由于这一因素而过于屈从有利害关系的卖主的压力。尽管如此,这个因素仍很重要。当垄断企业新股东的既得利益,使政府不愿意运用管制政策把价格压低至适当水平时,也就有非常充足的理由实施收购政策。收购之后,结果自然是,政府亲自经营该企业。即使由于某种原因,政府不愿意经营该企业,宁愿把它出售或租给私人,自己承担金钱上的损失,但制定出适当的价格水平,政府还是消除了垄断企业限制产量这一祸害,间接地促进了国民所得的增加。

第 三 编

国民所得与劳动

第1章　劳资和睦

当一个产业的全部或任何部分劳动力和设备由于罢工或关厂而闲置时，国民所得必然受损，从而也损害经济福利。此外，由这些纠纷造成的产量损失常常扩展到直接受影响的产业之外。这点可由以下事实很好地说明：在1912年3月煤矿罢工期间，英国全体工会会员的失业总百分比不低于11%，而1903～1912年10年间每年3月份的平均失业水平为5.5%；必须记住，在1921年罢工期间（这次罢工发生在明显的工业萧条时期），相应的百分比高达23%。此中的原因是，一个重要产业生产的停顿，以两种方式抑制其他产业的生产活动。一方面，实际陷入停工中人们的贫困化，减少了对其他产业制造的商品的需求；另一方面，如果出现停工的产业所供应的商品或劳务是其他产业经营活动大量使用的，这就减少了供应后者生产经营的原材料或设备。自然，并非所有罢工和关厂都以相同程度产生第二种后果。罢工的产业涉及的范围越大，供应的商品或劳务越重要，它们的影响就越显著。例如，煤炭和运输服务是几乎所有产业必不可少的基本商品，因而煤矿工人或铁路服务人员的罢工要比棉纺工人同等规模和时间的罢工产生大得多的间接影响。但是，在某种程度上，所有的停工除了为本身带来直接损害外，由于它在其他产业中引起的反应，都将间接损害国民所得。无疑，因产业纠纷引起的产量净缩减，一般少于当时的直接缩减，这是正确的；因为在一个地方的停工可能导致竞争企业在同一时候做更多的工作，也导致发生停工企业在以后时间做更多的工作（以完成拖延的订单）。还必须承认，在某些情况下，由罢工和关厂引起的直接损失，部分会由间接促进机器和劳动组织的改善来补偿。史密斯先生在1868年工会委员会中所作的证言十分强调这一点。他说："我相信，如果存在由罢工和关厂造成的有关社会利益的借方和贷方账目，我们会发觉在某种程度上是赢利。罢工和关厂带来的无法忍受的烦恼对创造力有促进作用，这种创造力尤其会使自动化机器得到惊人改进，改进你生产窗架或蒸汽机的活塞杆，使它们的精密程度会令欧几里得一见之下口水欲滴。令人烦恼的罢工会刺激创造力，其结果是这些产品大量涌现。刺激作用不是由远处巨额奖赏引诱而来，我认为，从后面踢来一脚有时和从前面循循指导同样有用"。[①] 劳资冲突的这种反作用无疑是重要的。但是认为产业机体对通常威胁它的灾祸的反应力量超过那些灾祸本身，那是不合常理的。使自己适应有害环境的改变，的确它能够减轻、但它不能完全消除它所遭受的危害。极好的相类似例子是一个国家对另一个国家港口进行封锁的后果。封锁对被封锁国家和中立国家的直接后果是明显的，有时是相当严重的损害。这些国家改变贸易的方向和性质可以减小它们损失的程度。甚至可以想象，寻找新的贸易机会会导致发现否则

① 《证言记录》第71页。克利福德（《农业停工》，第179页）描述了农场主受1874年纠纷的刺激改进他们组织的做法，用较少雇工做与以前一样的工作。同样，1902年美国无烟煤矿大罢工导致发明了利用其他燃料的节约方法，这种代替品在恢复正常情况后继续得到使用。

将不会找到的新贸易地，那里具有的有利条件好得足以超过封锁时期的全部损失。但是，产生这样的结果的可能性极小，没有人会据此梦想地认为，一般说来，封锁可能对世界利多于害。劳资纠纷的情况也一样。可以想象，有一次纠纷可能激励某个否则便会湮没无闻的发明家行动起来；但充其量它只能使他的发明稍稍提前发生，不可能做得比这个更多。概括说来，假设的收益根本抵不过直接受影响产业所受的一定生产损失，以及相关产业因其原料断绝或产品不能完成最终所受的损失。此外，对中断工作的工人群众可能有长期性的损害，如他们为应付暂时紧急事态背下的债务负担，因坚持时期的营养不良对他们孩子健康的永久性伤害。当然，这些祸害的程度不同，部分由于停止生产的商品为贫穷阶级消费的程度不同，部分由于该商品对生活、健康、安全和秩序的重要性各异。但无论如何，劳资纠纷威胁国民所得的总危害是十分严重的。有人曾恰当地发问："任何经理委员会愿意使用肯定要周期性地损坏，在草草修复前不可避免地要闲置的机械设备，去尝试经营铁路或开办电灯厂或创设工厂或建立海上班轮吗？这个情况几乎与全部这类企业的劳动条件状况绝对相似"。[①] 任何能使这种损坏可能较少发生的事情，必定证明对国民所得有巨大好处。因此，社会改革家渴望建立和加强产业和睦的机构。当然，他们承认签订和解章程和协议的工作难望有重大成就。在产业谈判中和在国际谈判中一样，机构的完善不如人的诚信与善意价值更大。因此必须小心不要不适当地强调纯粹技术上的问题。尽管如此，运

① 戈因，《工程学杂志》，第20卷，第922页。

用某种类型的机构肯定有某种作用，可能对雇主和雇员彼此采取的一般态度有重大的影响——直接的和由它反射的影响。因此，对于我们当前的目的来说，考察一下在建立机构时必须面对的主要问题十分重要，人们希望通过机构的帮助可以保持劳资的和睦。

第2章　劳资纠纷的分类

第1节

进行分析的必要第一步是给劳资纠纷分类。人们首先自然而然地想到的分类方法，是根据产生纠纷的事情的性质来分类。这样的分类产生两个部分，每一部分又包含若干细目。这两个部分分别是关于“工资部分”的纠纷和关于“职能界限”的纠纷。关于工资部分的纠纷可细分为：

(1)那些与劳动报酬有关的纠纷通常引起关于货币工资率的争议，但有时也涉及诸如车间罚金问题以及货币或实物的特殊津贴数量问题；

(2)那些与雇员工作和负担有关的纠纷通常涉及工时问题。

关于职能界限的纠纷，除了大家所知道的但不那么重要的同类行业之间的“界限纠纷”之外，所有纷争全是由工人要求在管理工作中有较大份额引起的。它们一般指：

(1)在不同等级工人和机床间分配工作的方式；

(2)雇主招收工人的来源；

(3)确定工作条件时，工人可享有的发言权。

上述细目的第二项还包括关于歧视工会会员、偏爱工会会员或完全雇用工会会员等所有问题。

第 2 节

对于许多目的，依照上述分类法分类最为方便。但是对于为维持产业和睦而建立机构的任务而言，这种分类方法并无重要价值，因为实际上这个机构的设计从不根据工资纠纷、工时纠纷或工作界限纠纷之间的区分。因此，我们必须找寻更适应眼前目的的某种分类方法。在找寻中，我们不得不遵循两种思想路线，但没有一种提供精确或清晰的区分方法，但两者（如同一会儿便会明白）不知怎的凑到一起，产生一种复合分类法。它们分别根据纠纷双方享有自给的程度和它们共有的理论基础的范围。

第 3 节

依据这两种“根据”的前一种，决定的因素是控制谈判的团体与那些直接受谈判影响人们之间的关系。参与谈判的雇主和工人可能是完全独立的，或者可能都是较大组织的下属分支；或者雇主是独立的而工人是分支单位；或者雇主是一个分支单位而工人是独立的。但是这样的区分实际上有点含糊，因为作为一个较大组织的分支与在影响它本身利益的谈判中有无控制权并不是一回事。在这件事情中当地组织听命于全国性组织的程度在不同时间和地点有很大的差异。它们可能有完全的自由；它们也许有签订协议的自由但没有废止协议的自由；它们也许会得到劝告或者被剥夺罢工津贴；或者它们仅仅是分支单位，被迫执行中央执行机关的指令。结果是，在这种形式的分类中无法划出明确的界线。

第4节

同样的话也适用于上文所区分的两种形式的后一种。在每一桩劳资纠纷中，双方间都存在某种共同的基础。那就是甚至当分歧最大时，双方都同意作出的决定必须"公正"。有时协议的构架就用这句话来表达。恰当的事例是1893年的煤矿罢工，在那次罢工中，雇主对公正的理解是根据效率支付工资，工人对公正的含糊理解是根据需要发给工资。当达成不论正式还是非正式协议时，共同基础相当宽广，正确地解释，公正的原则就是工资水平应该像某些已接受的外部指数一样，向同一总方向移动。当讨论的是一小批工人的工资时常常达到这一步；因为普遍承认，作为规律，工资水平不应与邻近在同样行业受雇的其他工人的平均工资水平相差太远。关于人数较多的工人工资，当接受这样的原则，即其他条件相等，在某种意义上工资应该跟随物价，同样也达到了这一步。因而，普赖斯先生研究了英格兰北部炼铁业的整个一系列仲裁后说："在那里普遍同意，裁定的基础主要是工资与商品出售价格的关系"。[①] 可是，这里的共同基础仅是，当物价上涨时工资提高，当物价下落时工资下降。至于在上下变动之间应保持何种比例，或者对一方的特定变动另一方应"相应"作何种变动的问题，并无答案。当工资变动应与物价指数的一定变动保持确切比例得到同意时，就达到了第二步。在任何地点或企业的雇主和雇员(如在纺织业中)接受行业或地区的平均效率工资作为他们自己的标准的地

① L.L.普赖斯，《劳资和睦》，第62页。

方，或者当工资与物价以明确的浮动计算法挂钩时，这个工作就完成了。就原则而言，这里的共同基础是完整的，双方之间的分歧只能出现在事实问题上。

第5节

以上两节的讨论表明，沿着已讨论的两种分类界线都找不到尖锐的分歧。但是这不是有关这个问题的最后结论。这里和其他地方一样，对于怀有实际目的的学者来说，还是有必要稍微离开宏伟的大自然连续性，并树立起他自己的随心所欲的界标。这样的界标可以理解为劳资纠纷的普通划分，即分为“关于现有雇用条件解释的纠纷”和“与今后一般雇用条件有关的纠纷”。[①] 这种区分法与法学理论中人们熟悉的区分法相类似。“解决此类一般问题可以比作一项立法行为；解释和应用这种一般合同可以比作一项司法行为。”[②]指派给任何特殊纠纷的地位主要是根据它是否受双方正式协议约束的问题。当有一项协议时，出现的所有纠纷叫做“解释性纠纷”，它们不同于“那些为今后时期存在的雇用条件或劳务合同提出的建议中产生的纠纷”。[③] 此外，这些纠纷常常与上级组织代表地方分支单位着手解决的那些纠纷一模一样；它们“大部分限于没有什么重要性，并且常常是纯个人的特殊企业”；[④]可能为的是处理有关双方接受模式本身的数量或质量或更精确定义问

① 《美国劳资委员会》，第17章，第125页。

② 同上，第126页。

③ 《皇家劳工委员会报告》，第49页。

④ 同上。

题的争执。另一方面,"一般问题"大都相当于与独立组织直接有关的那些问题;它们是"常常令许多人感到兴趣、影响很多人,并是大规模罢工和关厂的最普遍原因"。[①] 当然,这并不是说,上述意义上的解释性纠纷必定只有很小重要性。如判例法那样,不但解释的行为可能不知不觉地变为改变法律的行为,而且所谓解释可能包括广阔的领域和提出像一般协议中制定的那样根本性的问题。例如,在一吨煤要多少英镑或工人必须把车装得多高的问题与每吨煤或每装一车应是多少工资的问题之间不存在差别。此外,有时出现这样情况,即有人把显然涉及解释性范围的一般问题故意提交讨论。例如,在 1871 年陶器业兴旺中,对该业的每一分支都作这样安排,即应挑选一个个别事例提请仲裁,并规定整个分支应依照裁定书行事。[②] 在随后的场合,寻常类型的一般仲裁达到完全相同的结果。同样,人们不认为,关于未来合同条件的纠纷若不是依照某种特别重要协议的解释来处理,必定会影响很多的人。如果组织不健全行业的当地分支机构必须为它们自己谈判新的合同而不必顾及这种协议,则可能产生的纠纷影响所及的人数必然不多。不过,上文引自美国劳资委员会和英国皇家劳工委员会的话,极好地说明了实际情况,据此可以为大致的实际分类提供基础。

① 《皇家劳工委员会报告》,第 49 页。

② 参照欧文,《陶器》,第 142 页。

第3章　调解与仲裁的自愿解决

第1节

众所周知，随着产业组织日益健全和雇主与雇员协会日益强大，有关全体问题以外事务的纠纷可能越来越容易调解。强大组织为小事争斗不符合它们的利益，控制成为它们会员的小单位，一般（当然不是永远）是它们权力以内的事情。各种不同解决办法——最完善的也许是兰开夏棉纺业中的著名“职业专家”制度——的订立，就是为了迅速而有效地解决那种小麻烦。我们不必中止对它们的查考，但我们面对的真正问题是与那些广泛全体问题有关的、并运用自愿方法能成功解决的问题，英国可以合理地宣称，它提供了这方面典型的事例。

第2节

在研究为此目的而建立的不同类型机构的相对优点中，首先要决定的问题是满足于一个简单的协议——当然，它要随时更新和被废除——是否较好，当出现冲突威胁时，运用规定的调解程序或建立和永久维持某种正规建立的谈判机构是否较好。对这个问题的正确回答有相当普遍的意见一致。除非已经建立起某种机构，否则在出现激烈争论时刻必须任命谈判人，在试图做这件事时，不但会产生稽延而且会有阻碍和摩擦的可能。更一般地，如多年前福克斯韦尔评论说："事实是，就人类而言，应该建立个人关系，并要使道德力量发生作用，某种永久性的条件似乎是至关重要的。利他主义和社会同情就是社会结构的黏合剂，要大大减少对辛劳工作的厌恶和产业中的摩擦，看来需要时间让黏合剂发展，除非它们体现为一个组织的信条，总是难以发挥它们的全部力量"。[①] 毫无疑问，当双方的协会特别强大、它们之间的关系特别令人满意时，这个考虑失去它的大部分重要性。但是一般说来，建立包括雇主和雇员代表的联席会议，定期一起开会，无疑能大大改进劳资和睦的前景。如果这种联席会议能像惠特利为每个主要产业的全国、地区和当地的产业委员会制定的计划中所设想的那样，它受委托的职责不仅仅是解决纠纷，还有在决定工作条件、酬劳方式、技术教育、产业研究、生产工序的改进等等方面进行协作，劳资和睦将进一步改善。因为在这些广泛问题上联合工作，雇主和雇员代表慢慢把自己看做更多像伙伴而较少像敌对的讨价还价者。因此，当他们之间出现纠纷时，不但谈判气氛良好，而且双方的内心有一种感觉，要避免双方必然受损的极端行动，免得破坏证明有能力为他们共同利益做许多有价值工作的组织。

第 3 节

其次考虑联席会议或委员会的章程。至关重要的一点是，双方代表、特别是工人代表应该得到他们委托人的信任。能最好地获得信任的办法根据两个组织性质而稍有差异。在钢铁工业某些

① 《劳动的权利》，第 190 页。

委员会中和根据1914年协议成立的铁路调解委员会中，代表由不同的企业或地区的雇主和雇员选举任命。然而，当协会强大时没有必要使用这个办法。不用这个办法，委员会也能获得基层会员的信任。重要的是协会主要官员应对协会有信心。如果这些官员被说服，其余人的忠诚保证能够得到；要是他们没有信心，委员会的权威就会失去价值。因此，虽则不同工作岗位的代表可能依旧致力于供应信息，基本上委员会应该代表协会本身。存在老形式的地方可以保留，同时可以开始组建新的委员会，它们的形式与老委员会一样，但其代表必须始终受协会官员的控制，在许多情况下也可以有效地由他们任命。

第4节

下一个问题提到程序。“一般问题”很重要和对有关各方有直接长期利害关系这个事实，使得对它们的讨论对于委员会本身和受其决定约束的那些人特别微妙。因此，即使在双方关系不错的时候，应将可能发生激怒对方的任何事情从劳资和睦机构排除出去是重要的。

根据这个原则，最明显的推论是，不允许技术细节和律师出现在委员会。这个措施——除了节省费用和时间外——往往能使双方对抗的出现实际上间接地减少到最低程度。由于较少为胜利而斗争，因而不怕提出“带感情色彩的问题”。在英国主要委员会的习惯做法中以及在劳动委员会的报告中，排除法律代表和可能由他们带来的法律形式的政策得到充分的承认。最后，不同于诉讼性质的调解性谈判，在调停办法中依旧常常受到进一步的重视，根据此种办法，主席（雇主代表）和副主席（工人代表）并排地主持委员会，从而保证有机会在讨论中对关键性问题进行商谈。[①]

第二个推论是，不允许委员会以简单多数裁定任何事项。当双方的团结完美时，当然不大有可能任何投票出现不是完全一致也不是平均划分的情形。但当组织不大完整时，双方中任何一方总有出现一两个代表背叛的可能。允许讨论的结果被这种小事所左右会招来严重危险。可能引起极大的不满，以致整个调解机构立即被推翻。的确，这个国家似乎没有经历这种困难，的确，在许多事例中，规定简单多数票制的规则当然常常有这样的状况发生，即倘若碰巧出席的雇主和雇员人数相等，只有相等的人数有投票机会。但是在美国，由于工会的无力，有较大的可能进行跨组织的投票，那么出现的情况就不同了。因此，产业委员会秘书杜兰德先生断言，简单多数办法行不通，通过一致同意作出决定已成为通常的习惯做法。[②]

第三个和最后一个推论是，作为规律，委员会像美国州际烟煤大会理事会那样公开举行会议并不可取。实际上，有人可能认为，公开开会有教育意义上的优点；但从另一方面说，在英国通行的秘密商议的办法，可以期望它诱导双方在讨论中开诚布公和无抱怨地接受作出的决定。

第 5 节

其次我们必须将仅仅同意把纠纷提交调解的协议与规定作为

① 如同在米德兰钢铁委员会的情形（阿什利，《英国工业》，第 57 页）。

② 《劳资调解会议》，第 43 页。也许可以认为，由极大多数作出的决定（如由 7/8 的出席者作出）将是较好的办法，由于它将消除少数趋附时尚者阻碍策略的可能性。

最后一招要求仲裁的协议作比较。这两种方法的相对功过很久以来就是激烈争论的主题。许多权威人士为赞同前者而辩论，兰开夏棉织业、英国工程业和大部分“美国重要集体谈判系统”[①]即根据他们的观点行事。另外一些权威人士恰好相反，他们同意克朗普顿先生的意见，认为所有调解协议应包含一项条款，规定“保留某种权力，用作避免使用罢工的手段”。[②] 某些经营良好的英国产业先后遵照这个主张办事。因此，煤矿、铁矿和制鞋业中的重要调解条款中都作了这样的规定，以这种或那种方式提到仲裁。

在对这两种方法争论点的是非曲直进行讨论之前，我们先谈谈这两个观点的有力支持者同意的初步问题。大家都承认，像“一般问题”那么重大的纠纷，由仲裁解决几乎总会惹起相当多的麻烦和愤懑，而在调解委员会上相互协议解决就要好得多。因此，除非绝对必要，绝不要依赖前一种手段。应该发展调解，把仲裁减少到最低程度。在英国，可以恰当地说，没有一个行业的雇主与雇员关系融洽得用不到这个建议。在美国，政策的正确方向更加明显；如同 20 年前强烈敦促过那样，允许在由外来者决定的条件下工作“使工人特别讨厌”，工人们在会谈失败又没有可供选择办法之前绝不会同意这个办法。[③] 所以，在一般问题上，即使协议里保留着仲裁条款，最好缓一点实施，希望在延期讨论中的较大冷静会带来解决办法。联邦地区煤业委员会完全理解这一点，当它们意见不一致时，就召开第二次会议，开会必须在 21 天前通知。在这次会

① 《美国劳资委员会》，第 17 页 c。

② 《劳资调解会议》，第 134 页。

③ 参照奥尔德里奇，《美国劳动联盟》，1878 年，第 253 页。

上，持中立立场的主席到会，但只有在作再一次努力，希望作出双方可接受的解决办法失败后，他才行使他的投票权。

可是，即使仲裁是不得已而为之，但问题依然存在，即是否应该规定最后一招作为求助于仲裁的条件。主张在劳资协议上在这方面加上一个条款的论点，出于由此可获得的明显的直接好处。没有这样的规定，纠纷可能招致罢工和关厂，造成物质损失和相互间的恼怒，甚至可能形成这种状态：即使找到对眼前争端的临时解决办法，我们也绝无把握认为，争执过去后不会不经意地破坏已经建立的调解制度。① 但是，如果保证得到仲裁者的方法在事先规定，双方在平静时候就已有警惕，不使自己在今后有发生激情和冲动的可能。他们的办法就像一个人不能相信自己的意志清醒，自愿进入精神病院一样。惯性现在落在和解一边，因为，除非以坚定的步伐退出委员会，否则只有友善地解决争端一条道路。

相反的论点依据某些间接的不利条件，据某些人说，订有仲裁条款就是导致不利条件的原因。首先，双方代表将对取得协议就不那么认真努力。他们会迟迟不能提出让步，惟恐在随后的仲裁中他们的提议被用来反对他们；②或者，为了忠于选他们当代表的人，他们可能“感到（如果可能）必须通过双方僵持时由持有决定性一票的人取得胜利”。其次，取得胜利的可能性抵不过停工的危

① 这个结果发生在1896年联邦煤业地区（麦克弗森，《美国劳工统计局公报》，1900年，第478页）。

② 参照1893年制鞋业仲裁前协商会中的讨论。雇主小心地坚持：他们提出的让步不能作为仲裁成为必要时不利于他们的口实。同时参照V.S.克拉克先生论新西兰劳动条件的报告，刊载于《美国劳动公报》，第49期，第1192～1193页。

险，且往往滋长难以确定的纠纷。如果发生这种情况，虽然仲裁能阻止一两次罢工，但是提到仲裁阶段的纠纷次数将大大增加，以致产生大量摩擦，结果是未过多久，整个协议被破坏殆尽。实际上，当双方相互关系良好，双方都得到教诲对自己的最终利益有正确评价时，这样的危险将相对轻微。如果有一条规则，使仲裁者能按照他们慎重决定，命令败诉方支付全部仲裁费用，因而遏制带着疑问的申诉，也能在一定程度上避免这种危险。但这个办法无法彻底消灭这种危险。

在这两组互助冲突的论据中间无法作出一般性的推理决定。在我们了解每个特殊产业中双方的心情，他们对“使人烦恼政策”的爱憎，他们组织的力量，领导人对群众的威望和裁定能得到服从的可能性之前，不可能判断在调解失败的事件中能否把仲裁条款安全地写入产业协议中。在某些环境中，第三种方法可能是最好的。例如，在东北海岸铸铁厂、莱斯特染色业和英格兰煤矿业的许多调解协议中，虽然没有包括正规的仲裁条款，但是订定“双方同意”可进行仲裁，当时间成熟，只要双方有此要求即可。当然，在这个规定下，一桩棘手的纠纷要比有仲裁条款支持的那种规定更可能以罢工告终。但是，只要我们不能分别精确估量在这两种规定下的可能性，这个结果就不是决定性的，这就会达到难以对付的局面。可是显然，当情况允许仲裁条款插入而不致产生间接不良结果的危险时，由它产生的直接利益，使人们应当毫无疑问地采用它。

第6节

采用了它，必须决定仲裁机构的章程。我们得查究组成机构的人员的品质、人员的数目和任命他们的最佳办法。这几点可以按照我们刚才说过的次序方便地加以审核。

成功的仲裁小组成员最需要的品质显然是公正的名誉与胜任的名声。可是这两种条件兼备不是容易达到的。不管是雇主或工人凡在行业里受过熏陶的大都相信，没有行业“实际知识”的人不可能形成对行业问题的高明判断力。自然的推论是，应该遵守米德兰钢铁委员会的规章①，该规章需要独立的主席，由他与该产业作个人接触。但是由于实际知识除了实际在过去或现在从事这个职业的雇主或工人中间外难以找到，所以很少出现双方都相信他不偏不倚的实际专家。由此看来，需要“实际知识”这点将不得不放弃。这一点较易做到，因为事实上，决定诸如工资和工时这种事情的广泛纠纷，主要“需要一般性有关产业的经济知识，如果涉及所有产业时，要熟悉整个国内行业的情形”。② 当他需要技术知识时，可以与代表双方的仲裁人助理接触，那些人的任务是给予他所需要的任何帮助，但不参与决定。然而即使这样，挑选仲裁者的范围还是有限。例如，雇主对下院中的政治家并不热情，因为工人群众的选票值得争取；而工人容易这样想，任何自由职业阶级成员，由于其生活和所受教育的特性，不自觉地偏向于支持资本家。因此，虽然法官或上院议员可能使雇主满意，工人群众的理想仲裁人很难是他们队伍以外的人。因此，除非偶尔得到像戴维·戴尔爵士和阿斯克威思勋爵那样声誉卓著并为双方信任的人，否则挑选

① 《劳资委员会》，第17期，第500页。

② 舒尔策—盖弗尼茨，《社会和睦》，第165页。

只能是一种妥协。[①] 在这种环境里，摆脱困难的最好方法常常在于挑选某一个杰出的权威人物，不管他潜意识的动机如何，他在所有事情上，有意识的动机是无可怀疑的。此外，如果有人像已故赫里福德的詹姆斯勋爵和爱德华·弗赖伊爵士那样，以同他们一样方式服务而不经常接受酬劳，可以逐渐为自己赢得整个产业界的巨大尊敬和信任。另一个解决办法是仲裁人可能在政府培植的专业仲裁人员中找到。当贸易委员会建立官方仲裁人小组时，就尝试进行了这方面的某些事情。根据1919年法案设立的工业法院是向同一路线前进的又一步。

刚才含蓄地提到的道理决定组成仲裁小组的人数。我们不可能得到成批的杰出局外人。如果要从根本上保证他们执行任务的话，这个小组只有一个人才合乎实际需要——很可能要此人同时担任调解委员会的中立主席。可是这不是反对集体裁决的惟一论据。一般性质的推理表明，这样一种安排即使实际可行时也要遭到反对。集体组织最有吸引力的形式包含双方各一个代表，加上一个公断人，此人由这些代表选出，或者由他们的领导人选出，在发生意见不一时由其仲裁。支持这个形式的论点是，这两个代表有可能意见一致。在一桩纠纷事件中，梅斯尔斯斯、芒代拉和威廉斯这样做获得成功，在卢瓦尔矿工罢工中，M.若雷和雇主代表跟随他们的先例。以这种方式作出的决定很可能要比由单个仲裁人强加在双方头上的决定博得较高程度的信任。另一方面，代表之间

① 甚至戴维·戴尔爵士虽然得到雇工领导人的完全信任，似乎有一次被对他不很了解的基层人员所怀疑（参照普赖斯，《劳资和睦》，第50页）。

不大可能有一致意见，真正的决定一般落在公断人身上，当发生这种情形时，集体裁决犹如精心设计的机器，它的三分之二是装饰品。事实还不止于此。在这种类型裁决中常常出现意见分歧，此时就减弱了决定的权威性。确实，分歧可以使用类似斯塔福德郡陶器业协议曾经采用的策略加以掩盖。“在这种一般裁决中作出的裁定书应由公断人和仲裁人签字，作为他们联合裁定书发表，以他们的个人签名生效，他们中任何人不得公布任何消息，不得在裁定书的书面上表明公断人还是仲裁人在他们的决定中是否意见一致，或者这只是他们中多数的裁定。”[①]但是，这种权宜之计是否真正有很大用处尚有疑问。因为极有可能，也许部分由于这些情况，人们会认为委员会有分歧，而这一点十分重要。因此，除非双方强烈主张多样性，看来很清楚，仲裁小组最好是一个人。

第三，我们必须考虑任命仲裁人的方法。选择他有几种不同方式。[②] 也许最令人满意的是德拉姆工资委员会采用的方法，在那里他是在每年第一届委员会会议上当选的。每年一次的这种选举，虽然与延长任期并无多大出入，但它可以避免永久性或非常长任职的危险。如果一方认为那个仲裁人一上任就不能撤换，而他们又倾向于支持他的对手，就有可能产生大矛盾。此外，固定期限的选举优于临时决定的选举，因为经双方同意选出的仲裁人最有

① 《罢工和关厂》，1892 年，第 217 页。全国仲裁委员会有同样规则，那是美国出版商协会和国际印刷工会间于 1901 年同意的（《劳资委员会》第 17 期，第 367 页）。

② 北美窗玻璃切割者联盟有如下有趣的选择方式：“如果仲裁人不同意这个公断人，那么每一个仲裁人写下两个与玻璃业无任何关系的公正出名的人名，把所有名字放入一个口袋，摸出来的第一个名字就是当选为公断人的那个人”（规则 18，出处同上，第 365 页）。

可能得到信任，如果选举延迟到出现纠纷后才举行，很难选出双方同意的仲裁人。尽管有这种考虑，当大家选择临时性任命时，最明显的安排是这样：双方首先努力试图同意某个仲裁人，要是不成功，只能接受公正的局外人提名的仲裁人。然而，存在这样的危险：即他们可能试图（但失败了）同意后来由外界强加给他们的那个人，可是他们曾竭力反对其他人提出名字的理由，在此人身上同样存在。因此，能使他们较满意的是任命一位公正人士，就像下院议长，他的任务是，在要求他这样做时，由他任命一个仲裁人，此人必须是未经调解委员会此前讨论过的。

第 7 节

下一个应注意的问题有关（作为最后一招）有仲裁规定的办法以及没有仲裁规定的办法。总的说来，允许全体投票性质的任何办法，把责任从指定谈判人转移给大部分雇主或雇员似乎是不明智的，最好予以避免。必然将紧随其后的消息不灵的群众讨论，极可能激起愤怒，助长冲突的种子。当调解委员会不能取得一致意见，又没有仲裁规定时，初一看，代表对其选民的呼吁作为避免冲突的渺茫希望似乎值得一试。但是实际上，这样的做法常常有害无益。如果工人的代表——只有在工人看来全体投票问题才有实际重要性——认为某一点值得争取，可以完全肯定，他们的选民至少与他们一样好斗。要是代表不认为值得为它战斗，如果没有全体投票，他们就会调停解决；如果进行全体投票，他们可能懦弱得推卸责任，而工人可能选择战斗。此外，当协议失败时，对雇主意味着不是绝对肯定的罢工，而仅仅是有罢工的可能性时，乐观主义的极端伟大可能引导他们把事态作最低估计，他们也许会限制调解的尝试。[①] 因此达到协议机会非但不增大，实际上减小了。当有仲裁规定时，在调解失败后，调解人将问题提交委员会的选民决定，至少有同样的危险。同样当领导人好斗时，实际上工人肯定支持他们，如果他们全体一致地投票反对那些条件，而仲裁人后来发觉接受它们是他的责任时，这就很难诱导他们心情平静或感觉良好。避免仲裁的极小希望比避免罢工的极小希望是会员全体投票更坏的理由。

在调解委员会无法意见一致的争论中，反对这个政策所说的论点，在它获得成功的那些地方当然还是有较大的力量。如果没有仲裁条款，在那种环境中使用会员全体投票，完全可能导致以斗争取代和睦。另一方面，若是有这种条款，就用不到全体投票，因为由于任何一方拒绝批准委员会决定召来的仲裁人，如果不对反对不满一方进一步态度强硬，实际必定要重申支持这个决定。

当然，这些结果需要普遍的小心谨慎，注意到看来最合乎理想的东西总是实际上不可能做到的。当工人组织衰弱或者它们领导人的权威降低时，有时用会员全体投票可能是接受决定的惟一方式，在全体投票中可以完全保证一项决定被大家接受。在1902年格里姆斯比的渔业争端中，煤气工人工会的官员甚至觉得有必要举行投票，决定应该不应该接受不是由调解委员会而是由双方指

① 当美国钢铁和锡工人混合协会规则中制定的会员全体投票已列入计划时，这个论点更有力量，而前一个论点相当无力。这里，当雇主与雇工之间的会谈不能达成协议时，“需要有该组织全体会员三分之二人数投票才能坚持那个曾经引起分歧的要求”（《劳资业委员会》，第17条，第340页）。

定的正规任命的贸易委员会仲裁人公布的决定。这些困难必须清楚地认识。但它们并不干扰我们的结论，那就是由谈判人向他们选民号召的全体投票，在有可能避免的任何时候都应该避免。

第 8 节

最后还有保证问题——不管是双方直接签订的协议的遵守，还是他们同意向其提交争端的仲裁人的裁定的接受。在某些协议中，由每一方提供可以没收的以货币存款形式的保证金。这样，在1895 年大罢工后，英国制鞋业全国协会同意每一方存放 1,000 英镑作为保证金，不论哪一方“被认为破坏协议、裁定或决定”，将没收这笔钱的一部分；同时，如果任何工厂或属于联盟或全国工会的工人团体破坏协议任何条款或裁定或决定，而联盟或全国工会在10 天内既不劝导其会员遵守协议、决定或裁决，又不把他们从组织中开除，该联盟或全国工会应被认为破坏协议、裁决或决定，[①]因此有可能没收它们存款的一部或全部。无疑，当协会在会员中维持纪律的力量不确定的时候，它对它们的行为将对被罚款的桀骜不驯的会员表示能力，做些事情会加强它对它们的地位。可是，除了这种考虑外——在强大的工会中这点并不重要——货币保证的价值令人怀疑。1912 年产业委员会论它的优点与缺点的报告

① 《集体协议报告》(1910 年，第 231 页)协议第 9 款。当工会无法开除 1899 年伦敦罢工者时，赫里福德的詹姆斯勋爵从工会存款中判给雇主 300 英镑损失赔偿(同上书，第 505 页)。以拒绝补充存款中已提出款项来规避罚款时，有一条规则可以对付这个情况，即碰到此种事态，将没收全部存款。这个协议在 1909 年重订时，删除规定从组织开除这个条款。

有如下议论："关于货币保证的效用，存在的意见看来很不一致。如果这笔资金意在支付相等于遭受损害数量的罚金，显然，为了提供涉及很多人的案件中必要存款的金钱总数，将是许多较小单位无力将其资金的这么一大部分任其闲置的，或者无法为这个用途筹集得到的。另一方面，如果支付的款项仅仅是罚金性质，看来采取这个方针不会为遵守协议的道义责任已经发挥的遏止影响上增加很多……因此我们的意见是，普遍采取金钱存款形式的货币保证制度，难以认为是建立保证完成协议的实际有效的方法。与此同时，在自愿提出货币保证的时候，我们认为不必反对采用这个方法"。[①] 这个结论可能获得普遍的同意。

① 《集体协议报告》，第11页。

第4章　调　解

第1节

英国和美国的经验提供充分的证据表明，由雇主与工人在友好精神中达成的纯粹自愿约定，对促进劳资和睦能起很大作用。但是这些约定不是在所有环境中都足以防止罢工或关厂。纯粹的调解方案即使在它的有效时期有可能被冲突所破坏；订有仲裁条款的方案当限期届满时可能不再继续下去。在这种情况中，当产业中没有调解机构或者有可能证明它不适合使用时，若要避免劳资冲突，有必要采取进一步的行动。人们自然会想到的解决办法是友好的调解。支持这个办法的论据有力而率直。一旦劳资纠纷加重，且已形成公开冲突时，双方均倾向于争取"优势"，并争取达到纷争中特定的目的。他们准备失去尊严，失去金钱，结果是他们的固执程度之大不是单单物质问题解决得了。不但事实上是这样，而且双方本身也常常知道是这样。他们将时常考虑到，某种事情值得冒决裂的可能性，但不值得冒决裂的必然性。因此，当决裂实际来到时，可能需要的一切是某种策略，用以不失尊严地从为唬吓目的而假设的位置上撤退下来。即使在冲突的早阶段，似乎不存在可以接受的出路，有一点肯定会或早或迟来到，那时有一方会愿意屈服，只要这样做能"保全它的面子"。因此出现调解人"斡旋"的机会。他的出场使在热烈争执中容易看不到的事实显然突出。那就是一般群众以及直接有关的双方在和睦中都有好处。仅仅是他提出应该召开会议商谈本身,在某种情况下,就足以带来解决办法;在达不到这样巨大成功的地方,一次圆滑和友好的午餐会可能依旧会间接地促进和睦的前景。[①] 因为有调解人在场,“自尊心”和“绝不屈服和投降的勇气”这些因素被一种暗示所消灭,那就是和解是对朋友的善意,不是对敌手的让步。此外,即使斡旋没有产生实际解决办法,它可以保证,纠纷将以仲裁来解决而不是由劳资冲突来解决。调解人能促成这样结果的最有效办法也许是帮助陷入困境的争吵双方找寻一位双方都能接受的人在他们之间进行裁定。在这件事情上,在英国贸易委员会的职责被劳动部接管之前,人们经常习惯于求助于前者。

第2节

由于存在调解斡旋的余地,所以审核由它进行有效调解的不同机构是重要的。有3种调解人——杰出的局外人、非政府委员会和与国内政府系统某部分有关的委员会。这些调解人并不互不相容,而且可以有利地用以相互补充。第一个调解人的巨大优点是,像韦斯科特主教、[②]罗斯伯里勋爵[③]詹姆斯勋爵[④]或当时的首相阿斯奎斯先生[⑤]这种人的干预,这些人本身使争吵者产生他们自

① 参考韦布先生和夫人对罗斯伯里勋爵在调解1893年煤矿纠纷中双方举行午餐会所产生效果的评价(《劳资民主》,第242页)。

② 1892年达勒姆煤矿罢工。

③ 1893年联邦煤矿罢工。

④ 1895年克莱德和贝尔法斯特工程师行业纠纷。

⑤ 伦敦出租汽车罢工。

身重要的感觉而不胜荣幸，往往使事情进程顺利发展。普通的调解委员会，不论是自愿的还是官方的，一般没有如此出名的被认为很有权力的人物，因而在号召力上较差。但对于某一等级的纠纷而言，著名的局外人是省不掉的。

第3节

非政府委员会的效用较少得到普遍的承认。实际上它有超过杰出局外人的优点，由于不是特别地设立的，它更容易发挥作用，并有较好的机会在罢工或关厂真正开始前的喘息时刻，让它的声音被大家听到，那时调解最可能成功。但是有人竭力主张，尽管这个国家许多城市由商会和行业理事会建立起大量调解委员会，除伦敦委员会外所起的效果极小。简言之，根据这个理由，非政府委员会制度根据经验检验，发现它没有价值。可是，所引证的证据不足以支持如此绝对性的结论，失败的委员会完全是市一级的委员会，那里的劳工组织像在英格兰一样，甚至纯粹当地性纠纷的处理也不可能完全交给出事单位的工人。那么，认为这些委员会的失败不是由于它们非政府性质而是由于它们所处地区的狭隘性不是公平的吗？而伦敦委员会的相对成功不是增加这个说法的分量吗？然而，如果这些事实能如此解释，它们没有一定要我们作这样的设想：如果把它们尝试着设立在欧洲大陆工会化不完全的地方，地方性非政府委员会一定会失败。它们更没有证明，非政府全国性委员会注定要失败。事实上，这种委员会在全国城市联盟产业部名义下，在美国已经获得相当大的成功。

第4节

虽然无视非政府委员会成功可能性是错误的，不过，情况很明白，它们没有某些优点，而这个国家附属于政府机构的委员会很容易得到它。首先，后者具有特殊的便利条件——仅次于特定劳资纠纷中自愿调解委员会享有的那些便利——可以在尽可能早的时候查明纠纷的存在。不论何时出现罢工或关厂或这样的严重威胁，它们能要求行政官员为它们提供最新信息。其次，政府机构委员会有较多的智力和财政资源，可能更大方地使用它们。因此有可能，劳动部——如以前贸易委员会一样——能拥有受过训练的才智之士在小地区纠纷中出现双方对他们的偏爱(与对当地委员会态度作比较)，他们有大量事情可做。最后，如英格兰采取的办法一样，当使用的使者是从中央国家部门直接派出，而不像法国那样仅仅是赋予调解权的当地官员时，他们运用一点点声望，就有可能对他们工作有很大帮助。因此，发现近时劳资纠纷的调解工作，大部分被隶属于某政府机关的机构接管，就不足惊奇了。在某些国家，只有在纠纷双方中这方或那方要求之下才提供调解。因而比利时1887年法律授权建立地方性劳资和劳动委员会，下属代表不同产业的部门，并规定："不论何时当形势需要调解时，在任何一方要求下，省长、市长或发生纠纷的劳资部门主管必须召集该部门开会，努力以说服方法，安排解决纠纷"。[1] 可是，更经常的是，不论有没有纠纷一方的要求，调解多由当局决定授权进行。这是

① 《美国劳工统计局公报》，第60期，第421页。

1892年法国法律和1896年英格兰调解法规定的办法。后一个法律规定:"当一次纠纷业已存在或者即将在雇主和工人间发生时,如果贸易委员会认为妥当,他们会施展全部或任何以下权力:即(1)调查发生纠纷的起因和环境;(2)采取委员会看来适宜的步骤,其目的在于能使纠纷双方聚在一起会商,参加会谈的可以是它们本身,或者是它们的代表,由双方同意的主席主持,或由贸易委员会或怀有友好解决纠纷目标的个人或团体指定的主席主持;(3)在利害有关的雇主或工人的申请下,考虑到该地区或行业存在合适的进行调解的有效手段和这个案件的环境,指定一个或几个人作为调解人或组成调解委员会"。由1919年劳资法庭法加强的劳动部,从贸易委员会继承这些权力。经验表明,根据这些方针巧妙和同情地进行的调解,常能带来纠纷的解决,否则这种纠纷很有可能导致停工。

第5节

这样,我们可以作出一般性的结论:杰出局外人、非政府委员会和调解的官方机构在他们各自范围内都有价值。但是必不可忘记,它们也是有危险的。作为运用它们的间接后果是,各个产业中推进和睦机构的发展——比"斡旋"可能做到的更有效的纠纷解决办法——可能遭受遏制。为避免这个结果,干预单位方面谨慎从事至关重要。它绝不应无根据地自称具有比过渡性效用更大的作用,并应小心地鼓励——如根据1896年法案行事的英国贸易委员会和它的后继者劳动部工作中一直对准的目标——在产业里组建双方联席委员会,并与它保持接触。

第5章　强制性干预

第1节

正如证明纠纷很难用自愿调解方案解决，所以有人看不起调解人的努力。除了有些国家的发达产业已达到劳资和睦的高阶段外，经常发生这种棘手争执的可能性，使得有必要弄明白是否和在多大程度上必须求助于国家强制力量的干预。这种干预以4种主要方式出现。这些方式中最简单和最温和的方式是为争执双方制定条款，当双方愿意遵顺时就开始接受强制裁定的束缚。例子相当多。在新南威尔士，1901年的产业仲裁法准许任何产业工会就有关任何劳资事务与其他工会或与雇主订立协议，此协议"如果订立的明确期限不超过3年，如果有副本存入注册官方档案，就将对有关各方以及属于参与协议任何工会会员的全体人员具有约束力"；并宣告"受同一协议约束的各方之间的任何这类协议均有同样效力，可以用同样方式实施，犹如仲裁法庭的裁决"。[①] 新西兰法律规定，产业协议以国家仲裁法庭裁决同样方式实施。芒代拉先生流产的1872年英国法案和马萨诸塞条款规定，当双方将纠纷提呈政府委员会时，它的决定自动具有约束力。1898年的联邦铁

① 《劳动报》，1902年2月，第39页。

路法使州际运输业者自愿建立具有强制权力的仲裁委员会,[①]它们的性质与目的相同。那个英国法案证明是一纸空文,于1896年废止,但马萨诸塞与新西兰的那些法律规定获得相当可观的成功。

反对这种做法的人可能认为:第一,一旦仲裁得到同意,一种认为它公正的感觉和对舆论审慎的尊敬已经提供合适的保证,裁定会得到服从;第二,使用法律制裁的办法就此范围说来将损害可尊敬的一方——缴纳罚金被认为可以抵消过错[②]——以致净制裁不会比以前严厉;第三,由于强制这个概念在公众思想上与仲裁的概念联系在一起,"为他们不同目的求助于(调解委员会)会比目前受到拘束"。[③] 但是对这些意见可以这样回答,在最坏情况下,非强制性仲裁对那些愿意选择它的人还是开放的。几乎没有理由相信,除了作这种变化外,现在将陷入冲突的劳资纠纷能和平地解决。而且,强制制裁对遏止人们求助于执行强制制裁的那种法庭的作用,比一般设想的要小得多。在某些环境中,它们的影响实际上趋向相反方向。在劳资纠纷中,每一方认为自己较强,同时知道对方也认为自己较强,因之在无力的制裁制度下纠纷可能得不到解决,按照这种想法,任何一方都不会认为突然放弃是值得的。因此,由于人们不喜欢这种无效制裁的风险,仲裁办法可能衰落。但是,如果提供的制裁强大有力,情况可能会不同。一系列可能的解

① 《美国劳资委员会》,第17卷,第423页。

② 参考《劳资委员会论劳资协议的报告》,1912年,第7页。

③ 《皇家劳工委员会报告》,第99页。当然,全面强制接受裁定,不同时全面强制提交仲裁,将在最显著程度上出现这个后果。

决办法展现，当裁定作出，任何一方破坏它不会有好处，而遵守它的风险，双方都愿意承受，因为失败带来的额外损失将被成功的额外收益所抵消。最后，有求助法律制裁的力量可以加强双方组织领导人对付它们不满跟随者的控制力。在像美国这样工会执行委员会对个别会员直接控制比较薄弱的地方，这个考虑特别重要。无论如何，即使在英国也不可忽视它，虽然在我们较大的工会中，蔑视中央权威破坏裁定是很少有的，但在技术低的产业中，这种情形相当普遍。因此总的说来，这种情形看来是为某种制度描绘的，在这种制度下，将劳资纠纷提交有强制权力的法庭的机会，给予那些希望利用它的人。

第 2 节

政府可以干预的第二种方式是使雇主和雇员组织在由代表雇主和受雇工人主体的协会订立的一项协议推广到一个地区或全国的整个行业时，能向政府要求帮助。在南澳大利亚，1910 年的一项法案规定，在没有设立工资委员会的行业中，有五分之三的雇主和雇员同意，可以签订协议，可要求政府予以公布，从而使协议约束全行业。1917 年英国军火法案包含基本上类似的条款。赞成这种立法的主要论据是，若没有这种立法，产业中大多数人签订的协议容易被少数"坏"雇主的竞争所扰乱。因为常常有一个或一批雇主支付较高工资或缩短工作时间，若是他的全体竞争对手都这么做，他不会受任何损失，但是，如果他这样做，要是别人不这样做，他将遭受巨大损失，结果是他会拒绝这么做。因而有人说："伦敦第二次灾难性运输罢工惹起的原因之一是一家卡车运输公司退出它签订的协议,目的是要支付比其他公司较低的工资来跟它们竞争”。[①] 可是另一方面,可以提出几点有分量的应予考虑的事情。首先,那种经深思熟虑的政府行动将危险地促使形成不利于消费者的小集团和联盟。其次,在决定推广应持续多长时间上有时有很大的实际困难。因为一个产业在不同地区的产品之间的相似性常常是表面上而不是实质上的,在这种情形下,保持各地价格与工资率平行变动,可能对劳资和睦起不利而不是有利的作用。这个困难可以用某些自愿约定来说明,这种约定在英国的不同时期流行过。例如米德兰和英格兰北部钢铁业在1874年建立联合工资等级制。但是在北方,铁轨依旧是主要产品,而在米德兰,钢铁厂已经从事生产钢锭、钢板和角铁。因为前者的市场在衰落,后者的市场在上升,结果是北方的雇主在第一次工资等级调整时被迫提高3便士工资,尽管它们自己主要产品的价格下落。就这样,当年这个工资等级就垮台了。同样,在兰开夏的许多地方有一段时间存在一种谅解,棉纺工人的工资根据奥尔德姆地区工资的增减而涨落。但是“日益增强的地区专业化——尤其是关于那里生产的棉纱——使得前段时间即使不很合意但至少可行的协议不起作用。大致说来,过去需要棉纱一个市场,现在变成许多市场;不同系列和质量棉纱的价格开始更加独立地变动,使得各种产品价格之间的升降安排不惬人意”。[②] 确实无疑,推广一个政策并不绝对排除调整,以适应不同地区不断变化的条件。但是不能怀疑,作

① 拉姆齐·麦克唐纳,《社会动荡》,第109页。

② 查普曼,《经济学杂志》,1899年,第598页。

这种调整的工作常常需要在推广中的弹性,而不是有关官员有能力提供的耐心与聪明。第三,可以这样认为,在工人组织强大的地方,由当局推广是多余的,因为私人企业足以保证做到这一点。雇主急于使难以对付的竞争者就范,工人群众同样急于帮助雇主。因此,“工会支持雇主协会迫使雇主屈服,同意他们未签字的协议,”从而“集体协议就这样推广到比工会推动的大得多的区域”。[①] 例如,美国产业委员会发觉,在伊利诺伊州,为了使不驯服的雇主答应条件,期望联合矿工协会进行罢工或威胁进行罢工,实际上在保证得到预期结果上一般能获成功。[②] 可是上面这个所考虑的事情显然不适合工人组织荏弱的产业。从整体上说,尽管有对消费者的可能风险和上面提到的实际困难,尽管有这样的危险,即“将组织的利益扩展到未参加组织者,往往会使非工会会员的混事的劳动者和未加入协会混事资本家阶级永远存在下去,这些人获得组织的利益,但拒不支付他们应负担的一份,”[③]看来这个国家的舆论现在还赞成在劳资纠纷中使用这种有严格限制的强制干预形式。劳资委员会1912年的报告给予它明确的支持,根据条件,贸易委员会不应接受任何扩展协议的申请,除非这个申请是由该协议双方提出的。1920年煤矿业法案规定,凡由地区委员会、区域委员会或全国委员会推荐的,如果贸易委员会这样指示,应该强迫在该产业从业的个人服从和执行。在1921年谷物产量法案(废止)中——3年后由建立农业工资委员会制度取代——自愿调

① 吉尔曼,《劳资和睦的方法》,第116～117页。

② 参考《劳资委员会》,第17卷,第329页。

③ 科尔,《劳动世界》,第314页。

解委员会对最低工资率的决定，如果有一个委员会希望如此，在农业委员会批准后，可以在整个地区通过法律手段实施。

第3节

国家干预的第三种手段是使用法律强迫劳资纠纷在法律允许任何罢工或关厂之前提交某个仲裁法庭。这个制度由1907年加拿大产业纠纷调查法案作最好说明。该法案被南非等地模仿，并成为美国针对蔓延几个州的劳资纠纷制定1925年通过的法律的典范。[①] 1925年1月，实施18年后，该法被枢密院司法委员会宣布为越权，理由是该法侵犯了地方政府的职权。由于这个判定，通过了一个修正法案，修正法案稍稍限制它的范围，但是它的实质没有改变。[②] 该法案不是普遍应用的，而只是应用于某些产业，有理由相信这些产业工作的停顿证明将对整个社会特别有害。包括的产业有开矿、运输、所有形式的铁路服务、供应电力和其他动力、轮船服务、电报和电话服务以及供气和供水。实在说，不论何时当停工严重威胁这些产业时，就使用这个法案，但当双方共同拒绝求助于它时，也就无法成功地避免停工。该法案的主要规定如下：雇主与雇工间合同条文有任何改变的提议，必须在30天前通知。如果提出的改变被对方拒绝，由政府当局任命委员会对争执进行调查并由委员会提出报告，推荐适当的解决办法，并在劳动部公布之前，禁止由此引起的罢工或关厂，否则予以处罚。当报告已经公布

① 参考蒙德，《劳资与政治》，第131页。

② 参考工商业委员会出版的《劳资关系调查》，1926年，第355页及以下各页。

时，双方没有义务接受报告中推荐的办法，可以合法地出现停工。但是，在报告公布之前法律禁止停工，并要对参与停工的任何个人进行罚款；对从事关厂的雇主每天罚款 100～1,000 美元；对参与罢工的工人，每天罚款 10～50 美元。

应予注意的是，这个法律有三个不同方面。第一，它对于保证双方间进行认真讨论很有帮助——这实际上包含在委员会调查的范围之内——使它们在公正当局的引导与帮助下努力解决它们的纠纷。第二，它授予由政府任命的仲裁法庭充分的权力"去调查纠纷的事实，在有关取证、起草文件和进行检查上，有与授予民事案件的纪录法院的权力相似，其目的在于，如果调解失败，推荐的建议是可以相信的公正条件"。① 第三，它规定在完成纠纷调查并提出报告之前停工是犯法的。研究此法制订过程的有能力权威人士认为，这些方面中的第一方面实际上最为重要。英国劳动局的报告人写道："委员会的主要工作是把争执双方集合一起进行友好的讨论，并引导谈判达到自愿解决"。② 他接着写："政府在任命委员会时和最成功的委员会在进行工作时，都解释说这个法案是以非正式方法进行调解的法规，以促使双方间订立自愿协议为目的"。③ 阿斯克威思勋爵（当时的乔治爵士）以同样方式，在他于 1913 年向英国贸易委员会所作的报告中表达了这样的意见："转达调解的精神与意图是那个加拿大法案的更有价值部分"。④ 同

① 乔治·阿斯克威思爵士的报告（敕令书，6603，第 17 页）。

② 《美国劳动局公报》，1910 年，第 86 号，第 17 页。

③ 同上出处，第 76 号，第 666 页。

④ 阿斯克威思爵士报告（敕令书，6603，第 17 页）。

样，规定在需要时公布权威性的报告和建议，有时也会取得良好的结果。确实，在不重要的产业纠纷中，对公众没有大的利害关系，也引不起什么舆论压力；在所有争执中，一旦勾引起冲突的激情，甚至强大的压力可能不起作用。但当问题严重影响整个社会，有引起混乱的威胁时——例如铁路服务或煤炭供应——舆论是至少必须加以考虑的力量；有趣的是我们可以看到，在许多情况下，当双方中这方或那方开始时拒绝接受委员会的建议，发生了罢工或关厂，争执最后还是基本上根据委员会建议的基础解决。该法的第三方面规定，在委员会提出报告之前罢工或关厂是非法的，这一条是人们表达最严重怀疑的条文。有一种反对的意见认为，考虑到反对的坚决，可能证明这条法律是无法实行的；[①]另一种反对意见是，罢工的成功常常依靠它的突然性，所以任何强制性的拖延必然对工人不利。这些反对意见无疑极为重要，尽管某些产业——如运输业——的罢工武器不会被求助于拖延的方法所削弱。在另一方面，强调的是这样的事实：一旦爆发劳资冲突，纠纷中主要问题易于在争取优势中变得模糊，这种斗争只有到精疲力竭才能告终，因此，虽然这项法律常常不能阻止爆发罢工，但是它有时获得成功的机会和因而避免对社会带来严重伤害，为它构成适当的辩护理由。显然，在这个问题上不可能作出一般性的结论。事实上，必须要做的事情主要取决于工人和雇主认为必须要做因而准备加

① 在加拿大，事实上有无数的非法停工，试图对它们实施处罚得极少。劳动部副部长公开宣称："这一直不是历届部长的政策；在他们的主持下切实执行这个法规，试图实施这项规定"。——《美国劳工统计局公报》，第233号，1918年，第139页。参考《调查加拿大和美国劳资状况的代表团的报告》(敕令书，2833，第80页)。

以支持的事情。可是现在普遍同意的是，按照加拿大模型的法案，不列入在委员会建议公布前进行罢工和关厂的惩罚条款，尽可能加上保护规定以防止对自愿调解和仲裁方案发展的伤害性反应，用阿斯克威思的话说，“以适应这个国家的实际状况”。1919 年劳资法庭法第二部实际上便是这样的法案。它授权劳动大臣，当劳资纠纷存在或即将爆发时，任命一个具有强制起誓作证权力的调查法庭，其职责是起草给大臣的关于纠纷双方功过的报告，如果他认为合适即予公布。在目前法案中不能安全地包含严厉的惩罚条款。但对惩罚条款可以讨论之处甚多；如果国际联盟证明有能力强制延迟政治战争的爆发，舆论便能立即准备接受对产业冲突爆发的同样限制。

第 4 节

国家干预的第四种也是最后一种方式是一般和含糊地称作强迫性仲裁的方式。根据加拿大法案，如果双方一直对仲裁努力和舆论劝导不肯服从，罢工和关厂最后还会发生而不破坏法律。这种情况只有到澳大拉西亚殖民地开创一种新的立法类型才有改变，根据这项立法不但规定国家任命的委员会提出解决纠纷的条件，而且使提出的条件有法律上的约束力，违反这些条件的罢工和关厂便是可以处罚的犯法行为。这种类型的立法，当其全面执行时，堵住了加拿大法律让停工洞开的漏洞。一般说来，人们所作的某种努力并非不适当地以商讨和调解来解决纠纷，但它主要重点放在在一般紧急措施失败时阻止在那些困难冲突中依靠罢工和关厂。实际上新西兰立法仍留下漏洞。因为那个殖民地的强制性仲裁法只应用于根据仲裁法登记注册的工会，其他工人还是根据加拿大类型法律的变体——1913年的修正法案办事。[①] 但在新南威尔士法律（早于1918年的放松修正案）和西澳大利亚法律中，不存在这种保留，同样的说法也适用于英联邦关于产业纠纷的法律，联邦法律在不止一个国家中实施。在所有这些法律中，仲裁裁定以金钱罚款进行"制裁"。在新西兰，破坏法律的个别雇主和工会可能遭受500英镑的罚款，如果工会付不出钱，它的会员每人可能被罚款10英镑，这笔钱通过法令在工资中扣除。西澳大利亚与新西兰一样，完全依靠罚金，但新南威尔士法律还规定不付罚金的个人入狱，英联邦法律对第二次违法者判处徒刑，不准选择罚款。1923年德国根据政府决定采取实际上就是强制性仲裁的法规。建立调解委员会，有权干预产业纠纷，干预可以是应双方中一方的请求，也可以出于委员会自己的主动。"要是委员会在取得双方协议中失败，它可以提出建议性的裁定，如得到接受，将有书面集体协议的效力。如果此建议性裁定不被双方接受，只要它的条款显得公正和合理，考虑了双方的利益，或者，只要裁定书的应用合乎经济和社会准则，委员会可以宣布裁定书必须遵守。地方调解官或在某种情况下的联邦部长是宣布裁定书具有约束力的有法定资格的人员。"[②]1927年鲁尔煤矿的一次重大纠纷就是求助这个规定解决的。1926年意大利通过一项普通法，用以在劳资纠纷中进行强制

① 这项修正法案承认罢工可以是合法的，如果(1)罢工者不是在裁定书或劳资协议下工作，或由秘密投票决定裁定书不再约束他们，和(2)在开始罢工前14天，已将他们的意图向劳动大臣提交通知（《经济杂志》，1921年，第309页）。

② 《最低固定工资的方法》，国际劳工局出版，1927年，第56页。

性仲裁，以罚金和判刑作为对付不服从者的制裁手段。[①] 当然，任何法律的禁止和惩罚规定显然不能保证永不发生被禁止的行动。因而在澳大拉西亚殖民地尽管有强制性法律，为了劳资纠纷而停工事实上仍然发生，不必为之惊愕。这是完全在意料之中的。强制性仲裁的倡导者不会加以否定。他们也不是看不到防止共谋规避法律和决心拒付罚金所显示的实际困难。他们要求的不是这些法律能够建立一个"没有罢工的国家"，而是求助于较之加拿大法律作为最后一招单独依赖没有组织起来的舆论有更直接和有力的压力，使停工比没有这种压力时较少发生。在新西兰和澳大利亚诸州的经历中，这个要求在多大程度上实现是有长期争论的问题，这个问题只有在当地现场作长期研究后才能作出令人满意的回答。但是从目前英国政治家的实际观点而论，没有必要作这个研究。普遍的意见是，人口中广大群众的意见强烈反对的这个立法，很可能被立即证明难于实施，并损害公众对法律的普遍尊敬，而维持此种尊敬合乎每一个社会的利益。新西兰这项法律的作者彭伯·里夫斯本人宣称，"试图对不同意的人民实施这样的法令将是事先注定的灾难"。[②] 在英格兰——美国情况看来也一样——强制性仲裁明显不同于组织得很差产业中的劳资协商委员会制度，在目前不论雇主和雇工都以极不信任的眼光来看待它。在这种普遍情绪面前要一步到位实施它，将是既不可行且不明智之举。无疑，舆论会转变，会在将来欢迎现在反对的东西，可是在眼前，对于

① 《最低固定工资的方法》，国际劳工局出版，1927年，第85～87页。

② 《澳大利亚国家实验》，第168页。

它抽象的功过人们不管怎么想，英国的强制性仲裁在任何产业部门都不是行得通的政治主张。战争年代部分依靠它并不说明它能提供令人满意的避免罢工的方法——在实施战时军火法案的33个月中，该法被大约150万工人破坏[①]——在平时，国家需要的压力减轻，它将可能遇到更少的遵守，从而得到更少的成功。[②]

① 参考蒙哥马利，《英国与欧洲大陆的劳工政策》，第345页。

② 参考重建部的《关于调解和仲裁的报告》(敕令书，9099)，1918年，第2节。

第6章　分析地看劳资和睦

第1节

以上几章所说的道理足以达到大致上的实际目的。但是经济学家有兴趣作稍微深入的探索和阐明某些以不同形态提出的较广泛问题。从分析观点看来，工会和雇主协会之间的争执类似两个国家间的争执。当争执有关这种事情时——如一般工作条件、支付工资方法、劳动时间和工作计划——类似性更加接近。但是当争执涉及工资时就出现重大区别。政府之间的争端通常不涉及两种东西之间的交换比率和未具体指明的准备交换的数量，而工资争端常常涉及它们。[①] 在这种性质的谈判中，一方强迫对方接受越来越不利的条件常常对自己并无好处。相反，超过某一点，任何进一步提高于对方不利的工资率，将带来他打算购买物品数量的大幅度减少，以致——用似非而是的话说——胜利者由于得到较好的条件而实际上情况更糟。因此，当讨价还价是关于工资率时，将存在一定的上限与下限，在上下限之外，不值得任何一方去争取，然而当讨价还价的是一桩事情时，就没有这样的界限。

第2节

当工人一方和雇主一方完全自由的竞争能起作用时，有关工

---

① 参考本书第2编，第9章，第14节。

资率谈判的结果确定在单一明确的工资率上，它是由相互的需求条件决定的。要是任何工人向任何雇主要求比这较高的报酬，雇主将拒绝雇用他而雇用别人，同样要是任何雇主付给任何工人的报酬比这较低，工人将拒绝为他做工而去找其他工作。但是，在工资率的确定不是通过自由竞争行为而是通过一方为工会另一方为雇主协会之间的谈判时，工资率不再是确定在单一的一点上。相反，产生了不确定范围。工会要求比这个工资率稍高的竞争性工资率，雇主协会希望支付稍低的工资率。鉴于这样的事实，即工资率上升将减少可得到的就业量，因而存在一定的最高工资率，超过这一点，工会不愿去争取；鉴于这样的事实，即工资率降低将减少可得到的劳动量，因而存在一定的最低工资率，低于这一点，雇主协会不愿去争取。不确定范围包括在这两个界限以内的所有工资率。让我们假定这两个界限分别为 40 先令和 30 先令。从在这个范围以外任何工资率出发，趋向同一方向，符合双方的利益。因此，在这个范围以外决定任何工资率是不可能的。如果要作出任何决定，工资率必须落在这个范围以内的任何一点上。雇主对劳动需求的弹性越小，或工人为这些雇主工作的需求弹性越小，则这个范围的广度将越大。

第 3 节

在考虑其政策时，工会将反复思考，倘若他们选择为工资而战斗，这场仗将使他们付出沉重代价，斗争终了得到的条件可能是这样或那样。权衡了这些得失，他们将决定值得接受而不值得争斗的某个最低工资。这可以说是他们的**顶住点**。如果他们认为战斗将会付出很大代价，以致他们愿意最终得到不理想的条件，那么这个顶住点不会高。它可能远远低于 30 先令，我们曾假定它是不确定范围的下限。另一方面，如果他们认为战斗付出的代价很小(他们甚至认为战斗实际过程使他们有利)，并认为他们最终会得到很理想的条件，他们的顶住点不会低。它可能高到 40 先令但不会超过它，这是不确定范围的上限。这样，工人的顶住点根据环境可能是 40 先令以下的任何工资。据同样推理可以明白，雇主的顶住点根据环境可能是 30 先令以上的任何工资。当工人的顶住点低于雇主的顶住点时，这两个顶住点之间的工资范围，经过此刻提出的限定，形成**可行的谈判范围**。这样，如果工人愿意接受 32 先令不愿争斗而雇主愿意支付 37 先令不愿争斗，这个范围包括 32 先令和 37 先令之间的所有工资率。不过，要是工人的顶住点高于雇主的顶住点，例如，工人愿要低到 35 先令的工资不愿争斗，但不能再低，而雇主愿付高到 33 先令不愿争斗，不能再高，这就没有了可行的谈判范围，就不可能不经过争斗来解决双方之间的争执。

第 4 节

如果关于争斗终结的方式和在这个方式影响下确定的工资率双方有相同的期望，如果每一方都相信争斗过程将要承担实实在在的成本，那么工人的顶住点**必须**低于雇主的顶住点，因此**必然**存在可行的谈判范围。然而，如果工人盼望一场争斗以获得比雇主愿付的较高工资率，尽管每一方都预期这场争斗会带来实实在在的成本，争斗未必一定发生；如果一方预期这场争斗实际上对它有利——可以说承担负成本——只要工人与雇主双方预见到这场争斗的同一结果，争斗未必一定发生。

第5节

在这点上应该再说一些，负成本绝不是乍一见可能想到的仅仅是数学上虚构之事。在雇主方面，如果他们商品的需求缺乏弹性，如果在冲突时他们手头积压大量存货，就容易招来负成本。因此人们有时断言，煤矿主在冲突时能够“以因缺货而形成的高价出清他们的存货，同时能根据罢工条款，延迟完成他们的合同”。[①]他们还可以预见到负成本，如果他们有理由相信，在业务萧条时促成冲突，他们可以保证自己不受业务改善时冲突带来的损害。[②]在工人方面，在产业组织的早期阶段，负成本相当普通。因为那时工人的真正目标不是要雇主为较高工资让步，而要求雇主对他们工会的尊重和随之在今后更乐意公平地对待他们。或者劳资冲突的真正目的可能是加固工会本身，并吸引非会员参加他们的行列。至于为这种目的而进行的冲突，从获得那些目的预计的好处，需要减去由纠纷引起的预计物质损失，这样减去后，留下的可能是净负效果。在这些情况下，工人可能选择争斗，即使他们预期双方都会受到打击，并在争斗过程中蒙受巨大损失。但是负成本是例外，作为一般规律，双方预期冲突的实际行动将使他们蒙受损失。

第6节

第3节中预测的限定，现在须加说明。因为工人的顶住点无

① 《政治科学季刊》，第12卷，第426页。

② 参考查普曼，《兰开夏棉纺业》，第211页。

论如何低于不确定范围的最高点，它还可能低于这个范围的最低点。雇主的顶住点以同样方式可能高于这个范围最高点。因此，在 30 先令和 40 先令之间的不确定范围中，工人的顶住点可以低到 25 先令而雇主的顶住点可能高到 48 先令。在这种情况下，可行的谈判范围达不到两个顶住点，因为在不确定范围以外不存在可行的谈判。即使一方愿意对这样的工资让步而不愿争斗，另一方不会愿意接受它。因此任何高于工人顶住点的工资率和任何低于雇主顶住点的工资率，它们落在不确定范围以外，因而是完全不起作用的。可行的谈判范围是指双方宁愿要它而不愿争斗的一系列工资率，它由落在工人顶住点以上和雇主顶住点以下的工资率构成，也就是落在不确定范围以内的工资率。这样的解释对于我们现在要进行的实际推理十分重要。

第 7 节

不确定范围的广度，如在第 2 节中业已指出，是由双方相互需求的弹性决定。可以不根据目前观点把它看作是固定的。可行的谈判范围在任何情况下不能超出这样决定的界限。**在这些界限内**使工人顶住点向下移动或使雇主顶住点向上移动的任何因素都能增加可行的谈判范围。他们见到冲突中使遭受的成本损失增加的任何事情会使工人的顶住点向下移动；他们见到会在其中遭受增加成本损失的任何事情会使雇主的顶住点向上移动。单是工人组织力量的增强有可能降低他们的预期成本，同时增加雇主的预期成本。由此，它可能会提高双方的顶住点；但不可能确定它会不会扩大两个顶住点间的距离。单是雇主协会力量的增强，将以同样方式降低双方的顶住点。实际上，对立组织中一个组织的发展，几乎可以肯定也会导致另一方的发展，力量增强的最可能形式是双方同时增强，导致双方预期的成本增加。这就意味工人的顶住点的降低伴随雇主顶住点的升高。因此在由不确定范围设定的界限内，这种情况将使假说业已存在的可行的谈判范围向两个方向扩展，如果不存在这种范围，它可以使其存在。这种倾向在国际谈判和劳资谈判中都能清楚看到。如果用战争来调整某种政治纠纷，就意味着用双方都有强大同盟者的世界大战来调整，硕大的战争费用肯定会出现这样的状况，即除非争执的问题是或被认为是极端重要，就会得到某种可行的谈判范围。当某个产业中工人和雇主组织以同样方式扩展到包括整个国家而不仅是一个地方时，如果发生罢工或关厂，它的规模将是全国性的。譬如，在某一小地方发生影响工资支付争执，这种事在先前得不到可行的谈判范围，现在可能不再证明是难以解决的了。广泛地说，今天的情况是，国家和产业协会同样掌握巨大力量。我们可以有把握地作出结论：几乎所有小事情和解释性纠纷都将得到广阔的可行的谈判范围。我们将经常拥有多种办法去解决（譬如说）一个无名非洲村庄的政治地位问题，或者在一特定煤矿确切应用矿主与矿工间的总工资协议，任何一种协议对双方来说都要比一场冲突所能产生的多得多的利益。当争执的问题很重要时，诸如一块巨大而富饶领土的占有或者产业中全体工资标准的决定，当然这就不能同样肯定存在可行的谈判范围。

第 8 节

当两个国家或两个分别代表雇主和雇工的协会签订协议不用

争斗而以仲裁解决纠纷时，对破坏协议的任何一方会产生部分为道德部分为物质的真正成本（包括可能失去外界支持）。不管是否存在仲裁协议，这个成本加入由冲突带来的直接成本。就这样，签订这样的一份协议对双方增加了争斗成本。所以，在不确定范围设置的界限之内，往往出现可行的谈判范围，如果已经存在这种范围，就会把它扩大。若无协议，工人本来不会接受 32 先令而选择争斗，由于有协议，他们可以保持工作，虽然只给予 31 先令；雇主要付 35 先令本来就会关厂，现在可以付 36 先令仍旧开厂。

第 9 节

当仲裁是自愿时，在上面周密考虑的环境中，接受仲裁对每一方意味着不得不接受，否则，就有要比它没有接受仲裁未进行争斗本来会接受的最坏工资率更不利的工资率的风险。这样的考虑不会阻止双方接受仲裁，只要每一方都这么想，这样做要承受的损失风险，将被相应的收益机会大致上抵消。但是不能肯定将有这种平衡。例如，如果可行的谈判范围的下限业已落在不确定范围的下端，开始执行仲裁协议从有利于雇主意义上不能扩展可行谈判的范围，而从不利于雇主意义上能够扩展它的范围。在这样的环境中他们会不愿签订仲裁协议，工人在相反情况下也是如此。但是当情况是履行仲裁协议使可行的谈判范围两端都落入不确定范围之内时，由此形成的收益与损失的机会可能对双方都平衡，结果是双方常常愿意订立仲裁协议，尽管由此产生损失有大过他们指望争斗本来会带来损失的危险。

第 10 节

但是问题还不止于此。如果使用排除仲裁人在可行的谈判范围以外作出裁定的这样办法能够建立自愿仲裁协议,它以一般条件加上协议事实构成,确实,那就没有更多的话可说。但是在任何可执行的方案中很难包括这种条款。甚至在提出的仲裁只与单一现有的纠纷有关时,双方几乎不会泄露他们的实情,造成事先向仲裁人暴露什么是他们各自的顶住点,并约束他不要超出它们。当它是涉及尚不存在的未来纠纷的一般仲裁协议时,困难更大。可是,如果不包括这种条款,每方当事人将担心仲裁人会裁定对他很不利的条件,以致不顾协议如何,他会感到不得不竭力反对它们,因此使他的名声蒙受净损失。知道对方由于相反性质的裁定而处于相似处境,这种危险得不到补偿。因此,双方全都倾向于把仲裁协议限制在解决纠纷类型,据他们判断,使用这种类型的协议可以切实肯定仲裁人不会将裁定落在他们各自的顶住点以外。在国际条约中,各国常常在仲裁时保留"必不可少的利益"和"国家荣誉问题";在国际联盟若干计划中把纠纷划分为"应由法院审理的"纠纷和"不由法院审理的"纠纷,前者提交国际法庭,它的裁定由国联实施,后者提交只有作出无约束力建议权力的委员会。同样,在劳资纠纷中,虽然雇主与工人一般准备把细小问题或解释性分歧提请仲裁,他们常常不愿意用同样方式处理工资率那种普遍性问题。

第 11 节

这种双方不愿意自愿地接受有深远影响的仲裁协议的约束,

一直是形成政府当局进行干预的重要因素。强制将纠纷提交有权提出裁定但不予执行裁定的机构，如加拿大劳资纠纷调查法规定的那样，常受上文列举条件的限制，往往扩大可行的谈判范围，因为怀有敌意的舆论增加反对公正政府当局提出的任何解决办法的斗争成本。因而在某些情况下，这种状态可以形成在其他状况下不会存在的谈判范围。加拿大制度确切类似国际争端在国际联盟允许进行战争之前，应提交国联委员会的那种安排方法。法律规定不但纠纷必须提交仲裁，而且仲裁人的裁定必须接受，否则将受法律惩罚的痛苦，因为这些法律使斗争的代价更大，而斗争的成果较少可能落入桀骜不驯的一方，这就更有力地形成和从两方面扩大可行的谈判范围。

第12节

现在我们必须说清楚这些结果对产业和睦前景的意义。业已看得明白，若没有可行的谈判范围，不可能有不发生冲突的解决办法。但是由此推论，有了这样的范围**必定**出现和睦的解决办法是错误的。情况绝不是这样。可行的谈判范围的存在含蓄地表示存在许多可能的调解办法，不管它有关领土、工资或其他别的事物。不论是哪一种，争执双方宁可接受调解不愿陷入冲突。但是每一方自然希望获得能够得到的最好的条件，并且几乎肯定（虽然分析起来不一定）每一方都不知道对方要多少代价才放弃争斗。因此我们假设工会决定争斗而不愿接受低于30先令的工资，相应的雇主协会决定争斗而不愿支付35先令以上的工资。于是出现包括30先令和35先令之间所有工资率的可行的谈判范围。但是，尽管工人知道35先令是雇主的顶住点,雇主也知道30先令是工人的顶住点,至于从30先令到35先令范围内应定工资的精确点,依旧有意愿上的冲突。每一方努力推动对方到他的界限。雇主可能这样想,如果他说得足够坚决,"31先令,一个便士不加",工人便会让步;工人可能这样想,如果他们毫不动摇地坚持34先令,雇主将会让步。结果双方同样成为不成功的虚张声势的受害者,会发现自己在大家都知道不值得为之争吵的问题上大动干戈。在避免冲突的机会显然较大的情况下,工人与雇主间总的关系越友善,带来友好谈判的机构越有效。这样,当一个正规的调解委员会准备进入案件,当一位双方接受的调解人准备干预时,到此和平解决的前景改善了。当作为最后一招的仲裁人现成可用时,前景有进一步的改善。因为一旦作出了落在可行的谈判范围内的裁定,双方就不值得去争斗而宁愿接受这个裁定。当然这方或那方希望在以后谈判中修改裁定,可能认为值得虚张声势唬吓对方。这个裁定有了或者将会有——特别当仲裁是自愿地接受的时候——道德力量的支持,除非它落在一方顶住点以外,也就是说落在可行的谈判范围以外,否则不可能遭受抵抗,达到进行争斗的程度。可是,可行的谈判范围越宽广,仲裁人成功地把他的裁定落在范围内的机会越大。结果是,裁定解决办法时,在可行的谈判范围宽广的地方,和平调解的机会要比范围狭窄的地方较多。但是当由谈判达成解决办法时,这个结论成立。相反,可行的谈判范围越宽广,双方虚张声势的机会越多,相反的结论似乎更有道理。

第13节

从以上讨论的一般过程容易看出,对仲裁人的需要,不像有时设想的完全出于纠纷双方的无知，而仲裁人的职能不是“简单地找出劳动价格本来会自然地趋向于变得怎样”。[①] 宣布这个观点的舒尔策—盖弗尼茨博士提出，“相对力量的测定是比赛的功能，但是运用智力同样能很好地完成，就像我们用仪表测试蒸汽压力而不是以锅炉爆炸来测到它”。[②] 这个论点的含义是，当双方知道全部事实时，可行的谈判范围必然是代表等于争斗原本会确立的工资的那一个点。但如我们已知，事实并非如此。老实说，一个仲裁人如果他要获得成功，他的行动必须像一个经济趋势的解释者，不能是经济趋势的控制者，也就是他必须将裁定放在可行的谈判范围以内——大家还记得，这个范围在任命仲裁人时可能已有所拓宽。如果双方知道全部事实，争斗本来会建立的工资率必然由这个范围内的一个点来代表，这也是正确的。但是说这个工资率是仲裁人惟一可选择的而双方当事人准备服从的工资率就不正确了。可行的谈判范围不限于那一点，除非不但双方知道全部事实而且知道对于两者根本不存在的一场争斗预期会产生的成本。[③]

① 舒尔策—盖弗尼茨，《劳资和睦》，第192页。

② 同上，第136页。

③ 本章讨论的数学分析问题，参考我《劳资和睦的原则与方法》，附录A。

第 7 章　劳动时间

第 1 节

我们要讨论的下一个问题和通过国民所得规模所反映的经济福利与工人劳动时间之间的关系有关。关于经改进的轮班工作制的效果,在这个制度下工人有了一定的工作时间,以及雇主机器的工作时间延长,维持一定产出所需要的机器数量相应减少,这些问题这里不予讨论。很明显,任何产业中正常工作的劳动时间的增加,超过某一点,由于工人疲乏不堪,最后将降低而不是提高国民所得。生理学告诉我们,做了一定时间某种强度工作以后,身体需要一定间隔时间的休息以便恢复原来状态,这个间隔时间的增长要比工作时间快得多。若无适当的间隔时间,我们的官能日益迟钝。用增加的收入提供的额外营养难以好好消化,几乎没有什么益处。"疲倦紧密地封闭了进入体内的道路,以至于教育无法对其施教,娱乐无法使其快乐,休息无法使其恢复精力。"[①]此外,除了这种直接伤害效率外,还有间接伤害也接踵来到,以至于求助于兴奋剂或不健康形式的刺激,也由于精疲力竭的事实而引起。[②]作为结果,由于逃避出工和迟到早退而损失工时以及由于在整个

---

① 戈德马克,《疲倦与效率》,第 284 页。

② 参考查普曼,"劳动时间",刊于《经济学杂志》,1909 年,第 360 页。

当班时间缺少精力和专注，产量大受影响。当然，工作日的确切长度根据气候而变动，超过这个长度的工时增加将缩减国民所得。在炎热国家，以低强度长时间工作可能使生产力更高，在寒冷国家，那里有多种消费的食物，以高强度短工时效力更好。[①] 效率还因受影响工人的类别而不同。儿童和妇女，尤其是妇女，她们除辛劳工作外还有照顾家庭的担子，所以一般地承担的工作要比成年男人较少。对于她们较多的闲暇能产生较大的回报——对儿童是有益健康的睡眠和游戏的机会，对妇女是更好照料家庭的机会。[②] 还有一个重要因素是所做工作的种类。长时间沉重的肌肉运用和精神或神经紧张比仅仅是长时间的轻度专心更大地损害效率。同样，赚钱多的工人营养较好，因而可以比贫穷工人承受更多工作。然而还要根据工人消费其闲暇时间方式的不同决定效果的不同，要看他们把空闲时是否白白地浪费掉，还是在自己的菜园里辛勤工作，或者用于真正的消遣。效力还将根据缩短的工作时间是否导致在工作时间里更大的劳动强度和随之而来的极度紧张而变化——这件事部分取决于工资支付是计件还是按时，部分取决于所做的工作是否可用改进工作方法而加速，或者只能用更大的体力劳动而加速；部分取决于休息间隙和开始工作的时间是否经仔细检测以最能促进有效工作的方法为基础。[③] 考虑到

① 参考吉尼，《对国际联盟作原料和食物的报告》，1922 年，第 41 页。

② 参考马歇尔，《皇家劳工委员会》，季刊，第 4253 号。

③ 关于早餐前开始工作对产量的效果，参考(敕令书，8511)第 58 页及以下各页。这个报告的结论是，在某种类型军火工作中，取消早餐前开始工作，可能对产量有利(第 66 页)。

这些问题，很清楚，劳动时间和国民所得间的关系难以作出一般性说明。这个关系在不同类型工人和不同种类工作中有所不同。“在产量主要由机器控制的地方，损失（由于长时间工作而形成）可能不大。产量特别取决于工人的地方，损失会很大。对于纯粹机械工作，疲劳的工人有时做得相当好。需要判断力和谨慎的技术性强的工作，要求工人有新颖思想和精力充沛。”①真的务须记住，甚至单纯为自动机器添料，要有或多或少的规律性和完整性才能完成，可以信任一个不疲劳工人管理的机器台数要比可以信任一个疲劳工人去管理的台数较多。② 无论如何基本要点在于，在若干产业中对于每种工人要有某种长度的工作日，超过这个长度将不利于国民所得。1916 年对军火工人工作条件的官方详细调查，导致调查人员作出这样的结论，生产最大产量的工作时间是，从事“极重劳动”的男工约每周 56 小时，从事“重劳动”的男工约每周 60 小时，从事“轻劳动”的男工约每周 70 小时，从事“适度重”劳动的妇女为 56 小时，从事“轻劳动”的妇女为 60 小时。③ 可是务须记住，正如调查人员指出，关于那些将要成为军火工人中最适合者的数据指的是在相当紧张状态下的工作时间。而且，因为在和平时间，工人自然希望保留一些多余精力以便在工作之余从事业余爱好和娱乐，而在战时，他们可以准备完全竭尽他们的精力，和平时期的长时间工作可能每小时中要比他们在战时产生较严重的松

① 《关于产业疲劳的第二次临时报告》(敕令书，8335)，第 50 页。

② 参考利弗休姆，《六小时工作日》，第 21 页。

③ 《军火工人的健康状况》，《备忘录》，第 12 号(敕令书，8344)，第 9 页。

劲情形。[①] “因此适合和平时期的最佳工时，在任何情况下要比上边提到数字作相当明显的缩短。”[②]

第 2 节

初看时人们可能要想，这个结论有学术重要性没有实际重要性，因为雇主和工人必然会阻止不适当长的工作时间。但是有大量经验否定这个乐观的看法，表明个人的自私自利常常严重地做不到这一点。没有必要援引工厂制度早期的可怕历史。在很近时候，蔡司公司的阿贝博士认为，根据他本人主持的试验认为，在至少四分之三产业工人中，大部分绝对产量——不仅仅是每小时大部分产量——可望是从每天 8～9 小时的正规工作而不是从较长时间正规工作中生产出来的。[③] 在他自己的工厂里，“他发现在 253 个不同工种里，使用完全相同的机器，9 小时工作日比 10 小时工作日多得 4％的产量”；[④]其他工厂在战前和战后时期也有许多同样事例记录在案。[⑤] 实在说，甚至在这个领域中最小心的实验也很难得出有把握的结论。因为实验结果将会误导：(1)每小时额外产量会不会是仅仅由于工人暂时性的精神突然振作而不是效率的真正提高；(2)工作时间的减少是不是由于一般工作组织的改善，也就是以 3 班制取代 2 班制，并牵涉使用机器时间的增加，譬

① 《论工作时间及其对产量关系的报告》，1927 年(国际社会进步协会英国分会)，第 6 页。

② 《军火工人的健康状况》，《备忘录》，第 12 号(敕令书，8344)，第 10 页。

③ 康拉德，《政治学手册》，第 1 卷，第 1214 页。

④ 劳动协会报告，《连续产业中劳动时间特别委员会》，第 10 页。

⑤ 同上，第 10～11 页。

如说从 15 小时增至 24 小时；(3)工作时间的减少是不是由于做实验工作时吸引来的一档子工人比那里原先使用的工人优秀。但是，尽管有这些或别的困难，[①]证据有相当的说服力，表明事实上人们常常采用超过国民所得要求的最大利益的劳动时间。当我们考虑到这些实验不能表达任何遥远的后果——如较短工时可以延长有关人员的工作寿命——使这个推论更有力量。

第 3 节

初一见难以理解，在什么过程中能够产生这样的事态，因为允许工时超过能达到最大产量的时间，看来有违工人和雇主的利益。可是这个显然似非而是的问题不难解答。第一，工人在考虑他们同意工作每天多长工时常常没想到不适当长的工时对他们效率的损害。在这个问题上他们缺乏先见之明就像所有阶级的人们普遍没有能力适当地预见他们将来会做些什么事情以及他们将来会遇到什么事情一样。第二，雇主也常常不理解，较短工作时间将提高工人的效率，因而有助于他们自己的利益。第三，对雇主一方这是主要事情 ——除非在某个产业部门掌握实际垄断权的企业里，并可以期望长期保持同样的工作能手，雇主与工人间缺乏持久的接触，使得为了他们利益把工作时间定得比从长期看来符合整个生产利益的时间更长。一位为他雇用工人的福利成功地制定许多计划的雇主的几句话很好地说明了这一点。他说，“像这样的雇主主

① 有关具体研究劳动时间和工作效率之间关系中避免易犯错误的详细讨论，参考萨金特·弗洛伦斯，《在产业疲劳调查中使用工厂的统计数字》。

要的兴趣不在保持劳动力优良状态。他要的是有效劳动力的充分供应以满足他的眼前需求，虽然到最后这种供应将减少，除非整个国家允许折磨工人，以刺激进步效率，否则在我们目前的竞争制度下，他采取的不可能是长期的观点。他能与别人打交道，但不能领先于别人。就当时达到的程度而言，他典型地反映了眼前和有限的利益而不是最后和普遍利益，他的经济观点必然与整个国家的经济观点形成明显的差异”。[①] 这种把雇主利益等同于眼前产量而不是最后产量的看法因为下列理由而显得特别重要。在工人流动性和工会组织不完善的地方，正如我们开始讨论“不公平工资”时所表现的。在雇主和工人之间谈判中存在一定的不确定范围，雇主的讨价还价能力与工人相比较，在谈判劳动时间问题时要比谈判工资问题时大。因为，争取获得较高工资的工人可以说他只要提高自己的砝码就行，一般说来这是由于技术原因，但不可能在关于劳动时间上得到任何让步，因为这件事在性质上非同一般，因而对方不大愿意给予。此外，如果雇主成功地在工资问题上剥削工人，由此导致工人的贫穷会使他们**愿意**做较长时间的工。结果是，当剥削存在的时候，绝对有可能让大家都感到，对于国民所得的最大利益来说劳动时间太长了。它的影响在任何地方都不好，但在受影响者是妇女和青少年的地方后果特别坏，他们毕生的总效率可能由于青年时过度紧张而大受损伤。

① 参考普劳德，《福利工作》，第 50～51 页。

第 4 节

此外，在这个问题上把注意力局限于对国民所得产生的后果上是会使人产生误解的。因为一般说来，适合于长时期产量最大化的工作日，考虑到工人和其他人之间的现有财富分配，从经济福利观点来看不是确当的工作日。经济福利要求的是，工人应该每天做工这么多的小时，也就是由最后一个小时挣得的工资——考虑到每一个额外小时的工作减少他们享受其工资能使他们购买的不论什么东西的机会——应该正好补偿他们较长时间工作的不愉快。有一种假设认为，能满足这个条件的工作日要相当地短于即使从长期看来能使产量最大化的工作日。如果那时，如我们已经表明，正常经济力量的发挥有可能使工作日对国民所得的最大利益来说是太长，对经济福利的最大利益来说更是太长。

第 5 节

上面所说的足够构成国家干预显而易见的理由。可是即使在雇主剥削的危险没有强大工会行动抵制组织不健全的产业里，在考虑到逃避法律的可能性之前，不能认为这个理由已经确立。在有关工资的法律中，立即就能见到，这一点有极大的实际重要性。例如，以增加工资将立刻使生产量相应增加为理由建议强制提高工资率时，这个理由会受到反对，因为生产量的反应不是立即出现的，雇主将受强制增加工资率的刺激而开除那些业已不值他们要求工资的工人。但是针对减少劳动时间的建议，这类反对意见站不住脚。若是不提高每小时工资率，劳动时间的减少，无论如何在雇主有时间为此减少工厂机械设备之前，不会使雇主为自身利益雇用比以前较少的工人。结果是充分的间歇将得到允许，但要求工资率增加时，就不会常常被允许了，因为增加工资有助于生产力的提高，由此来产生所增加的工资。这就意味着当开除工人的危险即将出现时，生产力有了改善，就能抵消这个危险。这样的考虑是重要的，但当然不是完全肯定的。还需要考虑政府在多大程度上有能力制定出经过分析表明切实可行的经精细调整的规则。迄今为止制定政策的系统知识基础一直不大，今后研究仍有宽广的范围。同时大家可能同意，限制产业工作时间立法的一般基础是健全的。战后早期许多国家中进展显著迅速地在所有产业中固定实行一天 8 小时最高工作制的运动（容有某些特殊例外），在广泛社会基础上得到赞同和支持。应当承认不同类别工人的不同需要，普遍最高工时不应趋向于变成普遍的最低工时，这点十分重要。

第 6 节

关于这个问题的一个进一步方面必须加以考虑。显然，在这个规则上不论施加什么限制，也不能使它绝对僵硬；因为如果是这样，在某些情况下，当工作的立即需要是如此迫切以致压倒任何间接后果时，却没有办法工作。例如，某种原材料只适合在短时间使用，如果不在那时加工就彻底浪费掉。适当的例子是使用于水果罐头厂的水果，在这个产业里拒不同意偶尔超过工作时间，可能意味着时时有宝贵农作物的全部损失。[①] 某些形式的修理工作情形

① 但是如戈德马克小姐指出，这个考虑不能为加班提供任何借口，事实上，在美国水果罐头厂里在罐头密封后在罐上贴标签和印标记的工人中加班盛行（《疲劳与效率》，第 187 页）。

相同。它们必须立刻进行工作，否则会造成非常严重的损失，从这个意义上说，它们是十分紧急的工作。很明显，当这些情况频繁时，严格规则应该作某些放松，不管规则背后有立法的权威或者有工会和雇主联合会间的集体协议。换言之，有时应该允许正式批准时间以外一定数量的加班。可是这个让步不应被滥用，这点十分重要。务必清楚地理解，即使在工人加班之后给予同样长的休闲时间，它还是常有损害的。“在加班时间，就在此时没有了闲暇和休息，对人的机体加上更重更长的劳动。实际上不可避免的是，新陈代谢的平衡失调……当我们的弹性能力被过分地拉紧时，就不能回弹，或者只有极慢的回弹。一个年轻女工要恢复这样的代谢损失，需要的时间、休息和补充是她无法得到的。淡季时的补偿来得太迟了……做了双重工作后，肌肉需要的不是双倍而是四倍那么长的休息才能恢复，我们身体的其他组织和我们的全部机体也是一样，过度工作后同样需要超过比例增加的休息。”①“一个人经过寻常时间的劳动，一旦达到一定程度疲劳时，继续进行进一步的劳动（加班）而不作必要的休息以消除已经产生的疲劳，这进一步的劳动发生更大的生理后果并消耗机体，其程度较之不疲劳时做同样分量工作大得多。”②在正常工作时间已经达到适合全部效率的最大程度的所有产业中，必然出现加班劳动后的损害性后果，为此提出的借口不论如何令人信服，应该以极大的谨慎加以详尽检查。在进行这样的检查时，至为重要的是牢牢记住，禁止加班带

① 戈德马克，《疲劳与效率》，第88页。

② 《关于产业疲劳的第二次临时报告》（敕令书，8335，1916年，第16页）。

来的即时损害，事实上常常比初见时小得多。因为第一，只要一个产业里有一批企业发生生产压力时其他企业业务松闲，禁止加班不一定会阻止它们本来能完成的工作，但可能或者根据委托或者由直接命令，把压力转移给其他企业。第二，在一些产业中，制造商品可以成为存货，在一般旺季禁止加班实际上将直接减少那个时期的工作时间，但是也会间接增加先前萧条时期所做的工作时间。此外，在这一点上应该给予"为存货生产"这个概念比寻常更广泛的含义，为订单必须制造的物品不能作为寻常意义上的存货。但是，只要它们能够在顾客需要之前存贮起来，根据当前的观点必须把它们看作存货。济贫法委员会中的少数派在写下面一段文字时考虑的就是这类商品："使用法律限制劳动时间的办法可以使消费者压力的变化不会大起大落。当棉纺工人的工作时间由个别棉纺厂主确定时，棉纺和棉织就是季节性行业的极端例子；厂主不能拒绝顾客坚持要立即交货。现在法律规定了最高工作时间，买主已知道他的需求应更加正规。伦敦制衣业的季节性的极端不规则，如果绝对阻止制衣工超过固定最高工作时间做工，无疑会有所减轻。顾客也显然不能坚持要求在不合理的短时间内交货"。[①]结果是，在旺季以前时间生产的产量会增加，这样部分地抵消旺季时直接受加班减少影响而降低的产量。第三，有某些物品，不管它们能否为任何意义上的存货而制造，对它们的需求可以推迟一段相当长时间。一次使用就消费掉的商品和劳务一般地不属于这一类。如果不能满足现在存在的对面包、啤酒、医疗或铁路旅行的欲

① 《皇家济贫法委员会报告》，第 1185 页脚注。

望这个事实不会引起将来对这些东西存在的欲望，比现在如果能够满足时对将来存在这些东西的欲望更大。某些商品和劳务——甚至是立即可以消费的那一种——受可以推迟需求的支配。例如，一个人希望在他有生之年作一次去欧洲大陆的观光旅行；要是今年办不到，他想望明年做到。对其需求可以推迟的大部分重要物品是耐久商品，如靴子、衣服、钢琴、机器和房屋。对这些东西的欲望是基于期望它们能在相当长时间内给予服务。例如，假定自行车的正常使用寿命为 7 年，我想现在买一辆。如果我现在买了，我将不再想望明年再买一辆；但是，如果我现在没有买，其后果是把需求转入第二年，需求强度至少是现在需求的七分之六。在所有制造这类商品的产业中，禁止加班对旺季施加的限制，部分被随后淡季对工作的刺激所抵消。针对这些考虑，有必要提出对另外一方面的一种考虑。如果禁止了加班，雇主会认为，通过提供较高工资招收比可以加班时他们原来认为必要的较多工人作为储备，符合他们的利益。因为储备越多，由于不能加班而阻止他们完成他们想要完成的订单的可能越少。[①] 可是，当储备巨大时，包含了辅助性的工人，他们只有在生产旺季时才实际受雇用；在一般或清淡季节，他们空闲着依附这个产业，不是被雇用而是叫他们干些杂活，否则他们可能到其他产业干同样的工作。只要发生这种情况，限制加班使直接受影响产业所做的工作量在旺季和淡季基本上不

① 这点从订做服装成衣业中女工加班时间比男工少这个事实中得到间接说明。男工的技术高，他们的人数不容易补充。但女工的技术差，“因而容易得到半熟练女工的储备，她们在任何时候都急着找工作，这种情况往往能减轻技术性不强或妇女的产业在部门的季节性压力。”（韦布，《季节性行业》，第 87 页）

变,但它使整个产业在淡旺季时所做的工作量少于能加班时本来可以达到的数量。这种形式的反应在流行以临时方式雇用工人的产业特别容易形成。当受到这种威胁而不能成功地抵抗时,支持严格限制加班的理由就这样被削弱了。

第8章 产业酬劳方法

第1节

产业酬劳方法施加于国民所得并通过它施加于经济福利的影响，其重要性的确小于劳动时间，但仍然十分重要。任何产业不论采取何种方法，经济力量的总趋势将使提供给每一类工人的工资大致上接近那类工人的社会净边际产品的价值，但须接受几点与这里无关的限定性条件。乍一见，如果真是这样，看来不管流行的报酬方法什么样，事物必定以同样方式发展。但实际情况并非如此。因为，虽然在所有制度下，付给一个人一年的报酬就值他一年的工作，但在某种制度下，干较多的工作对他有利，因为这样做得到比在其他制度下较大的价值。因此可以使工资与这个工人在任何时刻得到的结果无关，只是被调整到经验表明可以希望他在那种报酬方法下达到的平均结果；或者可以被调整到不仅是平均而且是连续和详尽的结果；或者可以采取这些办法中间的某种折中办法。概括地说，用流行的报酬方法把工资调整得越接近个人的结果，工人的产量将越大。当然，这个说法并非到处都是正确的。在某几种工作中，工作本身的兴趣或者做这种工作给予人的兴趣，诱导人们尽可能努力工作，不计较为他们所做工作付酬的方式。大部分独创性的艺术创作工作、政府部门的高级行政工作以及甚至某些自由职业都有这种状况。在这些职业中，如果支付固定年薪或者固定钟点工资，不考虑工作人员在特定期间实际完成的业绩，对国民所得丝毫无损。如果这些职业足够稳定，没有必要作高度的流动，甚至完全可以实行终身薪金并逐年增加的办法，薪金主要不是按雇员工作价值的假定变化而调整，而是根据他国内的地位和需要的假定变化而调整。可是，普通体力劳动工人要做的大部分工作是一般性的日常工作，由于劳动分工，他们与他们感兴趣的任何最终产品关系遥远，很难期望足以唤起他们持久、自发和无私的努力。即使如此，还会发现一些人，为追求优秀而卓越工作的热情或出于严格的社会责任意识，促使他们不考虑回报竭尽全力做好工作；出现这种情况的前景，在劳工合伙制成功地唤起工人对雇用他们的公司产生主人翁思想和爱心的地方特别有可能。但是，在从事体力劳动职业的普通工人的绝大部分中，目前找寻不到这种事迹。如果付给工人的工资随着他们工作量的变化而变化，不是后者变化而前者不动，那么工人所做的工作量在任何小时、星期或年份都将增加。工人方面增加的努力得到的工资回报越接近增加努力所造成的产量增加的差额，国民所得将越大；在这件事情上，由改善的调整所产生的国民所得的增大，不言而喻将带来经济福利的增加。[①] 当然，这样说并不暗示，工资应该如通常理解的那样等同于工人的产量；因为这个产量部分是由于有机器和设备，如果它们不帮助他，原本会帮助其他工人增加产量。这样说甚至也没有这样的意思：工资应该像通常理解的那样与工人产量的价值成精确的比例。在工厂里——当然与家庭佣工不同——当工人慢

① 请参考下文第 13 节。

腾腾工作时，他在生产一定量产品中“占据”雇主的机器或工作场地要比他快速工作时较长；因而阻挡了别人使用机器或工作场地。因此，为了在工资和净边际产品间作完善的调整，我们需要的不是与工人产量成比例地变动的工资而是与工人产量成累进关系的工资。当工厂设备的价值相对于工资数量越大时，这一点变得更加重要。[①] 可是这还是次要的问题。从目前的观点看，工资应该如寻常理解那样与产量成比例(可计算的比率在不同职业中不同)。换言之，工资应该与任何工人在不变条件下实际达到的结果相一致。

第 2 节

为了建立这种工资制度，在这个制度下工人的工资直接和贴近地根据他的产量，我们必须有某种方法或多或少精确地随时确定实际产量有多大。在这样的做法中有许多阻碍，其重要性在不同职业中有所不同。这些阻碍中第一个是——虽不是主要的——工人的产量严格分析起来除了他的劳力与交给他的机器相结合而产生的实物产品外，还包括其他要素。如杰文斯很久前所说：“在每一个工厂中，工人有极多机会为它做好事或坏事，如果能使他真正感觉到他的利益与雇主利益是一致的，工厂的利润在许多情况

① 有时使用这个道理作为反对付给与男工从事同样工作的女工相等的计件工资的论据。例如，在某些工程作业中雇主声称，妇女做事比男人慢，但她们需要比例上高得多的间接费用(《战时内阁产业妇女委员会报告》，第 84 页)。可是显然，这种类型的推理是指给全部做工缓慢者而不是给做工快速者的较低计件工资，而不管其是男人还是女人。

下无疑能大大增加”。[①] 在这些外加的要素中，最重要的也许是工人能提出更有效或更节约的工作方法的建议和以他的影响为推进车间的融洽气氛和良好伙伴关系作出贡献。这些要素的确可以用大致上一般的方式加以考虑，可以提供旨在诱发工人提出建议和贡献的金钱奖励；但要近似地测定它们的价值显然是不可能的。[②]

第 3 节

第二个困难是，个别工人生产的实物产量不但有数量上的不同，而且有质量上的差异。所以能够测量产品的数量是不够的，除非能防止工人为了较大产量把产品做得较坏。在某些情况下利用仔细设计的检查和监督手段能做到这一点，在某种类型工作中也可以使用机械仪器。有人说过“在军火工业里，精密度至关重要，雇用从事测量产品的雇员和实际生产产品的雇员一般多，每一件产品——不仅是样品——都要经受检查过程”。[③] 可是这种设计不能有效地应用于工人必须在分散地点完成的工作以及其成果必须迅速覆盖的工作，如管道工程和铺设下水道。在这种类型的工作中，由于质量恶劣严重损害人的健康，所以普遍认为最好不要试

① 杰文斯，《社会改革的方法》，第 123 页。

② 在美国和英国，进步的企业经常作出安排，使工人能向企业的高级职员提出建议，不受监工和工头可能受妒忌动机的驱使，对他们进行干预；如建议决定采取，将对他颁发奖品和奖金（参考吉尔曼《给劳动者的红利》，第 230 页；朗特里《产业的改进》，第 31 页；米金《模范工厂和村庄》，第 322 页）。在范·马肯的工厂中，为“良好伙伴关系和合作”颁发奖金，从而鼓励了其行为导致企业顺利经营的那些人（米金，《模范工厂和村庄》，第 315 页）。

③ 萨金特·弗洛伦斯，《在产业疲劳调查中使用工厂的统计数字》，第 72 页。

图根据产量决定工资。

第4节

即使在可以实施恰当数量标准并不存在对质量有损害性反应危险的地方，度量产品数量本身也常有困难。工作中包含一般监督和照顾而不是特定的机械操作时尤其困难。海员、电报和电话操作人员、卡车司机和铁道信号员所做的工作就属于这一种。许多农业工作也是如此。因此，M.贝西写道："可测量事物的本质是它们的同质性和它们本身的同一性。例如，收获和清除根株可以实行计件工资，因为这种工作几天和几周都一个样，为了测量工作效率，所需要的就是点清堆在一起的谷物捆数，或者计算清除根株的表面积。大部分耕种工作都是一样。但是另一方面，饲养和管理家畜者的工作一天中时时变动，每天早上以这样的方式重新开始，他的工作不可能概括或汇总。它包括看守牧场，照料牲畜，清洗厩棚等等，所有工作本身复杂，不可能有普通的计算方法在限定时间里和固定的钟点中完成计算，它常常属于这样的一种性质，施加任何外加的刺激起不了任何作用。这就是为什么在英格兰东部和东南部适于耕种地区使用十分广泛的计件工资而在畜牧地区十分稀有的原因"。[①] 在机械工作中，一群人的总产量一般说来总是相当清楚和可以计量的。但即使是这样，要个别区分和计量个别人作出的贡献有时还是十分困难。在工作由一批收割机和挖土机完成时这种困难更加突出。在店员工作中测定生产数量也有某种

① 《英国农业的危机与进步》，第99～100页。

不大的重要性，因为这些人的工作不仅仅为顾客服务，而且当他们自己忙得脱不开身时，得将业务妥帖地交给其他店员。

第 5 节

现在让我们假设，我们必须研究的职业中这种困难已在一定程度上得到克服，因而对工人一天天或所作的贡献能够作出大概的度量或估计。并要求作这样的安排，使得能根据度量结果调整工资。在某种程度上——比寻常设想的更大程度上——这个工作也可以常常用普通的计时工资制来完成。虽然每天或每周根据工人的完成工作的变动来改变他的计时工资是不实际的，但常常可能做到的是作这样的安排，使工人可以合理期望大体上较高的工资率是对较好工作的奖励。此外，在没有这种机会的时候，几乎可以肯定，在不景气的时候保持原来工作，等待上升到工资较高的工作岗位，以改善他们的前程。①

第 6 节

但是很清楚，依靠计件工资方法能做到工资更接近劳动的调整。在这种方法下，付给在某种条件中使用某种机器工作的工人的工资确切地与他们的实际产量成比例。当然大家承认，"如果制造商作出能直接减少工作时间的贡献，如在按原来设定的工时使用原先碳钢工具的地方，现在供给改进的机器、钻模和夹具或者高速切钢刀具，那么降低设定的工时是完全正确和公平的"。——实

① 参考下文第 15 章，第 2 节。

际上这意味着降低按件计算的工资。如果不这样做,任何产业中改进的利益被在那里工作的特定工人拿走——他们为了保有它,一定会把自己组成牢固的圈子,以排斥新来者——而不是如正常情况下应该做的那样把利益分布给整个购买产品的公众。但是在某些条件下,在简单的计件工资制下,**根据当前的观点**,付给工人的工资与他的产量成直接比例,每单位工资的实际数量大致上相等于他在支持机器制成这个产量中其劳务的(边际)价值。[①] 的确,如本章第1节最后部分所指出的,这种调整并不精确。甚至在计件工资制下,巨大劳力并不按其完全比例价值直接给予报酬。但是考虑到这样的事实,那就是在计件工资制下——计时工资制也一样——一个人工作得越好,他的正规就业越安全,因之可以公正地说,这种调整**接近**精确。结果是,乍一见似乎是,现在提到的这个制度,除了可能使工人过度紧张外,假使能正确地调整工资率水平,一定能够获得实际达得到的最大产量。[②] 这个制度已建立多时,在这个国家的煤矿、纺织业、制鞋业和许多其他行业中实施得相当成功。

① 当然,这个说法在“集体计件工资制”中就不相符合,在这种制度下每个人的工资取决于他所属整个单位的产量。当单位很小时,这种形式的计件工资能发挥一些诱导作用,但在单位庞大时,实际上不起作用。

② 大家可能注意到,如果在所有产业里普遍以计件工资取代计时工资,其结果是工人使出的劳力大量增加,工人劳力的每单位价值由于那种事实而稍稍降低,因此,就一定量劳力和产量的工资而言必定比以前略微减少。这样,如果在计时工资时为每小时1先令,正常1小时生产两件,所以每件付6便士;而在一般计件工资制中,调整工资的基础必定是每件略低于6便士。但是当只在一个产业完成了从计时工资改变为计件工资时,这方面的效果(不同产业中工人的分布经过调整后),一般说来将是很小的。

第 7 节

可是经验表明，有不少产业计件工资失败。在开始实行计件工资率时，在它的影响下工人增加了产量，雇主认为某些工人现在赚钱太多，有时就“削减”工资率。工人看在眼里，懂得了他们的额外努力可能引起的不仅是收入立即增加，而且是计件工资率的随即降低，后者的结果对他们来说是，若不比先前更艰苦工作便不可能保持原来的工资收入。为了避免这个结果，他们往往故意限制产量（不管是不是经过正式同意），因而对于国民所得获得的利益来说，比较计时工资制下的产量，如果有的话也是极少的。

第 8 节

这个困难的明显解决办法就是雇主应该在任何环境中绝对不要像偶尔采取过的那样削减工资率。这样，美国“在 1902 年春天，制模工正式与雇主保护协会达成协议，鉴于协议规定在调整计件工资时不考虑个别制模工的收入，对石模制作部门不应有（产量）的限制”。[①] 可是，除了担心雇主稍稍改变工作的性质以引起工资率重大改变，使得无道德原则的雇主以可耻的方式规避这种保证外，保证工资率在一开始就合理地固定下来的极端困难，即使是最好的雇主也会在作出这种保证上望而却步。因为作为这样做的结果，他们可能发现自己会不得不长期地为一件工作支付比在自由市场让别人做同样工作多 3 倍或 4 倍的工资。因此，他们中有些

① 麦凯布，《美国工会的标准工资率》，第 224～225 页。

人采取这样的办法：如果协议写上不准“削减”的有效保证，他们必须要得到这个保证不会使他们支付太大代价的担保。这就是总称为**奖励制**所包含的各种不同酬劳方法的由来。这些方法的基本特性是，相应于超过标准的产量而增加的工资，增加量成比例地少于这些产量的增加。但是作为补偿，只要现有生产方式不变，向工人保证——至少在理论上——对工资率不作何削减。奖金数量与超标准产量增加之间的精确关系在不同方法中有所不同。根据称为哈尔西计划的方法，产量增加超过标准产量每1%，工资增加数量为标准工资1%中**不变的一小部分**；根据同样有名的罗恩计划，工资增加数量为1%的**不变地递减的一小部分**。[①] 这些计划的支持者认为，与根据这些计划提出的简单计件工资制的规定相比较的低奖金率，以及随之发生的对雇主责任的限制，使得有可能得到反对任何削减工资率的真正有效的保证，所以总的看来，这些计划能

① 这些制度能以如下方程式方便地表示，施洛斯在1915年12月份的《皇家经济学学会会刊》中将此方程式转化为印在刊上的方程式。

设W为标准工资，P为标准产量，w为工人所得的实际工资，p为那个工人的实际产量，那么哈尔西计划的一般方程式为：

$$w=W\left\{1+\frac{1}{n}\frac{p-P}{P}\right\}$$

式中n为任何整数。当哈尔西先生著作中应用这个计划的特定变体时，n的数值为2。罗恩计划的一般方程式是：

$$w=W\left\{1+\frac{p-P}{P}f(p)\right\}$$

式中$f(p)$为负数。

在罗恩著作中应用这个计划的特定变体时，$f(p)$的数值为$\frac{P}{p}$，因而w能够获得的最大值为2W.在英国（不是在德国）这类计划通常不顾产量多少，保证与最小计时工资相联系；也就是说当$p<P$时，就不实行这个方程式，而是支付标准工资W.

将报酬调整得比在简单计件工资制下更与产量接近。实际上，在奖金计划的应用上存在相当大的困难，只有在所有工人的生产能力或多或少相近似的工场才能顺利推行，因为，如果工人的生产能力相差巨大，能力强者比能力弱者多生产$\frac{1}{2}$，而工资比后者多远远不到$\frac{1}{2}$；在这种情况下，结果不可能不出现摩擦。但是因为技术原因，当个人之间的产量差距不会很大时，就不会出现这种困难。因而有人说，奖金计划可以证明是刺激生产的有效办法。①

第 9 节

现在，如果能使工人认为这些计划是公平的，并信任不削减工资率的保证，这些计划就比工人时时担心工资削减的计件工资制有较大的效率。但是在事实上它们是不公平的。当一个工人在其他条件完全一样的情况下，把产量翻了一番，由于他生产一定数量的产品占用机器的时间缩短，他对雇主的贡献比以前不止多两倍，雇主按照所有奖金计划给他的报酬远远低于他以前所得的两倍，在这种处境下工人会感到受剥削。如果说保留一部分那位工人造成的收益用以促使雇主提供一些便利设施和辅助设施——“额外设备、小型工具、较多的动力、改良的灯光、较好的组织等等，”②——这些东西本身部分是促使工人增加产量的原因，所以也不是恰当的回答。这些东西可以提供也可以不提供。如果提供

① 参考查普曼，《工作与工资》，第 2 卷，第 184～185 页。

② 罗恩·汤姆森，《罗恩奖金补助费制度》，第 12 页。

了，应该调整工资率补偿雇主的开支。但是奖金制并不提供一定会这样做的任何保证；它们保证，即使当条件绝对未变，全部额外产量是出于那位工人的努力时，加倍产量将意味着比双倍工资少得多。这种不公正或早或迟会被察觉，当被察觉时，这个工人自然地对此愤懑不平，因而很可能促使产量下降，抵消了这个计划最初对国民所得所起的良好作用。无论如何，奖金计划能够具有的比计件工资制惟一的优点是它们有可能成为抵制工资率削减的有效保证。因而很清楚，它们肯定不如组织健全能克服削减困难的计件工资率制度。真正问题不是像奖金计划实际所做的那样要规避设计这样一个制度的任务，而是要在那个任务依旧令人害怕的那些产业中面对它和在那里克服它，就像已经在纺织业和煤矿业克服了它一样。

第 10 节

企图削减工资率的雇主有两种，一种是诚实的雇主，经验表明所确定的特定工资率相对于一般工资率确实太高；另一种是不诚实的雇主，意在纯粹剥削，也就是企图给工人的工资少于他们的边际价值。很清楚第一种削减在任何令人满意的制度中应该加以考虑，正如有时把工资率定得太低时应该予以提高。应该采取仔细设计的预防措施以保证这类错误极少发生，但当它们真的发生时，应当有纠正它们的机构。要是这个机构得到工人群众的信任，他们对这类工资率削减的担心不会产生什么害处。另一方面，剥削性削减必须予以坚决防止。由分散的工人与他们雇主间进行个别谈判确定的计件工资，这两种削减都不会发生。此外，当一个坏雇主根据这种安排成功地“削减”工资率，他的成功使得他的竞争者很难不跟随这个榜样，因此很容易开始一场渐增的运动。但是没有必要通过个别谈判确定计件工资率。在这个事实中可以找到解决问题的办法。因为集体谈判为制止实际是剥削的这种削减提供保证，并使建立机构——或是联合委员会或是联合任命的工资率确定人——更为容易，由它们来调整在最早确定时已造成错误的特定工资率。在这个问题上，注意到工程业中计件工资的迅速扩大是有趣的，它在大战时期出现——无疑，它是由所需要产品的巨大一致性促成的——“导致集体谈判的多种多样形式。在某些企业中，把每件产品的新价格在与个别工人讨论之前提交工人委员会。在别的企业中，建立仲裁委员会来考虑对经理部门所定的计件价格或奖金补助费发放次数的不满申诉并提交讨论。在另外一些企业中，不是与个别工人而是与这个工人以及两三个做同样工作的他的同事讨论计件价格。”[①]在特定工厂内进行的这些集体谈判当然是不公开的。它们的目的在于调整工资率与工厂的特殊条件相适应，以达到工资率与雇主和雇工的代表协会间的集体谈判为整个产业确立的标准条件相一致。[②] 在诸如纺织、煤矿和制鞋产业里，计件工资被那里的工人成功地欣然接受，这个制度总是通过集体谈判确定的。在诸如工程、木器和建筑业实行计件工资有困难和反对的地方，真正原因在于不同工场使用的机器在质量上的细微差别以及数量上和种类上的巨大差别使得计件工资率全然

① 《关于工人委员会的报告》，1918 年，第 11 页。

② 参考《关于工人委员会的报告》，第 37～38 页。

不适合，因此阻拦了进行成功的集体谈判。在这种环境中，由计件工资取代计时工资常常意味着放弃集体谈判，主张实际上由雇主或其代表独断地决定的工资率，来对付分散孤立的工人群众。为了使计件工资制以及由它带来的对生产的好处可以赢得更大的阵地，需要的是在这些较困难的产业中成立一个适当的机构管辖计件工资工作，如此项工作在纺织业中接受集体谈判的完全控制一样。①

第 11 节

关于另一种工资支付的方法这里必须说明一下。与计时工资和计件工资不同，它与某种"科学管理"发展有关，名称为任务工资。这种方法有几种不同形式，其基本精神如下：进行一些实验来确定，一个第一流的工人在特定的条件下使用他的全部能力不过度紧张地工作，在一定时间内能生产多大的产量。于是把这样确定的产量定为标准任务。工人经过精细的挑选和训练，使实行这

① 对于这个主题的极好讨论，请参考韦布，《今日的工厂经理》，第 6 章和 D.H.科尔，《工资的支付》，全书各处。有证据证明，"在德国，德意志共和国成立早期有组织工人表示的对计件工资的敌意，正被欢迎实行它的倾向所取代，即使在像凿石业和金属器皿业那些过去不是坚决排斥它就是剧烈反对它的地方，情况也是一样。根据《帝国劳动报》报道，这种态度改变主要由于这样的事实，即工人（根据德国联邦宪法第 165 条）在工资条件规章上以平等地位与雇主合作；1920 年劳资协商法第 78 节特别地给予劳资协商会监督集体协议施行的权利，在不存在劳资协商会的地方，在确定计件工资率或其原则中与雇主合作。在大量集体协议中都列入同样条款，因此工人不但有法规的保证，在许多情况下还有合同的保证，使他们接受的计件工作制度不会在单方面对雇主有利的方式施行，而任何增加产量的收益也应由双方分享"（《劳动报》，1922 年，第 440 页）。

种办法的企业中使用的那些全体工人，从那里将要执行的工作观点看全是第一流的工人——如果他们属于任何其他等级，只要全体表现相同，就能做得同样好；工资制度以这样的方式调整，如果他们成功地完成标准任务，他们得到的工资要比达不到标准任务的工资多得多。[①] 这个方法可描述如下："在这个制度下，每个工人有指派给他的工作，作为任务形式要他用限定的设备以上述方法在一定时间内完成。指定的任务是根据受过做这种工作最佳方法训练的专家的仔细调查确定的；任务确定者或他的助手充当教师，教导工人以特定的方式和时间进行工作。如果工作在专家额定的时间内完成，在质量上达到标准，工人得到他日工资以外的额外补贴（通常为额定时间工资的 20%到 50%）。如果在规定时间完不成工作，或者达不到质量标准，工人只能得到他的日工资"。[②] 根据这种方法的甘特变体，凡完成标准任务者除付给普通计时工资外加上一笔不少的奖金；根据泰勒变体，付给工人普通的计件工资，但当完成标准任务时，计件工资率有大量的提高。

第 12 节

在美国使用这个制度，到目前为止，工资标准没有采用集体谈判方法而是由雇主确定。当工人准备接受这个标准和当雇主讲理

① 应该注意，事实上关于工人每天工作时数应用了这个方法的非常严格形式；因为，如果一个人不愿按正规的工厂工作日工作，他根本不会受雇用，当然得不到工资。当然，此种理由可以在工厂管理的技术考虑中找到。雇用不同工人每天在工厂里工作不同时数，要比雇用工人以不同劳动强度在工厂里做工，有多得多的严重不方便。

② 戈因，《工业工程学原理》，第 135 页。

而大方时，无疑会有良好后果。但是显然存在贪心雇主利用他们确定工资标准的权力作为剥削手段的危险；[①]在英国，那里工会强大，可以肯定工人绝不会同意把这个权力放在雇主手中。如果由集体谈判确定标准，工人当然准备接受它，如果确定适当，最好的结果只能相等于顺利实行的计件工资制；要达到这样好的结果，一定要使应用任何标准的所有工人在能力上和性情上**完全**相同。除非满足这个不可能的条件，否则根据任务工资制的调整必然比根据适当安排的计件工资制的调整更不完善。因此从总体上说，由于很难想象做得到正确定出任务工资而做不到安排简单计件工资的情况，所以要把任务工资制引入这个国家，说不出什么道理。

第 13 节

本章推理出来的实际结论是，国民所得的利益和通过它达到的经济福利只有在目前报酬被调整到尽可能接近目前结果时才能

① 对泰勒制效果的调查，调查了根据它所雇用的几个女工的情况表明，事实上没有出现这个倒霉的可能性(《经济学季刊》，1914 年，第 549 页)。可是霍克西先生(《科学管理与劳力》，第 44 页及以下各页)对于这一点较不乐观。他写道："事实上，在科学管理工场里，发现对各种各样变体的确定任务与时间的研究，均涉及方法和结果。在一些研究中保持了有关列举所有因素的最高标准——全部或大部分工人定下了时间，作出了最大可行的读数，时间研究人员与工人间建立起亲密的关系，并告诫工人定时间时小心不要加快速度，如果还有怀疑，有意留下很大余地以弥补所有可能的错误。任务的公允是主导原则。在其他工场里，肯定追求最大任务，而为这个目的使方法扭曲。最敏捷的工人被选出来定时间，他们在特殊诱惑下或恐惧中工作，2 或 3 个读数就足够多了，不考虑留出余地或者把它削减到最低程度。100％效率的任务在所有意图和目的上都是武断地确定的，有时实际上在定时间研究以前，就把它确定在凭判断可以强迫工人去做的标准上，定时间研究的主要用途就是向工人证明，这个任务能够在允许时间内完成"(上引书，第 53 页)。

有最大的推进，一般说来只有集体谈判控制的计件工资表能最有效地达到这一点。有可能提出反对这个结论的主张，那就是工人在计件工资制下生产的巨大的目前产量是以竭尽体力为代价获得的，体力消耗过早地损害他们的健康，因而从长期来说会削弱他们的效率和产量。如果这些代价是确实的，我声称的计件工资的优点将被证明至少部分不切实际。必须承认，当计件工资制最早在以前对它不习惯的工人中实行时，有时它会导致精力的突发，这种状况不能维持长久而没有坏后果。但当从事这种工作的工人一旦在一定程度上适应新条件时，经验未曾表明这个制度促成过度紧张。此外，还必须记住，较大的工作紧张程度常常意味更多的思索、小心和趣味——并不含有特别严重疲劳与折腾的意思——而不是更大的肌肉和神经的劳顿。[①] 因此，对这个反对意见毋需太加重视，上边提出的结论可以认为是站得住脚的。

① 因此，凯德伯里先生就计件工资提出如下意见："如果得到适当的训练，工人会努力找到最快和用力最小的工作方法；有人发现，当计件工资率确定在过去有时间坐标基础的地方，产量翻了一番不会引起工人方面任何不适当的过分劳累，这主要是采用较好方法的结果。这种情形特别适用于手工生产过程"（《工业组织中的实验》，第 142 页）。

第9章 在不同职业和地区中的劳动分配

第1节

本章的主题是在不同职业和地区中的劳动分配。各种不同等级劳动的供应被认为是有限定的;有关培育和训练不同人们中的资本分配以及把个人分配到不同等级等等问题,留待第4编第9章讨论。上一编的分析表明,要使国民所得绝对地保持最大,在所有用途中每种资源形式的社会净边际产品的价值必须相等。它进一步表明,在许多职业中,社会净边际产品与私人净边际产品不同。因此国民所得的最大化不要求私人净边际产品的价值在所有用途中应该相等。相反,这样的普遍相等条件是与国民所得最大化不相容的。但是尽管是这样,我们的论证表明,在任何一点上离开相等,不会带来提高国民所得的精心设计,**很可能**表明使国民所得降低到它原来保持的水平以下。这种普通的结果也可应用在劳动上。任何等级劳动的私人净边际产品的价值——它永远相等于需求价格,一般地相等于在不同点上每一效率单位支付的工资——不能相等,**也许**只表示不同点之间的劳动分配,而不表示最有利于国民所得的分配。因此一般地说,在不同点上特定质量劳动的需求价格和工资率不能达到相等的原因也就是伤害国民所得的原因。这些原因可以分作3类——无知或不完整的知识,劳动力运动的成本和由外部施加给劳动力运动的限制。

第 2 节

但是对这个归纳必须加上一个重要的限定条件。属于某些职业和地区的不利条件和有利条件(不包括工资率)并不是所有职业和地区普遍具有的。这样,在某些职业中,工作必须在特别不愉快的环境中进行,在黑暗和肮脏中进行,或者在受社会歧视下进行——如刽子手的工作。有些职业特别危险、不卫生或易受很长一阵子失业。有些职业几年后将耗尽人的力量与生机,而另一些职业容易从事到高龄。至于不同地区之间,有些地区生活费用中的房租或其他要素高过另外地区;有些地区气候条件优越;有些地区能得到比其他地区较多的社会便利设施。只要那些就业的人完全了解和仔细考虑不同职业和地区的这些不同的伴随有利条件和不利条件,它们将以与职业和地方工资率变化能做的完全一样的方式修改分配模式。与任何职业和地区的伴随条件完全相等相比较,愿分配去伴随有利条件较少的职业和地区的工人人数较少,愿分配去伴随有利条件较多的职业和地区的工人较多。在这种情况下,工人的净边际产品——因之一般说来他们的工资率——往往不是平等的,而是随着伴随有利条件与不利条件的差异价值而不同。考虑到这些不同的伴随有利条件和不利条件的事实,国民所得不会受损害,相反它反而增大,因为工人的分配离开了刚才所说的净边际产品价值平等的类型。当伴随的有利条件与不利条件能容易地以货币衡量时,这个论点就显而易见了。当它们是生活福利设施这样的东西时,如在干净地方工作要比在肮脏地方工作愉快得多，如此等等；为了使我们的论点更有力量，有必要把国民所得的正式定义稍作延伸。可是，由于国民所得的词义我们只对它作为媒介，通过它来影响经济福利感到兴趣，所以我们不需迟疑进行这种延伸；因为完全达不到这里讨论的那种净边际产品价值的平等，或者意味着价值不平等的劳动分配，都对经济福利总额的增长有利。

第 3 节

综上所述，很快可以看出，当不同职业和地区中的伴随有利条件与不利条件不为就业的工人完全了解和仔细考虑时，这个事实引起劳动分配的方式，使净边际产品价值比它们应当给予国民所得的利益更接近平等。现在我们可以有信心地说，挣工资者作为一个整体，低估危险、不卫生和不稳定职业对比安全、健康和稳定职业的不利条件；另一方面，他们过高估计获得即刻大量工资但没有能力训练那种职业对比获得较少即刻工资但有较多能力训练的职业的有利条件。这两种错误估计主要出于同一原因，即人们更容易抓住明显的、有力地进入视野的东西，较难看到较远的必须用点力量才能抓住的好处。在这个意义上任何地方支付的工资率是明白无误的，但是事故和失业的机会，以及通过增长职业能力将后增加收入的前景，不深入探究和细心注意难以彻底明了。更有甚者，工人对危险、不卫生和不稳定职业的好处所持有的夸大观点——有训练对无训练职业的问题留待第 4 编单独论述——由于大多数人固有的认为他们个人比处于他们相同地位的“普通人”稍微高明的下意识情绪而增强。他们不需要用护栏围起机器；他们的体质没有这么柔弱，不认为工作场所光线、空气和卫生条件欠佳会伤害他们；他们不是那种在年景不好时将会失去工作的人。总之，用亚当・斯密的话来说，劳动者天赋有“天生的信心，认为每个人或多或少不但依靠他自己的能力，也依靠他自己的好运”。这种直接有关者一方对事实的个人乐观主义——这是他们和他们的父母同样经历过的——由于全面理解事实真相的困难，加剧了错误判断。由于在这些问题上的错误判断流行，迫使劳动者进入危险、不卫生和不稳定的职业，直到那里它的净边际产品价值因过高的想象中的有利条件（对这些职业的错误判断超过它们的实际有利条件）而达不到它应有的水平；只有错误判断得到纠正，净边际产品价值中的不平衡才会相应地减小。对付这些明确的错误判断可以应用特定的纠正办法。这类特定办法由工人赔偿法和国家强制保险提供，经费单独由产业中比一般企业危险较大、有损健康和工作不稳定的企业提供，以应付工伤事故、职业病（包括因长期过度紧张造成体力的过早衰竭）和失业。这些办法以这样或那样的方式将伤害、疾病或失业的遥远和含糊的机会，显示为减少工资和丧失工资的明显形式。因而这些办法可以减少进入危险、不卫生和不稳定职业人数的比例，从而使这些职业中劳动净边际产品的价值实际上小于一般劳动净边际产品的价值，而更接近于它应有的水平。国家津贴安排方式若能**劝导**人们在保险上花较多的钱，尽管效力较小，它有助于推进同一目标。另一方面，国家提供事故、职业病和失业的保险，不管费用出自税收还是出自一般水平率的津贴，也不管它包括保险费**全部**或者只包括**一部分**，有利于缩小危险、不卫生和不稳定职业的差别，引起更多的人进入这些行业。

第 4 节

带来净边际产品价值做不到平等，而做不到的原因又是上两节讨论的在于不同挣工资劳动者的分配，如已经说明白的那样，这损害了国民所得，并由此损害了经济福利。出现在真实生活中分配“错误”的原因可以分作 3 类：无知、劳动力移动的成本和外界对劳动力移动施加的限制。

第 5 节

这些原因中的第一点，也就是最根本的一点是无知，它的作用损害新一代工人进入行业的最初分配。指导进入行业青年男女择业的那些人既不知这些青年生活以后在不同职业中任何特定等级劳动的特定数量的需求价格水平，又不知那些不同职业中在那个时期将需要多少劳动数量。当然，在瞬息万变的世界中，这种无知的一大部分是难以避免的。即使这样，凭借最近的经验可以不断修正人们的意见，而较新的经验必然会证明最有根据的预测是真是假。可是，除了这种无法避免的无知外，还有由于个人心理的虚弱和有组织信息的不足而产生的无知。有关人们从事的职业，这种无知可能要比有关资本投向的职业更加广泛；这是因为同样的理由，即对于不同形式使用人的相对长处的无知要比对于投资选择的无知更为广泛。那些必须指导其子女选择职业的父母并不因竞争中的选择影响而具有高效率。不计报酬地投资于他们儿子前途的父亲们不会因为毫无效果而被取消当父亲的资格，而是不管他们怎样没有能力，还要继续在这件事情上执行做家长的职能。由此产生的严重错误为众所周知。“许多父母让他们的孩子进办公室或充当电报投递员，因为这些似乎是受尊重的职业，但他们从不考虑而且或许一点也不知道那里有没有任何未来的前途。这种情况在许多高明的就业委员会的报告中有详尽的论述。如果父亲本人没有能力让孩子进入良好职业，在许多情况下他不知道该怎么办，”[①]这一点几年前在H.卢埃林·史密斯的言论中有很好的说明，他说在克拉德利·希思的手工制钉业中，“虽然这个行业有半个多世纪一直衰落，孩子们仍在进入他们父辈的行业而且人数越来越多”。他又说：“许许多多父母不知道不同职业的相对好处……孩子们往往总是跟随他们年长的同伙进入同一工厂或工场，或者不管怎样进入相同种类的职业；在流行的职业是一种低劣等级的地方……孩子们总是遵顺抵抗力最小的道路走进去”。[②]当然，这种无知可以通过收集和传播关于不同职业的前景的信息，加上改善教育使父母能更好使用他们能得到的信息，部分地加以克服。这种无知还能进一步加以克服，那就是如果那些父母本身没有条件好好学习劳动市场的知识，他们可以请教有能力学习劳动市场有知识者的高见。但是，由于有关的前程就是在今后若干

① 杰克逊，“关于男童劳动报告”，见《皇家济贫法委员会报告》附录，第20卷，第9～10页。

② 杰克逊，“关于男童劳动报告”，第20卷，第161页。孩子进入他们父母职业的一般趋势，在由查普曼教授和艾博特先生在曼彻斯特邻近地区所作的非常令人感兴趣的特别调查中有详细的说明（见《统计杂志》，1913年5月份号，第599页以及以下各页）。

年后将要盛行，也就是现在选择职业的孩子和年轻人成长时将会盛行的前程，所以在最好情况下，这种类型的无知必定总是大量存在的。

第 6 节

但是这种类型的无知不是阻碍任何特定等级的劳动从一开始在不同用途中分配就使需求价格——或净边际产品价值——平等的惟一类型。对于任何男孩或女孩属于什么等级(这是决定他们命运的)的无知也产生同样的后果。因为不同的孩子生来就有不同的才能与天资。就那些属于一个等级的孩子而言，他进入较适合于另一个等级孩子的职业，他在那里的净边际产品价值将少于同一等级的孩子进入更适合于他那个等级的职业的价值。此外，如果人们经过一个或多个不适合他们职业以后最后找到适合他们的职业，损失虽然减轻，但并未完全消除；因为在整个寻找过程中，他们消费的努力其作用比本来可起的作用小得多。因此，从国民所得的观点来看，合理地将不同资质的孩子分类，和引导他们进入适合于他们资质的工作是重要的。"也许为离开学校儿童工作的职业介绍所对保证所有具有更高天资和能力的儿童有机会获得良好际遇有极大价值。由于孩子们的无知，常常导致他们进入不适合于他们的职业。"[①]有一个极好的例子是斯特拉斯堡的组织方法，那里的职业介绍所与市立学校的教师有明确的合作关系。我

① 杰克逊，"关于男童劳动报告"，见《皇家济贫法委员会报告》附录，第 20 卷，第 31 页。

国1910年的教育（择业）法案力求建立这种联合。可是，要是这个类型的组织方法要做到彻底有效，不同儿童对不同职业的适合性一定不能仅仅以粗略的一般印象加以判断，要求一方面对不同职业要求的素质，另一方面对不同儿童具备的素质作科学的分析。这样提出的问题由芒斯特伯格教授以非常有趣的方式加以论述。他举出一家自行车厂，他以科学方法测试不同工人的反应时间，以其结果用作工人检查自行车车轴滚珠工作适合程度的标准；[①]他还介绍他自己发明的检验电机操作工工作适合程度的某些设计。用于同样目的的测试手段最近由军事当局用来帮助他们为皇家空军挑选新成员。这些方法经常能指导第一次进入行业工作的人或者第一次由孩子职业转入成人职业的个人，[②]能比寻常杂乱试验和错误法更有效地、更少盲目地选择职业。如果能发明不但能测试当时能力而且能测试通过训练后获得能力的手段，那就更加有效了。因此，懂得实验"实际上已经开始断定心理机能的可塑性是

① 《工业效率心理学》，第54～55页。

② 参照西德尼·查普曼爵士论述："某些职业不能有充分的人数进入，须得人们具有完全的体力时才能做这些职业；例如，铁路上体力劳动工人的职业、挖土工、码头搬运工以及建筑业中某些职业。这意味着其他行业必须雇用比它们能提供永久职位更多的年轻人，否则将听任找工作的一些年轻人在市场上无事可做。然而使每个行业做到更加自给自足来消除这个趋势并非很聪明的做法，因为只有在落实的经济中才有成人做孩子的工作。或者有孩子做成人的工作，在社会的劳动力中挑选一定数量的人从事作业，才能产生生产效率……可能是这样，即部分'死胡同'式的雇用方式是高度发展工业体系必不可少的一部分，要是事实确是如此，建立劳动训练制度成为双重的必要，而职业介绍所变得更加重要，特别是考虑到被某些行业拒绝者的权利要求时更加如此。对于这些人，有极端重要性在他们的活力与精神变得委靡与颓唐之前，设法帮助他们解决困难"（见"工业招收工人和劳动转移"，载《曼彻斯特统计社分报》，第1913～1914年期，第122～123页）。

个人天生的独立特性是令人感兴趣的”。[①]

第 7 节

当新一代工人在可以得到不同职业的最早分配出现短时间错误时，整个现有工人的总分配必定也有错误。当然，这种错误可以不必在现有工人中进行实际调动，只要改变新工人的从业方向就可以简单地纠正。这样的纠正在总人口中每年新招工人的比例大的地方要比比例小的地方更快。在妇女工作的行业中这样的纠正特别快，因为婚姻法的责任使妇女留在工作岗位上的平均长度特别短。可是，虽然由于最初分配工人失败而产生的错误可以不需调动而纠正，实际说来这种错误也可以凭借调动之力加以纠正。此外，甚至在最初分配没有错误的地方也会出现不平衡状态，因为一个人当他刚进入一个特定岗位时，他很适合它，后来变得对它过分优秀或者过分拙劣；他适合晋升到较高等级或者降调做责任较小的工作。再者，劳动的分配不仅在职业之间，也在地区之间进

① 芒斯特伯格，《工业效率心理学》，第 126 页。在巨大而多变化的企业中开始他们工作的工人中进行的最早的能力测试也许不很重要，在那里雇工发觉不适合他们首先选择的职业能迅速转往其他职业。实行服膺泰勒先生科学管理理论的企业，据说“对任何部门一批人中的每个人进行仔细研究后，如果发现有许多人在体力或个性上不适做该部门要求的特殊工作，并发觉他们适合别的某个部门的工作。于是出现部门间的人员调动，结果是在不增加消耗总人力情况下，总生产力有所增加。这是使工具适合用途的科学方法”(“开好学校会议”见《科学管理》，第 6 页)。可是在较小和部门性质单一的企业中——这种企业雇用世界上工人的极大部分——“不能胜任其担任工作的工人通常没有机会在同一工厂中表示他的强项，或至少掩护他弱项的影响。如果他的成就在数量上和质量上都不足，一般说他将失去他的职位，去往另一家工厂在类似条件下接受新的考验。没有人深一步察看他特殊的心理特性以及这些特性与特定产业活动的关系”(芒斯特伯格，《工业效率心理学》，第 121 页)。

行,所以分配可能因不同等级劳动的需求与供给的暂时波动而产生错误,尽管给予新一代工人的最早流动的方向完全正确。因此在广泛范围中恰当地指导劳动在不同地区和不同职业之间流动常有机会把劳动分配得更好。① 我们现在必须考虑的要点是,除了上文已描述的伤害外,无知阻碍和偏斜劳动的移动,给予国民所得进一步的伤害。

第8节

毫无疑问,一个地方或一个职业的工人对他们的劳务在这里和别处流行的可比较需求价格——它代表他们净边际产品价值——存在普遍大量的无知。对这个问题的讨论由于下列事实而变得复杂,即由于季节和其他原因,在某些职业中工作比其他职业不正常,使得按日或按周工资率本身不能作为整体的比较需求价格的适当衡量尺度。这样的尺度只有当充分就业工资率和失业可能性都得到全面考虑时才能得到。显然,工人要收集不同职业失业的相对可能性的信息要比得到比较工资率的信息更不容易。但是这点不需要在这里加以扩大,我们的注意可以限制在工资范围。人们在任何地区和职业中对于工资率水平的无知,其程度在很大部分取决于订立工资合约的形式。某些形式使给予工人的实际收入的预期比其他形式更难计算。在几乎所有形式中实际上存在大量模糊不清的地方。因为从最广泛意义上讲,实际工资包括一个

① 这样的考虑能使我们看到,虽然当劳动在地区或企职间的分配是正确时,大批劳动力转移是一种社会浪费,当这种分配是错误时,劳动力转移可以是克服浪费的手段。

工人工作的卫生安排、安全设施等等的条件，而这些条件任何工人在实际进入工作之前不能完全知道。当工人做坏工作课以罚金而关于处罚信息又秘而不宣时，这种模糊不清大大扩大；当工资部分支付商品而商品中又掺入假定价值时同样使模糊扩大。因此，大多数现代国家限制工资合约加入这些因素，这点是重要的。为对付直接隐瞒有关信息，英国有法律加以干预，那就是1901年工厂与工场法中添入的特殊条款。“那一节规定，在国务大臣命令适用的工厂中，凡给予外包工作做的人应从雇主那里获得适合于所做工作和应用于所做工作的工资率的充分细目，使工人能计算关于所做工作应支付工资的总数。这个规定的执行由工厂稽查员负责，旨在保证外包工人得到他所做工作应得价格的信息，保护他们在缴上工作成果时不被专断地改变或克扣价格。这个规定由国务大臣命令扩大到许多行业的外包工。”[①]为对付通过部分实物支付意在使价值含糊不清的间接隐瞒信息，英国法律采取禁止此类部分实物支付的明确政策，尽管这样做可能偶尔有压制某些有用制度的风险。[②] 1831年的实物工资法的基本规定是，“工资只能用本国的流通铸币支付，”在任何地方不论对谁不得以任何理由支付任何部分实物工资。[③] 这个规定由1887年的立法施行于任何与雇

① 《特别委员会国内工作报告》，1908年，第8页。

② 参照C.D.赖特论述远离普通商店的某些美国公司售货部制度（《美国的工业发展》，第282页以及以后几页）。

③ 《特别委员会关于实物工资法的报告》，第6页。一家公司建立供应商店并非正式地强迫它的工人在那里购物的情况下与这个规定不抵触。法国1910年的法律对付这个危险的办法是禁止任何雇主“建立任何商店直接或间接向其雇工或其家庭出售不管什么样的食物和商品”（《劳动报》，1910年5月，第156页）。

主有明确或暗示合约进行工作的体力劳动者；这个规定不包括以产品不是以工作订立合同的外包工。法院决定为机器、厂房租赁等支出的扣除与该法并无抵触，因为工资意味着这类开支支付后的留下部分。罚金也认为与该法不抵触。但是，根据 1896 年的立法“有关罚金和雇主因工人做坏或糟蹋产品或原料所受损失等等，以及有关供应给工人原料、工具和其他方便设施在工资中的扣除，应符合旨在保护工人免受雇主一方粗暴或不公正对待的条件”。[①]在这题目下的一些实际问题需解决，1908 年的委员会有详尽的讨论。[②]

第 9 节

我们对于由无知造成劳动力分配错误的讨论到此结束。从此转而讨论在第 4 节中辨别出的第二个原因，即“调动的费用”。它的存在阻止了会纠正劳动分配不平衡的移动。当然，当费用以以下情况存在时不一定出现必须加以纠正的不平衡，即即使不考虑

① 《特别委员会关于实物工资法的报告》，第 9 页。

② 因此，委员会发现，关于罚金从工资扣除可以帮助保持纪律，它提出需要有一种法令的规定以防止扣除的滥用，那就是规定“任何一周内最大罚金或罚金的累计，法律允许数额不应超过工人工资的 5%”（第 29 页）。损坏原料等等的工资扣除，人们认为它能用以防止浪费，譬如说在一种办法中，把原料折价作为付出，把它的价值加在以后在原料上加工的工资上（第 41 页）。鉴于这种折价易于形成诈骗，所以这个办法应予禁止。但内务大臣有权在特殊情况下放宽这个禁令（即在昂贵原料加工上）。委员会进一步认为，实物工资法总的规定应扩展到外包工身上（第 78 页）。委员们讨论但没有明确地推行，禁止雇主强制他们的雇工居住在他们的房屋内（第 53 页）。这样强制的真正目的并不全在于它使雇主不能掩盖关于实际工资的事实，而在于这样做能使他们对罢工时的雇工无法施加不适当的压力。

第2和第3节中讨论的因素，在两种职业和两个地区间劳动净边际产品的价值的差异数相等于它们之间的移动费用。价值的差异不能大于费用，但也没有理由它不应较小于费用。[①] 大部分移动费用是一次移动一次总付的费用，关于这点我们下文将继续讨论，在进行这些详细讨论之前，先要解释一下某些普遍性质的问题。如在第2编第5章第3节脚注表明的那样，移动费用可以最方便地看做相等于分摊在移动工人乐意留在新地区或新职业时期的每年(或每日)的支付数额。计算这个数额的任务有点难度。首先，移动费用对所有可能移动的人不是一样的。例如，有家庭的老工人比年轻未婚工人更不愿意离开家庭。初一看似乎这个事实的确没有多大关系，因为我们感兴趣的移动是其移动费用最少的那些人的移动——没有一般流动性，只有边缘流动性。可是移动费用最少那些人的移动费用，其本身取决于移动的人数。因此，为高度正确起见，我们对这些费用不需将其当做移动量的常数，而应将其当做函数。但是为了取得近似值，一般只要有约略的**不连续**函数群就足够了。有了这些函数群便能得出不同的固定移动费用。这样不管A和B代表不同地区或不同职业，不管移动指地区移动还是得到一个新的职业，我们在寻常时候——当然大战后期的局势不同——可以把没有家庭负担年轻人的移动费用作为我们的费用。的确应当注意的是，随着一个行业或地区的衰落，年轻人逐渐离开，移动的有关费用趋向上升，因为人口的年龄分布将有变更。调查的统计数字表明，在衰落行业中，老年人的比例比正常时候增

---

① 参照《特别委员会关于实物工资法的报告》，第138页。

高，而且随着衰落的继续进行，比例越来越大。[①] 但是这种复杂情况是一种局部现象而非原则问题。第二，支付了移动资本费用，我们必须加以相等的每年（或每天）总数不是固定的，移动工人逗留在新地区期望找到好处的时间越短，数字越大。例如，在考虑要从需求萧条地方离开者的眼睛中，如果在萧条是季节性萧条，可能很快过去，这个数字要比萧条要继续一段长时间大得多。第三，从目前的观点看，在任何两个地区或职业之间的移动费用A和B不一定是实际费用，而可能是较少的数目，我们可以称之为"虚拟"费用，它包括沿处于A和B之间每个单独阶段的移动费用的总数。当在讨论的费用仅仅是身体搬运的费用时，这一点实际上可能不重要。因为一般说来，长距离旅行每英里费用比短距离旅行便宜，因此，不存在任何小于实际费用的虚拟费用。可是，要是讨论中的费用是那些出于学习特殊技能需要的费用，它是非常重要的。在这个意义上，在农业劳动者职业与工厂技术师傅职业之间的移动费用可能是极为巨大的；但是在农业劳动者与小商店主之间、小店主与大店主之间、大店主与百货商店部门经理之间、部门经理与总经理之间、总经理与厂长之间的移动费用可能都不大。同样性质的考虑适用于包含在离开家庭去他处定居的个人负担的那些费用。关于一次一千英里的移动，其费用也许大大超过200次每次

① 参照布思，《工业中的生活与劳动》，第5卷，第43、49页。邓拉文勋爵以同样态度评论说，"在王国版图中爱尔兰比任何其他地方有较多的老年人口"（《爱尔兰前景》第21页）。可是必须注意，我们不能从年龄考虑无保留地**推断**衰退或增长，因为在某些产业中**正常的**年龄分布与一般情况大不相同。投递员是期望另找职业的年轻人，管灯塔人一般是退休的水手。此外，某些行业雇用异常高比例的老年工人，只是因为它们是异常健康的职业或者能吸引异常健康的人。

5 英里的移动。对这一点的极好说明是一段中世纪法国的记述："如果里昂需要工人，它向索恩河畔沙隆邀请，由那里供应他们。沙隆人手不足由来自欧塞尔的人补充。工作的机会少于要求的欧塞尔向桑斯请求帮助，桑斯在需要时依靠巴黎……因此，不管有多远距离，对劳动力的需要同时使所有不同地方都活动起来，正像一起前进、只走了几步的列成纵队的一个团那样"。① 这样的想法是重要的。

第 10 节

现在我们可以较细致地考察移动的费用。在两个特定地区之间的移动，我们立刻意识到费用不但包括意欲移动的那位工人的纯金钱的旅行费用，而且还包括牺牲了他认识的店主的善意和离开他熟悉的朋友和地区的痛苦。当然，随着交通工具的发展因而运输价格变得便宜，使金钱费用在任何地方减少。费用的其他要素由于旅行速度增快以同样方式随之降低，因为如出现上述情况，工人能比较容易地改变他的工作岗位同时不必改变他的家庭住所。在两个特定职业之间，随着移动费用减少，更密切的工业交往使得一个职业要求的操作法类似于另一个职业所要求的。这种类型的吸收往往发生得越来越令人注目，进一步带动劳动分工越来

---

① 德·福维尔，《运输工具的改革》，第 396 页。在各国间资本流动中有一种确切的类似现象。美国人民可以把一定资本移往中美或南美，与此同时英国人民可以把同等资本以不确定的比英国人把这些资本直接移往中美或南美较低总费用移往美国——不确定是因为当地了解的差异。因此事实上出现这种绕圈子的投资方法（参照 C.K.霍布森，《资本输出》，第 29～32 页）。

越细致。劳动分工的意思是把以往作为整体来做的复杂操作，分解成为几个基本部分来制作，当以不同方式拼合时，它们又成为一个整体。结果是，帮助生产某种部件的工人的移动范围"从他们自己中间互换能力看是变小了；作为规律，从与其他行业进行相应加工程序的那些工人的互换能力看是扩大了"。① 正如M.德鲁西耶说得好："机器应用越来越多的不断发展，使机械工作的类型日益接近于商店售货员的类型。店员很容易从一种商业转往另一种商业，从布店到食品店，从花哨商品店到家具店，如此等等；目前，在优秀商人手中的零售店不再限于经营单一的这种或那种商品，而是采取巨大的百货商店形式。制造业还不能自称制作各种各样产品，但正像店员能轻易地从一个柜台转到另一个柜台，工人也容易从管理一种机器转而管理另一种机器，从织布机到制靴机，从制纸机到纺织机，如此等等"。② 以类似形式，同一个人在不同时间可以做制火柴盒、采啤酒花、清扫楼梯和沿街叫卖等工作；济贫法委员会调查员"发现在做订书工的一个女裁缝，一个制作螺丝的制果酱女孩和一个机械师以每小时一先令的酬金教钢琴"。③ 在这些事态中足以证明存在劳动上巨大的可转移性。专门化的技术能力正在只需相对一般能力的工业操作中发挥比原来一直具有的较小的作用；这意味着使工人能从一种职业转往另一种职业所需要的新训练费用减少了。应该补充的是，只要人们对新训练费用的估

① 卢埃林·史密斯，《劳动的流动性》，第19页。

② 《世界的工人问题》，第394页。再参照马歇尔，《经济学原理》，第207和258页。

③ 《皇家济贫法委员会报告》，第406页。

计大于实际费用，它就是与流动性有关的估计费用；因此只要他们意识到估计过高了，流动性就增加。有理由假设，战争的经验教会人们懂得，专门技能能比过去一直设想的更容易和更快地获得。[①]

迄今我们已经分别地谈论了地区间移动和职业间移动。但是，实际上从一个职业移动到另一个职业很可能同时需要从一个地区移动到另一个地区。因此从一个职业移动到另一个职业的总费用在移动限于劳动需求的波动或多或少彼此补充的同性质两个职业间或在邻近地区时才是低廉的。这就是印度乡村地区的家庭小工业的有利条件之一，在那里，一年有 3 个月农业几乎停顿；[②]也是新近扩展的小菜园和小农场的有利条件，在那里的工人在暂时失业时可以依靠他们原有的业主生活。当补充性的职业是由同一企业经营时，移动费用还要少得多。因此，谈到大战前不久出版的贸易委员会报告特别令人感到兴趣："有能力会思考的雇主们用缜密的组织努力克服季节的自然波动。用制造果酱和橘子酱的设备，他们把制作甜食和罐装肉食结合起来。就这样使他们的雇工全年有活干。一家人工制花商雇用了 200 多个妇女和女孩，一年中有 6 个月制作人工花卉，他引入第二种业务即为帽饰制作羽毛管，现在工人全年都有工做。在卢顿，当地的大宗行业是制造草帽，一年中有 6 个月无活可做，后来引入制作毡帽，现在同一家企业在一年不同时期雇用同一批工人做两种产品者十分普遍"。[③]有时以慈善为宗旨的事业无疑也采用这种安排。但是，在这方面

① 参照坎南，《工业的重组》(拉斯金学院)，第 3 册，第 11 页。

② 参照马克吉，《印度经济基础》，第 323 页。

③ 《工人阶级的生活费用》(敕令书，3864)，第 284 页。

也有强有力的纯粹关心自我利益的动机在起作用。一家工厂全年开工显然要比建两家工厂一家在一年的这部分时间开工另一家在那部分时间开工要合算;当机器和设备很精致和昂贵的时候前者而获得的利益特别大。因此,当这种办法切实可行时,合乎雇主们的利益的做法是使他们的工厂——如果工厂从事季节性生产的话——适合制造一系列妥当安排的不同产品,使得全年每个时间为生产其中某些产品有工作可做。凡能促使雇主采用这个办法的任何主张必然降低劳动流动的实际费用。

第11节

在以上几节中我们已作了某种细致的分析。现在回过来谈谈粗线条的问题,我们可以作一般性的结论:离开现有职业移往有较高工资的其他职业的工人流动,假设能产生的较大净边际产品价值,但往往受到相当大的费用的阻碍;而工人从原来地区向其他遥远地区移动,特别是如果那些地方有民族、宗教和语言等强大障碍的阻挡,也往往受相同的阻碍。但是就有关迄今讨论的费用形式而言,工人移向他们故土的其他地方,无论如何在像英格兰这样一个小国家里的其他地方移动,一般说来只受较小数费用的阻碍。然而,还有阻挡从某地到其他地区移动的一种特别形式的费用,这种费用甚至在像英格兰这样国家里也可能相当巨大。这种费用源于丈夫、妻子和小孩一般住在一起的事实。由于这个事实,家庭中一个成员的移动就意味其他成员的移动,而其他成员的移动可能带来失去他们此前能得到工资的巨大损失。这个损失确实是受较高工资引诱搬往其他地方的家庭成员的移动费用的一部分。例如，男工人在原来地方有机会使他们的女人赚得工资，他们可能知道他们在其他地方能赚钱较多，可是那里不存在这样的机会。在考虑移动的有利条件和不利条件中，他们需要计算可能损失他们女人赚钱的实际费用。这个费用可能很大，结果是有可能造成一个小国家的两个地区中一定等级的劳动净边际产品价值，因此形成两地工资中的宽广差距。马歇尔说得好："关于地区移居，家庭基本上是单一单位；因而在钢铁或其他重工业占优势的地方男人的工资相对高，而女人和孩子的工资相对低；而在别的地区，父亲挣的工资不到家庭货币收入的一半，男人的工资相对低"。[①] 显然，旅客运输速度上的改善和费用的降低（关于这点上一节中已作论述），这些能使一个家庭的成员生活在一起又能在彼此隔得很远的地方工作。这种状况将减轻对劳动分配的损害，也减轻对国民所得的损害，这种状况原是损害两者的主要原因。

第 12 节

除了无知与费用外还有产生劳动分配错误的第 3 个原因，这在第 4 节中已辨认出来，那就是外界对劳动移动强加的人为限制。这种限制可以采取任何种类不同形式。例如，在 18 世纪结束之前"地区流动性"受到定居法的严重限制，为了阻止在国内一个地区出生的工人在其他地区缴纳地方税，这项法律极大地限制他们的移居权利。亚当·斯密写道，"穷人要通过教区设置的人工边界常常要比通过一个海湾或一座高山的山脊更加困难"。再则，在目

① 《经济学原理》，第 715 页注释。

前,在某些产业中职业间的移动受到工会界线规则的有力阻止——这些规则企图将特定的职位保留给特定行业的工人,并以罢工的威胁禁止这些职位由其他工人担任。例如砌砖工工会不允许它的成员干石工的活,或者不允许家具设计师干细木工人的活。任何人改变他隶属的工会也不能轻易逃过这种障碍。因为,工会的隶属关系性质相同,如果有人试图改换工会,他很可能失去原来工会的权利和利益,得不到新工会的好处。这种困难可以用发展产业工会联合原则加以克服,如与行业工会平行的全国铁路工人工会,或在几个行业工会本身中间以及在行业工会与非熟练工人工会之间的从属体系就是例子。然而,也许最严重的人为限制在当前流行的是某种传统与习俗,它们妨碍和实际上阻止当时体现在特殊类型人们身上的劳动权利流向其他领域,在那里体现在其他类型人们身上的类似的劳动权利产生的净边际产品,要比所有劳动力可以自由进入的那些领域可以获得的净边际产品,有更大的价值。在某些国家里,这种性质的传统与习俗不把某种职业向不同种族和肤色的工人开放。但是它们最重要的行动——不管怎样就欧洲而言——是在妇女工作方面。有许多职业如果能允许妇女进入,她们工作的净边际产品价值和由此产生的工资要比事实上妇女在干的职业中的价值与工资更大;但是她们被传统与习俗排除在外。当新的职业出现,如打字员和电话接线员的工作,或者当旧的职业由于新型机器的问世而得到改造,实际上一般地妇女可以自由从事。可是在男人长久地习惯视作他们自己的职业中,即使在目前条件下妇女可以胜任从事,传统与习俗经常施展强有力的排斥作用。这种排斥事实上(如果不是形式上)依然盛行的最著名的职业是地方与高等法庭上的律师。餐厅侍者与铁路员工工作在一二年以前也是显著的例子。妇女进入这些职业在1914年以前是受阻止的，正如坎南教授所说，这种状况"不是完全由于法律而是由于雇主的习性，也由于雇主恐怕现有男职工积极抗拒引起的麻烦"。[①] 这种抗拒被像世界大战那样震惊世界的大事压下去，但是在1915～1916年克服它仍有困难，甚至在军需工业里也看到它的力量。或许雇主反对**此类**习俗若无以下原因本来会十分强烈，那就是因为女工在结婚不久以后往往离开工作岗位。如一个雇主曾说："有许多职业人们可以教会妇女去做，但要冒与男工争吵的风险，似乎不值得了，你知道女孩子越是漂亮，她越是可能刚开始能派某种用场时就离开去结婚"。[②] 确实，男人的反对可以由于男女同工同酬的严格规则而减轻；因为有了这个规则，男人便较小害怕失业。但是在另一方面，存在这样规则有时使雇主招收女工不像没有这个规则时那样害怕。[③]

第13节

现在我们已研讨了使不同等级劳动分配偏离最有利分配的主要原因。所有这些原因全都损害国民所得——第2节延伸意义上的——因之初一看似乎是，如果由这些原因造成的劳动分配的扭曲得到克服，国民所得的规模必然增加。可是这个结论无视克服分配扭曲有3种截然不同方法的事实。走向可以称为理想分配道

① 坎南，《财富》，第206页。

② 《圆桌》，1916年3月，第275页。

③ 参照后文，第14章，第10节。

路的障碍可以**从内部进行破坏**，或者它们要**以公众费用来推倒**，或者可以让它们照样留着，我们**跳越过去**。克服障碍的这 3 个方法的效果不同，须加以分别探讨。

第 14 节

说到通往理想分配道路的障碍可以**从内部进行破坏**时，它的意思就是更便宜地提供给工人移动的信息和手段，或者传统上对移动的敌视由于思想的普遍进步而削弱，开办大规模运输机械的企业或者其他此类设施。问题的本质在于减少作为整体的社会提供信息和运输工具的实际费用，而不仅仅是减少某个工人获得这些方便设施的收费。当这个目标实现时，劳动的实际分配，**一般说来**将更接近于理想分配。的确，如果使其重要性缩小的障碍是移动或传统的费用，这没有必要发生。如我们已在第 2 编第 5 章指出，因为增加的移动自由，在知识不完全时，可能将移动引导到错误方向。因此有时值得怀疑的是，**仅仅是**工人旅行费用的降低，没有伴随任何其他改变，究竟是否将有有利的结果；当然，要是费用降低加上对特定空缺职位的知识性指导，它将产生有利的结果**绝不是**令人怀疑的问题了。正在赢得普遍认可的这个论点是根据如下事实提出的：在英格兰，最初由工会对寻找工作的所有会员不加区别地支付的旅行津贴，现在主要用于经过选择的会员能去往已经实际上为他们找到工作的地方。根据这个事实，英国劳动介绍所法包含一个条款，容许介绍所在得到财政部批准下，有权以贷款形式向去明确地点旅行的工人预支费用；最后，在德国的情况是，职业介绍所不是为寻找工作者普遍提供低价铁路车票，而是只向那些已找到确定职业的人提供。① 如此举出事例中显示的困难是重要的。然而在经济学家中间一致同意,随着有关工业状况知识组织发展到现代文明国家那种地步,移动费用的减少,排斥性传统的中止,总体上一般说来促使劳动分配达到更接近于理想。只要它有这种后果,就必然增加国民所得。

第 15 节

说到理想分配的障碍以公众费用来推倒时,它的意思是指移动的信息和工具更便宜地供应给工人,这不是实际费用减少,而是因为这些费用的一部分转移到纳税人的肩上。这种减价的形式和上一节中讨论过的形式并不以相同方式反映在国民所得上。因为这种减价形式意味着在这项工作中投入的人力物力要比正常用于这个工作中的数量要大得多。事实上它暗示国家以津贴方式促成一种特殊形式的投资;有人推测这种投资有害国民所得。但是如在第 2 编第 9 节与第 11 节表明,在有关任何特定产业中这种推测可能站不住脚。如果有充分理由相信,没有津贴,在那个产业的投资不会达到能使运用于该产业的资源的社会净边际产品的价值降低到一般水平。推进工人流动性的产业,部分因为它生产的产品难以不亏本地满意地销售,这个产业有充分的理由相信上面所说的。因此,在一定程度上国家的钱花在推进工人流动性上也许能提高国民所得。但是政府必须小心地注意这项开支,因为如果津贴发得太多,边际费用将超出收益。

---

① 《皇家济贫法委员会报告》,第 401 页。

第 16 节

说到对理想分配的障碍可以跳越过去时，它的意思是指，无知、移动费用和传统保持不变，但尽管它们存在，劳动分配以某种方式强行转向，就像它们不存在本来会做的那样去做。这点可以用强制性调动工人做到，更可能以当局干预工资率的某种形式进行，如我们将在第 14 章第 5 节解释的那样。但是做此事使用的方式对我们目前讨论的问题并不重要。我们希望确定的是，**尽管**障碍继续存在，劳动分配“改善”带来增加国民所得的效果。这个效果随着不同的障碍而不同。尽管反对无知和传统形成的比较符合理想分配的劳动再分配必然对国民所得有好处。因为轻视这些障碍毋需花费什么，但由此导致与这些障碍从内部被破坏所产生的完全同样后果。但与不顾反对移动费用引起的再分配的结果就不同。因为当由这些费用造成的移动障碍被压倒时，费用本身就由这个压倒过程引起。这样轻视障碍确实引起花费，并导致产生与以**公众费用推倒**障碍相同的结果。也就是说，出现一种推测——当然它在某些环境中可能被驳倒——即它将损害国民所得。[①]

① 这个结论含有言辞上不方便的结果，那就是劳动的理想分配，当以某种方式促成时，不是尽可能最好的分配。但无论如何，含义上的混乱可以避免，如果我们回想起我们称之为理想的分配——即符合第 2 节中必要条件的分配，它使劳动净边际产品的价值在任何地方都相等，这才是绝对意义上的惟一理想的分配。它是一个有无限力量驾驭所有有关环境的人能够得到的最好的分配，因而他能任意取消移动费用。但它不是一个必须接受移动费用这个残酷事实的人能够得到的最好分配，因而他必须以服从于那种限定条件的国民所得最大化为目标。参照上文第 2 编，第 5 章，第 6 节。

第10章　劳工介绍所

第1节

上一章中我们谈到，发生的和国民所得利益所要求的惟一劳动移动是劳工从一个地区或职业移动到另一个地区或职业的移动。但是在实际生活中，工人常常不但在相对低需求的工作中就业，而且常常完全失业。我们现在不想调查这种情况的原因或探究失业量与工会工资政策的关系。从我们目前的观点看来，重要的事情是，在这种工资政策下，工人往往在一个地区或一个职业上失业，而同时其他地区或其他职业都有他们需要工资率的工作没人干。他们之所以不能去那些地区或职业，并非由于移动费用，而是对这些事实的无知。简言之，这种事态损害了国民所得；当工人由于无知被留在低需求工作中而同时高需求工作正需要他们，同样是一种损害。造成这种损害的无知的形式以及与无知作斗争的手段，我们需作简要的研究。

第2节

如果失去工作的工人完全不知道可以得到的空缺，他们惟一的办法就是全然无计划和无方向地寻找工作。他们别无他法只能毫无目标地在没有空缺和有空缺的工厂附近徘徊，使自己在忧愁中“从一家工厂走到另一家工厂，用实际上向一家接一家的请求试图发现需要用人的地方”。[①] 一般说来无知不会达到这般程度。有关不同地区和职业中劳动需求的比较状况的某种一般信息总是能得到的。这种信息可以通过报纸广告、朋友谈话和工会收集的关于当地状况的报告中得到。迪尔先生对伦敦建筑业中这种方法的发展有一段令人感兴趣的叙述:“由个人及其同伴彼此提供帮助的那种寻觅工作的互相支持制度规模扩大,并使用工会求职簿以便更加系统的方式进行。每个人失业时,在当地工会分会办事处或会议室的求职簿上写上他的名字;工会分会的每个会员——分会寻常有会员从 20 人到 400 或 500 人——都为他寻求职位,更确切地说,分会的所有会员都为关心找寻空缺来抹去求职簿上的名字。全体会员都有义务当任何地方需要人时通知分会书记,在有些工会中——如木工和细木工联合工会——每个会员凑一个份子(一般 6 便士)给愿意为失业者,找到工作的人,任何人若把工作优先权给予非工会会员,一经发觉课以大笔罚金。通常的做法是人们告诉书记哪里缺人或可能缺人,后者必须通知失业者,最好到那里去找工作”。[②] 在英格兰,从 1893 年起把这种更详细的信息,以接触面更广的方式正式通过《劳动报》公布。目前劳工介绍所也起到有力的通知机构的作用。它们扩大由工会进行的查询工作,“它们将工人召唤到他邻近的办事处,使他能确知整个伦敦已经为他那种劳动力做了什么样的查询”。[③] 当不同城市的劳工介绍所建立起联系时,使工人能接触更大范围的信息。因此在德国,“为了

① 《皇家济贫法委员会少数派报告》,第 1125 页。

② 《伦敦建筑业中的失业》,第 133 页。

③ 《皇家济贫法委员会少数派报告》,第 1125 页。

保证劳动的流动,人们认为重要的是德意志帝国不同部分介绍就业的机构应当由一种相互沟通的制度连在一起。劳工介绍所联合会提供这样的一个制度……在巴登大公领地,所有的联系都由电话进行,一个地区劳动的缺少或多余很快为其他地区知道"。[①] 在巴伐利亚,这种制度在没有介绍所的村庄公布空缺职业表以扩大影响范围。[②] 在英格兰,信息从孤立到联系形式的发展是由1910年劳工介绍所法实现的。显然,这种性质的有组织制度可以作为强有力的工具,为促成失去工作的工人向需要他们的空缺职位移动服务。

第3节

当这个制度一旦建立起来,初一看似乎不再进一步需要什么了。但是这种看法是错误的。一个特定公司现在有两个工作空缺的信息,不等于当得知这个事实人到达那里找事时空缺还在的信息。因此,如果提供什么地方和什么时候在不同企业或企业什么部门可以找到职位空缺信息的中心,被建立工人可以在那里确定地为这些企业或部门录用的中心所取代,那么阻碍移动的无知可以进一步减少。做到这一点时,不仅通知工人现在在某处有许多空缺,而且通知工人当他们到达那里寻求空缺时,这些空缺仍可得到。当然实现这种统一的可能性随不同环境而异。当分散的机构属于同一公司时,当它们固定在适当位置上,当它们真正地连在一

① 敕令书,2304,第65页。

② 同上,第93页。

起时，阻止它实现的阻碍最小——说到这里它就是一个支持托拉斯的论点。因此在伦敦和印度港区在许多年前就实现了这种统一。[①] 当不同机构虽然仍属于同一公司或个人，但它们分散或流动如伦敦建筑业那样时，障碍更加严重。毫无疑问，即使这里有时使用统一办法也是如此。在调查就业不足痛苦的委员会前，一个证人提到建筑业的情况时说："在一个雇主的企业里，他说他不像一般做法那样把录用工人的职责交给他的工头，而是由他自己干，他这样做有特殊目的，一是使工人不停地做工，二是能够把工人在不同工种之间调动。工头做不到这一点，他们不能将自己雇用的工人派往由另一个工头负责的工种。尽管人们懂得如何采用别的做法，可是这位个别雇主的做法看来是值得想望的，应该会被广泛仿效"。[②] 不过一般说来，伦敦的建筑工人由雇用他们的公司的不同工头独立雇用。当分散的单位不属于一家公司或一个人而是属于几家公司或几个人时，统一的障碍仍很严重；在这种时候，为了实行统一，必须建立雇用工人的专门组织，或者由公司自己建立或者由某个外界团体建立，一旦建立起来，必须用以实行统一的目的。这样做显然可以克服很多摩擦。

① 关于1889年罢工后在各港口引起的新政策的论述，请参考《皇家济贫法委员会报告》第356页，威廉·贝弗里奇爵士为这些变化作如下总结："先前公司工作47个部门的每一个在雇用工人上是独立单位；每个部门都有它的无足轻重的正式人员及其伙伴为核心，四围充斥或多或少松散附属的临时工；80%的工作由非正式工人完成。现在随着公司业务发展，整个港口系统在用人上成为一个单位；80%的工作由中央办公室指挥的从一个地方到另一个地方工作的星期工统一班子完成"（贝弗里奇，《经济杂志》，1907年，第73页）。

② 《调查就业不足痛苦委员会报告》，艾维斯证言，Q.10,917。

第 4 节

如果克服了这些摩擦，此时很明显，无知消失的范围和流动性的改进将会更大，发生在任何当地的空缺通过当地作为雇用机构的劳工介绍所谈判雇用而填补的比例也越大。这种在自愿安排下就业的比例越大，雇主眼中的劳工介绍所越有吸引力。经验似乎表明，介绍所要赢得更多顾客，它们应该做到经营公开——不是由可能是欺诈性的几个人经营的私人投机买卖，而是应由雇主和雇工代表联合经营的机构；它们应该不理会罢工和停工，只允许劳资每一方在介绍所内张贴声明，说明在某某单位存在停止工作；它们应完全与慈善救济不发生关系——若与这类救济联系将使最忠实的人因担心损害他们作为工人的名声而不敢接近，并使雇主不愿与介绍所发生关系；它们得到市或国家的授权证书以增加声望，若能做到它们成为公办企事业雇用工人惟一的机构可以引起进一步的注意。应否向使用它们的工人收取费用的问题是可以争论的。法国 1904 年的法律甚至禁止私人办的介绍所向工人收费。南非德兰士瓦省济贫委员会指出，“收费是使并非真正找寻工作者不来打扰的最有效办法”；[①]如果把这样的人赶走，无疑将证明介绍所对雇主更有吸引力；再则，收费与否由国家决定，如果国家选择收费，它可以使用某种法律劝导的形式增加通过劳工介绍所填充空缺的比例。如果使所有失业工人向介绍所登记成为强制性的义务，那么向这个方向又进了一步；因为这点做到了，诱导雇主依靠

① 《德兰士瓦济贫委员会报告》，第 135 页。

这些中心雇用工人的力量将增加。这样的一步是济贫法委员会用这些言辞提出的:“我们认为,如后来建议的那样,如果国家付给每个工会会员失业救济金,国家完全可以把这样的付钱作为一个条件,规定工会会员失业时,除了在他工会的求职簿上登上姓名(如果希望这样做)外,应将他的姓名及情况向当地劳工介绍所登记和报告。要是国家支持和鼓励工会,那么工会应支持国营和国家需要的劳工介绍所似乎是合理的”。[①] 据1920年法律实行的普遍失业保险制度,当时提出的办法实际上已经实施了。办法要求投保者当他失去工作时将其保险手册交给劳工介绍所。已经有人强烈主张,应进一步采取措施迫使雇主在需要工人时通知介绍所。在德国,据1922年的法律,联邦政府可以要求雇主通知合格的劳工介绍保留所办过强制疾病保险劳工的空缺。[②] 老实说,要是雇主顽固的话实施这种条件必然是十分困难的。[③] 还有一种更激进的安排要由法律来作出规定,那就是没有劳工介绍所的参与雇主与工人不得签订工作合约。这个办法已在英国商船船员中执行。威廉·贝弗里奇爵士有一次建议,在短期雇用中应该普遍做到这点。“在工厂法规的一个新条款中,规定雇用工人时间不得短于一星期或一个月(除非得到介绍此人的劳工介绍所的同意);这是公认原则的合法与无可反对的扩展,即国家可以和必须禁止对它公民的精神和肉体有极大伤害的雇用条件。”[④]1911年英国国民保险法虽

① 《皇家济贫法委员会多数派报告》,第403页。

② 国际劳工局关于《失业救济的报告》,1922年,第70页。

③ 参照《劳工介绍所工作委员会报告》,1920年,第13页。

④ 贝弗里奇,《当代评论》,1908年4月,第392页。

然没有达到这种程度，它提供实际上稍稍降低保险费的办法鼓励雇主为其通过劳工介绍所雇用的工人投保疾病险，并在已开办失业保险形式的地方投保这种险。[①] 在俄国 1923 年 11 月的立法中，除某些特定例外，所有工人必须通过劳动人民委员会的当地分支机构雇用。[②]

第 5 节

所有这些措施均意在促使劳工介绍所得到更大范围的使用——如果公众意见反对这么做，他们当然不会这么做——来打破(其他方面状况不变)对劳动需求情况的无知，从而减少失业，由此增加国民所得。其他机构使空缺与失业工人相接触的范围越小，介绍所做这个工作的范围越大。这样，虽然在大战前德国工会相对不发达，劳工介绍所在为技术工人寻找岗位和为非熟练工人找寻工作同样有效；而在英国，就在中等范围邻近地区找寻工作而言，无论如何，介绍所的成功主要只限于对非熟练工人，在它们中间不存在强有力的工会组织。[③]

---

① 参照《国民保险法》，第 99 节(1)。

② 《劳动报》，1923 年 5 月，第 161 页。

③ 参照施洛斯，《经济学杂志》，1907 年，第 78 页；《消灭失业协会公报》，1913 年 9 月，第 839 页；《劳工介绍所工作委员会报告》，1920 年，第 13 页。

第 11 章　失业对缩短工时

第 1 节

以上两章的一般性分析对于乍一看似乎遥远的问题有重要的意义。这个问题将决定雇主为应付萧条时期可以采取的重要手段对国民所得的比较后果。在对他生产的产品需求减少时，雇主发觉继续以先前规模生产将使他遭受损失，他能以下列 3 种方式中的任何一种进行必要的减产：(1)全天开工同时削减一部分员工；(2)全天开工，保留全部员工，但轮流上班，这样在任何时候只有一部分(如三分之二)人员实际工作；(3)缩短工作时间，使全体人员在整个工作时期都做工。

第 2 节

在缩短工时计划与其他两种方式之间，相关的影响主要是技术性的。当削减最大费用的工作**小时**能得到可观利益的那种条件下，依靠缩短工时计划是最简单可行的，例如削减供电供热需额外付费的那些时间。但在完全停工一段短时间将引起再启动的重大费用时——如重新点燃已熄灭的鼓风炉——使用上面相对的这个或那个计划有利。

第 3 节

在辞退计划与其他两种方式之间，主要问题在很大程度上取决于雇主对于保留迄今为其工作者的服务的留置权有多大重要性。当所做的工作是技术性和专门性的，保留人员对他常常很重要。[①] 具有特殊才能的工人实际上一直为雇用他们不管多久的特定企业获得特殊价值。这部分因为不同工厂的详细生产方法各不相同，因而在任何特定工厂做惯的工人，特别是他们在做的工作属于多面性质的工作，他在那里的作用要比别的同样工人大得多。这还部分因为技术工人常常加工贵重的原料或操作灵敏的机械，雇主自然宁愿把这些工作委托给他们经多时接触知晓对方品质的人。最后，在制造某种专有商品的工厂之间，部分因为工人工作了一段时间以后雇主预期他们获得了工厂生产秘密的一些诀窍，因此工厂不愿意让他们去它的对手那里服务。[②] 譬如，"在金饰店和珠宝店里店主人在永久性员工中分派工作，由于长时间接触，员工也就懂得许多秘密和特殊的图形和生产调节过程。"[③]雇主以同样态度急切要求保持开机器工人、家庭仆役和特殊农业劳动者的服务留置权。[④] 即使当要做的工作属于极普通的工作，以致先前受一家特定工厂雇用的工人对该工厂不比其未雇用者有更大价值，一位在不景气中的雇主，他知道或希望前途将有好转，愿意接触比当前需要更多的工人，以便确保以后将得到足够的人员。这种考虑特别可能影响称为季节性波动的产业中的雇主；因为淡季过后

① 因此，期望劳动力的流动要使技术工人比非熟练工人变动得较少。在美国的情况就是这种情况的证据。参照施利奇特，《劳动力的流动》，第 57～64 页；同时参照第 93 页。

② 参照费伊，《产业中的合伙制》，第 90 页。

③ 韦布，《季节性行业》，第 43 页。

④ 同上，第 23 页。

在这些产业中可以肯定很快又需要全部员工。有人提出这种季节性变化就是煤矿业和农业中盛行缩短工时方法的部分理由。此外，要是听任雇主做主，他们往往选择辞退工人方法，而工会自然不喜欢这个方法，因为它会使工会承当更大的失业救济金重担，所以它们有时支持采取另外两种计划中的一种。

第 4 节

在辞退计划和其他两种计划间的这种选择中，十分重要的因素是工资适应效率的正确程度。当给低效工人的正常工资相对于他们的效率要比给高效工人过高时，雇主在应付萧条时就有强劲的引诱力裁掉他雇员中最小有利部分。因此，发现辞退方法在计时工资产业中比计件工资产业相对盛行是很自然的了。在讨论我国对付需求萧条主要方法时，H.卢埃林·史密斯曾这样写道："广范围看这个问题，我们可以辨认出两个主要办法。第一个普遍办法是缩短全部或大部雇工工时或工作。最适当的例子是矿业，在那个行业中，紧缩开支大部分时候不是裁掉一定数量的矿工，而是减少矿工每星期工作天数。另一个例子是制靴和制鞋业（我目前指的不是使用机器的大工厂，而是实行普通计件制的工场），在这种行业中，在淡季，不是许多工人完全失业，而是极大多数人只有较少的工作量。第二种办法应用于其他产业，它不是缩短工时，而是使一定比例工人失去工作，这些人形成失业的波动边际幅度。这类行业的例子是建筑、工程和造船业。我并不是想说，在任何这些行业里没有缩短工时的办法，或者那里在旺季不实行加班工作；

但是它们适应需求变化的主要办法是裁减工人或增雇工人”。[①] 审核本节中提到的产业表明，H.卢埃林·史密斯爵士归类于缩短工时产业中的那些企业都是盛行计件工资的企业，而他归类于辞退产业中的那些企业都是使用计时工资的企业。的确，乍一见人们可能认为工程行业违背了这个规律。可是，虽然这个行业包含许多计件工作，但直到近期它主要是计时行业，因此并非例外。[②] 同样，发现在德国，大战以前那里工会力量相对较弱，部分由于这个原因，在那里计时工资行业中的硬性标准率的有效实施要比英国少得多，那里采用缩短工时而不是裁减工人以应付淡季的做法比这里远为普遍。“德国某些机构宣布，某些行业在一年过程中缩短工时的做法使工人减少收入多达四分之一或三分之一。可以肯定，虽然英国行业，尤其是煤矿业和棉织业依靠缩短工时制度，这个制度降低英国失业工人数字的程度远比德意志帝国为小。”[③] 我不希望不适当地强调这些事实，但是它们似乎说明了本节开头指出的一般趋势。

第5节

在工人轮班制和两种其他计划中间，重要的事实是轮班方法在安排上有点麻烦，并要做工人的大量组织和协作工作。这个方法似乎作为正常工作盛行在“萨里郡港口的河边谷物搬运工中

---

① 《调查就业不足痛苦委员会第三次报告》，证言，Q.第4540号。

② 同上，第4541号及以后各号。

③ 《德国城市生活费用的报告》（敕令书，4032），第522页。

间”；[1]英格兰北部钢铁工人中在一定程度上实行过这种方法；1918 年的一个时期它曾在棉织业中与实行缩短工时计划同时试行过。而且作为与成衣工会谈判的结果，缝纫业公会宣布：“我们完全认识到在淡季时期工作应当公平分摊（需加以一定解释），我们力劝我们在全国的会员，将这些原则付诸实施”。[2] 但是率直地说，这种方法的麻烦根本不允许它被广泛采用。

第 6 节

普遍的结果是，在主要产业部分应付萧条的办法不是缩短工时就是裁减工人或者两者同时使用。西德尼·查普曼提出几个有意义的数字说明，全部使用同一工资支付形式（即计件工资）的不同纺织业中各自采用这两种方法中的一种。在 1907 年 11 月和 1908 年 11 月间棉织业被调查的工厂中出现 13.3%的产量收缩，其中 5%是由于减少工人，8.3%是由于缩短工时；而在丝织业中在这个时期产品减少 8.1%，其中 6.0%由于削减人员，2.1%由于缩短工时。[3] 众所周知，在煤矿业中主要使用缩短工时办法，那里在萧条时间使用的缩短工时办法，以减少每周工作轮班班数来实

---

① 《皇家济贫法委员会报告》，第 1156 页注。

② 《关于集体协议的报告》，1910 年，第 28 页。

③ 参照查普曼，《兰开夏郡的失业》，第 51 页。当一家工厂雇用工厂工人和家庭佣工，在经济不佳时当然合乎它利益的是撤销家庭佣工的工作，而不是同等地减少工厂工作和家庭工作，因为这样做能保持工厂机器运转。还有，以这种方式对待家庭佣工的权力间接制止雇主以工厂工作完全取代家庭工作，因为这样能使他们面对周期性经济扩张的前景，不需为寻常时期的需求建设太大的工厂（参照维西利茨基，《家庭佣工》，第 3 页）。

行;裁员办法主要在建筑、造船和工程业中施行。[①] 1921 年提交意大利议会的一件法案建议,“在必须裁减情况下(在任何企业中),在裁员之前,工人的工作小时必须降到最低点,即每周 36 小时(工资按比例减少)”。[②]

第 7 节

初看时,从国民收入的观点看来,裁员或减少员工方法肯定比缩减工时损害更大,不但因为担心失业往往不适当地拖长他们的工作,而且因为这个方法有害于这些受到或长或短时期失业者的品质。最明显的是,失业与缩短工时相比较,它使个人收入遭受更大和更集中的损失。这不但对直接受影响的本人而且对他的妻子儿女造成食物、衣着和燃料有严重缺乏的威胁。如果失业延长到一定程度,这种缺乏很容易导致长期的体质衰退。这还不是全部,它还会促使那些受失业之苦的人,使用威胁其道德本质永远堕落的手段,以满足其必需。特别是,失业会导使这些人依赖济贫法;如众所周知,这个国家的贫穷曲线跟着失业曲线上升,时

---

① 当然这不是说在这些行业中不存在缩短工时,相反,甚至在为低于正常工作收缩采用裁员方法时,实际在某种程度上采用高于正常的缩减工时方法。因此在工程业中,尽管正式缩减工时的平均数很小,却在正规工人的工作时间上加上平均 3.75%的加班时间(敕令书,2337,第 100 页),相对于加班工作而言,正常工作小时当然成为真正的缩短工时。所有这些的意思是,“这些行业在需求变化时调整自己的主要措施是裁减工人或增加工人”(H.卢埃林·史密斯对《调查就业不足痛苦委员会第三次报告》的证言,Q.4540)。

② 《外国报纸经济评论》,1921 年 7 月 22 日,第 190 页。

期大约落后一年。[1] 可是依赖济贫法或到处流浪，标志着人的意志衰落的明确阶段。在贫穷但存在奋斗和独立个性者与领取救济金的穷人之间有一条明确的界线。“领取救济金的穷人一般并非不快活。他们不害羞，他们不急于成为独立者，他们既不痛苦也无不满。他们已经越过划分贫困者与领取救济金穷人的界线。”[2]还有，“进入济贫院或走向流浪将家庭留给济贫法生活的人，一般说来是那些无疑被厄运连同自己的弱点造成不再是合格的值得尊敬的人。他们一旦进入这种状态，很少重返产业做工”。[3] H.卢埃林·史密斯爵士把这个问题总结如下：“我认为，当危险的强度和可依靠性超出某种限度时，不论从历史和观察角度看这种行为是明确地进入一个新境界，总之此时它已变成我称之为赌徒的冒险，到那里接触的危险不再是令人激动的刺激剂，而是产生一种非常严重的罪恶效果”。[4] 勒鲁瓦—比利以同样心态宣布，他的说法肯定是对的：“除特殊例外情况外，一般说来形成今日社会堕落的不是工资的不足而是就业的不稳固”。[5] 造成危害的原因也不仅由于不安全感。仅仅游手好闲的事实（根本不关匮乏之事，尽管它正常与前者相伴；除非他有在自己的或租入的土地上工作的机会可

---

① 时间上的间隔部分可能是由于个人储蓄、抵押家私、孩子们取得收入等的支撑；部分由于这样的事实，即对流入赤贫人群的制止不会降低赤贫人数，除非因为死亡或其他缘故使流入赤贫人数低于流出人数（参照贝弗里奇，《失业》，第 49 页）。

② 亨特，《贫穷》，第 3 页。

③ 贝弗里奇，《失业》，第 50 页。

④ 《经济学杂志》，1910 年，第 518 页。

⑤ 《财富的分配》，第 612 页。

以起缓和作用[①])，就有可能对受其影响的那些人的经济和一般效率起严重的腐蚀作用，随着游手好闲人数的增加，腐蚀作用迅速扩张。皇家济贫法委员会得到证言："严重的游手好闲在遇到要完成一项吃力工作时自然将此人赶往惟一去处，十之八九就是最近的酒店。对于这种品质的人从紧张艰苦的工作到绝对懒惰的经常改变自然使他趋向精神与肉体的堕落，最后当机会来到时成为不适合工作的人"。[②] 据报道有一位雇用大量劳动力的工厂主曾说："在我的技术工人中有5%～6%新近失业，在一段长时间闲散后，他们中每个人无不变质。有几个变坏得十分显著，有人变得工作不熟练和能力退步。我们所以有必要雇用大量工人者的普遍经验是，没有任何事情对这批人的能力比长时间闲散起更坏的作用"。[③] 德兰士瓦济贫委员会报告："失业是永久性无望型贫穷的最多的原因之一。不管一个人有多么能干，在长期的失业时期他必然衰退。他的手失去一些灵巧，他养成懒散的习惯。失业者的倾向是沉沦于不能雇用的水平"。[④] 有证据表明工人一旦成为不定期领取救济金者，就不再容易习惯做正规工作。[⑤] 新近美国的

① 在比利时，车票的便宜使得许多铁路工人能住在附有菜园的小屋里，当他们下班回家后可以耕种田园(参照朗特里，《失业》，第267页)。

② 摘自《皇家济贫法委员会少数派报告》，第1133页。但是有大量证据表明，英国的酒类总消费在就业充分时期最大，理由无疑是良好的就业通常一般地与人民的高消费力有联系。参照A.D.韦布《英国酒类消费》(《统计杂志》1913年1月)和卡特《酒业控制》，第90～94页。当然，这并不是说真正的失业者必定比他们就业时酒喝得少。

③ 奥尔登，《失业，一个全国性问题》，第6页。

④ 《德兰士瓦济贫委员会报告》，第120页。

⑤ 向慈善组织协会非熟练劳动委员会陈述的一些证言提到，一次试图将临时性码头工人转为永久性工人的建议，由于这些人拒绝转正而失败(《报告》，第183页)。

一次调查结果也可以参考:“如果一个时期的非强制休闲是在淡季中的休养和将息,这对就业不足有好的一面。但是强制休闲不会带来休养和将息。找寻工作要比工作本身疲倦得多。一个寻找工作的人坐在慈善机构里等待中介人的来到,在试图得到工作同时与人谈谈自己的经历:他要在早上 5 点钟起床,走 3 或 4 英里路到遥远的地方,因为他曾听说那里有事可干。为了赶在他人之前他要去得早,他步行因为他付不起车费。在第一个地方寻找工作失望,他得走往几英里外的另一个地方,到那里又碰到再次的失望……这个人讲述他的经历时,他深深感到这个真理,即没有职业意味着远比简单地损失一些钱的影响重大得多;它意味着不能以金钱计量的生命力的枯竭”。① 此外,萧条月份的坏影响不是繁荣月份的好影响抵消得了的。实际上,情况确实是这样,如常常发生的那样,繁荣月份的含义只是长时间的加班,它们并不会产生任何好的作用可以抵消萧条月份的坏作用,而其本身只是增加更多的坏作用。

第 8 节

就是在这一点上以上两章的分析变得相互关联。应付萧条的缩短工时办法对国民所得总是比裁员办法有较大好处的结论,这个由此前观察导致的结论必不可不假思索地接受。在刚才提到的分析中,当讨论移动费用时,不必明言的假设是,准备抵消移动费用的移动所得完全由经济形势决定,不须特别调查。但是事实上

① 《美国劳工统计局公报》,第 79 期,第 906～907 页。

这个假设不能完全有保证。例如在一家雇用100个工人的工厂里，由于生产需求下降，按照目前工资率——我们假定要保持这个水平——需要比以前减少1/100的工作量，要满足这个条件，可以或者全面缩短正常时间1/100的工时或者裁减1个人。此时要一个工人去往他处，如果移动费用（以本书第9章第9节所说方式折合为日工资）少于此人的全部日工资，显然对国民所得有利。如果实行裁员方法，假定被裁掉的那个人有必要就业门路的知识，要到他移往其他地方就了业，这个条件才得到满足。可是，如果实行缩短工时法（或轮流做工），除非移动费用（如上面所说的折合）少于日工资的1/100，否则没有人会移动。因此从这点上说，缩短工时法对国民所得的损害要比裁员法更大。当移动费用极大（也就是当从一个技术产业移动到另一个技术产业时），或者当需求的萧条预期只持续极短时间时，在两种计划中都不会出现工人移动，实际上没有东西会抵消缩短工时的直接和即时利益。但是，当实行裁员计划本来会出现工人移动，但因实行缩短工时计划不发生移动时，在这种情况下国民所得就要受到损害。如果只有一家工厂采取缩短工时来应付它一家遇到的萧条，而在该产业的别家工厂的工作有良好需求时，要比它采取缩短工时方式应付别家工厂同时遇到的萧条，更可能发生损害国民所得；因为工厂之间阻碍移动的费用要少于产业间阻碍移动的费用。上面对于缩短工时计划的反对理由值得注意，但当然不是决定性的。观察到一条完全相同理由的反对意见反对棉纺业战时轮班政策是有意义的，根据此项政策在所有工人中轮做全部工作，并付给“轮空者”工资，这笔支出向机器工作超过正常比例的雇主征收。[①] 也有人在某种程度上反对所有失业保险计划;因为那些计划减少移往可能得到工作的新行业者的所得。[②] 几乎不需要说这个反对也不是决定性的。移动造成的差异一般不大;另一方面,要是没有防止它的规定,失业会不可避免地造成许多人的损害。可是存在反对的事实不应当忽视。在英国 1921～1923 年出现非常特殊的情况,当时于由战时需要,大量人员使得造船业和工程业人满为患,[③]公众利益要求将相当多人调离这两个行业,这样做有压倒性的重要。

第 9 节

在以上分析中,注意力限制在应付当前工作中发挥重要作用的体力工人的方法上。可是人们必然注意到在这些方法中没有提到在企业和其他机构任高级职位的领薪水雇员。他们继续保留领取薪水不顾随时需要他们做的工作量多少。法官既不会被解雇,也不会在诉讼清淡时领取减少的薪水。公务员、大学教授、陆军和海军(不论军官或士兵)以及私营和合股企业的主要高职员的情况

① 关于战时棉花控制委员会的工作的论述,参见 H.D.亨德森著《棉花控制委员会》。1918 年 8 月取消了 1917 年 9 月建立的轮班制度,决定特别征税的收入此后只用于给予明确而连续失去工作者的失业救济。黄麻控制委员会于 1918 年 3 月新实行补偿因希望减少 10%的黄麻消费而决定停开一部分机器而被辞退的工人。但是这种补贴只限于辞退后找不到别的工作的工人,任何无合理原因拒不接受合适工作的工人不再发给补贴(参照《劳动公报》,1918 年,第 135 页)。大约在同一时候,德国为补贴因燃煤短缺而停工的工人的计划中也有相同的规定(《劳动公报》,1918 年,第 141 页)。

② 根据 1927 年英国保险法,可以要求申请救济金的人在适当条件下接受在其他职业中的一个工作;但是当然,这只可能作为最后的手段来使用。

③ 参照《失业的第三个冬天》,作者为鲍利博士等,第 24～25 页。

也是如此。有人有时会问，为什么这个办法不能在产业的体力劳动者身上使用？为什么一旦就业后不能被看做永久性的成员，只要在工作，在特定时期内不管有许多、很少或无工作可做，都付给全部工资呢？必须立刻承认，在劳动需求完全稳定的企业，使用永久性薪金制不会影响国民所得。不管怎样只要他们的工资水平经过恰当调整，工人将继续雇用并付给全部工资。但是在劳动需求容易变化的地方，问题将难以解决。鉴于工人在不工作的时候也得到工资，平均工资率水平必定下降，才能使一个普通工人的每年收入保持在原有水平。要是劳动变为固定费用，就像现在资本设备支付的利息和高级职员的薪金是固定费用一样；雇主不论旺季淡季支付的总数就像现在支付的一模一样。因此从表面上看，这个经过思考的安排与现在的安排的差异出现在账面上而不是在实质上。可是实际情况并非如此。如同在萧条时期依靠缩减工时一般，但程度上要剧烈得多，它将阻止工人从暂时或永久萧条的企业移向需要劳动力的企业。至于高级职员，他们在任何情况下必定留在原来企业里，这就不成问题。无论如何将愿意留在那里的高级人员缚在他的位置上不会造成损害。但对一般体力劳动者来说这确实成为问题。因此，虽然这个办法可以应用在一个企业雇用的一定比例的普通工人身上，不会损害国民所得，它不能应用在全体工人身上；而把这个办法应用在某些人而不用在其他人身上是很难实施的。对于新近有人建议的一种经过修正的安排有更多话要说。那就是让体力劳动者变成受薪金的雇员，不光是在一家工厂如此，而是在这种工厂所属的产业里全体工人都是这样。当工人一旦到这个产业登记，他们就领取全部工资，条件是听从有资格的机构派他们去这个行业需要劳动力的工厂做工。这个经修正办法——实际上等于产业实行的一种失业保险制度，其救济费等于全部工资率——不干涉在同一产业中工人从一家工厂调到另一家工厂。然而它在阻碍工人从一个产业去往另一个产业的移动上与未经修正的办法没有两样。此外，在确定条件上——哪些人根据条件可以在特定产业中登记，哪些人根据条件应停止这种登记——存在一些技术性的困难。可是对这些问题的全面讨论不能在这里进行。

第 12 章　以干预方法提高工资的可行性

第 1 节

本编其余部分的目的在于探索是否以及在何种环境中能以旨在将任何行业或行业一部分的工资率提高到“自然工资率”以上的干预手段来增加国民所得的规模。这里使用的自然工资率意指没有直接有关的工人和雇主以外的个人或个人团体的干预自然通行的工资率。不管是雇主或雇工的垄断性行为都包括在“事物的自然过程”之中；我们需要考虑的惟一干预是消费者的干预和政府机构不是以消费者而是以管理者行事的干预。

第 2 节

消费者干预是指顾客同意只向对待其工人符合公平标准的企业购物，以强迫雇主给予工人较好的条件。这种方法的范围在不同行业中差别很大。例如，它可以更容易地应用于零售商店售货员的劳动工时上，这些售货员是顾客实际看到的，它较不容易应用于工厂或家庭的雇工身上，因为顾客看不到他们。[①] 这种方法总是由于顾客所知事实的不完善和许多商品在由零售店卖给顾客之

① 参照梅尼，《家务劳动》，第 173 页。

前经过若干制造阶段而受到很多限制。可是私人组织设法通过白名单和工会标签等手段应用这个方法。[①] 政府机关有各种订货合同可以提供，它使用干预方法取得较大效果。1893 年英国下院通过的公平工资决议，力求保证做到政府部门使用该决议，要求厂商根据政府合同“应按现行工资率（当地的）付给雇工”不得减少。伦敦郡议会制定一份工资表，规定所有投标订立合同的所有企业必须同意向它们为完成合同雇用的工人支付表上列出的工资。有几个市政当局进一步坚持，凡不支付“公平”工资的厂商不能与当局订立合同，公平工资不仅仅指合同上的工程，而是包括该厂商所有工作。因此，“贝尔法斯特和曼彻斯特有长期有效的命令，根据这些命令凡投标或履行合同的合同订立者必须按工资率支付工人工资，遵守劳资双方组织同意的劳动时间，不得禁止工人加入工会；而在布拉德福德，合同订立者需提出证明，在他投标前三个月他支付给全部工人的工资是按照雇主协会与工会同意的工资率发放的”。[②] 政府当局的干预——不是作为消费者而是作为管理者使用它们的力量——澳大拉西亚的经验使大家熟悉这件事，现在这个国家在这方面也起相当大的作用。决定这些不同种类干预的方式有无可能影响国民所得是一个复杂的问题，解决必须分阶段进

---

① 1905 年澳大利亚商标法规定，所有出售商品应贴有标签，表明商品制造商是否完全雇用工会劳动者。此法被高等法院判定违宪，理由是联邦关于商标的立法权不允许有商标设计不符合使用厂商利益的立法（《经济学家》1908 年 9 月 19 日，第 532 页）。

② 《公平工资委员会报告》，第 50 页。除非对订合同人应支付标准工资的要求条件应用于他的一切工作，否则肆无忌惮的订合同人会逃避这个条件，雇用同一个人做合同内工作时付给全部工资，做别的工作时给予特别低的工资。

行。在这一章中我将提出初步问题，即它在实际中能否可行，以及它能否真正影响国民所得的规模。

第 3 节

回答这个问题部分取决于另一个问题，即雇主和工人是否有可能不被察觉地逃避干预机构的建议或命令。察觉因下列事实而变得困难，即雇主雇用工人服务的合同十分复杂，合同中除货币工资外，还包括明白的或含糊的条件，如工作速度及工人工作中舒适的安排，有时还有某些实物工资的提供。在执行这些项目的这条或那条时，雇主如果希望这么做，他有可能使货币工资外明显的附加条件失效。[①] 然而，不光是这种方式能出现不被察觉的逃避。因为穷人往往宁愿接受低工资不愿失去工作，在雇主与雇工之间可能发生串通一气。发生在维多利亚中国工厂的事情是众所周知的，实际上支付的工资比名义上支付的低。当工人未组织起来时——如果他们极穷或如果他们分散地在自己家中工作[②]——即使强有力的政府，不用说消费者协会，在实施它的意志时必然有巨大困难。这个事实可以用实施我国自己法律关于妇女和儿童劳动卫生、安全和时间中的经验加以说明。要对一个行业中小型和不显著的单位接受控制常常极为困难——尤其是劳动时间——因为

① 在这方面注意到政府给予加利福尼亚、俄勒冈、华盛顿和威斯康星州工资委员会管理权力是令人感兴趣的，它们不但管理工资率，而且管理工作时间，还包括工作妇女的“劳动条件”（《世界的劳动法》，1914 年 2 月，第 78 页）。

② 劳埃德先生写道：“设菲尔德和索林根的磨床工比刀剪匠为什么有较好的组织，是由于前者在工作时更多集聚在一起”（《经济学杂志》，1908 年，第 379 页）。

在家庭工场中在单独的工人家庭劳动与工场劳动非常容易混杂在一起。[①] 在现今的英国任何地方，在自己家中工作的雇主，从外部招用雇工就是工场，应服从工厂法的通常规定。在自己家中工作的雇主，只雇用他自己家庭成员做工是“家庭工场”，它的卫生安排（虽然要求比普通工场稍低）以及在那里工作的少年和儿童的工时也要接受管理。但是当一个家庭工人单独在家里为外界的厂商工作时，没有规定这些条件。即使在一般工场和家庭工场，以现有的视察人员，以上规则是否令人满意地贯彻值得怀疑。[②] 视察员的任务始终极度繁重，以至于在英国不断要求增加人员。然而，要是我们刚才讨论的那种管理是如此困难，工资管理更加不易。如上文已详细谈到，工资率不像卫生安排、工作时间等等那样，它不容易被视察员的眼睛或鼻子所察觉。[③] 因此破坏工资率规则，除非通过工人的公开行动，否则很少被发现；当工人尚未组织起来时，个别的工人由于害怕更坏的命运落在头上，往往不会采取行动。英国劳资协商委员会法的行施受到这种困难的严重阻碍，尤其是它与家庭工人的关系。[④] 但是在有高效工人组织的地方，这个困难能被克服。因为工人具有彼此团结感，他们不会因害怕失去工

---

① 曾经有人提到，在家庭工场中的使用外包工者、雇主甚至地主，要他为破坏法律负法律上的责任，法律便能比较容易地实施（参照韦布在皇家劳动委员会上的证言（敕令书，7063—1，Q.3740）在马萨诸塞州有时令使用外包工者负法律责任）。

② 参照新西兰和维多利亚在实行限制店员工时法中遭遇的困难。在新南威尔士，这些困难因施行为全体商店（不管有无雇工）规定工作时间的法律而得到部分避免（参照艾夫斯《关于商店雇工工作时间的报告》，第 12 页）。

③ 麦克唐纳夫人，《经济学杂志》，1908 年，第 142 页。

④ 参照维西利茨基，《家庭工人》，第 7 章。

作受恫吓而接受少于工会规定工资率的工资，而会向工会官员申诉；即使个别工人不这样做，工会官员也会发挥目光犀利的义务视察员的作用。因此，得知旨在提高衰退行业（如制链业）工资的政府行动，曾几次导致工人组织改善的消息是令人鼓舞的。“在与建立劳资协商委员会有关的形势中，一个特别有希望的特色是，受到影响的产业中的妇女有信心加入他们的工会，有几个工会已接受大量女会员。对工资管理的一个经常出现的反对意见是它对未组织工会的行业没有用处，而那些行业是最需要这种管理的行业。实际情况似乎是，工资管理的前景正在鼓励工人组织起来，因为它能给予穷困工人有政府在背后支持他们的感觉。”①与此同时，当然，付给他们较多的钱，使他们更轻易支付工会会费。这些状况似乎表明，政府的干预虽然有时由于没有察觉的逃避而受挫折，但它不会受到普遍的阻碍。

第 4 节

可是这些广泛的议论没有对建立真正不漏水的管理制度涉及的困难做到完全公正。当管理当局本身建立和施行完善计件工资的等级切实可行时，的确没有更多的话可说。但是这个做法只能在有限领域施行，因为在许多产业里的机器不同，工厂安排不同、要求的工作质量不同（如在锁扣眼工厂）等等，使得要求有一种不同的计件工资率“适合于”不同的工厂；要求劳资协商委员会或其

① 哈钦斯与哈里森，《工厂立法史》，第 269 页。建立劳资协商委员会在成衣业中要求组织工会的有利反应的证据，参照托尼，《成衣业中的最低工资率》，第 90～94 页。

他政府当局具有应付这些区别的知识是有点不合实际的。[①] 结果是，根据英国劳资协商法任命的委员会常常发觉，它们能做的最好事情是制定作为标准的所谓最低日工资，同时授权雇主拟定计件清单，使它规定的计件工资所得能允许这个行业中“普通工人”获得相等于日工资的收入。鉴于这样的事实，即希望计件工资制能比计时工资激发工人更大的积极性，1918 年劳资协商委员会法授权劳资协商委员会制定作为计件工人标准的最低日工资高于为实际按日工资雇用的工人规定的最低日工资，于是所属工厂实行计件工资制的大多数产业工会，全得到这个权力。[②] 但是还有别的困难。除非作出进一步的规定，由于“普通”这个词含义的模糊不清，还存在微妙的逃避机会。为堵塞这个漏洞必须确定这个词的定义。在控制制纸盒业的劳资协商委员会所作的工资决定中是这样做的，即规定任何计件工作中，任何企业雇用的计件工人必须有 85％的计件工资不低于最低日工资。因而 100 个工人中从能力等级顶端往下数的第 85 个工人可以用作代表最差的“普通”工人。可是即使有这种数字定义也不足以使逃避成为不可能。雇主实际上依旧有权压低工资标准，办法是开除最差的工人，雇用较好的工人替代他们，然后把计件工资率定在本来必须使普通工人的 85％赚到标准日工资那个数字以下。为消除这个危险，制衣业的劳资协商委员会为“普通”工人确定最低计时工资并予公布，如果工厂雇工中有 85％赚到这个最低数，就有了初看有力的证据，表明那

① 为说明这个困难，参照蒂利亚德，《工人与国家》，第 58 页。

② 参照蒂利亚德，《工人与国家》，第 60 页。

里建立的计件工资率是适当的。可是有消息说，某工厂以特定工资率雇用的一些手脚慢的工人收入有相当大的减低，这件事又驳斥了这个初看有力的证据。当工厂没有特别挑选工人时，100 人中的第 85 个人只能认为是最差的“普通”工人。[①] 制纸盒业中劳资协商委员会建立的规则也是同样性质。[②] 这样的规定显然引起细节上的微妙问题，作为最后解决办法必须把它们提交给某种形式的劳资联合委员会。因此，根据煤矿最低工资法规定，雇主希望把某个工人作为低于“普通”对待，这样对待是否正确问题，须由劳资联合委员会裁定。在这种安排下要是不能完全制止逃避，无论如何能有效地加以抑制。

第 5 节

可是，假定不公开破坏法律就不能出现逃避，而破坏法律的逃避是能够被察觉的，这样雇主就不能干预真正起作用的工资自然发展过程。可能发生这样的情形，即甚至当逃避被察觉的时候得不到制裁的办法来限制它。可是，事实上制裁办法是有的。即使消费者协会掌握抵制的武器，当这个武器得到工会支持时，还能呼吁工会代表它运用罢工的武器。政府机构控制着巨大的制裁武器库。其中最通常的是简单地向了解情况的舆论呼吁，就像加拿大产业纠纷调查法中所指望的。战前不久，马萨诸塞州根据这个方法通过法律，建立有权力调查的委员会，它通过工资委员会调查有

① 参照托尼，《制衣业中的最低工资》，第 50～51 页。

② 参照巴尔克利，《制盒业中的最低工资》，第 21～22 页。

充分理由相信付给女工的工资“不足以供给生活必需费用和保持工人健康”的任何行业。召开公众听证会后，这个委员会提出工资率，并“发布它裁定的命令，附有没有或拒绝接受它的雇主名单。这份名单随即在至少 4 份报纸上公布，但不加进一步的惩罚”。[①] 小看这种形式制裁的力量是错误的。无可怀疑我们低级工人的工资率，“若没有习惯的或传统的标准有效力量，将低于他们现在实际所有的”。[②] 女工的工资率在战前大约为每周 10 先令，也有可能在某种程度上得益于舆论制裁。为特殊和有限目的的稍为严厉的制裁是使用英国 1909 年劳资协商委员会法。这个法令规定，在委员会决定成为强制性以前的开始时期，政府的合同只给对工人支付政府提出工资率的企业。1906 年澳大利亚的消费税率法提出了更严厉的制裁办法，后来该法被最高法院宣布为违宪。[③] 此法准备对给工人工资低于“公正和合理”工资率的当地制造商课征级差消费税。在与澳大利亚立法类似领域，实际实施了基本上与这个法令差不多的政策。“1907 年津贴法、1908 年制造商鼓励法和 1910 年页岩油奖励法在规定对本国产业的鼓励中，还规定了如果商品的生产同时不付给生产中雇用的工人公正与合理的工资率，将拒绝或减少发给奖金。”[④]如果这些较轻的制裁无效，可以使用罚金，有这个规定的制裁不但在著名的维多利亚和其他澳大利

① 《世界劳动法规》，1913 年 2 月，第 49 页。这个法规的概要和美国各州性质相类似的法规，可查阅马尔孔奇尼，《家庭工业工资》，第 546 页及以后几页。

② 《皇家济贫法委员会报告》附录，第 17 卷，第 377 页。

③ 圣·莱杰先生在他所著《澳大利亚社会主义》，第 394 页及以下诸页录有最高法院的判决。

④ 《联邦手册》，第 476 页。参照布赖斯，《现代民主》，第 2 卷，第 245 页。

亚殖民地的法律上和英国劳资协商委员会法上存在，而且在较近期的 1913 年俄勒冈州和华盛顿州通过法律中出现，但只适用于妇女和少数民族。[①] 在某些这种法律中还加上徒刑的制裁。要说的还不止这些。有一种制裁比罚金和判刑更强有力。在雇主愤恨宁愿选择暂时停工以抵抗的工资率与迫使雇主会完全放弃他们产业的工资率之间一直存在一个界限。对于这个界限政府或其他机构能以两种不同方式加以利用。第一，在某些境况特殊的产业中，政府可以威胁要把雇主逐出这个行业，除非他们同意支付政府法令规定的工资率。例如在普通铁路或街道电车这种依靠当局给予特许的产业里，特许的条款上可以规定，任何拒绝接受当局关于工资率的决定将丧失特许权。[②] 第二，在一般产业中，如果顽固的雇主试图支付少于法令规定的工资，政府可以津贴反对这种工资的工人罢工，或者可以强行封闭他们的工厂。使用这些手段可以剥夺他们在投降和永久性改变职业之间还有第三条道路。也不求助于那种其包含的程序有混乱性质以致不能实行的办法。不能把这些手段轻视地看作行政机关与对抗的雇主协会无休止的冲突。因为前者的胜利绝对肯定，只要一旦知道政府已下决心使用它们，几乎难以产生抗拒。在最坏情况下，显示一下力量就足够了：

① 参照《美国劳工统计局公报》，1913 年 1 月，第 204 页。到 1923 年底，美国有几个州通过某种最低工资立法，但从那时起法院决定把大多数法律列为违宪。只有依靠舆论制裁的新法律在马萨诸塞州和威斯康星州得到通过。参照《最低工资确定机构》(《中级劳动局》，1927 年)，第 113 页及以后几页，和《研究加拿大与美国产业状况代表团报告》(敕令书，2833，1927 年，第 92 页)。

② 参照米切尔，《有组织的劳动》，第 345 页。

门口那部庞大的双手并用的机器
随时准备打击一下就永远解决问题。

这种形式的制裁是所有可使用制裁手段中最强大有力的。[①] 当然，不论是这种形式还是任何其他制裁形式不是在任何环境中都是绝对的和强制性的。批评者能容易地指出，当雇主特别顽固时，提高工资的干预难以成功地实现。但是这件事与实际问题无关。当问到怎样能强迫人们在亏本时继续经营特定行业，回答是不能强迫他们做到这点。但是，正如在详论强制性仲裁那一章中表明的，证明一种法令**有时**达不到它目的与证明它没有效力完全是两码事。杀人者和放火者破坏法律并逃避刑罚不是不可能的。法官可能命令一个母亲把她的孩子交给某某人照管；但是如果她选择躲到无人得知的地方，或者作为最后一招杀死孩子或她自己，他们就不能强迫她服从命令。可是任何人都不会举出这些事实证明我们法律没有有力的制裁力量。同样，任何人也不应举出当局关于工资制裁的决定不完善的事实作为这些决定不存在的证据。它们是真实而有力的。在它们帮助下提高工资的干预能在实际中切实可行。

① 参照我的《劳资和解的原则与方法》，第 191～192 页。

第 13 章　雇用劳动力的方法

第 1 节

在检查以干预来提高工资的效果以前，有必要对雇用工人的方法作一次初步的探究；因为干预产生的效果部分取决于这些方法是怎么样的。这种依附关系的理由是，当任何地区或职业工资上升时，有一种影响发挥作用，根据不同环境，这种影响可能使企业从外界吸收新工人进入这个地区或职业；在相反情况下，可能将已在那里的工人推出去。这种影响通过工资运动导致这个地区或职业对外界人们和对内部人们发生的吸引力的变化而起作用，对这两方面人们吸引力的变化不单独决定于工资改变的数量和有关劳动需求的性质，而且也决定于与流行的雇用方法相关的某些其他条件。任何地区和职业中工人所得的数学期望值的计量方法是任何时候特定质量全体工人一年所得总数除以工人的人数。如果雇用方法是每个特定质量的人——不管已被那里雇用或者目前尚在外界——都有得到在那里受雇的平等机会，那么这个地区或职业对外部人员和对内部人员的吸引与排斥全都符合这个数学预期值，从这两组人员的立场看，数学预期值的变化大致上与吸引力相一致。实际上这种一致不是完全的，因为对许多人来说，一个由较高名义工资加上最坏就业前景组成的特定的“收入期望值”，比由较低的名义工资加上较好的就业前景组成的平均期望值有较大的吸引力。因此济贫法委员会委员报告说:“在利物浦,有人坦率地说,名义上的高工资从乡村和从爱尔兰吸引不少人,他们的印象是他们能得到有这种工资率的正规工作”。[①] 迪尔先生向伦敦建筑业说过意思差不多的话。[②] 威廉·贝弗里奇爵士在战前也曾写道:“可以使人们从事每两周约有 4 次 5 先令一天工资的工作,此时他们会轻蔑地舍弃 15 或 18 先令一周的正规工作”。[③] 但是这里不需要强调此中的原因。只要说明一下在这个详细考虑的条件中,收入的数学预期值与这个行业对业内外众人吸引力的变化大致相一致就够了。可是,如果雇用的方法是这么一种情况,以致当那里的工资率被迫提高,可得到的雇用数量随之下降时,已经在这个行业中受雇的特定质量的任何人将被接受,再也轮不到外来的新人,此时不管对收入数学预期值的变化的效果如何,这个行业对外界人们的吸引力必然等于零。再则,如果雇用方法是这样,在已经受雇的特定质量的工人中,工人继续就业常常要被厂方根据正式或非正式的优先录用名单选择,工资率的被迫上升,必然把这个地区或职业对那些处于名单底部的内部人员的吸引力下压到零。当然,雇用方法的差异在事先长期考虑他们的孩子应受哪种行业训练的人们观点看来或多或少模糊不清。但是这并不减少他们对旨在提高工资的干预所产生效果的重大关切。面对工资率强迫上升有 3 种可能性:(1)受影响的地区和职业的吸引力,在改变后对

① 《皇家济贫法委员会报告》,第 353 页。

② 《伦敦建筑业中的失业》,第 127 页。

③ 同上,第 197 页。

外界和内部人们都符合那里的收入数学预期值；(2)对全体内部人员它可以符合这个数学预期值，但对全体外界人员它等于零；(3)对被辞退的内部人员以及对所有外界人员，它全都可以是零。如果劳动的雇用方法完全是偶然任意的而雇用是短期的将出现第一个可能性；如果雇用方法是内部人员优先于任何外界人员，而在内部人员中都处于平等的立足点，将实现第二个可能性；如果所有被这个地区或职业感兴趣的工人为雇用目的都暗示地或明显地排列在优先录用等级表上，将实现第三个可能性。在这样区分的三种方法中，第一种的明显标号是**偶然**方法，第三种的标号是**优先**方法。第二种没有现成的令人满意的标号，有必要创造一个名称，我将称它为**特权等级**方法。

第 2 节

这三种方法之间的区别可以用例子来说明。当所有特定质量的来者(不一定所有来者属于不同质量)全部不计较地收下时，偶然方法占主导地位。这个方法的一般特征是明白的。有时有人提出，当若干工厂的工人是通过中央机构雇用时，这个事实必然不属于这个方法。但是这是一个混淆。劳工介绍所适用于这个方法，正如单一工厂用偶然方法雇用工人一样；事实上许多介绍所的章则规定它们**必须**这样做。因此法国工会组织的许多劳工介绍所的官员说，"对它们会员的分配工作严格按照**申请的先后**次序进行"。[①] "安特卫普劳动局遣派工人就业的规则采取到局申请先后

① 《美国劳工统计局公报》，第 72 号，第 761 页。

的次序——这种方法成为众多批评的对象。"[①]在柏林酿酒工劳动局中,"工人在被安排就业之前必须等待他轮到的时候,也就是他在登记时得到一个号码,然后必须一直等到登记表上在他之前所有号码已经安排妥当"。[②] 在所有这些安排下,占主要地位的雇用方法是偶然方法。特权等级方法先前是根据 1912 年利物浦码头方案建立的。在特定日期在码头工作的所有工人都得到一方标志牌,有了它,使他们在就业上优先于没有标志牌的工人,而在这个等级中所有人之间是平等的。[③] 优先方法正式或非正式的应用范围很广。它不明言地包含的意思是,对特定质量的不同工人不是一视同仁地加以雇用,而是按照某种或多或少确定的次序雇用,因而那里不论何种工作往往集中在某些个人身上,而其他人什么也得不到。当使用一份实际优先名单时,从现在观点看来,这份名单的制订以什么为基础无关紧要。一种名单可以将申请者的名字按他们在这个行业中服务时间的长度排列——它在衰退行业中是特别有好处的安排法——或者甚至以姓氏字母次序排列,都将适应其目的。实际上,当在相同工人之间存在优先名单时,它常常仅是在假定为另外的一群工人中以能力大小排列的名单的副产品。因此伦敦失业者中央团体在它的有代表性的章则中建议,"监工头根据要求条件推荐申请者就业,但雇主可能从登记的申请者中挑选他们认为合适的任何人"。[④] 一般地说,这就是柏林中央劳动登记

① 《美国劳工统计局公报》,第 72 号,第 766 页。

② 施洛斯,《关于对待失业者的机构与方法的报告》,第 84 页。

③ 参照威廉斯,《利物浦码头方案第一年执行情况》,第 1 章。

④ 《美国劳工统计局公报》,第 72 号,第 803 页。

处执行的政策。[①] 就其将许多**平等**能力的工人以时间先后次序排列而言,这暗示这种优先办法与我们所讨论的有关。

第 3 节

没有必要说,盛行于不同地区和职业的雇用方法并非明显地分属于上面刚刚谈到的 3 种类型。而是一般说来其实际存在情况是一个折中形态,趋向于 3 种类型中的这种或那种,但又不是完全一样。决定在它们之间作出选择的影响力很像第 11 章中讨论过的应付萧条时期在各种方法中间进行选择有关的那种影响力。使雇主不愿意在那种时期依靠减少人员的这种考虑——害怕失去任何季节都对他们有特殊价值的人员等等——也使他们憎恶偶然方法。因而这个方法可能只有在那种时候被采用:即工人全都没有技术,特定工厂或工作的细节条件完全一样,以致一个工人对雇主的价值不会因为他以前曾被这位雇主雇用过而明显增加。优先方法在如下条件下使用有好处:即同一工人继续工作很为重要,而借助缩短工时办法在淡季时保留比必要较多的工人将是昂贵的,但不这么做是有损害的。在使用缩短工时办法有技术上障碍的地方可以使用特权等级法。容易看到在"静止状态"中,后两种方法将导致相同结果。

第 4 节

观察到偶然方法和短期雇用习惯之间的联系是有意义的。的

---

① 参照施洛斯,《关于对待失业者的机构与方法的报告》,第 87 页。

确，长期雇用并不与某种程度偶然方法不相容，因为，即使是一年一次的雇用，只要不同工人雇用的终止不在一个时候，就将一直有一定数量的职业可就；但是，要是不同个人的雇用全在同一时候终止，在那个时候那里的所有职位将空着要人，然而在极短期雇用情况下，实际上所有的职位陆续有空缺出来。因为只有在有职业可找时才有可能存在偶然性。由此可见，当长期雇用盛行时偶然方法不能发展得像在短期雇用时那么完全；或者更一般地说，在偶然方法流行的行业中，正常雇用时间的长度每次增加，将在某种程度上破坏此种方法。长期雇用在很大程度上是促使雇主宁愿采取优先方法和特权等级方法不愿采取偶然方法同一原因的副产品，其本身并无构成原因的影响力。然而有时，长期雇用是由与这原因不同的原因促成的，此时，长期雇用，或者更严格地说，导致长期雇用的原因通过它们起作用，我们可以恰当地把这些原因当作反对偶然方法的外加因素。在有技术的体力劳动者中间，在他们的持续工作对公众极端重要的行业中，有时采用长期雇用作为消除罢工的手段。南方大都会煤气公司与其“合伙人”的协议提供这方面的一个事例。“这个协议对我方是明确保证，保证给一个人期限从 3 个月到 12 个月长短不等的工作，大部分我们的工人根据这种协议工作。协议的起因是（也许你有所闻）为了避免一大群人在同一时候给我们停工的通知。在 1889 年本公司罢工时间，所有罢工者在一个时候给我们通知。为了消除这个情况，我们订立一系列协议，每星期有许多协议满期。订协议不是强迫的，签与不签悉听自愿，但是签了协议的那些人共享公司的繁荣。目前，已签协议的人多得工资的 10%，作为遵守协议的后果，因此你能理解，要大部分人签协议没有困难。”[①]在非技术工人中间，不但争取长期雇用的正面动机普遍薄弱，因为发生罢工时他们的工作更容易被取代，而且有时出现明确起反作用的负面动机。因为在技术工人中，他们自己较高的智力和强大工会组织的存在，使得执行纪律的机构成为不必要；在非技术工人较庞杂的阶层中，工头觉得除非随时准备使用立即开除的武器，不可能完成一天应有的工作。[②] 此外，必须回想起在所有各类工人中，如在第1节中指出的，他们本身喜欢短期雇用，就是因为它才使偶然方法有可能存在。济贫法委员会的多数委员写道：“如有人叫做‘码头工人罗曼史’的，就是他们与所有手艺人不一样，只要欢喜就会几天不上班，不会因此受到惩罚……在南安普顿码头有几件事引起人们注意，那里的永久工人请求给予临时性雇用。[③] 沃尔什先生以相同方式写到，有很大一部分人参加码头工作，因为那里的工作断断续续的，因此对他们来说，要比要求正规上班的职业更加合意”。[④]

第5节

政府有可能以直接行动鼓励就业期限刚刚终止的人重新受雇而不鼓励雇用新人，并以建立长期雇用制度要做的同样方式去打击偶然方法。因而济贫法委员会委员写道：“打击临时性劳动的一

① 《慈善组织协会委员会关于非技术劳工的报告》，1908年，第170页。

② 参照梅斯尔斯·普里格尔和杰克逊，《给济贫法委员会的报告》附录，第19卷，第15页。

③ 《皇家济贫法委员会报告》，第335和354页。

④ 《关于码头劳工的报告》，第19页。

个方法就是征收我们可以称之为'雇用终止税'的缴费。也就是说,到每一次雇用终了应交纳一小笔付款,此款可由雇主或由工人支付,或者雇主和工人一起支付,此款具有向国家罚款或交印花税的性质,这种税或'雇用终止税'很容易课征,可采取印花税票形式贴在'雇用终止'表上,同时规定每个工人去劳工介绍所登记时务必出示此表。有人强调,如果采取这个制度有 3 重好处。第一,它将阻止雇主或雇工对雇用的恣意终止。第二,它还将阻止雇用临时工,因为一个企业雇用的临时工越多,它必须支付的'雇用终止税'越大。第三,企业敢于实施这两种做法,到一定程度就能省下一大笔开支,可将其用于支付实施我们将提出的这个或那个建议的费用"。[①] 这种办法如果采用了,无疑将加强雇主尽可能由同一人把工作做下去的愿望,由此将增强由这个愿望产生的刺激,使他采用不是偶然方法的雇用方法。1911 年国民保险法规定(1920 年保险法不再使用这个规定)的大意是,"当一个雇主雇用一个人连续期间超过 12 个月,他可以收回为此人支付保险分担额的三分之一",[②]这就是由于这种考虑而制定的办法。但是我们必不可忘记,所有这些办法不仅鼓励雇主继续使同一个人留在职位上,这个职位他们不管怎样都是决定要用人的,而且在较少分量上鼓励他们把许多工人留在岗位上,否则他们本来会暂时把这些岗位停止作业。至此,这件事的作用会制止劳动者从需求下降的中心向需求上升的中心自由移动,从而阻碍了最有利的就业。这些办法以

① 《皇家济贫法委员会报告》,第 410～411 页。

② 《解释备忘录》(敕令书,8911),第 5 页。

这种方式对国民所得施加的直接损害，需要它们可以带给国民收益不论什么样的间接利益来抵消。

第14章　在工资不公正的地区和职业中以干预方法提高工资

第1节

从广义上使用货币工资一词来包括任何以实物支付的货币估计值是方便的。因此在登记的实际货币工资之上得加上某些东西，如供应农业工人的食物和酒，供应煤矿工人的煤，供应家庭佣工的住房和食物，如此等等。本章中使用工资一词的意思就是指经过这种方式增加的货币工资。假如所有地区和职业付给工人的工资相等于工人工作的净边际产品的价值——为目前讨论的目的，不理会私人与社会净产量之间的可能差异——又假如在不同地区和职业中所有工人等级的分配（如第9章第2节所说）使广义上的国民所得达到最大，就会在不同工人工资之间建立起某种关系。这种关系我认为是公正的。[1] 至于在相类似的人们之间已经达到**平等**关系，只需如第9章第2节所说那样调整次要的有利和不利条件的差异。因而我的解释符合马歇尔所说的，即在任何特

① 如果我们要考虑整个人口中所有阶层的相对收入，认定流行的关系公正是方便的，就像不但满足了正文中要求的条件，而且第9章第1节中提到的受教育与训练机会的不平等也已消除。至于什么时候干预这种广义上不公正的事实对社会有利的讨论应遵顺正文中讨论的同一方针。但是这里我们关心的是挣工资阶级内部的不公正，在那里机会不平等处于比较不重要的位置上。

定行业中，工资相当于一般行业的工资就是公正的；如果考虑到劳动力需求稳定性的差异，"它们与有同等困难和麻烦并需要同等劳动能力和相同昂贵训练费用的其他行业的工资处在大致相同的水平上"。[①] 至于在并非完全相同人们中间，公正意指经过对次要有利条件与不利条件调整后，工资与"效率"成比例；测量一个工人的效率可用他的净边际产品[②]乘以那些产量的价格。但是，虽然它含有这样的意思，当然它并非只含这样一个意思。[③] 在上文所述的基础上，利用第9章得出的结果，我要问，第一，干预能否对国民所得产生有利后果，和如果能够，在什么环境中它能产生有利后果之干预的方式，例如使用法律手段在整个地区或行业实施计件工资率，其水平相等于那里有声誉企所支付的；干预的目的在于提高相对于一般通行水平不公平地低的特定行业的工资。第二，用干预手段旨在提高已经公正的工资，这种干预能不能有利于国民所得？如果能够，在什么环境中进行干预能做到这点？在本章和以下各章我将尽力在假设工人收入对他们能力产生的反应可以忽略的基础上回答这些问题，至于探究在不使用这个假设时，我们得出

---

① 马歇尔为L.L.普赖斯《劳资和睦》所作序言，第13页。我冒昧用**平等**一词代替马歇尔的**同样珍贵的**天然才能，后者似乎不很正确(参照后文第16章)。

② 参照前文第2编第2章第4节。如以下即将作详细的解释，这样设想的效率不仅是一个工人个人素质的功能，而且是周围环境的功能。但是，**其他条件相等**，体力、心理和精神的增强一般说来依然会带来效率的提高。有必要把这个词的这种用法与其他两种用法区分开。能量输出对燃料输入的比率，换言之工人产量的价值对其工资的比率，效率的意义对于我们和对工程师不同。一个人实际产量和派工工头认为他在没有不适当压力下应当能够生产产量的比率，它对我们的意义和对埃默森先生也不一样，具有百分之百效率的人就是生产刚好完成分配任务的人。

③ 参照下文第16章。

的结论必须作多大的修改，这个问题我将留在第 18 章中回答。现在让我们谈谈本章主题，即不顾对工人能力的反应如何，干预不公正工资率的作用。

第 2 节

在实际生活中，当任何时候工资率一直不公正地低下时，这种不公正可以是由不同原因产生的两个或多个单独的不公正因素的结果，不同原因也许在同一方向也许从相反方向发生作用。在实际这种情况中，对每种不同不公正因素干预的结果需要分别检查，因为可能有这种情形，即干预对一种因素合适但对另一种因素不合适。虽然这样考虑会在实际执行上产生困难，但是它对于我们的分析方式没有什么不同。因此为便于讲述起见，我们不理会它，把注意力限制在那些只有一种不公正因素的不公正工资的形式是对头的。这是我在以下讨论中打算采取的方法。

第 3 节

区分两种主要不公正工资有极端重要性。一方面，某些地区和职业的工资可能是不公正的，因为虽然工资相等于聚集在那里劳工的净边际产品的价值，但它与聚集在其他地方同样劳动力的净边际产品的价值不相等。另一方面，某些地区和职业的工资可能不公正，因为工人受到剥削，也就是工人所得工资少于他们给予企业净边际产品的价值。干预这两种不公正的结果完全不一样，对它们的讨论必须严格加以区分。在随后 3 节中我集中讨论干预的工资虽然不公正，但相等于直接有关工人的净边际产品的价值，因此不存在剥削。

第4节

先作一般性质的初步论述。考虑到聚集在特定地区和职业的工人数量的情况是这样，即在那里的现有需求条件下，劳动的净边际产品价值不足以带来公正的工资率，而干预对国民所得的作用与**为什么**那里需求条件像目前这样低落的原因完全无关。深入想一想这是很明白的。但是在流行的议论中这点经常被忽视。因此偏僻地区的制造商常常强调他们机器的窳劣或他们货物运费的巨大——压低他们劳动力需求的因素——来证明他们支付工资低于他们别地的竞争者是正当的。伊利诺伊州、印第安纳州、俄亥俄州和宾夕法尼亚州煤矿业订立的一份协议中，这个借口的正当性得到正式的承认，"等级经细致调整，以便要求煤质量较好和铁路运费较低的地区支付比其他地区较高的工资以抵消其优良的天然优势"。[①] 不管这种类型的借口确当与否，在这个问题上消耗了大量争论。事实的真相是这些借口既非确当也非不确当，它们是不相干的。在任何地方干预不公正低工资率对国民所得产生的作用是好还是坏，要看这个作用对不同地区和职业（包括闲置职业）间劳动力分配所起反应的方式而定。这种反应的性质不会因受影响地方产生现有劳动需求条件的原因的任何不同而不同。它完全取决于下列原因，那就是阻止属于那个地方工人人数自行调整以适应那里现有的需求条件，并使劳动净边际产品的价值相等于其他地

① 协议第8款，《美国劳工统计局公报》，1897年1月，第173页。

方的价值，或相等于工人生活费用脱离正常水平，与其他地方水平相差适当数量的地区。[①] 因此，我们必须辨认出导致未能调整的主要原因，并逐个检查对每一个由于这些原因造成的不同类型不公正工资进行干预的效果。

第 5 节

首先，因为移动费用阻止那里工人移往其他工资率较高的地区和职业造成的某些地区和职业的工资率不公正的低。在这种不公正的低工资中包括异常的低工资，它流行在(1)远离其他社区，在人种、语言或宗教方面与其他地区不同的某些乡村；(2)离开原来职业去往其他职业将引起很大技术损失的某些职业；(3)在主要是低级无技术工人的某种职业，那里留不住高级工人，他们在竭力试图进入技术行业或者进入特定企业做受信任的工作，结果是低级工人不能变为高级非技术劳动者或另一种技术劳动者；(4)在某些地区，离开那里将使离开的工人承担特别赚钱机会的损失，这种机会是那个地区提供给他们的女人，或者提供给女工的男人的；(5)在某种形式工作即家庭工作中，许多人被照顾家庭的非经济强制力束缚在家庭工作中——极大比例的家庭工人是已婚妇女或寡妇[②]——在现有高度发展的工厂制造业中，不是单独经济考虑所能解决的。可以用总结性词语说明，旨在提高任何这些形式不公正低工资的干预(不谈对工作能力的反应)将损害国民所得。看来

① 参照上文第 9 章，第 2 节。

② 参照维西利茨基，《家庭工人》，第 13 页。

是，有利的惟一后果是某些工人离开低工资地区和职业去往其他地区和职业的移动；因为不离开的那些工人，可以得到的工作减少了，显然只能引起损失。可是第9章中的争论已经表明，虽然看来是有利工人移动，并非真正如此。因为对工资率的任何修改都不能变改移动费用；它只能使得由费用建立的障碍较易跨越和克服罢了。然而，只要移动费用照样存在，只是由于有移动费用才与绝对理想分配有区别的这种劳动分配，在第9章中将它说成是**相对于那些费用事实**的理想分配。① 因而只要存在那些费用，分配的任何变动必然会使国民所得少于没有费用时本来可以得到的。因此明显地没有留下任何空隙可以得到任何收益。②

第6节

第二，某些地区和职业的工资率可能不公正的低，因为无知把工人保留在那里，如果在考虑的仅仅是移动费用，工人将发现移动有好处。确定在这些条件下实行干预的后果要比在上一节讨论的条件下更难。因为如第9章所述，强行克服由移动费用形成的障碍会引起国民所得的损失，而强行克服由无知形成的障碍会获得利益。因而，只要提高低工资地区或职业的工资的后果是使在这个地区和职业就业的工人转移到别的地方就业，国民所得将增加。

---

① 但是应该注意到，当年老雇工死亡时，这些费用将消失；至于年轻人，他们考虑在我们正在考虑的职业与没有费用的其他职业之间进行选择。因此，如果工资在若干年后依旧不公正的低，假设这不是因为费用，上述反对干预的论点不再适用。

② 因而，只要家庭工人赚得的工资相等于边际价值——他们的工资经常很低，因为存在高效率机器的直接竞争——他们服务的家庭迫切需要阻止他们进入工厂工作，强迫提高他们的工资除了对能力的可能反应外，国民所得将遭受损害。

在移动发生的地方，移动引起的明显利益是真正的利益。不过，就干预净**效果**作出任何结论之前，我们需要调查清楚，提高工资在多大程度上和在何种环境下将多余的工人转移他处。

当流行的雇用方法是优先方法的时候，不管劳动需求是弹性的还是非弹性的，显然没有多余的新雇工被引诱去往工资率提高的地区和职业，而那里被从就业中逐出的所有人知道他们是被明确而永远地逐出了。因为根据这种方法，某些人正式被认为比另一些人优越，人所共知不论有什么工作可做，将完全聚中在他们身上。在这种环境中，如果另一些人不移往他处，他们根本毫无挣钱希望，他们将处于移动的强烈引诱力之下。因而提高工资的全部后果将是某些工人从较少有效就业地方向较大有效就业地方转移。除了在转移过程中的暂时性偶尔小事外，任何地方不会造成失业和部分就业来抵消这个获得的好处。因此，旨在强使工资提高到公正水平的干预行动**必然**对国民所得有利。

当雇用劳动的方法是特权等级法或偶然法时，对国民所得的后果根据工资率提高的地区或职业劳动需求的弹性少于1或大于1而不同。如果弹性少于1，那个地区或职业对已经聚集在那里的工人的吸引力将增加，因为收入的数学预期值将增加。结果是，在这两种雇用方法的任何一种中，没有理由预测工人会从那个地区或职业离开去往别处；在偶然方法下，可能出现相反方向的移动。但是可以肯定，在那个地方或职业可以找到的工作量将缩小。因此，国民所得必将受损。如果劳动需求的弹性大于1，这个地方或职业在这两种雇用方法下，当工资上升时对聚集在那里的工人和对外界工人的吸引力将缩小。因此，初看起来这些人有可能将离开那里；虽然应该记住，只要工人对名义工资比对连续就业的前景有较好了解，并认为前者比后者有更大重要性，离去的趋势可能遇上相当大的阻碍。这种阻碍对最容易离开的那些工人，也就是对不像“一般”工人那样可能受失业打击的年轻人阻力更大。到了离开确实发生的程度，它将增大国民所得，可是另一方面，有些先前得到完全雇用的工人很可能（无论如何在一段时间里）留在这个地方或职业只能得到部分雇用。由于这个原因国民所得遭受的损害可能超过或者不到它从其他工人离开得到的利益。一般地不可能说，由此产生的净后果是有利还是不利。这在不同情况下是不同的。然而，在一种情况下能得到明确的解决办法。在需求弹性如此之大，以致工资率上升到“公正”水平，对劳动的需求降到零的地方，这个地方或职业对所有工人的吸引力也降到零，因而聚集在它们那里的那些人必须离开。符合这个条件的情况是，当个别雇主是如此无能，或个别工厂或矿山处境极坏，以致实行公正工资促使它们在其他厂矿竞争前面完全垮台。当这种状况出现时——应该记住，我们这里讨论的阻碍部分工人移动的原因，根本不是移动费用（也就是学习新职业的费用），只是因为无知——旨在实施公正工资的干预必定增加国民所得。

第 7 节

现在我们转而讨论第 3 节中区分的第二类主要的不公正工资率，也就是这类不公正工资率不是因为它们出现地方的劳动净边际产品的价值不足以获得与别处工资相等的实际工资，而是因为雇主方面的剥削强使工人接受他们劳务所得少于他们的劳务给予这些雇主的净边际产品价值。实际上，上边对问题的说明多少有点不合实际，因为，如果任何雇主或雇主团体在工人劳动中剥削他们，一般说来雇主雇用的劳动力不能像在他不剥削时他能得到的那么多。因此，他所雇用这些劳动力的净边际产品的价值将被间接提高。因此一般说来，要是雇主剥削他的工人，付给他们一个星期的工资少于他们给他的净边际产品的价值 5 先令，这点并不意味着他们每周得到的工资少于其他地方同样工作可获得的公正工资 5 先令，也许只比它少 4 先令或 3 先令。[①] 了解了这个道理，我们可以继续调查由于剥削可以带来的不公正低工资的方式。

第 6 章中已作解释，如果完整自由竞争到处流行，在任何职业中任何雇主支付的工资率将确定在明确的地方。一定质量劳动的净边际产品价值对所有雇主都同样——为讲解简单起见，我们暂时不顾当地生活费用的差异——如果有一个雇主付给工人的工资少于别的雇主，这个工人将知道他能立即从其他雇主那里得到与他的净边际产品价值一般多的收入。然而，由于当前工人受无知和移动费用的阻碍，工资谈判中又引入垄断因素，因此造成一定范围的不确定性；在这个范围里，实际付给任何工人的工资要受到个别“讨价还价和协商成交”的影响。这个范围的上限是相等于工人给予雇用他雇主的净边际产品价值的工资，了解了这个价值不是从外部确定的，而是部分取决于其雇主选择雇用多少工人。范围的下限是等于工人相信搬迁到别处他能获得的工资减去抵消搬迁费用后的数额。工人最低要求与雇主的最高允给额之间的差距宽

① 参照本书附录Ⅲ，第 30 节。

度，在不同情况下是不同的。当一个地区的一些雇主暗地或公开达成协议彼此竞要劳力时宽度变得较大，因为在那种情况下如果工人从雇主那里不接受条件可供选择的只有寻觅工作，不是从附近找寻，而是去从未听说过的地区去寻觅。例如，战前某些地区付给农业劳动者的工资率成为一种传统和习俗的问题。虽然现在的条件与这种传统成形时它们的状况已变得十分不同，但没有人敢于首先倡议与这个传统决裂。土地调查委员会的报告说："农场主早已习惯支付一定工资，并觉得农耕的条件不允许他走得比这个限度更远；我们还找到事例，说明他们愿意在一段时间里没有劳动力，不愿答应提高工资……他的防线得到农场主中利益一致性而大大加强。如果镇上有一个雇主愿意提高相当数目的工资，他必须不在乎其他雇主的怒恼。而且农场主中间的个人联系特别密切，即使最好的劳力雇用者也会感觉到他们的做法受社会的摈弃。我们从全国许多地方听到一些情况，那里的农场主若不是害怕当地的公众意见，他们会乐意提高工资。就这样，有一位农场主告诉我们说，为避免他支付比周围农场主较高工资被人发觉，他实际上依靠规避手段，采取发给奖金的办法"。[①] 雇主越是自由地使用可能加剧劳工对他们得到的真正收入数量的无知的诡计，差距的宽度也就越大——现在实物工资法的"特别条款"和上文第9章第8节讨论的其他形式的保护性立法已有打击此种诡计的规定。在存在差距的任何时

① 《1914年土地调查委员会的报告》，第1卷，第40页。

候，对工人的剥削有可能达到这个差距的最大宽度。[①]

已知差距的宽度时，剥削是否将实际出现和有多大程度，部分取决于有关雇主与工人的相对谈判能力，部分取决于较强一方施展其能力的意愿。甚至当差距巨大时，剥削不一定出现，在工人有能力组织强大工会，有后备基金的支持，作为单一整个集体谈判他们的工资率时，剥削甚至是不可能的。但是在工人因如下原因没有组织起来的职业中——因为他们分散成一盘散沙，因为他们贫穷而无知，因为工人是妇女，她们不想在婚后继续工作，或者因为任何其他原因——就有担心经常出现剥削的理由。担心理由中最主要的是，在工人不能联合起来时，雇主一般掌握比其对手大得多的策略力量。首先，雇主习惯于谈判的实际过程，在某种意义上说他们受过谈判的训练，而这些事情对一般工人是陌生的。从这个观点看，女工和童工特别不行。其次，部分因为雇主富裕，部分因为他雇用了许多工人，当他与个别工人谈判不能圆满完成时，他通常承受的损失要比那个工人承受的苦难小得多。因此，他占有较有利的位置可把事情推向极端。雇用人数的重要性从关于家庭劳务的谈判中雇主所处比较劣势中显示出来。"富裕妇女没有仆人过一天生活的不愉快也许和仆人失去工作的不愉快相似；太太找另一个仆人的忧虑与不便至少和仆人为找得另一个位置的不安一

① 有时人们这么想，雇主的剥削力量在计件工资制下总是比计时工资制下大。但实际并非如此。在做工的工人，工作的进度取决于雇主控制的机器，工人经常更喜欢计件工资，理由是在这个制度下，他们因机速加快受到的过度紧张将比他们在计时工资下本来会受到程度较小。棉纺业技工和制靴业那种大量使用机器的行业的技工，似乎都持有这个看法（参照劳埃德，《工会主义》，第92～94页）。

般大。”[1]第三，在某种情况下，一个工人拒绝雇主的条件，对他包含除工资损失外的进一步不幸。还可能发生这种情况：如果他除了是工人外，还是他雇主的房客，他就会被雇主从居处逐出。鉴于这些考虑，如果无组织工人的雇主有意施展他的谈判力量，他能使支付的工资十分接近工人的最低标准，而不是接近他自己的最高标准。在雇主打算长时间留住这些工人，担心伤害这些工人今后工作效率的地方，他们自己的利益可以引诱他们，在雇用条件上作出比他们需要做的较大方的让步。此外，人们盼望仁慈与友好的感情会阻止雇主在谈判上施展他们的全部力量。可是当雇主本身十分穷困时，那就几乎没有仁慈的余地；即使他们并不十分穷困，如果他们通过雇用的工头或分包人来决定计件利润，那就没有了使雇主发善心的希望。[2] 结果是，在无组织的工人中不能进行集体谈判，许多男工与女工得到的工资可能非常接近可能工资率范围的下端而不是上端。一般说来这样的工资要低于其他地方付给相同工作的工资；也就是说它们是“不公正”的。[3]

① 韦布，《工业民主》，第 675 页。

② 有理由相信，在老式工厂制度下，童工承受的过分压力部分由于工头领取计件工资的缘故(参照吉尔曼，《给劳动力的红利》，第 32 页)。以类似方式，有时在分包人的雇工中会发现有人领取“血汗工资”，它不能归因于分包制度，而是由于分包人一般都是计件利润的小得益者的事实。

③ 可能有人提出论据反对上文的分析。虽然雇主可以成功地通过谈判强行决定，除了他最宝贵者以外的工人，支付低于他们净边际产品价值的工资，但他不能给此人同样的工资。因为继续雇用新手直到工资与对他最宝贵的工人的净边际产品价值相等将对他有利。因此，付给他全体工人同样效率工资的任何雇主，不可能付给工人中任何人小于他们工作净边际产品的价值。然而，这个论据不明言地假定，支付剥削性工资率雇用新手对其有利的雇主能够无限制地这样一直做下去。但这样的假设是没有根据的。

第 8 节

任何地方建立起这种类型的不公正工资，无论如何不会直接引起劳动力实际分配背离最有利的分配形式。直接引起的一切，是某些地方在任何情况下都要在那里就业的某些工人被对方谈判者的较大策略力量诈取他们可能收入的一部分。因而初看时，虽然取消这种类型的不公正，阻止了相对富人从相对穷人那里诈取钱财，将有利于作为整体的经济福利，其实这对国民所得的规模并无影响。这个从一见就下的结论疏忽了考虑某些重要的间接影响。这种影响有 3 种，现在必须挨次加以叙述。

第一，特定地方或职业中强行降低工资，虽然不至于严重地减少劳动力供应迫使雇主不敢这么做，但容易把一些工人从那里赶走，在某种程度上减少劳动力的供应。① 当发生这种情况时，那里雇用劳力的数量将大量减少，以致那里的劳动力净边际产品价值变得比其他地方大。这个情况引起国民所得的损害。因此，强行提高工资率，从获得较小边际回报率的其他职业吸收工人，将有利于国民所得。例如，就战前农业劳动者的工资来说，由于农场主之间不明言的谅解，把工资定得很低；法律强行提高工资将增加这种

① 有可能剥削会导致受剥削工人比工资较高时做更多的工作，尽管随后会在工人中产生怨恨情绪，它还是引起国民所得的增加。然而，鉴于可能会在工人的能力上引起反应，所以这种后果绝对不可能保持长久。无论如何，国民所得的这种增加（如果它真的出现），没有人会认为这种增加是对剥削的充分赎罪。因此，虽然我在这里提到这种可能的经济上不和谐的情况，我建议在我整个论证中不要理会剥削增加国民所得这一点。

劳动者的人数,明确地有利于国民所得。[①]

第二,本书第2编第9章第16节指出,"当他们的主顾(他们是买主或工人)还能榨取时,雇主往往花费精力完成剥削,而不想改进他们工厂的组织"。应该阻止他们沿着加强谈判力量的方向追求利润,间接地迫使他们沿着技术改良的方向追求利润。据此马伦先生写道:"雇主在工会督促下(通过制定最低工资)仔细检查他的工厂发现,由于松懈的组织,工厂的工人常常等待给他们的工作,而他自己承受相当的亏损。运用自己的能力,排除这种浪费的原因,他立刻能提供稳固和连续的工人就业,结果是工人有可观收入,对他本人至少有同等程度的收益。此种状况可能无限地成倍增加。在许多工厂与车间里,工作方法和设备正在进行第一次彻底整修,产生的结果使开始时不支持这个法律的雇主感到愉快和惊愕"。[②] 这一段话可以与布莱克小姐相似的评述相比较。她说:"事实一再表明,当雇主被阻止沿着便宜劳力和恶劣生产条件方向发展时,他们开始沿着改良生产方法的方向发展,而改良的生产方法往往带来增加的产量和更便宜的产品"。[③] 这种正确性不受人怀疑的观点,应该了解,它不同于另一种观点,那就是,如果任何国

① 从19世纪70年代起,英格兰发生的把可耕地向草场转移的一部分原因,归之为低工资率将劳动者逐出土地是完全正确的(参照霍尔,《战后农业》,第121页)。然而,另一个更重要的原因是由于进口食物的跌价,这使得在直接食物生产中使用英国资源的利润相对要比用于其他地方减少。用种草替代种粮食仅仅是这个国家减少用于食物生产资源的一个办法,其他办法还有生产其他作物,把它卖掉后再从国外购买食物;正如A.D.霍尔爵士所说,"土地(当然特种土地除外)种植粮食比种草能生产近3倍食物,但须雇用10倍劳力"(上引书,第127页)。

② 《劳资纠纷与生活工资》,第155页。

③ 布莱克,《我们衣服的制作者》,第185页和192页。

家一般说来劳动力充足，因而劳力便宜，这样会使雇主不想使用机器。因为机器本身是劳动的产物，这个观点是不正确的。[①] 然而，如果在一个特定地区或职业里，雇主能够剥削特定等级的劳动力，他们就不想使用机器，因为机器体现不受剥削的另一种等级劳动力的服务，使用它们相对于它们的效率较为昂贵。

第三，如果特定的雇主在谈判中胜过工人，能迫使一些或全部工人接受低于他们净边际产品价值的工资，这就必然出现，这些雇主的收入超过与他们能力等级相同的其他雇主的正常收入；鉴于各种职业中间雇用力量的不完善流动性，这种事态可能继续一段时间。如果进行剥削的雇主是属于他们等级内普通能力的人，强迫他们支付工资提高到公正水平的干预，将简单地强迫他们将先前用强制手段从工人那里夺取的利润交给工人，不会有其他后果。可是事实上，这种剥削更多是由能力不济或境况不佳的雇主不是由能力强境况佳的雇主实施的，前者这些人不剥削就不能在实业界站住脚。资金短少的小老板在整个历史上一直是最坏的剥削者。因此，剥削主要为相对能力低下和境况不好的雇主以牺牲工人为代价提供的赏金，阻止剥削往往促使他们在更有效率的对手手下失败。这番道理连同此前所说的其他道理清楚地说明，防止我描述为剥削的那类不公正工资的外部干预，从国民所得的利益以及根据别的理由考虑是合乎希望的。

① 参照海斯，《工资率和机器的使用》，刊于《美国经济评论》，1923 年 9 月，第 461 页及以后几页。

第 9 节

关于相等于净边际产品价值的公正工资和受剥削低于净边际产品价值的不公正工资迄今为止所说的一切都是普遍可以应用的。它对男工工资和女工工资同样适用；当然鉴于妇女组织得极差，她们受剥削的危险特别大。任何认为在任何地方或职业工资都是不公正的明确说法，需要根据上面的道理加以详说。然而依旧留待我们分析的特殊问题是由男工工资与女工工资之间的关系产生的。可能出现在某些地方和职业中的女工工资比较其他地方和职业中的女工工资相对公正，但是对照那个地方或职业的男工工资来是相对不公正的。当然，这段话与众所周知的事实即妇女平均日工资相当大地低于男子的日工资没有关系。向前看，妇女着重的是婚姻关系和家庭生活，她们不像男人那样为进入产业而接受训练，她们不打算把她们最强壮和最有能力这段生活时期牺身给产业。因此在 18～20 岁和 25～35 岁这两个年龄段，妇女从事挣工资职业的人数比例大大降低，无疑这是由于许多妇女在那时候退出职业去结婚。萨金特·弗洛伦斯教授写道："从事纺织的女子通常的结婚年龄在 21 到 25 岁之间，女人从事工业职业生活的典型长度为 8 年"。[①] 在这种情况下，即使妇女自然赋予的智力

① 《经济学杂志》，1931 年 3 月，第 20 页。在后一年龄段中可以注意到，与妇女不断外流同时也有一定数量妇女在丈夫死后回流到产业。西德尼·查普曼爵士在论及家务工作时提到这点，他指出许多这种工作只需要任何人在一生任何时候都具备的那种技能，可由"突然发觉有必要做点事情或挣点钱的未受过训练的人承担"（《家务工作》，曼彻斯特统计社出版，1910 年 1 月，第 93 页）。

与体力与男子相同(平均说来不是这样),如果她们的日工资不低于男子,将令人吃惊。肯定地说,她们工资较低的事实并不涉及这里使用这个词含义的不公正。然而,在某些地方或职业中发现,不但妇女的日工资而且还有计件工资——更精确地说——效率工资都比男子低。这种状况的出现可能是因为妇女在那些地方和职业的工资比其他地方妇女工资相对不公正。在那种情况下出现这种事态并不特殊,有关这点的分析在上边几章中已有交代。可是这种事态的出现,也可能因为这些地方或职业中妇女工资虽然与其他地方的妇女工资比相对公正,但对当地的男子工资比相对不公正。就是出于这种事态才形成我们眼前的问题。

为了正确了解这个问题,分析是必要的。人们普遍的想法是,妇女工资正常少于男子是因为男子的工资一般说来要赡养家庭,而妇女工资只养活她们自己。这种看法十分肤浅,正确的看问题方法似乎就是这样:一个代表性的妇女的生产效率相对于一个代表性男子的生产效率在不同职业中是不同的,在某些职业如哺育和照顾婴儿,妇女的效率大得多;在其他职业中,如开矿和挖土方,妇女的效率就小得多。如果我们充分知道各方面事实,我们能制作一份全部职业清单,列出每种职业一天或一周的正常妇女劳动相等于正常男子的劳动量。妇女工作与男子工作需求明细表之间的关系,由这份清单体现的事实,联系几种职业产量一般需求情况决定。妇女工作与男子工作供应之间的关系,部分由男童与女童存活下来的时间接近相同的生理事实决定。不管男子工作与妇女工作流行的比较工资是多少,它部分由下列经济事实决定,即在产业工作现存的男女比例，不但取决于提供给男女工人的工资，而且取决于工人家庭收入的总数。因为她们的丈夫钱赚得越多，妇女越小可能在工业企业做工。这两组影响合在一起决定每日付给代表性男女工人工资一般水平之间的关系。① 在均衡状态中，有一个代表性男子的一般性日工资率和一个代表性妇女的一般性日工资率，哪个工资率较高，要根据供应状况，和根据公众需要的主要

① 这个分析可以用以下数学公式表达：

设w_1为每日妇女工资率，

w_2为每日男子工资率，

因为妇女取得任何特定工资在工厂里劳动的数量，部分取决于男子的工资率——一般男子工资率越大，妇女劳动的越少——妇女劳动的供应量可以写做$f_1(w_1, w_2)$，以同样方式男子劳动的供应量可以写做$f_2(w_1, w_2)$.

我们知道$\frac{\delta f_1(w_1, w_2)}{w_1}$和$\frac{\delta f_2(w_1, w_2)}{\delta w_2}$是正数，而$\frac{\delta f_1(w_1, w_2)}{\delta w_2}$和$\frac{\delta f_2(w_1, w_2)}{\delta w_1}$是负数。

再则，因为工厂以任何特定工资需要的妇女劳动数量取决于男子工资率——一般说来男子工资率越小对妇女劳动需求越小——妇女劳动需求量可以写做$\phi_1(w_1, w_2)$，而男子劳动的需求量为$\phi_2(w_1, w_2)$.我们知道$\frac{\delta\phi_1(w_1, w_2)}{\delta w_1}$和$\frac{\delta\phi_2(w_1, w_2)}{\delta w_2}$是负数，而$\frac{\delta\phi_1(w_1, w_2)}{\delta w_2}$和$\frac{\delta\phi_2(w_1, w_2)}{\delta w_1}$为正数。

足以决定我们两个未知数的两个方程式为：

$$(1) f_1(w_1, w_2) = \phi_1(w_1, w_2)$$

$$(2) f_2(w_1, w_2) = \phi_2(w_1, w_2).$$

可以补充说，如果在工厂做工的男女的比例单独由存在的男子与妇女人数的比例决定，我们必须要做的将是简单的联合供应问题；因为很清楚，两性的比较数量由生理学原因决定，不在经济影响范围之内。因此，在那种情况下，女工的供应和男工的供应是一个变数的函数，这个变数就是一个正常家庭收入的某种符号，如$(w_1 + w_2)$.对于$f_1(w_1, w_2)$和$f_2(w_1, w_2)$，我们必须写成$f(w_1 + w_2)$和$\kappa f(w_1 + w_2)$；在男女人数相等的国家，κ将等于1.

商品，它的制造哪个性别的工人最为适合。① 在男工效率对女工效率的比率超过男工日工资对女工日工资比率的所有职业中单独雇用男工；在与上述情况相反的所有职业中单独雇用女工；在男工与女工彼此的效率和彼此的日工资的比率相同的边际职业中，同等雇用男工和女工。也就是说，在这些边际职业中两性的效率工资是相等的。这种效率工资的平等意味着(容许有某些差别)计件工资的平等。主要容许的差别第一是男人有小小的额外长处，因为在需要时他们能投入夜间工作，能在被责骂时更加容忍，雇用男人比较方便；第二，技术较好的工人有小小的额外长处，不管是男人还是妇女都一样，因为他们在完成一项特定工作中占用机器的时间比技术差的工人较短。在均衡时，在边际职业里付给男女工人计件工资(除这些限制外)是相等的。② 这就是事物的状态，是

① 注意到下列情况是有趣的：欧战时，当时男人离开产业去参军，男人的工资自然趋向于相对高于妇女工资，而公众需要商品的性质却趋向于相反方向变化。普通的成衣业和军火制造两者的需求有巨大扩张，两者似乎比一般产业工作更适合妇女工作。在讨论战后劳动力出路的英国协会大会的报告中提到：从总体上说，政府的战时特殊需求是"对一类商品的需求，在这类商品的生产中，比男人更大比例的妇女要比正常和平条件下能被更有用和更经济地雇用"(提到的《报告》，1915年，第8页)。

② 事实情况是——实际上可能是先验的——英国这种边际职业的范围狭小。济贫法委员报告说："大约五分之四有职业男性人口从事他们独占的职业，或者说在这些职业中，妇女就可能的竞争而论是可以忽视的因素，如农业、开矿、捕鱼、建筑、运输、林木、煤气与自来水和大宗金属开采及机器制造等行业；所有这些行业实际上是男性的禁区。有五分之一男性从事的行业中，妇女进入的达到职业妇女总数的1%"(《报告》，第324页)。韦布夫妇目睹了相同的现象："只有极少数情况下，那里男人与妇女为同样生产过程和完全相同操作的职业而互相直接竞争"(韦布，《工业民主》，第506页。再参照斯马特，《经济学研究》，第118页)。当一种性别的人看来要侵入对方的领域时，一般的事实是那里的生产方法以及工人就要变动。就这样，机器和男性进入花边业和洗衣业；机器和女性就这样进入制靴业和成衣业。济贫法委员报告说："在制靴和制鞋业中——它们明明无误地曾是男性的行业——由于劳动分工，现在提供了某种

经济力量发挥作用往往带来的状态；就事实上由经济力量带来的状态而言，在任何地方或职业的妇女工资相对于其他地方的妇女工资不可能是公正的，相对于那里的男子工资也是不公正的。①

然而，在实际生活中随时会发现，在这个问题上难以获得经济

较轻的适合于妇女的生产方法，妇女肯定获得了相对强大的地位，而这些行当过去是由男性制鞋匠作为普通工作的一部分完成的。例如制拖鞋行当，现在整个转入女性之手"（《皇家济贫法委员会报告》，第324页）。还有，在贸易委员会授权下对劳工阶级生活费用的调查所作的报告说："在其他领域也出现相同现象，例如在设菲尔德，制文件夹一直主要由外包女工做的行业——这种工作要求灵巧、不是力量——现在由需要男性工人照顾的重型机器制作"（上述报告，第324页）。济贫法委员们综合他们的看法是这样："结论是，虽然妇女与少年目前从事许多行业工作，那里有专门机器使他们能参与劳动，但是在相当多的行业和加工业中不能取代成年男子，谈不上能在以前由男子做的同样工作中主要地得到雇用。妇女劳动的大幅度扩充似乎已经扩展到新的职业领域或男子从未占领过的领域。应该记住，甚至当妇女进入习惯上雇用男子的职业时，这主要由于男子去往工资更高的行业。开矿、机器制造和建筑近些年来吸引不寻常数量的男子和男童"（上述报告，第325页）。这个看法完全是由欧战期间发生的状况产生的。1915年英国关于战后劳动力出路的社团大会报告说："甚至在目前劳力紧张时期，妇女在一定程度上干正常时由男子做的工作，如这个报告论述个别行业的细节部分表明，工作的程序和条件很少和过去一模一样。随着妇女的进入，工作常常需要加以细分，男子一般地至少有艰苦精神对付增加的工作，他们能长时间承担增加的加班和夜间工作以及大量引起过度疲劳的工作。在新近为女工建造的车间中，为她们配备如果经理部门能得到受过训练的男工本来不会装备的不同类型的机器"（上引同书，第15页）。再参照《战时内阁委员会关于产业中妇女的报告》，1919年，第21～22页。

① 正文中作出的分析也能应用于如下情况，即一个等级的工人在任何职业中比另一等级工人效率较差，但在某些职业中效率相等。如果这个等级工人数超过职业需要，即使他们的效率与其他人相同，他们的工资率（在均衡时）将低于其他人的工资率；但是，如果他们的人数不超过职业需要，他们的工资率（在均衡时）将与其他人相等。在这个问题上亨利·福特著作《我的生活和工作》中的如下一段话颇有意思："行业的细分开拓能容纳实际上任何人的位置。在细分的行业中能容纳的盲人比那里所有盲人更多。那里能容纳跛子的位置比那里的跛子更多。在这些大部分位置里，可能被认为施舍对象的近视眼者能挣得与最敏锐和身体最好的人同样充分的生活费用。把一个心身健康的人安置在一个跛子能同样好地照料职位上是一种浪费"（上引同书，第209页）。

均衡。在某些特定职业中，雇主付给女工效率工资，工资数虽然与其他地方的妇女工资比相对公正，但少于雇主付给男工的效率工资，但他们仍雇用一些男工。他们这样做有的是短期性的，当时他们正处于以女工代替男工的过程中；有的是长期性的，因为工会的压力或习惯或者强制保留一些男工或者不准吸收女工超出限额。在这种情况下"同等效率工人同等工资"的要求有正当理由吗？用什么方式提高妇女效率工资达到男子水平的干预会影响国民所得？

如果传统、习俗或工会压力的力量是如此之大，以致即使允许雇主支付女工较低工资率，不论依附于在讨论职业的女工人数，或者那里雇用的女工人数都不会变动，如果强迫雇主支付女工较高工资率，要在哪种情况下女工人数将会变动，而国民所得根本不会受影响。然而这是十分不可能的事态。因为，即使在那个职业中可以雇用的女工人数受严格限制，很可能为那个职业培训和依附于那个职业的女工人数会因较高工资率而大大增加；如果发生这种情况，由于那依附于那个职业但未被雇用那些人被迫无事可做从而使国民所得明显受损。此外，在实际生活中，允许支付较低工资率一定会增加在那里就业并取代男工位置的女工的人数。例如，"在特伦特河畔斯托克，妇女与女孩大量受雇于制陶器业。在这个行业的一些分支中，妇女与女孩以越来越大的规模受雇于这个工作，而这个工作在几年前几乎全由男人进行。现在妇女与男性劳动力进行竞争；由于她们能够以较低工资做同样工作，她们逐渐把男子赶出这个行业的某些部门。"[①]这种状况证实坎南教授的

① 《皇家济贫法委员会报告》，第 323 页。

论点，“如果不允许妇女以较便宜工资干活，增加妇女就业机会的最强大的杠杆就失去了”。[①] 结果是，一般说来，在妇女希望进入的职业中，强迫雇主付给妇女的效率工资相等于付给男工的水平，和在这个职业中这样的工资率将使妇女比其他地方同样妇女得到较高的收入，必然由于雇主放松打破阻碍录用女工的习俗和规则的努力，从而堵塞妇女直接或间接进入这个行业。但是按假设，因为她们在这些行业比在男女共同劳动的边际职业中，相对于男子有更高的效率，她们的进入必然对国民所得有利。因此一般说来，旨在强迫付给妇女与付给男人工资相比是“公正”工资的干预，如果这种工资意味着与其他地方妇女工资相比是不公正的高工资的话，这种干预将损害国民所得。[②] 那些希望把妇女从工业排除出去的人，只要根据一般社会理由做得到的话，他们可以想象地会提倡干预。然而为这种干预进行辩护的根据是不牢固的，因为这种类型的干预不但减少产业中妇女的总数，而且以浪费的方式在不同职业中分配她们。主张在产业中排斥妇女的社会论据一般经不住具有社会效果的政策的一击。

第 10 节

鉴于本章讨论过程中已发现的存在于不同形式不公正工资间

---

① 《财富》，第 206 页。

② 有可能应用“不公正”工资这个词语以稍稍不同的含意指妇女工资，以表示妇女工资在一般情况下是不公正的低，因为她们工资达不到如果没有习俗与传统永久地排除妇女进入适合她们能力的职业，迫使她们中一些人守住对她们相对不适合的工作本应达到的程度。如在第 9 章中表明，排除所有这种人为障碍会有利于国民所得。但是，只要障碍任其存在，与本章第 6 节使用的相类似的推理证明，任何试图强制提高妇女工资达到要是消除了障碍可能达到的水平，就会损害国民所得。

的区别，很清楚，针对不加区别地反对所有形式不公正工资的干预，必然既有好处也有害处。最有利于国民所得的做法（如果实际可行）应是分别审核和处理有理由相信根据上文研究在任何意义上是不公正工资的每个地方或职业。然而有人可能争辩说，这个计划是不符合实际的计划，必须的做法是或者以广泛的一般规则干预不公正工资，或者根本不进行干预。因而可以说，实际可行的是通过和实施像 1915 年法国法律的那样法律，它规定应支付女性外包工计件工资标准，能使普通外包工获得的收入相等于普通工厂工人的工资。[①] 但要制定法律，规定当由于家庭牵绊限制家庭工去往工厂时，应准许实行比这个水平低的工资；而当低工资是由于剥削时应加以禁止，这是无法实行的。当出现的问题属于这种类型时，制定的政策必须以平衡各种冲突的意见的基础。

① 《劳动公报》，1915 年 9 月，第 357 页。

第15章　特定产业内的公正工资

第1节

第8章中从刺激个别工人生产活动效力的观点讨论了产业付酬的各种方法。现在我们必须从不同工人之间公正的观点考虑它们。为公正起见，在任何产业中从事相同等级工作的不同工人的工资，就我们所知，必须与第14章第1节界定意义上的他们效率成比例。我建议探究一下在产业付酬两种主要方法——计时工资与计件工资——中，我们在多大程度上可以期望这个必要条件能得到满足。

第2节

在计时工资下，这个意义上能完成的工作要比有时设想的大得很多。使用小心记录和相应调整的做法，工资率能以适合个别工人不同效率的不同水平安排。[①] 实际上经常有人主张，在建立起平均工人标准工资率的地方（或通过雇主与雇工团体的协商达成，或由政府

① 对这方面的精心尝试，参照甘特，《工作、工资和利润》，第4章。在伯明翰的铜业中，全国铜业工人联合会执行委员会根据每个人工作的能力分级，共分7个不同等级，每个等级的最低工资由集体谈判决定。如果雇主对任何工人的资格有异议，由市铜业学校干事为他作行业操作实际考测（古德里奇，《控制的领域》，第165页）。但这是极不寻常的做法。

方面权威性干预决定)对于低于和高于平均能力的工人来说,调整必然都是很不完善。然而,经验并未完全证实这个见解的正确。

关于低于平均能力的工人来说,当他们的相对拙劣是出于某种明确的体力原因时(如老年),调整进行得十分便利。工会随时有特殊安排允许年满 60 岁的工人接受较短的标准(计时)工资率。威廉·贝弗里奇爵士说,这类安排"出现在几个家具业工会和印刷、制革及建筑业等工会的章则中。在一个工会中,凡年满 56 岁的会员不但允许而且由工会支会强制其接受少于标准工资率的工资(以便不使用失业基金)"。[①] 他还说,"当然有可能在某种情况下很少实施正式的例外规则,或者工会支会拒不同意较低的标准工资率。另一方面,完全可以肯定,许多工会事实上为年老会员作例外处理,在这个问题上未有正式规则,这样做的有木工和粗木工统一协会,在较少程度上这样做的还有工程师统一协会。的确这个问题是有关特定工会支会的力量与感情的大问题。如果牢固地建立这个标准工资率,为老年会员作例外处理可能看来是安全的"。[②] 但是,产业中有许多相对低效率的人,甚至在录取时经过

① 《失业》,第 124 页注。

② 出处同上,第 124 页。这些安排的特殊性和不肯定性在伯恩斯先生向济贫法委员会委员所作证言中有所说明:"在工程师统一协会中,我们不要求年过 50 岁的人从一个城市调往另一个城市,一般说来,我们不要求他在 55 岁以后接受标准工资率——由处理此事的委员会斟酌办理"。但是得到这种优惠者的百分比很小。"事实上,虽然我们允许工人在 55 岁时在标准工资率以下工作,但实际情况是,55 岁甚至 60 岁的人多不利用这个机会。工会中的纪律观念和他们忠实于他们同事的观念极强,以致在大多数情况下,工人宁愿完全放弃工作,不愿接受较低标准工资率的工作。因此,工会不但不阻拦工人接受较低标准率,事实上相反,工会鼓励会员这样做"(议员 G.N.伯恩斯先生的证言摘录在《委员会报告》第 313 页脚注中)。

相当严格能力测试的工会会员中也有这类人，他们的低效率与诸如老年或疾病这种明确的客观原因无关。对于这些人调整起来特别困难。有关困难的性质在对新西兰仲裁法所称“迟慢工人”的许多事例讨论中有所说明。与该法裁定“最低”工资有关，仲裁法庭经常根据它提供仲裁为迟慢工人确定“低工资率”。[①] 在该法颁布后的较早年份，通常习惯于从工会主席或书记那里获得要求低标准工资率的允准。但实际情况是，对于与年老、遭受事故或疾病折磨的那些人不同的迟慢工人，工会官员不大愿意给予允准。因此根据经过修改的仲裁法，将允准权力授予听取工会代表意见后的当地调解委员会主席。在维多利亚，允准权控制在工厂总稽查官手中，允许必须符合如下条件，即在任何工厂中经允准工作的人数不可超过以全额最低工资率雇用的成年工人的五分之一。[②] 工会不愿批准允准是由于它们担心，通过允准，工厂中普通等级工人要求的标准可能提高，从而使最低标准暗中降低。[③] 这种不愿意倾向在工会有义务向失业会员支付巨大失业救济金时当然会被制止。不过在任何情况下这种倾向可能在一定程度上起作用。根据

---

① 参照布罗德黑德，《新西兰的国家劳动管理》，第 66 页。

② 参照阿夫斯，《工资委员会报告》，第 61 页，和雷诺，《关于最低工资》，第 96 页。

③ 允准低标准工资率成为逃避裁定的方法的危险已为负责执行仲裁法那些人清楚地看到。“总稽查官给予允准根据的是以个人某种丧失能力为基础的要求，而不是以行业或一家特定企业的急迫需要为基础的要求。如果条件改变，使得要求允许的申请因改变而更加重要，十分一致的看法是，此时会出现由有关委员会重新考虑其决定的必要。当决定在执行时，人们认为工资条件应符合决定，在它们阻止或推迟工资下落的力量上，有人认为它们在未来将证明它们的最大价值。希望就是这样，但对于那种测试形式来说，它们还没有经受过，这里必须强调的要点是，在这样一个时期，人们并不认为允准是可以依赖的适当手段。”（阿夫斯，《工资委员会报告》，第 63 页）

英国劳资协商委员会法，可能根本不会对这样的迟慢工人给予允准——只给予身体或精神丧失能力者。因此对于低标准工资水平的工人佯称调整是完全轻易与简单的事情是没有根据的。即使对这些人有许多工作要做。

关于高于平均能力的工人，当然从来没有任何规则不付给他们高于标准率的工资。但是常常有人断言，雇主事实上拒绝对能力超过标准的人支付高于标准率的工资，因为他们害怕工会以此为借口要求提高标准本身；[①]尤其在大雇主中，统一工资率的方便无疑使他们强烈希望阻止对个别差异的调整。“结构屋面工工会书记估计，纽约市工资超过最低标准的会员不超过 2%。一位蒸汽过滤工工会官员估计，在他的纽约市工会人员中这个比例不少于 5%，不多于 10%。”[②]但是从整体上说，最低工资率变为最高率的趋势看来没有像普遍设想那么强。因而 1902 年维多利亚工厂稽查员说，在制衣业中当男工和女工最低工资分别为 45 先令和 20 先令时，平均工资分别为 53 先令 6 便士和 22 先令 3 便士。[③]更有甚者，在劳动局 1909 年的报告中说，在奥克兰市不包括低工资率工人和童工的 2451 个雇员中，有 949 人得到最低工资率，1504[④] 人或者说 61%得到高于最低工资率的工资。在威灵顿，工

---

① 应该注意，当它是特定一些工人设法获得高于标准计时工资的超额工资问题时，在计时工资制下的工会不可能依赖集体谈判达到目的，因此，雇主的讨价还价能力在关于标准本身问题上，更可能比工人的能力高明(参照麦凯布，《美国工会的标准工资率》，第 114 页)。

② 麦凯布，《美国工会的标准工资率》，第 118 页 n。

③ 参照韦布，《社会主义与国民最低工资》，第 73 页。

④ 原文如此。——译者

资高于最低工资的有57%，克赖斯特彻奇有47%，达尼丁有46%。[①] 某些美国工会的政策大致上也说明同样情况，这些工会就有关标准工资与最低工资和雇主达成协议。在罗坷诺克的诺福克与西部铁路的工场中有一个时候的最低工资是每小时20美分，而极大多数工人在工场领取的标准工资率是每小时24美分。1903年在“苏”(Soo)铁路与国际机械师协会之间订立的协约中，“规定铁路公司机械工场最低工资率为每小时30分，而标准工资率每小时为34.5美分”。[②]整个情况美国劳动局的通讯员于1915年有很细致的总结：“雇主们常常对我说，他们相信存在一种最低工资变为最高工资的趋势，但是他们却难以从他们自己企业中举出这个趋势的证据。好几次我在调查中发现，在他们自己工厂里没有一个人领取最低工资。雇主们的意见看来更多是基于假定的推理结果。而不是亲身经历的结果。深入思考也不容易明白最低工资会变成最高工资……。为什么在那里的这种制度下雇主们中间不会有和在旧制度中那样争相得到最有效率和最高技术工人的同样竞争呢？看来是没有理由的；为什么这些工人得不到以他们高超效率为基础的工资呢？也是没有理由的。缺乏维多利亚在这方面的统计数字，但是在新西兰，在最低工资由仲裁法庭确定的地

① 《经济学季刊》，1910年，第678页。最低工资变为最高工资的趋势，当然在某些情况下要比其他情况下强烈。因此，布罗德黑德笔下的新西兰的情况是：“在与外部世界不存在竞争的那些行业中，根据工人的技术程度，许多人得到高于由法庭确定的最低工资的工资，但是在与进口货物竞争的其他行业里，我相信，把最低工资作为最高工资的做法相当普遍。在后一种情况下，雇主争辩说，他们付不起任何工人比法律确定的更多的工资”(《劳动的国家管理》，第72页)。

② 霍兰与巴尼特，《美国工会制度研究》，第118页。

方,1909 年由劳动部门制成表格的工资统计数表明,在自治领的四大工业中心由法律确定最低工资的行业中,领取高于最低工资工人的百分比,从达尼丁的 51%到奥克兰的 61%不等。没有理由认为,维多利亚的调查统计数字会出现不相同的结果”。[①] 即使在公开支付最高计时工资作为对较高效率奖励受到摩擦与妒忌阻拦的地方,雇主想要达到的效果有时可以用秘密发放工资的办法达到。[②] 还应该记住的是,当计时工资严格固定,没有机构使工资超过标准工资率时,标准工资率寻常在不同中心固定在不同水平上,素质差不多的工人倾向于集中在这几个中心。因此当一个能力特出的工人在他留在原来地方得不到特出的收入时,他为达到目的可以迁移去流行对高产付高工资的地方。

可是,即使当特出效率得不到任何增加工资率回报时,他可以从下列各方面得到回报:淡季时继续就业;去往领取不同工资率的许多雇工等级的单位就业,如去往铁路服务;机会出现时得到升级。这些回报中第一个特别重要。它的作用在工程师统一协会在主要根据计时工资做工的日子里所作的记录中有很好的描述。按

---

① 《美国劳工统计局公报》,1915 年,第 167 号,第 136 页,“最低工资立法”。

② 例如,新西兰一位雇主告诉阿夫斯先生说,“他感觉到硬性报酬等级的危险,所以对某几个他雇用的人,他每天付给‘一些额外酬劳’,但付给是‘悄悄’进行的。工人付给纸币或硬币,几个硬币夹在钞票里。他给我看一排小包,以极快速度发掉这些包,‘没有人能知道其他任何人得到多少’”(《工资委员会报告》敕令书,4167,第 109 页)。一个英国雇主以类似方式告诉慈善组织协会非技术劳动委员会说:“如果一个人比另一个人工作较好,我们在周末给他 1 个或 2 个先令。我们必须小心不让别人知道此事,否则他们要知道为什么。他们不能理解这是因为此人对我们贡献大。你不能公开说,‘我愿多给你 2 先令’。否则他晚上在破屋里将有一段非常难堪的时间”(《报告》,第 109 页)。

照该协会的"招聘学"，把许多年的结果（有几年好有几年不好）平均一下，得出如下工人因没有工作而受损的日数表：

每年损失少于3天……占工会会员人数70.4%

每年损失在3天到4周……占工会会员人数13%

每年损失在4到8周……占工会会员人数4.6%

每年损失在8到12周……占工会会员人数2.8%

每年损失在12周以上……占工会会员人数9%

由此可见，出现失业的大部分集中在比较少的人数上。[①] 失业的分布与低效率有关，这点可从下边1895年（中等年份）领取失业救济金者的年龄分布表可以看出。[②]

15～25岁间工会会员一年中平均损失天数……8.8天

25～35岁间工会会员一年中平均损失天数……13.1天

35～45岁间工会会员一年中平均损失天数……12.3天

45～55岁间工会会员一年中平均损失天数……20.1天

55～65岁间工会会员一年中平均损失天数……33.1天

65岁以上工会会员（不包括领年金退休者）

一年中平均损失天数……26.9天

① 关于美国情况的证据，参照施利奇特，《工厂劳动力的转移》，第44～45页。

② 参照《英国和外国的商业和工业》，第2部，第99页。

这些表上数字不包含由于“缩短工时”、患病、误时或劳资纠纷而损失的时间，也不包含因加班而增加的时间。它们表明年老和被假定为低效者的损失最大。[①] 此外，“将1890年与1892年的情况进行比较，将得出相当惊人的结果，即会员在经济最好年份失业的比例(21.4%)几乎与最坏年份几乎差不多大(26.4%)”。[②] 1926年劳动部对根据失业保险法保险者的状况作一次大规模抽样调查。调查表明在1923年10月到1926年4月两年半期间，抽样中男工的63%和女工的66.2%根本没有领取救济金，那些领过救济金者中有接近一半的人领取时间不到那段时间的十分之一。[③] 报告还说，尽管有一些复杂的考虑，“显然年龄一直是45岁以上男人和35岁以上女人失业的一个因素”。[④] 德兰士瓦贫困委员会在战前发表的率直的声明中强调了这些事实的复杂性。“真正高效率的人很少失业，除非在两个职业中移动时间的短时失业，因为他称职胜任，总是最后一个被解雇，一般说来他有足够的钱使他能迁移到

---

① 有证据表明，1922年工业衰退时期，英国工人中失业的发生率，如预期的那样，在25～40岁人中最低，20岁刚出头的小伙子中比年纪较大工人较高(参照莫兹利《由年龄和性别区分的失业发生率》，刊于《经济学杂志》，1922年12月，第484页)。一个可能的解释是，20出头小伙子就是由于大战没法学习一门技术的那些人，无技术工人的工资与技术工相比是不适当的高，因此无技术工人(他们中年轻小伙子占不寻常的多数)发现找工作要比技术工人困难。无论如何这种解释要比猜测好一点。注意到意大利在1921年通过一条法律是有意义的，这条法律的大意是“在有必要解雇的情况下，保留工作的优先权给予年龄最老的工人和家庭负担最重的工人”(《外国报刊评论》，1921年7月，第191页)。

② 贝弗里奇，《失业》，第72页。

③ 《1927年英国从失业保险者抽样中调查就业与保险历史的报告》，第46～47页。

④ 同上，第38页。

需要他技能的其他地方。”[①]

第3节

在计件工资制下，获得公平待遇的困难乍一看要少得多。因为这种制度经精心设计使工资与产品成比例，它恰好就是公正所要求的东西，符合第9章第1节提出的要求条件。但是，深思片刻便能明了，工资与产品成比例只有在不同工人**在相同条件下**操作才是公正的。除去这种情况，工资与产品成比例和工资与效率成比例不是一回事。[②] 因此理所当然，要计件工资制产生公正工资必须为不同的工作条件提供不同的补助条件。

第4节

首先必须为不同工人在机器或手工工作中得到的支助差异给予补助。因此给予使用老式机器的工人或煤矿中最易挖的煤层已经挖完的煤矿工人比使用最现代设备的工人或在煤层表面挖最易挖煤的工人，较高的计件工资。这种补助在重要产业的工资协议中经常有所规定。例如，在挖煤工作中，付给挖煤工的每吨工资几乎有无限的变化，不但煤矿与煤矿不同，而且在同一矿井中煤层与煤层不同，根据的是煤的性质和每一处挖煤的条件；然而在某些地区（例如在诺森伯兰郡和达勒姆郡），决定工资的协议要求全郡

① 《德兰士瓦济贫委员会报告》，第121页。

② 同上。

每吨煤工资率的确定，应使每个煤矿能制定出某种大家同意的工资，也就是“郡平均工资”。[①] 大量证据表明，在当地或在一个行业中有经验的人能以十分精确度计算出不同环境中这种补助应是多少。

第5节

其次，不同工人在同一工厂中从事生产物品的性质差异，必须予以补助。重要工厂常常订立计件工资清单规定这些补助。各种补助安排的一般方法劳动部的报告中有如下清楚说明：“仔细的审核可以看出，尽管这些清单显示细微的变化，但它们中间至少在比较重要方面，存在结构上和安排上某种共同的显著特色。从这些共同特色中看得出最值得注意的是‘标准’物品或工序的定义，每种物品或工序下标上相应的计件价格。从这个出发点起开始，排出整个工资等级，所有其他物品或工序的价格根据清单上详细说明的额外收费、折扣额和补助额，相应地根据标准清楚地求出种种不同的价格。以这个方式从一份价格清单有可能提供有十分细微差别的大量工序。我们可以以伦敦印刷业排字工人的印书等级的基础作为标准单位的例子：

所有英语作品的普通排版（包括14磅活字和8磅活字）的排字工资为每1000（对开铅字）7.5便士，7磅活字7.75便士，6磅活字8.5便士，5.5磅活字9便士，5磅活字9.5便士，4.5磅活字11.5便士（全包括天眉和空白字行）。

① 《标准工资率报告》，1900年，第14页。

以上是最简单形式工作的计件工资率；如果排字原件不是英语，如果排版特别困难，如果需要任何别的改变或外加，可以找到为这些情况规定的等级，并详细说明由于要求排字工人做与标准工作有特定差异的工作，应支付的额外报酬”。[①] 有些工厂它的“产品是有限的几种大宗货物。性质上或多或少相同，每年都生产相当数量，生产过程完全一样或十分相似，”[②]经验表明，技术专家能以精密的正确度算出不同补助应是多大。

第 6 节

对于经常使用但未能标准化的操作，如大量的修理工作，以及所有在开始时期没有经验的新操作方法，要正确地计算它们的补助自然困难得多。但到以后几年，使用“基本确定工资率”的方法，计算补助就比较容易了。这个方法以如下事实为基础，即大量工业操作都由以不同方式结合在一起的比较少量的基本动作组成。基于这个事实，由经验决定每一个基本动作的适当时间，可能在事先计算出以前从来没有做过的新复杂工作的合适时间。当然联合任何一组基本动作的过程，经常做这些动作的人能比很少做这些动作的人快得多，因之，我们测算适合任何工作的计件工资率，要根据这项工作是否经常进行，是否足以使这项工作值得成为一批工人专门操作的本领。但是这个困难比较次要。基本确定工资率

① 《标准价格工资率报告》，1900 年，第 16 页。

② 施洛斯，《收益分享报告》，第 113 页。有关美国安排计件工资等级适应产量的规模与模式的方法、使用的原料和工作的体力条件的详细叙述，参照麦凯布《美国工会的标准工资率》，第 1 章。

方法的一般性质可用以下一段话来描述："假定这项工作是刨平一个铸铁件的表面。在普通的计件工作制下，工资率确定者要遍览刨床所做工作的纪录，直到他找到尽可能类似于所设想工作的一件工作，然后推测做这件新工作需要的时间。可是根据基本确定工资率的做法，先要作如下的几步分析：

人工完成的工作	（时间按分计）
把铸件从地面抬到刨床平台上的时间	……………………
在平台上放平和摆正铸件位置的时间	……………………
加上挡块和插鞘的时间	……………………
去掉挡块和插鞘的时间	……………………
把完工的铸件搬到地面的时间	……………………
清理机器的时间	……………………

机器完成的工作	（时间按分计）
粗刨成$\frac{1}{4}$英寸厚、4 英尺长、2 $\frac{1}{2}$英寸宽的时间	……………
粗刨成$\frac{1}{8}$英寸厚、3 英尺长、12 英寸宽的时间，等等	…………
精刨成 4 英尺长、2 $\frac{1}{2}$英寸宽的时间	……………………
精刨成 3 英尺长、12 英寸宽的时间等等	……………………
总计时间	……………………
外加——不可避免的延迟时间百分比	……………………

显然，这项工作包含相互配合的一组操作，做每一个操作的时间能容易地用观察决定，当这个确切的操作组合此后绝不再次发生时，与上面所说某些操作相类的基本操作将在同一工场几乎每天在不同小组中进行。工资率确定者很快就十分熟悉每一个基本操作所需时间，他可以把它们从记忆中记下来。工作的一部分由机器完成时，他可以参阅为每一部机器制定的时间表，表上印有创制每种宽度、厚度和长度组合所需的时间”。[①] 当然这个办法不完善，因为决定从一种基本操作过渡到另一种基本操作可以容许的空隙还是多少有点专断判定的事情。[②] 不过这个办法无疑能在许多工作中确定哪种工资率是公平的工资率。要做到这点，除这个办法外，就不可能做到。

第 7 节

第三，不同工人在工作上从与管理权力部门合作中得到支持的差异必须给予补助。当一家工厂组织不良，常使工人等待原料，有一定效率的工人可以生产较少产量取得的计件工资要比组织完善的工厂多。一位有经验的观察家的如下评论指出这一点非常重要："工作的方法与分配在不同地区差别惊人，工人领取的实际工资受到管理者掌握组织与管理水平优劣的巨大影响。受雇于同一家工厂分在不同车间在完全一样外界条件下以相同计件工资率做完全一样工作的一群工人，出现每周平均工资一个车间一直稳定

① 《工程学杂志》，1901 年，第 624 页。

② 参照霍克西，《科学管理与劳动》，第 51 页。

地高于另一个车间，这是很平常的事情”。[1] 显然必须作任何尝试，正确地计算在这个问题上必须作出的补助，以解决这个巨大困难；差不多同样的困难是，所有工厂的管理质量常常随时在变动。这些困难无法完全克服。但是当困难看来相当严重时，在某种程度上可以用建立最低计时工资，作为计件工资制的辅助办法来加以克服。一般素质工人的收入无论如何不允许低到那个标准。强有力的工会普遍以保证这条界线为目标，[2]而煤矿工人最低工资法以法律实施这个办法。实际上这个办法补救了极端无能的管理部门产生的坏影响，它也考虑到管理工作中偶尔产生的失招。在任何工厂或矿山中，总的看来其管理能力属于一般水平，但它们必然有时会在指导工人操作中出现提供给个别工人的设备发生偶尔的变化。“假定一组工人正以每吨若干工资卸煤车，因前面工人行动延缓，未能将空车移走让满车驶入，因而使他们有相当长时间空着无活可干；或者假定在驶入满车时停的地方不当，以致加长工人卸煤的距离并在不方便的位置工作，或者工人不是由于他们本身的过失而赚不到公正工资。再次假定，由工头组织的一组工人中把新手混在技术工人中，由于这些新手不善干活以致全组产量减低。要是他们按计件工资率干活，他们收入的降低不是他们的过错。”[3]在长时期平均看来，这种偶尔事件将相当平均地分布在全体就业的工人身上，所以在整体上每个工人得到近似的公正工资。但是工人日常周工资的偶然大幅度变动是有害的，若有可能应该

① 布莱克，《我们的制衣业》，第145页。
② 参照科尔，《工资的支付》，第4页。
③ 戈因，《工业工程学原理》，第123页。

阻止其发生。增加一项适当的结构性的最低计时工资就能防止损害的发生。为了预防不良管理和意外波动的极端事件造成非有意的后果，必须掌握如下特性：第一，在实施最低计时工资时，现行的计件工资率制度应稍稍降低；如果不这样，工厂支付的平均效率工资实际上提高了；这是一种非计划中的结果。由此作出的推论是，一个地区的一般平均计件工资率改动时，最低计时工资率也应改动。第二，付给一个正常效率工人的最低计时工资应低于此人可能期望根据计件工资平均赚到的日工资；否则旨在使计件工资促使工人努力的刺激势将大部消失，结果是产量可能大大降低；这将是第二个意料不及的后果。第三，应以某种方式作出规定，保证最低计时工资只发给具有正常能力的工人。要是它是完全普遍的最低工资，它将意味着将不称职工人的效率工资强制提高到一般水平以上，这会是第三个意料之外的结果。因此，要求制定一个像英国煤矿工人最低工资法规定的规则，即在无任何事故、疾病或生产场所的反常情况之下，经常在正常一周中生产不出规定产量的那些工人，应该不列入最低计时工资范围以内。

第 16 章　作为可变关系的公正

第 1 节

根据上一章第 1 节所述，素质完全相同的工人中间，公正工资的意思只有一个，即平等工资，只有在享受的附带优势有差异时才加以调整；公正工资在不论什么环境下都是这个意思。在素质不同的工人中间，公正工资在任何特定的环境中，以相同方式意味着与效率成正比的工资，因而彼此间具有某种明确的数字关系。乍一看可以认为这种数字关系像质量关系一样，在任何环境中都同样，即在相同的工人之间要求公正。但是实际并非如此；理由是具有一定素质与能力的不同个人的比较效率不是在所有环境中都相同。本章的任务就是要把这问题分析清楚。为此目的把工人中的差异区分为两类是方便的：(1)特定种类能力程度上的差异；(2)工人分别掌握的能力种类上的差异。我先不理会种类上的差异，从假定只有一种能力开始——这一种能力以不同程度分配给不同工人。

第 2 节

这里的关键是马歇尔在论述土地肥力时所说的话。他说，应该记住，即使在我们认为一种庄稼只享有一种肥力时——一种肥力与我所说一种能力相对应——两块不相同土地的肥力并非在任何环境中彼此只具有单一的数字关系。相反,这种关系在不同需求状况、不同资本供应条件等等下将是不同的;甚至可能发生这样情况:一块土地在一组环境里比另一块地更肥沃,而在另一组环境里会比另一块地贫瘠。现在我们以同样方式发现工人A的净产量(设想成边际的)和由此产生的效率很可能对工人B的净产量(同样设想成边际的)具有一种数字关系,随着支持他们劳动的工具等物品供应的改变,数字关系也改变。由此可见,虽然在任何一组特定条件下,两人的工资间存在某种明确的数字关系是正常的,这个关系不是简单地取决于他们个人的素质,而是容易随着外部环境的变化而变化。

第3节

马歇尔关于肥力的分析使人想到进一步的推理,即进步一般地倾向把具有较低能力工人的效率提高到与具有较高能力工人的效率到同一水平,因而使他们工资之间的公正率更接近地趋向统一。他写道:"与特殊土地上下种流行庄稼和种植方法的适应性的任何变化无关,存在不同土地的价值不断趋向平等的趋势。相反(没有任何特殊理由),人口与财富的增长使较贫瘠土地有较丰足收入"。[1] 如果事实确是如此,相似的命题看来在从事生产同一商品的具有不同程度能力的工人中应当同样有用。马歇尔的命题能以彼此有如下不同的两块土地加以严格的证实,即一块土地上投

① 《经济学原理》,第162页。

资第 r 单位的产量超过另一块土地投资第 r 单位的产量，差额为 r 所有价值的同一不变量。马歇尔以图解说明这个道理。[①] 当然，两块土地不必彼此以这个关系相关连。情况可能是这样，土地 A 每笔投资的收获量都比土地 B 较低，直到第 r 笔投资，此后收获不断增大，在这种情况下，当进行(R＋k)次投资时土地 B 收获较低，但它的收益性——它是测量土地肥力的标准——远远跟不上土地 A 的收益性。当对土地产量的需求上升引起投资次数增加超过(R＋k)时，土地 B 的收益性进一步落在土地 A 的后面。因此生产特定作物的不同能力的土地收益性，随着需求上升是否趋向平等的问题，取决于任意取样的不同土地的马歇尔叫做生产曲线(即投资不同次数的收获量表)之间通常保持哪种关系。据我判断通常(可能)关系是证明马歇尔结论正确的那种关系。[②] 倘若是这样，我们还可以说，根据推理我们可以说，在具有不同程度同样能力的工人之间支付的工资率若是“公正”的，随着人口与财富的增长将趋于平等。

---

① 《经济学原理》，第 162 页注。

② 如果两块土地的生产曲线彼此平行，那么，如马歇尔指出，不管这些曲线形状如何，产品(譬如说小麦)需求的增加使较差土地的收益性比另一块土地的收益性增加较大比例。如果二根曲线是直线，在整个长度中一根落在了一根上面，即使曲线不是平行，结果完全一样。如果二根曲线是直线但相互交叉，情况就不一样。如果它们是二根直线在最初时重叠(即在第一次投资时)，这两块土地收益性之间的比率在任何需求状况下都是相同的。如果它们不是平行的也不是直线，就说不出其结果来。这些结果很容易用简单的图解加以说明。

第 4 节

其次必须考虑到这个事实，即人生来就有不同**种类**的能力和不同程度的能力。无疑，两个人或两块土地可能彼此有如此这般的不同，以致它们能力间的比率（当资本价格处于任何一定水平时）在所有用途上都相同，当然这种情况不可能常常发生。拥有特定价格的资本，一个人一般将对另一个人在体力上处于一种关系，在数学能力上处于一种不同关系；正像一块土地生产大麦比另一块地多产 10%，生产小麦多产 20%一般。实际上常有这种情况，两人之间的优点等级在不同目的上是不同的。滕尼先生在拳击场上比赫尔·爱因斯坦强，但在实验室就不如他。由此可见，当不同种类能力能够提供的公众的劳务需求彼此相对发生变化时（不论是爱好变化的结果，还是有不同爱好人们中间收入分配发生变化的结果），或者当技术发展改变了不同种类能力在生产劳务和物品上的相对重要性时，(1)改变投资于训练不同类型人才的相对资本量是有利的；(2)不同类型净的和毛的相对效率（即包括计算资本的利息）以及在这些类型间属于"公正"的相对收入都将改变。就这样，当战争大大提高普通士兵服役的需求时，非技术工人的效率和收入提高，而音乐家的效率和收入降低；要是战争永远打下去，生下来就有当兵特殊天赋的孩子将有相对高的收入预期，那些生下来有音乐特殊天赋的孩子，其收入预期就相对的低。另一方面，技术发展能使大量工业操作由有高度技能的人驾驭精心设计的机器来进行，这就使得智能高孩子的效率和收入预期相对高于那些生来有公牛般性情与体格的孩子。再则，如果一项发明使失明在某种职业中与以往相比是较少的障碍，盲人势将大量进入那个职业，使其他人离去，直到最后，盲人的相对效率上升，他们相对于其他人的收入到处比以前稍有提高。比较广阔的视野和相同的目标，巴特森写道："在这个国家伟大的工业发展开始时，一些家族和个人上升到出人头地的地位或下降到默默无闻的地位，并不证明他们出身的世系先前应该是和在不同环境中曾经是处于不同的相对地位。在各种不同环境中，取得成功需要不同的素质"。[1] 因之人们不同类型的效率不仅仅单由他们的本性决定，也不是由他们的本性与资本的供应价格一起决定，而是由这些事物连同不同种类劳务的需求状况和各种职业中工业技术状况共同决定的。我认为，不可能说爱好与技术的今后发展可能带来相对效率因而相对收入的何种变化——是拉大差距还是趋向较大的平等。

第 5 节

当提出这样问题，即某一家工厂实行的工资相对于其他工厂的工资是否公正时，上面分析的意义就变得明白了。当然这里的主要问题是关于不同工厂一般工人工资之间的关系。因为当知道了一家工厂普通工人的工资相对于另一家工厂普通工人的工资是公正的时候，发现对那些高于或低于平均数者应该给予的补助是比较简单的事情。如果我们凭直接判断或用其他方法知道这些普通工人在所有方面完全相同，我们根据第 14 章第 1 节所说的道理还应该知道公正工资就是平等工资。但是，如果我们不知道我们

① 《生物事实与社会结构》，第 32 页。

正在比较的各工厂工人是完全相同的，问题就复杂得多。如上面所引那一节中表明的，如果工资与效率不成比例——以净边际产品乘以价格计算——它们彼此就不是公正关系。这点是正确的。但是，如果说工资在这个意义上与效率成比例，它们**必定**处于公正关系，这点是不正确的。它们只有满足第二个条件，它们才处于公正关系，那就是如果各工厂间的劳动力分配得合乎理想，以便使第9章第2节所说的广义国民所得达到最大。[①] 在这些情况下如何有可能决定在一家工厂实行的工资相对于其他工厂是公正的还是不公正的呢？在某些条件下可以得到切实可行的办法。有可能找到某个典型的或标准的年份，在那一年里一家工厂的雇主与雇员中普遍同意那里的工资率相对于其他工厂实行的工资是公正的。这个工资率将是我们讨论的出发点。肯定了它以后，我们试图以调查统计的办法发现从我们标准年份起其他工厂的工资率以何种比例发生变化。假定它们上升了20%。然后，如果我们工厂工人和其他工厂工人的比较平均素质没有发生明显的改变，我们的结论是我们工厂现在的公正工资应是标准年份实行工资加20%的上升。这个方法在战前时期煤业调解委员会实际上曾长期应用，它常常能作出公正工资合理的最后决定。但是本章的分析表明，它只能做到这点，因此只有假定同时没有发生任何事情，相当可观地改变主要在我们工厂和其他工厂使用的那种类别和程度的技能的相对总需求的情况下才能应用。如果从我们的标准年份起公众对赛马的爱好大大扩张，对诉讼的兴趣大大缩小，去受训成为职业

① 参照《生物事实与社会结构》，第14章，第1节。

骑师的才能相对于去受训成为律师的才能价值要大得多，同时骑师相对于律师的公正工资现在要比那一年高得多。至于这两种才能的相对供应量不取决于自然的天赋，而取决于投资在训练和培养最早相同的两种人的金钱数量的不同。我们应该想得到，进入需求上升职业的人数相对于进入其他职业的人数必定增加，但过了一段时间后新的和旧的公正关系间的差别就将减小。因此，对技术工人与非技术工人相比较的相对需求的降低将改变这两个阶层工资间的公正关系，这种改变从长期看来要比当前看来的程度较小。如果我们假设对具有职业骑师天赋人们服务的需求比那些具有律师天赋的人们服务需求相对上升，将引起前一个阶层有相对较多的孩子——我们可以假设——来分享他们的自然天赋，最终达到的新公正关系与旧公正关系间的差别将进一步缩小。

第17章　在工资业已公正的地区和职业中以干预方法提高工资

第1节

在第14章的分析中，注意力局限于意在迫使某些地区和职业提高工资的干预方法的效果，那些地区和职业的工资不公正地低于其他地方付给享受同样偶尔福利的相同劳动力的工资率。但是有时有人宣称，低而公正的工资和低而不公正的工资同样可以常常强制提高，以有利于国民所得。我们现在得研究一下，这个宣称在多大程度上和在什么环境中是有根有据的。

第2节

在罗先生的一本非常有趣的书《实践和理论中的工资》里，他强烈主张强行提高工资率可以刺激雇主，不但在上文第14章第8节描述的发生剥削情况的地方，而且在整个产业改进组织的方法和技术。[①] 雇主发生这种反应的范围必然取决于那里的主要雇主团体在不同工厂中已采取最著名的做法达到什么程度，和取决于改善那个做法的良好机会。可是可以常常找

---

① 所引书第204～214页。

到某种有利的反应。作为这种反应的结果，任何特定能力的特定数量劳动力的净边际产品将间接上升，国民所得也将增大；正如与增加的工资率导致工人生产能力以下一章描述的方式得到改进有一样的效果。这种考虑引起某种设想，赞成逐步小幅度地提升工资的政策，甚至在工资已经公正和不存在对工人能力有反应问题的地方也使用这个政策。然而，本章不考虑这种反应，我们对问题的研究建立在雇主的技术和组织方法不受工资政策明显影响的假定上。

第 3 节

首先，如在第 14 章第 2 节正文中已有暗示，特定地方的公正工资有时是作为两个或更多不公正要素中经过冲突或删除的结果而出现的。因此在某个地区或职业中劳动净边际产品的价值可能异常的高；因为那里工人的数量由于习俗或进入的巨大费用一直很少。如果这个环境单独起作用，工资率将是不公正的高。但是也可能发生这样情况，即这些工人被他们雇主剥夺谈判权，被迫接受少于他们工作净边际产品价值的工资。如果这种环境单独起作用，工资率将是不公正的低。**可能**产生这样的情形，即这两个相反的倾向正好互相抵消，所以由此产生的工资精确地处在公正的水平上。但是这种公正包含两个不公正要素，干预其中一个将不利于国民所得，而干预另一个将有利于国民所得。国民所得的利益要求工资率不应公正，而应处于体现两个不公正删除要素中的前者的水平上。因此，尽管工资公正，干预还是值得想望的。不过很明白，确切删除起反面作用的不公正要素是十分不可能的。因此，在整体上是公正的工资率，除非有极为特殊的理由，不能合理地怀疑它包含任何不公正要素。因而本节中提出的各种考虑虽然它们指出某些种类不公正工资的复杂性，但它们对于公正工资来说只有学术研究上的意义。

第 4 节

其次，在任何特定的地区或职业中，为使与其他地区或职业相比是**公正**的工资（从国民所得的角度看也是**正确**的）必须满足某个明确的条件。这个条件是在一般地区或职业中工人获得作为工资的他们工作的净边际产品价值。如果工人取得的少于此，他们就没有正常动机去做普遍利益所需要的那么多的工作。提高工人的工资达到使需求价格与供应价格相等的水平，会导致国民所得规模的增加，足以补偿他们额外牺牲休闲时间而有余。现在，当事情已安定下来处于或多或少稳定状态的时候，经济力量的作用趋向于保证在一般行业中工资确实与劳动的净边际产品的价值相一致。但是条件容易发生变化，例如，由于新机械的发明，资本的积累，国外贸易的开展或用作货币的物质供给的扩大。这些变化中的任何一种必然趋向于普遍提高整个职业劳动净边际产品的价值（以货币计算）。因此原来工资虽然依旧公正，还是太低了。提高所有工资有利于国民所得。但是，如果把每个人工资率的公正看做反对提高工资的决定性理由，这种变化就根本不会出现。例如，假如整个行业的工资率由调解委员会或仲裁委员会决定，不管是完全自愿的或者部分由政府当局控制；这些委员会遵循的原则是使它自己的工资率与其他职业支付给相同工作的工资率相等。在改变着的一般条件面前，结果将是完全的**僵局**。同样，可以想象为，工人即使在稳定条件下，他们的工资在任何地方以确切相同的程度受到“剥削”。基于这个理由，在任何地方工人工资可能少于他们净边际产品的价值。这里，反对干预公正工资率的严格规则将再次使任何纠正这个弊端成为不可能。因而可见，工资率的公正必定不可用作决定性理由来反对以干预手段提高工资。

第 5 节

如果上面说的是事实，即在整个行业中工人受到剥削，或者说在整个行业中工资由联合委员会决定，而这些委员会的惟一行动原则就是建立公正，那么上一节中的结论具有重大的实际重要性。存在一个宽广的领域，在这个领域中以干涉手段提高业已公正的工资将对国民所得有好处。但是事实是，整个行业不是由奉行单一公正原则的联合委员会控制，有充分理由相信，工人受剥削的地区和职业只是整个行业的一小部分。因而在某些情况下不顾工资已经“公正”，干预工资率的这些特殊理由不是广泛应用的。不过必须承认，当一种巨大而突然的变化出现在生活的货币费用上，如大量发行纸币可能带来的，一般地说货币工资不会立即作出反应，因此有一段时间到处的实际工资趋向过低。因而那种只以干预来提高不公正工资的政策，将失去时机赶不上要求的调整。如果一个外部权威机构能迫使任何行业或行业集团的工资，从当时仍属“公正”原来水平，提高到将在一个短时间内“公正”的新水平，这将有利于国民所得。当然应该理解，当生活的货币费用经历巨大而突然的变化时，对货币工资方面的反应是当局迅速完成的职责，这种反应不是在所有环境中全然相同。如果生活货币费用的一定上升是普遍物价相同上升的一部分,它是由银行业务或通货的变化引起的,正确的反应是提高货币工资足以使实际工资相等于它以前的水平。如果生活费用的一定上升是普遍价格相同上升的一部分,它是由生产设施减少引起,如可能因战时实际资本被破坏而形成,正确的反应或者是不提高货币工资,或者无论如何提高的幅度应少于足以达到原来的实际工资;因为此时对劳动力的实际需求势将降低。如果生活费用的一定上升是生产工人工资主要支出物品的成本实际上升的结果,并未同时发生生产其他物品实际成本的同样上升,正确的反应或者是(由于同样理由)不提高货币工资,或者无论如何提高的幅度应少于足以达到原有的实际工资。这些区别不是总能看得清楚。还存在另一种不同性质的复杂性;"生活费用"不是一件简单明确的东西,它对全社会所有阶级必然以同等的比例变化。可以合理地强调,有钱人习惯于作更多不同的购买,他们比穷人有更大力量购买涨价较少的物品来代替涨价较多的东西;战时出现的那种物价变动真正提高生活费用,而且提高的比例使收入等级越低者提高越多。这种考虑使战时和战后采取跟生活费用滑动工资的做法:除低工资阶层外,使工资的变动比例小于商务部的生活费用数字提供的数据。要是提高工资对所有工资收入者完全一样,那么高工资工人的相对地位与低工资工人相比,可以说不是保持不变而是更加提高了。

第 6 节

现在我们必须考虑一个更广泛的要求。那就是在工资较低的任何职业里，不管相对于这个职业做工工人的效率程度是不是公正，工资应当提高到足以使普通工人得到适当的生计；对于普通男工和普通女工的"适当的生计"是分别根据这样的事实解释的，即男人要养家女人不必养家。认可这个要求的某种态度在 1918 年英国劳资协商委员会法中有规定，它是 1909 年最早法案修订后新引入的。尽管根据原来的法律，在工厂中成立劳资协商委员会之前的情况是工资**特别**的低，根据后一个法律，没有组织工会这一点就足以使工人接受的工资可能不适当的低。这个要求在其他地方已得到明显的接受。因而 1912 年南澳大利亚产业仲裁法规定，"法庭没有权力命令或规定不保证受影响雇工最低生活的工资。'最低生活工资'的意思就是足以使居住在已在或正在工作的当地的普通雇工得到正常和合理需要物品的金额"。[①] 在西澳大利亚法律规定，"制定的最低工资率或其他报酬必须足以使普通工人凭它生活得合理的舒适，并考虑到这些普通工人日常承担的家庭责任"。[②] 在 1918 年新南威尔士法律中，这些一般性规则都予以统计数字上的解释。命令商务部贸易委员会经公开调查生活费用后，每年公布国内和国内任何限定地区男女成年雇工（不正常低效率者除外）分别的最低生活工资，任何产业协议制定的工资以及任何关于工资的裁定不得低于这个最低生活工资。澳大利亚联邦仲裁法庭贾斯蒂斯·希金斯先生（在关于非技术工人方面）继续根据同一原则进行工作，他设法为假定是 5 口之家家

① 《美国劳工统计局公报》，第 167 号，第 165～166 页。

② 出处同上，第 167 页。

长的正常男人和假定只维持个人生活的正常女人按照生活费用制定基本工资。[①] 在大多数美国州里，都有妇女的最低工资法，规定的最低工资是足以供应必需的生活费用和维持雇员身体健康的工资。[②]

第7节

在公众讨论中，这些建议提出的问题有时被一种含混的观念弄得模糊不清；这种观念认为最低生活工资意指在任何企业雇用的有正常能力工人的"生活收入"。当然不是这样。最低生活工资在普通惟一想象中是一个男人的工资能使得到它的人，如果他只有一般性的家庭负担和在疾病问题上有一般性的好运气，其收入足以过得不错的生活。但是能在这种条件下达到这种目的的工资率，对于一个有超过一般家庭负担或遭受不寻常疾病的人就达不到这个目的了。[③] 这种"最低生活工资"也没有考虑有些工人需要赡养父母的事实，父母们在过去也像他们孩子一样工作；更没有考虑这样事实，即有些工人的妻子没工作对家庭收入毫无贡献，而另一些工人的妻子对家庭就有很大的贡献。此外，养家糊口的人能

① 参照他有趣的著作《法律与秩序的新领域》。对于技术工人他的目标是在基本工资上外加"补充工资"，在决定补充工资时最最主要的是考虑能负担的程度。可以看出，在贾斯蒂斯·希金斯先生的原则中，对非技术工人的**实际**工资率根本不变动。

② 参照《美国劳工统计局公报》第285号。这些法律就它们对未成年人的影响而言，并未规定工资应该可以维持生活，仅仅规定工资是"适当的"和"不是不合理的低"。

③ 朗特里先生曾指出，在约克郡如果建立以多达5个孩子家庭为基础的最低工资制，那么在出生孩子中至少有20%在5年或更多年份得不到充足的抚养（见《劳动者的需要》，第41页）。

够在家庭人口增长的一个阶段供给家庭“生活”，而在另一个阶段就力量不足了。这个考虑十分重要，例如，鲍利先生以他于 1912 年在雷丁调查穷人情况为根据作出估计，一个工人为过合理标准生活所需的最低开支，“在结婚时为每周 16 先令，5 年内逐渐增加到约 25 先令，假如有 4 个孩子全都活下来，10 年内达到 28 先令。此后 5 年保持 28 先令，然后随着孩子能够自立，回落到 16 先令。”[①]女工人的最低生活工资与生活收入之间的联系更为疏远，这是因为主要由丈夫支持的妇女、单身妇女和本身是家庭主要赡养者的妇女之间的状况有巨大差异。把这些不同情况合起来一起考虑事情就很明白，在任何行业中实行这个名词任何说得过去意义上的最低生活工资，距离保证达到“生活的收入”已十分接近，这甚至对正常得到它的那些工人来说也是件好事。我们希望保证在所有行业中施行生活的收入因而与“最低生活工资”没有真正关系。在雇用工人等级极低，以致其公正工资（如第 14 章所解释）低于最低生活工资率（不管我们对此选择何种定义）的行业中强行提高工资率的政策，必须根据其本身的特性单独加以考虑。

第 8 节

得到广泛支持的一个论点如下：“用尽人力资本又无力补充它的企业是不能自给的企业，它对社会有无可怀疑的损害。因此，一个妇女其生活部分由其他来源维持，如由父亲、丈夫等等；雇用她

① 《社会现象的估量》，第 179～180 页。

做工的企业实际上得到那些其他来源的补贴，补贴幅度就是她的工资少于适当生活费用的差额。”[①]换言之，允许形成这种补贴所必需的低工资继续存在，也就是允许这个过程的继续，在这个过程中，生产能力和由其产生的未来国民所得被逐步用尽。这个论点站不住脚。它依赖“用尽”这个词的含糊不清。如果派一些人在某个企业里工作，耗损和破坏了生产能力，要是他们不被派往那家企业工作，他们的生产能力将有效增大国民所得，这种生产能力的破坏必须严格地记入这家企业的借方。它的社会净产品达不到它的私人净产品达到的严重程度。但是不存在那种普遍的设想，即一家工厂雇用低等级工人付给他们相等于他们能在别处赚到的工资就会用尽在这个意义上的人力资本。因为，如果这家工厂不雇用他们，他们或者以同样工资被别的工厂雇用，或者他们不再被雇用；不论哪种情况，没有理由假定，他们的生产能力将立刻受到任何损耗。因此，那家工厂只是在使用或雇用他们意义上而不是在损耗他们意义上用尽他们的生产能力。因而他们在工厂里所做工作的社会净（边际）产品和私人净（边际）产品之间不存在差异，也不会因这种情况的继续引起对国民所得的破坏。这个结论也不受如下事实——当它是一种事实时——的影响，那就是受雇在工厂里工作的工人从其他来源得到补贴；因为如果他们不受雇于这家工厂，他们还是必然受到至少同样数量的“补贴”。如在 14 章中曾详细论述，事实确是如此，如果一个职业或一个职业部门之所以能维持下去是由于它有能力支付一定等级能力工人的工资，少于这

① 《新政治家》妇女增刊，1914 年 2 月 21 日。

些工人若不在这个职业或职业部门工作他们能够在别处赚到的数目，那么这个职业或部门的继续存在就会引起社会资源的浪费。这里存在真正的寄生现象。其实质在于这个事实，即付给工人的工资少于他们能够和愿意在他处赚到的数目。当不发生这种情形时，即使付给工人的工资大大低于他们独立维持自己生活的需要，也不存在寄生现象。应当以法律禁止工厂支付的工资少于"公正的工资"，即使这种禁止会引起工厂破产的论点，完全不同和毫不支持下一个论点，那就是禁止工厂支付少于"最低生活工资"的工资，那么把这种工资付给在各方面都不值最低生活工资的工人，也应当予以同样禁止。后一个论点不能成立，而我们研究的问题必须与它无涉。

第9节

我们假设一家特定工厂雇用低级工人，而付给他们的工资从他们比较低效看，相对于其他工厂所付的工资是公正的；我们再假设，这家工厂和其他地方的效率工资的相等，是与那里和其他地方净边际产品价值的相等，以及工资与这些价值之间的普遍相等同时存在。在这些条件下，如果这家工厂的工资率被强制提高，雇主便有强烈的引诱力使能力较差的工人离开他们特别合适的工作岗位，让这些工作完全由能力较强的工人去做。例如，不同城市不同工会工资率的建立，主要把能力较强的工人吸引到有较高实际工资的城市。正如1889年"码头工人6便士工资制"的建立引起从乡村来的体格强壮的外来者部分取代了原来码头工人中的体弱者。要是出现这种反应，不可能真正出现怀有这种目标的工人得到比以前实质上多得多的工资。其后果将是不同等级的工人在不同职业间的再分配。结果是对国民所得的规模既没有有利也没有不利的重大影响。支持某些特定工人的干预意图事实上将被规避的手段挡开。然而,让我们假定,由于某种理由这种工人的重新安排是不切实际的。那么确实,除非对劳动力的需求完全没有弹性,否则必然发生一些劳动力被从工资上升的企业中逐出,结果是根据不同环境,有些人根本找不到工作,有些人到别处就业,由于条件不好,他们中大多数人的净产量价值比过去降低。根据第 14 章中简要作出的分析,这是必然的结果。由此的推论是,雇主勉强同意在公正工资低于最低生活工资的工厂里强行提高工资达到"生活"标准,除了对工人能力的反应外,必然损害国民所得。

第 10 节

初看起来,认为所造成的损害大致上与干预方法达到的行业个数成正比,这是很自然的;所以如果最低生活工资制在公正工资低于最低生活工资的 3 家相同的工厂实行,比起只在其中一家实行来国民所得将降低 3 倍。但是这还是过低的估计。当劳动力——随后还有资本——被逐出一个职业时,它按寻常过程进入其他职业;尽管它在那里生产少于它以前生产的数量,它还是生产许多东西。如果只有少量劳动力和资本像这样寻觅新家,同时有巨大领域接受它们,它们中每一单位的新贡献价值将非常接近与原来贡献一般多。但是,如果接受它们的是一定限度的领域,而要寻觅出路,许多劳力与资本不得不挤入价值较低的用途,因而每一单位所作的新贡献将较少。所以干预的次数增加 2 倍或 3 倍,造成 2 倍或 3 倍数量的劳力与资本闲置或放任自流，对国民所得的损害将超过 2 倍或 3 倍。当试图从澳大利亚经验推论英国强制提高低工资行业工资的可能后果时，必须牢牢记住这段议论。因为"在澳大利亚殖民地，工业主义在形式上相对简单在范围上相对有限。农业是主要行业，它没有受到仲裁法的影响，成为被从工业中逐出任何劳力或资本的出路"。[①] 在英国，农业发挥的相应作用要小得很多，因此，如果试图实施强制提高工业工资这个影响广泛的政策，可以得到的出路规模极小。此外，实际上可以肯定，在联合王国内这个政策若不同时应用于农业，很难单单在工业中实行。它对国民所得的危险因而要大大高于澳大利亚经验所暗示的。

第 11 节

直到此刻我们一直不明言地假设，早已确立的不顾夫妻和家庭财产的固定工资的做法将维持下去。但是近几年来人们相当注意以家庭为基础制定工资的建议。这些建议离开理想的公正工资比上面描述的"最低生活工资"政策更远。因为它们要求相等素质的不同人领取的工资根据他们抚养孩子的个数而有差异。大战期间付给军人的工资（工资与养家津贴一起计算）实际上就是依照这个原则规定的。发给警察的按照生活费用而增加的战时补助金也是根据同类型的基础。人们早已了解，政府当局如果愿意，完全可以为它自己的文官工资采取这种计划，但是它觉得这种方案如果

① 查普曼，《工作与工资》，第 2 卷，第 263 页。因为 1918 年工业仲裁法（进一步修正条文）的通过，这个情况对新南威尔士不再完全确实，仲裁法已不是完全与农业无关。

引入工业机构，必然引起不论哪种失业在任何时候都将集中在有庞大家庭的工人身上。可是在最近几年里，在几个国家中出现一种令人注目的后来称作“家庭工资制”的动向。在德国，由于实际工资的严重下降，在寻常工资率上有家庭的工人无法生活。由于这种状况，“按照家庭人口发给额外津贴的制度现在广泛实行。根据这个观点，德国劳动部新近对目前劳资集体协议进行分析。分析表明几乎所有行业都在某种程度上应用家庭工资原则；还有些重要工业普遍认可这个原则，它们中有采煤业、机械工程业、纺织业以及纸和纸板制造业”。[①] 在法国，这个制度在 1916 年最早开始呈现出重要性，此后发展颇快，到 1923 年几乎有 250 万工人受到它的影响。在不同的工厂里建立起“补偿基金”，不同的雇主以工资清单一定比例拨款充基金，用此基金支付全部家庭津贴。[②] 根据这个计划，雇主按照所雇用的工人人数向每一个工人支付相同的总金额，而不管工人家庭的人数多少，因此对任何雇主来说没有任何诱惑力去优先雇用单身汉而不想雇用已婚男子。在比利时、荷兰和奥地利，这种制度也有一定程度的流行。[③] 很容易看出，按照这种类型的计划，特定总数的工资付出将比根据寻常类型最低生活工资规则支付的工资产生较大的社会利益的直接回报，但是任何形式的家庭工资从另一方面遭到严重的反对。它为了给予有大家庭的工人津贴——一种对家长身份的津贴——必然含有向单身汉课税的意思。我现在不是提出这种制度在原则上是好事

① 《劳动公报》，1923 年 3 月，第 86～87 页。

② 出处同上，第 86 页。

③ 参照拉思伯恩，《经济学杂志》，1920 年，第 551 页。

还是坏事的问题；关于这个问题要看到这一点是适宜的，即这些单身汉在婚后生活中将获得他们年轻时遭受损害的补偿，但是具有相同收入能力的不同单身汉应当平等地课税。如果采用家庭工资计划，单身汉中那些人碰巧在单身汉与有家男子的比例占极少数的工厂里工作，他们受到的打击要比在单身汉比例较大的工厂中他们的同行严重得多。如果为给予大家庭家长津贴目的而征税，看来还是通过普通税收机构征收要比用这种隐蔽的和不均匀的征税方法较好。这个意见适用于由国家法令使所有产业普遍使用家庭工资制时加以考虑。对于限制在特定产业中使用这种制度有进一步的反对意见，那就是在这些特定产业里必然会充满有大家庭的已婚男子，使得那里没有可为他们利益征税的单身汉。① 在1927 年新南威尔士通过家庭资助法，该法规定，对单身母亲的家庭，只要其收入少于只有一个男人和女人的家庭，政府每周向每一个孩子补助 5 先令，同时每个孩子每年再补助 13 英镑，同时规定由所有行业的雇主按他们工资清单的一定比例出资，以筹集必要的收入。②

① 参照海曼，"德国的家庭工资制争论"，刊于《经济学杂志》，1923 年 12 月，第 513 页。关于法国的"家庭工资"安排的论述，参照道格拉斯"法国的家庭补助和清算基金"，刊于《经济学季刊》，1924 年 2 月。一篇有趣的论述家庭工资和家庭捐赠各种形式的文章包含在拉思伯恩小姐著作《剥夺继承权的家庭》中，亦可参照科恩的《家庭收入增加》。

② 关于这个法律的论述参照《经济学季刊》，1928 年 5 月，第 500 页及以下诸页。

第 18 章　工资率与生产能力

第 1 节

以上三章所作的全部分析都未提到以干预方法提高工资对工人体力上、智力上、精神上从而在工作效率上可能产生的后果。但是，如我们刚才了解，某些产业的工作操作需要极少技术甚至不需要技术，在这些产业里甚至正规称为强壮的工人也属于很低的等级。在这些产业里——家庭的简单缝纫是其中之一——即使公正工资必定是极低的工资率，不公正工资更不要说了。在这类产业里，旨在强制提高工资率的干预手段初看时似乎可能影响工人的生产能力，因而可能间接地增加国民所得，尽管从他们本身看，直接后果正好相反。预期的反应部分是体力上的，这是由于较好的食物和较好的生活条件增强力量造成的。预期的反应部分是心理上的，这是由于工人有受公正待遇的意识，有增加希望的感觉，他们还知道，增加了工资，工作懒散更可能导致失去工作。因此，在雇用特别低级工人的职业中——一个相同性质的论点也可以向雇用较好工人的那些职业提出，只是力量较弱——使用干预手段提高工资看来比在以前几章中提出的意见本身所表明的有更强有力的理由。现在需要检查一下这个意见。

第 2 节

有时人们认为可以比较受雇于工资高低不同的职业或企业的工人的生产能力来解释这个问题。有人发现赚高工资的工人，其生产能力大大高于赚低工资的工人，于是推断如果后者领取与前者同样多的工资，因而会提高他们的生产能力水准。这个推理不适当。高工资地区工人一般比低工资地区工人能力较高并不证明高工资产生高能力；相反可以有另一种解释，即高能力带来高工资。发觉从低工资地区转移到高工资地区的工人很快赚得适合于高工资地区工资的事实也不证明这一点；因为最可能作地区转移的人正是感到他们本身已经具有比他们同伙更大的能力，应得较高的工资。上面那类根据统计作出的论证，必须以最大怀疑的态度看待它们。为了以实验方式发现增加的收入怎样对生产能力起作用，我们需要调查在低工资和高工资条件下**同一工人在相同环境中的**产量。只有这样我们才能够确定增加工资对不同收入等级工人产生反应的程度。不幸的是，这种性质的调查无法实行。大战中为建立新军征集和训练的士兵，外表上出现的迅速改善的确使人们感到，人的素质在年轻时的可塑性无论如何要比我们以往习惯假设的更快捷更完全。据研究过这个问题的那些人的报告，由劳资协商委员会决定在制衣业和制盒业中的增加工资产生的良好效果指向同一方向。[①] 这

① 参照托尼，《制衣业中的最低工资》，第 121～134 页；和巴尔克利，《制盒业中的最低工资》，第 51 页。在制盒业中工人的生产能力以间接方得到提高，因为实行较高工资率诱使雇主更注意对工人的训练；“每个工人必须受训后才能得到最低工资，而在以前工人赚得多么少，雇主根本不在意”（上引书，第 51 页）。

些事情提供希望的基础，但它们并不能使我们作出任何明确的结论。我们因此最后又回到依赖称为常识的含糊的猜测做法。这种情况使我们想到在特别贫困的工人身上反应最为显著，因为在这些人身上通过较好的食物、衣服和住屋有体力改善的巨大余地；使我们想到，反应将随着受影响者的年龄和他们以往的条件而变化；使我们想到在就业相当正规，因而能达到生活明确标准的地方，要比就业“临时性”和断断续续人们中间，反应更可能发生；使我们想到提高工资维持的时间越长，改进能力达到显著程度的机会越大。

第3节

在因为低等级工人正受雇主剥削和付给工资少于工人应得的地区和职业中，没有理由预期把工资率强行提高到公正水平将引起任何受影响的工人长期或短期的失业；因为没有他们的劳务，雇主将得不偿失。因此，必须考虑的只是对实际得到较高工资工人的生产能力的直接影响。因此实际上可以断定，对国民所得将有一些净利益。此外，有理由预期这种利益是可以积累的。如果允许剥削，而工人与雇主谈判的不好结果将导致他们生产能力的下降，从而减少他们净边际产品的价值，他们将从较低水平开始下一轮谈判；如果他们的谈判结果再次稍微不利——因为他们力量较弱此时更可能出现这种结果——他们将再次被以同样方式驱赶到更差处境。因此他们的生产能力和他们领取的工资一样累积地和逐步地减少，国民所得由此遭受严重损害。可是，如果剥削受到阻止，工资强制上升到公正水平，对生产能力的好处将开始上升，酷似它下降时的动态。高收入导致较大生产能力，较大生产能力导致获得更高收入的力量，这是因为工人的劳务所值更多，也因为生活条件较好，他们在谈判中处有较有利地位；这样得到的较高收入将再次起作用增加生产能力；如此渐增地重复下去。这个想法在那些特殊贫困工人中特别重要，他们的贫困只要继续下去，使他们容易成为雇主优越谈判力量的牺牲品。因此在这种环境中，在 14 章中达到的结论，即强行提高由于剥削而降至不公正低的工资率，当加上对生产能力反应这个理由时，就会得到肯定和更加有力。

第 4 节

第 14 章和 17 章指出，在有点特殊条件下，强行提高已经公正或者不是由于剥削缘故造成不公正的工资率，除了对生产能的反应外还有利于国民所得。对这些条件作上面所说那样的研究，事情就很清楚；当存在这些条件时强行提高工资率，从整体上说可以容易地对工人的生产能力产生有利的反应，绝对不可能产生损害的反应。因此通过工人生产能力提高对国民所得所起的间接影响是与直接影响一致的。然而当条件是那样，即强行提高工资率除了对工人生产能力有反应外，会损害国民所得，那些反应起作用的方式极难确定。理由是，在那些条件下，有些工人将被从工资提高的那个地区或职业的就业中逐出，或者沦为失业，或者往他们产量价值少于以前的地方去工作。但除非发生这些事情之一，否则国民所得不会受到损害，而我们现在的假定是除了对生产能力的反应外，国民所得将受损害。但是，如果有些工人的生活比以前困难，那么对生产能力的净后果不仅仅是对实际上得到较高工资率那些人有好处，而且也损害其他一些人，初一看这样的假设似乎是合理的，即在一个特定的企业里工资率增加后，如果在整个行业支付工资的总数较前减少，作为整体的工人的总生产能力不会增加。在一家特定企业的工资增加会增加这个企业工人的实际收入、有关损害国民收入的情况将在第 4 编的叙述中详细探究。显然，当劳动力需求在工资率已强制提高的职业里高度无弹性时前景最佳。从短期观点看来，只有劳动力需求无弹性最适合于对生产能力的反应，造成无弹性需求的原因一般说来要比从长期观点看来大大有利。例如，如果任何行业的工资被强制提高，雇主只要还有订单在手一般不会解雇许多工人。如果工资对生产能力的"反应时间"相当迅速，无论如何当受增加工资率影响的商品不是主要由工人购买的商品时，可以认为有利反应的机会是相当好的。倘若为任何一群工人确定的工资率不是突然提高得比原来工资率高得很多——否则可能出现大量工人被解雇的情况——而是一小步一小步逐渐提高，机会就会特别的好。因此可能经常出现这样的情况，即在强行提高工资率除了对生产能力的反应外还会损害国民所得的话，损害至少会被这样的反应部分抵消。当政府当局有办法帮助偶尔遭受失业的人们时，政府的额外帮助——它是强行提高工资率的间接后果——将使这种抵消作用稍稍大于没有这种帮助。这个抵消的作用是否大得足以超过对国民所得的直接损害，对于这种损害它是否必然被抵消，一般地难以断定，而要取决于每个独立问题的细节条件。

第 5 节

还应该说，在任何情况下，如上一节提出种种理由认为正当的这样提高工资的干预手段本质上是临时性的干预手段。在计件支付工资的地方，它不但在实质上而且在形式上也是临时性的。因为，虽然增大的计件工资提供较大收入可以增进工人的生产能力，使他能在一天中生产更多的产品件数，从而使他能永久地根据原来计件工资率挣得更大收入，但这种办法不能促使他变得有资格取得新的计件工资率。因此，没有理由在老计件工资率已完成它对生产能力的反应之后让它保留下去——至少从国民所得的观点看没有理由；要是老计件工资率保留得比这更长，它不会对生产能力再增加什么，而将损害国民所得，因为它阻止劳动力以最有利的方式在不同用途中进行分配。当工资计时支付时，证明正当的干涉在形式上不再是临时的，没有理由增加了的计时工资会在某个时候减少。但是它在实质上是临时性的，因为过了一段时间之后，工人由于他们已经改善了生产能力，有资格取得新的计时工资，因而这个工资将成为“自然”工资，保持这个工资不需要任何干预。

第19章　全国最低计时工资

第1节

在17章中我们考虑了旨在提高低工资行业或行业中一部分的工资使其达到"公正"水平的干预后果。这个问题的中心是"中等"工人的工资;不言而喻的设想是,付给高于或低于中等工人的工资率可以根据他们可比较的效率加以调整。我们现在考虑一种不同类型的干预手段,它主要不是针对行业而是针对个人。假定在所有——或在大多数——行业的中等工人已给予合适的报酬,某些行业中能力低的工人根据他的低效以等级规定付酬,只挣得常常使得公众良心震惊的一点点钱。普遍认为这种事态必须在法律上建立全国最低日工资加以阻止,依法雇用不论什么样工人的工资都不能低于这个水平。必须清楚地理解,这个政策在实质上不同于第15章第7节中描述的建立那种低等级工人不在其内的全国最低日工资,而且相差甚远。澳大利亚的某些劳动法律对此有所说明,虽然非常不完善,因为它确定的最低日工资低于除异常低效的学徒以外的任何工人的价值。维多利亚和南澳大利亚议会"决定在那里注册的工厂雇用不论什么样的人必须给予某个最低报酬——维多利亚每周2先令6便士,南澳大利亚4先令"。[①] 新南威尔士1908年最低工资

① 阿夫斯,《工资委员会报告》,第88页。

法以相同方式规定，雇用工人或店员必须付给至少 4 先令的周工资，任何数量的加班工资除外。[①] 同样在新西兰的工厂法中规定，由工厂雇用担任任何职务的每一个工人，有权利在受该行业雇用的第一年得到工作职位工资无论如何不得低于每周 5 先令，此后每年增加不得低于每周 3 先令，直到得到每周 20 先令为止。[②] 这个法令条款的最早形式——上面所说的形式是 1907 年修订后稍有修改的形式——的通过是为了防止受工厂雇用的人得不到"合理的货币报酬"。经常制定的工资与加班工作无关，而奖金是被禁止的。[③] 同样的思想体现在 1913 年犹他州的法令中，它为全体"有经验的"成年妇女确定每天 1.25 美元的最低工资，这个最低工资甚至对有生理缺陷的工人也不允许有例外。[④] 1917 年亚利桑那州通过同样性质的统一工资率法。[⑤]

第 2 节

如第 17 章第 8 节表明，强使低等级工人的工资率高出他们"公正"水平的试图，只要实行的范围狭小，可能被一种完全合法形式的规避弄得不起作用，那就是在这个地区和这个地区以外的职业之间不同等级的工人的重新安排。可是当国家通过干预建立全

---

① 《劳动公报》，1909 年 3 月，第 103 页。

② 参照阿夫斯，《工资委员会报告》，第 88 页；和雷诺，《关于最低工资》，第 335 页。

③ 阿夫斯，《工资委员会报告》，第 88 页。

④ 《世界劳工法律》，1914 年 2 月，第 77 页。

⑤ 参照道格拉斯，《美国经济评论》，1919 年 12 月，第 709 页。也参照《美国劳工统计局公报》，第 285 号，第 22 页及以后几页。

国性最低计时工资时,这个行动影响的范围可不是狭小的区域。相反,它或多或少是全国规模,不会留出空隙使低等级工人被推入那里接受低得荒谬的工资。以在不同素质工人中重新安排工作的方法来规避干预就完全行不通。因而产生在国民所得上的效果可以证明是严重而巨大的。

第3节

有可能制定全国最低计时工资的法律将附带地阻止某些不公正的低工资,它们是剥削的结果,也就是雇主付给工人的工资少于他们劳务的价值。强行提高**这类**低工资,如同第14章中解释的,将对国民所得的规模发生有利的作用,因为它加强有能力的雇主在与无能力对手竞争中的地位。甚至低工资在与效率成比例意义上属于公正工资的时候,也不一定可以断言较高工资不是公正的。因为就如上一章表示,只要一个低能力工人能在一段短时间内获得良好的工资,他或她可能到此时已提高能力,变得具有挣较高工资的价值。只要发生这种事情,国民所得势将受益。可是事情很清楚,这些仅仅是建立全国性最低工资附带的副产品,并非它的主要后果。

第4节

它的主要后果是从私人企业中逐出一些低等级工人,确定全国最低工资的水平越高,逐出的人数越多。一旦它制成法令,低等级工人在今后接受的工资率就不能像他们中许多人如今得到的那么低,随后出现的情况必然是他们中某些人将不再值得雇用。当然，不是所有现在价值低于新工资的人都将被解雇，因为私营企业中解雇一些工人将增加留下那些人的价值。但是那些现在价值少于新工资的人中的某些人，当最低工资制建立时依旧没有资格得到新工资。他们在总人数中的比例的大小将依据劳动需求有弹性还是无弹性。人们有时强调，这个劳动需求是完全无弹性的，原因是在某些特殊行业中（如制链业）有统计数字证明劳动需求就是这种性质。但是，当它是普遍最低工资问题时，有关联的是作为整体的劳动需求而不仅是特殊行业的劳动需求；不论从短期还是从长期观点看，几乎毫无疑问，这种总需求的弹性要比制链行业特殊需求的弹性大得多。[①] 因此，低等级工人在建立全国最低工资后的新工资比他们现在所值的工资要高出很多，这种情况将使他们不值得在私营工厂被雇用，其人数可能相当大。他们中有一些雇主无疑出于好心或旧友谊继续雇用他们，但许多人将失去工作，从而没有机会从提高收入得到提高的生产能力。因而就那些人而言，他们对国民所得没有间接收益，而有明显的直接损失，因为他们的劳动退出私营企业的生产。当然他们中有些人可能被派到国家控制的机构工作。但是在机构中受补助人员的强制性劳动无不生产很少的产品；因而无论如何，他们生产能力的主要部分被浪费了。

第 5 节

在政府方面完全冷漠而被动的制度下，这种结果是普遍的，无疑国民所得将受损害。但是必须记住，在真实世界里，照顾穷人的

① 参照后文，第 4 编，第 3 章，第 8 节。

组织良好的制度可以重建人们的力量；这些人由于失业沦落困境需要政府救济，可以在农业殖民地或其他地方给予经济知识的训练，让他们日后在就业中使用。因此，建立全国最低工资虽然它将在一段时间里促使一些人退出实际生产，假如能同时做到本书第4编说明的模式，对穷人实施组织良好的政府政策，甚至对这些人来说，从长期看来不一定损害国民所得。

可是稍一深思就明白，从这方面寻找利益更多是表面的不是实际的。建立全国性最低工资制能完成的事情比没有建立这个制度能完成的多不了多少。如果没有组织良好的关心穷人的制度，就没有理由假定由于最低工资作用被从私营企业中逐出的任何人将得到训练和重新得到工作；即使有这么一种制度，只有家庭没有能力和意愿支持他们又得不到政府帮助的人来求助这个制度，并从它那里得到好处。但是，如果建立全国最低工资制，大多数被最低工资逐出私营企业的人，因为据推测最低工资本身是根据最低生活需要考虑的低工资，他们的收入实在太少，以致几乎可以肯定，他们将以这种或那种方式求助于国家组织照顾穷人。因此这个组织将有很多相同机会对从私营企业撤出那些适合训练的人和那些需要治病的人，就像如果没有全国最低工资它将做的那样帮助他们。

这还不是全部。必须记住，因建立全国最低计时工资被阻止在普通工厂工作的那些人，绝不是全能从国家训练得到好处。老年人没有这种希望，他们迄今做很少工作，从他们的家属和朋友那里得到他们生活需要的其余部分。这些人只能排除在对企业作部分和偶尔服务之外，尽管他们能够并愿意继续服务。老年妇女家庭工人和较年轻的工厂女工，她们的生产能力低，并有丈夫和父亲的部分支持，情况将与老年人一样。还有领取政府养老金者和其他人的情况也一样，如果允许的话他们乐意尽力工作，从而有助于养活自己。迫使这些人无事可做将对国民所得造成确实而无法补偿的损害。因此，如果要不造成损害，最主要的是在建立全国最低计时工资的任何法律中，应当规定它的作用不包括上述类型想要工作的人，对于那些人训练没有给予十分明显的确实前景。但是能做到这一点，同时又不会发生其他不合乎希望事情的令人满意的办法是极难策划的。在策划出这种办法之前，我们可以公正地作出结论，建立一种有效的全国性最低计时工资制度（效果大大高于相当多的人现在获得的）从整体上可能损害而不是有益于国民所得。没有这种最低工资制无疑使一些低等级工，尤其是低等级女工及其家庭将留在私营企业里，其收入不足以维持适当的生活。如本书第 4 编将强调指出的，极有必要纠正这种不幸。要补救这种不幸的办法不是建立会将低等级女工完全赶出私营企业的全国最低计时工资制，而是由国家采取直接行动，如有必要动用国家基金，保证全体公民家庭在生活的每一部门能保持适当的最低标准。

第 20 章　特定产业的固定和浮动工资率

第 1 节

当实践中任何地方因为工资“不公正”或者其他理由决定要进行干预时，就会立即出现一个新问题。有效的干预办法或者包含权威地授予一个新工资率，或者包含鼓励雇主和雇工同意一个新工资率。不论是权威授予或协议同意，把决定的条件永远固定下去是可笑的。一般的产业形势和特定的行业环境一样，处于不断的波动状态。因此，每一种授予和协议的工资率必须明白规定或暗中示意限制在一段短时间内。在能要求修改之前的时间应是多短，完全取决于修改必须面对的实际困难。除此之外，从表面看来，由于条件会在任何时候发生根本变化，当任何一方希望修改时应予同意。可是实际上单是为了方便的考虑就有必要制定某个最短期限，但是还存在其他考虑。除非那里雇主与雇工的关系特别融洽，否则重开根本性工资争议次数不可避免的多是危险的。看到这点，起主导作用的决定，规定从实行之日起不少于两年的有效期限是通行的。为了便于这场讨论，我们将假设普遍采用这个做法。但是不能根据这点就认为，无论何时在订立政府授予或劳资协议的工资标准中，工资率必须严格固定至少两年。因为有可能想出办法，用这个办法政府授予或劳资协议的工资率，应规定在规定期间内工资可以随需求的暂时变化而变动；我们可以根据这种期限观点，暂时把劳动供应条件看成是已知的。因此，必须从硬性安排和塑性安排之间作出选择，在肯定这些安排的可比较效果以前，我们的调查研究是不完整的。

第 2 节

让我们假定有一家处于一般均衡的企业，它整体上既不扩展也不萎缩，但是它对劳动的需求，一段时间跌落在它的平均水平以下，一段时间上升到它的平均水平以上。我们再假设目前其他企业的需求条件稳定不变。第 14 章到 17 章的论证表明，考虑到某些阻碍和对生产能力的可能反应，最有利于国民所得的工资率是根据第 14 章第 1 节中所说条件的工资率，也就是在协议或政府规定期间与其他地方付给类似等级工作相等的工资率。符合国民所得利益的工资率应是单一与不变呢？还是应该在一个平均数上下变动呢？

首先让我们考虑劳动需求的上升。如果采用固定工资制，这就意味着工资率保持不变。因此我们可以预期供应的劳动力数量也不变，结果是完成的工作总量要比让工资波动情况下减少。但是必须记住，虽然每个人的工资保持同样，但每个劳动效率单位的工资实际上对新来雇工提高了。于是出现调整，或者是雇主把过去只付给优秀工人的工资付给开始雇用的素质不好的工人，[①]或

① 可以设想，在计件制度下这个办法是无法实现的，因为不管工人是谁，特定的

者为加班工作付给特殊的工资率。不论哪种情况，对给新劳动单位的钱比付给原来劳动单位的多。可以想象，如果劳动需求上升不大，可以把同样的工资增加量加在雇用劳动的总量上，就像总工资率以同等比例提高一般。不同之处在于雇主在他的新工人和老工人之间确定了实际上等于两种价格制度的工资，为自己保留一笔钱，在单一价格制度中，这笔钱原来是加在老工人的报酬上的。这个结果在加班办法中得到最好说明。假定正常的工作日是 6 个小时，每小时工资 6 先令——1 先令相当于第 6 小时工作引起工人不愉快的报偿。再假定外加 1 个小时同样效率的劳动，给一个已经做工 6 小时得到 6 先令工资的工人的不愉快计价 15 便士。那么雇主能从那个工人得到 7 个小时的工作，他可以提高每小时的一般工资率到 15 便士，或者和以前一样支付 6 小时工作日的工资，另外为每小时"加班"支付 15 便士。这两种付酬办法所完成的工作量大致上是一样的[①]；惟一差别在于，如果采用前一个办法，雇主付给工人的是外加的 18 便士，而根据后一个办法，多出来的 3 个便士他保留给自己。这点有一定重要性。但是作为一般规律，特别是如果劳动需求上升巨大，雇主想要的全部额外劳动能用加班工作和增添能力差的工人的办法得到。因此，虽然使用固定

工资与特定的产量相称。但是由于(1)相等的产品件数并非总是同样质量，而且相等件数的产出并非总是对雇主财产造成同样数量的损害，例如在煤矿中胡乱采出 1 吨煤可以损害邻近煤矿的总的开采条件；(2)即使当两份产品在所有方面完全相同，一个工人在最后修饰他的产品时，占用他雇主的固定设施的时间要比他身边的另一个工人长。

① 由于使用加班办法工人得到的钱较少，因而钱的边际效用对他们稍稍较高，在加班办法下取得的工作量绝对应该比用其他办法取得的稍大。

工资计划对国民所得能有一些扩大,但扩大的程度不可能像采用浮动工资计划那么大。

其次让我考虑劳动需求的下降。如果工资率保持原水平,雇主值得保留做工的劳动数量将缩小,要是工资率下降,劳动需求也会缩小但在程度上要轻些。这一点在大战前不久英国贸易委员会一份报告对英国和德国情况的比较中有很好的说明。"工会标准工资率在德国没有像在英国同等程度的流行。结果是工人在接受工资低于他们以前尤其在不景气时候受雇工资的工作中有较大的自由,由于这个缘故出现较迅速地恢复某种就业和从而失业工会会员百分比的降低。"①这就是说,在不景气时候,更多工作是在塑性工资制不是在固定形式工资制下完成的。

综观这些结果,可以说,把景气和不景气时期连在一起看,按照劳动需求的暂时升降,使用在中间水平两边流动的工资制,意味着比永久固定在那个水平上的工资制,有更多的工作机会和更大的国民所得。这个利益直接出自劳动需求与供给间的更好调节。它是改进组织的结果,与由改进机器产生的利益一个样。但是它不能长久保持下去,像企业最初得到它时那样成为企业独占的所有物,而是作为整体分布全社会,以至于建立比原有平衡更有利的新的普遍平衡。因此国民所得的利益要求工资不应处于中间水平长达两年之久,而应围绕这个水平经历短时间的波动,就这样一直使劳动需求与劳动供应持平。

① 《德国城市生活费用的报告》(敕令书,4032),第 521 页。

第 3 节

对于这个结论有一个反对意见，那就是浮动工资的有效性的界限要仔细的调查。一直有人坚持，个别工人工资的波动往往间接损害他们的道德品性和他们的经济效率。因而查普曼教授（现今的西德尼爵士）写道："可以认为，有点稳定的工资，它不经常变动和只有小量变动，帮助建立合适的和良好设计的生活标准，要比常常突然而巨大变动的工资有多得多的机会"。[①] 如果这个意见正确，情况必然是，随着劳动需求波动而波动的工资率的直接利益抵不过它的间接害处。因为，虽然国民所得暂时会增加，它最后会因对本国一些工人素质的损害，产生更大程度的缩小。

在考察这个论点中，我们立刻察觉到"工资"这个词应当删去，代之以"收入"这个词。能建立良好设计生活标准的是收入的稳定不是工资的稳定。因此，如果暂时不考虑与不同个人间分配有关的问题，为了不受西德尼爵士论据的影响，我们可以暂时撇开固定工资比波动工资会把收入降得更低的所有职业。这样删除后的职业包括劳动需求弹性大于 1 的所有职业。的确，可能有人反对说，虽然在这些职业中使用波动工资制在不景气时工人集体挣得较多，但是有些技术极好一直能够就业的特定工人挣得较少，可是**他们**收入的稳定而不是其他人的收入稳定有特殊重要性。但是，由于这些优秀工人的生活可能比技术较次的同行好，后一个说法大

① 《经济学杂志》，1903 年，第 194 页。

有争论余地。因为可以肯定的是，穷人收入的波动引起的苦难和因而引起生产能力的损失，其程度要比性格相同的富人收入的同等幅度波动产生的后果大得多，因而这个反驳的失败可以表明，在劳动需求确当部分的弹性大于 1 的地方，西德尼·查普曼爵士的论点没有力量反对波动工资。

从短期观点看，在劳动需求高度无弹性的职业中，结果可能不同。实行波动工资制，在这些条件下工人总收入在不景气时将降至较低水平。要是这是事实，在景气时候可以正常地作充分的储备以备不景气时之需，因而对生产能力随之对国民所得的不良后果不会很大。然而如人人皆知，普通工人并不“使他的开支和储蓄相等于标准工资，不会把他有时得到高于标准的工资看做预防他将在其他时候所得低于标准时的保险基金”。[①] 因之有可能对生产能力产生相当大的净不良后果。无论如何在这方面必须提出这样的事实，即在固定工资制下，除非劳动需求完全无弹性，可以得到的就业在不景气时将缩小，很多的工人可能完全失去职业。当然，这种情况不一定会发生。在某些行业里——最令人注意的是棉纺业——就业的紧缩使用全面缩短工时来解决，而不减少员工的人数，在别的行业里把工作均分大家轮流劳动，但是一般说来，不景气时的实际失业人数在固定工资制中比波动工资制中更多；而总失业者的生产能力可能受到特别大的损失。因此，即使在劳动需求高度无弹性的职业中，只要它不是绝对无弹性，由于波动工

① 这是斯马特给他的忠告，见《浮动等级》，第 13 页。可以见到，当铺和得到贷款的能力为短期失业者部分提供(虽然有时是有害的)储蓄的替代物。

资造成的对生产能力的不良后果和由于固定工资造成的对生产能力的不良后果相差无几。当然这并不表示从总体上说绝不会出现波动工资比固定工资对生产能力有更大损害并因而更大地间接损害国民所得的情况。然而它确实在任何特定事例中将证实的责任放在那些认为这样的情况业已出现的人们的身上。因为上文提到两种不良后果是如此模糊和不明确，以致实际上常常不可能比较彼此的分量。在没有特别详细资料的情况下，我们的决定必须以这样的一个事实为依据，即随劳动需求波动而波动的工资对国民所得会产生较好的直接后果。因此一般说来，必须判定本节检查的为固定工资率制度的辩护已经失败。

第 4 节

那么，如果同意随劳动需求波动而波动的工资是值得想望的，那就需要决定调整工作应做得怎样频繁才行。从纯理论讲，调整工作似乎应该不断地每天做，甚至要时时刻刻做，但是实施这种调整有不可逾越的实际障碍。需要时间收集和整理统计数字，调整变动必须以此为基础。登记和普通企业方便好用的方法派上了用场，要用它们确定一个较低的限度，连续调节中间的间隔时间必不可少于这个限度。当然这个限度不是永远不变的。例如，在小型当地企业中，限度可能比大型全国性企业低。但是在每一个企业中它必须定在明显高于纯理论推荐的极微小的水平以上。有可能从那些企业的实际做法进行判断——那些企业中的间隔时间是单从方便考虑并根据浮动等级表决定——似乎这个间隔时间不应少于 2 或 3 个月。[①]

第 5 节

我们就这样满足于符合国民所得的利益要求，在劳资协议或政府规定正常期限之内浮动的工资制度，和决定了在连续波动之间应该有多长间隔之后，接着我们必须决定用什么计划组织波动本身。显然若其他条件相同，劳动需求的波动越大，工资率的相应变化应该也越大。这个原则现在必须具体加以确定；为此目的必须谈一下巨大劳动需求波动所依赖的主要要素。这些要素分为两类：(1)雇主了解我们关心的劳动，正在帮助生产商品的需求表的变动；(2)也帮助生产中与劳动合作的其他要素供应表的变动。现在让我们审核这两组要素的影响。

第 6 节

雇主对劳动正在帮助制造的商品的需求的变动，直接来自公众对这种商品需求的变动。那种需求的波动可能性当然因商品等级的不同而不同。最明显的区别在于一种是个人"为他们自己的利益"希望立刻使用的物品，另一种是主要希望通过展示显得与众不同的物品。对前一种物品的需求可能较为稳定，因为如杰文斯所说，人们对它们的欲望在较长时期内一般是稳定的。譬如说我们可能注意到连衣裙制作业的稳定状况，"没有一个制衣业(在伯明翰)在短期内遭受如此之小的困难"。[②] 另一方面，后一种主要

① 例证请参照 L.L.普赖斯，《劳资和睦》，第 80 页。

② 凯德伯里，《妇女的工作与工资》，第 93 页。

是用于炫耀目的的商品；公众意见经常把杰出品质的优点从一种物品转移到另一种物品，人们对它们的欲望容易波动。因此商品需求在广泛消费的普通物品上似乎比对奢侈物品较少变化。在这些特殊考虑上应加上较一般的考虑，即供应来自许多独立部分组成的广阔市场的企业可能比供应来自狭窄市场的企业享受较稳定的需求。这仅仅是统计学家熟悉的宽广命题的特定应用，即"一个平均数的精确性与它所包含的项数的平方根成比例"。[①] 这在M.拉扎德《失业与就业》里的有意义研究中有很好的说明。他使用1901年法国人口普查的数字，取若干企业记录的失业百分比，把它们与几个行业中的每家企业的平均工人人数(平均人数)相比较，用他自己的方法发现一种反相关。把大量失业与易变的需求联系起来，他用这种关系解释反相关，他相信这种关系存在于巨大平均人数和商业销路扩大之间。"这后一个现象和人员数大小之间的关系是明显的。大企业只有它服务的市场相当巨大时才能存在。大市场必须也是相对稳定的市场，因为在这样的市场里一部分顾客消费的减少可以由另一部分顾客消费的增加来弥补；这种意味着生产稳定的稳定性同时也含有没有失业或无论如何含有失业减少的意思。"[②]他以同样方式坚持认为："如果失业看来由基础

① 鲍利，《统计学要素》，第305页。

② 《失业与就业》第336～337页。M.拉扎德又说："A ce premier avantage, propre aux grandes entreprises, du fait de leur organisation commerciale, il s'en ajoute d'autres, résultant du mécanisme de la production. Lorsque la direction de l'industrie est concentrée dans un petit nombre de mains, les chefs d'entreprises connaissent le marché qu'ils fournissent mieux que ne font, dans leurs sphères respectives, les petits ou moyens entrepreneurs des autres branches industrielles. Sachant sur quelle consommation ils

产业向成品产业向上递增，这种状况可以用以下事实来解释，即在等级顶端的产业由于比较专业因而市场比较狭窄。另一方面生产原料产品的产业供应许多其他产业需要的原材料，因而享受许多销路给予的优势”。[①] 当然可以援引相同原理来解释为什么铁路运输的需求甚至与煤、糖或铁等产品相比较也较稳定的缘故。同样，在国外市场和在国内市场有一样大量销售的企业，其他条件相等，它可能比只在国内销售的企业有更稳定的需求——除非它的产品被重要外国海关税率的改变所打扰。

第 7 节

当任何商品的公众需求出现波动时，想象雇主对它需求波动的原因完全出自一辙是很自然的。可是事实上，雇主的需求通常通过二者中较小的波幅而波动，其理由从制造存货的普通做法中可以看出。在淡季，雇主喜欢得到和储存比他暂时希望出售的更多的货物，而在旺季，因为他有这些货物可以依靠，他对新货物的需求上升得少于他供应的公众的需求。简言之，他这个月的需求来自预计的较长时间的公众需求，因而在一定程度上摆脱了暂时波动。

---

peuvent compter, ils règlent leur production en conséquence.... Notre hypothèse demanderait d'ailleurs à être vérifiée, car plus d'une industrie fait apparemment exception à la règle indiquée; on remarque, par exemple, que L'agriculture, l'industrie humaine par excellence, est assez épargnée par le chômage, bien que l'effectif moyen des établissements y soit très réduit. Il semble que l'on puisse attribuer cet état de choses au fait que les débouchés sont plus stables dans l'agriculture que dans l'industrie proprement dite; en outre, le nombre des entreprises agricoles est naturellement limité par l'inextensibilité de la surface cultivée”（出处同上，见第 337～338 页）。

① 《失业与就业》，第 337 页。

当然，需要制造存货的程度在不同产业中各有不同。对雇主来说，他手中掌握一个商品单位从一个时间到另一个时间的成本越大，这种做法对他的吸引力越小。当然这种成本部分取决于同样影响所有商品的条件——利率。因为所有经过时间的存货意味着由于持有未售商品的利息损失。它还取决于对不同商品而不同的各种条件。在这些条件中最明显的是储存费用。这个费用的一个重要决定性因素是商品在经历时间过程中对自然损耗的抵抗力，较广泛地说就是商品对腐朽和意外破损的耐久能力。在这种能力上宝贵的金属和坚硬材料——如木材——特别有优势。我们能预期从地下开采出来的东西一般说来比用它们制造的东西较为耐久。注意到这样的事实是有趣的，即冷藏和其他保藏方法的近期发展使得许多商品——主要是食品——比它们以往情况大大耐久。例如，啤酒花委员会在1908年写道："先前在1856年调查时，注意力被这样的事实所吸引：'啤酒花在储存中的变质阻碍了一年的大量收获充分供应另一年需要的。'冷藏的出现可以实行过剩年份和不足年份间的调剂，因而产生对价格的稳定作用"。[①] 还可以说，如教士、医生、教师、火车司机和出租车司机提供的直接服务这类东西是全然不能储存的，而像煤气和电力这种东西是不能大量储存的。储存费用的第二个重要决定性因素是商品在经历时间过程中对自然耗损的抵抗力，或者更广泛地说是它价值的稳定性。我考虑中的对照在于有稳定需求的大宗货物——查尔斯·布思曾引用

① 《德国城市生活费用的报告》，第10页。

物理和光学仪器作为这类货物的例子[①]——和无稳定需求的时髦货物之间。很清楚,一种下个星期就没有人要的商品当然比有保证不变市场的商品经营成本更高和储存的吸引力更小。因此自行车的旋转和踏脚部件,不管流行什么样的车架类型它们的用途完全一样,可为储存而大量制造,但是整车却不能这样做,因为整车的形式常有流行式样的变化。不适合为储存而制造的极端例子是舞服这类商品,买这种服装的顾客都希望按她自己的特别订单制作,"现成"的舞服实际上对她没有吸引力。也有可能在一个时候习惯个别定制的东西,后来变成较普遍使用的东西,也有正好与此相反的情况。房屋有时根据未来私人屋主嘱咐建造,有时成为投机事业的商品。制靴业在很早的时候就有发展,那时个别定制的占大多数,到现在大部分靴子都是现成做好出卖的。另一方面,在某些纺织业中,有迹象说明其变动方向相反。新近一份费城的失业报告说:"20 年前,制造商制作地毯、针织品或衣料,然后外出销售**那些**地毯、针织品或衣料。今天顾客发来订单要求特定设计图案,使用某种棉纱或丝线,每英寸有一定数量的线,制造商照特殊的订单制作。以前制造商生产他特定货物的标准型号,在淡季只是包装起来堆放在仓库里……今天制造商通常极少制造存货,主要依照订单生产"。[②] 显然,向产品标准化的每次发展使得为存货而生产更为实际可行,而离开标准化的每一次发展使为存货生产更加困难。

① 《产业》,第 5 章,第 253 页。

② 《稳定就业》刊登在《美国政治科学学院年报》,1916 年 5 月号,第 6～7 页。

第 8 节

在这方面还有另外一点需加说明。假定为存货而生产的做法引起雇主对任何商品需求的波动比公众需求的相关波动较小，性急的读者可能会想，在这两种波动之间的关系能用恒量分数来表示，它在不同行业中不同，但在任何一个行业里不管波动大小如何都是相同的。这个想法不对。对于公众需求上升或下落的特定百分比，如果雇主需求的反应是上升或下落幅度为前者的 5/6，就不能预期对较大的公众需求的变化作同样比例的反应继续合适。通常，为存货生产的做法执行到某一点前具有小量诱惑力，超过这一点就很不愿意再扩大了。因而合适的公众需求是经历细微波动而不对雇主需求产生任何可察觉的影响，但是过了某一点后，进一步的公众需求波动往往伴随雇主需求的进一步波动，其幅度很快与前者相等。这些考虑证明在大多数工资浮动计算法中发现的规定是正确的，即商品价格的变动必须超过一定明确的数量才会出现工资的任何变动。[①] 它们也可以作为在实际上普遍适用的以下规律的根据，即按照浮动计算法当工资与价格相连接时，工资变化的百分比应该少于与其相应的价格变化的百分比。[②]

第 9 节

现在让我们转向第 5 节中区分的任何职业中劳动需求波动的

---

① 参照普赖斯，《劳资和睦》，第 97 页。

② 参照马歇尔，《工业经济学》，第 381 页注。

第二个决定因素。在供应价格表上容易变动的共同起作用的要素中，最明显的是行业中使用的原材料。在采掘工业中（如煤矿），原材料不起任何重大作用；但在大部分工业中它们十分重要。根据第 6 节所说，显然，当原材料是从大量独立来源获得时，供应的波动可能少于不得不单独依赖一个来源。就是这个缘故，意欲驱逐外国销售商，对原料课以高额保护性关税，可能带来增加的波动。除原材料外，共同起作用的要素包括辅助劳动劳务和机器的服务。例如，机械的进步实际上引起劳务供应价格表的降低，而机器服务是由投资于受机械进步影响行业的资本提供的。此外，在某些产业中，来自太阳的光和热所代表的大自然本身是生产中一种非常重要的共同起作用的要素。因而在建筑业中的劳动需求有高度的季节性变化，因为冬天出现的浓雾严重干扰砌砖、铺石和抹灰泥，同时白天钟点的缩短有必要依靠人工照明，这又增加了成本并进一步阻碍上述工作的效率。无疑近时的发展，如用水泥取代石灰有助于减少这个行业受气候变动的影响，①而且这个影响还是很重要的。同样的话适用于伦敦码头的卸货业，这个行业容易受霜冻与浓雾的严重干扰。另一方面，室内行业和不依赖天气条件的行业，如工程业和造船业——这里显然与制衣业无关——季节变化发挥相对小的影响。因此，根据 H.卢埃林·史密斯爵士的历时多年的研究，失业百分率在最旺月份和最淡月份的平均差额，在建筑业为 3.25％，而在工程业与造船业只有 1.33％。②

① 参照迪尔，《经济学杂志》，1908 年，第 103 页。

② 参照《调查就业不足痛苦委员会报告》，Q.4580。

第 10 节

当任何行业中劳动需求在一定程度上波动时，工资率适当的随后波动当然不是单独由劳动需求波动的大小决定的。它还取决于该行业中劳动需求的弹性有多大以及供应的弹性有多大。需求的弹性越大，适当的工资变动将越大；供应的弹性越大（这里指的是从短期观点来看），工资变动将越小。前一个论点不需要特别评说。但是把后一个论点应用到实际上还应该说几句。有一些职业中劳动供应的是有弹性的，那些职业中提供的工资率的少许变动，就足以使劳动量与其他职业间的劳动量有相当大的转移。因而一般地说，出现以下的结果是正常的：第一，如苏格兰页岩矿和煤矿那样，[①]当一个小型企业处于同类大型企业的邻近时，相应于特定需求波动的工资变动，其幅度小于一个孤立的企业。第二，证明对于一个特定行业或地区专门的工人工资的特定变动为合理的一组条件，将证明缺乏技术劳动者或管理人员工资的较小变动也是合理的，他们技术的普遍性质使他们更易流动。[②] 第三，在受过特定

① 参照谢里夫·詹姆森在页岩矿工人仲裁中的裁定书（《经济学杂志》，1904 年，第 309 页）。

② 不论在一个行业或地区，当专业性极高时，面对相当大的工资变化，劳动供应实际上会保持不变。工人可能知道，他们的技术在其他地区或职业没有用处，因此在离开此处前可能被迫接受工资的巨大下降。也不想让其生产能力明显受损（除了挖土工和其他劳动者，他们工作依靠强大体力使得他们特别依赖营养）。因而劳动供应可能全无弹性。考虑到受影响工人中的保守思想也使供应没有弹性。例如，克拉彭博士所写手工织布业衰落情况："年老织工对这个独立和专业的自豪感使得他们一想到工厂就愤恨，他们以顽强的态度坚持他们的家庭工作，从长期看来这对他们没有好处"（《布雷福德纺织协会》，1905 年 6 月，第 43 页）。

职业训练的工人中，相应于雇用他们的某个行业的需求的特定变化的工资波动，在有其他行业需要他们的劳务时应该较小。因此在煤矿业的旺季或淡季中，矿上雇用技师的工资应比采煤工人的工资波动较小。第四，当工资计件支付时，相应于劳动需求一定波动的工资波动百分比应少于计时支付的工资。因为，在计时工资制下，提高工资在诱导工人在一个小时中投入更多劳动上没有与增加计件工资相同的效果，因而效率单位的供应弹性降低。第五，在诸如信息传布、交通的改进或部分工人较愿去离家远处工作等的广泛变化，倾向于增加劳动供应的弹性，从而缩小相应于任何特定需求波动的工资变动。最后，易受正常季节性波动的行业里，许多工人为淡季作好准备，设法使自己获得淡季时其需求会增加的某种形式的技术。因此，在季节性波动正常限度内，劳动供应有相当的弹性，因而季节性需求的变动不会严重地改变工资。所以，尽管对锅炉工的需求在夏季和冬季之间有巨大波动，工资不应实际上也不会波动得很大，因为这些工人常常也受雇于在夏季其需求扩大的制砖厂。

第 11 节

迄今我们的讨论只限于劳动需求变动与由其带来的工资变动之间关系的一般性质。我们还要探究：在任何行业中相应于劳动需求特定变化的工资波动，是否不论劳动需求的数量与方向如何，工资波动应以相同方式与它相一致。回答必然是否定的，因为劳动供应不会有适应上下方向所有数量的相同弹性。的确我们可以假定供应弹性不会变化很大，因为需求的变化相当接近于平均数。工人进入和退出大部分行业大约同样无障碍。例如，在英格兰北部矿区,“外来的矿工,包括大量技师,他们都把他们的时间分开作为采矿和其他手工艺之用,用到哪里要看哪一个行业提供较好的获利机会”。[①] 因此需求中等程度的上升一般与需求同等程度的下降一样会引起相同程度的工资变动。但是对于需求的巨大上升和下降,不再能见到这种对称。当劳动需求有相当大下降时,有一条界限,工资下降越过这条界限必然会将现有的可用劳动量下降到零。对无技术工人而言,这条界限由他们完全失业依赖失业保险维持生活等等的生活条件决定;对技术工人而言,由作为他们最后一招即在无技术职业中能挣得的收入决定。因此,如果劳动需求已降低到大于中等程度,进一步的下降将伴随工资的小于比例的下降,到最后工资不再下降。[②] 另一方面,当劳动需求有相当大上升时,对无技术工人工资的影响应与需求有小量上升时产生的影响成比例。对于技术工人,工资增加的百分比应该更大。因为,虽然已经在一个行业中做加班工作那些人的能力,和有可能存在流动的失业人群,能相当容易地使劳动供应有中等程度的增加,但当需要巨大增加时,这些人力资源不起作用。[③]

第 12 节

根据这样的一般性分析,现在我们必须探究在政府裁定或劳

---

① 《统计杂志》,1904 年 12 月,第 635 页。

② 这些理由证明建立与浮动计算法联系的为技术工作和非技术工作的最低工资标准是正确的,这个最低工资不能由任何相应最高工资作抵偿。

③ 这个考虑提供支持在某一点已经到达后使用“双重提高”策略的论据,这个策略在南威尔士煤矿业的先前浮动计算法中和某些英国浮动计算法中都出现过。

资协议的条款中有多大可能提供适应在条款有效期间发生的需求变化来调整工资率的自动机制。为此目的设计的最著名方法——它曾在一段时间里广泛使用于煤矿业，至今仍在钢铁业流行[①]——是连接一个行业工资率与其制成品价格的浮动计算法。产品价格的变动被看做生产这种产品的劳动需求变动的指数；从而建立连接不同量价格变化和不同量工资变化的明确方案。这个方案当然随着不同行业的特定条件而变化，应以本章以上 7 节中引证的种种理论为基础。我们希望一个设计巧妙的方案将促使工资率以那些理论指出它应当变化的方式变化。

第 13 节

对于以挑剔目光看这个机制的任何人来说，这种情况自然会发生，即因为它使工资变动不是依据当时的价格变化而是依据先前的价格变化——即上一季度记录下来的价格变化——根据它所作的调整必然是不正确的。可是事实并非如此。因为对任何商品雇主需求与公众需求之间的连接总能弥合可以看到的间隙。雇主需求的波动落后于最初的原始波动。通常总是在价格上升一小会儿以后雇主才认真地想到扩大他的业务；同样当萧条出现时，他们才急忙以同样方式减少生产。他们在任何时候的劳动需求来自较早时候出现的公众对商品的需求。从而可知，浮动计算法中假定的缺点，即以过去价格确定今后的工资[②]，实际是一个优点。的

① 参照《劳资谈判与协议》，为工会代表大会而出版，1922 年，第 46 页及以下诸页。

② 参照阿什利，《工资的调整》，第 56～57 页。

确，有时有人反对说，在事情发生之前所作的明智预测，正开始影响工业企业越来越多的经营行为；只要这种趋势流行，以过去价格作为今后需求指标的适当性势必缩小。“那么为什么当工业领导人注目于未来，并宣称必须扩大产量和更多人手时，工资应自动下落？或者为什么当雇主眼见景气已经过去，正准备接受一段淡季时，工资应当上升？”①这个疑问的答案可从对“公众需求”这个短语的更严密分析中找到。在目前情况下它指的不是最后消费者的需求，而是那些中间商贩的需求，这些人从制造商买入商品，他们的行为是批发价格变化的直接原因。出现这类人的地方，当工业界领导人的预测充满希望时，价格绝对不可能下落；当他们的预测前途黯淡时，价格绝对不可能上扬。因为这些预测一般与中间商贩的看法相同，如果是这样，它将反映在他们当前的需求上，从而反映在当前的价格上。因此上述的反对意见只有在制造商和中间商的预测有差异的情况下才是确当的。但是，由于前者的预测大多以后者的预测为根据，这种情况极少发生。

第 14 节

然而对于浮动计算法有人提出更加严重的反对。制成品价格的变动，在其他事物相等的条件下才是制造制成品的劳动需求变动的良好指标。但在实际生活中其他条件常常是不相等的。因为这里所指的其他事物包括原材料、辅助工劳务以及机器服务的供

①　查普曼，“对浮动计算法的几种理论上反对意见”，载《经济学杂志》1903 年，第 188 页。

应条件;所有这些的供应条件都易于变化。显然任何一种这些事物的供应价目表向一个方向作一定的波动就会引起雇主的劳动需求(他们的工资是我们正在考虑的)以完全相同的方式波动,从而形成雇主对制成品需求价目表相反方向的相等波动。因此,为了根据雇主商品需求波动来推断劳动需求的波动,我们需要从雇主商品需求波动抽出发生在其他生产要素供应价目表中不论什么样的波动。确实,在以下两种情况下不必为纠正作什么规定:(1)当生产的其他要素的供应价目表肯定没有发生波动时,或(2)当它们在商品成本中发挥作用极小,以致它们的波动可以忽视而不致出现严重差错时。难以想象在一个企业中能假定存在这两种情况中的前者,但后者确实在如煤矿那样采掘行业中继续存在,在那里几乎全部生产成本是劳动费用。除了在这些行业外,价格变动提供的指标是有严重缺点的。价格的下落可以由于对商品需求的下降而发生,也可以由于原料供应价的便宜而发生。所以连接价格变化与劳动需求变化有两条道路:由一条道路引起的价格变化是下落;由另一条道路引起的价格变化是上升。例如,如果铁的价格因公众对铁的需要增加而上升,会产生制铁工人劳务需求的升高;但是如果铁价上升是因为煤矿业的罢工使得制铁中使用的成分之一变得昂贵,会使制铁工人劳务需求下降。显然在后一种情况下工资不应当随价格而增加,而应该向相对方向移动。

第 15 节

作为回避这个困难的办法,有时有人建议,指标不应是制成商品的价格,而应是在成品价格与制造它使用原料价格之间的差额。

棉纺工人工会的官员利用这种“差额”明显成功。他们获得差额的方法是，“从棉纱(有11种)或白棉布(有23种)的价格中减去原棉的价格”，[①]并命令以此数作为工资谈判的标准。这个指标的优点在于遇到商品需求下落和买原料费用增加时可以用相同方式移动。可是它提供的解决办法并不完善。在成品生产起作用的要素中原料只是其中之一。辅助劳动和机器服务的供应条件也是易变的，但是它们变化没有反映在“差额”的任何变动中。例如，机械的改进实际上意味着机器给予帮助的便宜。当这种改进发生时，差额像粗略的价格统计数字一样，容易以同样方式，虽然在较小程度上引向错误。此外，差额和价格一样，因为价格进入差额的结构，它们会引起实际上严重的不方便。它们在生产商品的一般设计水平等等方面容易发生变化的行业中不大可能提供良好的指数。在这些行业中，价格的明显变化可能真正表明制造物品种类的变化。当价格是从出口货物的数量与价值推断时，这种困难特别容易发生，因为有理由预期，各种较便宜的货物将在对外贸易中逐步让位给较高档和价值更高的各种货物。

第16节

但是另一个能避免某些上述困难的办法是将工资浮动计算法的基础既不建立在价格也不建立在差额之上，而是建立在“利润”之上。1900年棉纺业工资谈判报告清楚地说明，在任何情况下这个行业要得到“有代表性企业”利润或总利润的令人满意的估计数

① 舒尔茨—盖弗尼茨，《社会和睦》，第160页。

是极端困难的。[①] 例如，对于彻底失败和消失的企业怎样计算？但是令人感兴趣地看到，解决 1921 年煤矿大罢工的协议实际上提供是以利润为基础的浮动计算法，即**为每个地区**制定标准工资和标准利润（总计为标准工资费用的 17%）。每个月收入在支付工资以外的其他开支后的余额，在利润与工资间划分，比例为 17 比 83。采煤业也许比大多数其他行业能较好地适合这种安排。

第 17 节

上边的讨论或明或暗地揭示在建立有效浮动计算法道路上的许多困难同时，也说明充分考虑到劳动需求表所有变化的计算法在理论上是可能的。在有利的环境里，例如在煤矿中，劳动是生产成本中最最重要的要素，那里没有理由说建立不起相当接近于理论上理想的办法。显然当这点能够做到时，包含浮动计算法的政府裁定要比包含整个有效期单一固定工资的裁定远为优越。但当情况是这样时，我们必须认识十分严重的不利条件，甚至完善地建立起来的浮动计算法定会遭遇到这种不利条件。商品实际需求的变化或者货币或信用的膨胀或紧缩可能带来商品价格或企业利润的上升或下降，它影响货币价格的一般水平，但不会使实际条件有实质性的改变。很明显，如果煤的价格或煤矿主的利润上升 50% 是由于纯粹货币原因形成普遍 50%上升的一部分，对煤矿工人工

① L.L.普赖斯先生在讨论这些谈判状况时，谈到在棉织业中的“利润”尺度是“比寻常类型”滑动计算法“更接近利润分享概念的方法”（《经济学杂志》，1901 年，第 244 页）。这个观点**把代表性企业**的“利润”作为指数看来是不对的。当然，使个别企业支付的工资与它自己特殊的“利润”一起波动的制度是完全不同的事情。

资的适当反应是增加50%。但是，如果煤价或煤矿主利润上升50%是由于煤的实际需求的增加，如在第8节中指出，适当的反应将是比50%少得多。因此，在煤价或煤矿主利润由于属于煤的原因变化时，规定正确调整工资的任何计算法，当遇上这些变化来自普遍货币原因时，必定作出错误的调整。补救这个缺陷可以做一些事情，就是使工资变动**不但**依据煤价变化或矿主利润变化，**而且**依据总物价的变化，如若愿意可以说"生活费用"的变化。[①] 因此可以有一种上边几章描述的那种类型的计算法，它不是指煤价的纯粹变化，而是指煤价变化与物价变化中间的差额；在这种类型的浮动计算法上加上第二个计算法，使工资与物价（或称生活费用）以同一比例变化。这样，如果煤价上升50%而总的物价上升20%，工资应上升20%**加上**30%（对煤的上升特别）的一部分，特定煤业的浮动计算法可以这样裁定。可是，这个安排虽然在一般物价变化是由于货币或信用原因时能令人满意地运用，但是如第17章第4节所说当这些变化是完全或部分由于战时资本毁灭、歉收、运输手段一般改进等等原因时，将不会产生正确的结果。

第18节

还有另一种不利条件甚至更难纠正，任何形式的浮动计算法都会遭受其害。这些计算法意在在运用它的特定行业里使工资率的变动与劳动需求的变动相联系，根据它们的性质不能认识或者

---

① 像几种战后浮动计算法那样**单独**依据"生活费用"指数为基础的计算法是不适当的，因为它们忽略了需求的变动。这种计算法在1922年由毛织、纺织品、制索、造纸和其他几个行业采用（《工业谈判与协议》，工会代表大会，1922年，第22页）。

无论如何不能考虑到这些行业劳动供应的变化。例如由于雇用同类型劳动力的一些其他行业的发展或衰落可能带来的变化。简单地说，工资率调整不但应当适应劳动需求的变化，同样应该适应劳动供应的变化。某些浮动计算法做不到这一点有时导致明显不合理的结果，这就有必要使签订浮动计算法协议的一方自愿地承认比计算法裁定的那些条款更有利的其他条款。

第 19 节

根据这些考虑，看来虽然我们可以从浮动计算法协议，期望有比从期限相同的固定工资协议能得到的更好的调整，但要是雇主与雇工间关系甚好，足以允许在协议或裁定执行时期的工资率有两个月或一个季度的变动，让工资率不完全以机械价格或利润指数的变动为基础，而且也以可能出现的任何其他适当考虑为基础。这种类型的解决办法有几个实例。1902 年苏格兰煤业协议中，有相当一部分直到 1907 年保持不变，协议规定“在确定目前矿工最低与最高之间工资时，应考虑当时煤矿工作面煤的净平均现实价值**连同该行业的现状及其前景**，在当前一般情况下，规定煤价每吨涨跌每 4.5 便士，工资在 1888 年基础上升降 6.25％是合理的”。[①] 1906 年联邦地区订立的协议以相同方式规定，“煤售价的改变不是委员会作出决定所根据的惟一要素而只是一个要素，双方都有权利提出理由，既然销售价变动，工资率为什么不变”。[②] 根据这

① 《集体协议报告》(敕令书，5366)，1910 年，第 32 页。

② 同上，第 27 页。

种类型的方案，每 2 个月或 3 个月要进行合理的和取得一致同意的调整，而不是自动调整。因此，实际上只有雇主与雇工间保持真诚友好关系的企业才能成功地采用这种方案。

第四编

国民所得的分配

第1章　不协调的一般性问题

在以上三编中我们已考察了某些重要社会力量影响国民所得大小的方式。当然，我们不敢说已经检查了有关的**所有**力量。相反，许多比较疏远的力量，如决定人们对工作和节约一般态度的那些原因，以及许多比较熟悉的原因，如影响机械发明和改进工场管理方法的原因，我们有意地将其放在一旁。我不想建议补救这个缺陷。可是还有另一种缺陷，我们不能就这样轻率地听之任之。根据第1编第7章和第8章阐述的论点，可以认定，除了特殊例外，一般说来能增加国民所得而不损害穷人绝对份额的任何事情，或者说能增加穷人绝对份额而不损害国民所得的任何事情[①]必然增加经济福利。任何事情只增加其中一种的分量而同时减少另一种的分量能否增加经济福利就难以断定了。直率地说当存在这种不协调时，由任何原因带来的对经济福利的总后果只能以仔细地掂量总体上对国民所得的损害或利益，对照贫困阶层实际收入的利益或损害来决定了。对这类问题不可能有普遍性的解决办法，因此重要的是要断定它们在多大程度上有可能在实际生活中出现；换言之，要发现在引起作为整体的国民所得和穷人绝对份额不

① 也就是说，不论从变化以前时期的观点还是从变化以后时期的观点看来都不损害它。参照第1编，第7章。

协调的起因是经常发生还是偶尔出现。当发现不协调现象时，必须考察由此出现的某些实际问题。

第2章 帕累托法则

第1节

仅仅是这个问题的陈述使我们接触一个有趣的论点，要是这个论点站得住脚，它就能立即解决这个问题。这个论点是：不可能存在任何原因能对国民所得总量和穷人绝对份额产生全然相反的结果。这个论点得到归纳证据的支持。归纳的资料来自帕累托进行的引人注目的调查，由他发表在他的《政治经济学教程》中。他把主要在19世纪的好几个国家的收入统计数字收集在一起。指出：如果x表示一定收入，N表示收入高于x的人数，画一条曲线，曲线的纵坐标是x的对数，它的横坐标是N的对数，对于经过调查的所有国家这条曲线全都接近直线，而且倾向于与垂直轴线成一个56°的角度，没有一个国家相差3°～4°以上。这意味着（因为正切56°≈1.5）假使大于x的收入数相等于N，那么大于mx的数字相等于$\frac{1}{m^{1.5}}\cdot N$，不管m值为多少都是一样。因此收入分配状况到处一样。“看来我们面对大量化学组分相同的水晶。有大块水晶、中等大水晶和小块水晶，但是它们全都是相同种类。”[①]这

① 《政治经济学教程》，第2卷，第306～307页。

些是帕累托发现的事实。在《政治经济学教程》中他似乎从这些事实得出的推断包括两个部分。他对收入中不平等的缩小是这样解释的："收入能以两种截然不同的方式趋向平等；那就是或者因为较大收入的减小，或者因为较少收入的增加。让我们认为收入不平等的缩小是以后一种方式完成，所以当收入少于 x 的人数相对于收入多于 x 的人数减少时这个情况就出现了"。[①] 在这个基础上他发现：第一，"我们一般地可以说，相对于人口的财富的增加，将产生最低收入的增加，或者产生收入不平等的缩小，或者同时产生这两种结果"。[②] 第二，"要提高最低收入水平，或者要缩小收入的不平等，必须使财富增加快于人口增加。因而我们知道，改进穷人生活条件问题，最重要的是生产财富"。[③] 现在，根据帕累托所说，"要增加最低收入或缩小收入不平等或者两者皆达"，实质上相等于"增加给予穷人的国民所得的绝对份额"。因此，这个论点实际上等于说：一方面，增加国民所得的任何事情一般说来必须也增加穷人的绝对份额；另一方面——这里有关的就是这一方面——任何原因增加穷人绝对份额，不可能同时不增加作为整体的国民所得。因此不可能产生上一章中提到那种类型的不协调，也就是我们不会碰到任何建议，采取它将使国民所得增大而穷人的绝对份额缩小，或者使国民所得缩小而穷人的绝对份额增大。

第 2 节

很显然，对这种以归纳法论证为基础的有力主张，需加以非常

① 《政治经济学教程》，第 371 页。

② 《政治经济学教程》，第 2 卷，第 324 页。

③ 出处同上，第 408 页。

仔细的考虑。因而有必要从一开始就注意其统计基础中的某些缺点。必须说的要点是，虽然我们在审核的各种不同分配在形式上相同，但是它们之间的相同绝不是完全一个样。在它们全部中，确实，对数收入曲线——至少就中等收入而言——接近是一条直线，但这条线的倾角虽然差别不是很大，但从被考察的统计表上不同人群来看似有明显的差别。例如，帕累托根据适当数据求出垂直轴的角度正切的最低数字为 1.24(巴勒，1887 年)，但他的最高数字为 1.89(普鲁士，1852 年)。这还不是全部。如鲍利博士曾经指出，经过长时间观察所得最重要数字组(普鲁士数字组)，其曲线的斜率随时间的推移而递减。鲍利博士提出的数字与帕累托的数字稍有不同，但是总的后果在两组中是一样的。根据帕累托的数字，在他对收入分配的想法中，曲线的较小斜率表示较大的质量[1]——应该记住，他想法的适当性尚待争论。因此，鲍利博士自然地为普鲁士数字提出解释："在普鲁士收入变得更加均匀地分配，从这些数字可以看出，普鲁士的收入正得到比英国更加均匀的分配"。[2] 因此，帕累托的比较虽然有趣，但是在它们之上建立任何精密数量的分配规律显然是无法接受的。

第 3 节

如果要全面了解情况，放弃这点是对头的。让我们假设帕累托推理的统计基础在上面指出的方式上没有缺点。即使如此，还

① 参照《政治经济学教程》，第 96 页。

② 所得税特别委员会，1906 年，《证词》，第 81 页。

是保留着许多需要批判的材料。让我们考虑一下他这个分配方案或形式究竟是什么,它的存在似乎发现了一种神秘的需要。如果我们不像帕累托所做的那样,而是以较简单形式绘出一条曲线,使横坐标代表收入量,纵坐标代表接受这些收入量的人数,曲线将很快上升到它的最高点,此后下落,但速度慢得多。这张图将表达众所周知的事实,即有非常大的人数其收入大大低于平均收入,相比之下,只有极少数人的收入高于平均收入。总之,目前收入分配的基本特征是,收入的极大部分都聚集在收入等级表较低一端的附近。这个事实由于如下理由而有重大意义。有清楚的证据表明人的体格特性——也有相当证据表明人的精神特性——是由完全不同的计划分配的。例如,在为任何一大群人的身高画一条曲线时,画出来的图像(如画收入一样)不会有一个隆起和单边倾斜的外形,而是像一顶三角帽一般的对称曲线,总之,用一个术语来说,它将是典型的高斯曲线或错误曲线,它与中间相对称,以这种方式使得两端附近没有大量聚集,而只有高度高于和低于中等者数目相等的人数,随着两个方向离开中间的距离增加,每边高度人数递减。现在,从事情的表面看,我们应该期望(有理由这样想),如果人们的能力按这种计划分配,他们的收入将以同样方式分配。为什么这个期望不能实现呢?对这个疑问的部分解答也许可以从"能力"这个词的较严密的分析中找到。就我们使用这个词的目的而言,它一定是挣取收入的能力的意思。但是人们使用几种不同的能力挣取收入,能力的主要区分是体力能力和脑力能力。因此,从挣取收入的观点看,很难正确假定我们正在讨论单一同性质的人群。如果我们一块儿考查一所大学的学生和一所初中的学生,得到这两群人合在一起的身高表不会与正常的曲线相符合。如果大学的人数比初中的人数少得很多,而身高大大超过这两群人合在一起平均数的也不适当的多。可能脑力劳动者组成同性质的一群,体力劳动者组成同性质的一群,但就挣取收入的目的而言,他们并不联合组成同性质的一群;正常法则分别支配每一群,有的支配大学,有的支配初中,但不一块儿支配两者。根据这个思路可以部分解释独特形式的收入分配曲线。可是有一种更重要和更肯定的解释:收入不是单独依靠体力或脑力能力,而是依靠能力与继承的财产的综合。继承的财产不是按能力比例分配,而是集中于少数人。即使不谈这个事实(过一会儿再提),即拥有大量财产能使财产主人通过训练改进他的能力,这个情况必然使收入分配曲线偏离"正常"形式,从我们目前讨论的问题看,这一点的重要性是明显的。如果收入分配曲线的形式部分由遗产和继承决定,那么能发现目前条件下占优势地位的特殊形式不可能是**必然的**,除非假设现在普遍风行的继承体制保留下去。那么,把任何形式说成是绝对意义上必然的所谓法则,与这个无可反驳的推理相违背。①

第 4 节

帕累托举出的统计资料并不为任何相反论点提供基础。因为从逻辑上看,显然如果他的统计资料提到的所有不同人群除了他们全有收入外,还具有一些共同的特性,而以他们为基础的收入分配的一般推理都不能扩展应用到不具有这些特性的人群上。但是

① 参照贝尼尼,《统计方法原理》,第 310 页。

事实上,所有这些人群均是享有与现代欧洲相同一般类型的继承法权利的社会。[①] 于是立刻可以看出,要是这些法律被取消或根本改变,收入分配的形式会受怎样的影响是无法推理出来的。在《政治经济学教程》发表几年后出版的他的《政治经济学手册》中,帕累托本人明白无误地承认这一点。他写道:"我们无法断言,如果社会制度激烈改变,曲线的形式会不会变动;例如,如果集体主义制度替代了私有财产制度"。[②]

第 5 节

也没有必要为了可以大大影响收入曲线,去想象会破坏继承法律的非常巨大的变化。有理由相信,能以显著方式影响"挣得的"收入与由投资得来的收入之间比例的任何事物会带来同样的结果。这个意见有双重理由。首先,经验告诉我们,由财产得来的收入其分配要比由脑力工作或体力工作得来的收入大大不均等。沃特金斯先生在他的《巨额财富的增长》中,在一幅有意义的图表后面作如下评述:"根据此表进行比较后有可能知道,判断事物的标准必须是相对的不是绝对的。便于使用的相对数是上十分位数或上百分位数对中位数的比率。可以看出在工资的统计资料中,上十分位数总是略小于中位数的两倍,而在 9 个职业的 1 个职业

---

① 当然这并不是说全部现代欧洲的继承法律是完全一模一样的。它们在细节上有相当大的差异。例如法国法律比英国法律实施财产在子女中更均匀地划分,否定长子特权。把这个事实与贝尼尼的观察(《统计方法原理》,第 191 页)联系起来看是有趣的,他观察到法国的财产分配比他那里较为均等(也参照伊利,《财产与契约》,第 1 卷,第 89 页)。

② 《政治经济学手册》,第 370～371 页。

中，上十分位数超过数稍稍大于$\frac{1}{4}$。在薪金分配中，上十分位数接近中位数的两倍，这样，不均等状况与流行的工资收入分配没有很大差别。但是在它与流行的财产收入分配之间存在巨大的差距。在马萨诸塞州根据遗嘱统计的资料中，上十分位数是中位数的8倍或9倍，这无疑还是有说得太少的失误，因为这个数字不是净值，所以在较小遗产中应为负债打一个大折扣，还因为许多数字很少的遗产不通过法庭。在法国的遗产中上十分位数是中位数的13倍”。[①] 英国也有有效的统计资料，表明财富比收入有更为引人注目的集中。这点克莱教授在把他自己对1912年联合王国资本分配的估计数字与鲍利博士对1910年收入分配估计数字之间的比较中有很好的说明。他写道：“94.5%的人占有国民收入的56%，而96.2%的人只占有国家资本的17.22%；98.9%的人占有收入的71%，而同一百分比的人只占有资本的33%”。[②] 其次，由投资产生的不均等分配的收入的重要性越大，劳动收入分配本身可能更加不均等。这种结果的出现是因为由投资产生的收入形成的差距使得有可能出现不同程度的教育训练，并为进入赚钱的职业提供不同的机会。在两类收入之间的相互关系，贝尼尼在一份图表中有所说明，在那份图表中他将某些意大利人收入分作两部分：“一部分代表人们从使用财产得到的收入，假定为对所有不同

---

① 《巨额财富的增长》，第18页。

② 《曼彻斯特统计协会公报》，1924～1926年，第64～65页。关于收入与资本分配有用统计资料的有用概述，请参照卡尔—桑德斯和琼斯合著《英格兰和威尔士的社会结构》，1927年，第9、10章。

行业的投资，有统一的回报率譬如说5％；另一部分代表同是那些人从工作中获得的严格的个人收入。例如，一个人的总收入为2，000里拉连同9，016里拉财产，可以认为他的总收入是由451里拉的投资成果和1，549里拉的职业活动成果组成。以这种方式计算我们得到如下表格：

总收入(里拉)		财产收入		个人工作收入
1，000	＝	143	＋	857
2，000	＝	451	＋	1，549
4，000	＝	1，458	＋	2，542
8，000	＝	4，285	＋	3，715
16，000	＝	11，665	＋	4，335
20，000	＝	15，885	＋	4，115
32，000	＝	28，640	＋	3，360
40，000	＝	37，500	＋	2，500

当然可以注意到，当总收入开始超过16，000里拉时，个人工作所得部分减少；但这种减少并不意味着职业报酬跟着减少；它只是意味许多人现在将完全依靠来自他们财产的收入生活，不再追逐任何高收入的职业，而他们的这种行为降低了他们所属阶层由工作得来收入的平均数”。[①] 此外，还有可能改变收入曲线形式的另一种方式。除了投资收入的变化外，也可能发生教育训练等分配，也就是对人的资本投资的变化。当发生这种变化时，必然趋向于直接改变劳动收入的分配，即使最早人的能力是根据某个(同一)的

① 《统计方法原理》，第336～337页。

有差错规律分配的，也许某些这种性质的变化引起穆尔教授所作的结论，他从研究美国工资统计资料得出的结论是，同一时候不同人们中间的工资可变性 1900 年比 1890 年较小。

第 6 节

当上述几个论点得到承认时，作为规律（即使仅有有限必要性）的帕累托法则的一般防御能力很快垮了。他的统计资料并不证明引用任何原因可以影响分配的推理是有理由的，而这些原因并未以近似相等的形式已经存在于他从那里获得统计资料的至少一个社会里，而且这个社会的范围有限。这个考虑是真正致命的；帕累托实际上被迫放弃他早先阐述他准则时所作的全部主张。在《政治经济学手册》中，他坚持认为那个准则纯粹来自经验。“某些人将根据它演绎出一般规律，作为能缩小收入不平等的惟一途径。但是这样的一个结论远远胜过能从这些前提得出的任何结论。由经验得出的规律与我们此刻关心的那些规律一样，在凭经验发现它们在真实的界限之内具有价值，在这个界限之外，它们很少或者没有价值。”①这番话的意思是，即使“规律”的统计资料基础比它实际具有的更加可靠，这个规律很难使我们断言，任何预期的变化**必定**不改变收入分配的形式。事实是，鉴于其统计基础的脆弱，它决计不能使我们这样做。作为一个整体的国民所得的变动和归于穷人的绝对份额的变动之间的不协调，不能以统计资料证据证明其为不可能，因此，必须进行对这个问题的细致研究。

① 《政治经济学手册》，第 371～372 页。

第3章　资本与劳动的供应

第1节

在进行此项研究时，我们不得不利用有点儿粗糙的近似值方法。我们探索的是关于某种原因对国民所得大小和对它在富人和穷人中分配的比较后果。不存在可以直接调查这种意义上分配后果的方法。但是经济学家已完成对影响另一种意义上分配——即不同“生产要素”间的分配——的力量进行十分全面的分析，并使其成为共同财产。这两种分配不是一回事。要是每一种要素专门由一组不提供任何其他要素的人提供，这两种分配**将会是**完全相同的了。但是在实际生活中，同一个人往往提供几种要素的各一部分，从这种要素得到部分收入，从另一种要素又得到部分收入。地主不仅是“土地这种原始和不可毁坏的财产”的主人。相反，他经常在他的土地上投入大量资本，有时还在选择佃户，对他们的耕作方法上施展一定控制，和根据情况决定必要时驱逐佃户等事务上投入相当可观的脑力劳动。店主提供资本，特别是他做赊账生意时，他还花许多脑力劳动去判断“顾客的声誉”，以期不产生坏账。一个有大资本的雇主依旧兼是明显的资本家、脑力劳动者和不确定事情的担负者。最后，一个普通体力劳动者经常在某种程度上也是一个资本家。鉴于这些理由，显然可见关于在生产要素中分配的理论不能直接或无保留地应用于有关人们中间分配的问题。但是在这种情况下困难并无决定性的实际重要性。显然，英国穷人阶级的最大部分是挣工资的工人。确实“在挣工资工人与直接为顾客、小雇主和小农庄主劳动的人之间没有明确的分界线……工资与薪金之间也没有明确而统一的区分”。[①] 但是挣工资劳动者在穷人中占主要地位有以下事实说明，即在大战前他们的人数达1,550万，而收入低于每年160镑的非挣工资者人数为350万。[②] 此外，有理由假定大量以独立劳动挣小量薪金或小量收入的人们，以与挣工资者本身完全相同的方式受有关经济利益主体的影响。因此为了当前讨论的目的(虽不是为了所有目的)，我们把体力劳动者和穷人看做大致上相等的阶级，不会犯严重错误。而且统计资料表明，显然根据这样解释，联合王国穷人实际拥有最重要获得收入的手段是体力劳动。我上文已说挣工资的人数大约为1,550万人，而依靠工资生活的人也许达到3,000万人，或者说接近总人口的三分之二。战前这些人积累的财产——当然现在要大得多——估计为4亿5千万镑，因而它产生的利息一年达2,000万镑。这个数字也许稍稍超过挣工资者总收入的$\frac{1}{35}$，其余全部都是劳动工资收入。[③] 正如我们已经大致上同意把穷人等同于挣工资者，因此也可以同意把挣工资者的收入等同于要素劳动的收入。这种简化办法的使用不会带来可以看得到的错误。我们确定了这

① 鲍利，《工业产品分配》，第12页。

② 出处同上，第11页。

③ 参照齐奥扎—玛尼，《富裕与贫穷》，第49页。

一点,便可以直接使用经济学家熟悉的分析方法。

第 2 节

我们可以将生产要素(它们的联合运作产生国民总所得)划分为两大类:劳动力和劳动力以外的其他要素。当然啦,不论是劳动力还是劳动力以外的其他要素都不能组成由相同单位构成的同质组合。劳动力包含全部不熟练工人的工作和许多种类熟练工匠的工作;劳动力以外的其他要素除大自然的工作外,还包含许多种类精神能力的工作和不同种类资本手段的工作。然而这种情况与我们现在的问题无关。我们的问题是要决定,影响在一种意义上作为整体的国民总所得的经济原因,能不能或者在多大程度上影响相对意义上要素劳动的收入。在本章中,注意力将集中在两组最广泛性质的原因,那就是分别作用于一般资本供应和一般劳动力供应的那些原因。开始先谈资本供应是合适的。

第 3 节

资本,或者用具体的名词说资本手段是等待劳动成果和不确定收成的劳动力本身的体现。因之,除了发明和改良外(这些即将加以研究),资本手段的增加,只能意味着人们愿意接受更多的等待劳动成果和更加使那些成果变得不确定。换言之,它意味着等待的或者不确定成果的、或者说等待又不确定成果的资本手段供应增加了。显然这种增加将有助于增加作为整体的国民所得。它会同时造成劳动实际收入的减少吗?关于这个问题的分析马歇尔曾有详细论述。他的分析带有某种重要的限定性条件,但不影响当前的论证。它表明:第一,每一种生产要素(包括企业家的工作)[①]一般地倾向于以相等于其商品净边际产品的增加速度得到报酬。第二,其他条件相等,它表明随着生产要素供应超过一个相当低的最小量,在这个意义上,每种生产要素将减少。[②] 因为,随着任何一种要素的供应增加,而所有其他要素的供应不变,它把一个不规则边界沿大量路线向前推进。[③] 任何一个要素的增加越多,其他要素的数量减少,每个新单位寻找可以利用的其他要素,用它来进行合作,从它那里得到支助。这个命题表明可以称为对个别生产要素的报酬递减律是什么。这一规律必不可与对投资于特定行业的一般资源的报酬递减律相混淆。参照第 2 编第 11 章。

第 4 节

从这个分析能够得出与我们目前问题直接有关的一个重要命题。这个命题有两方面,其大意是:如果任何生产要素的数量增加,与它完全对立的所有其他要素获得的每效率单位的收益(在被

---

① 企业家收益的特殊情况,艾奇沃思教授在 1904 年 2 月《经济学季刊》中有详尽论述;在 1907 年 12 月《经济学杂志》所载他的论文《数学理论》中也有谈到。

② 这个思想在特戈特的一组精心编制的数字中有很好的表达(参考卡斯尔,《利息的自然与必要》,第 22 页)。应该注意的是,在图解中随着利息下降,生产性货物的需求更加牢固,当需要上升时,生产性货物的修理和更新更加频繁。

③ 这一限定性条件的意义在于,在其他要素的特定状况中,一种要素供应的增加达到以最佳规模供应单一集体单位所需要的数量——也就是足够数量的人竖起一棵大树或足够数量的人在一个行业中经营一家最佳规模的工厂——不一定产生递减收益。提一下与眼前论证无关的情况,即人数的增加(产生于较密切的接触和相应的思想激励)可以间接导致资本供应的增加和组织的改良,因此产量的增加大于人数的比例。报酬递减律与其他要素不增加时一个生产要素的供应增加的后果有关。

完整取代的意义上说)将减少,与它完全合作的所有要素获得的每效率单位收益将增加没有一点被取代。这个命题的前一半是显而易见的。中国经营零售业移民的到来,必然损害新西兰的英国零售商店店主;低档次欧洲移民的不断涌入,必定把美国非熟练工人的工资保持在低水平上。[①] 这个命题的后半部很容易证明如下。由于增加的要素的每一单位必须付给同样的费用,而新单位的费用低于老单位的费用,老单位和新单位产量的一部分是转移给合作的要素。[②] 作为说明,我们可以注意以下情况,即在新国家普遍流行高水平工资,因为首先那里有大量可以利用的土地,其次当地人把土地典押给外国人也能得到大量资本。[③]

第 5 节

如果说不同要素是部分合作和部分对立这点在实际上是普遍真实的话,那么其中一种要素数量增加是由于其他要素获得收益的结果。这个过程可以作这样分析:假设要素 A 的数量从 A 增加

① 陶西格教授于 1906 年写道,尽管美国人大多数货币收入有增加,“普通教工工人和工厂打工的不熟练工人的工资似乎维持不动,有时甚至下降”(《经济学季刊》,1906 年,第 521 页)。不熟练移民工人到底是美国熟练工人的主要竞争对手还是主要合作者,它是另一个和更困难的问题。霍里奇博士就这个问题写道:“就是因为新移民形成非熟练工人阶层,使得当地工人和老移民提升到工人贵族的地位”(《移民和劳动》,第 12 页)。普拉托教授在《工人保护主义》第 72 页中持同样见解,他认为一般说来低等移民做当地工人希望离去的职业,这种情形不但进入美国的中国与欧洲的移民如此,而且意大利和比利时去法国、瑞士和德国的移民也是一样。

② 它与目前要注意的论据无关,但这个论点要完善还要作补充:作为对改进需求的反应,一起工作的要素往往能增加数量,但由于它们的供应曲线成正角倾斜,不足以减少它们的收入到原来的水平。

③ 参考马歇尔,《皇家劳工委员会报告》,Q.4237～4238。

到$(A+a)$，新单位的x先前占有的用途被其他要素B的mx单位所取代。于是产生在要素B每单位收益上的效果相等于如果两种要素完全合作所能产生的效果；要是要素A的数量从A增加到$(A+a-x)$，要素B的数量从B增加到$(B+mx)$。其后果显然意味着要素B每单位收益的增加或减少，更可能意味着增加，因为$\frac{A+a-x}{A}$比$\frac{B+mx}{B}$相对较大。可是不知道代表要素与它们产量间关系的函数形式，要比现在所做更确切地说明此种关系是不可能的。大致上说，要素A数量的增加将导致要素B每单位收益的增加，假设的条件是要素A额外单位的极大部分能有利地转用于不是要素B单位先前占领的用途。因此总的说来，在两种要素部分合作和部分对立的地方，如果两种要素间的合作关系比对立关系更为重要时，一种要素数量的增加将扩大其他要素的每单位收益，从而扩大国民所得的绝对份额。

第6节

一般等待和承担不确定性与一般劳动之间的关系实际上主要是合作的或者主要是对立的问题不是一个能给予先验地回答的问题。如果人类学会怎样取得惟一种类的资本手段是一种只能正确复制体力工人劳动力而不能做其他任何事情的弗兰肯斯泰因怪物，这种关系将是完全的对立关系，所以在事实中它是什么，主要取决于人们把劳动结合等待和承担不确定性能够创造东西的性质。如果我们现实主义地思考这些东西主要是什么——当然啦，当思考的是等待和承担不确定的一般性增加，我们必须想象新的供应使用于现有资本手段的全面增加——显然它们的工作主要是合作性的。铁路、轮船、工厂建筑、机器、汽车和房屋不管在私人手中还是在把它们出租的商人手中，一般地说它们是人的工具不是人的竞争对手。设法使用它们，它们使工人生产比没有它们能生产更多的物品与服务；它们不以取代人力的方式挤走他或强迫他生产较少的物品。这是经验的普遍教训。的确，在特殊例子中关系绝大多数是对立的关系。可是相比之下这些是不重要的。如马歇尔写得好："在一般劳动与一般'等待应加上承担不肯定性'之间存在真实和有效的竞争，但是它只占整个领域的一小部分，且相对于劳动从便宜地得到资本帮助和从而得到生产物品需要的高效方法帮助而获得的利益来只有很小的重要性"。[①] 换言之，作为整体的资本与作为整体的劳动之间的关系中占支配地位的是合作关系。由此可见第2节中提出讨论的问题，回答必然是否定的。在目前条件下，一个原因(不是发明与改进，它们将在下一章中考虑)其作用能以一般地增加资本供应来扩大国民所得，在同时又减少劳动实际收入，这实际上是不可能的。同样，当然能够表明，其作用会以减少资本供应来缩小国民所得的因果，一般地不能同时增加劳动的实际收入。总之，在这个领域内不会发生不协调的情况。

第7节

这个结论导致国外资本投资的困难问题。除了在第2编第9章第11节指出的特殊限定条件外，可以假定：由于除非他期望有

---

① 《经济学原理》，第540页。

较好利润，否则没有人愿去国外而不在国内投资，所以自愿去国外投资将扩大国民所得。与此相反，乍一看国外投资似乎将缩小劳动实际收入。投资的资金不是从出口商品获得就是从抑制本来有需要商品的进口获得。至于贷款的给予是否以贷款的收入必须花费在购买铁路物资或其他材料并注定在贷款国付款为条件，并无什么不同。如果有这些条件，我们出口的货物种类可以改变，但货物的数量将不受重大影响。无论如何这个国家立即能得到的货物量将会减少。这实际上肯定会连累劳动受到直接损害，或者使得工人更昂贵地购买这种物品，或者减少帮助工人生产那种物品的工具与机器的供应。的确，因为一些资本将从国内使用中退出，利率将上升，这将鼓励储蓄以积贮更多资本。但是这个趋势只能减轻不能消除对劳动的最初损害。结果是劳动境况按照一般情况来看，必定要比如果结束资本国外投资要较差。

可是这个结果不是决定性的。在某些环境中，即使发生这种情况，在工人有兴趣购买的特殊物品中劳动者的境况可能更好。因为，作为我们国外投资的间接后果，这些物品可以大大便宜。事实上有过这种情况。乔治·佩什爵士在 1914 年所写的文章说："英国在最近 7 年中为我们岛屿外世界建造铁路供资总共为 6 亿英镑（投资总数达到 11 亿英镑），所有这些钱全投在我们依靠其供应食物与原料的国家"。[①] 当我们的国外投资属于这种性质时，劳动的实际收入，就其惟一有重要性的意义说，有把握肯定是增加的，因此没有不和谐产生。要是禁止资本输出，无疑有特殊理由相

① 《资本输出与生活费用》，曼彻斯特统计协会，1914 年 2 月，第 78 页。

信，自由资金就会用于国内特别有利于工人的项目，如建造大量合乎卫生条件的工人村。这个结论不一定准确，一般来说没有特殊理由予以相信。

此外，必须考虑国外投资某些较遥远的结果。当资本输出自由时，获得国外较高利益的机会既引起比没有此种机会时有更多英国资本的创造，又能使一部分资本投资于获得比没有这种机会时有更大利润的企业。就这样，一个时期输出资本的自由对后一段时间扩大国家总实际收入发挥双重影响。结果是，其他情况相同，能够创造的新资本量在后一阶段将扩大。这种效果本身将年复一年地重复积累。因此到最后，如果我们假设每年输出资本数量保持不变——当然，如果我们假定投资国外资本的利息一直投资在那里，数量自然有变——作为过去资本输出的间接结果在国内创造的额外资本必然超过同一时间输出资本撤回的数量。根据这种假定，到最后作为整体的劳动能得到好处而不是损害。因而虽然从短期观点看可能有许多不协调，从长期观点和较高层次看，问题是很好解决的。实际的推论是，所有为劳动者利益限制资本输出的建议——除了上文引述在第2编第9章第11节讨论的特殊理由外——应该给予十分小心和严格的检查。

第8节

我们转而讨论第2节区分的第2类主要原因，也就是通过劳动供应起作用的那些原因。很明显如果这种供应增加，不管增加来自工人人数的增加或者由于他们平均生产能力的增加，国民所得必然增加。因而我们的问题是查明对总劳动实际收入产生的影响。上节提出的分析表明，劳动的净边际产品一般地以产品计算，因而它的**每单位**实际收入必定减少。所以它的总收入是否增加取决于对劳动需求的弹性大于 1 还是小于 1。如果这个弹性大于 1，整体上劳动将得到比以前较大国民所得的绝对回报量；如果弹性小于 1，劳动将得到较小的绝对量。① 因此有必要决定，事实上需求的弹性是大于 1 还是小于 1。②

让我们开始时别理会工业中可使用劳动供应的增加，可能对

---

① 一般假定（正文中所叙是其特殊例子），其他情况相同，生产的任何一种要素数量的增加将伴随出现应计入该要素的产品绝对份额的增加，只要所说要素的需求弹性大于 1。至于由应计入该要素的产品成比例份额增加而伴随出现的条件与此不同，它能以如下方法决定：已知其他要素的供应函数，总产量 P 取决于可变要素的数量，这样，如 x 代表这个数量，$P=f(x)$.应计入可变要素的绝对份额由 xf' 代表，而成比例份额由 $\frac{xf'}{f}$ 表示。当 x 增加时后一数将增加的条件是

$$\frac{1}{f}\{f'+xf''\}+xf'\left\{\frac{-f'}{[f]^2}\right\}\text{是正数}$$

设 e 代表问题中那个要素的需求弹性。那么

$$e=-\frac{f'}{xf''};$$

上述条件使用简易替代法可用以下形式表示

$$e>\frac{1}{1-\frac{xf'}{f}}\text{ 或 }e>1+\frac{\frac{xf'}{f}}{1-\frac{xf'}{f}}$$

这样 e 以较大数量超过 1，应计入变更前可变要素的产品成比例份额越大。上边以符号列出的条件，如达尔顿博士指出，能用文字表述，那就是“需求的弹性大于所有其他要素加在一起相对份额的倒数”（《收入的不平等》，第 187 页）。

② 马歇尔和上边正文中应用的需求弹性一词意指变化极为微小时（严格地无限小），数量的成比例变化被除以价格的成比例变化。也就是达尔顿博士所称的“点弹性”（参照《收入的不平等》，第 192～197 页）。因此，为了正文中的论证可以适用于供应的现实变化，我们必须假定需求弹性大于 1 或者小于 1（根据情况而定）不仅仅与旧的或新的供应数量有关，而且与这两个供应数量中间的所有数量有关。

与劳动一起合作的其他要素供应所起的影响。然后可以看到在某个个人服务领域，劳动实际上在没有其他要素帮助下工作，因之那里每单位劳动生产率不会因其数量的增加而有察觉得到的下降，那里劳动能大量地被吸收，不会明显地减少它的产品以其他物品计算的价值。这种情况指出，在劳动数量增加时，对劳动一般真实需求的缩减率相当低；虽然缩减率确切有多快，或者换句话说劳动需求的弹性有多大，不可能说得清楚。可是在真实生活中，不理会由劳动供应增加间接带来的对其他要素供应的间接影响是不合理的。特别是，大家知道资本供应极不固定。当劳动数量增加时，从而间接地使资本每单位收益扩大——虽然那些曾决定留确定数字金钱给下代的人无疑不愿意储蓄得像以前那么多——但一般人将愿意储蓄得比以前更多，从而创造了更大量的资本。[①] 此外，由于更大规模的国民所得，人们的储蓄能力将增加。由此造成的资本供应的增加将作出反应，增加任何给定劳动数量的边际生产率。因此从整体看来，劳动需求即使从全世界总的观点看也是有相当大弹性的。[②] 至于任何一个国家中的劳动需求，它的概率更大。由于资本流动性很大，以致任何一个国家中资本获得每单位回报的小小增加必然不可避免地引起资本从外国流入，或者大量缩小先前向外国的流出，两者结果相同。除非由于双重所得税引起的复杂问题，关于这点可以希望很快会作出国际安排加以解决。因此对英国劳动总需求的弹性比单独依赖英国资本的那一部分需求

① 参照马歇尔，《经济学原理》，第 235 页。

② 参照艾奇沃斯，“论经济学中微分学的应用”，刊于《科学评论》第 7 卷，第 90～91 页。

的弹性要大。实际上它大得那么多，以致按照对这后者弹性任何合理假定，从长期观点看来，单独在这里讨论的英国劳动总需求的弹性实际上是确定地要大大的多于1。

因而结果是，劳动供应的增加，不管是通过平均工人提供的特定效率劳动单位数的增加，还是通过提供的工人人数的增加，一般说来增加一定数量的劳动单位必定增加劳动作为总体获得的收益的绝对总量。的确，在广大劳动集体中，只影响几个小单位的能力增加，可能导致对其能力没有改进的其他小单位的损害。然而，这种危险在不同小单位也不是严格一致，且有部分合作的地方也可能避免；有些地方一些非熟练工人受职业训练，能力未能提高的小单位受发生的改革的间接作用而人数减少，因而损害也不再严重。而且，在广大劳动集体中，无论如何这些事情只有次要的意义。一旦表明作为整体的劳动绝对份额连同总收入，具有随劳动供应增加而增加的特性，直接与目前论证有关的惟一命题就建立了。

第9节

当劳动供应的增加来自劳动者能力的增加时，很明显随之发生带给他们收益的绝对份额的增加，根据以前各章论证，它同时增加工人的经济福利。然而，当劳动供应的增加来自工人人数增加时，每人收益的绝对份额减少，尽管事实上作为整体的集体的绝对份额是增加的。如果有理由相信每人的损失不赀，我们就不敢贸然作出这样的结论，即这种劳动供应的增加会带来劳动者经济福利的增加。然而事实能够表明，根据英国目前存在的情况看，每个人由此产生的损失是十分微小的。说损失用一般商品衡量是十分微小的，有已确立的事实为根据，因为英国的劳动需求弹性很大。如果情况是工人人数的增加，将导致主要由工人阶级消费的食物与其他物品价格的实质性增加，增加以对工人重要的物品计算的损害可能不小；可是目前我们能任意地从国外进口食物的事实，使得像我们这样小国的人口增加，不可能引起供应价格的递增规律。因此在任何意义上工人阶级每人实际工资的减少是极小的。[①] 因此，下这样的结论似乎是合理的，劳动绝对份额的增加即使增加来自工人人数增加时，它也将带来工人经济福利的增加。因此没有必要修正我们的结论，因为影响劳动供应的原因也影响国民所得的总量和在同一意义上影响劳动的总实际收入。我们的结论着重告诫：劳动福利有时被损害劳动者健康的原因所减少。

第 10 节

本章达到的一些结果有助于反驳两个流行的意见。第一个与劳动钟点有关，大意是工作日的普遍缩短，因为它将削减劳动供应量，将使全体工人能够获得比以前好得多的条件，他们的总实际收入必然增加。真实情况是，就工作时间缩减而言，它将导致比相应更多的劳动能力的增加，有利于国民所得和劳动绝对份额。但是，如果钟点缩减超过这一点，它将损害国民所得，鉴于劳动需求的弹性，劳动的实际收入必然也受损害。第二个流行意见是，强制退出工作，接受国家支助，将增加穷人的总实际收入，因而从劳动者观点看，应加以鼓励。有两个方案提交给皇家救济老年穷人委员会，

① 参考马歇尔，《经济学原理》，第 672 页。

其中一个内容是，“男女补助金领取者一律不准工作”，作为领取补助金的条件；而另一个方案提议把补助金给予“每一个年满 60 岁的人，禁止超过这个年龄者工作”。[①] 为这两个方案提出的辩护理由是，如果补助金领取者不放弃工作，独立工人将发现他们收入减少。可是从长期观点看，穷人的利益不单与独立工人的利益一致，而且与全体工人的利益一致；因为全体工人在他们生活的某一时期容易成为依赖者。但是从上一章中所说的道理，直接可以知道，如果劳动供应缩小，独立的和依赖的工人总收入都将缩小。因此，就目前的论证而言，采取这两种补助金方案所体现的政策是不可取的。可是应该注意，领补助金者停止工作的道理从一个更特殊的观点来看也有道理。这个办法可能被认为有充分理由，因为领取补助金的资格不是年老而是体力衰败。这点难以直接检验。但是如果放弃工作是得到譬如说每周 10 先令的条件。符合这个条件可以保证真正没有能力正规地赚到比 10 先令多得多的领取者的收入。因此这样的一种安排，虽然将消灭收入在 10 先令线以下许多人的工作，但它作为防止许多其他得到补助金的人和由于得到或盼望得到补助金的人在工作中贪懒松劲的办法是值得想望的。某些善心社团采取补助金政策似乎就是基于这样的考虑。[②] 但是很清楚，这个争论与那些领取补助金条件不是体力衰败而是达到某个确切年龄的地方无关。

① 《皇家救济老年穷人委员会报告》，第 72 页。

② 《皇家救济老年穷人委员会证词记录》(Q.10880)。

第 4 章　发明与改进

第 1 节

就这样我们知道了在现有条件下对一般资本供应起作用的原因和对一般劳动供应起作用的原因是协调地运作的。它们或者都增加国民所得和劳动实际收入，或者都减少两者。可是当最初原因是工序或方法的发明或改进时，我们就面对一个较复杂的问题。所有这种发展，因为它们能生产以前从未生产过的某些东西或者它们能使过去生产过的东西生产得更加容易，它们必然增加国民所得。除非与此同时它们间接改变分配办法对劳动产生不利影响，否则它们必然也增加劳动的实际收入。因此，抽象地考虑任何发明，最初总会使人设想它的作用将是协调和谐的，因为它既有利于劳动又能增加国民所得。但是也有可能，一种特定的发明会改变资本和劳动在生产中发挥的作用，譬如说它使劳动相对于资本的价值比以前下降；如果发生这种情形，劳动得到的绝对份额可能减少。我们的问题是断定在何种状况下（如果有的话）会出现这种后果。观察到同一分析完全适合下列情形是有意义的：那就是最初原因不是普通意义上的发明，而是一种事态发展，这种发展能使一个国家获得价格比以前便宜的某些商品，办法是做某种别的事情，凭它能从其他地方买到这种商品而不是由自身生产这种商品。

这样做使人们能够得到更多需要的物品；这样做劳动与资本在生产中发挥成比例的作用可能改变了。

第 2 节

我们问题的流行解决办法很简单。人们这么想，如果发明使工厂雇用较少的劳动，工人将受损害，如果发明引起工厂雇用较多工人，工人得到好处。的确，霍布森先生曾表示，发明不总是使使用发明的工厂雇用更多的劳动，他说："兰开夏和约克郡开始使用纺纱和织布机器使劳动雇用增加很多，接下来上世纪第二个和第三个 25 年里一连串发明与改进产生同样效果，但是以后机器的增加却没有出现同样结果；相反在某些大宗纺织品加工业中雇用人数下降。印刷厂引进自动排字机后大量增加雇用人数；制鞋业引进裁皮革机之后雇用人数反而减少"。[①] 因为发明而减少雇用的特殊领域的较普遍例子可以在农业中找到。众所周知农业机器已经取代了大量的农业劳动者。这种因果关系的偶尔失灵是所有人完全承认的。然而大体上，那些研究这个问题的人们相信，发明发生作用时会增加而不是减少雇用。于是，M.勒瓦瑟尔写道："普通的意见是'机器驱逐工人'，并夺走部分工人阶级的工作。肯定确实的是，工厂装上有力机器在特定时间生产较大产量，雇用帮助机器的工人要比用手工生产相同产品的工厂少得多。人们首先看到的就是这种状况。只要人们以后再观察，努力研究，就能看到用机器经济地制造的货物，一般以较低价格出卖，常常必须找寻大量的

① 霍布森，《工业制度》，第 281 页。

新买主,因而增加的生产就必然提供比引进机器前雇用的更多的人手”。[①] 而且,济贫法委员会满意地发现在制造商中关于改进机器的后果有引人注目的一致意见。他们相信这样的改进“会在出现此种改变的部门暂时减少对劳动的需求;但这种取代不会作为规律减少雇用在每个生产单位的劳动,被省掉的工人很容易在同一业务内部被吸收——尤其是造船业,那里的变化引入缓慢,每次只影响少数人——最后结果需要有更多而不是较少的劳动力”。[②] 现在我并不想否定这些结论的以经验为依据部分。我不反驳济贫法委员们的断言,即保证任何领域增加雇用所必需的条件最后来自那个领域的发明,事实上这些条件是寻常能够实现的。但是我要争辩的是,普遍意见认为这些事实直接关系到发明与改进对劳动者和整个穷人的运气是有利的盟友还是有害的敌人问题。为弄清这个问题,一个不同的更深入的分析颇有必要。

第 3 节

每一种发明或改进或者使得已在生产的某种商品或劳务更加便利,或者有可能制造某种新的商品或劳务。因此可以肯定会导致受发明影响商品的价格便宜和消费增加。用不同方法制造和扩大的产量,就要有不同数量的劳动和不同数量的资本(或等待)运用于这个行业和为它制造机器的附属行业。让我们假设工人绝对不买由发明使之廉价的产品,那么发明对工人实际收入的后果取

---

① 《雇用与工资》,第 421 页。

② 《皇家济贫法委员会报告》,第 344 页。

决于发明对产品的净边际产品的作用，而在其他行业中劳动是产品边际净产值的主要要素。因为在均衡建立时，在出现发明的行业中劳动将得到相同的实际工资，就像劳动在其他行业中一样。为眼前的目的，我们可以合理地不理会劳动与资本以外的其他生产要素。以后的情况是，作为发明的结果，除生产有改进行业及其附属行业以外的行业的劳动数量，较之资本数量有大比例减少或者有较小比例增加；劳动的净边际产品以工人购买的东西计算必然增加，因而工人的总实际收入也必然增加，在相反的情况下这个总实际收入必然缩小。如果这两个变化的比例相等，实际收入必然保持不变。具有这几种后果的发明，我分别称之为资本节约发明、劳动节约发明和中性发明。当然可以看出，这几个名词用法不同于普通用法，根据普通用法，凡使用较少劳动得到特定数量产品的每种发明就是劳动节约。

第 4 节

这个分析容易应用到实际中，只要我们与之有关的行业（还有它的附属行业）内国家总雇用劳动的比例与它的总资本比例相等。在这类工厂中，向一个方向变化的任何事情，必定使那里使用的劳动与资本间的比例向相反方向变化。因此在我的定义中，使工厂中使用的资本对劳动的比例降低的发明或改进就是资本节约，增加资本对劳动比例的是劳动节约，使比例不变的属于中性。因而在这些条件中，我们能相当有信心地具体区分几种类型的发明。这样，假定上边的条件成立，采用两班或三班工作制，使得机器工作可能继续进行，这必定是资本节约的发明。因为在一昼夜 24 小时内，不采取12小时工作制，改而采用24小时工作制，100个工人中50个白天工作50个夜间工作，只需一半机器便能生产如果全体100个人只在白天工作的特定的产量。当然当机器每天工作较长时间它将更快磨损。但是许多种机器的工作寿命——为了以新代旧——要比其物理寿命短得多。因此，虽然以两班12小时制代替1班12小时制不会使一定规模生产所需要的资本减少一半之多，一般说来这样的取代将减少相当多的资本。所以不管怎样，产出的绝对数量改变了，运用的资本对劳动的比例必然降低。这种发展能使经营任何商品的制造商、批发商或零售商以较少资本量(减少了以存货形式冻结的部分资本)同样有效地经营他们的业务。因为这里再次是，绝对量不论发生什么变动，运用的资本对劳动的比例必然缩小。这点从经济观点看，对持有股票问题有一定重要性。如将在附录I中说明，现代通讯的改进使得持股成为实际可行。在更寻常称为发明的事态发展中，我们仍然假定应用发明的企业仍保持以前运用的正常比例的资本与劳动，现在我们可能把像马可尼发明无线电报这样的事情看做资本节约，因为有了这个发明不再需要电线了。然而，大部分发明也许在狭义上必须认为是"劳动节约"的，因为如卡斯尔博士所说，"几乎全部发明者的努力都针对寻找耐久的工具来做此前用手做的工作"。①必须记住这些结果不一定能产生预期的效果，除非产生发明的行业(及其附属行业)在发明之前正在运用的劳动与资本的比例处于与所有行业普遍平均的同一比例。如果这家企业运用不正常大的劳动

① 《自然与利息的必要性》，第112页。

比例或资本比例,以任何方向改变其比例的发明,可能以相同方向而不是以相反方向改变其他工厂的比例。例如,假设一家特定企业运用3,000单位劳动和1,000单位资本,而在其他企业每种都有100万单位。由于这家特定企业的一项发明使它只需要2,000单位劳动和500单位资本。因此那里劳动对资本的比例从3∶1增加到4∶1。与此同时其余企业的比率从1∶1增加到1,001,000∶1,000,500。因此情况显然是,只知道发明对改进企业比例的作用本身,不能使我们断定这个发明是劳动节约还是资本节约或者是中性。可是坦白地说,我们没有理由假设劳动节约的发明在我思想中是不可能的。如果这种发明出在此刻我们分析考虑到的条件中,不协调状况必然发生。国民所得将增加,但劳动的实际收入将减少。

第5节

可是迄今考虑的条件与事实不符。我们曾假设工人绝对不买发明与改进使价格便宜的商品和劳务。显然这个假设十分不利于他们获得增加实际收入的前景。当条件如此时,甚至根据这个假设他们能获益,就事实上他们确实购买那种商品,他们将获益更多;当条件如彼时,根据这个假设他们将受损,可是在实际生活中他们可以获益。总之,发明给穷人消费的商品发挥的作用越重要,发明的净效益越是可能有利于穷人。

根据这个结果,一个十分有意义的事实是,主要由工人阶级购买的商品是相对粗糙的货色,它们能容易地大规模用机器制造;而主要由上等阶级购买的商品质量很高,并牵涉到手工劳动的较大使用。马歇尔写道:"在价值1镑的商品中,供穷人用的商品比供富人用的商品也许要使用多1倍的马力"。正是在这种为穷人制造的商品中,机械发明和改进找到最现成的机会,这种商品事实上全是最大量制造的。可是,穷人消费房屋和食物费用比富人消费的比例大得多,而建筑劳动与农业劳动得到机械工具帮助相对的少,关于这两种劳动的技术改进和组织设计有最广阔的发挥作用的余地。这段描述尤其适用于最贫穷者。"物价的下降在与他们工资的直接比例中,对不同阶层的挣工资者没有好处。房租和某些其他必需品的支出如燃料,对大多数工人数量上升,在低等级工人预算中占相对大的份额,因而在很大程度上减少他们从总物价下降中得到的好处。最贫穷阶级他们零星购买的物品极少,所以从住房和燃料以外其他商品较低价格中获益最少。"[①]但是这些叙述还没有接触到主要结果。总的看来,穷人花费比其他阶级人们更大的收入比例购买的物品,其制造过程特别需要发明。因此勒鲁瓦·比利着重指出:"上流社会的人从成衣匠那里定制衣服,故而从商店出售现成服装的大减价中得不到好处,那种现成服装是卖给人口中无力讲究衣着那部分人的"。[②] 他以这些物品对照"人民大众以前未曾用过但如今已普遍使用的使得工人家庭更加卫生和更加体面与尊严的所有那些物品。袜子、手帕、款式更多和更加适合的上衣、窗子的帷帘、地上的地毯、件数不少的家具,这些物品形成大众化的奢侈享受,是人类生产能力发展的结果"。[③] 还不止

① 《皇家济贫法委员会报告》,第309页。

② 《财富的分配》,第37页。

③ 同上,第440页。

这些。如马歇尔强烈主张的，必须加上主要由穷人消费的食物这类大宗货物，就英国而言，它们主要来自国外，近期最显著的特色之一就是运输机器改进的发展以及由此产生的运费的大幅度下落。对此还可以加上零售给穷人货物的机构的重大改进(这种改进已在合作商店实现)和随之出现的零星服务费用的巨大降低。

当然受近来发明大大影响的商品已直接或间接进入工人阶级消费领域的历史事实，并不能证明今后的发明极大多数属于同样性质。然而我们还是可以坚决认为这个历史事实满足大家的期望。因为，不但是利润的有利机会使得对发明的刺激在广泛消费的"大宗货物"中特别的大，而且如马歇尔指出，最后发展为汽油驱动的运货汽车、公共汽车的汽车的历史说明，即使原本专门为富人单独设计的那些改进，很容易迅速扩展自己供其他阶级的舒适使用。[①] 这样的思考引出结论：它比上一节单独的论点更小有可能暗示：任何特定的发明将损害劳动的实际收入。

第 6 节

在第 3 节和第 4 节的分析之上还必须加上另一个限定性条件。那个分析不明言地假定，发明(其后果业经检查)不影响人们每年准备创造的新资本的数量。可是这个假定没有保证。某些种类发明创造新的"花钱"领域，可以使富人的积蓄减少，从而只能提供较少的新资本去帮助生产中的劳动。为私人旅游发明的豪华汽

① 参照《经济学原理》，第 541 页。

车,引导人们花他们收入中更多的钱买汽油和给司机工资等等,[①]也许已有这种后果,而即将发明舒适的私人飞机也许将有这种后果。这种后果也不一定只限于为新形式消费创造机会的发明,也包括使已知消费货物价格变得便宜的那些发明,只要这些货物有高度弹性的需求。原本能够储蓄和创造资本的人们可能受引诱改而花钱。另一方面,使有高弹性需求的物品价格便宜的发明,由于能使人们以较少费用得到他们所要的东西,将使这些人节省较多余钱可以用以储蓄,这样将间接增加每年创造的新资本。由发明这样建立的趋势对每年新资本的增加不论朝着减少还是朝着扩大发展,它是累积的;从每一个连续年份来看,一年对新资本流的抑制要加在对所有资本总量施加的总抑制上。由于这个理由,这个趋势要比乍见之下可能想到的更为重要。当一种发明的间接后果会减少储蓄时,即使它是资本节约的,它会损害劳动;当发明的间接后果会增加储蓄时,即使它既是节省劳动又根本不进入工人消费的某些产品,它可以对劳动有利。有理由相信,迄今为止发明在总体上具有增加而不是减少积累新资本的机会与意愿。

第 7 节

根据这些不同的考虑,问题很明白,我们不能作出刚性和确切的结论。我们的研究形成的一般印象是:虽然可能发生发明与改进损害工人阶级实际收入的情况,但不会经常发生。极大部分发

① 这段话与下列事实相符合(1)用于造汽车本身的资源转变为“资本”使用。(2)存在特定价值私人汽车可以使工资提高(从其他职业吸收人进入与汽车有关工作),其程度就等于企业中开始使用机器一般大。

明与改进将增加劳动的实际收入以及总的国民所得。作为发明的结果,不协调是可能的,但出现紧急情况是决计不可能的,没有人会认真建议干预或阻止发明,以便提供防止它的安全保障。

第5章　工资控制

第1节

在第3编的下半部，我细致地考察了在特定职业或地方强制增加支付的工资率将损害国民所得的状况。现在我们必须考虑它对工人因而对作为整体的穷人实际收入产生的后果。为简单起见，我们可以使用第3编第17章第8和第9节思考的事态作为检验对象——在论点的实质上看不出什么差异。假设在一个职业中原来的工资对其他企业来说是“公正”的，以工作的净边际产品的价值衡量是均等的，要是强制提高那里的工资率会怎么样呢。假定这样做对雇主的技术设施或对给予提高工资的工人生产能力没有出现什么不同，根据这个假定国民所得必然减少。那么在什么情况下(如果有的话)作为整体的劳动实际收入才可以提高呢？

第2节

回答这个问题的第一步是决定在什么环境里强制实施不经济的高工资——这是对破坏国民所得工资的合适名词——将增加得到好处的特定那群工人的实际收入。应该注意，在任何职业里实行工资率的不经济提高可以采取两种形式，一是付给低效工人特别提高的每个劳动单位的工资率——例如给这些工人与高效工人同样的计时工资，二是付给全体工人普遍提高的每产量单位的工资率。显然，前一种的不经济提高必定不是将全部低效工人一起赶出工作，就是减少雇用劳动的总数量，其作用与付给该职业中全体工人同等提高的每生产能力单位工资率正好一样的程度。因此它必然对整个有关一群工人的总收入产生比后一种的提高形式更不利的后果。其结果足以认为那种类型的不经济高工资率同样影响付给职业中全体工人每产量单位的工资。抽象地决定建立这种类型不经济高工资来增加这一群工人的实际收入的条件十分简单，如果对集体劳动的需求的弹性小于 1，实际收入将增加，如果弹性大于 1，实际收入将减少。假设有关工人本身不是他们生产商品可觉察程度的购买者，那么这个结果是明显的算术上的自明之理，根据的是弹性定义。要具体说明这个定义，也就是说要弄清对任何一群工人劳务的需要是高弹性还是低弹性，就是我们现在必须尝试的任务。

第 3 节

在第 2 编第 14 章第 5 节中，分析了关于各类商品需求弹性的决定因素。这个分析也适用于各类劳动需求。怎样应用略述如下。

第一，我们知道，对任何物品的需求越大，也就是能够得到那种物品的现成代替品越多。这个事实对劳动与机器间的关系有重要的意义；因为在某些企业中稍稍增加手工工序的工作成本就会引诱雇主采用机械装置。例如，阿夫斯引用一位已故女检查员的话，她说在维多利亚时代的成衣业中，那里最低工资的决定非故意地歧视家庭工作，使雇用转移到使用机器的工厂，“实际所有工厂外的工作全都停止"。[①] 以类似的方式维多利亚时代的制革工人评论他们行业中"工资委员会"的作用,他们说:"强制使用节约劳动的机器,以致自从工资委员会制度在这个行业实行以来,制革业实际上起了剧烈的变化"。[②] 在这种情况下劳动需求的高度弹性实际上是由于它的服务存在现成可得和密切竞争的代替品,或者较严格地说,其他劳动伴随着大量的等待。因为引进这种代替品要在一定时间间隔之后要比立即引进较为容易,由于这个原因需求的弹性从长期看来要比短期看来更大。

第二,我们一般都知道,任何物品使用在生产某种其他物品总成本中的成本发挥作用的重要性越小,那种物品的需求弹性可能越小。这个普遍性事实使我们能指出在某种职业中对特定种类的劳动可能特别无弹性。这种无弹性劳动需求之一是妇女缝制网拍式墙球和墙手球罩子的职业。[③] 另一个是制造裤子纽扣的职业。阿斯克威思勋爵曾写道:"富人裤子可以由代价昂贵的裁缝裁剪缝制。那些裤子上的纽扣可以由血汗行业制造。这些纽扣的支出只

---

① 《工资委员会报告》,第 197 页。这种"决定"确定钟点工资率和计件工资率两种,后者强制付给外包工。目的是这两种工资率应该相等,但是雇主实际上把钟点工资率定得很低。那位女检查员还说:"当钟点工资率和计件工资率接近相当时,如在衬衣业和内衣业那样,不会出现麻烦。在这个决定实行 10 年后,今天这两个行业有了大量外包工"。选择外包工还是厂内工受到这样事实的影响,那就是雇用外包工时雇主省却工余休息时间、照明、取暖等等的费用。"工厂的租金、维修保养和监督费用的节省在外包工中得到的便宜似乎比厂内工的低工资是更大的要素"(布莱克《我们衣服的制作者》,第 44 页)。也可参考马尔孔奇尼《家庭工工资》(第 432～433 页)。另一方面,当然,监督费用和有时电力费用的节省在工厂工作中也能做到。

② 《工资委员会报告》,第 179 页。参照上文第 3 编,第 14 章,第 8 节。

③ 参照利特尔顿,《当代评论》,1909 年 2 月号。

是整条裤子费用的极小部分”。[①] 建筑公司聘用工程师从事工程工作，由于聘用这些人只是偶然的，在整个生产力量中占极小部分，所以这些工作也属于同样地位。同样，最初劳动在商品中发挥的作用很小，由零售商的工作增加在批发价格上的量很大。“例如，我们发现付给妇女服装制作者 10 便士或 1 先令，而这件女服以 25 先令到 30 先令出售，很清楚所付的工资比起零售价来是这样的微小，甚至工资增加一倍，它对价格的影响即使有也极小。”[②] 这种情形即劳动在一个特定生产过程中所起的作用很小的情况也许是相当经常的，随着生产中工厂和机器设备的相对重要性增加，这种情况的出现将更加经常。一位作家甚至提到，“大多数企业生产中的劳动成本通常不足以重大地影响制成品的价格”。然而应该注意，在煤生产的重要工作中，采煤工人的劳动形成总成本中的极大部分，因而上边所讲情况在这件事情上不适用。

第三，我们懂得，生产中合作性要素的供应越有弹性，任何物品的需求可能弹性越大。这个事实说明，在使用无弹性原料供应的企业中劳动需求特别无弹性。除原料外，在任何企业中与劳动一起工作的主要合作要素是资本手段、经营能力和其他劳动。从长期观点看，对任何单一企业的这些供应无疑有极大的弹性。但从短期或中期观点看，它可能是无弹性的；因为专业用的机器、经营能力和其他劳动，不可能一眨眼之间创造出来或从其他地方搬来，也不可能一眨眼之间毁灭掉或搬往其他地方。因此同样造成

① 《双周评论》，1908 年 8 月，第 225 页。

② 凯德伯里和香恩，《血汗劳动行业》，第 124 页。

需求弹性的力量从长期看要比从短期看强大;还应该补充,在某些企业尤其是煤矿企业中,大自然本身就起十分重要的生产合作要素的作用。有些时候产品需求扩大,必须派新手去煤层工作,新手比那些寻常工作的人,工作更困难生产成果更少。[①] 从短期观点看这意味着劳动需求的高度无弹性。

第四,我们都知道,对任何另一些有助于生产的物品的需求越有弹性,对任何物品的需求的弹性可能越大,这个事实暗示从事制造高度无弹性需求商品的工人劳务的需求特别无弹性。当已知对任何商品的公众需求的弹性时,从短期观点看,对这种商品新产量的需求弹性的大小显然要根据它能不能容易地为库存而制造。除了这一点,不同种类商品需求的弹性所依据的条件已在第 2 编第 14 章讨论。就我们当前目的而言,这些条件中最重要的是有无外国竞争。对新西兰工资规定的某些后果有人曾提出批评性评论:“在某些行业中,雇主由于进口货物的竞争,应付不了额外的生产成本。他们因而放弃他们业务的生产部分而增加进口。在制革和去毛业中,紧跟固定最低工资之后出现了严重的后果。我提一下两个事例,几年前达尼丁地区一家公司关闭它的生产,把工厂搬往澳大利亚,主要由于仲裁法庭施加的条件。一家克赖斯特彻奇公司的人员告诉我,自从约 6 年前坎特伯雷地区法院作出裁定后,极大部分羊皮不经当地去毛工匠的加工就运往伦敦,带毛出口的比例与以前相比大大增加。原来应在这里鞣制的羊皮,现在生皮运出。在仲裁法庭裁定之前,告诉我情况的那家公司支付工资在

① 参考胡克,《统计杂志》,1894 年,第 635 页注。

10,000 到 15,000 英镑之间,现在工资单上的总数只有约 5,000 英镑。那家公司自从裁定实施后每年冲洗羊毛包数不超过 2,000 包;而以前包数为 6,000 到 8,000 包”。① 可是关于这种外国竞争问题有必要说一句告诫的话。让我们设想一下,这个国家 12 家企业,规模全相差不多,在国内市场上全都受到同等程度的外国竞争;单独观察这些企业中的任何一家,我们也许得出它产品需求弹性的结论是这样的:在这个国家里制造产品的成本增加 10%,将刺激进口并减少对国内产品需求 50%。就此自然推断,所有 12 家企业全都增加成本 10%,将减少它们国内产品需求 50%,然而情况并非如此。外国的进口集体形成外国对英国出口的需求。因此,因任何理由使增加一种进口变得有利时,其他各种进口趋向于减少,这种调整是通过(不是运用)价格水平的变化而产生的。这样,当由增加的国内成本刺激的额外进口货物流帮助引起对一家企业国内产品的需求缩小时,这种缩小将部分由减少进口促成的另一家企业的扩展而抵消。换言之,对要承受外国竞争的全部英国产品的需求,其弹性小于对这些产品中某一单项代表性产品的需求。结果是其他条件相等,直接受影响的工人更可能受干预提高他们工资的好处,如果干预扩及遭受外国竞争几家企业,工人的好处要比干预只限于一家企业更大。

第 4 节

心中记着这些结果,我们可以继续进行我们调查的下一步,查

① 布罗德黑德,《新西兰国家劳动规章》,第 215 页。

问在什么条件下，在一个时候建立的提高那里工人实际收入的不经济的高工资，也将提高整个工人的实际收入。让我们假设，接受不经济高工资工人制造的商品全部由工人以外的人们消费。附带地可以注意到，当使得我们对之感兴趣的特定一群工人的劳务需求无弹性的一个要素是供应无弹性，因而也是某一群合作工人中的“可榨取性”无弹性的时候，第一群工人所得的一部分将被第二群工人的损失抵消。但为了一般分析的目的，我们可以不理会这个相当特殊的问题。

如果在工资率已经提高的职业中劳动需求的弹性小于 1，只要雇用劳动的偶然方法或特许等级方法（如第 3 编第 13 章描述的）在那个职业里流行，作为整体的劳动总收入（不仅是那个职业的收入）将增加。在偶然方法下，工人将从外部被吸引进入该职业，直到每个人收入的前景在内部和外部达到均等为止；由于留在外部的工人人数因这样的吸收而减少，外部的工资率将上升。这个事实证明，内部和外部总收入必定一起提高。在特许等级雇用方法下，没有人被从外部吸入，也没有人被从内部赶出。因此外部的收入不会变化。由于内部工资按假设增加，结果再次是作为整体的收入增加。如果优先雇用法流行，条件是可以想象的，在那种条件下作为整体的收入不会上升，某些人必然被逐出工资上升的企业，虽然留下来的那些人的收入比他们先前得到得多；劳动流入其他企业，要是这些企业的需求弹性小于 1，这种状况可能外部降低的收入大于内部增加的收入。然而如第 3 章所示，大体上企业中劳动需求有较高的弹性。因而在实际生活中，不论何时在特定职业中强制实行不经济的高工资，只要那里对劳动的需求小于 1，整个劳动收入必定增加。

在工资率提高的职业中，如果需求弹性大于 1，类似的推理表明，假如那个职业中流行雇用的偶然方法或特许等级方法，整个收入不能增加。因为某些工人将被逐出该职业，会建立起一种新的平衡，期望每个人的收入相等于其他职业中的收入；而其他职业中由于流入新工人，工资比以前稍低。然而，如果流行优先雇用法，即使需求弹性大于 1，作为总体的收入可以增加。留在工资提高企业中的那些人将得到比以前较多的工资；虽然其他每个人的收入比以前较少，可是，如果在其他企业里的劳动需求有充分弹性，他们的损失不一定大于其他人所得的增加。

第 5 节

现在是放弃第 2 节中提出的假设的时候了。那里假设由工资受干预那群工人生产的商品，是完全由其他人群消费的。凭那个假设的力量，直到此时我们能够不理会货币收入效果与实际收入效果之间的区别。在这个假设无法证明为正当的地方，我们没有理由这样做。货币收入的增加可能伴随实际收入的减少，因而会令人发生错觉。如果受优待的工人生产的商品完全由工人阶级成员消费，这种情况必然令人发生错觉，因为它必然牵涉比工人作为消费者能力的损失更大，不论在流行特许等级雇用法的企业以内还是以外的工人都一样。如果这些产品的消费者一部分是工人一部分不是工人，很难绝对地说，作为生产者工人的所得或作为消费者工人的损失哪个更大。我们所能阐明的是，非工资收入者消费部越大，不经济高工资率的建立更可能成功地带来整个工人实际收入的增加。所以当任何一群工人产品的主要部分由其他工人消费时，虽然不经济高工资率的建立可以扩大受优待工人的总实际收入，但它不可能集体地扩大所有工人的实际收入。这点很重要，因为在实际生活中，由富人制造或者提供富人使用的大部分为奢侈品，而贫穷工资收入者为其他工资收入者制造一般物品。故而博赞克特夫人写道："在研究最低收入工人地位中最令人震惊的是，他们几乎总是为他们自己阶级的消费从事货物的生产……收入低微的裁缝制作富人不屑一顾的廉价服装；收入低微的仆役提供的服务是任何有教养和有文化者不能忍受的；而真正有教养和有文化的必要条件，我们指的是艺术、音乐和文学这些东西，要由专业人员才能生产"。[①] 她还写道："大量工资收入者从事为其他工资收入者的利益而生产，与非工资收入者阶级没有直接关系，大多数建筑工人为工资收入者建造住屋；服装业中极大多数人为工资收入者制作服装；大多数食物制作者为工资收入者制作食物。尤其是血汗行业更是这样，他们几乎没有例外地单独为工资收入者做工。他们产品价格的上升单独由工资收入者支付。有产阶级怎样有可能为现成服装、便宜裙子、劣质靴子和鞋子或者鱼酱的涨价而支付任何份额呢？这个负担必然落在这些物品的消费者身上，他们是工资收入者"。[②] 当然博赞克特夫人并不认为，富人的奢侈品中没有穷人劳动发挥的重大作用。但是在英国似乎没有很

① 博赞克特，《人民的力量》，第 71 页。

② 同上，第 294～295 页。

多穷人的劳动力从事于这种奢侈品的供应。[①] 结果是，在一群特定工人中建立不经济高工资率，很不可能比当不理会货币收入和实际收入间区别时从表面看来那样能引起整个工人收入的实际增加。[②] 然而，迄今为止，依旧留有可能引起此种实际增加的可能性。

第 6 节

但是阻止此种可能性实现的有一种集体趋势在起作用。如果在任何企业中用控制工资方法增加全体劳动者的实际收入，那么社会生产力的较小部分得留供资本支付劳务之用。要是国民所得的构成没有变更，这就意味着提供给新资本实际利率的下降。国民所得构成的改变，实际上是由于生产脱离它的自然渠道所致，这就不能阻止国民所得下降的发生。因之看来，控制工资率不能为总的劳动带来利益，否则必定引起提供给储蓄的回报的缩小。现在肯定可信的是，实际利率的下降不会引起每个人储蓄的减少。有些人储蓄的目的在于死时为孩子留下一笔确定的储蓄，那些人的储蓄实际上会增加；很富有者的储蓄，仅仅是满足他们习惯生活标准后把多余的钱存放起来，这种储蓄也根本不受影响。可是毫

---

① 关于由血汗工人制造而由不是工资收入者消费物品的例子，参阅凯德伯里和香恩的《血汗劳动行业》，第 123 页。

② 为什么当特定一群工人努力设法强制提高工资率高于正常水平时，特定一群工资收入者的利益和整个工资收入者的利益会发生冲突的理由，不是普遍认为很有可能。如 H.D.亨德森先生提出的，大多数工资上下运动与商业周期连在一起。根据这个论点，不同工人群体的工资率通常一起上升和下落，所以由外行观察者看来，似乎存在比实际存在的较大的利益一致(《供应与需求》，第 157 页)。

无疑问,从总体上说,利率的下降会在某种程度上缩减储蓄,当然储蓄的缩小会带来提供新资本设备率的减少。这样,一种间接的影响会起作用,往往使未来几年内的劳动报酬降低。直率地说,这里有一个不利于协调的趋势。此外,这个趋势有数量上的重要性。因为,假设准备采取一种政策,它虽然在当时增加劳动的实际收入,却引起新资本的供应每年减少 1%,数字不一定比以前投资减少,而是比不实行这个政策本来可以达到的投资减少。在任何一年内这个国家资本设备总量的损失不会大,但每年的损失是累积的。譬如说 10 年以后,可以支持劳动进行生活活动的资本总量要比不受损失本来可以达到的数字少得很多。[①] 而且,这个资本总量的减少还因它本身必然引起国民所得的减少的事实而更加严重;因此劳动每年任何特定总数的转移必定给予利润不断增加的负担;所以国民所得的减少(或增加的限制)第二年必然大于第一年,第三年大于第二年,如此继续下去;所以资本总量的下降率必然累进地加快。随着资本数量下降到低于不这样本来不会达到的程度,劳动的年收入也就不断下降。到最后,看来由于这个政策,在最初时它将以损害国民收入为代价使劳动得到利益,这种积累的趋势必然会流行,因而从足够长的时期看,已经建立的任何协调必然消失。然而相对于资本总量而言,每年新资本的创造数量很小,结果是每年资本创造量的任何可能变化非常之小,协调的趋势将难以发挥作用。这些情况暗示,在特定职业中不经济高工资建立后,有一段时间不协调会盛行。

① 参考马歇尔,《工业经济学》,第 372~373 页。

第7节

直到此时,我们关心确立不经济高工资的后果,好像它是单一的独立的行动。可是在实际生活中,它不可避免地与保护困苦人们的国家政策混合在一起。如果在某个职业里实行不经济高工资使若干人长期失去工作,政府势必帮助这些人。因此,如果我们把政府提供受帮助者的救济看做穷人实际收入的一部分,他们的实际收入从这个较广泛意义上说,将被国家为降低他们实际收入而补救的政策所提高。这样,在某些职业中强行提高工资率,我们可以假定有损国民所得,那些留在企业里的工人收入的增加要比被辞退的工人的损失稍少。此时对国民所得的后果和对穷人较狭窄意义上的实际收入的后果之间存在协调一致。可是,如果由于增加失业,国家帮助穷人的开支要比如果没有这批人失业本来的支出要多100万英镑,此时在对国民所得后果与对穷人在较广意义上的实际收入的后果之间存在不协调。这样就为主张强制提高低等职业工资率有点特殊的论点打开道路。可以承认,国民所得和总的劳动实际收入均将减少。但是可以断言在所有情况下如果雇用的优先方法流行,没有它便赚得太少不能独立地维持体面生活的一部分人现在将得到适当的收入;当然另一部分人将比以前赚得少——也许根本没有收入——但由于国家的行动,他们的收入不一定比以前少。这样我们将看到的情况是:不是一大部分人他们全体偶尔或部分得到国家的支持,而是有一个中等规模的人群能完全自我支持,另一个中等规模的人群根本不能自我支持。从作为整体的经济福利的观点看,特别是如果条件能够使完全自我支持的人群比其他人群大得多，那么以后的状况可以认为能向好的方向发展，尽管它只能带来较小的国民收入。无疑有人可能反对，他们说现在被认为完全自力支持的人们，实际上将得到一种特殊税收帮助的支持，这种税向购买碰巧由他们制造的商品的人征收；这样对相对无能力公民的照顾成为加在全社会头上的义务，而不仅仅加在购买墙球或不论什么此类商品的那些社会成员的头上。然而对这种反对可以回答，只要相对无能力公民负责任生产一般消费品，只要他们为城市或国家做与不打算出售的商品与劳务有关的工作，上边的反对意见便失去大部分力量；无论如何因为每一种间接税必然"不公正地"打击某些人，但打击没有很大的分量。此外，因为得到好处的工人想不到自己在任何意义上"受他们顾客的救济"，所以在他们身上不会产生类似"有污点穷人"那种任何有害的道德自卑感的危险。坦率地说，引起这种思考的问题不可能有任何普遍解决的办法。任何时候有人根据本节提出的理由提议在任何职业中实施不经济高工资，只有在全部有关条件作了细致的研究后，再仔细衡量相互冲突的趋势才能作出决定。

第6章 定量供应

第1节

在第2编第13章中曾进行定量供应政策作为国家控制在竞争条件下生产的商品价格的辅助办法的讨论。现在需要根据另一种观点对这种政策作简短的研究。对富裕阶级定量供应必不可少的商品(不管是否伴随价格控制)可以宣称为保证穷人以合理价格得到充分供应的手段。初看时这个政策似乎可以一方面影响国民所得的大小,另一方面影响归属于穷人的国民所得的绝对份额,从而引起不协调。事实上问题是否如此将在本章加以考察。

第2节

在世界大战的特殊紧急时期,某些物品供应因不能克服的原因而短绌,允许售货人漫天要价。如在第2编第12和13章所提出的理由,价格控制和定量供应并未大量减少国民所得的规模。与此同时,这两种办法共同救助穷人免除一场非此不能避免的灾难。工资外给予巨额奖金不能使穷人获得必不可少的物品,因为物资供应短缺而富人的需求无弹性。这些物品的价格确实被迫上涨，但富人以支付更多的钱为代价，从不充足的供应中依旧得到与以前一般多的东西，但相应地降低穷人可以得到的份额。这样穷人在实际收入上遭受巨大损害，即使他们的货币收入随着总物价上升成比例提高。可是实际上不能得到对他们至关重要的特定物品。此外，只限定最高价格没有定量分配是不够的；因为富人使用种种有利条件，仍旧能从市场上获得最好的东西供其消费。战时物价控制加上定量供应，这两个事实不会损害生产，确实有利于分配；于是人们有时推断，这个同样政策在正常和平条件下继续执行会产生同样协调的有利结果。那是我们需加判断的问题。

第3节

尝试着阐明这个问题，我们必须根据目前的观点，弄清楚定量供应和限制物价之间的关系。显然，在一个短暂的物资短绌时期，使用一种特定定量制度，有可能使大量受控制物价的任何一种不超过最大限价，因为在短时间内产量和提供出售的（在限度内）数量与价格无关。但是当我们为正常时间考虑一个政策时情况就不同了。首先假设特定数额的定量建立起来，而不同时规定价格限制，那么每个人购买他应得的全部，这暗示有一个确定的需求数量；一般说来只有一个价格才适合这个数量。如果国家固定的最高价比它高，销售者不能按照这个价格销售，最高价等于虚设。另一方面如果国家定价比它低，就没有足够产品使人人买到他的定额；因此，如果要使定量有效，也就是不论谁要买他分配的定量时就能够得到它，整个定量规模必须改变以适应新的价格。其次假设建立了特定定量规模，而其规模限制某些人的购买，其他人的购买量少于他们的定量规定。和上边一样，对于任何一个被购买的总数都有能引出那个数量的单一价格与之相称；和上边一样，如果国家限定的最高价比这个价格高，最高价等于虚设，如果国家限定的最高价比这个价格低，初看起来可以建立新的平衡，平衡中某些现在购买少于他们定量的人可以买到全数。但是事实上，较低的价格必然意味着较低的产量，以致没有人能买得更多，甚至没有人能买到和以前一般多的物品，除非别人买得较少。因此，必然发生的情况是，先前购买全部定量的那些人中有人现在不能（虽然他们依旧希望）这样做了。此时定量规模再次变为无效，必须建立新的和较低的定量以适应新的价格。因此一般地说，对于任何有效定量规模，只有一个价格水平能够相称；国家不可能建立任何其他价格水平而同时不建立另一种有效定量规模。这个结论对于我的眼前目的非常重要；因为它使人们既不必研究定量供应本身，也不必研究伴随价格控制的定量供应。当调整常数时这两件事能以确切的同样方式计算出来；当单独审核了定量供应的后果时，整个问题得到彻底的了解。

第 4 节

很明白，任何旨在造福穷人的定量供应制度必须以降低富人消费量为目标而设计。例如，以穷人能接受规模的统一面包定量并不符合这个目标，因为在正常情况下穷人每人比富人吃较多的面包，这样的事实并不真正切题。我们这里关心的不是技术细节而是原则；意在增加作为整体穷人可以得到供应的任何定量供应制度的设计必须是——当然其规模不需一律——它削减富人可以得到的那些东西。了解了这一切,我们对正常时期定量供应的分析可以继续进行。分析对在降低供应价格条件下生产的商品与在增加供应价格条件下生产的商品作不同的分析。

第 5 节

从企业观点看,渐渐减小的供应价格和从市场排挤相当富裕者一部分需求的最后结果必然收缩商品生产。因此,如本书第 2 编第 11 章所示,无论如何由于目前正在生产的东西太少——因为从企业观点看来渐减的供应价格通常意味着也是从社会观点看来渐减的供应价格,因而会减小国民所得。与此同时,价格的上扬——这是在渐减供应价格条件下生产物品的供应缩减必然引起的结果——迫使穷人或者购买比原来要买的较少的商品,或者为他们买下的东西付更多的钱。这样他们清楚明白地受到损害。国民所得和穷人在其中的份额同样受损,它们之间的不协调是不可能的。

第 6 节

从企业观点看,渐增供应价格也会排挤一部分需求,当然也收缩商品生产。如果情况是这样:从企业观点看渐增的供应价格意味着从社会观点看是不变的供应价格,在没有干预下生产的产量将是使国民所得最大化的恰当的产量,强制缩减它会减少国民所得。相反,如果情况是那样:从企业观点看渐增的供应价格意味着从社会观点看也是渐增的供应价格,在没有干预下生产的产量——如在本书第 2 编第 11 章所示——将会太大，不能再使国民所得最大化，得强制缩小它，如果不是超过某个明确的限度，将有益不是有损于国民所得。无论哪种情况，商品价格将下降，致使穷人可能得到较多商品，并肯定能以较低价格得到它。因而穷人必然得益。在上文区分的第二种情况下，如果削减富人的需求不是太大，存在一种与在渐减供应价格下发生的一种相反的协调；国民所得和归属于穷人部分都将增加。但是，如果遏制富人购买推动得超越某一点，就会出现不协调，穷人依旧获益，但作为整体的国民所得蒙受损失。在上文区分的第一种情况下，不管遏制富人购买的程度如何，都要出现这种不协调。

第 7 节

如上分析使事情变得清楚，存在正常时期实行定量供应制度的条件，如果管理得完善妥当，不发生任何摩擦，将产生净社会福利。然而这样说并不证明实际上在正常时期对任何商品实行定量供应是合乎想望的。不但政府官员的管理本领有限，而且大量麻烦与恼怒的不利平衡，在任何正面有利条件能开始起作用之前被抵消殆尽。此外，必须记住，因为富人人数相对的少，他们对普通物品的消费——煤除外，煤的消费由房屋的大小决定不是由人的身体能量决定——只占总数中的一小部分，对他们每人购买量削减很大的百分比，只引起整个国家消费量削减的极小百分比，对大部分物品的全世界消费几乎是可以忽视的削减。因此一般说来，它给穷人渐增供应价格物品减价供应的效果几乎是难以察觉的。于是实际结论似乎应是，虽然富裕人们自愿限制对这些物品的购买量可以轻微地对普遍利益发生影响，但在目前经济知识和行政效率状况下，在正常时期国家实行任何强制性定量供应制度强制富人削减购买，将是弊多利少。①

① 无论如何必须记住，如果只有500个富人以特定比例削减他们对这种类型物品的消费，对穷人的利益将不到1,000个富人这样做的一半；因为一个富人自愿限制消费，另一个富人受因此降低价格的诱惑，抑制不住出价竞买。这就是现在主张强制地(因此普遍地)实施定量供应，反对自愿地实施定量供应的论据。

第7章　对工资的补贴

第1节

在到处工资率均受劳动供需条件调节的社会里，不存在不经济的高的工资率，不存在除调节以适应工业波动所必要以外的失业，因此国家补贴特定行业的工资，一般说来必定破坏生产资源的分配，[①]并破坏国民所得。一项应用于所有行业的工资补贴政策不一定破坏生产资源分配，但是它不能改善这种分配；虽然在某些条件下它可能增加国民所得，但要做到这一点也许要以引起有太多工作有待完成的代价，因此这种做法有害而不是有利于经济福利。因此在读者能得到现成提供的限定条件下，我们可以作出结论说，在一个没有补贴到处工资率由供需条件调节的社会里，工资补贴政策可能证明是违反社会正常秩序的。

第2节

然而在实际生活中，可能发生在特定行业中或在整个工业里，工资率建立在不经济的高水平上，也就是说建立在太高以致

---

① 参照本书第1编第9和第11章。

不允许劳动需求吸引劳动供应的水平上，在这种情况下失业的人要比因产业波动他们必须进行暂时变动得更多。因而有理由相信，在英国战后萧条时期，部分通过国家的直接行动，部分通过失业保险发展给予工人组织额外的谈判力量，在一个广大区域把工资率定在上述意义上不经济的高水平上。那里这种性质的状况盛行，那里舆论坚持认为失业者无论如何应该得到赡养，工资补贴政策不再像初看时那样违反社会正常秩序，而是需要给予更多考虑。

第3节

以高度简化地想象事情的方法最容易弄懂社会收益的可能性。设想有一个农业社会，那里农场主拥有土地和雇用劳动者，所有劳工都有同样技能；假设除小麦外不生产其他作物，并设想他以实物支付工资。再设想劳动条件就是这样，即每天以1蒲式耳小麦作工资，所有劳动者都能找到工作。但当工资率提高到每天1.25蒲式耳时，有10％劳动者失去工作，而小麦总产量不再是A蒲式耳而是降低到$(A-a)$蒲式耳。设想国家为人道原因坚持，一个失去工作的人每天应得$\frac{1}{3}$蒲式耳作为维持生活之赀，让他们从农场主那里取得使这个办法成为可能所需的不管多少小麦。在这种情况下容易看出，在一般情况下如果对农场主的收入征税，或者对他们土地的租赁价值征税，国家使用这个收入发放工资若干百分率的补贴，劳动者必然获益，农场主通过征税产生的损失，由小麦额外产量和他们为失业劳动者的储蓄得到补偿时可以获益。可是为全面理解这个情况，使用几个符号是有帮助的。[①]

第 4 节

设有$(x+h)$个工人属于一个特定企业，它的产品不出口。设w_2是所有工人能得到雇用的工资；w_1是实际确定的工资；x是实际受雇用的人数。如果当时允许事态“自然”发展，h工人将被该企业解雇，为了人道的缘故，这些人无论如何应予赡养；所以我们假定付给他们每人r，为把道理说得尽可能妥当，付给他们的总数hr从非工资收入者那里取得。这是没有任何补助时的安置方式。现在假设付给每个受雇工人补助，补助率为$s=(w_1-w_2)$；并假定为此向非工资收入者征税（如所得税）筹集基金。付给每个工人的工资（包括补贴）此后仍为w_1——已经在工作的工人得到的不比以前多——但现在基金给予这个行业雇主的可使他雇用$(x+h)$个工人而不是x个工人。招来的h个新工人的产量将有相等于hw_1和hw_2中间某个数额的价值（取决于劳动需求曲线的斜率）。假设这个数额为$\{hw_2+hc\}$；在劳动需求曲线成直线的特殊情况下，它等于$\left\{hw_2+\frac{1}{2}h(w_1-w_2)\right\}=\left\{hw_2+\frac{1}{2}hs\right\}$.根据这些数据，容易计算出损失或获益。作为整体的工人显然获益，因为他们中新增的h个工人以足额工资w_1雇用，这是讲定的。非工资收入者关于不管怎样都要雇用的x个工人而言既不获益也不损失。

① 下面的分析是由剑桥大学国王学院拉姆齐先生向我提出的。

关于其余新雇的人,他们得到工资加补助相当于 hw_1;他们得到额外产品其价值等于(hw_2+hc),此数少于 hw_1;他们节省下来付给失业工人相等于 hr 的费用。因而他们的净收益等于$\{hw_2+hc+hr-hw_1\}=h(r+c-s)$.只要要求的补贴率小于本来要付给失业工人的捐助率,此数必然为正数。当这个条件得到满足时,显然,劳动的绝对收入还有作为整体的国民所得,必然都大于其他情况相同但不支付补贴时它们原来的数额。[①]

第 5 节

上边的分析明确地限于产品不出口的企业。如果补贴政策应用于出口产业,收益与损失的平衡不易满意地算出,因为外国而不是本国使用者将得到由于补贴使价格降低的利益;实际上英国非工资收入者将支付为外国人所做工作费用的一部分,要是没有补贴,这一部分费用本来要由外国人自己支付。因此,如果外国的需求有如此之大的弹性,以致使用补助 s,就业就将从 x 增加到($x+h$),这样($x+h$)s 小于 hr. 英国非工资收入者会得到净收益。因此,以补贴作为减轻不经济高工资率坏效果手段的理由,对于出口企业比对其他企业更是确确实实不能成立的。然而,即使这样,补贴这个办法显然还是有相当大的范围可以应用。它能减少(使用不经济高工资)任何企业中的失业量;只要它使用的规模适当,并限于产品不出口的企业,这个办法将相应

① 在特殊情况即那里劳动的需求曲线成直线时,净收益等于 $h(r-\frac{1}{2}s)$;假如补贴率小于对失业工人捐助率的两倍,净收益数必然是正数。

地增加国家的实际收入。

第 6 节

上面分析无论怎样在原则上赞成在非出口企业中使用工资补贴政策，假如认为维持不经济高工资率是理所当然的。然而当我们从一般性思考进入更细致思考时，隐藏的危险就暴露出来。最明显的困难与不同职业中工人的比较待遇有关。如果所有职业彼此严格分开，以至于不但没有人能直接从一个职业转移到另一个职业，而且他们中新的一代达到就业年龄时选择就业也严格固定，那么什么事情都十分简单。每一个职业可以作为单一问题来对待。可是在实际生活中，不同职业不是严格分开的，因此必须考虑补贴政策在修改隶属于不同职业的工人比例中可能产生的后果。如果给予所有职业的财政鼓励完全一样，就不会产生这种性质的后果。然而实际上不能怀疑，较大的补贴应付给比其他企业较低工资率和较大失业的企业。例如在目前状况下，相对困难的工程业和造船业肯定要求比（譬如说）铁路业更有利的待遇。随着任何企业产品需求的下降和困难变得更加明显时，它们总是要求比其他企业实行较高（包括绝对的与相对的）的补助。这样的请求常常得到同意。结果是将派太多的人去往某些企业并在那里工作，太少的人派往别的企业。需要政府方面以不寻常的力量和能力去阻止工资补贴政策以这种方式发挥作用。如果没有政府干预，由此产生的社会损失可能相当巨大。还有第二个严重危险。如果可以控制工人的工资要求和补贴总额，如果工人要求绝对不受政治压力的影响，采取上述政策不会引起工人要求工资率的任何改变。

可是实际上，一旦采用了这个政策，作为其结果，失业降到低水平，工人会有强烈诱惑要求较高的工资率，而希望从增加补贴得到弥补的雇主不可能十分顽固地拒绝这些要求。在这种情况下，工资率与补贴率将受到不断向上的压力。甚至在静止社会里会存在的这个趋势会在实际世界上更加突出；因为在经济兴旺时期，工资像现在一样趋向上升；随后当不景气来到时，很可能使雇主和工人一起行动强烈要求增加补贴以阻止工资再次下降。国家年收入用于提供补贴的数额因而趋向于不断增大。加在非工资收入者身上的负担将提高到超出给予他们的利益，两者之间的差额一直加大，以致他们在工作和储蓄中所作的服务积极性将受挫伤；到最后国民所得和工人从中享受的实际绝对份额将减少。

第 7 节

大致上的结果就是这样。如果工资收入者坚持保持实际工资率高于上文解释意义上的经济水平：如果国家不采取缓解行动，不正常数量的失业以及由此产生的物质上与精神上的浪费是不可避免的伴随物。从原则上看来，这个危害不会给整个社会带来损害，能由工资补贴制度使之大大减轻。但实际上，很可能应用这样的制度会把事情搞糟，而依靠它的社会，损失的要比收益的多。

第 8 章　由相对富人向相对穷人的直接转移

第 1 节

现在我们转而讨论实际上最重要的可能产生的不协调领域。给予文明国家穷人的帮助是主要通过某种国家机构，以大量不同理由由他们富裕的同胞负担费用给予的。1925 年英国，由中央政府基金对社会公益服务，主要对老年年金、教育失业保险、健康保险和住房的拨款总数达 11,300 万英镑，而地方当局基金主要为教育和济贫法救济拨款达 7,900 万英镑。[①] 显然在这 19,200 万英镑中，极大部分实际上代表相对富人为相对穷人的利益而作的收入转移行为。初看时，这种转移（这种帮助意味着）必然增加（它肯定如此安排，以致它将增加）穷人能够得到的实际收入。因此，任何帮助穷人的特定形式是否会引起不协调问题，常常相等于它的间接影响是增加还是减少国民所得的问题。这个问题——在它的这个或那个不同方面——将是本书以下 4 章的讨论主题。但是，在正式开始讨论之前，对两个流行论点须作简短的论述。一个论

---

① 参照卡尔·桑德斯与琼斯，《英格兰和威尔士的社会结构》，第 158 页。

点断言，不可能对穷人有资源转移，因为，所有从富人处拿来的钱实际上是从穷人处取得的；另一个论点断言，转移是不可能的，因为受益人将所得到的都以同意接受较低工资形式全部归还给富人。

第 2 节

采取第一个论点者的立场是，任何为某些穷人利益从富人那里征收金钱，不管是自愿的还是强制的，必然意味着在别的穷人身上施加基本上相同的负担，方法是降低富人不得不购买穷人劳务的价格。这个观点的基础概括如下：很明显，富人的大部分支出直接或间接使用在雇用劳动上；同样明显的是，如果富人的收入减少，譬如说对他们课税 2,000 万英镑，他们为消费和资本投入的支出必定缩减相应的程度。某些人集中注意于这些事实，立即得出结论：如果没有这笔税收，这笔开支本来会用于雇用工人的劳务——完全相同论证也适用于自愿捐献——因此工人必然遭受接近于 2,000 万英镑征税数字的收入损失。然而这样的议论忽视如下事实，从富人处收集的 2,000 万英镑按假设转移给穷人，由政府支出这笔钱对就业的贡献而言可能不比由富人支出这笔钱能得到的效果少。无疑，如果我们仔细考虑为穷人利益增加富人 2,000 万英镑税收的直接后果，这等于看到在一个地方失去职业的一批人不是在另一个地方找到工作的同一批人；因此受特殊才能训练的一群人可能发现，他们获得技能形成的无形资本成为永久无价值的东西。但是这个损失不是征税的结果，而是税收变化的结果，同样会出现在为穷人利益向富人征税减少 2,000 万英镑的后果中。我们的问题与这种性质的事情无关。我们必须做的是在一种在其中从富人那里收集不到任何东西交给穷人的永久性制度，与另一种在其中可以征集 2,000 万英镑交给穷人的永久性制度之间进行比较。这种比较与我们刚才讨论的事情无关。大略地和不顾特殊状况地说，我们可以说，无论 2,000 万英镑是否每年从任何一个阶级转移给任何另一个阶级，对雇用劳动和付工资给劳动的关系极小。因而认为这个领域的反应将使转移的尝试归于无效的想法是不实际的。

第 3 节

上文区分的两个论点的后一个断言，如果任何一群穷人接受任何形式的补贴，他们因之愿意以少于他们劳务价值的工资为他们雇主工作，实际就这样把他们收到的补贴返回给富人阶级的成员。这个观点部分以先验的推理为基础，部分以称为经验的东西为基础。因而它需要进行双重讨论。先验的推理从如下事实出发，即济贫法补贴使一个人能接受比他若不是饥饿与严重困难不可能接受的更低的工资；这个推理继续断言，如果现在能使一个人为较低工资工作，今后他将愿意为较低工资工作。无疑在某种特殊环境中，当一个工人接受的补贴不足以使他过习惯的生活标准的生活时，他遇到对他占有垄断地位的雇主，这个结论是有根据的。可是一般说来，在雇主之间存在竞争的地方，这个结论就站不住脚了。一个过去积蓄有一定财产的人，他能够比没有积蓄的人为较少的工资工作。一个百万富翁甚至比一个靠救济的穷人更能为较少工资工作。然而这种忍受能力非但不可能使他会在市场的讨价还价中达成亏本的买卖，一般说来这种能力很可能具有相反的效果。一个有很好工作的男人的妻子不可能接受异常低的工资，相反，为这个和那个理由能够经得起“拒绝服从”的女人，一般地她属于那些最顽强抗拒这种低工资的人。[①] 然后让我们转而谈谈根据所谓经验的推理。我们从得到公认的两件事实开始：第一个事实是，接受济贫法补贴的年老体弱的人常常在私人雇主那里从事的那类工作中赚取比寻常工资低得相当多的每小时工资。第二个事实——据在1832年济贫法委员会前所作证词——是拒绝济贫委员给予支助工资的救济，“很快起到使农场主付给其劳动者公正工资的效果”。从这些事实可以推断，在济贫法补贴存在的地方工人得到的工资低于他们为雇主所做工作的价值。可是这个推断不合逻辑。有一种供选择和较可能的解释：给年老体弱者，每小时低工资是不是因为这样的情况，即这些人在一个钟头里能做的工作质量差或数量少呢？关于旧济贫法，是不是未改革的救济制度实行时会引起人们懒散地不好好工作，当旧济贫法取消时，他们工作卖力，这就是他们工资增加的原因。一种认为对经验的真正分析要沿着这个思路进行，而不是根据那种意见，即受救济的人工作的报酬少于他们替雇主工作的价值的观点，可能是由一般的考虑形成的。新近的调研进一步证实这一点，调研结果往往表明，两个人惟一的不同在于一个接受另一个未接受济贫法的救济，他们的其他情况完全相同，他们的工资事实上也一样。1909年济贫法委员会指派的调查员调查院外受救济者的工资状况，作为调查结

① 以外包女裁缝中的情况说明这种道理，参考维西利茨基，《外包工》，第17页。

果写道:“我们未发现任何证据,表明妇女工资收入者因为她们家庭接受院外救济,工资被削减,发现这样的工资收入者全部以相同的工资率工作,而周围数量大得多的未接受救济的女工完全淹没了她们……我们未能找到证据表明赤贫受救济者的女儿由于她们与赤贫者的间接关系接受比别人低的工资率或挣得比别人少”。①因此,这个论点与第 2 节提出的那个论点一样是站不住脚的。通过慈善机构或国家行动,资源从相对富人直接转移给相对穷人,不管其最后结果证明是什么,至少不是不可能的。当然,这个结论并不否认由助手工或任何别的工人做的“附加工作”稍稍降低其一般工资率。②

第 4 节

鉴于这个结果,我们可以不受干扰地继续讨论我们的主要问题——决定不同种类的资源转移对国民所得大小的影响。看来似乎某些种类的转移可能增加国民所得,而另一些种类可能减少国民所得。因此我们必须研究这种或那种相反结果的发生所依据的条件,以分析的方法最有效地考查这些条件,分析中最基本的是区分转移的事实后果和转移预期后果之间的不同。当然当我们必须征税时,征税是一次性了结的,以满足某种特殊的需要,并不预期它正常地继续下去,不必考虑通过预期产生的后果。但是在寻常

① 《皇家济贫法委员会报告》,附录,第 36 卷,第 6～7 页。

② 参照上文第 3 章第 10 节。霍里奇博士在他所著《移民与劳动》中似乎忽略了这一点。因为他认为进入美国的移民以相等效率的工作,其工资不比当地美国人较低,他以这个结论意指移民并不影响当地美国人的工资。

时候，征收一年税收的事实会随之带来在以后年份继续征税的预期，所以事实后果与预期后果是相关联的。我将首先考虑从富人那里转移的预期，其次考虑向穷人那里转移的预期，以后再考虑转移的事实。

第9章　从相对富人那里转移的预期对国民所得的影响

第1节

从相对富人那里征税的预期，像从任何其他阶级征税一样，对国民所得所起的作用要根据征税是自愿还是强制而不同。自愿税款的捐献意味着发现了新的用途，人民希望把一些资源投入这个用途比他们希望投入其他用途更加热衷。这还意味着他们拥有资源的愿望增强，为了得到资源他们作好等待与努力准备的意愿也增强了。因此富人自愿从他们那里转移的期望很可能增加国民所得的规模。"如果国家试图强制实施普遍的捐助，它将有灾难性的后果，只有所有人都能聪明地行善，才能有有益的结果。"[①]因此，简短考虑一下，现代世界上存在多大范围这种类型的转移是重要的。

第2节

能够并确实在采用的最明显形式是富裕的劳动雇主对他们工人的慷慨行为。因为这些工人一生中的大部分时间生活在他们雇

① 卡弗，《社会正义》，第142页。

主供给的住房里，生活在主要由雇主控制的条件下，雇主有力量以特殊的效果为他们的利益花钱。与挑选出来的工人代表小心合力行动，雇主能给予方便的设施、娱乐的机会和受教育的机会，并把使用和享受这些作为雇用年轻工人的条件。这样，伯恩维尔的凯德伯里先生要求他18岁以下的雇员参加正规的体操班和正规及精心策划的教育课程，这些教育由公司部分提供和部分付费。[①]工人为提高工作效率享受的特殊机会已牢固地成为富裕雇主的特殊责任感。著名的荷兰雇主范·马肯对这种责任感有令人钦佩的表白，当时他宣称："在我看来雇主的责任在于以他拥有的每一种手段——良心、知识和金钱——帮助他的下属得到生命富有价值的最高境界。我自己的信念是，在做这些事情时雇主不会有牺牲。但是如果他认为需要他必须作出牺牲，不管从物质或者道德观点看，让他作出牺牲直到他能力的极限，这是他神圣的职责"。[②] 随着富裕雇主中间舆论教育的普及，我们可能找到越来越多此种保护者责任感的增长。此外，这种责任感又得到利己主义考虑的加强和扩展，那就是仁慈地对待工人常常是极佳的广告宣传，间接带来巨大利润。关于这一点我最好还是引用阿什利极有道理的话："不要为那个理由讽刺地藐视它（雇主的福利工作），我认为这是特别令人鼓舞的事实，并且为人的本性带来崇高荣誉。它表明世间存在消费者良心这个东西。美国消费者联合会工作和英国基督教社会联盟的整个基本精神，就是使人人知道在令人满意工作条件

---

① 参考凯德伯里，《工业组织中的实验》，第17页。

② 米金，《模范工厂和村庄》，第27页。

下生产的厂商是'好企业'；随着这种做法越来越引起公众注意和在所有阶层中有越来越多的同感，我期望这种做法会越来越普及"。[①]

第 3 节

资源的自愿转移也可以采取通过同一城市的共同公民身份被此联合的富人方面给予穷人仁慈行为的形式。这里有一种特殊的关系形成对仁慈行为的特殊刺激。因为公园和儿童游乐场的富裕捐助者可以选择他捐赠物的形式，以某种方法指导其使用和目睹这个成果在他眼前发展，能使他有满足感。这个当地化的仁慈行为很容易扩展为范围更大的爱国主义，它不仅使一个共同城市里的老乡感兴趣，而且使共同国家里的同胞感兴趣。纯粹的公益精神常常导致富人自愿提供去世后的大笔财产的一部分为穷人服务。公益精神也常常得到渴望由捐献事实内涵的权力意识的加强。这种意识在某些人身上是强烈的。

第 4 节

促使人们为公益目的进行这种或那种形式资源自愿转移的道德动机已形成相当强大的力量，我们应该激励其继续向前发展。马歇尔在书中写道，"无疑人们有能力做到比他们通常给予的多得多的无私服务；经济学家的最高目标就是发现这个潜在的社会资

① 凯德伯里，《工业组织中的实验》序言，第 13 页。

产怎样能更快地发展和更明智地利用”。[①] 这个目标还远未完成。然而人们完全了解，政府，如果它愿意做，就有力量引导这崇高的动机用于对社会底层其他人的慷慨行为。为了声名与赞誉可以做许多事情，声名可以作为对富人慷慨提供的报答。这样，从富人那里的资源转移可以以微妙隐蔽的方式不使任何人花费任何代价地用荣誉和奖章购得。这些东西既是声誉的标记又是声誉的载体；因为，当一个无价值的人得到声誉的装饰时，对装饰者表示或假装表示尊敬的那些人，也对受装饰者表示间接的尊敬。无疑，发出新的奖章在一定程度上可能减少那些已发奖章拥有者的价值。在高明砌砖匠中间授予功绩勋章的广泛散布，消失了它对那个阶级的吸引力，那个勋章原是为它的利益最早设计的。可是这个困难可以设法在很大程度上加以克服，那就是建立新的勋章以取代延续使用旧的勋章。因此，完全有可能沿着这个做法，它们可能提供的诱导力足以保证从富人那里获得大量收入的转移，而不使转移的预期有任何减少，它们为建立国民所得提供的等待与努力，反而有可知觉程度的增加。

第 5 节

不幸的是，可以十分肯定，在目前状况下自愿转移降落到大大低于社会一般意识要求的从相对富人那里转移的总数。因此，需要相当数量的强制性转移。这意味着逐渐发展对巨额收入与财产的所有人以这种或那种形式征税，也许主要是直接税。税收实际

① 《经济学原理》，第 9 页。

上最可能采用的是对收入征收的税和对死亡时征收的财产税。以后我们的注意力将局限于这两种税。我们将查究征收这一种或那一种的税将对国民所得可能导致哪种反应。

第 6 节

首先让我们考虑对储蓄没有分化作用的所得税。正如我在别处表示过，我这样做意指在征收所得税时，不论是储蓄本身还是由这些储蓄随后产生的收入均免除征税。[①] 当这种所得税是累进的以便从相对富人那里取得可观的捐献时，在何种方式下将形成征税的预期，并在预期下影响国民所得的规模？关于这点，可以区分为 3 种可能情况。第一种，知道要征收这种税可能把有能力以他们工作赚取巨额收入的人赶往国外生活和工作，不再留在征税的国家。第二，这种税可能把有巨大储蓄能力的人赶往国外投资，而不在征税国投资。第三，这种税可能引起有能力以工作赚取巨大收入的人虽然继续居住在英国，但要做比没有这种税本来会做的较少的工作（或者如即将在下文争辩的，可以想象地做较多的工作）。这 3 种反应情况现在依次加以考虑。

第 7 节

如果一个国家对巨额收入比别的国家征收高得多的所得税，这个事实肯定会形成对有能力赚取巨大收入的人的诱导力，使他去往国外生活；但是有理由相信，居住在他们出生的土地上对许多

① 参考《公共财政研究》，第 2 部分，第 10 章。

富人意味着极大价值——特别是由于财富的优势主要是社会优势——以致需要非常大的过度征税才能影响他们中许多人出此下策。此外,向巨大收入征高所得税的趋向是普遍的现象,因而考虑离开家乡去那里逃避所得税的人必须深思,同样的税收可能在他要去的国家早已开征了。因此,根据这个思路,对国民所得的反应不可能十分重大。

第 8 节

另一方面,初看时第二个反应几乎可以肯定十分重大。因为,尽管富人不喜欢移居国外,看来作为客观规律他不会反对把他的资本投向国外。因而出现这种认为高所得税将以这种方式大量驱逐资本出国的担心;但无论如何就联合王国而言,这是出于对英国所得税法确切范围的不完整了解。确切无疑,一种确实打击资本成果的税,只要它侵害外国人在英国的投资,减少外国人在这里投资的利益,就会促使外国个人撤走他们的资本,促使在英国以外有工厂的外国公司撤走它们的总部。可是这是小事一桩,因为外国在这里的投资在数量上无可否认地少。真正担心的是高所得税把英国所有的资本赶往他国。这个担心并无可靠根据。因为英国所得税与她殖民地的所得税不同,它向在英国获得的收入征收,不仅向在那里赚得的和积累的那些资本征税,一般说来高所得税不会形成诱惑力使居住在英国的英国人将资本向国外投资,因为当他把国外投资的收入从国外带入国内时,他也必须付所得税。根据 1914 年通过的所得税法修正案规定,如果他把国外收入留在国外在那里投资,他也必须付所得税。这还不是全部。目前的情况是,投资在国外的英国资本的收入常常必须支付外国所得税或其他税，同时还要支付英国所得税；因此，把资本往外国投资的人非但不能逃税，而且实际上要付更多的税。故而，除了故意的有目的的欺诈行为外，如果英国资本打算逃往国外，英国资本家也必须逃往那里。同样不正确的是为高所得税假设的间接作用，也就是害怕“社会主义”合理地驱赶资本出国而不驱赶资本主人出国；因为据一般推测，“社会主义”不会抓住英国工厂主和让持有外国有价证券的英国人受到伤害。因此阻止高所得税驱逐有能力者去国外工作趋势的同一事实——即他们愿意生活在出生地——同样阻止驱逐他们资本去国外的趋势。

第 9 节

还有反应的第三种情况——即对要缴纳高额所得税那些人愿做工作量的影响。这是一个较复杂的问题。初看时似乎是，对必须交付工作成果税的预期必然在某种程度上妨碍工作的成绩。然而事实并非如此，因为，如果一个人的收入因征税而减少，那么他增加 1 镑收入将满足其紧急需要的重要性，其程度要比收入没有减少前大得多，因而，在某种类型税收下，尽管额外工作只获得减少的净金钱回报，却会产生更大的满足功能。从这条思路继续深入，我们看到如果所得税率表是这样排列的，即对全部同样性质的纳税人不管其收入多少征收同等税率，他们选择做的工作量，根本不会因交税的预期而改变。如卡弗教授作品中所写：“如此分配税额，即要求所有人作出同等牺牲，才能保证（对行业或企业的）压抑最小。如果在任何情况实行同等牺牲，就没有人在获得财富或巨大收入或者进入这个或那个职业时感到压抑”。[①] 现在我们还不完全知道有关收入大小的差异与由收入产生的满足程度的差异之间的关系，还不能说分级所得税的什么等级符合同等牺牲的标准。可是人们普遍同意，成比例的所得税会引起穷人比富人受更重的牺牲，税率中采取某种程度的递增，不会使加在富人身上的牺牲超过加在穷人身上的牺牲。这不是一种站不住脚的观点，因此对富裕阶级所征的税，足以产生我们要求的，转移给穷人的收入能在同等牺牲的原则上以无害于国民所得的方法设计出来。鉴于这样的事实，即当一个有能力的人实实在在投入工作时，他目标的大部分已告“成功”，不会受同样打击他对手和他本人的任何税收的干扰；情况很可能是，在税率表的上部可能采取相当陡峭的累进税率，但不逾越同等牺牲原则规定的限度。然而大家容易理解，符合同等牺牲原则的累进等级其陡度要比要求带来最低总牺牲的陡度要小得多。因此大多数人会同意，比产生同等牺牲稍陡峭一点的等级是合乎想望的。如果采用这样的等级，必然会对有能力者已做工作量和因此对国民所得的规模施加一些抑制性的影响。可是了解这点是重要的，即与通常的意见相反，这种对任何特定纳税人抑制性影响的程度，不是取决于要求他纳税占他收入的绝对数量或绝对百分比，而是取决于这个数量或百分比和如果他的收入略多或略少时要求他支付的数量或百分比之间的关系。

① 《美国研究院年鉴》，1895 年，第 95 页。

第 10 节

当一种不因储蓄而有差别类型的所得税，由于它遏止工作量而减少当时国民所得时，这种所得税也将间接减少未来几年中的国民所得。因为当时较少的国民所得将使投资和消费减少。一种建立在同样总的计划基础上并能产生同等收入但因储蓄而有差别的所得税，可以期望它有较大的效果。我们不必假定，它将与无差别税收产生的影响不同地影响已完成的工作量因而影响当时国民所得的规模。无差别税在一定程度上减小工作产生的利益——以工作成果所产生的不论什么利益；有差别税在较小程度上减小用于消费那部分工作产生的利益，在较大程度上减小用于储蓄那部分工作产生的利益。对已完成工作量的净效果可能在两种情况下完全一样。[①] 然而可以期望，有差别税会比无差别税更严重地阻碍储蓄——尽管它会促使某些人增加储蓄[②]——从而更严重地缩小今后几年的国民所得。有差别税在多大程度上起这个作用，就我们目前知识而言不可能断言。我们所能说的全部就是，如果我们从相当长时期观点看来，差别对待储蓄的所得税的预期，可能比产生同样收

---

① 如果收入用于储蓄的愿望确定地比收入用于消费的愿望弹性更大，有差别税表明要比别的税对工作量有更大的限制性；在相反的情况下限制性较小。但我们没有理由假定对这两种用途中的一种的愿望，从长期观点看，其弹性比另一种用度的弹性大得很多或小得很多。

② 参照上文第 3 章第 8 节。对于某些人，对储蓄征税可能引起更多储蓄的可能性，等于对于某些人，对工作征税可能引起做更多工作的可能性。在任何条件下能增加储蓄或工作的最小量是足以付清全部税额的数量，这样，纳税人将保有与如果不存在税收他们本来会有的相同数量的可得收入。

入的无差异所得税，对连续分布在一连串年份中的国民所得有较大的破坏作用。

第 11 节

第 5 节中区分的通过它可以对相对富裕者可观地征税的第二种财政手段是对死亡时的财产征收的累计税。这些税精确地相等于对来自财产的收入征收的推迟的所得税，显然对储蓄区别对待。对这种税的预期将阻碍储蓄，从而缩小此后几年的国民所得。然而，因为这种税一般说来到储蓄后几年不再打击储蓄，这种压制作用不一定很大。让我们假设一年征收 2,000 万英镑，这个税额的完成可以使用向 20 万人群每人每年征收 100 英镑(所得税)，或者向这个人群死亡时每个人(譬如说平均 20 年一次)征收 2,000 英镑(遗产税)。这两种方法的选择对国家没有什么不同。但它对有关人们是有不同的。因为这些人怀疑地看待未来的税收，如同他怀疑地看待所有未来的事情一般，又因为他们对任何事情的关心，如果知道事情要在他们不再活着时发生，这种关心就大大缩小了。根据第二种方法的征税预期对他们创建的资本量将只有较小的限制影响。此外，还有另外的理由说明为什么遗产税对资本的创建施加相对小的抑制。对资本积累刺激的一部分由富人具有的权力与特权组成。在只有中等财富的人们中，他们有或者希望有孩子，这个动机实际上不可能发挥占支配地位的作用。抚育他们孩子的愿望是他们的主要动机，如果失去这个动机，他们中许多人会选择比他们现在做的更早地从工作中“退休”。但是，如卡弗教授说：“在一个人的积聚已增到超过保护他下代和为他的家族提供真正繁荣的需要后，进一步积聚的动机改变了。他以后从事企业的动机是因为他爱活动和爱权力。积聚的资本此时变成一种游戏的工具，只要让游戏者掌握这个工具，而他是游戏者之一，仅仅由于他撒手离去后由国家而不是他的继承人得到它的事实，不可能使他对积聚财富感到索然无味"。[①] 已故卡内基先生以相同的想法写道："对于这个阶级来说，它的抱负是留下大量财富和在他死后有人谈论他；有巨额金钱从他们的财富中交付给国家，这甚至是更有吸引力和确实是有点崇高的抱负"。我们可以再加上沃尔特·拉塞瑙所说的同样的话："实业家工作、忧虑、骄傲和抱负的目的就是他的事业，不管它是商业公司、工厂、银行、航运公司、戏院或铁路。他的事业似乎具有形式和实质，并永远与他在一起。看来借助于他的登录账目、他的组织和他的分支机构，他的事业成为一个独立的经济实体。实业家全身心投入于使他的事业成为繁荣的、健全的、有生气的组织"。[②] 因此很沉重的遗产税能够向巨额财富征收——特别是向出自直系亲属留下的那部分财产征收——不知道这种税的存在和最后必须支付，会施展阻止富人储蓄的影响有多大。

第 12 节

不幸的是，本章的这种分析总的结果十分模糊。也许总的说来，

① 《社会正义论文集》，第 323 页。费雪教授甚至写道："普通正常的自我造就的美国百万富翁，我相信他倾向于以某种热爱的心情看到他的百万遗产由他的孩子继承"（《政治经济学杂志》，第 24 卷，第 711 页）。

② A.G.松巴特，《资本主义的精华》，第 173 页。

不像从富人那里自愿转移的预期那样，以征税从富人那里强制性转移的预期将有害于国民所得，特别是如果征收的税率沉重或者陡峭递增。但是我们不能决定这种反面影响的大小，甚至在将要征集税收的数量和将要实施的课税制度已切实地规划妥当时也是如此。[①]

① 对各种形式所得税的比较后果的较全面论述，参照《公共财政研究》，第 2 部分。

第 10 章　向穷人转移的预期对国民所得的影响

第 1 节

在转而考查对穷人转移的预期对国民所得的影响时，我们立刻接触一种广泛持有的意见。旧济贫法的经验使人们十分害怕，任何从公共基金支助的预期将引诱穷人懒散和浪费。经常——无论如何在大战之间经常——听到人们对国家提供住所、保险费或甚至教育支助建议的谴责，理由是这些支助形成帮助工资的救济，因此是退回到不可置信的斯皮汉姆兰政策。这个推理以有缺陷的分析为依据。在这个分析底下是不明言的假设，那就是对穷人任何一种转移的预期，就像对任何其他种类转移的预期一般，以同样方式发生作用。在现实中，不同类型的转移以不同方式发生作用，可以说任何重要的研究都曾考虑到这个事实。主要划分线放在区分反对懒散与浪费的转移、中性的转移和支持懒散与浪费的转移之间。

第 2 节

这 3 种转移中的第一种由这些转移组成：即接受者的条件是他们能在公正地代表他们各自能力的范围内赡养自己。这些转移能以如下方式安排：第一，较贫穷的社会成员根据能合理地期望他们在没有任何资源转移给他们情况下，为他们自己提供生活费用的数量分类。规定的能力标准对不同种类和有不同机会的人有所不同。例如，能合理地期望一个人在一定年龄时得到的储蓄收入因个人生活情况而不同。在大战之前，如果一个人每周所得 12 先令，他为自己投年金保险每周 1 先令，他与每周所得 50 先令投年金保险每周 3 先令的人相比，他的节俭要实在得多。把不同的人分类为有不同标准的不同人群，可以根据不同分类机关的意愿与技能以任何程度的粗略或精细方法进行。在理想的状况下第一要为每一个人估计单独的标准能力。第二，确定标准后，资源转移给穷人，条件是他们的生产活动能达到指定给他们的标准，也许要转移一个额外量以鼓励他们达到标准以上的任何多余部分。当然，没有必要对靠他们能力生活的所有人们给予同样的资源转移；一般地说我们可以假定，满足这个条件的较穷的人将比同样满足这个条件的不怎么穷的人得到较多，体现这个政策的这种安排得到马歇尔为某些目的而提倡。他问道："院内和院外救济不应该作如此安排以鼓励节俭并为那些收入微薄但仍希望尽其所能做好事情的人提供希望吗？"[①]实际上，这个理想办法的采用意味着达到或超过断定对他们合理的标准的人应该受到比不能达到标准的人更有利的对待。丹麦决定给予老年人养老金发放的规则大致上应用这种安排。为了有资格领取养老金，一个人必须工作和储蓄足以使他们在 50 岁和 60 岁之间不需要这笔钱生活。在这个制度下，由于他们在 60 岁以后接触到赡养费用的供应，他们可能不再需要节省、艰苦劳动和私人施舍，"另一

① 《经济学杂志》，1891 年，第 189 页。

方面，他们在 55 岁到 60 岁之间，由于关心今后生活费用的供应，使他们更需要节省和私人施舍。在这些年份中维持独立的动机加强，它的功效由于考虑到下面这点而大大增加：那就是一项有限的任务，完成它显得遥远和无把握，以至于会阻碍人们去尝试，这个任务现在全部落在诚实、勤劳虽然贫穷人的身上，或者落在也许乐于帮助他的朋友们（以前雇主或其他人）的身上。许多人在看来似乎不可能完成的任务前退缩不敢尝试，把这个任务摆到更多人能够达到的距离以内，唤起许多否则一直隐蔽着的努力”。[①] 毫无疑问，存在进一步应用这种方法的有利机会。显然由这些机会推动的向穷人转移的预期将促进而不会缩小潜在接受者所作的建立国民所得的贡献。

第 3 节

第二种是中性的转移，由这些转移组成，获得它们依据的某种条件不能受可能受益人方面在经济领域中的自愿行为而改变。因而它包括普遍的老年养老金（只依据到达一定年龄），普遍的对母亲的资助（只依据做母亲的事实）或者普遍地赠送给认为足以用它提供基本维持生活手段的每个人的一笔金钱。到目前为止这些意义广泛的安排到处还是纸上的计划。但是抱负较小的中性转移的例子在实际法律上已有体现。根据安排给予的帮助不是依据受益人

---

① “丹麦和她的老年穷人”，见《耶鲁评论》，1899 年，第 15 页。从关于英国失业保险计划工作第一份报告摘录的下面一段话在这方面很有意思：“我们的 20 个工会，估计有超过 86,000 个会员参加（强制性）保险。自从法案通过，我们开始为失业作好准备；同时，作这种准备的其他协会的会员有大量增加”（《敕令书，6965》，第 4 页）。给予保险的帮助看来就这样促进了私人努力。

的表现或其表现与估计能力的关系，而是依据估计能力本身。这种制度的根本思想与沃德豪斯先生于 1872 年给济贫法当局的报告中提出的十分接近；报告中，他努力试图区分支助工资的救济与支助收入的救济之间的不同。他写道，“支助收入的救济显然不能与任何院外救济分开。这样，在所有工会中，这种救济给予体格健全的有孩子的寡妇，很清楚所有这种救济是支助寡妇在洗涤、干家庭杂务或其他类似工作中所得的收入。所以几乎在我访问过的每一个工会中，救济给予年老体弱的人，他们虽不能做正规工作，但仍不时偶尔受雇做各种不同的零碎活。给这两种穷人的救济，我想可以与支助工资的救济制度区分开，后者在实施目前的济贫法以前已普遍流行”。[①] 与上述思想接近的方法在大战前许多济贫委员会给予年老体弱妇女和有几个孩子寡妇的待遇中使用。他们似乎认为，虽则大部分正规男人工作的行业，给予有一般能力受完全雇用又没有很大累赘的男人以相当充分的收入，而大部分妇女工作的行业做不到这点。根本不明显，具有普通能力甚至没有孩子而有合理工作时间等等的寡妇赚得的钱能足以“维持她本人和应付普通生活的变化无常”。[②] 因此我们读道：“妇女一旦被放入（接受院外救济）的名单中，只要她不犯不道德罪或经常过度放纵，她就不会受干扰。她的收入可能升降，但对她的救济不会改变。对她收入的调查是在她第一次

① 引自《皇家委员会关于济贫法的报告》附录，第 17 卷（敕令书，4690），第 355 页。

② 参照《向济贫法委员会的报告》附录第 16 卷第 5 页，作者斯蒂尔·梅特兰先生和斯夸尔小姐。当然，寡妇的地位在没有建立妇女行业的地区可能尤其困难。在这些地区“寡妇陷于赤贫而受贫困救济，在她整个寡妇生活中一直靠救济为生”。在有外交工作机会的地方，赤贫可能减轻——往往要以工作比最低标准允许的长得多的时间为代价，适当解释见第 12 章（参考上引出处，第 182 页）。

申请救济时进行的，以后就很少再过问……有一位官员用几句话说明寻常的做法：‘我们绝不为妇女们的收入自找麻烦。我们知道她们绝不会赚到 10 先令。她们总是能以半个克朗找到住房。’结果是，在工会中详细的调查是例外——也就是说，在大多数工会中，不会阻止贫穷工人获得救济耗尽全部力量工作”。[①] 1893 年关于疾病救济的法国法律有一种亲属特性。这个法律规定在每一个社区应按期编制一些人的名单，这些人如果患病，有权利得到支助，之所以把他们的姓名列入名单，理由是他们没有能力为自己作好对付疾病的准备。英国强制支付的办法体现了同样原则(或者通过需归还的贷款或者通过别的)，由判断有能力做好事的人给予他们医药支助，或者由公共机构抚养他们的孩子。由有能力做好事者支付一笔费用，费用多少不是以给予那个穷人实际服务的费用为准，而是以除了希望外界帮助金额以外期望他提供的估计数为准。因此教育委员会第 552 号通知强烈主张，当父母不能支付提供给他们孩子全部膳食费用时，“最好由他们支付力所能及部分，这要比免费提供膳食为好”。[②] 换言之，应尝

① 《向济贫法委员会的报告》附录，第 17 卷，第 334 页，作者威廉小姐和琼斯先生。

② 上引同书(第 4 部分)，教育委员会 1910 年对济贫法工作的报告表明，实际上从父母处收回的金额微不足道((敕令书，5131)第 9 页)。这样情形主要由于以下事实：(1)许多教育委员会故意限制对有必要孩子的膳食供应。(2)当委员会不这样做时，有能力付钱的父母不喜欢让他们孩子去那里付费者与不付费者混杂一起就膳的地方用餐(参考巴尔克利，《学校儿童的供餐》，第 107～109 页)。在这种状况下，父母有支付能力的孩子可能受影响的不多。关于精神病患者的条件不同，他们有从亲友那里收集的相当捐赠(参照弗里曼，《经济学杂志》，1911 年，第 294 页及以下诸页)。然而必须承认，一种为人们了解的情况是，不管是否付钱都将供应的服务性事业实行强制性支付的方式有相当大的实际困难。对“能收回贷款”人们常常有进一步的反对意见，理由是款项接受者把他们精力从生产努力转向企图逃避还款。如博赞克特夫人评论说：“有人把许多先令毫无顾虑地浪费掉，因为如果不花掉，这些钱就要进入收债人的口袋”(《经济学杂志》，1896 年，第 223 页)。

试使国家对不同家庭的捐赠作如此安排，即它们的困难应依靠它们为自己预先作好准备的估计能力，根据它们能力不足的程度作相应的帮助。

第 4 节

中性转移预期对国民所得起作用的方式取决于转移物品的种类。当然作为一般规律转移的是金钱。在这种状况下，人们在初见之下可能认为，潜在接受人所作的努力与等待的贡献和因之国民所得的大小将完全不受影响。然而事实并非如此。因为，如果具有一定假定能力的人知道，他将收到譬如说一星期 1 镑的赠予，这与他为自己赚取的任何收入无关，这样由他自己赚取 n 单位金钱的愿望就降低了。但是他对于他可以做的任何第 r 单位的工作的厌恶依旧未变；或者说，因为额外金钱为快乐地利用休闲时间创造新的机会，他的厌恶甚至增加。因此，如果他做和以前同样的工作量，他对所做工作的最后单位的厌恶将超过他做最后单位以取得金钱的愿望。结果是，每星期补助金的期望将引起受补助者缩小他做的工作量，从而减少他对国民所得的贡献。这种后果随补助的大小而变化，也根据以下形式而变化，即(1)代表他对不同金钱数量愿望的程度；(2)代表他对不同工作量厌恶的程度；但是无论如何，他对国民所得贡献的减少，如其他情况不变下可能发生。

第 5 节

可是转移可以不是金钱形式而是其他物品形式。如果这些物品除了转移，收受者可以用自己的收入购买。或者，如果不是这类物品，但它们是可以出卖或抵押从而变成金钱，其后果与转移金钱相同。但是转移的物品不能出卖或抵押，而是设计成满足需要的物品，没有这种转移收受者就得不到满足，这种转移有不同的后果。一个人为自己在工厂中赚得的最后一单位的金钱，需要它来满足同一需要，因而对这部分金钱的愿望就有假如没有这种转移本来会有的那样强烈。因此，他以工作与等待为国民收入所作的贡献不会发生减小。这样，为穷人集体使用的公园，或为穷人私下使用的花朵，可以转移给他们，不会产生有害地影响国民所得的转移预期。这些话对一般卫生设施来说也是正确的。有关这些服务事业由国家基金给予的支出，其立足点与为寻常医疗费用的基金给予不同。如济贫法委员们所写："因为大部分卫生设施超出个人能力达到的范围以外，是一种公共需要，必须供应公用；而医药治疗基本上属于个人需要，其大部分个人容易获得"。[①] 免费学校教育赠予穷人的孩子，或者免除学费的一部分——包括的教育费数量是由当局决定的——也属于相同性质。因为某些人是如此贫困，以至于如听任他们自己做主，他们不会用他们收入的一部分去购买学校教育，因而由国家免费供给教育不会降低他们要得到这些收入任何单位的愿望。因此，当孩子去接受教育时，他们的父母被剥夺孩子不上学可能获得的工资；情况可能是这样，即甚至当给予免费教育和免费膳食时，并不减少父母的生活费用，因此没有减少父母想做有利可图的工作与等待的贡献。在这种状况下，这些种种中性转移将使国民所得的规模保持不变。

① 《皇家济贫法委员会报告》，第 231 页。

第 6 节

还留下第三种可能性。有某些商品与劳务对它们的需求与对某些其他商品与劳务的需求相互关系如此密切，以致赠予前者增加接受者对后者的欲望，从而增加他对他能够获得的购买力第 r 单位的想望，这样最后增加他愿意提供工作与等待以交换购买力。例如，有人声称，给幼稚园里孩子的医药治疗，有利地影响他们父母的精力，使他们热心合作和反省自己。从佩特森先生《过桥》中摘录的下边一段话说明了怎样开展这个可能性：

> 眼前学校供膳的困难以母亲的态度为中心。她对孩子教育的漠不关心，她完全没有与学校形成伙伴关系的想法，使她有时准备夺走好处，但迟迟地不肯负起她应有的责任。她缺乏责任心的缘故不是由于为她做了这么多，而是由于尽管没有她事儿也做了这么多这一事实。既然孩子的教育她完全不管，她能够长期地远远地站在一边，把每个委员会视做天然的敌人，用她所能做的一切，要任何阴谋诡计，希望能得到更多。没有家庭作业、访问、报告和所有学校与家庭的自然联系是父母责任的真正敌人。对她的孩子的慈爱不会对母亲有害，只要每一次这样的慈爱要求她有较高的认识，并保证她与学校积极合作。①

相同的意见包含在从《奥克塔维亚·希尔书信集》的如下摘录

① 《皇家济贫法委员会报告》，第 110 页。

中：

> 我有时梦想这样的时候将来到，“那时我们将努力坚持我们穷人的良好精神，”不是把他们的心紧闭在冷漠孤独中，而是给他们全心全意的帮助，从而唤醒所有动机中最深刻的自助自立的动机。它是建立我们为他人服务的惟一基础。[①]

对这种精神含义的说明，由已故卡农·巴尼特的著作提供：

> 例如，儿童乡村假日基金会让予城市儿童去乡村度假，并使他们的父母捐助费用，同时培养孩子喜欢乡村宁静和美丽的愿望，以及发展满足这个愿望的新的能力。当父母理解这种假日活动的必要并知道怎样得到它的时候，这个基金会将不再有存在的理由。[②]

在这种任务中，中性资源转移有用武之地，对这种转移的预期，不仅仅使国民所得不减少，而由于建立对工作和储蓄的新诱导力量，实际上将增加国民所得。

第 7 节

现在我们转而讨论第三种主要转移——那就是那些有区别地

---

① 《皇家济贫法委员会报告》，第 207 页。

② 《能实行的社会主义》，第 237 页。

支持懒散与浪费的转移，给予的帮助越大，接受者为自己挣得的供应品越少。关于这个类型的转移常用的手段包含在所有济贫法系统之中，它确定一个最低收入，不允许任何公民的收入降低到这个收入之下。他们要把所有公民的实际收入水平提高到这个程度以上，凡他们所得的供应品降低到这个水平以下，他们明白允诺，私人供应的任何降低，由国家供应给予相同的增加予以补足。很明显，那些差额转移的预期将大大地削弱许多穷人为自己挣得供应品的动机。因为不管标准低于国家确定任何人不得更低的界限是多少，不能为自己得到这么多的供应，只能供应一部分，甚至得不到一点供应的任何人也将有同样好的生活。因此，只有在一个人为自己提供的物品等于他对国民所得所作的贡献而言，这种有利于小供应的差异性转移对国民所得有严重损害的威胁。

第 8 节

承认这个事实，引导许多人考虑限制此类差别转移规模的计划。因为人人同意，在文明国家中不允许有一个人挨饿，所以计划只能使中性转移的规模大大扩展，以致实际上所有人（不管收入多少）的基本需要能通过它得到解决。这方面人们所做的行动，如对使老年年金制度普遍化的拥护与反对，在双方的争论中有极好的说明。[①] 这个制度的拥护者说，如果所有超过一定年龄的人，不管其收入如何，给予一定数量的年金，就不会出现收入分化诱导老年

① 《老年年金部门委员会报告》（政府向议会提出文件 410 号，1919 年），对这种争论有清晰的说明。该委员会大多数人推荐取消限制年金的办法，但少数人不同意这个推荐。

人去挣比他们有能力挣的较少的收入；但是如果年金只给收入低于某一特定最高额和超过一定年纪的那些人的话，将会诱使那些能挣的收入在这个最高额与最高额加年金之间的所有人只挣少于这个最高额的收入。等级年金制度将产生与上述性质相同虽然程度较轻的后果。然而，在另一方面，有人指出，根据上一章的推理，一般地说通过税收征集金钱对正在产生的国民所得有一定的损害反应。税收征集的金钱数量越多，这个反应可能越大。因此，由于普遍老年年金必然比有限的老年年金花费更大，赞成普遍形式的论点遇到反对它的相同规律的论点。完全相同的争论出现在以下两个例子中(在这些例子上由于考虑到优生学而稍为复杂)：[①]一个例子是有些人希望国家资助限于有年幼孩子而父母没有能力用自己收入适当抚养那种家庭的母亲；另有一些人支持普遍“母亲养老金”。另一个例子是小学全体儿童免费供膳的倡导者与只对其父母无力付钱的儿童免费供膳的倡导者之间的争论。在后一个争论中还必须考虑学校本身区分两类儿童的不好的社会影响，以及决定哪些父母付得起哪些父母付不起费用的实际困难。[②] 要在这类争论的双方冲突考虑之间取得平衡是十分微妙的工作，也是不需在这里尝试解决的问题。然而，如果普遍年金主张者和普遍母亲养老金主张者考虑的取消有差别转移的方法本身以这样的方式来个普遍化，使得为维持生活需要的最低费用，统统由国家付给每个人，不管他收入多少，这样，平衡收益对损失的任务就不再棘手。

① 参考达尔文，《国家支援的人种后果》，第13～15页。

② 参照布鲁克斯，《劳动对社会等级的挑战》，第228页及以下几页。

在这种情况下，第 7 节中描述的反应类型无疑将发挥强烈作用，以致将严重损害国民所得。无论如何，对各种各样人，不管他们的各别需要，普遍化实行补助的方案，在讲究实际的政治家中是很不受喜欢的。不存在迫切需要取消直接以接受者贫困程度为基础的有差别转移的实际问题。

第 9 节

这种普遍化转移的预期，如我们已经见到，必然破坏国民所得。然而，如果接受帮助附有遏止条件，那么破坏就能减轻。但随之出现如下问题：在什么情况下，为了国民所得的利益，对国家资助附加遏止条件是合乎想望的，并在决定加上条件之后能使接受者最好地承担。正确地回答这个问题我们需要翻回第 7 节中的结论性语句，这句话指出：支持为自己挣小量必需品的人们的差异性转移**只有在一个人为自己提供的物品等于他对国民所得所作的贡献的情况下**才损害国民所得。人们通常假设，一个人为自己所挣的供应品必然确切相等于他对国民所得的贡献，因此造成供应是总数的减缩——建立对穷人有差别转移的结果——意味着国民所得的同等减缩。这对于通过工作和通过投资于工业随后不抽出的储蓄而取得的供应品完全正确。但这对于从相互保险社领取利润形式（因为过去向该公司缴纳保险费所得）而得到的供应品是不正确的。因为有病或失业社员从那里支取的数额只是逐步建立为生产性资本投资的储蓄成果的一小部分。基本上，它属于从其他社员暂时收入中取出的支付款——他们愿意支付以换取他们本人需要时得到同样支助的承诺：这种支付不过代表实际收入的转移，正像是朋友的赠送物所起的作用，不是创造真正的收入。实际上，穷人为自己取得的供应品的主要部分，除当时工作得到的外，是通过某种形式的保险获得的，虽然它是缓慢地民众乐意节省下来的。因此，我们可以概括地作出结论：虽然由于差别转移引起部分穷人抑制对当时劳动制造的供应品的消费，引起国民所得的相应缩小，但当对穷人不是抑制消费当时劳动制造的供应品时，引起国民所得的缩减要小得多。由此可见，对那些不能获得这种供应品的国家支助接受者强制施加遏止条件没有什么好处。

第 10 节

但是支持通过当时工作获得小额供应量的有差别转移是一个严重的问题。例如，大家了解每个人的收入如果将由国家资助提高到譬如说每周 3 镑，一般地和大致上，这将对工作只能挣少于每周 3 镑的每个人有利，使他们懒散成习不思多挣。这种情况必然破坏国民所得。当然它将破坏到什么程度，要取决于确定最少收入的数目多大和这个国家有多少人正常工作收入少于那个确定数。如果这个数字超过这个社会大部分人的正常赚钱能力，那么其破坏程度必然十分巨大。也许这样的想法在 1832 年济贫法委员会的建议中已经考虑到，“不应使所有体格健全穷人的条件变得真实或显然像最底层的独立劳动者的条件那样有资格领取救济”——指的就是成年健康的普通非熟练劳动者。那时候非熟练劳动者形成人口中的极大部分。要保证每个人的条件优于那些劳动者通常能获得的条件，将会引起大批人离开工作，从而威胁整个国家，因为那些人努力的总成就占国民所得的一个重要部分。然而可以看出，现在要保证获得优于由 1832 年非熟练劳动者的收益为代表的条件，引起对国民所得的损害要少得多，因为人口中没有能力获得优于这个条件的比例目前已变得很小了。甚至保证获得现在由今天非熟练劳动者条件为代表的条件对国民所得将有比例上较小的后果，因为由非熟练劳动者提供的国民所得的比例，如今要比 1832 年较小。然而坦率地说，对国家而言，不明言地或公开地保证高得足以影响大多数人的任何标准，必然会对国民所得产生相当大的损害。所以这里有真正余地使遏止条件与国家资助相结合。当然，对一个真正找不到工作的人附加国家给予懒人帮助的条件是没有道理的。知道他不能得到不附这些条件的帮助不会去除这种无奈的状态。但是在给予那些不愿找(或保持)工作懒人的帮助附有遏止条件是有道理的。遏止条件能使他们不再讨厌工作。直到新近，区分这两种人的实际困难，加上普遍有道理不愿意严格地对付这两种人中前一种人，因而不可能令人满意地处理好这些条件。于是出现一种折中办法，按照这种办法，不是对真正困难一类人不用遏止条件和对懒汉使用严格遏止条件，而是对这两种人一律使用温和的遏止条件。这个办法的确能免使无辜者受粗暴的苛刻对待，但是其缺点是让坏人相对容易过关，免受足够的遏止。然而近几年劳工介绍所的建立，提供了测试人们的就业请求真实性的机构，知道申请人的失业是否不是由他本人的过错。在一旦得到工作“大概是永久性”的职业中，如果劳工介绍所能为申请者找到职业，尤其是如果此人有固定住所，并证明他是坏运气的牺牲者而不是懒汉，他的申请就可以暂时接受。这种测试实际上不易运用于临时性行业，那里工人们一会儿工作一会儿赋闲；因为在这些行业中，一个人可能在任何时候通过劳工介绍所接受一天或几天的工作，也有可能在有工作需要他干之前，在没有工作情况下悠闲地度过相当长的日子。这种困难必须予以承认；而且还必须承认，在 1918 年 11 月第一次大战停战后英国政府授予免费保险的特殊时期，许多人获得失业捐赠，要是他希望，他就能得到工作。但是尽管这样，劳工介绍所的发展无疑有可能在广泛领域直接区分出找不到工作者和不愿找工作者。因此，由于前一类人可以完全不列入遏止条件之内，现在只要加强对后一类人的遏止条件使他们有真正的效率，就行得通了。这些人是需要的，只是他们不愿在私人企业里继续干到合理长的时间。

第 11 节

关于遏止条件应采取的形式可以从英国济贫法的经验中获取一些指导。例如，它清楚提到，某种程度的强制劳动是基本的组成部分。这个要素的重要性在 1832 年有人在皇家济贫法委员会前所作的某些证词中有很好的说明。其中一个证人在有关利物浦情况的备忘录中说："实施劳动，使救济院的人数减少很多；要得到足够的废旧杂物有时很困难，这些东西一般从普利茅斯运来；当人们知道供应不足时，穷人们蜂拥而来；但看得到门前有大量废旧杂物堆积时，会吓得他们一刻也不敢在那里逗留"。[①] 索尔福德镇财务审计官说了些同样性质的话："为那些由于没有工作或失去工作要求救济的人找工作使我有很深的感受，尤其是当工作与他们习惯

① 《济贫法委员会 1832 年报告》，第 161 页。

做的工作不同的时候更是如此。在索尔福德镇，公路上敲石子的工作过去两年为镇上省下几百英镑；但实际上很少有人愿意留在这个工作上多做几天的，而且只要提一下这个工作就足以使许多人止步。他们全都设法为自己找工作，有一段时间停止来麻烦你；惟一的事实是，当手头存贮的石子完全敲完而另一批石子尚未到达前，几乎每一个人又来申请救济，管事人不得不给他们救济；但是一当宣布石子来到时，他们又为自己去寻找工作了”。[①] 波普勒镇工会后来发布报告的信息，内容也大致相同。虽然强制劳动似乎是遏止条件的一个基本组成部分，但光是这一点还是不够的，不够的主要理由是要使一个人使用他为私人雇主工作时需要拿出的精力去为济贫法当局工作极为困难。派受救济的人去他自己的行业中去工作实际上不可能。因此不得不要求有某种一般性的劳动形式。要为各种各样的人们确定任何单一的执行标准是不可能的。因此需要的标准必须适合每一个人，“适当考虑他寻常所做的行业与职业，以及他的年龄和体力”。由于这些条件难以客观地测验，“所以不能强制执行特定的任务。雇用的人其能力不同，只能要求每一个人应完成看来他有能力完成的工作量……完成的标准实际上根据不愿意工作工人的完成量来确定”。[②] 由于没有普通的开除处罚作为依靠，使得济贫法当局对这种倾向没有任何真正的有力措施。但是潜在的受益者知道将强加在他们身上的劳动，如果他们通过不愿意在私营企业工作，他们将成为国家资助的候

① 《济贫法委员会1832年报告》，第162页注。

② 《调查就业不足痛苦委员会报告》，贝弗里奇摘录，《失业委员会报告》，第153页。

选人，就不得不从事严厉的劳动。此外，即使能克服这个困难，为济贫法当局工作，因为这种工作的可靠性与连贯性，使得在那里工作的那些人免除因偶尔失去工作和需要寻找新工作引起的风险、麻烦和费用，可能证明比独立劳动有更大的吸引力。因此，为了有效的遏止，还需要强制劳动以外的其他办法。剥夺公民权（英国于1918 年废止）和穷人登记在实际执行官员看来是很不合适的。因此，对于那些需要资助但不愿用工作得到资助的人来说，依靠的办法必须是纪律措施。这就意指在管制下禁闭，不准过多请假外出。在欧洲大陆，因为不愿工作不能养活自己的健康男子要被长期拘留在劳动营中。在比利时，这种人被送往梅克斯普拉斯劳动营服刑 2 年到 7 年。[①] 伯尼尔州法规定送他们去劳动机构，拘留 6 个月到 2 年。[②] 德意志帝国刑法也有相同的规定。[③] 现在有人严正建议在英国实施欧洲大陆的做法。因此流浪委员会推荐"习惯流浪汉阶层应用法令限定其范围，这个阶层应包括在 12 个月内有 3 次或 3 次以上犯有现在列入流浪法罪错的任何人，如街头露宿、乞讨、在临时牢房拒绝完成工作任务，或者拒绝或不重视养活自己，以至于可用触犯济贫法控告他"。[④] 没有理由——正好相反——为什么遏止条件不用（如有可能）"改正"被遏止者的观点来安排：因为对于一个希望闲逸的人来说，改正的前景，不管是通过训练或教育还是通过任何其他办法和其他任何手段，一样都是一种遏止

① 参照道森，《流浪罪问题》，第 136 页。

② 同上，第 179 页。

③ 同上，第 193 页。

④ 《流浪罪部门委员会报告》，第 1 卷，第 59 页。

力量。无论如何扣留是最重要的。采用这个手段——随着劳工介绍所的发展,使区别绵羊与山羊成为切实可行——使得比这个国家眼前所知的远为有效的遏止制度与国家资助相结合来对付故意的懒散。然而,我们不能认真期望,这个制度将变得完善,足以阻止对有差别转移的预期在一定程度上缩减国民所得的规模。

第11章　对穷人购买物品的补贴

第1节

迄今我们已讨论了直接性质的转移。留下来要谈谈通过补贴或基本上相等于补贴的转移。这类补贴有3种主要形式:第一种由税收提供,对绝大部分由穷人购买的特定商品给予补贴;第二种也由税收提供,对限定范围的穷人实际享用的整个消费的一部分给予补贴;第三种由当局干预价格,使得特殊商品的富人购买者必须负担卖给穷人购买者商品价格的一部分。这些方法中的第一种可以用大战中在面包和土豆上政府支付的特殊补贴来说明,有了补贴能使这些食品价格保持在认为合理的水平上。第二种和第三种方法只有在与不得转让的商品与劳务有关时才实际可行,所谓不得转让的意思在本书第2编第17章中有详细解释。第二种办法可用爱尔兰劳动者法来说明,根据这项法律,不是此法施行地区的全部房屋建造而是只有为劳动者建造房屋可以得到津贴,但为了满足战后时期房屋短缺的需要,较普遍地采取这个办法。第三种办法可以用与垄断性"公用事业"提供服务有关的常常实施的特殊安排来说明。这些服务不论由私营企业生产还是由公营企业本身生产,政府如果选择这么做,它能够强迫企业对经过选择的穷人以赔本价格出售服务,企业由此的亏损,通过对其他人收取超过否则不允许的较高价格来弥补。这个办法通过若干电车轨道法实行,此法规定以特别低的费用为工人的乘车提供方便服务。据"伦敦郡议会交通干线委员会近期报告,估计由于经办工人乘车服务的损失为每年 65,932 英镑"。[①] 战前威斯巴登市的做法在另一方面说明这个相同的政策,在那里煤气以预付费计量表的方式供应——一种较昂贵的供应方法——但对每年房租低于 400 马克的所有人则以与普通计量表供应煤气同样的费率收费。[②] 应该注意,这种方法的使用不一定限于垄断条件下生产的商品或服务。假如这种商品是(或者能使其是)不得转让的,政府可以确定一个价格,经营这种服务的任何人就得以这个价格向一定范围内的人们出售其需要的不论多少服务。这样做的结果将限制经营这个行业的人数,直到从该行业得到的收益预期——卖给穷人和卖给其他人的综合所得,其他人的购买价格由正常供求作用确定——大致上相等于有相同困难和不合意并承担同等高昂培训费用的事业或职业的收益预期。当然,这意味着对获优惠人群的低收费要结合对其他人群的收费要比不强制实行低收费时的收费较高。

第 2 节

有人反对所有这些方法,指出它们必然给予环境基本相同的不同穷人的利益不平等。例如努普教授写道:"很难理解,为什么

---

① 努普,《市政行业的原则》,第 266 页。

② 同上书,第 213 页。

工匠、技工和散工他们清晨去上工途中应享受的特权，在经济条件并不更佳的店员、办事员和其他工人享受不到”。[①] 有人可能这样回答：如果一件事物的本身是好的，它的部分实现也是好的，不能因它不能全面实现而遣责它。然而，我们不关心这种反对的正确性，也不关心不同的更强烈反对的正确性；从公正的角度来说，特别应反对的是第三种方法，即把帮助穷人的代价放在特定一些人的身上，而不是普遍落在纳税人的身上。[②] 就眼前的目的而论，知道上文区分的所有 3 种方法，事实上已在相当广泛范围内实施就够了。

第 3 节

3 种方法中的第一种，如果人的类别是这样选定，以致实际上不能用补贴把人划入受益的类别，那么其他两种方法根据上一章第 3 节解释，也必然应列入“中性转移”的范围，而不是有差别的转移。因此它们的预期只有通过金钱对穷人边际欲望的影响，对他们的生产活动起作用。但迄今为止从一个方面的考察表明，它们与中性转移的性质不同。如果穷人对给予他们补贴物品的需求弹性小于 1，它们将在较小程度上抑制穷人工作的贡献；如果穷人对给予他们物品的需求弹性大于 1，它们将在较小程度上增加这种贡献。因为在前一个情况下，穷人对金钱的边际欲望将降低，因而有较大的边际欲望想得到其他物品；在后一种情况下穷人对金钱

① 努普，《市政行业的原则》，第 266 页。

② 参考上文第 4 编，第 5 章，第 7 节。

的边际欲望上升。事实上，补贴最可能在紧急需要的物品上给予。潜在的补贴接受者由于随后工作努力的松懈引起的对产量的抑制，意味着国民所得的某些(虽然也许很小)缩小。

第 4 节

迄今看来，以补贴帮助穷人和以直接中性转移帮助穷人中间，很少有选择余地。每一个接受者消费的含补贴的商品数量由当局确定，就像英国免费强迫初级教育制度规定的那样，事实上这个方法就是这样。如果这个数量不由当局确定，但是为其他理由，补贴同样不易改变。穷人习惯于通过共同购买基金来购买物品，基金是如此组织的，它使得一个基金会员必须的支付与他个人购买的数量完全相同。病人俱乐部就是按这个办法安排的。一个病人俱乐部会员不会仅仅因为他习惯支付的会员费内的固定数是由政府支付的，因而受引诱增加他一年内需要的医生服务量。可是这些条件是特殊的。一般说来，当补贴或相等于补贴的东西是给予一种商品时，购买者心中想到补贴，他们将购买比他们接受直接以金钱赠予形式的相等津贴时购买的更多商品。补贴给予商品时，资源由生产的自然渠道转移；有一种假设——当然，如本书第 2 编第 11 章所解释的，这个假设可以用特殊知识予以反驳——这种转移将引起对国民所得的额外损害，其程度超过上一节所提出的。如果补贴足够大，可能出现作为补贴商品的产量将有很大扩充，以致对穷人本身而言，供应价格(不但以金钱衡量，而且以满足程度衡量)超过需求价格，或者换句话说，穷人从消费的最后增加获得的经济满足要少于生产它引起的经济不满足。一般说来，通过对特殊商品的补贴给予穷人的转移期望，可能破坏国民所得要大于同等数量直接中性转移的期望。然而尽管如此，补贴的方法有时仍比中性转移好，这不但因为有一些特殊经济原因或非经济原因刺激作为补贴的特定物品比其他物品有更多的消费，而且还因为补贴方法的“慈善”因素较不明显，因此较小损害受益人的精神状态。当转移隐匿在补贴下面要比它以直接救济方式展现，对受益人要好受得多。

第 12 章　从富人向穷人转移的事实对国民所得的影响

第 1 节

以上 3 章我们论述了从富人转移的预期和向穷人转移的预期对国民所得的影响。如我们已经见到，这些影响容易修改任何一年的国民所得，其方式是这些影响不但对当年所做工作的贡献发生作用，而且对供当年需要的前几年准备的资本设备的数量发生作用。但是问题还不止于此。在我们考虑的任何一年中，由这些预期决定的国民所得是如此这般的大小。随后发生了由富人向穷人转移的事实。对今后几年而言，这个转移在我们迄今一直在考虑的影响上加上一组新的影响。因为它在使用中引起一种转嫁，加在由预期带来的转嫁之上，使用中还要加上我们在考虑的这一年的国民所得。为了眼前的目的，转移可以有如下可使用的用途：提供富人可消费的物品，提供支持今后生产的机器和提供穷人可消费的物品。当发生从富人向穷人作资源转移时，上述 3 种区分中的第三种增加，同时其他二种减少。我们的问题是决定一年中国民所得在不同用途中分配的这种变化，对以后几年国民所得数量的影响。

第 2 节

如果不发生转移，国民所得部分采取机器形式就会扩大今后几年的国民所得。把这部分给富人消费，只要这些所得有助于使富人更有效增加生产的动力，也会在一定程度上起到相同作用。然而在富人中间消费的任何实际减少不可能使其效率有可以察觉的降低，当然如果对富人所征税收大得把他们收入从 5,000 镑降到 100 镑，那就会使效率明显下降。因此，我们大致上可以说，任何一年转移给穷人的总数，如果不转移，这个数字就会转变为资本，就成为对今后的国民所得有明显贡献的惟一部分。转移给穷人部分的总数多大，现在和将来在某种程度上都取决于采用税收的方法。根据所得税方法，我们可以假设，从 20 万富人一年征收 2,000 万英镑，每人征税 100 镑；根据遗产税方法，可以从 1 万富人征集相同的税款，每人 2,000 英镑。毫无疑问，可以作这样的安排使这两种方法基本上成为同一事务。因为根据遗产税方法，每人每年可能缴给保险公司 100 镑，由保险公司在此人死亡那年支付遗产税，而不必像缴纳所得税那样缴给国库。然而在实际生活中，落在第 20 年任何产业上的税收不大可能在这年以前或以后的不征税年份完全提供。因此很可能在遗产税方法下，大大多于 100 镑的税款是在实际征税这一年积累的资源里提出来缴税的，大大少于 100 镑的税款是由其他年份积累的资源中提供缴税的。可是很清楚，随着从任何那一年资源中抽出的数字增加，人们由于感到威胁他们生活习惯的痛苦，越来越不愿意把它从消费中抽出。因此出现一种倾向，使它的大部分出于纳税人资源中正常要储蓄的那一部分；如果这些资源不够充分，就要变卖资本筹集。最后这种做法当然不意味将实际资本货物以税收的形式缴纳给国家，但它确实意味着否则本来要将资源盖厂房买机器的另外某人，将资源去购买纳税人被迫出售的现成厂房与机器；结果是作为整体的新的社会储蓄缩小的数字大致上等于该纳税人投向市场的现有资本数。一般说来，此时由长期间隔的大额遗产税代替短期间隔的小额遗产税的事实，表明通过它们转移的资源可能从潜在资本抽取的数量大大多于通过所得税征集同等数量的资源。这一点有进一步的事实加以证实与加强，即征收遗产税，征税的时间正是继承人进入全新财产的时间。在这个当口他还不习惯认为这些新财产在普通意义上是"属于他的"；他要看一看他的"继承物"付了遗产税后还留多少，他还没有兴趣用新的储蓄去补足付了税后原来财产的不足数。至此，这个情况也等于用潜在资本支付赋税。在这方面遗产税和所得税的区别属于次要的问题。即使是遗产税，当向富人征收一定数量资源时，实际上可以肯定，其中一部分是从他们在一般情况下要消费掉的那个部分收取的(也许通过保险费)。这个状况意味着征税的全部数额不会减少本来将成为资本的那一部分资源。结果是从富人向穷人的一定资源转移(其本身和除了上一章讨论的影响外)必定会增加今后的国民所得，只要向穷人的投资通过穷人生产能力的增加而获得的回报，不少于向有形资本投资的回报——也就是说大致上不少于正常性的利率。

第 3 节

现在必须立即承认存在某一类穷人，任何资源转移都不能使其有察觉得出的较高的效率。这类人包括大量道德上、精神上或体格上低下的那些人。国内外失业收容所的历史以及我们自己专门接收弱智人的学校清楚表明,这类人要真正治愈是不可能的。“有人问失业收容所官员能否实实在在地说,凡送入收容所的人是否有较大部分人留在收容所时期在道德上或待人处世上能恢复为正常人,回答是,得到改造的非常之少。”[①]这是其他地方不止一个收容所从事照顾非犯罪人口中最差一类人的实际经历。事实是,在经济领域和在体格领域一样,社会面对一定数量的无法医治者,当发现这些人时,能做的最重要办法,是永远地使他们没有寄生在别人身上的机会,没有传布他们道德传染病的机会,和没有繁殖像他们本人同样性格的下代的机会。社会当然还要富于同情地关心这些无望地堕落、精神上的缺陷和其他不幸性格的残余,当发现它们存在时,忽视有可能把他们中哪怕是极少数人提高到较高水平的任何治疗方法是错误的。可是我们的主要努力必须放在教育上,更重要的是抑制精神上和体格上有疾病者的增殖,从源头上切断受污染生活的流水。要从任何真正意义上治愈他们超越人类的能力。对于那些并没有遗传缺陷且过着良好的公民生活但他们的能力因年老或受严重事故摧毁的人,情况也是一样。这里再从投资观点看,希望极为细微。对这些人给予任何形式的资源转移,从其他理由看可能是极端合乎想望,但是它不能在工业生产能力中获得任何有意义的回报。

第 4 节

然而幸运的是,这一类人在整个穷人中只占很小一部分。一

① 《皇家济贫法委员会报告》附录,第 32 卷,第 17 页。

般地就穷人来说不存在固定不变的品质，而对他们的投资是能够有实际效果的。也许乍一看，我们可能期望从这个领域得到的边际回报与在工业本身中投资的回报相等。然而情况不是这样。在有完善调节的社会中，资本投资在培植、教育和训练不同的人，不管他们出生在哪个阶级，这样，在资本供应的现有情况下，现有的对劳务的相对需求，要求有不同种类的劳动能力，而在工业技术的现有情况下，由这种技术获得的净产量边际的价值在任何地方都相同。因此在不同程度的同一种类能力的人们中间——公爵的儿子和厨师儿子一个样——投资在能力强者要比能力弱者较多；而在不同种类能力人们中间，一般说来较多投资在需求更迫切的能力种类的那些人。然而有理由相信，经济能力的寻常发挥往往不适当地缩小在正常贫穷人们身上的投资，结果是对虽非全部却是大量穷人及其孩子所投入资源的边际收益高于投入机器资源的边际收益。这个信心的理由是，穷人没有足够资金使他们能充分地投入于提高他们自己和他们孩子的能力，尽管他们十分适合接受投资，但其他有充分资金的人大半不愿为他们投资。在奴隶经济中，或者在这样组织的社会制度中，即在那里受他人投资的那些人能以他们自身的能力作为投资安全的担保，情况就不同。但在实际社会上，没有容易做到的办法，使资本家能获得保证他们投资于穷人能力上的金钱收益的任何可观部分将使他们自己得益。如果他们借出贷款，他们不能绝对保证安全收回；如果他们直接投资为自己的雇员提供培训，他们没有保证这些雇员不会很快离开他们的企业，除非他们是需要或多或少专业性劳动力的专利货物的工厂主，雇员的这种技能对其他雇主的价值比对他们小得多。甚至在有十分可靠的保证时,雇主必须预期,变得更有能力的工人将力求索取工资的增加与他们的效率成比例,从而把雇主投资的利益并入他们的所得。事实上,对穷人的投资被阻止的方式与阻止富人向租入穷人所有的土地进行投资相类似。土地所有人没有能力投资,承租的富人生活在没有适当安全感中谈不上叫佃户对土地进行改良,因此作为私人净产量的收入只有他们投资的社会净产量的一部分,他们当然不愿意投资得像国民所得利益所要求的那么多。鉴于这些考虑,有可靠的理由相信,如果中等数量的资源由相对富人转移给相对穷人,目光正确地着眼于尽可能普遍提高穷人的效率,投资在穷人身上的这些资源由于增加的生产能力,从额外产量获得的回报率将大大超过投资在机器和工厂的资本的正常利率。① 自然,在实际生活中,从富人向穷人的转移并不是全部符合资金应用于最能提高生产效率这个条件。因此,有必要分别检查某些主要种类转移的后果。

第 5 节

第一,考虑在体格健全成人工人中选择人员进行工业技术训练形式的转移。在这类人中总有一些人挣特别低的收入,因为他们不适应他们受雇用的职业,但是他们有良好的天赋。对这些人以培训形式转移资源可能获得巨大的回报。这个事实不但在战后复员官兵的特殊安排中,而且也在 1911 年国民保险法中得到承

① 应该注意,要是转移很大,由此产生有形资本的短缺可能引起利率显著增加;此时投资于提高穷人能力的利益将必然被投资于能产生这种增加利益的机器所抵消。

认。该法第100条规定:经过试验与调查后,如果“保险公司官员认为,一个工人(多次失业)的技能与知识有缺陷,但这种缺陷经过技术教育有改进的合理指望,保险官员应遵照贸易委员会颁发的指示,从失业基金中拨付提供这种教育所需的全部或一部分费用,即使他的意见认为对该工人的失业基金支付可能因提供教育而减少”。这个政策特别适合的那类人应是年纪不能太大的工人,他们的专业技能因某种发明而失去作用,因为发明使他学会的工作能由非熟练劳动照顾一部自动机器更经济地完成;合适的人还包括因事故或疾病被夺走某种专门能力,以及跟不上产品款式不断变更的那些人。为教育这些人有一种新行业的本领以代替他们失去作用的本领所花费的金钱可能获得明显的回报。教育那些偶然地或者阴错阳差地流落在另一种行业的人,使他们实际上能在一种职业中的才能出人头地,为此所花的钱也有相同的作用。在后一种类型中包括出生在乡村但极适合城市生活的人,他们被某些城市魅力诱惑放弃他们原有的行业。可是最主要的是选择人进行农业培训,应该仔细地从具有真正农业生活禀性的人中挑选。人们经常忽略这一点。[①] 早期英国农场收容所工作经验的比较失败可能就是这个缘故。1925年劳动部在萨福克郡的布兰登和克莱顿建立农业培训中心似乎取得相当成功。[②] 这些中心的效用也许可

① 在欧洲大陆,“农场收容所与劳改所不同,它们一般不接收真正的失业者(即非自愿失去工作的人)。经常被收容者大多数都是得过且过的懒汉,这些人在一年的难过季节或者特别困难时候,来此寻找由它们提供的住所,以免遭受长时间匮乏或冒进入劳改所的风险”(《美国劳动局公报》,第76期,第788页)。

② 参考韦布,《英格兰地方政府》,第4卷,第692页。

以扩充，如果它们不限于为失业者服务，而改为普遍培训的农业学校，向公众开放，使本身具有一种专业的而不是补习的氛围。[①]

第6节

第二，我们可以把医药保健和对暂时疾病患者的治疗区分开来。如果这些人得不到及时支助——延迟帮助可能失去效果——他们会落得永久性健康损坏。以医疗形式和适当食物形式给他们资源转移，可能阻止生产能力的巨大损失。当然，为了取得良好后果，转移必须足够，医药保健或指导必不可在过早阶段中止。关于这一点济贫法委员会内少数派报告对英国济贫法医疗所的经营做法提出严厉的指责："不作任何尝试对每星期从劳动救济所和济贫法医疗所出来的几百个肺结核和其他病人的家庭进行跟踪访问，这种访问无论如何可以保证对保健预防作某种观察，没有这种跟踪观察，他们的家庭或近邻必然很快再次成为病人"。[②] 然而，既然已向病人作了合理的转移，很多人希望这些转移将导致生产能力的巨大增加。

第7节

第三，可以把转移的注意力放在对穷人正常孩子的训练与培育形式上。这方面有有利投资的无限机会。此时他们的孩子正是幼稚少年，因此有许多方面是可以提供投资的最肥沃土壤，而穷人

---

① 参考《论济贫法当局职责的转移报告》（敕令书，8917），第26页。

② 《皇家济贫法委员会少数派报告》，第867页。

家庭正处于最大的困难中，所以对他们至少应该充分给予帮助。在贫困中度过他们幼年的儿童的比例要比任何一个时候处于这种境况的家庭的比例大得多。鲍利博士采用类似朗特里先生贫困线的生活标准来衡量，他发现，在大战前不久，“雷丁地方一半以上工人阶级家庭的孩子，在 14 岁以前生活在达不到上边提到的生活标准的家庭里”。[①] 戴维斯小姐在考利乡村的考察得出相同观点，“在堂区救济的全部儿童中，有五分之二或接近一半来自八分之一的顶级贫困家庭，全区所有儿童只有三分之一生活于二级贫困线以上的家庭”。[②] 如本书第 1 编第 8 章第 6 节论述，这个问题战后有很大改善，部分由于非熟练劳动实际工资的提高，部分由于每个家庭儿童平均人数的缩小。因此在 1923～1924 年，雷丁地方 14 岁以下儿童生活的家庭达不到规定标准的（不含失业家庭）从二分之一降到七分之一。[③] 然而即使如此，状况仍是可悲。鲍利博士审核了从 5 个城市（北安普敦、沃灵顿、雷丁、博尔顿和斯坦利）收集的统计资料，他在 1924 年得出结论说：六分之一以上（儿童）在他们幼小生命某一时期生活在低于标准线（他计算的贫困线）的环境中；一小部分儿童在这条线以下连续生活许多年。[④] 对这些儿童作适当安排的帮助，在他们一生中最有希望的时期，建立强健的躯体和精神，赋予至少一般的知识，也许还能灌注某种形式的技术能力，是大有可为的。

① 《皇家统计学会会刊》，1913 年 6 月，第 692 页。

② 《英国乡村生活》，第 287 页。

③ 《贫穷减少了吗？》，第 24～25 页。

④ 同上。

当然，如果要使这些转移有成果，必须加以合理指导。例如，用钱教育儿童，同时又让他们成为道德败坏家庭条件的腐蚀对象，就不会有效果。如果儿童在家中得不到适当的照顾，转移给他们金钱的一部分必须使用在把他们搬出自己家庭，居住在经过仔细挑选的家庭中，或者强制送他们去教育机构或技工学校。济贫法委员中的多数派和少数派一致同意，接受救济父母的家庭中受忽视的儿童，应强制"送往教育机构或技工学校"，①对于经常出入于贫儿习艺所的儿童们，"当儿童父母被收容所拘留时，应采取强制手段把儿童留在教育机构里"。②

花钱教育营养非常不好的儿童不起作用甚至还有害处，因为他们接受教育时，不能好好学习，仅仅损耗他们的神经系统。③ 营养不良的儿童必须在使他们受教育同时供给膳食，这点几乎不需多说。这些膳食必须是正常性的，不能对不同儿童时有时无地一星期提供两三次。在学校节假日也许膳食应继续供给，不然将失掉许多益处。同样，花钱教育儿童，如果同时或稍后不久就允许他们从事经调查表明会毁坏期望良好教育能产生的任何效果的职业，也是没有好处的。有理由设想，目前对男孩开放的多种非熟练劳动形式，不仅不能训练出良好的劳动者，而且从反面训练出它们的受害者。杰克逊先生在提交皇家济贫法委员会的报告中写得好："仅仅是用手或用眼的技术不能包含一切。需要培养的是性格与判断力，必须训练和养成的不止道德，还有勇气、耐力、精神力

① 《皇家济贫法委员会报告》，第620页。

② 同上，第187页。

③ 参考巴尔克利，《学校儿童的伙食》，第179页。

量、坚定、体格健壮和忍耐心”。可是这些一般的品质难以承受许多非熟练童工劳动的恶劣条件，如果这些条件未能改善的话。杰克逊先生提出这样的观点，“雇佣童工就是有计划地毁灭这个行业”。他还说，“有一种实际上一致同意的意见是，街头叫卖最会败坏儿童的道德。这不全是未能传授行业技术问题，而是它败坏地浪费孩子若干年生命的问题，此时正是孩子最需要广泛意义上有教育性经验的时候”。[①] 很清楚，如果要使对穷人孩子的投资真正有效，必须同时禁止，或者无论如何要限制孩子进入这些职业的权利。

与对病人一样，对于儿童也应该是，花费在他们身上的照顾时间必须足够的长。“把一个 14 岁的儿童送往可能证明是不适合的环境，并让他在那里自己照顾自己是不够的。”[②]总之，组织不妥地对儿童能力的投资和组织不妥的其他投资一样，产生不了什么回报；而组织完善的投资，尤其是对各种受益儿童的自然能力调整投资数量，会有巨大的指望。即使与产生在一般儿童身上的效果相比较，这个指望也不会落空。在大量工人阶级家庭中当然随时有杰出天赋的儿童出生。投资于儿童教育应该相信会在这些儿童身上产生这种效果。这一点及其含义得到马歇尔下边一段话的大力宣扬：“没有比听任出生在父母贫贱家庭的天才儿童，在低微的工作中虚度一生，对国民财富的增长更加有害的浪费了。有助于国民财富迅速增长的任何变革，没有一种能像改善我们的学校，特别

① 《皇家济贫法委员会报告》附录，第 20 卷，第 23～27 页。

② 同上，第 188 页。

是中等学校有那样巨大的力量了，只要它与广泛的奖学金制度相结合，使工人的聪明儿子逐步从低等升到高等学校，直到他享有时代能够提供的最好理论与实际教育”。①

第 8 节

到此为止，我们已论述了用经过选择的形式对穷人中经过选择的人群进行的转移；我们还了解存在一些可以进行转移的“机会”，其可能得到的回报要比投资于机器提供的要优越得多。于是，当有识之士进行这些转移的事实时，实际上肯定有利于国民所得。以控制购买力形式的一般方式进行转移的效果没有这么容易确定。主要困难在于许多穷人由于缺乏知识不能为自己和为他们的孩子以最佳方式投资。因而在教育委员会的新近报告中我们读到：“大部分营养不良孩子蒙受不合适食物之苦比缺少食物更为严重。也许可以毫不夸张地说，对我们大城市较贫穷部分小学儿童体格的改善，可以说，如果儿童的父母能接受教导或说服，把他们现在花在孩子食物上同样数量的钱，以更有知识和适当的方法使用，其效用要比以地方税开支的间歇地为儿童供膳办法实施的任何改进办法更大”。② 博赞克特夫人以同样方式提到，朗特里九分之三穷人中约有九分之二是“二级”贫困。她写道：“问题的重点在

---

① 马歇尔，《经济学原理》，第 213 页。再则，应该注意，这样的政策甚至对没有直接接触改进教育机会的手工业工人阶级的那些成员也有好处，因为它将以增加能充当业务经理的人数而增加对他们服务的需求，也将因在他们中间撤出这种人才而减少他们服务的供应。

② （敕令书，5131），第 5 页。

于不短缺可以做得较好的资源的父母的无知和漫不经心；这个看法得到大量证据的进一步加强，那就是大多数营养不良是由于进食的错误方法，而不是食物不足”。[①] 指责整个穷困阶级无知和缺乏管理能力当然是十足的诽谤。必须在收入虽少但相当正规的贫穷家庭和父亲经常或不时地失业的贫穷家庭划一条明确的分界线。后一种家庭，它们的心理习惯和他们的住家一般杂乱，他们从不知道每天或每周的收入将是多少，不能好好安排他们的开支。但是前一种家庭，只要愿意，有能力建立起相当确定的生活标准。在这些家庭中，有许多家庭的支出甚至安排得不寻常的妥当和明智；如果他们越过越好，他们的妻子就不会有沉重的工作与忧虑，可以设想，他们目前的高生活标准还会进一步提高。因此，对某些贫穷阶级成员，责备他们没有能力管理是幼稚可笑的，而对另外许多成员，这样的指责无疑是正确的。从事物性质来看，事实就是这样。花钱的艺术，不但在穷人中间，而且在所有阶级的人群中间，比起赚钱的艺术来，发展得极少。人们在工业中的投资常常在专家帮助下进行，专家们彼此竞争，他们中间的不正确判断最后意味着企业破产；但是人们用自己能力的投资由他们自己指导——也就是说由不是专家的人们，在没有竞争的选择影响的环境中进行投资。这种区分可以从企业范围本身内部画出的图解来显示。那些为市场生产商品的企业家一般说来要在他们中间进行尖锐的竞争。竞争的结果是，笨拙和无知的人往往被挤出，只有那些密切接近他们阶级中平均智力水平的企业家才能继续经营。在生产商品

① 《体格的豪迈和贫困线》，见《当代评论》，1904年1月，第72页。

不是为在市场出售而是为家庭消费的职业中，那里竞争松弛；那里的生活收入标准，在其他条件相等的情况下往往降低。这一点在英国纺织工厂史上有很好的说明。在产业革命时期的羊毛和亚麻，与农民生活常规密切有关，而棉花的处理与它们不同。“无论何处，专门从事棉花职业（不是副业）的那些人都是为了收入。”①结果是，棉织业比起其他毛麻纺织业，其改良的发展与普及要迅速得多。很清楚，指导花钱艺术的条件与在家庭职业中流行的条件相同，与在专业职业中流行的条件不同。结果是缺乏追求能力的主要刺激和使用资源不同方式间的聪明选择能力。因此米切尔教授写道：“家庭生活的局限性有效地阻止我们全面使用我们的家庭头脑。高效率家庭主妇训练得来的智力和驾驭能力，不能使用于把她笨拙邻居混乱不堪家务整理得井井有条。这些邻居，甚至这些邻居中的丈夫容易把对他们松懈懒散的作风的批判性评论（不管性质怎么切实和有教育意义）看作爱管闲事的干预。对良好管理有强烈热情的妇女不能迫使她不进步的姐妹违背她们意志采取她的办事方法，不像一位有事业心的广告商可以强制他不承愿的对手听从他的摆布。好支配人的家庭主妇不能使懒散经理丈夫转变作风，而好支配人的商人却能赢得能力较小的顾客。花费金钱中哪种能力是在分散的个人中发展的问题，我们把它限制在单身家庭的围墙之中”。② 不可避免的结果是，在所有阶级中，在与其他人在一起的穷人中，关于花钱不同方式的比较（边际）利益，存在

① 参考克拉彭，《剑桥现代史》，第 10 卷，第 753 页。

② 《落后的花钱艺术》，见《美国经济评论》，第 2 期，第 274 页。

大量的无知。因此，期望以一般购买力形式转移给予穷人的资源，他们能完全使用于可能产生最大能力回报的良好机会是毫无根据的。当所犯的错误十分严重时，从穷人能力改善获得的国民所得要小于从寻常投资中抽出那部分转移资源引起的损失，那部分转移资源如果不转移到穷人那里，本来会投入于工业生产。① 存在一种危险，那就是以控制购买力形式向穷人转移的资源，从国民所得的观点来看将被浪费。例如皇家济贫法委员会抱怨，在英国许多地方进行的院外救济，仅仅有助于"永久保持最坏类型的社会与道德状况"。② 许多济贫委员会不采取措施弄清楚救济接受者用给予他们的救济金干点什么。③ "除了相当数量的例外，济贫委员会发给救济品和救济金，甚至不向被救济者要求做到最基本的条件……我们见到由公众基金维持生活的家庭处于无法形容的肮脏和杂乱状态，成为习惯性放纵和混乱生活的住所。"④

第 9 节

从这场讨论中得出的实际结论是，以控制购买力形式作出的给予穷人的转移，如果对给予转移的人连带某种程度的监督，就能有许多较好机会有利于今后的国民所得。这种监督以及需要与它配

---

① 也许有人可能反对说，在工业中投资 100 镑，其中 50 镑用作工资，因此这个数字也就是投给穷人。这是一种误解。当 100 镑投资工业时，价值 100 镑的劳动和工具用于制造商品；而当 100 镑投资于穷人时，价值 100 镑的劳动与工具用于制造为穷人使用的消费品。

② 《皇家济贫法委员会多数派报告》，第 102 页。

③ 同上，第 267 页。

④ 《皇家济贫法委员会少数派报告》，第 750 页。

对的不论什么控制办法，当然必须十分仔细地掩护好。这种监督应以充分认识以下事实为基础，即人不是机器，他们的生产能力——且不说他们作为人的能力——是他们物质环境与道德环境的函数。如果作这样安排，即此前值得尊敬的人被迫有一段相当长时间与懒汉和无赖朝夕相处，这就危及他们的勤奋秉性。相反，如果物质资助的赠予加上朋友们的兴趣、同情和勉励，就将大大和永久地鼓舞受赠者工作和节俭的意愿。出于完善的经验，卡农·巴尼特写道："我知道有许多改造的方案，但是鉴于我11年的经验，我敢说没有一个方案触及邪恶的根源，它没有使助人者与受助者形成友谊关系"。[①] 如埃伯菲尔德计划和伯根计划的管理制度——现在许多英国城市兴起的志愿的帮助协会基本上是根据它们的设想[②]——主要使用个人帮助的办法，这个制度即使从纯货币观点看，可能证明比依靠机械规则的办法是较好的投资。这个成熟的意见强调志愿努力与国家官方机构帮助穷人相结合的巨大重要性。

① 《可实行的社会主义》，第104页。

② 参考斯诺登先生的《地方政府委员会有关帮助协会的报告》(敕令书，5664)。

第 13 章　全国实际收入的最低标准

第 1 节

当我们希望断定，从相对富人到相对穷人的任何特定年份资源转移量的事实或事实预期是否可能增加国民所得的时候，必须想到以上几章中提到的所有种种不同考虑。毫无疑问可以设计出一些计划，使用这些计划能使包含很大数量资源的转移获得有利于生产的结果。由于大多数这些转移也能增加相对穷人的实际收入，它们必然以完全明确的方式促进经济福利的进步。另一方面，通过这个论题讨论过程中指出的种种不同反应，可见减少国民所得的资源转移有可能减少相对穷人的实际收益；如果转移的数量不变，它们可能在很大程度上减少穷人收入，以致相对穷人的每年收入加上给予他们的转移，最后将少于没有这些转移他们本来能单独得到的收入。当发生这种情况时，这些转移也以明确的方式影响经济福利，这样会损害经济福利。然而，还有另外一种转移，它的结果不明确。我指的是一种每年变动的转移制度，其方式是补偿穷人收入可能出现任何减少的那部分。这种补偿的安排是含蓄地采取的，也就是政府规定一个实际收入的最低标准，不容许任何环境中的任何公民的收入低于这个标准。确立这样一个标准确实暗示是一种有差别地对穷人有利的转移，很可能减少国民所得，同时它将在无限长时间里增加穷人实际收入的总量。要确定建立这种最低标准制度可能对经济福利产生的后果，有必要衡量彼此冲突的因素。

第 2 节

在作这种衡量之前，对采取最低标准精确地意味着什么，有一个清楚的概念是值得想望的。对于这个制度必定不可想象为主观的最低满足，而应看作客观的最低条件。而且，最低条件必定不可以仅仅是有关生活一个方面的条件，而应是关于总的生活条件。这样，最低条件包括了某个明确数量与质量的居住房屋、医药治疗、教育、食物、闲暇、从事工作的卫生与安全设施等等，而且最低条件是绝对的。如果一个公民有能力在各方面达到最低条件，国家就不再关心他甘愿缺少其中一种。例如，国家不允许为了狂欢作乐，以居住在不适合人居住的房屋中来节储金钱为代价。实际上实施这个政策有一定危险。国家权威地决定穷人应以什么方式在各种不同需要中分配稀缺的资源是一件十分微妙的事情。不同个人的性情与环境的差异如此之大，严格的规则肯定会令人不满。因此鲍利博士写道："有一种意见是完全站得住脚的，那就是穷人被迫（实施强制规定居住房屋的最低质量与数量）在住较高标准住房上比他们得到食物花费更多的钱，如果他们住得坏一点吃得好一点，他们将得到较多的收入"。[①] 必须认识这个危险；但是时代

① 《社会现象的衡量》，第 173 页。

的公众精神要求大家面对这个危险。必须不允许一个人为了提高其他条件而有一项条件落在最低标准以下。而且,如果一个公民没有钱达到所有方面的最低标准,但是低于个别标准仍能维持独立生活,在这种情况前面政府站在一边不予理会也不是正当的。国家必不可允许任何地方儿童劳动时间和妇女劳动时间或者住房条件不符合最低标准,理由是凭借最低标准某些特定家庭能够维持生活,没有它们就无法维持生活。如果这是事实,就不应要求这种家庭自己维持生活。这样看来"允许穷困寡妇们和丧失生产能力的父亲们让他们的孩子们失学,并取走孩子们的收入"[①]的政策是毫无道理的。可以说儿童雇用法委员会的宣称是完全在理的,它说:"此外我们觉得,现在经济上太多地依赖孩子劳动的寡妇和其他人的情况表明,此种为现在一代牺牲未来一代的情形不应继续下去,而应以更科学和也许更慷慨的国家资助的办法予以解决"。[②] 同一类型的推理甚至应有更大的力量应用于那个共同的要求,即应该允许妇女在分娩前后在工厂工作,因为,要是不允许她们在此时工作,她们以及她们的孩子将同样遭受惊人的贫困。在这种情况下,国家有责任放松执行这个法律,而应保护那些受这个法律影响的人免受此种可怕的后果。

第3节

在讲实际的慈善家中普遍同意,应当建立某种最低生活条件

① 参照亨德森,《美国的工业保险》,第301页。

② 《儿童雇用法委员会报告》,第15页。

标准，标准的水平应是不可能出现任何人处于极端匮乏；他们同意必须作出保证达到上述目标所必要的从相对富人向相对穷人不论哪种资源转移，不考虑对国民所得总量可能产生损害的后果。[①]讲实际的慈善家的这个明智行为在如下意义分析中得到证实，那就是要是我们相信极端匮乏对人们造成的不幸是难以确定地巨大的话，这个行为表明有助于改善整个经济福利；那么，消灭极端匮乏的好处不是因国民所得减少可能随之出现的任何害处能够比拟的。因此，这个想法到此为止并不存在任何困难。可是我们的讨论不能到此为止。有必要查问的不仅是确立任何最低标准能否推进经济福利，而且还要问哪种最低标准能最有效地推进经济福利。现在，在极端匮乏水平上，人们普遍承认收入的增加会引起满足程度的有限度增加。因此转移的直接好处和因缩小国民所得形成的间接害处的数量都是有限的；对我们提问的正式正确回答是，最低标准提高到如下一个水平时能最好地推进经济福利，这个水平就是，向穷人转移的边际英镑形式的直接好处正好抵消因转移而减少国民所得带来的间接害处。

第4节

从这个正式回答，可以推断任何特定时候的任何特定国家

① 人们有时提到，如本书以前几编讨论过的那样，劳动能力的那些改善有可能把一些人推到最低标准以下。如人们分析那样，情况确实如此，增加的劳动能力事实上等于增加劳动的供应，因而引起特定质量的一个劳动单位实际工资的细微减少。然而，鉴于对总的劳动需求的弹性性质，此种变化推动他们超过自我维持线的未改善能力工人的数量几乎可以肯定是十分稀少的。

建立实际收入最低标准应当作怎样的数量估计，这样做必须得到大量详细资料并加以分析；但在目前情况下许多资料是学者难以得到的。然而，能够可靠地作出一个实际结论，那就是其他条件相等，社会中每个人实际收入越大，最低标准可以有把握地定得越高。理由当然是，平均收入的每次增加，意味着凭本人努力不能达到任何特定最低标准的人数的减少；因此，从绝对意义和相对意义上来说，该项标准的外在保证对国民所得所带来的损害减少。结果是，当我们必须与恶劣自然环境中的一批拓荒工人打交道时，最低标准可以正确地订立在低水平上。但是，随着发明与发现的进步，随着资本积累与征服自然，水平必须相适应地提高。因而当相对贫穷国家只能为它的"困苦的"公民提供较差的供应，而相对富裕国家应为全体"贫困"[①]的人提供较好的供给，这是合理的。

第 5 节

在这个问题上，富裕国家的意义是什么不应混淆。就目前的使用方法而言，国家指的不是政府而是人民。有一种广泛的印象是，国家向它的贫困公民提供物品的责任取决于政府为其他用途必须提供的金钱数量；从这点推断，英国预算为满足每年战时债务支出需要的大量增加，证明要求社会开支的大量节省是合理的。这个想法在很大程度上是虚幻的。的确，继续征税每年达到 8 亿战后英镑的预期遏制生产的间接作用远远大过征税 2 亿战前英镑

① 这个词(necessitous)是 1909 年济贫法报告中多数委员使用的词。

的预期，这是正确的。但是这点虽然重要，它还是属于次要问题。紧要的事实是，当向国内政府债券持有人支付利息时——当然情况与向外国债券持有人不同——人民实际收入部分并没有被直接耗用。资源仅仅是从一部分公民转给另一部分公民。无疑，当一个国家必须为偿付大量由于战争而发行的内债提供资金时，这个迹象表明本来可以用于建立资本设备增大实际收入的资源已经花费在战争中。然而，务必不可忘掉，英国政府在大战中借入它公民的大部分资源，并不是从将成为实际资本的那部分抽取，而是在消费中节约出来和在生产中特殊活动的结果，若是没有战争本来不会出现那部分资源。因此，即使作为人民帮助穷人能力的标志，就战时内债的规模来说其用处也不大。这种能力的真实测试是直接测试——即总实际收入与人口的比较。实际上，从实际收入中减去必然以非生产方式用完的资源是合适的。这样，当一个国家处于如下情况，即它必须将它实际收入的极大比例使用于保持强大武装，或者用于支付过去曾借钱给它政府的外国债主的利息，或者用于维持国内秩序的机构时，它必须考虑到这些事情。然而一般说来，它们是相对次要的。总实际收入数与人口数的关系才是最主要的有关事实。

第 6 节

就联合王国而言，1913～1914 年最普遍认同的总国民收入估计数，以当时价格计算约为 22.5 亿镑。扣除赋税约 2.5 亿镑，新投资约 2.3 亿镑，如果此数在分配过程中不减缩，我们留下的总数足以使每户 4.5 人的代表性家庭得到的收入为

162 镑。[①] 当然，事实上完全不可能以这种方式分享国民收入而不使这笔金钱所代表的货物与劳务的一大部分完全失踪。除了我们也许可以希望生产结构的巨大改进，但对此我们肯定难以充满信心地预言，更没有理由期望这个国家的人均实际收入在不久将来，大大超过 1913～1914 年的数字（我们不需要麻烦自己虚妄地扩大收入数字）。鉴于这些事实，显然这个国家的富裕程度不论与自己的过去比较，还是与目前大多数邻国比较，它都说不上是绝对意义上的富裕。事实既然如此，这个国家确实不可能使用任何分配手段，为它的全体公民提供真正的高生活标准。因此，社会改革家迄今专注于财富分配方法的改进，而不重视生产的改进，他们的希望必定会破灭。如今国民最低标准可以正确地订立在比 100 年或 50 年前能够订立的高得多的水平上。然而，由于国民平均收入只有这么多，国民最低标准依旧必须订立在可悲的低水平上是无法避免的。

第 7 节

迄今为止尚无只字提及，在一个国家为本身决定最低标准时，它必须注意其他国家的政策这个共同看法。广泛认为英国禁止社会上以为不适合的做法，诸如在夜间雇用女工，使用没有掩护的机器，建造工厂没有适合的卫生设施，或者工作时间不适当的长等。如果我们单独执行这些禁令要比所有工业国家共同执行，会使我们支付较大的实际成本。普遍认为这个看法的理由是，我们这里

---

① 参照鲍利，《产业产品的分配》，第 20 页及以后各页。

的孤立行动会引起国外进口货物大量涌入，从而破坏我们的工业。其实这种观点没有考虑到如下事实，即根据某种著名的限制条件，没有相应的出口扩大，进口不能长时期扩大；因而作为整体的我们工业不可能遭受上面所说方式的损害。然而，如果只有一个国家的生产方法受到障碍出现不利，就会出现雇用能力、资本和劳动力离开这个国家的趋势，这是正确的。如果上述三者以同等比例离开，则该国工业的总规模将相应下降，每种生产要素每单位的支付工资率大致上保持和以前相同。国民所得不一定下降得像生产下降那么多，因为资本家在其他地方运用他们资本的同时，可能依旧在这里生活和接受收入。事实上，如果我们假设双重所得税的障碍的国际协定和帝国内部协定消除，无论如何资本流动要比劳动力的流动更快，可以设想资本将以略大的比例离开，因而工人的人均收入会下降。不论流动的细节以何种方式进行，明白无误的是，这个受影响国家的经济福利很可能减少。因而这个国家受到的损害（应该注意到）不能以建立关税来限制劳动立法落后国家的进口来避免。相反，这样的关税干扰国家资源在不同行业中的正常分配，一般说来会使国民所得减少，从而受损害更大。然而，如果这些过高最低标准的不利条件由国际劳动立法扩展到所有重要国家，我们资本被赶往国外的危险消失——代价是我们货物交换外国货物的条件对我们稍有不利。

第 8 节

根据这些考虑，看来通过国际劳动立法扩大其本身是值得想望但又是对工业真正障碍的规则，可能通过与寻常设想的不同方式，减轻这些规则对单独采取它的任何国家施加的负担。因此，在这个问题上，如果一个国家能说服其他国与它一起前进，它避免有害的方法与过程就要容易多了。此外，当有害的方法特别影响特殊工业的时候，一项国际协议将真正使在那些工业就业的人们更容易取得对有害方法的否决权；人们几乎总是想使那些人和作为整体的社会更容易做到这点。因此可以期望国际劳动立法机构的发展可以完成某种有力的工作以加速工业生产条件的改善。寻求的有利条件中较重要的是许多方法的改进，使它们实际上根本不是障碍，而是通过它们对效力的作用成为纯粹的利益。可是普遍相信它们是障碍，因此小心的政治家若没有外部的刺激不可能予以采取。国际谈判可以常常提供这样的刺激，并给予社会运动松弛或既得利益力量强大国家中的改革家以力量。例如，毫无疑问，1906 年的法—意条约间接导致意大利在监督和实施劳动法律上有普遍的改进。与此同时，期望通过国际主义的杠杆获得超过它有力量给予的更多东西是错误的。国际最低标准，如果打算获得普遍或广泛的同意，它不可避免地必然落后于最先进国家的实际做法。如果把这些国际最低标准看作国家准则，这个习惯要是扩展增强，那将是灾难性的；因为这个情况将遏制先进国家的前进运动，并间接遏制整个世界的前进步伐。正如一位"良好"雇主，虽然欢迎工厂法，但他将使他自己的做法远远走在法律标准的前面；同样，一个"良好"国家将永远比当时受国际制裁的那些国家更热心地维护国家法律。①

① 1919 年国际劳工会议在制订妇女就业协定时瞄准高标准。在协定每个独立条款上，其标准落后于某些国家的做法，但是没有一个国家的现有法律包含协定的全部要求(G.赫瑟林顿，《国际劳动立法》，第 90 页)。

第 9 节

在最后结论中应该加上一句话。不管本书第 1 编第 9 章关于增加的财富对生活标准的可能反应说过什么，必须承认国家建立有效的全国性最低标准，由于它在实际上而不是在名义上，在某种程度上有差别地有利于人口多的家庭，可能在穷人中增加出生率。有理由希望这种趋势不会十分强烈，因为受影响的人主要是那些人，他们家庭的规模在很大程度上不是由经济考虑决定的。然而，同样不能说没有一种与此有联系的趋势。建立一种有效的最低标准，如果只有一个国家采用，很可能导致人口有相当数量增加，因为相对低效穷人受国家资助前景的吸引，移民前来。要是真的出现这种状况，新来移民消费的国民所得将比他们贡献的更多；随着这些人数量的增多，这个国家本地出生的公民为了保持他们生活标准，将越来越感到沉重的困难。因此，为了已建立超过邻近国家能享受的最低标准的国家的利益，就得禁止那些看来没有国家基金帮助不可能获得这个最低生活标准的人们移入。为达到这个目标，白痴、低能者、残废人、乞丐与流浪汉以及超出或低于一定年龄的人可能被禁止入境，除非他们或者有支持他们的亲属伴同，或者他们本人拥有来自投资的充分收入。① 但是不幸的是，要设计出机构使它能排斥“不合想望的”移民同时不排斥一些“合乎想望的”移民是非常困难的。

① 关于这个问题的若干法律的概述，参照格林察尔，《经济保护主义》，第 281 页及以后几页。

附录Ⅰ　作为生产要素的承担不确定性

第 1 节

在经济问题讨论中，人们习惯于把等待时间和各种不同的脑力与体力劳动及自然资源一道归类于生产要素。在所有未来情况完全可以预见的世界里，这样的分类是相当适合的。但是在实际世界中，某些未来事务不是完全可以预见的。相反，在极大多数企业中，经营的是哪种资源尚在等待，它们也处于不确定中；也就是说，把资源投入使用时，其结果如何难以肯定地预计。在这种情况下，在上文历数的生产要素清单上增加一类包含不同种类的承担不确定性是合适的。

第 2 节

为什么通常不采用这样做法的主要理由看来是，实际上承担不确定性必然与等待十分密切联系，以致在分析中把二者分开不是立即明白清楚的。然而，仔细思考能够了解，在它们之间的连接并非是必要或固有的连接——事实上它们只是通常总是一起发现的两件事，不是单一的事情。让我们想象一个人拥有一只花瓶，作为花瓶它价值 100 镑,如果打碎了就一文不值;再让我们假设,花瓶所有人知道,这只花瓶装有某种东西,其价值可能等于 0 到 250 镑之间的任何数字。如果花瓶的所有人打破这只花瓶,此时他可能损失高达 100 镑的任何数字或者获得高达 150 镑的任何数字。因此,他机会的保险统计值为 25 镑。要是有 100 万人处于他的地位,他们全都选择打破他们的花瓶,他们全体的总财富也许会增加 2,500 万镑。换言之,这 100 万人的劳务在承担把每人 100 镑放在同样可能变作 0 与 250 镑之间的不确定性地位时,就是使国民财富增加 2,500 万镑的原因。这个例子表明,承担不确定性虽然一般与等待相联系,它分析起来与等待很不一样。也没有实际必要寻找迄今远离实际生活的说明。如果一个人订立合同在 6 个月后交付小麦 100 蒲式耳,意图到交付日希望小麦价格跌落到合同价之下时购进,此人和打破花瓶的人一模一样,他提供承担不确定性而不提供任何等待。因此承担不确定性是独立和基本的生产要素,与任何人熟知的要素处于同一水平上。

第 3 节

在这样的构想方法中存在两种严重困难。第一个困难能够概述如下:大家都知道普通生产要素是两维的,意思是任何这种要素单位只能用时间数量乘以物质数量来表示。等待包含在特定时期内提供一定量资源和提供一定量劳动。这样把等待单位说成一个年镑,把劳动单位说成一个年劳动者。[①] 因此,看来如果作为生产要

---

① 参照第 2 编第 7 章第 3 节注释。

素的承担不确定性处在与等待和劳动的水平上，它必定多少与时间（相同于它们承担的时间）有关系。可是承担不确定性不像等待和劳动，它本质上与时间无关，从纯理论上说，它能够在瞬间完成。因此，为一定时期提供一定数量的任何种类的承担不确定性，初看之下似乎仅是没有实质意义的措辞。然而，这样提出的困难可以用以下事实排除，即实际上，承担不确定性的任何行动的完成不是瞬间的，而是涉及一个时间过程。例如，一位公司筹备人答应的承担不确定性，在公众加入和答应他卸去责任之前是没有完成的，当然要做完这些过程，肯定有一段相当长时间消逝。这种情况使我们能按照等待单位和劳动单位的同一计划形成承担不确定性的单位。这个单位是使 1 英镑经受一个特定的不确定性计划，这是需要一年才能完成的行动。将 1 英镑在一年中连续经受同样不确定性计划，这些行动的完成譬如说平均需要 10 天，它们因而包含这些单位的 $\frac{365}{10}$。以这种方式我们已获得承担不确定性的两维单位，它们与等待单位和劳动单位相类似，这一节想要讨论的困难已经克服了。

第 4 节

第二个困难是这样的，劳动与等待是客观劳务，厌恶提供这些劳务的程度，不同人可以不同，但是它们本身对每个人都一样。然而，承担不确定性可以说其本质是一种主观状态，实际上由外部条件引起，而不同性情和有不同信息的人对于这些外部条件有十分不同的关系。因此，初见之下似乎是，完成任何工作中包含承担不确定性的数量必然不但取决于工作的性质，而且取决于承担这种不确定性者的性情与知识。可是这样的概念对我们分析的匀称性的损害是致命的。如果存在与劳动和等候任何真正的平行，我们必须客观地为承担不确定性下定义。这样，在特定资源数量投资中包含的承担不确定性对我们意味着那笔投资包含的承担不确定性就像它是有代表性性格和具有代表性知识的人所投资的。如果这笔投资确由从未感觉到主观不确定性的人所为，或者不论有什么证据证明投资是由掌握信息足以消除主观不确定性的人所为，我们应该说，此人不是承担较小的承担不确定性，而是承担了一定数量的承担不确定性，只是根据他的性格与信息，他是特别愿意承担不确定性的人。务必承认，为我们对关键性名词下定义的这种方法有武断和人为的外形；但是看来没有办法避免这一点。

第 5 节

直到此时我们尚未考虑到这样的事实，那就是承担不确定性与劳动一样，是包含大量而不止一个生产要素的名词。然而，现在必须注意到，正如劳动有许多种类一般，所以不确定性也有许多不同种类，它们体现在许多不同预期回报的计划中，在工业生产过程中资源要受这些预期回报计划的运用。预期回报计划能以如下形式的图解来表示。沿底线 OX 用界线隔开表示由 1 英镑经历讨论

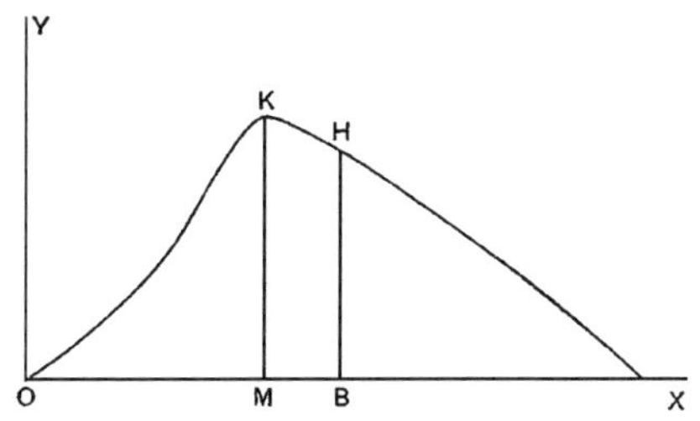

中计划使用而产生的全部可能收益；通过 OX 线上的每一点，根据证据画一条与相应回报几率成比例的纵坐标。一条曲线连接这些全部纵坐标的顶点如上图所示。显然任何预期回报的计划能够用根据这个方法形成的曲线来表示。此外，容易发生的计划的主要种类可区分为某些广泛的类群。在 OX 线上找到点 B，这样 OB 表示曲线上指出的回报机会的精确值，或者换句话说，OB 等于每个纵坐标线乘以相应横坐标之积，除以纵坐标总数而答出的产量总数；并让纵坐标通过 B 在曲线 H 处相接。以同样方式在 OX 线上找到点 M，这样 OM 表示查考中与预期回报计划有关的最可能或最“经常的”回报；让纵坐标通过 M，与曲线在 K 处相接。在这个基础上我们可以首先区别 BH 和 MK 长度相同的对称曲线与不对称曲线。对称组包括这样的一种计划，即如果 r 是 1 英镑遭受任何计划运用的精确值，其获得回报（$r—h$）的机会等于获得回报（$r+h$）的机会（不管 h 的值如何）。不对称组包括所有其他构想。只有当条件是 1 英镑遭受不肯定性不能获得大于 1 英镑收益时才可能有对称类型，因为根据事物性质，这种情况不能产生大于 1 英镑的损失。其次，在对称组里我们可以区分像打开雨伞一样向外展开的曲线与像收紧雨伞一样的狭窄的曲线。前一种曲线表示实际上与最可能回报有广泛分歧的计划，后一种曲线表示只有小小分歧的计划。第三，在不对称组内我们可以分辨出 MK 分别处于 BH 右边和左边的曲线。前一种曲线代表的计划表明最可能的结果是投资金钱的中等回报，小量回报比大量回报更加可能。这种计划具体表现为提供众多小奖和一两个不中奖的奖券。再者，1 英镑可以借给他人；可能有百分之九十六的机会全部收回，有百分之一机会收回 10 先令，百分之一机会收回 5 先令，百分之二机会完全收不回。这个预期计划的精确价值为$\frac{96\frac{3}{4}}{100}$英镑；最可能收回是 1 英镑。后一种曲线表示最可能的结果是小量回报，但大回报也有可能性。一种普通彩票包括几个大奖和许多无奖，它提供这种计划的例子。在这样区分的每一组中能够再作无数次的再划分。当然大量预期回报的计划不是由连续曲线表示，而是由中间有空隙的少数独立点表示，这些空隙相应于不可能的回报。

第 6 节

各种各样预期回报计划的存在（每种代表不同种类的不确定性），乍一见可能像是会使上一节中以相同依据对待“承担不确定性要素”和“等待要素”的尝试失去说服力。因为等待是单一事情，而承担不确定性是一组不同事情。因此，改变等待的供应的意思是清楚的；但是我们怎样去想象承担不确定性的供应的改变呢？这个困难是容易克服的，尽管它是自然会出现的困难。因为承担不确定性在这方面毕竟确切地处于与劳动同一位置。一般说来劳动包含大量不同种类和质量的劳动。这个状况并不妨碍我们与使用等待这个概念一起使用劳动这个一般性概念。为了使得这个程序正规化，我们需要做的一切就是以任意方式选择某种特殊的劳动作为我们的基本单位，在这个单位在市场上比较价值的基础上，使用它的名义来表示其他种类劳动的数量。按照这个办法，任何时候所有不同种类劳动的供应或需求，都可以用单一数字表示，作为许多特殊任意选择等级的劳动的相等物。同样的办法可以恰当地使用于承担不确定性。1 英镑遭受特殊任意选择的预期回报计划使用中包含的不确定性,可以选作基本单位,1 英镑在遭受其他用途中的不肯定性,在比较市场价值基础上,可以换算成用这个单位表达的它的相等物。一旦理解了这个道理,就能成功地克服在同化承担不确定性为其他生产要素的道路上显然可怕的障碍。

第 7 节

在同化完成时,人们在不同产业中提供资源的所有各种不同种类的不确定性,都改写为包含在预期回报的某种代表性计划中的承担不确定性这个名词,遭受这个计划使用的英镑将有供应价目表与需求价目表,就像遭受"等待"的英镑有供应价目表与需求价目表一样。任何特定数量英镑遭受承担不确性的需求价格与供应价格就是超过经历如此遭遇的 1 英镑精确价值所提供或索取的多余的金钱。对于不同数量的承担不确定性,需求价格和供应价格当然都将不同。对于某些数量,供应价格将是负数。人们在一定程度上愿意赌博,因为他们喜欢刺激,即使他们知道总的看来他们可能输钱。可是,虽然某个数量的承担不确定性像某个数量的劳动一般,对工业是现成的,即使没有预期的报酬,在目前情况下,按照那些条件需求要比能得到的多。主要理由是精确值 100 英镑钱的不肯定的期望,其满意程度远比也值 100 英镑钱的肯定期望为小。这根据的是效用递减的法则。一笔 90 英镑收入加一笔 110 英镑收入,在其他条件相等情况下,要比两笔都是 100 英镑的收入令人满意程度较小。因而,关于这种数量的承担不确定性,如目前在现代工业中使用的那样,其供应价格和其他生产要素的供应价格一样，是正数；而决定承担不确定性的价值或价格的一般条件，与决定那些要素价格的条件是相同的。

第 8 节

必须明确了解，为承担不确定性这样索取和提供的付款，与在风险事业中成功者获得的特别利润完全不是一回事。不确定事业是风险事业。但是风险这个词一般用来表示获得回报的机会要比精确可能回报较少。这个状况必须由获得比这较大回报的相应机会来补偿。即使没有为承担不确性作不论何种付款，风险事业中成功的事业仍然需要获得特别利润来抵消那些失败事业中的特别损失。否则这种事业中投资者整体，从集体说来，将得到少于从那里投资的正常回报。因此，为承担不确定性的付出不是那些成功事业经营者赚得的超过正常利润的整个超出部分，而仅是在竞争中失败的其他经营者相应损失不能抵消的那个超过部分(一般很小)。

第 9 节

其次必须注意的是——这里我们循着第 4 节中提出的思路——承担不确定性的供应(如在那里以客观方式解释的)将由能使具备更多知识的人代替较少知识的人去从事风险事业的任何事物而增加。能使风险转移到专家肩上的每种形式组织——农场主在谷物价格上通过农产品交易所预先抛售，将风险转移给投机商；银行家在谈判票据折扣上依靠票据经纪专家；制造商依靠专业出口商打开国外市场，如此等等——均有这个效果。还可以进一步说，当风险事业由富人经营而不是由穷人经营时也产生相同效果。

因为，如果一个人拥有($x+100$)英镑，使100英镑遭受5%范围的不确定性，他等于接受拥有($x+105$)英镑或($x+95$)英镑的相等机会。但是有理由相信，人们不仅一般地想有一个额外资源单位的欲望，而且这个欲望的减少率，随着人们拥有的单位数量的增长而缩小。于是，如果x值越大在接受上边盈亏相等机会而不是接受固定的($x+100$)英镑中满意程度的可能失落就越小。

第10节

像任何其他生产要素一样，承受不确定性在技术效率上可以改进。已经实际发生它的技术效率改进依靠的核心事实是，以现有知识为基础的预测，一般说来当它们预测是关于集体的时候要比预测关于集体中个别成分更为可靠。如果所有个别成分是以此种形式连接在一起，以致它们必须一直以相同方式行动，情况当然不是这样。但是在许多集体中有一些个别成分它们彼此补充。如在休假日，室内游艺场进账很多还是进账很少是不确定的，因为那天天气是雨或晴难以确定。同样由于相同理由，露天游艺场进账极少还是收入颇丰也是不确定的。可是两种娱乐场所一起的收入总数可能接近精确预测。[①] 国家之间的出口商与进口商的情况也是如此，他们货币的相互交换率在不断变化；如果在外贸合同签订和完成之间，货币交换率上升或下降，出口商与进口商将遭受好坏相反的后果。在这些环境中，一并建立一种组织，把两种互补的不确定性合并在单一项目之下，它们就中和或者彼此抵消。也不是

① 参照马歇尔，《工业与贸易》，第255页。

只有当不确定性互补时它们的合并减少盈亏；当它们完全独立时，也有相同结果，只是在程度上不很明显。从合并这些条件可以期望的减少量，在对正常误差法的熟悉推论中有所指明，它断言，“平均数的精确性与它包含的项数的平方根成正比”。① 这说明如果在一个指定的风险企业里投资100英镑存在获得大于95镑小于115镑的相等机会，那么将100镑分散在100个相同的投资里，要是影响不同投资的原因是独立的，就会获得介乎104镑和106镑之间回报的相等机会。如果影响这些投资的原因只有几个是独立的，有些是共同的，则更大的可能是，回报的范围更可能落在大于104镑和106镑之间的范围，可是它仍比95镑和115镑之间的范围为小。于是，如果有100个人，每人有100英镑进行投资，他们把投资分布在100个企业里，他们全体遭受的承担不确定性总额要比每一个投资者把100英镑集中投资在单一企业里较少。然而，加在一起的投资物质结果必然相同。因此，不论何时把或多或少独立的不确定性合在一起，较少量的承担不确定性能获得特定的结果；或者换一种说法，可以使得承担不确定性要素在技术上更有效率。② 这样解释的原理得到企业家的完全承认，长久以来成为保险业和许多交易所投机行为的基础。这样在某种形式行业中隔开投机要素，并使它集中在相对少数投机者身上，不但改变了产业

① 鲍利，《统计学初步原理》，第305页。

② 当然，这种状况允许资源的释放，部分用于直接消费，部分用于投资，换一种状况这些资源必然还贮存着。例如将社会资金储备聚合在中央银行，降低了必需的总资金储备量，增加了可用于投资的资本，从而降低了利率（参照H.Y.布朗，《经济学季刊》，1910年，第743页及以下几页）。

中要求的承担不确定性的分布，而且减少了它的总量。现代能够应用这个原理的范围由于 3 项重要的发展而大大扩展。这 3 项发展的第一项是法律的改变，也就是让股份公司享有有限负责的特权；第二项是经济方面的改变，也就是有组织的投机市场的发展；第三项也是经济方面的改变，也就是交通运输的发展。以下考察这 3 项改变促进上述原理应用范围的方式。

第 11 节

如果责任没有限制，一个人扩展他的投资常常对他不利；因为，要是他这样做，他大量增加投资点，可能产生无限制地要求他付出资源。1862 年英国有限责任法以及其他国家类似法律能使扩展投资不至于引起这种危险。此外，本身受有限责任支持的中介组织业已出现，它有能力代理个人扩展投资，那些人的资源太少不容许其由本身扩展投资。因为工业企业的最小股份很少低于 1 英镑，小投资者直接扩展投资的能力受很大限制。储蓄银行、友谊社、工会、建筑社、合作社、信托公司等等组织——它们全是有限责任社团——无论如何能使个人在这方面处于像大资本家那样的有利地位。有限责任制度促进的不仅是扩展投资，它还有可能在更广泛意义上扩散或合并风险。因为一般说来，每个企业直接或间接与许多企业做生意。如果有一个企业亏损 100 万英镑，在无限责任制度下，全部损失落在股东或合伙人身上——当然假设他们的总资源足以支付亏损——但在有限责任制度下，损失的一部分分散到大量企业的股东或合伙人头上。因此任何一个企业的股东不但承担他自己企业的不确定性，也承担他人企业的一部分不确定性。于是，投资于企业中100英镑由于亏损而承担的不确定性范围在数量上将进一步减少。这个好处加在直接国民收益之上但又与它截然不同，这个好处是由有限责任制度通过把亏损企业实际成本的一部分转嫁给外国人而给予国家的。

第12节

有组织投机市场的发展使生产阶级将承担不确定性转移给投机者，在他们手中大部分不确定性被抵消。这样，面粉厂主与人订约几月后以确定价格送交面粉，他可以同时签订合同购进小麦“期货”来保护自己。以后他可以抛出面粉“期货”，同时平行地购进为碾粉所需要的各级小麦“现货”。农场主可以用相同方式在收获以前出售期货来保护自己，以后在投机市场买进以抵消抛空，与此同时在现货市场出售他的实际小麦。简言之，这些买卖过程能大大减轻为完成特定后果必须经受的承担不确定性的量。为使任何生产阶级适应在有组织投机市场进行买卖需要具备的主要条件，马歇尔曾简明地指出：“(1)产品不会很快失去效用；(2)每种产品的量可以用数字表明其个数、重量或尺度；(3)产品的质可以由测试决定，当由假定为有专长和诚实的不同官员测试时可获得几乎一样的结果；(4)产品等级很重要，足以招徕大量的买主与卖主”。[①]

第13节

有待讨论的是交通工具的发展。这点以一种十分简单的方式

① 《工业与贸易》，第256页。

促进不确定性的联合。它使投资者比以前能接触大量不同的机会。这个后果尽管极其重要但却如此明显和直接，毋需加以评论。然而，交通工具的发展还以一种较微妙的方式发挥作用。卡斯尔博士曾说，如今工业企业一直在削减存货量，他们存贮起来以待加工的货物，相对于他们整个业务来说比以前少了。这方面的改进到处可见。就生产而言，“在组织完善的工业中，在两个不同工序之间很少有原材料闲置着，即使这两个工序必须在不同工厂进行，这两个工厂也许相距很远，情况也一样。现代炼铁厂没有大量原料或成品的存货，有的只是不断的铁矿与煤的流入和不断的铁锭的产出”。[①] 其他工厂也是一样，它们保留较少数量的资本，以不正常使用的备份机器的形式封存着。相同的倾向在零售商业中也很明显。平均库存量对每年总营业额的比率比以往减少。“在现代条件下，这个国家的商业在零售体系中经营，而零售体系一年又一年地增长。保留大量存货的做法几乎已经停止，订货的数量只满足目前需要。”[②]这样做的一个理由就是交通工具的改善。“美国铁路主干线连同它们广泛分布的支线使得在城市和大市镇的商人能够每天添加与装满他们的柜台与货架。因此，不需要有往日那么多的存货，一般说来当时整个冬天的货物在 10 月份就得备齐……城市间道路正在扩展，有利于乡村零售商，他早上打电话到托莱多、克利夫兰或底特律告诉他所要货物，下午就可以在柜台上陈列所订货物。”[③]现在，乍一看此种习惯的变化似乎没有什么意

① 《利息的性质与必要》，第 126 页。

② 英格利斯，《贸易委员会铁路会议报告》，1909 年，第 33 页。

③ 艾利斯，《发明家在起作用》，第 483 页。

义。零售商持有成品数量的减少,工厂主持有备用机器的减少等等,毕竟不一定不意味着整个工商业家阶层持有这些物资总量的减少。相反,我们自然地倾向于设想,批发商和机器制造商随着他们顾客存货的减少,必须以相同比例增加他们的存货。然而事实上,这种设想不正确。理由是批发商和机器制造商处于各种不确性能够合并的地位。因此交通工具的发展,它将直接把承担不确定性的任务转移给他们,间接减轻需要承担的不确定性的分量。简言之,这使承担不确定性更加有效。使得较少量的承担不确定性获得与先前相同的结果,或者说,使用意在消除应用承担不确定性需要的较少量等待,其结果完全相同。

附录Ⅱ 需求弹性的测量

第 1 节

根据目前可获得的资料，关于不同商品的需求弹性，除了第 2 编第 14 章提出的一般性陈述外不可能再作任何说明。如同马歇尔曾经指出，试图用直接比较不同时候的消费价格与数量来为任何市场中任何商品决定需求弹性，必然会遇到极大的困难。[①] 如果可以假设，价格变化对需求数量所施加的反应能立即出现，如果能够消除实际价格变化与人们对由此产生的未来相同或相反方向的价格变化的预期的联系，如果能为需求一览表的那些向上和向下移动给予一定的容给额（这些移动是由于对货币购买力信心的波动以及货币供应的变动所致），并将连续几年中价格百分比的变化与同样年份中消费百分比的变化作一比较，由于存在关于商品的充分统计数字，就可能获得平均实际消费量领域的大概消费量弹性的数值。[②] 看来对于某些

① 《经济学原理》，第 109 页及以后几页。

② 穆尔教授在他所著《经济周期》第 4 章和第 5 章中，不依赖正文中规定的容给量进行某些商品需求弹性的计算。但如他自己完全承认，他的方法使他能测量的弹性与马歇尔所使用和解释的需求弹性不是同一事物。我们知道，马歇尔所说的弹性有可能预计所出现的一种以某种方式改变供应的新原因在多大程度上影响价格；穆尔教授所说的弹性理论预测，何种价格变化连同迄今发现伴随这种变化的其他各种变化与自然地出现的供应变化很可能是有关联的。这种区别有如下事实表明其巨大的实际重要

商品,上边的假设可以合理地成立。在此基础上,第一次世界大战前不久莱费尔特教授计算出英国对小麦总需求的弹性约为-0.6.[①]但是要使许多弹性可以用这种直接方式计算希望极小。因此,重要的是查明是否有任何间接计算方法以克服由于反应出现缓慢而造成的困难。[②]

第 2 节

几年前我设计了一种方法,这个方法以比较不同收入的人们

性。尽管在马歇尔观念中生铁需求的弹性当然是负面的——也就是说其供应的增加引起价格的下落——但在穆尔教授意识中,根据他统计数字计算,这个弹性是正面的。其理由是:事实上出现的生铁价格的重要变化主要由需求扩大引起(一般在需求一览表上呈上升),而不是在需求一览表不变时出现供应的变化引起。在特定条件下有可能从穆尔教授所说的弹性中引出马歇尔所说的弹性,只要能够假设由供应变化对价格施加的反应出现得十分迅速。除了这个假设之外,不论统计材料如何充分,这样的引申是不可能的。

① 《经济学杂志》,1914 年,第 212 页及以后几页。

② 直接方法以及任何可能的间接方法受到下述事实的严重阻碍,那就是对一件物品的需求弹性可以因物品不同数量而不同。假如我们开始时消费为 A 价格为 p,价格上升百分之 p,这个上升是消费下降百分之 a 的直接和惟一原因。我们不能由此推论消费 A 或消费 $A(1-\frac{a}{100})$ 的需求弹性等于 $-\frac{a}{p}$,除非 p 的数值很小——严格地说除非 p 是小得微不足道。如果 p 不小,在能作出任何推论之前必须作出邻近弹性关系的某种假定。一种可能的假定是,需求曲线是一条直线。根据这个假定,关于消费 A 的需求弹性将是 $-\frac{a}{p}$;关于消费 $A(1-\frac{a}{100})$ 的需求弹性将是 $-\frac{a}{p}\cdot\frac{100+p}{100-a}$. 另一个可能的假设是:需求弹性对于从 A 到 $A(1-\frac{a}{100})$ 的所有消费数量是不变的。根据这个假定,正如 H.达尔顿博士向我指出的那样,可以证明所说的弹性不是 $-\frac{a}{p}$,而是:$\frac{\log(1-\frac{a}{100})}{\log(1+\frac{p}{100})}$ 这个数字必定介于 $-\frac{a}{p}$ 和 $-\frac{a}{p}\cdot\frac{100+p}{100-a}$ 之间可能与 $-\frac{a}{p}\sqrt{\frac{100+p}{100-a}}$ 的值相差不大。

以特定价格消费的商品数量为基础，不是以比较特定收入的人们以不同价格消费的商品数量为基础。这个方法需要的统计数据从家庭开支中取得。政府部门和某些个人对这种开支的研究给予相当重视；出版的一些表格表明不同收入人群中一些家庭花费于各种不同主要商品的金额占他们收入的比例。使用这些数据有可能从中取得有关某种需求弹性的资料。

第 3 节

让我们假设这些数据比实际更好，而我们制作的表格说明了工资在 30 先令和 31 先令之间的工人群体的支出状况，和工资在 31 先令和 32 先令之间的工人群体的支出状况，以及如此往上推直到所有工资水平工人群体的支出状况。掌握了这个工资相差紧密接近的工人群体支出状况，我们可以合理地假设，在任何两组相邻人群的爱好与性格几乎相同。也就是说任何商品（或商品群）第 x 单位的欲望在收入为 30 先令到 31 先令群体和在收入为 31 先令到 32 先令群体的代表性人们中是相等的，他们对任何商品第 x 单位的需求与他们对其他商品的需求并无明显的相互关联。假定对这种商品第 x 单位的欲望量为 $\phi(x)$，或者换句话说 y 是对第 x 单位的欲望，并让这种商品的欲望曲线用 $y=\phi(x)$ 来代表。我们有道理进一步假定，在不知道相互关联的情况下，相邻两个群体对这种商品的需求曲线与消费其他商品的数量无关，因此也与金钱的边际欲望无关。设较低收入群体与较高收入群体的这种边际欲望分别为 μ_1 和 μ_2，这两种群体消费的商品数量为 x_1 和 x_2.因为这两种群体为商品支付的价格必定相同，于是我们知道这个价格 p 对 $\frac{1}{\mu_1}\phi(x_1)$ 和对$\frac{1}{\mu_1}\phi(x_2)$都是相等的。因此这两种表达彼此也是相等的。可是，如果有理由假设，当这两个群体的收入十分接近时，x_2 与 x_1 只有极细微的差别，一般可以将 $\phi(x_2)$写成 $\phi(x_1)+(x_2-x_1)\phi'(x_1)$；

$$\therefore \phi'(x_1)=\frac{1}{x_2-x_1}\cdot\frac{\mu_2-\mu_1}{\mu_1}\phi(x_1).$$

但是已知关于任何消费 x_1 的欲望曲线的弹性等于$\frac{\phi(x_1)}{x\phi'(x_1)}$.让我们把这个弹性写成 η_{x1}，于是

$$\eta_{x1}=\frac{x_2-x_1}{x_1}\cdot\frac{\mu_1}{\mu_2-\mu_1}.$$

但是，由于任何寻常商品消费的微小变化，只花费一个人总收入的极小比例，这不会引起此人金钱边际欲望有任何可察觉的变化，[①]关于任何消费 x_1 的欲望曲线的弹性等于那种消费需求曲线的弹性。因此较低收入群体的需求弹性以及欲望弹性与其消费 x_1 单位的关系可以用 η_{x1}表示，而

$$\eta_{x1}=\frac{x_2-x_1}{x_1}\cdot\frac{\mu_1}{\mu_2-\mu_1}.$$

第 4 节

如果我们知道 μ_1 和 μ_2 的相对价值，这个方程式使我们能确定最低收入群体对任何商品的需求弹性，就这个群体在消费的这些商

---

① 当然，严格地说这样的变化必然引起其金钱边际欲望的一些变动，除非对讨论中商品的需求弹性等于1。要是此弹性不等于1，商品消费的变化将伴随出现支出在这种商品的金钱转移到其他商品上，或者反过来也一样。这样必然影响花费在这些物品上金钱的边际欲望，它的边际欲望如果在一个方面受到影响，因为它必然完全相同，所以要受到全面的影响。

品的数量而言，对这些商品的需求与对别的商品的需求没有明显的相互关系。同样的方程式使我们能确定其他收入群体中每一个群体的相应弹性。如果有人反对这个意见说，我们得出的结果会在实际上受如下事实的破坏，那就是较高收入群体能够使这个群体消费较好质量的商品，不仅仅消费较大数量的商品，这个困难只要在我们的方程式上以代表不同群体人们在商品上总支出的数字替代被他们消费的商品数量，就可容易地克服。这个方法把改善的质量作为另一种形式的增加的数量，从而避开了提出的反对意见。为了获得作为整体的商品需求弹性，必须为所有收入群体计算单独的弹性，并在它们分别提到的购买数量的基础上，再把它们合并计算。

第 5 节

不幸的是，我们不知道和不能确定 μ_1 和 μ_2 的相对价值。因此我们被阻止去使用上文的分析来以绝对明确的语言确定任何商品的需求弹性。① 但这点并不阻止我们的调查。因为，根据上边

① 芬奇教授在他十分有趣的专论《消费的弹性》中提到，上文描述的方法能被扩展，用以区分名义价格与实际价格间的不同，从而获得弹性的绝对值。较高收入群体支付的货币价格与较低收入群体支付的货币价格相同。可是他认为，较高收入群体的收入在比例上超过较低收入群体，所以前者的货币实际价格要比后者少。所以，如果较高收入群体有多 10％的收入，他们支付相等货币价格意味着只有后者货币价格的$\frac{10}{11}$；让$\frac{1}{11}$的实际价格差额除以代表相关消费差额的不管什么分数，就得到需求弹性（所引书第 22 页）。然而这个程序是不合逻辑的，因为在消费中，由较高收入群体消费的所有商品的实际价格为较低收入群体的$\frac{10}{11}$.因此，在任何特殊商品消费中的差额不是单独由于那种商品的价格差额所致，因而一般说来不能投入需求弹性的方程式中。芬奇教授事实上只是不言而喻地假设，货币的边际欲望在两种群体中是相等的——这个假设只有在两个群体对商品总数（不是在调查中的一种特殊商品）的需求弹性等于 1 的情况下才能予以认可。

指出的方法,任何收入群体的需求弹性都可用这方程式来确定,因为不论哪个收入群体消费的所有物品都以 μ_1 和 μ_2 表示,以绝对相同方式进入方程式的项 $\frac{\mu_2-\mu_1}{\mu_1}$。如果当几种弹性为 η_x、η_y、η_z 等等,它们中任何一个可用任何其他的项来表示,不必顾及 μ_1 和 μ_2。这些未知数被消除,于是我们得到方程式

$$\eta_y=\eta_x\cdot\frac{x_1}{x_2-x_1}\cdot\frac{y_2-y_1}{y_1}.$$

应该注意,这个结果只是直接根据上述的论点得出,除非有关商品只有两个群体中一小部分代表性人士的收入正常地花在购买它们上。然而一般地说,虽然弹性的绝对方程式(从它得到上边的结果)只能在这个假设上有效,上述的比较方程式对大部分代表性人士收入花费购买的两种商品上接近有效,只要花费在一种商品的部分与花在另一种商品上部分相差不大。这样说的理由是,绝对弹性的两个方程式除外合并错误,否则倾向于彼此抵消。我们的比较方程式只有当它用来取得一个群体对两种物品的需求相对弹性时(这个人群对一种物品花大部分收入比例,对另一种物品花一小部分收入比例)才受到严重怀疑。除此之外,这个方程式当用在两个相邻收入群体使用或花费在不同商品上的数量统计时,能使我们能从数字上确定任何收入群体对任何一种商品的需求弹性(就它实际消费的商品数量而言)对这个群体对任何其他商品的需求弹性的比率。这个资料本身常常有价值。知道每周 35 先令工人对衣服的需求弹性是对食物需求弹性的两倍还是 10 倍很重要。但是这个资料也有间接的价值。因为,如果我们能用其他方

法——通过核查店主人的账册或其他手段——来确定任何收入群体(或收入群体的集体)对一种物品的需求弹性,我们就有了一座桥梁,通过它我们可以继续确定他们对其他所有物品的需求弹性。

第 6 节

在解释上边的方法中,如同一开始就指出的那样,我已经假定我们的资料比它们实际具有的更好。我想这么说是合理的,因为在事物本质中没有理由认为这些资料不会改进;实际上,无可怀疑它们是会被改进的。当然,即使到那时任何人试图尽量细致地应用这个方法,一定会遇到严重困难,其中也许困难不小的是,决定分别处理不同商品细到何种程度,和按照它们共同具有的用途把它们聚合到何种程度。当在某些应用中试验这个方法时,这些困难证明无疑是难以克服的。然而从第二次财政蓝皮书第 215 页和第 217 页上给出的数字所进行实验的结果看,无论如何不由我不希望有更好的效果。这些数字指的是一些工人群体"食物"与"衣服"的支出,他们的工资分别是 20 先令以下、20 到 25 先令、25 到 30 先令、30 到 35 先令以及 35 到 40 先令。我的方法得出几个群体的衣服需求弹性对食物需求弹性的比率如下:

工人收入在 20 先令以下 ……1.16
从 20 到 25 先令……1.31
从 25 到 30 先令……1.62
从 30 到 35 先令……1.25
从 35 到 40 先令……2.46

除了收入为 30 到 35 先令工人的比率下降外——可以顺便地提一

下，形成这个群体平均数的实例个数只有前后两组人数的一半——这些数字是连续升高的，与我们从一般观察中所预期的完全相符。很自然，在十分贫困的群体中，对衣服的需求应是像对食物需求一般几乎没有弹性，随着我们继续进行较富裕群体的调查，它的相对弹性应该增大。因此，这个小小的实验令人鼓舞，十分希望某个经济学家会沿着相同方向进行更广泛的研究。[①]

① 参照《一个确定需求弹性数值的方法》一文，见《经济学杂志》，1910 年 12 月。

附录Ⅲ　某些竞争与垄断问题的数学与图解论述

这个附录的目的是研究某些纯理论问题，没有某种技术手段的帮助不能容易地进行。

一、正常供应价格

第1节

我把任何数量产品的正常供应价格的含义定为：当在研究中的产业完全适合生产这个数量和不存在垄断行为时足以不断地产出正规价格的产量。初看时一个产业随着它产量的增加，它的供应价格可以下降、稳定或上升。根据它进行三者中的这种或那种行为，可以分别地说这个产业遵从降低、稳定或增加供应价格的法则。[①] 当然同一个产业可以使产出的某些数量遵从这些法则的一种，使其产出的其他数量遵守另一种法则。本文将一般性地研究决定正常供应价格变化与产品数量变化之间关系的方式。

① 参照第2编，第11章。

第2节

大多数产业由若干厂商组成，任何时候这些厂商有的在扩展而别的在衰落。记得马歇尔把它们比作森林中的树木。这样，当需求条件不变，作为整体的产业产量相应地不变时还会有许多工厂的产量有变化。作为整体的产业处于均衡状态，个别厂商方面的扩展和萎缩趋势会相互抵消；但是肯定的是，许多厂商本身不会处于均衡状态，可能没有一家处于均衡状态。当需求条件发生变化，作出必要的调整，我们可以设想，作为整体的产业将通过不同的产量和也许不同的正常供应价格变动再次处于均衡状态；但是它包括的许多也许全部厂商作为个体将失去均衡，尽管它们的扩展与萎缩趋势必然彼此抵消。这显然是事物的状态，对它的直接研究将是高度复杂的。然而幸运的是有一种间接的方法。当作为整体的产业调整产量以适应特定需求状态时，由于个别厂商方面的扩展与萎缩趋势相互抵消，可以正确地认为它们与整个产业的供应计划没有关系。当需求条件变化时，整个产业的产量和供应价格必须改变，改变方式必须像是在原来与新的需求状况中，如果它们所属全部厂商各自都处于均衡情况时，它们将做的完全相同的方式。这个事实为我将称为均衡产业的概念提供根据。这个概念的意思是，可能存在某个企业，每当整个产业处于均衡时，也就是这个产业在正常供应价格 p 的条件下生产正规产量 y，这个企业本身也个别地处于均衡状态，即生产正规产量 x_r.[①] 然而就我有

① 马歇尔关于他“代表性企业”的声明表明，这种企业就可认为是“均衡企业”。

限的目标来说，该产业的状况与这样一个企业的存在是协调的，不管这样的企业事实上存在与否，如果它确实存在，这些条件的内涵将继续有用，并必然产生效果。因此，为了研究这些条件的目的，说它确实存在是合理的。对于当时整个产业的任何特定产量，整个产业的供应价格必须等于整个产业当时产量能使均衡企业保持均衡的价格。因此，这个产业根据在均衡企业保持均衡条件下，使价格增加、保持不变或随着正规产出率的增长而降低，这就是符合增加、不变或降低的供应价格规律（这里我们不考虑短期价格波

但是它还有更多一些含义。在某种意义上它是中等规模的企业。马歇尔把它描写为在一定规模上建立的“典型”企业，实际存在的企业往往与它近似；出于某些目的他暗示，为我们自己描绘几种不同典型的企业可能有好处，例如一种企业采取公司形式，另一种企业可以规模较小，具有私人厂商形式。这个观念符合实际情况已由西德尼·查普曼爵士与艾什顿先生于1914年对若干厂商进行规模研究中清楚表明。他们的结论是：“一般说来，在各产业或分支产业里似乎存在适当的规模，在若干条件下，企业趋向于发展为典型的或代表性的规模，在它们各部分之间有典型的比例和典型的结构……如同人有正常的大小和体形，所以企业也有正常的规模和形式，只是较不明显罢了”。（见“主要在纺织工业里的企业规模”，《统计杂志》，1914年，第512页。）这点不会令人惊奇。因为，我们此刻从现实到抽象，假设有大量具有每一等级经营才能的人，每个产业将倾向于把那里“比较效率”最佳的那个等级的人叫到它所属的企业。如果该产业的产量为 y，其典型企业的产量为 x，那家企业产出的总成本为 $F(x,y)$，F 是由技术条件决定的明确函数，对于任何指定的 y 的价值，x 是由下列方程式求出的

$$\frac{\partial}{\partial x}\left\{\frac{F(x,y,)}{x}\right\}=0.$$

没有必要要求有任何代表性或典型的企业规模。企业的规模可以有各种各样，不限于任何准则。所要求的全部只是一个企业是上边限定意义上的“均衡企业”，或者不如说这个企业具备使它成为“均衡企业”的条件。

动)。在不是由许多企业而仅由一个企业组成的一些产业中,当然,作为整体的产业和那个均衡企业是一回事,除了均衡企业外没有其他企业,我们关心以下两种产业:(1)有些产业其所属个别企业的产量相对于整个产业的产量来很少;这意味着我们均衡企业产量 x 相对于 y 来很少;(2)只包含一个企业的一些产业。一种困难属于中间程度的产业,其 x_r 既不相对少于 y,又不等于 y——一种包含某种不明确性的情况——不在我们讨论之列。我们始终认为,我们所研究的产业不排除以上两种产业以外的产业,我们要在法律规则或联合办法方面谈到它们。

二、多企业产业

第3节

马歇尔关于内部经济和外部经济的论述,使人们一般地熟悉一种思想,那就是多企业产业中的个别企业的长期生产成本,有时不单单取决它自己产量的多少,而且也取决于整个产业的产量的规模。但是这个思想需要说得精细一点。可以区分为三个阶段,在最简单阶段个别企业的成本单独取决于它自己的产量。不存在外部经济或不经济,存在这样的内部经济或不经济完全不受整个产业规模变化的影响。如果以 y 代表整个产业产量,以 x 代表均衡企业的产量,均衡企业的货币成本以 $F_r(x_r)$ 计量。在下一个阶段,个别企业的货币成本由两部分组成,一部分取决于它本身产量的大小,另一部分取决于整个产业产量的规模。我们要是愿意,可以称前者为内部成本,后者为外部成本。后者由企业在购买原料、机器等等支出组成，这些东西的价格由作为整体的产业方面对它们的需求变化而变化。这里均衡企业的货币成本以如下程式计算：$\mathrm{F}_r(x_r)+\frac{x_r}{y}\psi(y)$.在第三阶段，成本与个别和集体产量的关系更加复杂。把个别企业的货币成本认为是由两个分开与独立部分组成的看法不再正确，这些成本将根据整个产业产量所处的水平使它的产量发生特定变化而经历不同的变化；它们还将根据个别企业本身产量所处的水平使整个产业的产量发生特定变化而经历不同的变化。均衡企业的成本用 $\mathrm{F}_r(x_r,y)$计算。这个最后程式是一种一般性的程式，当然包括两个较简单程式作为特殊情况。因此，第一步使用它进行我们的分析是方便的。

第 4 节

设 y 为整个产业的产量；x_r 为均衡企业的产量；$\mathrm{F}_r(x_r,y)$为均衡企业的总成本；p 为产业产品的供应价格。必须区分下列数量。

第一，哪家均衡企业的边际附加成本，也就是在其他企业产量不变情况下，将产量从 x_r 增加到$(x_r+\Delta x_r)$时那家企业总成本的差额，等于$\frac{\partial \mathrm{F}_r(x_r,y)}{\partial x_r}+\frac{\partial \mathrm{F}_r(x_r,y)}{\partial y}$.第二，均衡企业的边际替代成本，也就是在整个产业产量不变情况下该企业的产量从 x_r 增加到$(x_r+\Delta x_r)$时总成本的差额（即该企业产量增加数被其他地方同等减少所抵消），相等于$\frac{\partial \mathrm{F}_r(x_r,y)}{\partial x_r}$.第三，均衡企业的平均成本等于

$\frac{F_r(x_r, y)}{x_r}$.

第 5 节

当一个企业考虑在它产量上增加或减少微小数量对它的总成本将产生何种差额时，如果它认为其他企业的产量不会由于它的行动而改变，它就使用边际附加成本来计算差额，如果它认为其他企业将因它的产量扩大，被迫相应缩小它们的产量时，它就使用边际替代成本来计算差额，因而整个产业包括它自己在内的产量不会变化。它可以认为，处于这两种情况之间的某种中间情况可能发生，在发生这种中间情况时它指望使用处于边际附加成本与边际替代成本之间的某种中间办法。如果任何一家企业生产特定产量的总成本相同，不论别的企业生产多少产量，这两种边际成本都是一样的。在任何情况下，只要整个产业的产量比任何一家企业的产量相对都大，这两种边际成本不可能相差很大。如果我们假定，均衡企业认为它产量的稍稍增加将引起整个产业的产量同等增加、零增加或者介乎二者中间的增加，我们讨论的方法将作稍稍变动，但是对总的结果不会有什么差异。因此，如果均衡企业认为它的产量有微小的变动，将引起它的竞争者同等的或相反的变动，这个分析最为简单。我将继续假定事实上确是这样。因此，只要我们考虑的是多企业产业，就不需再提到边际附加成本；以后在使用边际成本这个词时不再加形容词，指的就是边际替代成本，也就是：

$$\frac{\partial_r F(x_r, y)}{\partial x_r}.$$

第 6 节

于是容易看出，如果产业的供应价格小于均衡企业的边际成本，以这个供应价格出售产品将引起企业的损失，企业将趋向缩小。如果供应价格大于均衡企业的边际成本，企业将以牺牲其他企业为代价得到扩展而获益，因为，它原来产量的成本仍可由销售价格收回——销售价格不变，因为总产量不变——而新产量的成本收回后还有多余。[①] 因此在两种情况下，均衡企业都不再均衡。按假设，从那时起它必须处于均衡，因此产业的供应价格必须等于均衡企业的边际成本。也就是：

$$p=\frac{\partial \mathrm{F}_r(x_r,y)}{\partial x_r}.$$

第 7 节

如果供应价格低于均衡企业的平均成本，显然那家企业将蒙受损失，因此将趋向缩小，从而背离它作为均衡企业的性质。因此供应价格不能低于均衡企业的平均成本。可是，如果供应价格大于均衡企业的平均成本，将引诱业外人进入这个产业，建立起同样的企业，从而增加该产业的生产能力，直到产量 y 的供应价格不再超越均衡企业的平均成本。因此供应价格不能大于均衡企业的

① 如果边际附加成本是边际成本的确当形式，这个论点将有稍稍不同的形式，但其结果相同。参照下文第 14 节注释②。

平均成本。故而供应价格应等于均衡企业的平均成本,[1]也就是:

$$p=\frac{F_r(x_r,y)}{x_r}.$$

第 8 节

用言辞表示,这个条件以及前边条件一起说明,多企业产业产品的正常供应价格,就全部产业的数量而言,既相等于均衡企业的边际成本,又相等于它的平均成本;当然所谓成本就是货币成本之意。这两个条件是基本的和普遍应用的。由此得到的相等

$$\frac{\partial F_r(x_r,y)}{\partial x_r}=\frac{F_r(x_r,y)}{x_r}.$$

也能直接从如下命题得到,即当 y 为已知时,x_r 的值必然使 $\frac{F_r(x_r,y)}{x_r}$ 的值为最小。为避免可能产生的误解,可以再多说一句,即因为 x_r 是 y 的隐函数,作为整体的产业的供应函数,如果希望可以表达为一个变数的函数,从而能够用平面图形来表示。

第 9 节

有三种均衡状态——不稳定均衡、中性均衡和稳定均衡。一个企业体系当出现任何轻微干扰时,如果能发挥力量重建原来的状况,它就是稳定的均衡;当这样的一种干扰出现时,如果没引起重建的力量,但也没有引起进一步干扰的力量,所以这个体系就停

---

① 看得出不论是上边论证还是第 3 节里提出的条件,即各种不同非均衡企业的扩展和缩小趋势必然相互抵消,并不一定意味着供应价格等于整个产业的平均成本。

留在它先前移动的位置上，它就是处于中性均衡；如果细小的干扰引起进一步干扰力量，后者以渐增的方式把这个体系驱逐离开它原来的位置，它就是处于不稳定均衡。具有沉重龙骨的船处于稳定均衡；平放着的鸡蛋处于中性均衡；竖立在一端的鸡蛋处于不稳定均衡。从实际用途看，不稳定的均衡显然是根本没有均衡可言；它的状态将引起这个体系衰落到一个状况，此时该产业只剩下一个企业。为了使均衡处于中性状态，我们需要有进一步的条件，那就是$\frac{\partial \mathrm{F}_r(x_r, y)}{\partial x_r}$在一个确定的范围内固定下来；为了使它稳定，进一步的条件是

$$\frac{\partial^2 \mathrm{F}_r(x_r, y)}{\partial x_r{}^2} > 0.$$

第 10 节

现在让我们依次考虑在第 3 节中区分的三种情况。在三种情况最简单一种里，那里均衡企业的成本取决于它本身的产量，根本不取决于整个产业的产量，它的表达式 $\mathrm{F}_r(x_r, y)$降为 $\mathrm{F}_r(x_r)$.均衡的两个条件变为

$$p = \mathrm{F}_r{}'(x_r), \quad \cdots\cdots\cdots\cdots \quad (1)$$

$$p = \frac{\mathrm{F}_r(x_r)}{x_r}, \quad \cdots\cdots\cdots\cdots \quad (2)$$

而均衡应为中性或稳定的条件成为

$$F_r{}''(x_r) = > 0. \quad \cdots\cdots\cdots\cdots \quad (3)$$

在有许多企业的产业中，条件(3)连同条件(1)排除在产量等于或大于实际出售量时出现的递减供应价格律。因为，如果那个规律

对整个产业适用，它必然对属于它的一些个别企业适用，这样的企业一旦得到偶然的启动，它将越来越以低价出售货物，驱逐所有别的企业。然而，条件(3)并不真正必然排除递减供应价格律，因为条件(1)和条件(2)连在一起，不但排除这个法则，还排除递增供应价格律。这点容易证明。这两个条件共同产生

$$\frac{F_r(x_r)}{x_r}=F_r{}'(x_r).$$

这意味着 x_r 和作为结果的 $F_r{}'(x_r)$ 的决定与整个产业的产量无关；这反过来意味着产业的供应价格（不管其产量如何庞大）是不会变动的。换言之，产业必然按照不变供应价格律经营。

第 11 节

在这种简单情况下，由于均衡企业的成本函数——因为它不能有更复杂的情况——能够用平面图解表示，不管整个产业的产量如何图表同样令人信服，它对愿意用它不愿用代数阐明以前用这种手段分析复杂含义的人们有所帮助。在所附图解中，SS_m 曲

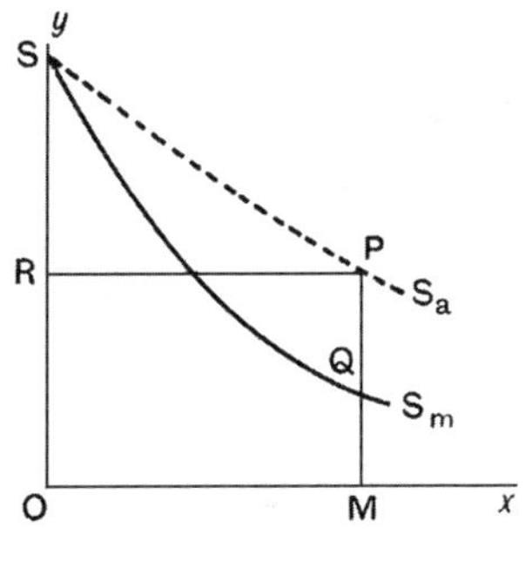

图 1

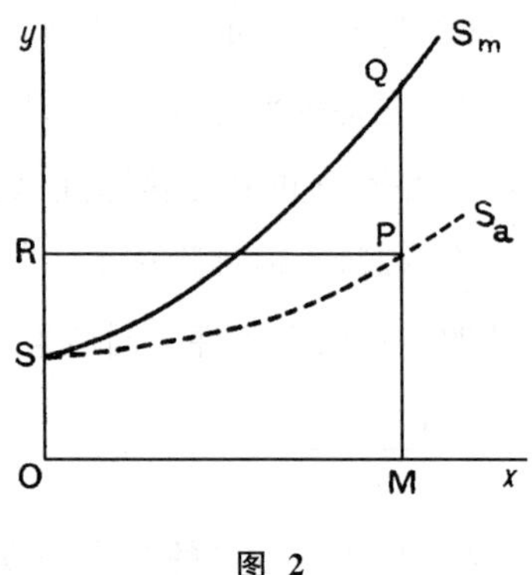

图 2

线代表均衡企业不同的产量数的边际成本，SS_a 曲线代表它的平均成本。当然这两条曲线由一种严格的关系联系在一起；因此，如果 M 是 Ox 线上的任何一点，通过 M 画一条垂直线与 SS_m 线在 Q 相交，与 SS_a 线在 P 相交，不论两条曲线的形状如何，$SQMO$ 的面积相等于长方形 $RPMO$.容易看出，如果不论哪条曲线向下倾斜贯穿全图（如图 1），另一条曲线必然也向下倾斜；如果不论哪条曲线向上倾斜贯穿全图（如图2），另一条曲线也必然向上倾斜。如果

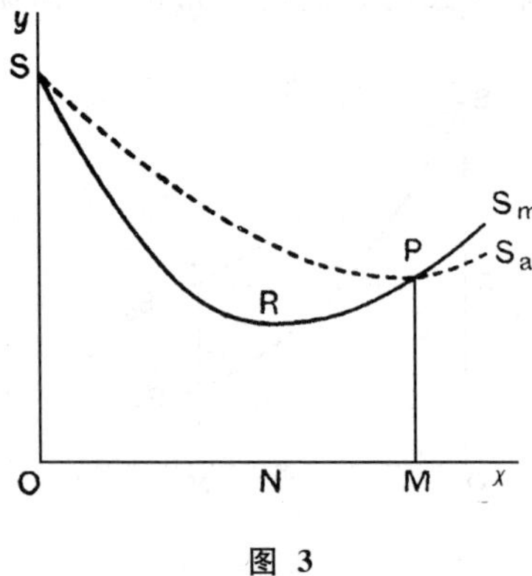

图 3

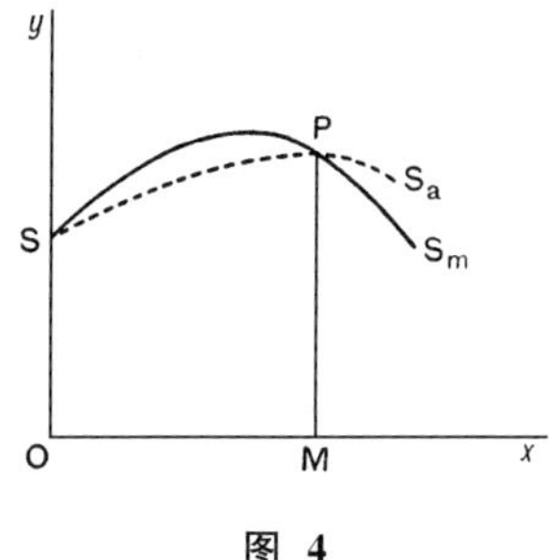

图 4

SS_m 曲线先向下然后向上倾斜，并继续上升，曲线 SS_a 将继续向下倾斜，直到与此刻向上移动的曲线 SS_m 相交于一点，然后它本身向上倾斜，这个情况由图 3 表示。如果 SS_m 首先向上倾斜，然后转而向下并继续下降，SS_a 以同样方式将向上倾斜，直到与 SS_m 相交，然后它本身转而向下倾斜，这个情况由图4表示。最后，如果

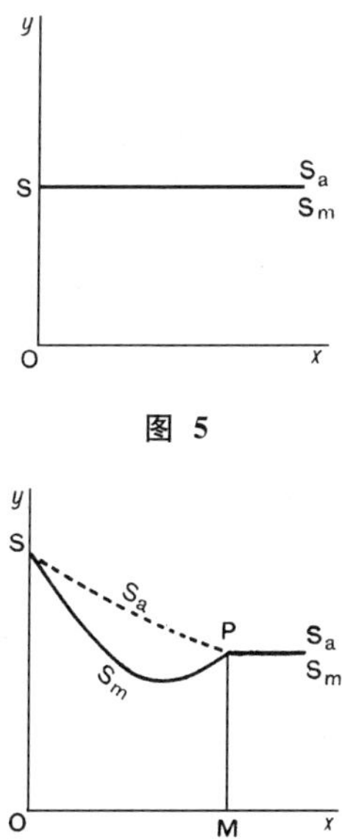

图 5

图 6

在开始时或在两条曲线相交点以后，两条线中不论哪条此后水平移动，另一条线必然与之重合同样移动，这个情况在图 5、图 6 和图 7 中表明。[①] 上一节中提出的均衡企业的均衡条件意味着此企业正在生产的产量为 OM，而垂直于 OM 画出的纵坐标在同一点上与 SS_m 和 SS_a 相交。因而图 1 和图 2 所表示的条件不可能有

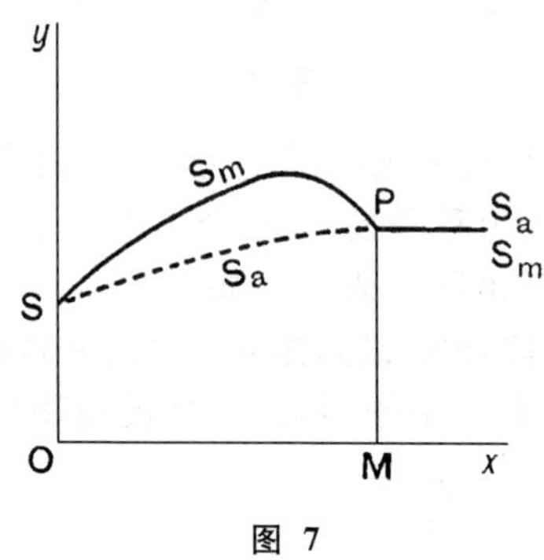

图 7

任何种类的均衡。在图 4 表示的条件中有单一的不稳定均衡点；由图 5 到图 7 所表示的那些条件中，有一系列的中性均衡；在图 3 表示的那些条件中有单一的稳定均衡点；也就是在这一点上内部经济达到它们的极限，在这种情况下生产的平均成本为最小。如我们已经了解，不稳定均衡不可能用于实际用途。如果中性均衡流行，可能出现均衡企业产量的变动，但不可能是由整个产业产量的联合变动引起的。如果稳定均衡流行，均衡企业的产量不可能变动，它严格固定。整个产业产量的变动，只有通过所属企业家数的改变或者非均衡企业规模的改变才会发生。无论如何，不管中

① 当然要是我们愿意，我们能画出更复杂的图解，在那种图解中曲线将不止一次倒转其移动方向，但这样做并不说明新的原理。

性均衡还是稳定均衡流行，均衡企业的平均（和边际）成本以及产业的供应价格对该产业的所有产量来说都是同样的，也就是该产业符合不变供应价格的条件。

第 12 节

在第 3 节中区分的第 2 类情况下，均衡企业成本招致的程式降为

$$F_r(x_r)+\frac{x_r}{y}\psi(y).$$

均衡的两个条件成为

$$p=F_r'(x_r)+\frac{\psi(y)}{y}, \cdots\cdots (1)$$

$$p=\frac{F_r(x_r)}{x_r}+\frac{\psi(y)}{y}, \cdots\cdots (2)$$

而均衡应为中性或稳定的条件，和以前一样成为

$$F_r''(x_r)=0. \cdots\cdots (3)$$

像前面情况一样，条件(1)和(2)产生$\frac{F_r(x_r)}{x_r}=F_r'(x_r)$.因此，迄今就内部位置和我们可以称为均衡企业的内部成本而言，一切完全与它在那个情况下一模一样。产品每单位的内部成本由与整个产业的产量无关的一个固定水平决定，而均衡企业的规模也与那个产量无关。然而在这种情况下，这些结果并不意味着整个产业必须符合不变供应价格规律。因为，虽然$\frac{F_r(x_r)}{x_r}$的确定与 y 无关，但元素$\frac{\psi(y)}{y}$，以及

$$\frac{F_r(x_r)}{x_r}+\frac{\psi(y)}{y}$$

就目前论证而言，它们可以不顾 y 的变化而自由地增长或降低。这样，如果棉纺产业的产量增多，导致其原料原棉价格上升，整个棉纺业将符合递增供应价格律；如果该产业的扩展导致原棉价格的下降，它就将符合递降供应价格律。当一个产业的产品增加时，决定由其他产业供应这个产业的原料、机器等等的价格事实上是上升、下降还是保持不变，我们需要走出主要在研究的这个产业，去调查其他产业的生产状况。

第 13 节

在第 3 节区分的第三个和最普遍的情况下，显然可见，三种占支配地位的条件对存在于供应价格变化与产量变化之间的关系并不施加任何限制。对于整个产业的任何特定产量来说，均衡企业的产量必须使其边际成本相等于其平均成本，这也是正确的。但是，随着整个产业产量发生变化，将使两种成本相等和决定它们相等时规模的均衡企业的产量可能向任何一个方向作不确定的变化。因此，即使从外界购买的原料与机器的价格不因我们产业规模的变化而变化，它自己的供应价格可能变化。普遍化类型的多企业产业有完全自由遵照递增供应价格律、不变供应价格律或递减供应价格律，或者遵照与产出的不同数量有关的这些规律的任何组合行事。上文图 3 依旧正确地表明，当总需求的状况是能从该企业以每单位 PM 的价格购买 OM 单位时均衡企业的供应条件。但是当总需求改变时，曲线 SS_m 与 SS_a 也同时改变。它们向上或向下移动，或者改变它们的形状，或者它们同时出现这些情况。经改变后，和以前一样，均衡只有在出售价格等于均衡企业的平均价格和边际价格时才能获得。该企业的产量仍由 OM 计算，图解里 M 是从 SS_m 和 SS_a 交叉点垂直下画的基点；但是均衡企业的出售价格和产量可以与它们在改变前不同。

三、一个企业的产业

第 14 节

现在让我们回过来讨论与只有一个企业的产业有关的供应价格规律。这里均衡企业与整个产业是一回事，所以没有需要使用两个变数的函数。此外，边际成本不再含糊不清，它必定指边际附加成本，因为没有了边际替代成本这个东西。如果我们盲目地跟随上边讨论的引导，我们会作出结论说，均衡要求

$$p=\frac{F(y)}{y}=F'(y).$$

这意味着对于一种产量只能有一个供应价格，或者说，如果边际成本曲线与平均成本曲线彼此几次相交，对于少数孤立产量也只能有一个供应价格，除非该产业遵照不变供应价格的条件。只有此时似乎有可能存在一种普通类型的不断的供应计划。然而不难看出，这个论证的基础是不牢固的。对于多企业产业的均衡企业而言，只有它的平均成本和它的边际成本都相等于该产业的供应价格才能得到均衡这是正确的。但是对于一个企业产业的均衡企业而言这就不正确了。实际上，如果平均成本大于供应价格，该产业以供应价格出售产品，在这样情况下，这样的产业将趋向于收缩。同样，如果边际成本大于供应价格，该产业以供应价格出售产品，

也不能有均衡，产业同样将有收缩趋向。可是，因为我们只与一个企业打交道，均衡不一定禁止平均成本少于供应价格。[①] 此外，如果那里的平均成本等于供应价格，边际成本少于供应价格，这个企业以供应价格出售产品，产量没有扩大的倾向，因为任何扩大必然引起损失，所以均衡与这种状态并无任何不协调。[②] 因此，我们的

---

① 如果该企业的供应计划属于图3描绘的那种类型，如果图中的OM形成总产量的一个巨大比例，而市场有能力以PM价格吸收这个产量，均衡不禁止平均成本少于供应价格；因为在这种情况下，单一企业可以获得异常的利润而不会招来新的竞争者进入这个产业。

② 这个问题最好使用图解来解释。设DD′是需求曲线，SS_m 是边际成本曲线，SS_a 是单一企业产业的平均成本曲线。设OM单位是生产和以价格PM出售的，而P是DD′曲线和 SS_a 曲线间的交叉点。如果该产业打算增加其产量超过OM，譬如说生产ON，额外单位生产的成本少于PM。可是，尽管可以假设，所有单位全以同一价格出售，ON单位若以少于QN价格出售一定会引起该产业亏损。然而，由于在P右边的DD′部分必然处于 SS_a 线以下，产量ON不可能像QN那么高的价格出售。因而，如果该产业扩大产量超过OM，它就将亏损；因此，该产业没有扩大的倾向。当曲线 SS_m 和 SS_a 代表许多企业中一个均衡企业的状况，情形就大大不同。此刻画一条DD′形状的需求曲线是不合适的。均衡企业方面产量的扩张，只要它的扩张被其他企业相应收缩所抵消，市场价格不会有绝对的变动；假定这个均衡企业比起整个产业来相对的小，如果其他企业的产量保持不变，市场价格不会有近似的变动。因此均衡企业把产量扩大

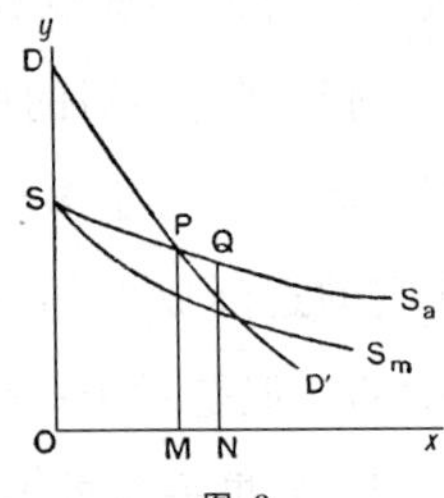

图 8

到ON，仍旧能以接近原来价格PM出售产品。这样它能以大于那个产量平均成本的价格出售扩大的产量，从而增加收益。对于许多企业中的一个企业而言，产业供应价格等于均衡企业的平均成本但大于它的边际成本的状况下，它不是处于均衡状态。

结论是，在单个企业的产业中，任何给定产业产量的供应价格等于平均成本或边际成本，取决于这两种成本中这个或那个较大。就形式上的考虑而言，这个产业可以自由地遵循递降的、不变的或递增的（货币）供应价格。如果它始终遵循递降供应价格，其供应曲线与平均成本曲线重合；如果它始终遵循递增供应价格，其供应曲线与边际成本曲线重合；如果它始终遵循不变供应价格，其供应曲线与这两条曲线重合。如果它的有些产量遵循递增供应价格的条件，另一些产量遵循递降供应价格的条件，供应曲线在平均成本曲线高于边际成本曲线的地方它沿着平均成本曲线走，在边际成本曲线高于平均成本曲线的地方它沿着边际成本曲线走。

四、多企业产业的理想产量

第 15 节

任何产业的产量，凡能使国民所得最大化，而且除了不同人们货币边际效用不同外，并能使人们得到最大满足，这个产量我称它为理想产量。如本书第 2 编第 11 章所说，当投资在讨论中产业的每种资源的边际社会净产量的价值相等于一般产业中资源的边际社会净产量的价值，或者更严格地说相等于第 2 编第 11 章第 1 节所说的主要典型产业中资源的边际社会净产量的价值时——不理会多种最大状况的可能性——就达到这个产量。在这种主要典型产业中，每种生产性资源将有相等于它边际单位净产量价值的每单位货币价值。因而我们特定产业理想产量就是使这个产量的需求价格等于投资于生产边际单位产量的资源的货币价值；换言之，它就是使需求价格和对社会的边际供应价格相等的产量。

第 16 节

在总产量为 y 的产业的均衡企业中生产产量 x_r，该企业直接或间接所需要的几种国内所有的要素（当然包括生产要素）的数量分别设为 a、b、c，其价格为 p_1、p_2、p_3.它需要从外国进口的要素（即进口机器或原料）数量为 q，其价格为 p_q.在一个多企业产业中我们可以区分以下数量：

第一，供应价格等于

$$\frac{ap_1+bp_2+\cdots+qp_q}{x_r}\cdots\cdots\cdots\cdots\cdots\cdots\cdots\cdots \quad (1)$$

第二，产业的边际供应价格，即增加小量产量增加量对该产业的总货币费用造成的差额，

$$=\frac{d}{dy}\left[\frac{y}{x_r}\{ap_1+bp_2+\cdots+qp_q\}\right]$$

$$=y\left[\left\{p_1\frac{d}{dy}\left(\frac{a}{x_r}\right)+p_2\frac{d}{dy}\left(\frac{b}{x_r}\right)+\cdots+p_q\frac{d}{dy}\left(\frac{q}{x_r}\right)\right\}\right.$$

$$\left.+\left\{\frac{a}{x_r}\cdot\frac{dp_1}{dy}+\frac{b}{x_r}\cdot\frac{dp_2}{dy}+\cdots+\frac{q}{x_r}\cdot\frac{dp_q}{dy}\right\}\right]+\frac{ap_1+bp_2+\cdots qp_q}{x_r}. \quad (2)$$

第三，社会的边际供应价格，即增加小量产量的增加量对社会的总货币费用造成的差额，

$$=y\left[\left\{p_1\frac{d}{dy}\cdot\left(\frac{a}{x_r}\right)+p_2\frac{d}{dy}\left(\frac{b}{x_r}\right)+\cdots+p_q\frac{d}{dy}\left(\frac{q}{x_r}\right)\right\}+\frac{q}{x_r}\cdot\frac{dp_q}{dy}\right]$$

$$+\frac{ap_1+bp_2+\cdots+qp_q}{x_r}. \quad (3)$$

第四，随着产量增加，根据产业的观点，供应价格变化率，

$$=\frac{d}{dy}\left\{\frac{ap_1+bp_2+\cdots+qp_q}{x_r}\right\}$$

$$=\left\{p_1\frac{d}{dy}\left(\frac{a}{x_r}\right)+p_2\frac{d}{dy}\left(\frac{b}{x_r}\right)+\cdots+p_q\frac{d}{dy}\left(\frac{q}{x_r}\right)\right\}$$

$$+\left\{\frac{a}{x_r}\cdot\frac{dp_1}{dy}+\frac{b}{x_r}\cdot\frac{dp_2}{dy}+\cdots+\frac{q}{x_r}\cdot\frac{dp_q}{dy}\right\}.\quad(4)$$

第五，随着产量增加，根据社会观点，供应价格变化率

$$=\left\{p_1\frac{d}{dy}\left(\frac{a}{x_r}\right)+p_2\frac{d}{dy}\left(\frac{b}{x_r}\right)+\cdots+p_q\left(\frac{q}{x_r}\right)\right\}+\frac{q}{x_r}\cdot\frac{dp_q}{dy}.\quad(5)$$

这最后表达式是由前一个表达式消除表示我们产业中均衡企业与它使用要素的国内所有者之间因转让增加量的因素。

第 17 节

上边表达式(4)乘以 y，计算出表达式(2)高于表达式(1)的超出数；表达式(5)乘以 y，计算出表达式(3)高于表达式(1)的超出数。因此：

(1)在所有产业中，当产量增加时，根据产业观点，供应价格的变化率为正的地方(即那里递增供应价格普遍流行)，产业的供应价格小于边际供应价格；情况相反时供应价格大于边际供应价格。

(2)在所有产业中，根据社会观点，供应价格的变化率为正的地方(即从社会观点看那里的递增供应价格流行)，社会的供应价格小于边际供应价格；在情况相反时供应价格大于边际供应价格。

第 18 节

第 2 编第 11 章第 10 节表明，表达式

$$\left\{\frac{a}{x_r}\cdot\frac{dp_1}{dy}+\frac{b}{x_r}\cdot\frac{dp_2}{dy}+\cdots+\frac{q}{x_r}\cdot\frac{dp_q}{dy}\right\}$$

不可能是负的；在同章第 7 节，表达式

$$\left\{p_1\frac{d}{dy}\left(\frac{a}{x_r}\right)+p_2\frac{d}{dy}\left(\frac{b}{x_r}\right)+\cdots+\frac{d}{dy}\left(\frac{q}{x_r}\right)\right\}$$

绝对不可能是正的。我们可以认为，虽然可能有例外，这两个不等式一般说来继续有用。另一方面，表达式

$$\left\{p_1\cdot\frac{d}{dy}\left(\frac{a}{x_r}\right)+p_2\frac{d}{dy}\left(\frac{b}{x_r}\right)+\cdots+p_q\frac{d}{dy}\left(\frac{q}{x_r}\right)\right\}+\frac{q}{x_r}\frac{dp_q}{dy}$$

如果$\frac{dp_q}{dy}$是正的它可以是正的；当然那个从产业观点看，供应价格的变化率的表达式可以是正的，也可以是负的。

因此：

(1)在产量增加时，从产业观点看供应价格的变化率大于或等于从社会观点看供应价格的变化率。因而递减的供应价格(普遍的)意味着从社会观点看来也是递减供应价格；可是递增的供应价格(普遍的)并不意味着从社会观点看也是递增的供应价格。

(2)一般说来，除非在使用进口递增供应价格原料的产业里，随着产量增加，从社会观点看，供应价格变化率为零或负，而供应价格等于或大于对社会的边际供应价格。

(3)在一般产业中，对产业的边际供应价格等于或大于对社会的边际供应价格。

第 19 节

如上文所述，当对社会的边际供应价格等于需求价格时，达到

了理想的产量。

当供应价格等于需求价格时,达到了适合简单竞争的产量。

当对产业的边际供应价格等于需求价格时,达到了适合第一级有差别垄断的产量。

下列推理一般地可以成立(即当第18节中提出的不等式有效时):

(1)除了在使用递增供应价格进口原料的产业中,适合于简单竞争的产量等于或小于理想的产量。

(2)在任何产业中,如果对社会的边际供应价格与对产业的边际供应价格有差别,亦即如果从产业观点看供应价格的变化率与从社会观点看供应价格变化率有差别,则适合于第一级有差别垄断的产量小于理想产量;如果它们相同,它等于理想产量。

(3)适合于简单竞争的产量小于或大于适合于第一级有差别垄断的产量,要根据那个产业遵循普遍递减还是普遍递增供应价格条件而定。

(4)当递减供应价格普遍流行,适合于简单竞争的产量小于理想产量要比适合于第一级有差别垄断的产量小于理想产量更甚。但是当递增供应价格普遍流行时,适合于简单竞争的产量虽然大于适合于第一级有差别垄断的产量,却可能大于或者小于理想产量。在前一种情况下,国民所得要比它在有差别垄断下较好;在后一种情况下,国民收入比在有差别垄断下可能较好或者较坏。

第20节

上节(4)的分析可以说明如下:假设小麦生长从社会观点看符

合不变供应价格规律，但从产业观点看绝对地符合递增供应价格规律，因为和只是因为当需要更多的土地种植小麦时，土地价格上升。在这种情况下，供应价格等于对社会的边际供应价格，而适合于简单竞争的产量等于理想产量。可是，假定从地主那里租入土地种小麦的农场主联合起来实施第一级有差别垄断，他们将削减他们的小麦种植，因为这样做，他们将促使他们必须支付的每亩地租金的下降。此时他们的产量小于理想产量，不再像以前那样等于理想产量。如果农场主拥有他们的土地，不需租借土地，产业利益与社会利益之间的区别消失；小麦产量在第一级有差别垄断下与在简单竞争下相同，也就是等于理想产量。

五、独家企业产业的理想产量

第 21 节

在独家企业产业中，当$\frac{F(y)}{y}>F'(y)$，而产量 y 的供应价格为$\frac{F(y)}{y}$时，上面讨论的分析适合应用，它正式的表达式只需修改一下，提供 x_r 和 y 的量相同就行。在独家企业产业中，那里边际成本超过平均成本，就需要某种不同的对待。对产业的边际供应价格和供应价格都等于 $F'(y)$。因此，如果不包含转移因素，那么对产业的边际供应价格就等于对社会的边际供应价格；使供应价格与需求价格相同的产量——在这种情况下，它就是同样适合于简单竞争和适合于第一级有差别垄断的产量——就等于理想产量，尽管有这样的事实，即该产业遵循递增供应价格律。一般说来这种情况只有当使用递增供应价格的进口要素时才会发生。如果包含转移因素，使供应价格与需求价格相等的产量将小于理想产量。[①]

六、需求价格与边际需求价格

第 22 节

在前边讨论中，曾不明言地假定，需求曲线由于与供应曲线相类似，也可以称为边际需求价格曲线。这点不一定如此。任何商品数量 y 的边际需求价格是消费者每年（或每周）分别总共购买数量 y 和数量（$y+\Delta y$）的欲望（以货币计量）之间的差额。y 单位的需求价格是保持每年（或每周）购买数量 y 的价格。因而它等于数量 y 中最小希望的增加量（Δy）对那个增加量购买者的欲望（以货币计量）。如果当时边际单位的购买间接增加或减小了其他单位购买者拥有它们的欲望，边际需求价格和需求价格将有所不同。有一些商品，对它们的欲望部分就是对不寻常物品的欲望，当购买为零时，其边际需求价格的曲线与需求曲线重叠，随着购买增加，它将越来越落在需求曲线之下；有一些商品，对它们的欲望部分就是对寻常物品的欲望，它们的情况正好与上述的相反；当对商

① 应该注意，在独家企业的产业中，当实际投资不同于理想投资时，这个分歧的原因不能解释为社会净边际产品与私人净边际产品之间产生差异的道理。因为只有一个企业，这两种净产品必定相同。当存在这种情况时，分歧的原因是由于不存在竞争，私人边际（在这里它等于社会）净边际产品不等于平均净产品。如果独家企业产业获得正常利润，平均净产品的价值等于本书第 2 编第 11 章第 1 节想象中的中央产业里社会净边际产品的价值；因此，在独家企业产业中社会净边际产品的价值不等于那个价值。

品的欲望单独由它们给予直接满足时,两条曲线完全重合。[①] 当两条曲线分叉时,假定有关群体的财富与爱好相同,他们从一种产量得到最大满足,这个产量的边际供应价格不等于需求价格,而等于边际需求价格。

七、简单垄断与最高价格

第 23 节

如果政府设法保护消费者不受垄断之害,应固定最高价格在适合自由竞争的水平上。很明显,在递减或不变供应价格下,垄断者增加他的产量,不超过在自由竞争本来会生产的数量,他将获利。然而,如果此时递增供应价格条件流行,垄断者能有利生产的数量(也就是使产量最大化的数量乘以控制销售价格超过供应价格的超过部分)必然小于自由竞争时的产量。它可能大于或小于不变控制垄断下生产的产量。如果需求曲线和供应曲线都成直线,产量将正好等于这个数量。这点从审视一张合适地绘制的图表就容易看出。

第 24 节

在递增供应价格条件下,如果政府确定的最高价格小于垄断价格但大于竞争价格,一般地说产量可能处于竞争产量和适合于不受控制垄断的产量的中间。如果需求曲线和供应曲线都是直

① 参照本书第 2 编第 11 章第 13 节。

线，那可以肯定就是这个结果。制一个图表（图 9），图中 PM 代表

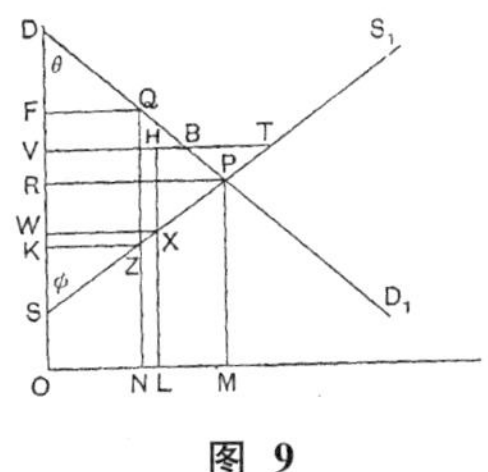

图 9

竞争价格，OM 代表竞争产量；QN 代表垄断价格，ON 代表垄断产量。设由 OV 计量的政府控制价格大于竞争价格但小于垄断价格，通过 V 画一条水平线 VBT 与 DD_1 于 B 点相交，与 SS_1 于 T 点相交。它清楚地表明垄断产量 ON 是竞争产量 OM 的一半；当价格由政府固定在 OV 时，垄断者有利可图的生产产量由从 V 水平画出在 T 点与 SS_1 相交的 VT 线的二分之一来测量，或由 VB 线来测量，根据这两条线中这条或那条较短而定。可是，由于 OV 大于 PM，显然 VT 大于 OM。因此 VT 的一半大于 OM 的一半。这证明在控制价格下的产量大于垄断产量；由于 VB 必然小于 RP，它必然小于竞争产量。也就是它处于二者之间的某个地方。

第 25 节

将上述论点加以扩充表明，在仔细考虑的条件下，当需求曲线与供应曲线俱为直线时，能使产量大于任何其他水平下产量的控制价格水平，将引起 VT 与 DD_1 的相交点（即 B 点）与 VT 的中点（即 H 点）完全在同一位置上。如果∠SDP 为 θ，∠DSP 为 ϕ，这个产量表明相等于适合于简单竞争的产量乘以下列分式：

$$\frac{\tan\theta+\tan\phi}{2\tan\theta+\tan\phi}.$$

八、有差别垄断的几个问题

第 26 节

考虑一个递减供应价格流行的产业，其中供应曲线整个置于需求曲线之上，所以不论在简单竞争下还是在简单垄断下皆不能出现任何产量。如图 10 那样画需求曲线 DD_1 和供应曲线 SS_1，通过 S 画曲线 SS_2，如果从 SS_1 上任何点 P 画一条垂直线在 Q 点上与 SS_2 相交，图就这样完成了，不管 P 与 Q 在任何位置，SQMO 的面积等于长方形 KPMO.如果 DD_1 整个处于 SS_1 和 SS_2 之下，显然正像在简单竞争下不能出现产量一般，在垄断加第一级有差别之下也不能出现任何产量。然而，在某些递减供应价格的产业中，可以发生 DD_1 虽然处于 SS_1 之下却与 SS_2 相交。如果它与后者相交一次，显然它一定会与后者第二次相交。设它与后者相交于 R 和 Q.那么，在简单竞争条件下不能发生任何产量。但是在垄断加第一级差别对待的条件下，若是 RQ 的面积大于 DRS 的面积，产量 OM 将产生超过总成本的总收入，因而将会出现这个产量。曲线 SS_1 向下倾斜度越陡，也就是说递减供应价格律的作用越强，越有可能达到这个结果；因为当 OM 的距离已知时，SS_1 越陡，PQS 的面积越大，因此需求曲线的范围也越大，将使 RQ 的面积大于 DRS 的面积。考虑到 SS_1 的倾斜程度，如果需求曲线不在较早阶段陡峭下倾，也就是说如果需求在达到相当低价格水平时才有弹性,更有可能达到这个结果。

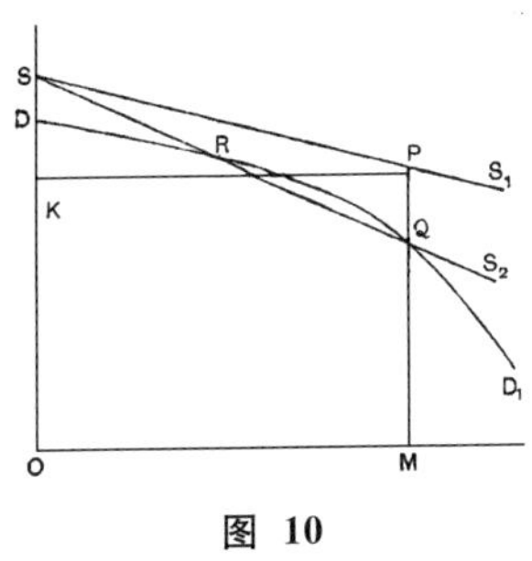

图 10

第 27 节

垄断加第二级差别对待,如本书第 2 编第 17 章第 5 节解释的,当垄断者有可能索取的不同价格的数目增加时,它的作用近似垄断加第一级差别对待。这个结果一般说来很明显,可以用一个特殊事例正确地显示出来。设适合于第一级差别对待的产量为 a,设 n 为不同价格的数目。根据需求和供应的曲线都是直线的假设,能够看出,当商品遵照不变供应价格律时,对于所有 n 的价值,产量将相等于$\frac{n}{n+1}$a.那就是说,如果只能选择一种价格,其产量将为$\frac{1}{2}$a;如果可能选择两种价格,产量为$\frac{2}{3}$a……等等。当商品遵照递减供应价格律时,如果 n 相等于 1,产量仍然等于$\frac{\mathrm{a}}{n+1}$a,但是,如果 n 大于 1,产量将比这个数字略小。

第 28 节

我们的下一个问题必须分别探究在第三级有差别垄断下(如

本书第 2 编第 17 章第 5 节解释的)和在简单垄断下的相对产量。设不变供应价格条件流行，又设那里只有两个市场，那么，如果两个市场的需求曲线均为直线，就能够得到精确的结果。设 D_1D_2 和 $D_1'D_2'$ 代表两个市场的需求曲线，并在基线以上垂直距离 OR 画一条 SS′线，由 OR 计量生产的不变成本。通过 D_1'

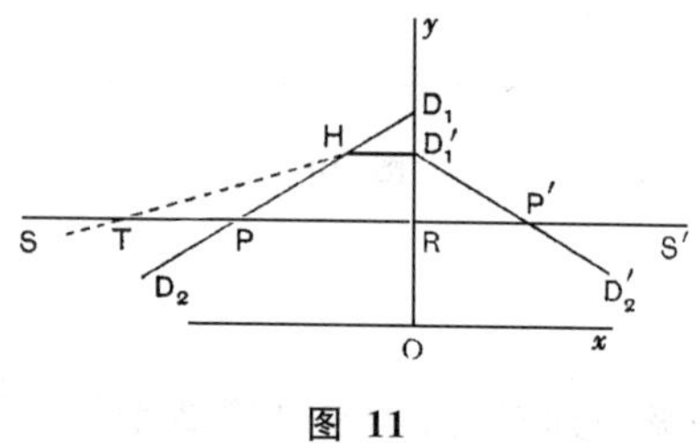

图 11

画一条平行于 SS′的 D′H 线，并通过 H 画一条直线 HT，这样 PT 等于 RP′。此时在有差别垄断下，这两个市场的产量分别是$\frac{1}{2}$RP′和$\frac{1}{2}$RP。在简单垄断下，如果 PH 大于 HD_1，产量将是$\frac{1}{2}$RT。但是，由于 PT 相等于 RP′，$\frac{1}{2}RT=\frac{1}{2}RP'+\frac{1}{2}RP$.因此，由于上述 PH 大于 HD_1 的条件，在简单垄断下和在有差别垄断下的产量将是相同的。如果 PH 小于 HD_1，在某些条件下简单垄断下的产量是$\frac{1}{2}$RP，而在较不利的市场中不再有消费。当这些条件流行时，在简单垄断下，这两个市场之一将没有消费，由有差别垄断替代简单垄断能增加产量，但除了这些条件外产量不会改变。当舍弃不变供应价格的消费允许递增或递减供应价格流行，上边达到的结果不会有修改，因为只有通过产出数量的变化，才能使递增或递减供应价格发挥作用。① 然而,递减供应价格开启本书第 2 编第 17 章第 13 节提到的可能性,上文第 26 节也讨论了类似的问题,只是前边的讨论对此没有提到。事实是,在某些条件下,简单垄断和简单竞争都不会导致任何产量变动,有差别垄断可能导致某种产量变动。

九、产业酬劳方法

第 29 节

本书第 3 编第 8 章的中心论点能够使用图解的方法解释清楚。让我们假设任何产业里雇用工人人数和工作日的时间长度业已规定。然后有可能画出一条代表雇主对一个代表性工人每单位时间劳力的不同数量的需求价格(以产量计算)的需求曲线,和一条代表工人不同劳力数量的供应价格(以产量计算)的供应曲线。劳力单位沿 Ox 线标出,沿 Oy 线标出劳力不同数量的需求和供应价格(按产量计算)。

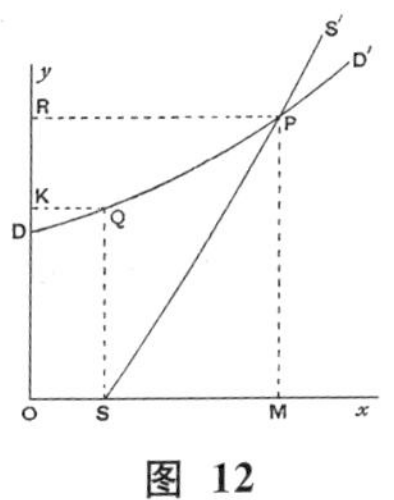

图 12

① 在简单垄断只能在市场有销售,而有差别垄断也能在市场有销售的条件下,很容易看出,采取有差别垄断将以如下方式影响市场 A 的消费与价格:在不变供应价格下两个市场将保持不变;在递增供应价格下,消费将缩减而价格将增加;在递减供应价格下,消费将增加而价格将降低。这些情况对政府有实际重要性,它们能使政府考虑是否应允许当地卡特尔以比国内价格较低的价格将货物销往国外。

因为劳动者方面每次劳力增加，使雇主能更快地完成任何特定工作，更快地开始用机器做其他工作，需求曲线 DD′将向上向右倾斜。因为，如果一个人既然来做工，公众舆论和他自己的生活都不允许他什么都不干，供应曲线 SS′将从沿 Ox 线某一点开始，此后将略为陡峭地向上倾斜。让此线与 DD′曲线在 P 点相交。通过 P 点画 PM 垂直到 Ox 线，画 PR 线与 Oy 线成直角。然后，除了对此处不考虑的生产能力的可能损害反应外，一个典型工人劳力的数量（这对国民所得和经济福利最有好处）用 OM 计量，而他相应的产量用长方形 OMPR 计量。如果付给他的工资完全与他的劳力及由其产生的产量无关，他的劳力数量大致为 OS，而他的产量大致为 OSQK. 劳力 OM 的量和由其生产的产量 OMPR 可以由为每劳力单位（它的意思是每 PM 产量单位）提供 PM 工资率（以产量计）获得；也可以由提供相等于 OMPR 的总工资（以产量计）获得，总工资可按日计算也可以按任何时间单位计算，条件是此人需生产 OMPR 的产量单位，任何人达不到这个标准，就要接受相当较低的工资。

十、剥削的意义

第 30 节

设 DD′为雇主对劳动的需求曲线，SS′为任何地区或职业中工人的供应曲线。设 PM 为由自由竞争形成的工资，也就是它等于有关等级工人的一般工资率；QM″为最有利于联合一起工人的工资；而 RM′为最有利于雇主的工资。本书第 3 编第 6 章描述的不确定的范围是由 QM″和 RM′之间所有的工资率形成。如果雇主连续发给工人工资小于 PM，必然存在剥削。让我们假设雇主连续支付工资 RM′，结果是：如果雇主得到由 OM′代表的劳动量，那么工资中不公正的量就是 PM 减去 RM′的余额，但是剥削量就是 PM′高于 RM′的超出部分。如果工人连续拿到大于 PM′的工资，则交换指数必然落在 P 以左的需求曲线上，譬如说落在 Q 上，我们可能说雇主被工人剥削，剥削量用 QM″高于 FM″的超出部分计量。

人名译名对照表

A

Abbe　阿贝
Abbot　艾博特
Acworth　阿克沃斯
Aftalion　阿夫塔林
Alden　奥尔登
Aldrich　奥尔德里奇
Ashley　阿什利
Askwith, George　阿斯克威思,乔治
Asquith　阿斯奎斯
Aves　阿夫斯

B

Bacon　培根
Bâle　巴勒
Barker　巴克
Barnett, Canon　巴尼特,卡恩
Bateson　巴特森
Bauer　鲍尔
Becker　贝克尔
Beckhover　贝克豪夫
Bemis　比米斯
Benini　贝尼尼
Bernhardt　伯恩哈特
Bertillon　贝蒂莱
Besse　贝西
Bickerdike　比克迪克
Black　布莱克
Booth, Charles　布思,查尔斯
Bonn　博恩
Bosanquet　博赞克特
Bousquet, M.　鲍斯魁特,M.
Bowley　鲍利
Brace　布雷斯
Brentano　布伦塔诺
Brick　伯克
Broadhead　布罗德黑德
Brooks　布鲁克斯
Browning　布朗宁
Bryce　布赖斯
Bulkley　巴尔克利
Burns　伯恩斯
Burton　伯顿
Butterworth　巴特沃思

C

Cadbury　凯德伯里
Cannan　坎南
Carlyle　卡莱尔
Carnegie　卡内基
Carr-Saundevs　卡尔—桑德斯
Carver　卡弗
Cassel　卡斯尔
Cecil, Hugh　塞西尔,休
Chapman, Sydney　查普曼,西德尼
Chiozza-Money　齐奥扎—玛尼
Clapham　克拉彭
Clark, V.S.　克拉克,V.S.

Clay 克莱
Clifford 克利福德
Cole, D.H. 科尔,D.H.
Colson 科尔森
Comte 孔德
Cournot 古诺
Crompton 克朗普顿

D

Dale, David 戴尔,戴维
Dalton 达尔顿
Darwin, Major 达尔文,梅杰
Davies 戴维斯
Dawson 道森
da Vinci, Leonardo 达·芬奇,莱昂纳多
Dearle 迪尔
Dickinson 迪金森
Dicksee 迪克西
Doncaster 唐卡斯特
Douglas 道格拉斯
Dunraven 邓拉文
Durand 杜兰德

E

Edgeworth 艾奇沃斯
Elderton 埃尔德顿
Ely 伊利
Emerson 埃默森

F

Fay 费伊
Fichte 费希特
Fisher, Iving 费雪,欧文
Fiske 菲斯克
Florence, Sargent 弗洛伦斯,萨金特
Flux 弗勒克斯
Foville, De 福维尔,德
Foxwell 福克斯韦尔
Freeman 弗里曼
Fry, Edward 弗赖伊,爱德华

G

Gaevernitz 盖弗尼茨
Galton, Francis 高尔顿,弗朗西斯
Gannt 甘特
Gates 盖茨
Gibb, George 吉布,乔治
Giffen 吉芬
Gillman 吉尔曼
Gini 吉尼
Goethe 歌德
Going 戈因
Goldmark 戈德马克
Goodall 古多尔
Graham, J.W. 格雷厄姆,J.W.
Greene 格林
Griinzel 格林察尔

H

Haggard, Rider 哈格德,里德
Haines 海恩斯
Hamilton, W.R. 汉密尔顿,W.R.
Hartman 哈特曼
Hawtrey 霍特里
Haycraft 海克拉夫特
Hayes 海斯
Heilman 海尔曼
Heimann 海曼
Henderson, H.D. 亨德森,H.D.
Heron 希伦
Hertz 赫兹
Hetherington, G. 赫瑟林顿,G.
Higgins, Justice 希金斯,贾斯蒂斯
Hill, Octavia 希尔,奥克塔维亚
Hise, Van 海斯,范
Hobson, J.A. 霍布森,J.A.

Holcombe 霍尔姆博
Holland 霍兰
Hooker 胡克
Hotelling 霍特林
Hourwich 霍里奇
Howe 豪
Hoxie 霍克西
Huebner 许布纳
Hunter 亨特
Hutchins 哈钦斯

I

Iles 艾利斯
Inglis 英格利斯

J

Jackson 杰克逊
Jameson, Sheriff 詹姆森,谢里夫
Jaurès, M. 若雷,M.
Jenks 詹克斯
Jevons 杰文斯
Johnson 约翰逊
Jones 琼斯

K

Kant 康德
Keyness 凯恩斯
Knoop 努普

L

Laughlin, H.H. 劳林,H.H.
Lavington 拉文顿
Lawson 劳森
Layton 莱顿
Lazard, M. 拉扎德,M.
Leake 利克
Leger, St. 莱杰,圣
Lehfeldt 莱费尔特
Levasseur 勒瓦瑟尔
Leverhulme 利弗休姆
Levoy-Beaulieu 勒鲁瓦—博留
Levy 莱维
Liefmann 利夫曼
Lloyd 劳埃德
Lock, R.H. 洛克,R.H.
Lyttleton 利特尔顿

M

MacDonald Ramsay 麦克唐纳,拉姆齐
Macgregor 麦格雷戈
Macpherson 麦克弗森
Mahaim 马海姆
Maitland, Steel 梅特兰,斯蒂尔
Majewski 马斯夫斯基
Marconcini 马尔孔奇尼
Marconi 马尔科尼
Marken, Van 马肯,范
Marriott 马里奥特
Marshall 马歇尔
Mavor 马弗
Mazzini 马志尼
McCabe 麦凯布
McCrosty 麦克罗斯特
McDougall 麦克道格尔
Meade 米德
Meakin 米金
Mendel 门德尔
Meny 梅尼
Mertz 默茨
Meyer, H. 迈耶,H.
Miers 迈尔斯
Mill 穆勒
Mitchell 米切尔
Mite, Mattew 迈特,马修
Mond 蒙德
Mombert 莫伯特

Money, Chiozza 玛尼,齐奥扎
Moore 穆尔
Morgenroth 摩根罗斯
Morison,Theodore 莫里森,西奥多
Muckerjee 马克吉
Mukerjee 慕克吉
Mundella 芒代拉
Munsterberg 芒斯特伯格

N

Newsholme 纽肖尔姆
Nicefero 尼斯法罗
Nicholson 尼科尔森

O

Owen 欧文

P

Paish, George 佩什,乔治
Pareto 帕累托
Pearson, Karl 皮尔逊,卡尔
Pelham 佩勒姆
Plunkett, Horace 普伦基特,霍勒斯
Poincaré, P. 庞加莱,P.
Porter 波特
Prato 普拉托
Preece, W.H. 普里斯,W.H.
Price, L.L. 普赖斯,L.L.
Pringle, Messrs 普里格尔,梅斯尔斯
Proud 普劳德
Punnett 庞尼特

R

Raiffeisen 雷费森
Ramsey 拉姆齐
Rathbone 拉思伯恩
Rathenau, Walter 拉塞瑙,沃尔特
Raynaud 雷诺
Reckitt 雷凯特
Riesser 里塞尔
Ripley 里普利
Rignano 里格纳诺
Rosebery 罗斯伯里
Rothschild 罗思柴尔德
Rousiers, de, M. 德鲁西耶,M.
Rowe 罗
Rowntree 朗特里
Russell 罗素
Ryan 瑞安

Q

Quaintance 奎因坦斯

S

Sankey, Justice 桑基,贾斯蒂斯
Sauerbeck 索耶贝克
Schiller 席勒
Schlichter 施利奇特
Schloss 施洛斯
Schultze 舒尔策
Schuster 舒斯特
Schmoller 施莫勒
Shann 香恩
Shaw 肖
Shaw Bernard 萧伯纳
Sidgwick 西奇威克
Smart 斯马特
Smith, Adam 斯密,亚当
Smith, H.Llewellyn 史密斯,H.卢埃林
Smith-Gordon 史密斯—戈登
Snowden 斯诺登
Sombart, A.G. 松巴特,A.G.
Speenhamland 斯皮汉姆兰
Squire 斯夸尔
Stamp, Josiah 斯坦普,乔西亚
Staples 斯特普尔斯

图书在版编目(CIP)数据

福利经济学/(英)阿瑟·塞西尔·庇古著;朱泱,张胜纪,吴良健译. —北京:商务印书馆,2020
ISBN 978-7-100-18451-9

Ⅰ.①福… Ⅱ.①阿… ②朱… ③张… ④吴… Ⅲ.①福利经济学 Ⅳ.①F061.4

中国版本图书馆CIP数据核字(2020)第072960号

福利经济学

〔英〕阿瑟·塞西尔·庇古 著
朱 泱 张胜纪 吴良健 译

商 务 印 书 馆 出 版
(北京王府井大街36号 邮政编码100710)
商 务 印 书 馆 发 行
北京通州皇家印刷厂印刷
ISBN 978-7-100-18451-9

2020年8月第1版 开本850×1168 1/32
2020年8月北京第1次印刷 印张27⅞
定价:139.00元